JINRONGZHONGCAI ANLIXUANBIAN

金融仲裁案例选编

中国国际经济贸易仲裁委员会 编

中国政法大学出版社

2024·北京

图书在版编目（CIP）数据

金融仲裁案例选编 / 中国国际经济贸易仲裁委员会编. -- 北京 ： 中国政法大学出版社, 2024. 9. -- ISBN 978-7-5764-1851-4

Ⅰ. D922.280.5

中国国家版本馆 CIP 数据核字第 2024WM8115 号

出　版　者　　中国政法大学出版社

地　　　址　　北京市海淀区西土城路 25 号

邮寄地址　　北京 100088 信箱 8034 分箱　邮编 100088

网　　　址　　http://www.cuplpress.com (网络实名：中国政法大学出版社)

电　　　话　　010-58908586(编辑部) 58908334(邮购部)

编辑邮箱　　zhengfadch@126.com

承　　　印　　固安华明印业有限公司

开　　　本　　720mm×960mm　　1/16

印　　　张　　48.25

字　　　数　　800 千字

版　　　次　　2024 年 9 月第 1 版

印　　　次　　2024 年 9 月第 1 次印刷

定　　　价　　178.00 元

序　言

金融是国民经济的血脉，是国家核心竞争力的重要组成部分，事关中国式现代化建设的全局。当前，中国金融业增加值占国内生产总值（GDP）比重已达8%左右，并拥有全球最大的银行体系和外汇储备规模，第二大保险、股票和债券市场。中国金融市场的巨大体量和命脉属性决定，必须在建设金融强国的进程中把金融法治的完善放在特别重要的地位。不仅需要及时推进金融重点领域和新兴领域立法，发挥好法治在金融高质量发展中的固根本、稳预期、利长远作用，也需要专业高效国际化的争议解决机制通过及时定分止争，有效防范化解金融风险，确保在市场化法治化轨道上推进金融创新发展。

仲裁是广受商事主体青睐的争议解决方式，其专业、高效、独立、保密的根本属性，以及尊重意思自治和市场逻辑的价值取向，对于解决金融市场的多样化复杂化纠纷，促进金融市场法治化运行，具有天然独到的优势。作为中国最早设立的涉外商事仲裁机构，中国国际经济贸易仲裁委员会（贸仲）始终高度关注金融市场演进态势，通过制定实施具备国际先进性的《仲裁规则》《金融争议仲裁规则》《第三方资助指引》等规则体系，铺设专业化、国际化、多元化、高素质的仲裁员队伍，广泛开展行业合作等多要素工作举措，致力于为金融市场配套高质量的国际化仲裁服务。2021年5月，贸仲在上海揭牌中国首家金融市场仲裁中心，即贸仲上海证券期货金融国际仲裁中心，通过与行业协会的协同合作，进一步发挥贸仲仲裁专业性和国际化优势，提升证券期货仲裁的规范化、专业化水平。

2019—2023年的五年间，贸仲共受理案件20 342件，争议金额人民币6353.07亿元；其中，涉金融类案件4524件，占总受案数量22%，争议金额人民币3360.62亿元，占总标的金额接近52.9%；标的超亿元案件共620件，占比贸仲受理的超亿元案件一半以上。

在案件办理的过程中，我们观察到，对于复杂或创新的金融业务纠纷案件，做到准确理解并实现市场逻辑与法律逻辑的统一，时有不易。在审理金融业务纠纷时，除了从定性、定量、合规、因果关系等维度审视交易纠纷外，还与裁判者的裁判价值取向密切相关，在严守监管要求与认可市场创新中，在重视既有规则与保护契约诚信中，要兼顾微观个案事实和宏观市场风向精细化裁断。对此，贸仲始终坚持在案件管理中不断探索，尊重个案独特性，并形成恰当妥善的内在一致逻辑的裁判思路和处理标准，实现"促进创新"与"维护稳定"两个目标协同发展。

有鉴于此，本书在严守仲裁案件信息保密原则的基础上，从近年来贸仲受理的金融争议案件中，精选了基金、债券、资产管理、期货、典当、外汇贷款、保险、外汇掉期、融资租赁、保理等 12 个类别 24 件具有代表性的典型案例，并邀请相关领域专业造诣、实践经验和裁判功底均较为深厚的专家学者，就上述案件审理中反映仲裁协议的效力范围、投资人权利行使主体、适当性义务和清算责任、托管人履行义务边界及责任、底层资产穿透审查、默示合同义务、金融交易损失认定、融资租赁、保理及典当的定性、保险代位求偿等争议焦点问题做出总结和分析，对相关金融争议解决风险进行梳理和提示。在此，要特别感谢贸仲仲裁员张昕、杨路、曾涛、韩津生、王克玉、官以德、崔宇清、高西庆、李方、夏军、曹顺明、邓峰、高伟、董纯钢、杜新丽、陶修明、蔡鸿达、徐三桥、李健百忙之中抽出时间为本书提供案例评析意见。

本书希望通过对典型案例的深入剖析，向读者展示金融仲裁案件的典型面貌和核心特点，提供实践操作和理论研究的有益参考，也希望借此机会，进一步积累和总结同类案件的裁判经验，深化对金融法律领域的研究，更好地发挥仲裁在金融高质量发展中的保驾护航作用。

囿于经验和时间，本书中出现的错误和不妥之处，尚祈读者批评指教。贸仲也将持续关注金融争议解决，从中获取更宝贵的新经验，为有效防范金融风险、推动金融强国建设贡献力量。

目　录

第一部分
基金案例

自然人 A、B 股权投资基金管理公司、C 银行 O 地分行基金合同争议案

中国国际经济贸易仲裁委员会（以下简称"仲裁委员会"）根据申请人自然人 A（以下简称"申请人"）与第一被申请人 B 股权投资基金管理公司（以下简称"第一被申请人"）、第二被申请人 C 银行 O 地分行（以下简称"第二被申请人"，与第一被申请人合称"二被申请人"）共同签订的《基金合同》中仲裁条款的约定，以及申请人于 2022 年 5 月向仲裁委员会提交的书面仲裁申请，受理了申请人与二被申请人之间上述合同项下的基金合同争议仲裁案。

一、案情

（一）申请人的仲裁请求及事实和理由

2017 年 7 月，申请人经由 O 地 D 公司（以下简称"D 公司"）推介，与第一被申请人、第二被申请人三方签订了本案合同，并投资 100 万元（本案所涉币种均为人民币，仲裁庭注）于编号为 SW0001 的"私募投资基金"（以下简称"案涉基金"），约定第一被申请人"按照诚实信用、勤勉尽责的原则，在严格控制投资风险的前提下"将募集资金投资于成长性行业。案涉基金成立日期为 2017 年 7 月，备案日期为 2017 年 8 月，存续期限为 3 年（投资期 1 年，退出期 2 年），基金年化收益率为 8.5%。第一被申请人于 2017 年 7 月底（成立后）向申请人签发了认购确认书。第一被申请人为 O 地 E 公司（以下简称"E 公司"）的全资子公司，同时间接持股 D 公司。在基金募集阶段，上述三家公司均向申请人宣传称，案涉基金所投项目为被并购、挂牌

新三板、拟 IPO、回购等优质项目，并承诺由第一被申请人作为基金管理人跟投 25%做安全垫，并在案涉基金到期无法兑付本息时回购。在案涉基金存续期间，第一被申请人与第二被申请人均未能按本案合同约定向申请人披露任何案涉基金相关信息，刻意隐瞒案涉基金资金投向。

2021 年 7 月，申请人发现第一被申请人延期后仍未能按时还本付息，立即要求第一被申请人作出说明，第一被申请人方才提供案涉基金事务管理报告（2021 年 1 月初至 3 月底），届时申请人才发现第一被申请人将案涉基金募集资金 1900 万元全部投资于 F 合伙企业（有限合伙），占 F 合伙企业投资比例的 64.4%；F 合伙企业将其中的 1600 万元用于投资 P 地 G 公司（以下简称"G 公司"）。申请人立即展开对 G 公司的调查，发现该公司在最高人民法院中国执行信息网上公示被执行信息 130 余条，最早于 2016 年 5 月便已被立案为失信被执行人，该时间远早于案涉基金募集和成立时间。第一被申请人在明知 G 公司已资不抵债，募集的资金必然有去无回的时候，仍然联合 D 公司、E 公司作出虚假的收益和保底承诺，精心策划欺诈行为，直接导致了申请人无法收回投资本金，使其在财产和精神上遭受重大损失。

第二被申请人作为案涉基金的托管人，应尽到基本审查义务，审慎查实底层交易的真实性及合理性。在第一被申请人发出向失信公司投资这种明显违反常理和基金合同约定的划拨指令时，应当立即通知投资人并向中国证券监督管理委员会（以下简称"证监会"）报告。第二被申请人未能履行法定以及基金合同约定的信息披露义务，其重大疏漏使申请人不能及时知悉第一被申请人在投资运作过程中存在的欺诈侵权行为，导致申请人无法收回投资本息，构成共同侵权。

2021 年 11 月，在申请人与第一被申请人多番沟通无果后，申请人将上述证据提交至证监会 N 地监管局（以下简称"N 地证监局"），并如实反映了第一被申请人及其关联方的侵权行为。N 地证监局开展对相关情况的核查后作出《责令改正措施决定》，明确第一被申请人下列侵权行为：案涉基金宣传推介材料存在误导性陈述；未按照基金合同约定向投资者披露基金相关信息；向投资者承诺最低收益。上述行为违反《关于加强私募投资基金监管的若干规定》和《私募投资基金监督管理暂行办法》中的诸多条款，其侵权行为已严重损害了申请人的财产权益。

综上所述，二被申请人在案涉基金销售发行、投资运作过程中存在误导性陈述、欺诈、故意隐瞒重要信息、未尽适当性义务、不尽责等侵权行为，具有侵权的故意。二被申请人的侵权行为已经由 N 地证监局认定，并且直接导致了申请人的全部财产损失，因此应承担侵权责任。

申请人最终的仲裁请求为：

（1）第一被申请人向申请人返还投资本金 100 万元及基金认购费用 1 万元；

（2）第一被申请人向申请人支付投资收益损失，以 100 万元为基数，按其承诺的业绩比较基准年化 8.5% 的标准，从 2020 年 7 月起计算至实际返还之日止，暂计算至 2022 年 3 月为 14 万余元。

（3）第二被申请人共同承担连带赔偿责任；

（4）被申请人承担本案的仲裁费。

（二）第一被申请人的主要答辩情况

第一，申请人主张第一被申请人返还投资本金及基金认购费用没有事实法律依据。根据本案合同，申请人应自行承担投资本金亏损。合同约定认购费用归管理人（或代销机构）所有，案涉基金的资金投向符合上述约定，且申请人未能提供任何证据证明第一被申请人承诺 "在基金到期无法兑付本息时回购"、第一被申请人 "刻意隐瞒基金投资投向"、存在虚假承诺、欺诈。

第二，申请人主张第一被申请人支付投资收益损失没有依据。本案合同未约定基金投资是否有收益、最低收益、必须每年分配收益、必须按照某固定值分配收益。案涉基金尚未清算，在完成清算程序后，第一被申请人作为基金管理人可向基金份额持有人返还基金财产，但前述情形未出现。且 N 地证监局的《责令改正措施决定》仅是因为金融审慎监管而作出，不会对本案合同的性质及认定作出任何决定。因此，申请人主张第一被申请人按照年化 8.5% 的标准支付投资收益损失有违本案合同的约定没有依据。

第三，申请人应自担投资风险，故应当承担全部仲裁费用。

第四，申请人请求的律师费没有任何约定和法定的依据，亦未提供任何证据。

综上，申请人根据本案合同，投资案涉基金，理应自行承担投资风险。但由于申请人估计可能发生损失，遂反悔，并意图将本案合同扭曲为借贷合同，其做法不仅完全违反了本案合同的约定，更与《私募投资基金监督管理暂行办法》（证监会令第 105 号，以下简称《私募基金管理暂行办法》）第

15条禁止保本保收益的法律规定背道而驰，因此请求仲裁庭驳回申请人针对第一被申请人的相关仲裁请求。

（三）第二被申请人的主要答辩情况

第一，本案合同已依法成立并生效，案涉基金已登记备案。本案合同明确约定了投资人、管理人、托管人的权利义务，其中，第一被申请人作为基金管理人有权按照本案合同的约定，独立管理和运用基金财产，第二被申请人作为基金托管人有权按照本案合同的约定，依法保管基金财产。本案合同已对投资风险进行了充分提示，投资人作为合格投资者，应当自行承担案涉基金的投资风险。

第二，第二被申请人已经依法依约地履行了基金托管人的职责与义务，申请人主张其未履行基本审查义务及信息披露义务，缺乏依据。第二被申请人已履行了基金托管人的基本审查义务，案涉基金的投资范围符合本案合同的约定，资金划拨程序亦符合法律及本案合同的约定。本案合同约定的案涉基金投资范围包括投资有限合伙企业的有限合伙份额，第一被申请人代表案涉基金选择向F合伙企业投资，该投资行为符合本案合同第11节关于"投资范围"的约定，第二被申请人根据本案合同、第一被申请人出具的《F合伙企业（有限合伙）合伙协议》（以下简称《F合伙企业合伙协议》）及资金划拨指令，按照合同约定对投资范围进行表面一致性审查，并对本案合同第14节要求基金托管人审核的三要件进行严格审核，完成上述义务后将资金划拨至F合伙企业的账户，而且基金所投资项目的风险审核并不在基金托管人的审查范围内。第二被申请人仅负有对托管的财产进行安全保管的职责，不负责案涉基金的投资管理和风险管理，也不对案涉基金所投资的项目（或标的）进行审核。案涉基金对投资F合伙企业的投资风险，不属于第二被申请人的托管职责；对于F合伙企业再对外所投项目，第二被申请人无审核义务，也不对已经划入F合伙企业账户内的财产承担保管责任。其次，申请人主张第二被申请人未能履行法定以及本案合同约定的信息披露义务，没有依据。如上所述，第二被申请人已依法依约对第一被申请人的划款指令进行了审核，并依约根据第一被申请人要求向其提供了托管报告，至此已依约履行完毕其信息披露义务。

第三，申请人要求第二被申请人承担共同侵权责任，于法于约无据。首先，二被申请人不存在共同侵权行为，《证券投资基金法》[1]第145条要求基金管理人与基金托管人"因共同行为给基金财产或者基金份额持有人造成损害的，应当承担连带赔偿责任"，本案合同第24节也是约定在双方或多方当事人违约时，违约方根据实际情况分别承担各自应负的违约责任。本案中，第二被申请人作为基金托管人，并不参与基金的募集、销售、投资决策等过程，不存在故意与基金管理人实施损害投资人的共同行为，不存在意思联络，不构成共同侵权行为。此外，申请人在提出本案仲裁请求时存在合同之债与侵权之债混淆不清的情况。其次，申请人关于"二被申请人的侵权行为已经由 N 地证监局认定"的主张不能成立，《责令改正措施决定》的发文对象为第一被申请人，并非第二被申请人，其效力不及于第二被申请人，且第二被申请人的职责始于基金成立之日，基金募集阶段发生的行为与第二被申请人无关，其也不对此承担任何监督职责。

第四，申请人要求第二被申请人承担返还投资本金、基金认购费用、支付投资收益损失的连带赔偿责任并承担本案仲裁费与律师费，该主张没有任何事实及法律依据。根据本案合同的约定，申请人应自行承担投资本金的亏损，且在完成清算程序后，基金管理人可向基金份额持有人返还基金财产；但当前案涉基金尚未清算，也无法确认损失。

综上，第二被申请人既不存在过错，也不存在违约行为，申请人要求第二被申请人承担共同偿还责任，于法于约无据，因此请求仲裁庭驳回申请人针对第二被申请人的仲裁请求。

（四）申请人的主要代理意见

申请人在庭后提交了代理意见，主要内容如下：

1. 申请人作为案涉基金投资者，应当受到针对金融消费者的权益保护。

2. 第一被申请人在私募基金募集过程中存在欺诈、承诺最低收益、故意隐瞒重要信息、误导性陈述等违约违法行为，应当承担赔偿责任。理由如下：

（1）第一被申请人并未依约进行股权投资，而是设计了欺诈投资人的庞氏骗局。第一被申请人成立、募集案涉基金的根本目的即是欺诈并套取申请人基金财产。据投资者事后了解，并得到第一被申请人庭审中自认和其提供

---

[1]《证券投资基金法》，即《中华人民共和国证券投资基金法》。为表述方便，本书中涉及我国法律文件，均使用简称，省去"中华人民共和国"字样，全书统一，后不赘述。

的汇款凭证证实，E公司早于2015年便参与G公司A轮融资，因G公司经营不善，E公司出现巨大资金缺口无法兑付前期投资者本息，便联合第一被申请人、D公司、第二被申请人等精心策划，通过设置F合伙企业为防火墙、向投资者承诺保本保息等手段，骗取申请人投资以填补亏空。第一被申请人自证F合伙企业于2015年7月a日向G公司股东、法定代表人自然人B1转账1600万元，该时间远早于案涉基金2017年的募集时间。案涉基金宣传的是募集资金将直接用于购买股权，但第一被申请人至今仍不是G公司的股东，其资金真实去向成谜。申请人仲裁代理人整理了第一被申请人及其关联单位欺诈投资人的重大事件时间线，可以清晰地证实案涉基金成立的根本目的即是欺诈、套取申请人基金财产，是第一被申请人借新还旧的庞氏骗局。

（2）第一被申请人未按承诺为案涉基金提供安全垫。第一被申请人在多份推介材料中作出了管理人及其指定的基金作为劣后级出资25%为案涉基金优先级份额提供安全垫，优先级与劣后级投资比例为3∶1之承诺，该承诺经查没有兑现。据投资者事后了解，第一被申请人、D公司、E公司、F合伙企业等四家公司均有关联关系，其中E公司持有第一被申请人的全部股权，穿透后间接持股D公司，且同时为F合伙企业的普通合伙人兼任执行事务合伙人。第一被申请人主导了基金推介及资金募集的全流程，编制了具有误导性陈述的推介材料、多番以"E公司是新三板挂牌公司，具有核心竞争力"为噱头骗取投资者信任。

（3）第一被申请人承诺了最低收益。N地证监局的《责令改正措施决定》中明确认定第一被申请人存在"向案涉基金的投资者承诺最低收益，违反了《私募办法》（即《私募基金管理暂行办法》，仲裁庭注）第15条的规定"之情形。第一被申请人向申请人及本案其他投资者均承诺案涉基金为固定加浮动类产品，在保证申请人本金以及每年8.5%的固定收益的前提下，可能会有20%超额收益。为持续欺骗投资者，第一被申请人必须兑现其保本保收益之承诺，故其在案涉基金存续期间，连续三年每年定期向申请人及案涉基金其他投资者支付固定收益，金额均为投资本金的8.5%。上述固定周期、固定金额付息的事实再次印证了，第一被申请人推介时明确表示本产品为基准收益率每年8.5%的"保本保息"固收产品。

（4）第一被申请人故意隐瞒重要信息。第一被申请人谎称案涉基金"所投项目均为被并购、挂牌新三板、拟IPO、回购等优质项目"，并在多份推介材料中宣称，G 公司为"风口行业的龙头企业，并购价值凸显；退出路径明确；公司财务数据表明成长性良好"，并反复强调 H 公司拟对其进行整体收购。但是事实上，G 公司于 2016 年 5 月便已经被 S 县人民法院立案为失信被执行人，该时间远早于案涉基金募集时间。同时，H 公司分别于 2017 年 6 月 a 日、2017 年 7 月 b 日两次发布公告，明确表示终止筹划通过发行股份及支付现金的方式收购 G 公司 85.38% 股权之事项，该公告日期也同样早于案涉基金成立及备案日期。第一被申请人刻意隐瞒 G 公司财务状况恶化、公司涉诉失信、并购已然失败等重大情况、重要事实，仍通过宣称 G 公司为优质项目骗取投资者信任。

（5）第一被申请人存在误导性陈述之违法行为。N 地证监局在《责令改正措施决定》中明确，在对第一被申请人开展私募投资基金活动的有关情况进行核查后，N 地证监局发现第一被申请人存在"制作的某稳健优选私募投资基金宣传推介材料存在误导性陈述，违反了《关于加强私募投资基金监管的若干规定》第 6 条第 1 款第 6 项的规定"，即"宣传推介材料有虚假记载、误导性陈述或者重大遗漏，包括未真实、准确、完整披露私募基金交易结构、各方主要权利义务、收益分配、费用安排、关联交易、委托第三方机构以及私募基金管理人的出资人、实际控制人等情况"。第一被申请人不仅没有进行真实的股权投资，在案涉基金募集过程中还存在欺诈、承诺最低收益、故意隐瞒重要信息、误导性陈述等违法行为，以上违法行为是已经由《责令改正措施决定》查实认定，并且 N 地证监局明确该行政监管措施是针对第一被申请人作出的。根据《证券投资基金法》第 145 条第 1 款的规定："违反本法规定，给基金财产、基金份额持有人或者投资人造成损害的，依法承担赔偿责任。"第一被申请人委托 D 公司代销案涉基金并不免除其作为基金管理人应当承担的法律责任，其将上述违法行为全部推卸、归责给 D 公司，对经由 N 地证监局查明认定的事实都矢口否认，是为逃避承担其法律责任无所不用其极的惜误行为。

由于第一被申请人在基金募集过程的上述违法行为，申请人基于对案涉基金产品、性质及风险的错误认识而作出了投资决策。第一被申请人未能尽到基础的告知说明义务，反而刻意利用与申请人之间的信息不对称进行欺诈，从程序上剥夺了申请人能够作出"知情的同意"的基本权利（参考案例：上海金融法院［2020］沪 74 民终 461 号民事判决书）。最高人民法院《全国法院民商事审判工作会议纪要》（以下简称《九民纪要》）第 85 条中对重大性要件认定如下："……重大性是指可能对投资者进行投资决策具有重要影响的信息，虚假陈述已经被监管部门行政处罚的，应当认为是具有重大性的违法行为。在案件审理过程中，对于一方提出的监管部门作出处罚决定的行为不具有重大性的抗辩，人民法院不予支持，同时应当向其释明，该抗辩并非民商事案件的审理范围，应当通过行政复议、行政诉讼加以解决。"第一被申请人一方面作出了"保本保收益""劣后级出资 25% 为本基金优先级份额提供安全垫"等重大误导性陈述；另一方面隐瞒了"G 公司财务状况恶化、公司涉诉失信、并购已然失败"等对投资者进行投资决策具有重要影响的负面信息，其重大的违法行为已经由监管部门认定，并且事实上直接导致了申请人的全部财产损失，因此应当承担赔偿责任。

3. 第一被申请人未能尽到基础的告知说明义务及适当性义务，反而刻意利用与申请人之间的信息不对称进行欺诈，应当承担赔偿责任。

《九民纪要》第 72 条规定："……在推介、销售高风险等级金融产品和提供高风险等级金融服务领域，适当性义务的履行是'卖者尽责'的主要内容，也是'买者自负'的前提和基础。"在第一被申请人推介、销售案涉基金产品时已经客观存在诸多违法行为的前提下，在本案合同签订时，第一被申请人在空白的风险揭示书、风险调查问卷、回访确认书上打钩并要求申请人直接签字，即未能尽到《九民纪要》第 76 条规定的告知说明义务，也未能给予申请人必要的投资冷静期。第一被申请人应当对其履行了适当性义务承担举证责任，但其甚至未能提供申请人在购买案涉基金产品时的录音录像视频，应当承担举证不能的法律后果。投资者适当性义务是诚信原则在金融产品销售领域的具体化，其设定目的在于解决金融市场上金融机构与客户之间的信息占用、获取能力差距与交易结构不平衡问题，为金融交易建构公平诚信的交易环境（参考案例：上海金融法院［2020］沪 74 民终 461 号民事判决书）。第一被申请人未能尽到基础的告知说明义务及适当性义务，反而刻意利用与申请人之间的信息不对称进行欺诈，使监管规定的流程彻底流于形式。

4. 第一被申请人在案涉基金投资运作管理阶段未能勤勉尽责。主要体现在以下方面：

（1）第一被申请人自始未能及时进行信息披露。根据 N 地证监局的《责令改正措施决定》，第一被申请人"未按照案涉基金的基金合同约定，向投资者披露基金相关信息，违反了《私募投资基金监督管理暂行办法》第 24 条的规定"，即第一被申请人未能做到"如实向投资者披露基金投资、资产负债、投资收益分配、基金承担的费用和业绩报酬、可能存在的利益冲突情况以及可能影响投资者合法权益的其他重大信息，不得隐瞒或者提供虚假信息。"在案涉基金投资运作管理过程中，第一被申请人未能及时向申请人披露案涉基金的相关信息，使申请人不能知晓基金资金的具体投向，从而进一步不可能发现 G 公司已严重失信的情况。其未能履行信息披露义务之违法行为已经由监管部门查证认定，并且事实上直接导致了申请人的全部财产损失，因此应当承担赔偿责任。

（2）第一被申请人向 G 公司投资的投决会程序严重违法。根据第一被申请人提供的证据"案涉基金路演 PPT"可知，第一被申请人自述并向申请人宣称其风控流程完备："内核委员会由 7 人组成，必须获得 5 名及以上委员表决通过后方可提交至基金投资决策委员会表决。"但根据其提供的《E 公司关于某投资 F 合伙企业的内核委员会决议》可知，本案投资在经过其所谓的内核委员会决议时，实际上仅有 4 名委员表决结果为同意，两者自相矛盾。上述由第一被申请人提供的两份证据足以说明其风控流程流于形式，在案涉基金投资管理上存在重大过失、不尽责的情形。在 G 公司于 2016 年 5 月便已被列为被执行人，H 公司于 2017 年 6 月便已明确放弃并购的情况下，第一被申请人强行通过内核委员会决议。

（3）第一被申请人未依约履行清算义务、严重逾期未清算已构成违约。本案合同明确约定，案涉基金存续期限为 3 年，即投资期 1 年，退出期 2 年，管理人可以视基金的退出情况延长 1 年。在本案庭审过程中，第一被申请人自认案涉基金延期没有任何书面文件，其作为基金管理人没有征求任何基金份额持有人的意见，也没有召开基金份额持有人大会。案涉基金成立日期为 2017 年 7 月，备案日期为 2017 年 8 月，第一被申请人至迟应于 2021 年 8 月前按照本案合同的约定清算，组织成立基金财产清算小组。其怠于清算的违法行为直接导致了申请人的全部财产损失，因此应当承担赔偿责任。

根据基金业协会信息公示系统，第一被申请人（现系统内更名为"N 地B 公司"）同时存在逾期未清算基金（指超过到期日 3 个月且未提交清算申请的私募基金）和长期处于清算状态基金（指提交清算开始后超过 6 个月未完成清算的私募基金）。自案涉基金成立以来，第一被申请人没有根据基金合同的约定定时定期地召开基金份额持有人大会，直到基金逾期清算后，仍然在推诿、拒绝召开会议，直到申请人联合案涉基金其他投资者反复书面申请才在2021年10月第一次召开。第一被申请人在该次基金份额持有人大会上宣称本案投资者所获的利息是F合伙企业2017年5月投资的某项目退出产生的收益。经查询"企查查"，该项目所涉公司2017年仅有两次工商变更登记，分别为3月"注册资本由600万元变成690万元"，以及5月"住所地变更"，不存在第一被申请人所述的项目退出，F合伙企业也自始至终不是该项目所涉公司的股东，不可能存在该项目退出的收益分配给本案申请人的可能性。第一被申请人一边说本案申请人与该项目无关，所以无须对该项目进行披露；一边又说分配给本案申请人的利息为该项目退出的收益，前后矛盾，自始至终行诈骗之实。

5. 第一被申请人的上述侵权违法行为也是违反合同法定附随义务之违约行为，应当承担违约责任。

根据《民法典》第509条之规定，违约行为是指违反合同义务的行为，合同义务不仅包括合同约定的义务，还包括法律规定的义务和其他附随义务。第一被申请人在私募基金募集过程中存在误导性陈述、承诺最低收益、故意隐瞒重要信息、欺诈等违法行为，使申请人基于对案涉基金产品、性质及风险的错误认识而作出了投资决策。同时，第一被申请人在基金募集过程中未能尽到基础的告知说明义务及适当性义务，在基金投资运作管理阶段未能勤勉尽责，上述诸多违法行为已构成违约，并直接导致了申请人的全部财产损失，因此应当承担赔偿责任。

6. 第二被申请人与第一被申请人串谋，套取私募基金财产。理由如下：

（1）第二被申请人严重违反《关于加强私募投资基金监管的若干规定》，与第一被申请人串谋，穿透监管将申请人资金违约、违法直接支付给基金管理人关联方，为第一被申请人骗取申请人投资本金提供了极大的便利。第一被申请人、E公司和F合伙企业三家公司之间的关联关系为：E公司持有第一被申请人的全部股权，且同时为F合伙企业的普通合伙人兼任执行事务合伙人。《关于加强私募投资基金监管的若干规定》第5条规定："私募基金管理人的出资人不得有代持、循环出资、交叉出资、层级过多、结构复杂等情形，不得隐瞒关联关系或者将关联关系非关联化。……"同时，根据上述规定第9条第1款第4项，私募基金管理人及其从业人员从事私募基金业务，不得

"以套取私募基金财产为目的，使用私募基金财产直接或者间接投资于私募基金管理人、控股股东、实际控制人及其实际控制的企业或项目等自融行为"。

第一被申请人向第二被申请人发出指令，将本案募集资金划拨至关联方 F 合伙企业，而不是实际底层资产这种明显违反常理和本案合同约定的划拨指令时，第二被申请人应当立即通知投资人并向证监会报告。《关于加强私募投资基金监管的若干规定》第 9 条同时规定了私募基金托管人"不得有前款所列行为或者为前款行为提供便利"，第二被申请人在明知第一被申请人有上述违法行为时，仍向其实际控制的关联方 F 合伙企业划拨资金，为第一被申请人骗取申请人投资本金提供了极大的便利，未能尽到基金托管人的义务，因此应当根据《证券投资基金法》第 145 条的规定承担连带赔偿责任。

（2）第二被申请人未能履行法定以及基金合同约定的信息披露义务。《私募基金管理暂行办法》第 24 条规定："私募基金管理人、私募基金托管人应当按照合同约定，如实向投资者披露基金投资、资产负债、投资收益分配、基金承担的费用和业绩报酬、可能存在的利益冲突情况以及可能影响投资者合法权益的其他重大信息，不得隐瞒或者提供虚假信息。……"第二被申请人作为案涉基金的信息披露义务人，未能履行法定以及基金合同约定的信息披露义务，其重大疏漏使申请人不能及时知悉第一被申请人在投资运作过程中存在的欺诈行为，导致申请人无法收回投资本息，应当承担连带赔偿责任。

7. 第一被申请人应当按照其推介材料中所述的业绩比较基准，向申请人赔偿本金、利息及基金认购费用。

案涉基金成立日期为 2017 年 7 月，备案日期为 2017 年 8 月，存续期限为 3 年，管理人可以视基金的退出情况延长 1 年，即第一被申请人至迟应于 2021 年 8 月前按照本案合同约定进行清算并组织成立基金财产清算小组。案涉基金存续期满至今一年多以来，由于第一被申请人怠于启动清算等一系列违约行为，致仲申请人无法收回投资本息的损失已实际产生。Q 地某法院民事裁定书中论述："管理人怠于启动清算，则基金未清算的状态仍将持续，而基金未清算，则投资者损失就无法通过合同约定的程序进行固定。在涉案基金投资合同已经诉讼且债务人无财产可供执行的情况下，原审仅以基金未清算为由，判决驳回申请人的诉讼请求，有所不当。"另外，案涉基金投资者积极维护自身合法权益的行为，对提升金融消费者信心、维护金融安全与稳定、促进社会公平正义和社会和谐具有积极意义，符合国务院办公厅《关于加强金融消费者权益保护工作的指导意见》的精神，不会影响案涉基金其他未参与本次仲裁的投资者之合法权益。上海金融法院〔2020〕沪74民终461号民事判决书中对此也有类似论述："应进一步指出的是，华设资管上海公司因违反法定义务而应以自有财产承担赔偿责任，该责任的承担既与'刚兑'无关，亦不影响资管计划其他投资者的利益。"

《九民纪要》第77条第2款第1、3项对卖方机构未尽适当性义务导致金融消费者损失的，应当赔偿金融消费者所受的实际损失之损失赔偿数额也有明确规定，即"金融产品的合同文本中载明了预期收益率、业绩比较基准或者类似约定的，可以将其作为计算利息损失的标准；合同文本虽然没有关于预期收益率、业绩比较基准或者类似约定，但金融消费者能够提供证据证明产品发行的广告宣传资料中载明了预期收益率、业绩比较基准或者类似表述的，应当将宣传资料作为合同文本的组成部分"。申请人及案涉基金投资者仅主张投资本金以及基金认购费用，并主张以第一被申请人在基金合同及推介宣传材料中宣传承诺的业绩比较基准计算利息，从未要求超额收益，并无不当。

第二被申请人作为案涉基金的托管人，未能根据本案合同及托管协议约定，制定基金投资监督标准与监督流程，对基金合同生效之后所托管基金的投资范围、投资比例、投资风格、投资限制、关联方交易等进行严格监督，还未能履行法定以及基金合同约定的信息披露义务导致申请人无法收回投资本息，应当承担连带赔偿责任。

（六）第一被申请人的主要代理意见

1. 申请人主张的是侵权纠纷，而仲裁庭对于侵权纠纷没有管辖权：

（1）仲裁申请书提及的是侵权而非合同，申请人主张的是侵权责任，而非合同责任。申请人提出的按业绩比较基准8.5%的年化利息水平索赔利息损失的仲裁请求，并未改变申请人在本案中主张侵权责任而非合同责任的事实。即使申请人在主张第一被申请人违约的情况下，其代理意见未指出第一被申请人违反了本案合同的哪个条款，其关于违约的主张没有法律基础。而且，申请人对于合同法定附随义务的理解根本错误，且与本案无关。

（2）只有与合同义务相关的侵权主张，方有可仲裁性。如侵权行为不属于合同权利义务的调整范畴，换言之，不是在履行合同过程中因侵权人违反合同义务产生的，而是侵权人所为的一项独立的民事行为，违反的是法定义务，不具有可仲裁性。

（3）申请人关于侵权的主张并非基于合同义务。就本案而言，根据仲裁申请书，申请人主张的是二被申请人使用欺诈的方式，与申请人订立本案合同，违反了法定义务，并侵犯了申请人的财产权，并据此请求损害赔偿。如果申请人主张本案合同缔结过程中存在欺诈，申请人可以以欺诈为由请求撤销本案合同，在此情况下仲裁庭有管辖权。但是，第一被申请人并未请求撤销本案合同，而是主张独立的侵权赔偿责任。申请人请求仲裁庭就被申请人是否违反了法定义务进行裁判，而不是就合同义务进行裁判，因此超越了双方达成仲裁条款时的合意，故仲裁庭对此不应有管辖权。

（4）申请人主张的侵权行为实际由第三人做出。仲裁条款并不约束第三人。本案申请人提交的多份证据，并非第一被申请人所从事的行为，而是由案外人 D 公司从事。鉴于 D 公司与申请人之间并无仲裁协议，仲裁庭应当拒绝申请人所提出的侵权主张。

综上，第一被申请人认为，基于申请人的侵权主张，仲裁庭没有管辖权。

2. 为了辩论之目的，即便仲裁庭认为对于本案侵权之诉有管辖权，第一被申请人认为申请人关于侵权主张的纠纷也应当予以驳回。理由如下：

（1）对于合同债权不应主张侵权责任救济。申请人和第一被申请人订立有本案合同，约定了基金全方面的法律义务。因此，如利益有减损，申请人应当主张合同责任，而非侵权责任。

（2）在责任竞合的情况下，可以择一行使。但本案申请人并未主张违约行为的侵权责任。《民法总则》第 186 条规定："因当事人一方的违约行为，损害对方人身权益、财产权益的，受损害方有权选择请求其承担违约责任或者侵权责任。"同样，《民法典》第 186 条规定："因当事人一方的违约行为，损害对方人身权益、财产权益的，受损害方有权选择请求其承担违约责任或者侵权责任。"可见，只有在违约和侵权责任竞合的情况下，申请人方可择一主张权利，而且只能择一主张权利。但是，本案并非违约责任与侵权责任竞合。即便本案中存在请求权竞合，申请人也违反了在竞合时只能择一行使的法律规定，其在本案中的侵权责任的请求应当被全部予以驳回。

3. 即便假设本仲裁庭对于侵权的主张具有管辖权，申请人也并未就侵权行为完成举证责任。

申请人的主张不满足一般侵权责任构成有四个要件，包括违法行为、损失、因果关系和主观过错：

（1）申请人未能证明其遭受损失。申请人的出资金额为100万元人民币。案涉基金募集完成后，案涉基金的总金额为1900万元人民币，申请人的出资额仅占基金总额的5.3%。本案申请人，以及本次向仲裁委员会提起仲裁的其他11名申请人，合计投资额为1300万元人民币；未提起仲裁的其他投资者6名，合计投资额为600万元人民币，因此提起仲裁申请的申请人不能代表全部投资者。案涉基金投资于F合伙企业，占F合伙企业的投资比例为64.4%；F合伙企业所投资的底层资产，包括G公司（投资额1600万元，持股1.67%，投资时间为2015年6月）、K公司（投资额450余万元，持股0.32%，投资时间为2015年8月），L公司（投资额300万多元，持股2.59%，投资时间为2016年6月）。具体而言：第一，F合伙企业尚未从G公司退出，所以对G公司的投资盈利或者亏损并不明确，仍不排除后续F合伙企业可以通过G公司破产财产变价和分配，从而退出的可能性；第二，G公司仅是案涉基金所投向的投资组合底层资产之一，不能仅以G公司的业绩表现，取代F合伙企业全部底层资产的业绩表现，F合伙企业全部投资组合盈利或者亏损尚不明确；第三，案涉基金尚未清算，所以投资者从案涉基金中取得剩余财产的多少尚不明确；第四，司法先例确认了，在基金尚未清算的情况下，投资者起诉赔偿损失，应当予以驳回；第五，由于申请人并未根据本案合同请求清算基金，因此是否裁决清算基金，并不在仲裁庭的职权范围内；第六，申请人要求退回投资款的主张等于分配基金财产，侵犯了基金的财产权以及其他未参与仲裁的其他投资者的权益。综上，案涉基金尚未全部退出，基金盈亏不定，G公司仅为投资组合中的一家；由于案涉基金尚未清算，投资者实际分配的金额尚未确定，无法确定损失，因此申请人未能证明其遭受了损失以及其实际损失的金额。

（2）本案并不适用《九民纪要》第五部分关于金融消费者权益保护纠纷案件的审理的有关规定，包括但不限于适当性义务举证责任倒置、金融产品发行人和销售者承担连带责任等规定。一是，《九民纪要》第五部分明确只适用于金融机构。鉴于金融活动系行政许可项目，私募基金管理人未取得金融许可证，不是金融机构。二是，《九民纪要》第五部分明确只适用于金融消费者。金融消费者指一般社会大众，不具有风险识别能力和风险承担能力。但是合格投资者是指具有相应风险识别能力和风险承担能力的机构或者个人，因此合格投资者不是金融消费者。由于《九民纪要》第五部分不适用于本案，因此本案仍然应当坚持一般的侵权责任原则，具体包括："谁主张，谁举证"，即应当由申请人对于被申请人是否违反适当性义务进行举证，以及发行人和销售者根据其具体侵权情况各自承担责任，相互之间无连带责任。

（3）申请人未能证明第一被申请人存在欺诈行为，以及具有欺诈的过错。

首先，应当坚持排除合理怀疑而非高度盖然性的举证标准。最高人民法院《关于适用〈中华人民共和国民事诉讼法〉的解释》（2015 年）第 109 条规定："当事人对欺诈、胁迫、恶意串通事实的证明，以及对口头遗嘱或者赠与事实的证明，人民法院确信该待证事实存在的可能性能够排除合理怀疑的，应当认定该事实存在。"由上述规定可知，由于欺诈的指控，将导致较为严重的民事法律后果，因此，对于欺诈，应当坚持更高的举证标准，即排除合理怀疑，而非高度盖然性的一般民事举证标准。

其次，申请人未能证明第一被申请人在基金销售过程中存在欺诈，以及与申请人主张的所谓损失存在因果关系。具体而言：其一，第一被申请人并未从事实际基金销售，因此和基金销售过程中发生的任何行为无关；其二，第一被申请人在基金销售过程中无任何过错，第一被申请人对于基金销售公司选择方面以及基金销售公司在基金销售中的行为均无过错；其三，第一被申请人和基金销售公司，已经尽到了适当性义务，申请人为合格投资者，第一被申请人和基金销售公司在本案中以风险揭示、问卷调查、回访等方式履行了相应的投资者适当性管理程序，相关材料均由申请人本人签字认可，而申请人并未举出第一被申请人和基金公司在销售过程中存在欺诈行为的证据；其四，基金募集阶段未承诺保本保息，案涉基金的宣传推介材料多处提醒基金属于高风险投资，存在本金亏损的风险，第一被申请人从未承诺在案涉基金到期无法兑付本息时回购；其五，案涉基金通过 F 合伙企业进行投资，即通过投资有限合伙企业持有项目公司，并未违反基金募集阶段的推介材料；其六，第一被申请人对于案涉基金尚未从 G 公司退出的事实，在基金募集阶段没有过错；其七，在申请人提交的由 D 公司制作的材料中曾提及安全垫，但该证据材料的真实性和合法性均存疑，第一被申请人从未承诺安全垫，《基金合同》对于安全垫没有任何规定，虽然案涉基金所投资的 F 合伙企业有限合伙份额分为优先级份额与劣后级份额，但安全垫应是对该结构的通俗称法，并非说案涉基金采用了这个结构。

第一被申请人重点对 N 地证监局《责令改正措施决定》中有关第一被申请人的宣传推介材料存在误导性陈述的说法进行了抗辩，提出需要结合《关于 B 公司的现场检查事实确认书》（以下简称《现场检查事实确认书》）予以了解该说法的具体所指。《现场检查事实确认书》中提及，宣传推介材料中存在对 G 公司是"风口行业的龙头企业，并购价值凸显；退出路径明确；公司财务数据表明成长性良好""预计上市公司将按照 16 亿元左右的估值整体收购，投资退出路径及期限较为明确"的陈述。N 地证监局似认为，G 公司并未由上市公司收购，且陷入破产重整，案涉基金至今尚未从 G 公司退出，因此宣传推介材料中的退出路径明确，属于误导性陈述。第一被申请人认为，《责令改正措施决定》不能证明第一被申请人在基金募集阶段存在欺诈，理由如下：其一，《责令改正措施决定》并非行政处罚，而是责令改正的行政监管措施，恰恰证明第一被申请人的行为，情节轻微，无主观恶意；其二，对于 N 地证监局责令改正的监管措施，第一被申请人已经整改完毕，因此与本案没有关系；其三，《责令改正措施决定》所指向的对象并不具有重大性，投资者是否投资，与案涉基金是否从 G 公司退出之间没有因果关系；其四，申请人并未证明其实际受到相关推介文件的影响，对于 G 公司的描述可见于第一被申请人制作的 PPT，但该 PPT 文件是第一被申请人与 D 公司之间的内训材料，不得对外公开散发，而申请人并未举出任何证据（例如电子邮件、签字、微信、照片等）来证明其投资受到相关 PPT 的影响；其五，即便申请人实际收到相关推介文件，但是申请人也未证明推介文件提及 G 公司，因为 G 公司的名称在推介 PPT 中以"xx 新能源科技有限公司"代替。综上，申请人未能证明第一被申请人在基金募集阶段存在欺诈，其主张应当予以驳回。

再次，申请人未能证明第一被申请人在基金管理阶段存在欺诈。理由如下：其一，案涉基金的投向符合本案合同的约定；其二，《责令改正措施决定》仅涉及基金事务管理报告入口的变更，并未认定第一被申请人在基金管理的其他方面存在违规；其三，申请人也未提供任何证据，证明其曾经索要或者查询过基金管理事务报告，以及索要或者查询基金管理事务报告之后，第一被申请人拒绝提供；其四，即便第一被申请人违反了本案合同关于基金管理事务报告披露方式的规定，第一被申请人也已经整改完毕；其五，即便第一被申请人违反了本案合同关于基金管理事务报告披露方式的规定，也不能证明存在本案申请人所主张的欺诈；其六，申请人应当主张的也是违约责任，而非侵权责任；其七，即便第一被申请人违反了本案合同关于基金管理事务报告披露方式的规定，也和申请人主张的损失没有因果关系。综上，第一被申请人虽然增加了基金管理事务报告的微信查询方式，调整了官网入口的目录层级，从而与本案合同的约定可能不甚一致，但是与申请人所主张的欺诈没有关系，因此申请人未能提供任何证据证明第一被申请人存在欺诈行为。

最后，第一被申请人对于投资组合中包括的 G 公司，已履行勤勉尽责义务。其一，第一被申请人对于投资组合中包括的 G 公司进行了尽职调查，案涉基金投资 F 合伙企业之前，E 公司的项目组于 2017 年 7 月再次出具了《G 公司新能源科技有限公司尽职调查分析报告》来确认项目估值。其二，第一被申请人对于投资组合中包括 G 公司，经过了内部必要的审批程序，E 公司（第一被申请人的控股股东）在 2017 年 8 月 a 日作出《关于某投资 F 合伙企业的内核委员会决议》，同意案涉基金投资 F 合伙企业。E 公司的《股权投资项目内核工作指引》（以下简称《内核指引》）第 24 条规定："内核委员需针对项目是否投资发表表决意见，表决意见分为同意、有条件同意、不同意三类……投资金额 3000 万元（不含）以下的项目经内核委员半数以上同意（含有条件同意）为通过；投资金额 3000 万元（含）以上的项目经内核委员会 5 票（含）以上同意（有条件同意）为通过。"根据案涉基金路演 PPT，案涉基金在募集阶段计划的募集规模为不超过 5000 万元，此时基金尚未募集完毕，最终规模并不确定，故当时在该材料披露了按照 3000 万元以上投资金额的内核委员会表决流程。案涉基金募集完毕后，实际规模为 1900 万元，故按照《内核指引》适用 3000 万元以下投资项目表决流程，需 E 公司 7 名内核委员过半数同意即可。因此，上述 E 公司关于案涉基金投资 F 合伙企业投资决议经 4 名内核委员同意，符合其投资决策流程。其三，在 G 公司未完成业绩对赌的情况下，第一被申请人及时采取了维权措施。由此可见，第一被申请人已经尽到了管理阶段的勤勉义务。

综上所述，申请人未能证明存在损失，未能证明第一被申请人存在过错以及从事了违法行为，未能证明其指控第一被申请人的行为和申请人所谓的损失存在因果关系，申请人关于侵权责任成立的四项要件均未满足，因此其关于侵权责任的主张应当被全部驳回。

4. 申请人请求第一被申请人刚性兑付，违反了本案合同以及法律规定。

理由如下：

（1）根据本案合同，申请人应自行承担投资本金亏损。本案合同多处均明确约定，案涉基金不承诺保证本金安全，可能会亏损本金。申请人知晓其投资本金可能亏损，且应自行承担投资本金亏损的风险。而且，根据申请人填写的《私募投资基金投资者风险问卷调查（个人版）》评估结果，申请人为具备相应投资知识的合格投资者，其应对投资案涉基金可能存在的投资风险具备基本的认知。申请人主张第一被申请人返还投资本金，没有任何合同依据，且违反合同的自愿原则和诚信原则。

（2）《基金合同》未约定基金投资是否有收益，更未约定最低收益。本案合同首部"基金风险提示函"部分第 1 款约定："基金的管理人依照恪尽职守、诚实信用、谨慎勤勉的原则管理和运用基金资产，但不保证一定盈利，也不保证最低收益"；第 19 条第 1 款第 3 项约定："在符合有关基金资产分配条件的前提下，基金管理人有权对本基金收益在产品成立满 12 个月、24 个月和 36 个月及 48 个月（如有）时各分配 1 次，以按业绩比较基准计算出的收益为上限向本基金份额持有人进行分配。"根据《风险揭示书》第 3 条第 2 款，申请人签字确认其"知晓，基金管理人、基金销售机构、基金托管人及相关机构不应当对基金财产的收益状况作出任何承诺或担保"。基于上述，本案合同已约定不保证基金投资一定盈利，更未保证最低收益。私募基金行业内对业绩比较基准有相应的通识，业绩比较基准并非保底收益。因此，申请人主张第一被申请人按照年化 8.5% 的标准支付投资收益损失有违本案合同的约定，没有任何事实和法律依据。更何况，本案合同未约定基金投资是否有收益，亦未约定必须每年分配收益，更未约定必须按照某固定值分配收益。

（3）刚性兑付违反部门规章的规定。《私募基金管理暂行办法》第 15 条规定："私募基金管理人、私募基金销售机构不得向投资者承诺投资本金不受损失或者承诺最低收益。"如果仲裁庭支持了申请人刚性兑付的主张，则不仅违反了本案合同，而且违反了上述部门规章的规定。

（4）N 地证监局的《责令改正措施决定》是制止刚性兑付，而非支持刚性兑付。关于最低收益承诺，《责令改正措施决定》认定："你公司向案涉基金的投资者承诺最低收益，违反了《私募办法》第 15 条的规定"，结合《现场检查事实确认书》，应指在 2018 年至 2020 年的每年第三季度，案涉基金按年化 8.5% 的收益水平向投资者进行了收益分配。但是，《责令改正措施决定》并非行政处罚，而是责令改正的行政监管措施，且第一被申请人已经整改完毕。此外，根据《责令改正措施决定》，第一被申请人认识到其过往 3 年，在基金未取得盈利的情况下，向投资者进行分配收益，属于错误的债务履行，因此构成给付型的不当得利，应当予以返还，或者折抵第一被申请人应给付投资者的债务（如有）。

5. 第一被申请人在未取得收益的情况下，对于投资者进行收益分配，构成给付型的不当得利，申请人应当予以返还或者折抵第一被申请人应给付对申请人的债务（如有）。

6. 申请人未证明其实际给付了认购费。本案申请人不仅主张返还基金认购款，而且还主张返还基金认购费。但是其并未提供任何证明，例如银行水单，证明其实际给付了基金认购款以及基金认购费。

7. 申请人应当承担全部仲裁费用。由于申请人的主张无任何事实与法律依据，应由申请人自行承担所有仲裁费用。

8. 申请人请求的律师费没有任何约定和法定的依据，申请人仅提供了律师费发票，未提供律师委托代理协议，未尽到举证责任。

综上，申请人作为合格投资者，根据本案合同投资私募基金，理应自行承担投资风险。在案涉基金尚未退出，亦未清算的情况下，申请人却意图违约并取回财产，此举不仅侵犯了基金财产的独立性，而且其刚性兑付的申请主张，也完全违反了本案合同的明确约定，更与《私募基金管理暂行办法》第 15 条禁止保本保收益的法律规定背道而驰。而且，申请人在本案合同有明确规定的情况下，并不依法请求仲裁庭对于基金合同的效力进行审查，反而提出本仲裁庭没有管辖权的侵权之诉，没有任何的事实和法律依据。因此，第一被申请人请求仲裁庭驳回申请人全部仲裁请求，依法维护第一被申请人和全体基金投资者的合法权益。

（七）第二被申请人的主要代理意见

1. 第二被申请人已经依法依约履行了基金托管人的义务，不存在任何违法违约行为。

2. 申请人要求第二被申请人承担共同侵权责任，于法于约无据。

3. 申请人要求第二被申请人承担返还投资本金、基金认购费用、支付投资收益损失的连带赔偿责任等主张，没有事实及法律依据，且案涉仲裁请求的请求权基础混乱。

本案中，申请人的仲裁请求既存在要求被申请人承担违约责任的主张，又主张被申请人共同侵权。在请求权竞合时，根据相关规定，基于同一事实的请求权竞合，只能择一而诉。此外，申请人既要求返还投资本金，又要求按照本案合同约定比较基准利率的 8.5% 承担赔偿责任，存在请求权基础混乱的状况。另一方面，案涉基金目前尚未清算，亦未退出，目前无法确认基金清算后的盈亏状态，是否存在损失尚未可知。况且即便存在损失，因第二被申请人不参与基金财产的投资运作，不负责案涉基金的投资和风险管理，该损失亦与第二被申请人无关。

综上，第二被申请人既不存在过错，也不存在违约行为，申请人要求第二申请人承担共同偿还责任，于法于约无据。

二、仲裁庭意见

仲裁庭认为，本案审理过程中，各方当事人已就本案相关事实和法律问题充分发表了意见。仲裁庭注意到各方当事人就本案相关事实的主张以及提交的证据材料，在庭审中听取了各方当事人及其代理人的质证意见，就仲裁庭需要了解的相关事实进行了询问，并充分审阅和考虑了各方当事人各自就相关问题的陈述和抗辩意见。仲裁庭在案情中未予摘录、述及者，或者虽已在案情部分摘录述及但未在仲裁庭意见中予以采用者，并非仲裁庭忽视或默认。

仲裁庭全面审阅了现有的案件材料，结合庭审情况，发表如下意见：

（一）关于本案的基本事实

结合本案的审理情况，仲裁庭认定如下基本事实：

1. 本案合同签署于 2017 年 7 月，案涉基金于 2017 年 7 月成立。根据本案合同的约定，案涉基金的存续期限为 3 年（投资期 1 年，退出期 2 年），管理人可以视基金的退出情况延长 1 年；投资范围为"投资未上市企业股权、投资有限合伙企业的有限合伙份额、全国中小企业股份转让系统挂牌企业的股票（含定向发行）、货币市场工具、银行存款、债券逆回购以及法律法规和中国证监会允许基金投资的其他金融工具，但需符合中国证监会的相关规定"；投资策略为"本基金根据中国经济社会的结构性变化和趋势性规律，采取自上而下方式投资国内未上市公司股权或有限合伙的有限合伙份额、全国中小企业股份转让系统挂牌企业的股票（含定向发行）等"，且"项目投资原则上要求投资于成长性行业，主投医药、环保、TPE 三大行业拟被并购、新三板转板拟 IPO 等机会的优质项目。制定投资风险分散措施，优化投资组合。实行区域分散、行业分散和企业分散，力争实现组合收益最大化"；投资限制为应遵循"法律法规、中国证监会以及本合同规定的其他投资限制"；投资禁止行为包括禁止从事承销证券、向他人贷款或提供担保、从事承担无限责任的投资、从事内幕交易、操纵证券价格及其他不正当的证券交易活动，以及法律法规、中国证监会以及本合同禁止从事的其他行为；对于基金合同、交易行为中存在的或可能存在利益冲突的情形及处理方式的说明，列明为"无"；业绩比较基准（如有）为年化 8.5%；风险收益特征为"高风险、高收益"。

2. 2017 年 7 月（b+8）日，申请人向案涉基金的募集账户（账号 1）转款 101 万元，标注为"认购案涉基金 100 万元"。2017 年 7 月（b+16）日，第一被申请人出具《认购确认书》，确认申请人认购了案涉基金的 100 万份基金份额。由此可见，申请人主张的认购费用 1 万元确实与基金份额认购款 100 万元一并转入案涉基金的募集账户，第一被申请人也没有提交将该认购费用转付给 D 公司的证据。

3. 2017 年 8 月（a+2）日，基金业协会出具了案涉基金的《私募投资基金备案证明》（备案编码：SW0001）。

4. 第一被申请人作为案涉基金的管理人，向第二被申请人发出两份《电子指令信息》，要求第二被申请人从案涉基金的账户向 F 合伙企业的账户分别于 2017 年 8 月（a+3）日和 2017 年 9 月 a 日转款 870 万元和 1030 万元，合计 1900 万元。

5. 案涉基金将其募集的 1900 万元全部用于认购 F 合伙企业的有限合伙优先级份额，并持有至今。F 合伙企业目前处于正常存续状态，现持有三笔对外投资：对 G 公司的 1600 万元投资、对 K 公司的 450 余万元投资以及对 L 公司的 300 万多元投资。

6. 经第一被申请人确认，其未就案涉基金三年存续期到期后的延长出具书面文件，案涉基金目前尚未进入清算程序。

本案的各方当事人均提供了大量的证据材料，用于证明己方事实主张及反驳对方事实主张。经庭审，各方当事人在陈述、举证及质证的基础上，将争议事实问题集中在申请人主张的以下四个方面：其一，第一被申请人在基金募集阶段与投资管理阶段存在欺诈、误导性陈述、故意隐瞒重要信息等行为（以下简称"欺诈行为"），核心是 F 合伙企业对 G 公司的投资问题；其二，E 公司和 D 公司在基金募集阶段提供了虚假陈述，违反了向金融消费者推介、销售金融产品时应遵守的适当性义务法律要求（以下简称"适当性义务"），应归责于第一被申请人；其三，第一被申请人在基金投资管理阶段存在未尽责履约的行为；其四，第二被申请人在监督案涉基金的资金投向及信息披露方面存在过错。第一被申请人与第二被申请人对申请人提出的与己方相关的争议事实均予以否认，并提交了相关证据。仲裁庭将在分析本案争议焦点时，结合各方当事人的证据材料及庭审陈述对相关争议事实进行分析与认定。

（二）关于本案的法律适用和合同效力

本案涉及的核心争议（即申请人主张的第一被申请人在基金募集阶段存在欺诈行为、违反适当性义务，以及第二被申请人在监督基金资金投向时存在过错）均为《民法总则》于 2017 年 10 月 1 日开始施行之前所发生的法律事实，仲裁庭认为，应根据当时适用的《民法通则》《合同法》《侵权责任法》《证券投资基金法》《私募基金管理暂行办法》及其他相关规定来解决由此引发的纠纷。此外，仲裁庭也将参考 2017 年 7 月 1 日起施行的《证券期货投资者适当性管理办法》（以下简称《投资者适当性管理办法》），评判基金募集阶段的适当性义务问题。

此外，申请人还主张第一被申请人在基金投资管理阶段存在未尽责履约的行为，以及第二被申请人在基金托管过程中存在信息披露方面的问题，均持续至今。《民法典》于 2021 年 1 月 1 日开始施行。根据最高人民法院《关于适用〈中华人民共和国民法典〉时间效力的若干规定》（法释［2020］15号）第 1 条第 3 款"民法典施行前的法律事实持续至民法典施行后，该法律事实引起的民事纠纷案件，适用民法典的规定，但是法律、司法解释另有规定的除外"的规定，申请人主张的第一被申请人未尽责履行本案合同以及第二被申请人未履行信息披露义务的行为所涉法律事实延续至《民法典》施行之后，故对该主张的裁判应适用《民法典》等相关法律、司法解释的规定。

基于上述法律及规定，仲裁庭认为，各方当事人均未对本案合同的签署提出怀疑，本案合同的内容不违反法律、行政法规的强制性规定，应为合法有效，各方当事人均应受其约束，并据此享有权利、履行义务。

（三）关于仲裁庭管辖权的问题

第一被申请人提出，申请人以侵权为请求权基础，要求二被申请人承担侵权责任，不属于仲裁庭管辖范围。申请人则提出，第一被申请人的上述侵权违法行为也是违反合同法定附随义务之违约行为，应当承担违约责任，且第二被申请人应承担共同赔偿责任。

仲裁庭认为，《仲裁法》第 2 条规定："平等主体的公民、法人和其他组织之间发生的合同纠纷和其他财产权益纠纷，可以仲裁。"本案合同第 25 节约定，"因本合同而产生的或与本合同有关的一切争议"，应提交仲裁委员会进行仲裁。因此，如果申请人主张第一被申请人或第二被申请人的某一项侵权行为不是因本案合同而产生的或与本案合同的缔结及履行有关的，也不涉及合同或其他财产权益纠纷，仲裁庭对该侵权行为确无管辖权。

不过，仲裁庭理解，申请人强调二被申请人的侵权行为，本意并非排除仲裁庭基于本案合同仲裁条款的管辖权，而是希望强调所主张的第一被申请人欺诈行为、违反适当性义务及不尽责履约的违法性质，以及第二被申请人应承担连带侵权责任。而第一被申请人抗辩的重点，也是在于强调仲裁庭对申请人提出的、与本案合同的缔结及履行无关的侵权主张没有管辖权，不应对之进行审理，而非主张仲裁庭对本案整体无管辖权。基于此，仲裁庭认为，仲裁庭对各方当事人因本案合同而产生的或与本案合同的缔结及履行有关的争议具有管辖权，但对于涉及非本案合同当事人之间的争议或事件，或不在本案合同仲裁条款范围之内的争议，或非基于本案合同的、仅因违反某一法定义务而产生的侵权责任，则不享有管辖权。仲裁庭将基于上述原则，评判各方当事人的具体主张及相关证据。

（四）关于本案主要争议焦点

结合本案各方当事人的主张和证据，仲裁庭认为，本案的主要争议焦点如下：一是，第一被申请人是否存在申请人所主张的欺诈行为；二是，第一被申请人是否在基金募集阶段违反了适当性义务；三是，第一被申请人是否在基金投资管理阶段存在申请人所主张的未尽责行为，违反了本案合同的约定；四是，第二被申请人是否在监督基金资金投向方面存在过错以及违反了信息披露义务，是否应向申请人承担连带赔偿责任；五是，申请人对案涉基金的投资是否已经发生了损失，损失金额是否已确定。仲裁庭针对上述主要争议焦点，逐一评析如下。

1. 第一被申请人的欺诈行为问题。

申请人提出，第一被申请人在基金募集阶段存在欺诈行为，主张第一被申请人"在明知 G 公司已资不抵债，募集的资金必然有去无回的时候，仍然联合 D 公司（即 D 公司，仲裁庭注）、E 公司做出虚假的收益和保底承诺，精心策划欺诈行为，直接导致了申请人无法收回投资本金，在财产和精神上遭受重大损失"。在庭审过程及庭后代理意见中，申请人进一步主张，由于 F 合伙企业已在 2015 年投资 G 公司，第一被申请人投资 F 合伙企业的行为实际上是将案涉基金的募集资金用于为 F 合伙企业的前期投资者"接盘""填坑"。为了证明第一被申请人的上述欺诈行为，申请人主要提出了三方面的事实依据：其一，G 公司已官司缠身，最早于 2016 年 5 月便已被立案为失信被执行人；其二，G 公司的董事长自然人 B1 被列为失信被执行人；其三，H 公司在 2017 年 6 月 a 日、2017 年 7 月 b 日已公告申明放弃并购 G 公司的计划。

仲裁庭认为，案涉基金的募集阶段发生在 2017 年 7 月签署本案合同之前，对 F 合伙企业的投资则发生在 2017 年 8 月和 9 月，应适用当时生效的《民法通则》《合同法》《侵权责任法》以及最高人民法院《关于贯彻执行〈中华人民共和国民法通则〉若干问题的意见（试行）》（以下简称《民法通则司法解释》）中有关民事欺诈的规定。《民法通则》第 58 条第 1 款第 3 项规定："一方以欺诈、胁迫的手段或者乘人之危，使对方在违背真实意思的情况下所为的"民事行为无效。《合同法》第 54 条第 2 款规定："一方以欺诈、胁迫的手段或者乘人之危，使对方在违背真实意思的情况下订立的合同，受损害方有权请求人民法院或者仲裁机构变更或者撤销。"《侵权责任法》第 2 条第 1 款规定："侵害民事权益，应当依照本法承担侵权责任。"第 6 条第 1 款规定："行为人因过错侵害他人民事权益，应当承担侵权责任。"《民法通则司法解释》第 68 条规定："一方当事人故意告知对方虚假情况，或者故意隐瞒真实情况，诱使对方当事人作出错误意思表示的，可以认定为欺诈行为。"仲裁庭注意到，申请人在本案中并未主张本案合同因第一被申请人的欺诈行为而无效，也未请求仲裁庭对本案合同予以变更或撤销，而是主张第一被申请人在私募基金募集过程中存在欺诈行为，应承担相应的侵权责任。由于申请人主张的第一被申请人之侵权责任因本案合同而产生，亦与本案合同的缔结有关，故仲裁庭对该主张具有管辖权，应适用《侵权责任法》有关一般侵权责任的法律原则评判申请人所主张的第一被申请人侵权责任是否成立。具言之，根据《侵权责任法》的规定，申请人应首先证明第一被申请人存在违法行为（即申请人所主张的欺诈行为）；如果该违法行为成立，仲裁庭将进一步评判其是否造成了申请人的财产损失，两者之间是否存在因果关系，以及第一被申请人是否具有主观过错。

仲裁庭注意到，虽然申请人提出了二被申请人、E 公司及 D 公司"精心策划，通过设置 F 合伙企业为防火墙、向投资者承诺保本保息等手段，骗取申请人投资以填补亏空"甚至涉嫌刑事诈骗的指控，但该"骗取""诈骗"的指控是申请人的单方陈述，既无有权司法机关的认定，申请人也没有提供其他证据，足以令仲裁庭对所谓的"骗取""诈骗"问题达到合理怀疑的程度。申请人的上述指控，主要还是基于其所主张的案涉基金投资 F 合伙企业属于为 E 公司"接盘"，以及有关 G 公司"财务状况恶化、公司涉诉失信、并购已然失败"等事实方面的主张。

仲裁庭认为，根据现有证据，申请人未能证明第一被申请人在基金募集阶段故意告知申请人有关 F 合伙企业或 G 公司的虚假情况，或故意隐瞒相关真实情况，从而诱使申请人签署本案合同。换言之，申请人未能证明第一被申请人存在欺诈行为。针对申请人提出的上述各项主张，仲裁庭逐一评析如下。

关于案涉基金为 E 公司"接盘"的问题。根据现有证据，E 公司是 F 合伙企业的普通合伙人及执行事务合伙人，F 合伙企业在 2015 年向 G 公司投资 1600 万元，而案涉基金在 2017 年 8 月和 9 月向 F 合伙企业投资 1900 万元。仲裁庭注意到，申请人提交的申请人证据 3（"E 公司推介书正页"部分）、证据 13"E 公司 PPT—私募投资基金"（封面显示制作时间为 2017 年 4 月）和证据 14"E 公司-私募投资基金宣传页"中均包含了交易结构图，列明案涉基金将投资一家有限合伙［交易结构图显示为"xx（有限合伙）"］，作为"优先级 LP"，E 公司作为普通合伙人（GP）；申请人证据 9"私募投资基金项目简版"中的交易结构图，更显示出案涉基金以"新入伙 LP 份额转让 LP"的方式投资 F 合伙企业，受让现有的有限合伙人 I 公司（代表其管理的某专项资管计划）持有的有限合伙优先级份额。第一被申请人证据 39"案涉基金路演 PPT"（封面显示制作时间为 2017 年 5 月）也包含了与申请人证据 3、证据 13 和证据 14 相同的交易结构图。由此可见，基金募集阶段的宣传材料并未隐瞒案涉基金拟投资某一有限合伙，而该有限合伙的普通合伙人为 E

公司的事实。此外，上述证据中并没有案涉基金将直接投资 G 公司的表述，所包含的交易结构图均显示案涉基金是直接投资于某一有限合伙，而非直接投资于该有限合伙持有的具体投资项目（在申请人证据 9 的交易结构图中显示了包括 G 公司、K 公司、L 公司在内的各投资项目的具体名称，而其他证据中的交易结构图均将有限合伙及其投资项目进行了匿名处理）。

因此，申请人对案涉基金投资 F 合伙企业构成为 E 公司"接盘"的主张，实际上涉及的是对下述问题的评判，即：案涉基金投资 F 合伙企业，是否违法违规，是否构成对潜在投资者的欺诈行为？

对于该问题，仲裁庭认为需要从以下两个方面综合分析。一方面，本案合同第 11 节第 2 款约定，案涉基金的投资范围为"投资未上市公司股权、投资有限合伙的有限合伙份额……"本案合同中也没有禁止第一被申请人将案涉基金的资金投入由其股东担任普通合伙人及执行事务合伙人的有限合伙企业的条款，法律法规对此亦无禁止性规定。因此，案涉基金投资 F 合伙企业的行为符合本案合同有关投资范围的约定。根据申请人证据 9 中的"基金要素表"，"投资范围"一栏显示案涉基金的投资范围是"主要受让 F 合伙企业的有限合伙优先级份额，即 I 公司案涉基金专项资管计划"。申请人既然将申请人证据 9 作为支持己方主张的证据之一在本案中提交，自然也需承担该证据的部分内容可能对其不利的后果，不能在审理过程中再行主张不知晓或不应当知晓案涉基金的资金投向及用途。另一方面，虽然 I 公司管理的专项资管计划名称中带有 E 公司名字的一部分，这并不意味着 E 公司就是出资人，其也可能是该专项资管计划的发起机构或投资顾问，而且 F 合伙企业仅持有 G 公司 1.67% 的股权，不构成对 G 公司的实际控制。目前，申请人没有提供证据证明案涉基金的募集资金通过 F 合伙企业直接或间接地转移给了 E 公司，构成法律法规所禁止的私募基金管理人为自己或其关联企业进行"自融"的行为。基于此，仲裁庭认为申请人仅以案涉基金投资 F 合伙企业、F 合伙企业的普通合伙人及执行事务合伙人为 E 公司（同时为第一被申请人的股东）为由，主张案涉基金对 F 合伙企业的投资是欺诈申请人的主张，并没有充分的事实与法律依据提供支持，仲裁庭无法予以认定。

关于 G 公司 2016 年 5 月已被立案为失信被执行人的问题。申请人提出该主张，目的是证明 G 公司在案涉基金投资 F 合伙企业之前已存在失信或资不抵债状况，第一被申请人对此应有所了解，不应进行该项投资。

申请人主张的"G 公司 2016 年 5 月已被立案为失信被执行人"一事（见申请人证据 5），涉及 P 地某人民法院某案件的执行申请，立案时间为 2016 年 5 月 a 日，公布时间为 2017 年 9 月（a-8）日；所涉案件的被告 J 公司应向原告 M 地某市 K 公司支付 450 114.4 元及利息，当被告 P 地某公司在其财产被依法强制执行仍不能履行上述债务时，G 公司作为另一被告应承担清偿责任。综合考虑该信息的公布时间晚于基金募集阶段相关宣传材料的制作时间（2017 年 4 月至 5 月）以及本案合同的签署时间（2017 年 7 月）、案涉金额相对较小、G 公司承担的是案涉被告被依法强制执行之后的补充清偿责任等各项因素，虽然 G 公司在该案中也被列为失信被执行人，但还无法由此得出 G 公司当时已经出现了资不抵债或严重违约失信的结论，不能证明第一被申请人由此承担了不能投资 F 合伙企业的法律义务。更何况，案涉基金的设立目的并不是为了直接投资 G 公司，F 合伙企业早在 2015 年即完成了对 G 公司的投资，对 G 公司的经营状况应该进行综合动态评估，而非仅着眼于某一时点上的单次涉诉事件及其不利后果。基于此，仅以第一被申请人没有在基金募集宣传材料中披露 G 公司的上述事件为由（暂且不论"中国执行信息公开网"上显示该事件的公布时间为 2017 年 9 月 a 日），即认定其构成了对包括申请人在内的基金份额持有人的欺诈行为，事实依据显然不足。

关于 G 公司的董事长自然人 B1 被列为失信被执行人的问题。仲裁庭认为，自然人 B1 被列为失信被执行人，应与其自身所涉案件相关，而各方当事人在本案中均未提及自然人 B1 所涉案件，也无证据证明该类案件对 G 公司的不利影响，故自然人 B1 的个人资信状况不能等同于 G 公司的资信状况或资产负债状况，申请人以自然人 B1 存在失信问题为由主张第一被申请人对其进行了欺诈，于法无据。

关于 H 公司已公告放弃并购 G 公司的问题。根据现有证据，H 公司在 2016 年 1 月提出了投资 G 公司的计划，但确已在 2017 年 6 月 a 日、2017 年 7 月 b H 公告放弃该计划。申请人由此提出，第一被申请人在 H 公司已放弃 G 公司并购计划的情况下仍然投资 F 合伙企业，构成了欺诈行为。对此主张，第一被申请人则提出，H 公司虽然放弃了并购计划，但仍然持有 G 公司 14.6154% 的股权，仍作为 G 公司的参股股东，不排除与 G 公司及其股东有进一步合作的可能性，不能证明第一被申请人对申请人进行了欺诈。

仲裁庭认为，H 公司放弃并购 G 公司的计划是客观事实，但在基金募集阶段并不能由此得出 G 公司已无投资价值或即将破产的结论。因此，申请人仅以 H 公司放弃并购 G 公司为由主张第一被申请人进行了欺诈行为的事实与法律依据，均显不足。原因有三方面：其一，H 公司及其财务顾问（某联合证券）在终止该并购计划的公告及对 N 地某市证券交易所的问询答复中，指出终止的主要理由是交易对方之一 M 地某市 C1 合伙企业（有限合伙）持有 G 公司 34.42% 的股权被司法冻结，尽管 H 公司及相关各方不断推进方案，但由于"涉及的对象较多，解决难度较大，解决的时间不可控"，继续推进计划的条件已不具备，为了维护全体股东利益而决定终止并购计划。由此可见，H 公司当时终止对 G 公司的并购计划，对外披露的主因并非 G 公司经营状况或资产负债状况的恶化，而是由于现有控股股东持有的 G 公司股权被司法冻结导致无法完成交易。其二，在有关公告中，H 公司仍表示作为 G 公司的参股股东，仍将与 G 公司以及各股东一起，携手促进和支持 G 公司的发展，不排除与 G 公司及其股东进一步合作的可能性。换言之，H 公司在终止并购计划时，并未排除后续仍有可能在 G 公司股权司法冻结问题得到解决后与 G 公司的股东进一步推进合作的可能性。其三，第一被申请人提交了 E 公司在 2017 年 7 月针对 G 公司编制的一份尽职调查分析报告（第一被申请人证据 17），其中将"目前上市公司并购暂时中止，后续可能放弃收购或收购被证监会否决的风险"作为一项重要风险提示，同时在"投资风险及应对措施"部分提出："但考虑到上市公司 H 公司及其实控人自然人 S 在 G 公司中已投资或担保投资接近 4 亿元，即使目前并购暂时中止，后续上市公司重启并购或通过其他方式整体收购的可能性也较大。目前 H 公司已有先收购 G 公司除 J 公司外的其他股份的计划。"虽然申请人对该证据不予认可，但该份尽职调查分析报告的内容与其他证据可以相互印证，也明确列出了 H 公司终止并购计划的风险并评估了后续可能采取的应对措施，并非仅显示对第一被申请人有利的内容。仲裁庭认为，该份尽职调查分析报告至少可以显示出第一被申请人在投资 F 合伙企业之前，对 F 合伙企业持有的最大一笔投资（即对 G 公司的 1600 万元投资）通过其股东 E 公司进行了主动的后续尽职调查工作，以此作为案涉基金投资 F 合伙企业的决策依据之一。综合衡量以上因素，第一被申请人对 H 公司放弃并购 G 公司及其后续应对措施是有明确的认识和判断的，申请人提交的现有证据尚不能证明第一被申请人存在对包括申请人在内的基金份额持有人实施欺诈的意图或动机。

需要指出的是，申请人在庭审时主张 F 合伙企业投资 G 公司的问题也构成了第一被申请人在基金投资管理过程中的欺诈行为，但在庭后代理意见中将此问题作为第一被申请人在基金投资管理过程中的不尽责问题之一进行论述，故仲裁庭在分析涉及基金投资管理过程的争议焦点时一并评判。

综上，仲裁庭认为，申请人有关第一被申请人在基金募集阶段对申请人存在欺诈行为的主张不能成立。由于申请人未能证明第一被申请人存在应承担侵权责任的民事违法行为，仲裁庭无需进一步分析申请人是否遭受损失、损失与所称侵权行为之间是否存在因果关系以及第一被申请人是否存在主观过错等其他侵权责任构成要件。

2. 第一被申请人的适当性义务问题。

仲裁庭认为，适当性义务是指金融产品发行人、销售者以及金融服务提供者（以下合称"卖方机构"）在向金融消费者推介、销售高风险等级金融产品，以及为金融消费者参与融资融券、新三板、创业板、科创板、期货等高风险投资活动提供服务的过程中，必须履行的了解客户、了解产品、将适当的产品（或者服务）销售（或者提供）给适合的金融消费者的义务，目的在于确保金融消费者在充分了解相关金融产品、投资活动的性质及风险的基础上作出自主决定，并承受由此产生的收益和风险。其中，卖方机构的告知说明义务是其适当性义务的组成部分之一，强调的是信息披露义务，即卖方机构在推介金融产品时，应当向金融消费者充分说明与金融产品相关的市场风险、信用风险、合同的主要内容等重要事项，使得金融消费者对所投资的金融产品有足够的认识来作出投资决定。适当性义务的履行是"卖者尽责"的主要内容，也是"买者自负"的前提和基础。具体到私募基金推介、销售方面，《私募基金管理暂行办法》作为部门规章，连同其配套规章及自律规则，明确了私募基金销售过程中私募基金管理人对投资者应履行的适当性义务要求。在举证责任方面，仲裁庭认为，卖方机构需承担证明其满足适当性义务的举证责任，但这并不等同于要求私募基金管理人承担自证清白的绝对责任。如果基金管理人提出了证明其已满足适当性义务的证据，则举证责任转移到金融消费者，由金融消费者来抗辩基金管理人提供的证据不足以证明其已尽到适当性义务，或提供新证据来证明基金管理人实际上并未履行适当性义务。

基于上述法律规则，即使第一被申请人未持有金融业务许可证，仍属于金融产品的发行人及管理人；即使申请人作为普通合格投资者，也仍属于金融消费者的范畴。仲裁庭认为，第一被申请人向申请人推介案涉基金时，应当根据有关规定，承担相应的举证责任，证明其基于诚信原则履行"了解客户""告知说明义务"及"了解产品及匹配销售"等适当性义务，才能满足举证责任转移至申请人的法律要求。

仲裁庭注意到，第一被申请人提供了申请人签署的风险揭示书、私募投资基金投资者风险调查问卷、回访确认书、客户满意度调查表及客户告知书等文件（第一被申请人证据 3 至证据 7，以下统称"投资者适当性文件"，其中的风险揭示书、私募投资基金投资者风险调查问卷与回访确认书所显示的申请人签署日期均为 2017 年 7 月（b+10）日，客户满意度调查表、客户告知书无签署日期），作为证明其在基金募集阶段已履行适当性义务的证据。至此，第一申请人提供了初步证据来证明其已履行"了解客户"及"了解产品及匹配销售"的适当性义务，举证责任转移到申请人。从申请人庭后提交的代理意见来看，申请人对此点的主要抗辩理由，是申请人当时仅在投资者适当性文件上签字，然后交给 D 公司工作人员，现在显示的内容均为 D 公司或第一被申请人工作人员自行填写，而且没有对申请人认购案涉基金份额的过程进行录音录像的"双录"环节，也违反了投资冷静期的要求。除此之外，申请人将抗辩重点放在第一被申请人违反"告知说明义务"方面。具体而言，申请人提出 E 公司和 D 公司在基金募集阶段向申请人进行了涉及以下内容的虚假陈述，应归责于第一被申请人（即第一被申请人违反了相关的告知说明义务）：其一，向投资人承诺 8.5% 年化保底收益，以及投资人获得 20% 超额收益；其二，表示案涉基金投资于优质项目、投资项目退出路径明确，而事实上 G 公司后来陷入了破产境地，且上市公司并购计划已取消；其三，表示投资人的资金安全，为优先级投资，基金管理人提供较高的安全垫。仲裁庭对申请人提出的上述各项主张，逐一评判如下：

（1）关于投资者适当性文件的问题。仲裁庭注意到，申请人并未对第一被申请人提交的投资者适当性文件签署版本的内容是否违反了法律规定，或是否存在虚假或不实之处等问题提出怀疑或证据。申请人确认在上述投资者适当性文件上进行了签字，但主张当时未填写内容，有关内容应为 D 公司或第一被申请人的工作人员填写。但是，即使本案中的投资者适当性文件由 D 公司或第一被申请人的工作人员代申请人填写，问题的关键在于代填的内容是否为虚假或不实，或是否违背了申请人的指示而擅自代填。否则，仅凭申请人事后单方指控，却没有其他证据或 D 公司相关工作人员的证言支持申请人的说法，也难以推翻由申请人亲笔签名且显示了完整填写内容的投资者适当性文件。在本案中，申请人没有指出上述投资者适当性文件的哪些内容存在虚假或不实之处（或至少应当怀疑哪些内容存在虚假或不实之处），也未提供证据证明 D 公司或第一被申请人的工作人员属于擅自代填。因此，申请人应承担未能就投资者适当性文件提出有效抗辩的不利后果。

（2）关于未对申请人进行"双录"的问题。《投资者适当性管理办法》（2017 年 7 月 1 日起实施）第 25 条规定："经营机构通过营业网点向普通投资者进行本办法第十二条、第二十条、第二十一条和第二十三条规定的告知、警示，应当全过程录音或者录像；通过互联网等非现场方式进行的，经营机构应当完善配套留痕安排，由普通投资者通过符合法律、行政法规要求的电子方式进行确认。"基金业协会颁布的《基金募集机构投资者适当性管理实施指引（试行）》（2017 年 6 月 28 日起实施）第 16 条规定："基金募集机构通过营业网点等现场方式执行普通投资者申请成为专业投资者，向普通投资者销售高风险产品或者服务，调整投资者分类、基金产品或者服务分级以及适当性匹配意见，向普通投资者销售基金产品或者服务前对其进行风险提示的环节要录音或者录像；通过互联网等非现场方式执行的，基金募集机构及合作平台要完善信息管理平台留痕功能，记录投资者确认信息。"由此可见，"双录"要求适用于向普通投资者销售基金产品或服务，对专业投资者不强制适用。本案申请人的身份是《投资者适当性管理办法》项下的专业投资者，而非普通投资者，未对其认购案涉基金份额的过程进行"双录"，本身并不违反当时的适用法规及自律规则要求。

（3）关于投资冷静期的问题。《私募投资基金募集行为管理办法》第 29 条第 2 款规定："基金合同应当约定给投资者设置不少于二十四小时的投资冷静期，募集机构在投资冷静期内不得主动联系投资者。……（二）私募股权投资基金、创业投资基金等其他私募基金合同关于投资冷静期的约定可以参照前款对私募证券投资基金的相关要求，也可以自行约定。"第 30 条第 1 款规定："募集机构应当在投资冷静期满后，指令本机构从事基金销售推介业务以外的人员以录音电话、电邮、信函等适当方式进行投资回访。回访过程不得出现诱导性陈述。募集机构在投资冷静期内进行的回访确认无效。"第 31

条规定："基金合同应当约定，投资者在募集机构回访确认成功前有权解除基金合同。出现前述情形时，募集机构应当按合同约定及时退还投资者的全部认购款项。未经回访确认成功，投资者交纳的认购基金款项不得由募集账户划转到基金财产账户或托管资金账户，私募基金管理人不得投资运作投资者交纳的认购基金款项。"本案合同第5节第4款第3项约定："投资冷静期。委托人自基金合同签署完备且投资者交纳认购基金的款项后起24小时内为投资冷静期"；第4项约定："投资回访。在投资冷静期满后，募集机构指令本机构从事基金销售推介业务以外的人员以录音电话、电邮、信函等适当方式进行投资回访……"第5项约定："投资者在募集机构回访确认成功前有权解除基金合同。出现前述情形时，募集机构应当按合同约定及时退还投资者的全部认购款项。未经回访确认成功，投资者交纳的认购基金款项不得由募集账户划转到基金财产账户或托管资金账户，私募基金管理人不得投资运作投资者交纳的认购基金款项。"

本案中，第一被申请人提交的回访确认书（第一被申请人证据5）显示填写申请人签字日期为2017年7月（b+10）日，而本案合同的签署日是2017年7月（b+10）日，申请人缴纳认购款项的时间是2017年7月（b+8）日。虽然申请人在签署本案合同之前已经实际缴款，但在签署合同当日即显示出进行了回访确认，仍然明显不符合本案合同有关"委托人自基金合同签署完备且投资者交纳认购基金的款项后起24小时内为投资冷静期"的约定。由此可见，第一被申请人提交的回访确认书，反而证明了当时的回访确认流程不符合《私募投资基金募集行为管理办法》及本案合同的要求。

仲裁庭认为，第一被申请人在投资者适当性管理方面的回访确认环节存在明显瑕疵，违反了本案合同的约定。但是，基金募集机构违反投资冷静期及回访要求的主要法律后果，是投资者有权在基金募集机构回访确认成功前解除基金合同，要求退还认购基金款项，基金管理人也不得投资运作投资者交纳的认购基金款项。在本案中，尽管第一被申请人在给予申请人投资冷静期及进行回访确认方面违反了基金业协会自律规则及本案合同条款，但案涉基金的资金已在2017年8月和9月投入F合伙企业，案涉基金也在2018年至2020年期间每年按8.5%的业绩比较基准向包括申请人在内的基金份额持有人支付了投资收益，且基金份额持有人对此均无异议。需要注意的是，申请人并未以第一被申请人违反投资冷静期及回访确认要求为由，主张第一被申请人应承担相应的违约责任，而是主张二被申请人应承担共同侵权责任。由此可见，第一被申请人违反投资冷静期及回访确认的行为，与申请人提出的仲裁请求及所主张的损失之间并无因果关系。仅以此为由，仲裁庭也难以认定第一被申请人在基金募集阶段全面违反了适当性义务，以至于达到了需要向申请人承担全额赔偿之法律责任的程度。

（4）关于第一被申请人承诺年化保底收益及超额收益的问题。仲裁庭注意到，在申请人及第一被申请人提交的各份相关证据中，并无申请人主张的回购承诺；在投资收益方面，均采用了"投资人 8.5%/年业绩比较基准""超过 8.5%/年以上的部分，基金所投项目产生的 20% 超额收益分配给投资人"等相似表述，内容互相印证，可以证明第一被申请人制作的案涉基金宣传材料中没有承诺年化保底收益的内容，而且有关 8.5%/年业绩比较基准以上的超额收益部分 20% 分配给投资人的表述，也是清晰、完整的。本案合同第 10 节第 8 款约定："业绩比较基准（如有）本基金业绩比较基准为年化 8.5%"；第 19 条第 1 款第 3 项约定："在符合有关基金资产分配条件的前提下，基金管理人有权对本基金收益在产品成立满 12 个月、24 个月和 36 个月及 48 个月（如有）时各分配 1 次，以按业绩比较基准计算出的收益为上限向本基金份额持有人进行分配"；第 4 项约定："按照各基金份额持有人所持基金份额比例，向各份额持有人分配，直至各基金份额持有人均取得相当于其基金份额对应的本金"；第 5 项约定："如按上述第 3-4 项分配以后仍有剩余可分配收益（即从有限合伙分配给本基金份额持有人分配 20% 超额收益），则剩余全部可分配现金按照各份额持有人所持基金份额的比例向各份额持有人进行分配。"由此可见，第一被申请人在本案合同中没有承诺保底年化收益或回购，也没有在年化比较基准或超额收益分配的描述方面偏离基金宣传材料中的表述。虽然申请人提供了一系列申请人以及其他投资者与 D 公司工作人员之间的微信聊天记录，力图证明 D 公司工作人员在销售过程或后续服务过程中"保证"了案涉基金为保本保收益的固收产品，但 D 公司工作人员的此类表述明显背离了第一被申请人提供的基金募集阶段宣传材料内容，超越了委托权限，不应将其视为对第一被申请人具有法律约束力的表述，有关责任应由 D 公司或其工作人员向有关投资者自行承担。基于此，仲裁庭认为，申请人有关第一被申请人在基金投资收益方面构成虚假陈述的主张不能成立。

（5）关于案涉基金投资于优质项目、退出路径明确等虚假陈述的问题。

申请人提出，案涉基金在多份宣传材料中宣称，G 公司为"风口行业的龙头企业，并购价值凸显；退出路径明确；公司财务数据表明成长性良好"，并反复强调 H 公司拟对其进行整体收购，但上述内容为虚假陈述。之所以为虚假陈述，原因还是在于 G 公司"财务状况恶化、公司涉诉失信、并购已然失败"，这也在 N 地证监局的《责令改正措施决定》中得到了认定。

第一被申请人则提出，《责令改正措施决定》中的表述没有具体指向何种宣传推介材料，需要结合《现场检查事实确认书》予以了解，而《现场检查事实确认书》提及宣传推介材料中存在对 G 公司是"风口行业的龙头企业，并购价值凸显；退出路径明确；公司财务数据表明成长性良好；预计上市公司将按照 16 亿元左右的估值整体收购，投资退出路径及期限较为明确"的陈述。但是，《责令改正措施决定》不是行政处罚，而是责令改正的行政监管措施，第一被申请人已经整改完毕，且《责令改正措施决定》所指向的对象并不具有重大性，投资者是否投资，与案涉基金是否从 G 公司退出之间没有因果关系，申请人也未证明其实际受到相关推介文件的影响。

对于申请人有关 G 公司"财务状况恶化、公司涉诉失信、并购已然失败"的事实主张，仲裁庭在评判第一被申请人是否在基金募集阶段存在欺诈行为时，已对 G 公司及其法定代表人被列为失信被执行人、H 公司放弃并购计划等问题进行了详细分析，在此不再赘述。简言之，申请人提供的现有证据尚不能证明第一被申请人在涉及 F 合伙企业或 G 公司的问题上对申请人采取了故意隐瞒或提供虚假信息的欺诈行为。申请人认为第一被申请人在涉及 G 公司的问题上违反了"告知说明义务"的重点依据，还是在于 N 地证监局在《责令改正措施决定》提出的第一被申请人存在"制作的某稳健优选私募投资基金宣传推介材料存在误导性陈述，违反了《关于加强私募投资基金监管的若干规定》第 6 条第 6 项的规定"的表述，因此仲裁庭对该问题进行重点分析。

仲裁庭注意到，《责令改正措施决定》中有关第一被申请人存在"制作的某稳健优选私募投资基金宣传推介材料存在误导性陈述"的表述是结论，具体涉及哪方面的误导性陈述，需要结合第一被申请人提交的《现场检查事实确认书》进行了解。根据《现场检查事实确认书》，宣传推介材料中存在对 G 公司是"风口行业的龙头企业，并购价值凸显；退出路径明确；公司财务数据表明成长性良好；预计上市公司将按照 16 亿元左右的估值整体收购，投资退出路径及期限较为明确"的陈述，应构成 N 地证监局认定的误导性陈述。不过，N 地证监局并未指明是哪一份宣传推介材料中含有上述陈述，而且在 G 公司事后确实进入破产程序、H 公司放弃并购计划之后再来审视基金募集阶段的此类宣传表述，自然可以得出具有误导性的结论。但是，评判该问题的核心在于，第一被申请人在相关宣传材料中作出上述陈述的时点，是否知晓或应当知晓 G 公司不属于"风口行业的龙头企业"，不具有"并购价值"或"公司财务数据表明成长性良好"，或不存在"退出路径明确""预计上市公司将按照 16 亿元左右的估值整体收购，投资退出路径及期限较为明确"等情况，却仍然在宣传材料中作出了如此表述。

仲裁庭认为，根据各方当事人提供的证据，并不能证明第一被申请人在基金募集阶段的相关宣传材料中作出了上述虚假陈述。在申请人提供的证据中，目前仅有一份显示来源于 D 公司的宣传材料（申请人证据 9 "私募投资基金项目简版"）明确提到了 G 公司的名字，但内容是 G 公司为 F 合伙企业的投资项目之一，以及"单项目 G 公司被上市公司 H 公司（002631）收购，PE 部分溢价达到 65%"。有关"风口行业的龙头企业，并购价值凸显；退出路径明确；公司财务数据表明成长性良好；预计上市公司将按照 16 亿元左右的估值整体收购，投资退出路径及期限较为明确"等陈述，实际上来自申请人证据 13 "E 公司 PPT—私募投资基金"。但是，该宣传材料的封面显示其制作时间为 2017 年 4 月，材料中也没有显示 G 公司的名字，而是用"xx 新能源科技有限公司"指代"项目 1"，并对该"xx 新能源科技有限公司"的投资亮点、公司盈利预测情况、公司报价、同行业上市公司估值情况、投资回报进行了定性及定量分析。第一被申请人提交的一份类似宣传材料（第一被申请人证据 39 "案涉基金路演 PPT"），封面显示制作时间为 2017 年 5 月，在对上述"xx 新能源科技有限公司"的陈述内容方面与申请人证据 13 基本一致。换言之，无论是申请人提供的基金宣传材料，还是第一被申请人提供的基金宣传材料，其制作时间在 2017 年 4 月或 5 月，均早于 H 公司 2017 年 6 月 a 日公告放弃 G 公司并购计划。即使 N 地证监局事后认定第一被申请人在上市公司并购 G 公司、退出路径明确等方面存在误导性陈述，第一被申请人在 2017 年 4 月或 5 月就上市公司并购退出安排所作的该等表述，还是符合当时的实际情况的，不能以嗣后事件来否定当时的陈述。此外，宣传材料中有关"风口行业的龙头企业，并购价值凸显；退出路径明确；公司财务数据表明成长性良好"的说法，本身属于定性描述，而且宣传材料中也提供了具体论点、论据及数据的支撑。N 地证监局没有在《责令改正措施决定》或《现场检查事实确认书》中认定这部分说法中哪些具体内容构成了误导性陈述，申请人除了提出 G 公司"财务状况恶化、公司涉诉失信、并购已然失败"之外，也没有指出这部分说法中的哪些具体内容为虚假或不实（或至少应当怀疑哪些具体内容存在虚假或不实之处）。因此，仲裁庭认为，认定这部分说法构成虚假陈述的事实与法律依据均显不足。

当然，第一被申请人应该在 H 公司 2017 年 6 月 a 日公告放弃 G 公司并购计划之后，及时更新案涉基金的宣传材料，避免继续出现类似于上市公司并购退出的表述。但在本案中，申请人并未主张 D 公司或第一被申请人的工作人员在 2017 年 6 月 a 日之后仍然向其宣传案涉基金将投资 G 公司或 G 公司将被上市公司并购，从而诱使其进行了投资，也没有提供这方面的证据。

基于此，仲裁庭认为，《责令改正措施决定》确实显示第一被申请人在基金募集阶段的推介工作存在瑕疵，但现有证据并不能证明第一被申请人当时对 G 公司（或使用其代称）的描述构成了申请人在本案中所主张的虚假陈述。

（6）关于基金管理人提供资金安全垫虚假陈述的问题。申请人提出，案涉基金多份宣传材料中均提及案涉基金对 F 合伙企业的投资为优先级，优先级与劣后级比例为 3∶1，第一被申请人及其指定机构作为劣后级投资者跟投，安全垫较高，但事实与之不符，构成了虚假陈述。第一被申请人则提出，根据《F 合伙企业合伙协议》的约定，F 合伙企业的普通合伙人 E 公司认缴 330 多万元，案涉基金作为优先级有限合伙人认缴 5000 万元，D1 合伙企业作为劣后级有限合伙人认缴 1330 多万元，而 D1 合伙企业就是第一被申请人指定的劣后级投资人，与 E 公司一起认购 F 合伙企业的劣后级份额合计 1600 多万元，符合优先级与劣后级比例为 3∶1 的要求。

仲裁庭认为，根据《F 合伙企业合伙协议》，案涉基金作为优先级有限合伙人认缴 F 合伙企业的有限合伙优先级份额 5000 万元，E 公司与 D1 合伙企业作为劣后级投资人合计认缴有限合伙劣后级份额 13 余万元，符合宣传材料中有关案涉基金对 F 合伙企业的投资为优先级，优先级与劣后级比例为 3∶1 的表述。第一被申请人表示 D1 合伙企业就是其指定作为劣后级投资者的跟投机构，无论是否属实，在客观上也确实达到了优先级投资人与劣后级投资人的认缴比例为 3∶1 的效果。至于宣传材料中声称劣后级投资人提供给优先级投资人的"安全垫较高",考虑到两位劣后级投资人合计认缴金额已达到 F 合伙企业注册资本的 25%,该说辞也不算虚假。至于 F 合伙企业的劣后级投资人对 F 合伙企业的实际出资额为多少,并非本案审理范围,虽然申请人在庭审时提出劣后级投资人没有实际出资,但未提供这方面的证据;即使劣后级投资人未实际出资,也不能由此倒推出第一被申请人在基金募集阶段对该问题有意虚假陈述的结论。基于此,仲裁庭认为,根据第一被申请人提交的证据,可以证明第一被申请人并未在所谓的资金安全垫方面进行虚假陈述。

基于上述分析,第一被申请人将案涉基金的资金投入 F 合伙企业,尽管 F 合伙企业的普通合伙人及执行事务合伙人 E 公司同时是第一被申请人的股东,但该投资行为并不违反法律规定或本案合同,符合案涉基金的投资范围,也在基金募集阶段的宣传材料中有所展示;对于申请人所主张的承诺保底及超额收益、涉及 G 公司以及资金安全垫等方面的表述,第一被申请人提供了相对占据优势的证据,可以证明其在基金募集阶段并未违反相应的"告知说明义务"。鉴于仲裁庭已在分析本案事实及证据的基础上作出了上述认定,所谓的"虚假陈述"是由第一被申请人在基金募集阶段直接作出,还是由基金代销机构 D 公司作出,并不影响上述结论,仲裁庭对此无需进一步分析。

综上,仲裁庭对申请人有关第一被申请人在基金募集阶段违反适当性义务的主张,不予认可。

3. 第一被申请人的未尽责履约问题。

申请人主张,第一被申请人在基金投资管理过程中未尽责履约,具体表现在以下四方面:一是,未及时披露年度报告与季度报告,履行信息披露义务不及时,且披露内容存在虚假陈述(即投资 G 公司的问题);二是,对 F 合伙企业投资的内核委员会程序存在问题;三是,未及时进行案涉基金的清算;四是,未及时召开基金份额持有人大会。仲裁庭对上述主张逐一进行评判。

(1)关于信息披露的问题。申请人主张第一被申请人未及时披露案涉基金的年度报告与季度报告,信息披露不及时且内容存在虚假陈述。第一被申请人提出其按时披露了案涉基金的年度报告与季度报告,申请人可通过网站、微信等渠道查询,如果申请人自己不登录查询,不应视为第一被申请人未履行信息披露义务。

申请人前述信息披露内容虚假的主张,仍然是基于投资 G 公司的问题,仲裁庭已进行了充分阐释，在此不再赘述。仲裁庭注意到，第一被申请人提供了登录其网站的路径及演示材料，并展示了 2017 年成立之后披露的案涉基金年度报告和尽调报告的目录及报告内容，可以证明第一被申请人在事实上已履行了相关的信息披露义务。仲裁庭也留意到，申请人表示一直无人告知要如何查询信息披露报告。但是，本案合同第 20 节第 5 款列出了第一被申请人向基金份额持有人提供报告及基金份额持有人信息查询的方式（包括在通过第一被申请人网站披露、邮寄服务、传真或电子邮件等方式中选择一种提供报告），申请人理应对自己的投资负责，随时可以通过电话、邮件等方式向 D 公司或第一被申请人的工作人员了解获取案涉基金报告的途径，不能仅以无人告知为由主张第一被申请人违反了信息披露义务。

（2）关于对 F 合伙企业投资的内核委员会程序的问题。申请人提出，第一被申请人提供的基金宣传材料显示 E 公司的内核委员会由 7 人组成，必须获得 5 名及以上委员表决通过后方可提交至基金投资决策委员会表决。但是，第一被申请人证据 22 "E 公司关于案涉基金投资 F 合伙企业的内核委员会决议"显示，E 公司的内核委员会在 2017 年 8 月 a 日就案涉基金投资 F 合伙企业进行表决时，只有 4 名委员赞成投资，故该内核委员会批准投资的程序存在问题，显示出第一被申请人在基金投资管理过程中不尽责。

第一被申请人则提出，根据 E 公司《内核指引》（第一被申请人证据 40）第 24 条的规定，投资金额在 3000 万元（不含）以下的股权投资项目，由内核委员会半数以上同意为通过；投资金额在 3000 万元（含）以上的，则由内核委员会 5 票（含）以上通过。由于案涉基金的计划募集金额为 5000 万元，因此在宣传材料中表示投资 F 合伙企业需要内核委员会 5 名及以上委员通过；但由于案涉基金实际募资金额为 1900 万元，故在 2017 年 8 月 a 日召开内核委员会时，按照过半数以上内核委员通过即可。

仲裁庭认为，第一被申请人提交的 E 公司《内核指引》在形式和内容方面符合此类文件的市场惯例，采用了 E 公司的公司内部发文形式并加盖 E 公司的公章，其中按照投资金额确定内核委员会批准票数的安排也符合逻辑。虽然申请人不认可该证据，但并未提供相应的反证。经综合考虑，仲裁庭认为第一被申请人提交的 E 公司《内核指引》可以作为证据接受。根据《内核指引》第 24 条，案涉基金投资 F 合伙企业的金额小于 3000 万元，内核委员会的四名内核委员对该笔投资投票赞同，符合《内核指引》的要求，第一被申请人在这方面不存在未尽责履约的问题。

（3）关于第一被申请人未及时清算案涉基金的问题。本案合同第 23 节第 1 款约定："本合同终止事由发生之日起 30 个工作日内，由基金管理人及基金托管人组织成立基金财产清算小组"，开始案涉基金的清算工作，并在第 4 款第 1 项约定："基金管理人和基金托管人应在合同终止后 5 个工作日内完成基金财产的清理、确认、评估和变现等事宜，并出具清算报告和剩余财产的分配方案"；第 22 节第 4 款第 1 项约定："本案合同存续期限届满而未延期的，构成本案合同终止的情形。"第一被申请人承认，其未就案涉基金三年存续期到期后的延长出具书面文件，案涉基金目前也未进入清算程序。因此，第一被申请人未按约及时启动清算程序，构成了违反本案合同第 23 节第 1 款的违约行为，应承担相应的违约责任。

申请人在代理意见中提出，第一被申请人怠于清算的违法行为直接导致了申请人的全部财产损失，应当承担赔偿责任。申请人未明确该主张的请求权基础是违约责任还是侵权责任，但从其用语来看，似更强调构成了承担侵权责任的"违法行为"。有关申请人的损失是否发生的问题，将在本部分下述第 5 点详细论述，仲裁庭在此重点分析申请人主张的所谓"全部财产损失"与第一被申请人未启动案涉基金清算程序之间是否存在因果关系。

仲裁庭认为，第一被申请人未按照本案合同的约定启动案涉基金清算程序，确实属于违约行为，也违反了私募基金管理法律规定中有关管理人基金清算职责的要求；但是，无论从违约责任还是侵权责任的角度出发，该违约或违法行为与申请人所主张的"全部财产损失"（包括其要求全额返还的投资本金、认购费用及利息损失）之间并不存在因果关系。具体理由如下：

首先，第一被申请人承担的本案基金清算职责，主要是依约启动案涉基金的清算程序，清理、确认、评估和变现基金财产（即案涉基金持有的 F 合伙企业有限合伙份额），向基金份额持有人进行分配。无论是本案合同的条款，还是有关私募基金管理的法律规定，均不要求第一被申请人承担清算后向基金份额持有人全额返还投资本金及支付投资收益的合同或法律义务。

其次，第一被申请人未启动案涉基金的清算程序，并不意味着申请人对案涉基金的投资已全部损失殆尽。申请人所持基金份额的价值取决于案涉基金持有的 F 合伙企业有限合伙份额的价值，而 F 合伙企业有限合伙份额的价值，又取决于 F 合伙企业持有底层资产（即对 G 公司、K 公司和 L 公司的股权投资）的变现价值。无论是 F 合伙企业有限合伙份额的价值，还是 F 合伙企业所持底层资产的变现价值，并没有因为第一被申请人未能在 2021 年 7 月按时启动案涉基金的清算程序而出现价值减损甚至灭失的情形。如果第一被申请人将案涉基金持有的 F 合伙企业有限合伙份额在市场上进行转让、拍卖或变卖，仍具有成交可能性；即使不能成交，第一被申请人还可以采取向基金份额持有人进行基金财产原状分配的方案，将案涉基金持有的上述有限合伙份额按比例分配给各基金份额持有人。因此，申请人并不能证明其持有的案涉基金份额价值在目前已经归零，更不能证明所主张的"全部财产损失"是由于第一被申请人未按时启动案涉基金的清算程序所导致的结果。

最后，案涉基金的到期日为 2020 年 7 月，基金份额持有人也接受了事实上的一年延期，意味着案涉基金在 2021 年 7 月才实际到期，距离申请人提起本案申请之日尚不足一年。换言之，第一被申请人在启动案涉基金清算程序方面虽有延误，但尚未达到长期拖延导致清算遥遥无期，或已对案涉基金放任不管的不合理状态。虽然第一被申请人在清算案涉基金方面违反了本案合同及有关法律规定，但综合考虑第一被申请人仍持有私募基金管理人资质，案涉基金仍合法有效持有 F 合伙企业有限合伙份额，且 F 合伙企业所持底层资产并未因此出现价值减损等各种因素，申请人有关第一被申请人怠于清算案涉基金导致其"全部财产损失"的主张不能成立。

综上，仲裁庭认为，第一被申请人违反了有关案涉基金清算的合同约定及法律要求，但该行为与申请人所主张的赔偿"全部财产损失"之间并无事实或法律上的因果关系。

（4）关于未及时召开基金份额持有人大会的问题。根据第一被申请人提供的证据，申请人及案涉基金的其他投资者陆续在 2021 年 8 月向第一被申请人发出了召开基金份额持有人大会的书面申请，第一被申请人在 2021 年 9 月 a 日发出召开基金份额持有人大会的通知，并于 2021 年 10 月（a+1）日召开了基金份额持有人大会。仲裁庭认为，虽然第一被申请人决定召集基金份额持有人大会的时间稍晚于本案合同第 6 节第 3 款第 3 项的要求（基金管理人应当在收到书面提议之日起 10 日内决定是否召集），但该延误并未对包括申请人在内的基金份额持有人行使权利产生不利影响，基金份额持有人会议也实际召开了，基金份额持有人未对此延误进一步要求第一被申请人承担责任。另外，本案合同并不要求基金管理人定期召开基金份额持有人大会，且申请人没有主张 2017 年 10 月 22 日基金份额持有人大会召开之前或之后发生了第一被申请人拒绝或无理拖延开会的情形，更没有证明基金管理人未召开基金份额持有人大会与其索赔损失之间存在因果关系。基于此，仲裁庭认为，第一被申请人在召开基金份额持有人会议方面虽然存在程序瑕疵，但并未实质性违反本案合同的相关条款且导致申请人遭受实际损失。

综上，仲裁庭认为，申请人有关第一被申请人在基金投资管理阶段未尽责履约的主张没有事实与法律依据，仲裁庭对此主张不予支持。

4. 第二被申请人应否承担连带赔偿责任的问题。

申请人提出，第二被申请人作为案涉基金的托管人，应与第一被申请人承担连带赔偿责任。第二被申请人的过错集中体现在没有监督第一被申请人将基金资金投入宣传环节提到的优质项目，而是允许第一被申请人将资金投入 F 合伙企业，等于是允许第一被申请人将资金提供给 E 公司，故第二被申请人作为托管人存在过错。此外，第二被申请人也没有履行信息披露义务。

第二被申请人提出，其已经依法依约履行了基金托管人的义务，不存在任何违法违约行为，案涉基金的投资范围符合本案合同的约定，资金划拨程序符合法律及本案合同的约定，也履行了本案合同要求的信息披露义务；作为基金托管人，其并不参与案涉基金的募集、销售、投资决策等过程，不存在故意与基金管理人实施损害投资人的共同行为，更不存在意思联络，不能构成共同侵权行为。

仲裁庭认为，申请人有关第二被申请人应承担连带赔偿责任的主张，依约依法无据。理由如下：

首先，第二被申请人作为基金托管人，在监督案涉基金的资金投向时应依据本案合同的要求，履行基金托管人的相应职责。根据本案合同第 11 节第 2 款的约定，案涉基金的投资范围包括了"投资有限合伙的有限合伙份额"。因此，第一被申请人代表案涉基金选择向 F 合伙企业进行投资并向第二被申请人发出两份投资指令，要求第二被申请人将相关款项投入 F 合伙企业，符合本案合同关于投资范围的约定；第二被申请人依约审核了投资指令后，将基金资金划拨至 F 合伙企业的指定账户，亦符合法律要求及本案合同。需要指出的是，本案合同并没有禁止第一被申请人将案涉基金的资金投入由其关联企业担任普通合伙人及执行事务合伙人的有限合伙企业，也没有要求第二被申请人对此承担特别的审核监督职责，而且案涉基金对 F 合伙企业投入近

2000 万元并按面值持有对应的有限合伙优先级份额，并非采用溢价投资的方式，亦无异常之处。因此，申请人有关第二被申请人没有监督将基金资金投入宣传环节提到的优质项目、允许第一被申请人将资金实际转给 E 公司、应有义务向基金份额持有人及证监会进行报告等主张，仲裁庭不予支持。

其次，本案合同没有设置第二被申请人对申请人的信息披露义务。本案合同仅要求第二被申请人"办理与基金托管业务有关的信息披露事项"（第 8 节第 3 款第 3 项第 6 段），以及"按照基金管理人的要求进行邮寄托管报告"（第 20 节第 7 款）。第二被申请人已向第一被申请人发送了托管报告（第二被申请人证据 6），满足了本案合同对基金托管人的信息披露要求，而且第二被申请人也没有法律规定或合同约定的义务向包括申请人在内的基金份额持有人进行信息披露。

最后，第二被申请人作为基金托管人，仅在本案合同成立生效后履行基金托管人的职责，不参与基金募集工作，对第一被申请人在基金募集阶段的行为也不承担责任。在基金投资管理阶段，申请人并未提供证据显示二被申请人合谋实施了损害申请人利益的共同行为，或存在这方面的意思联络，因此不存在构成"共同侵权行为"的基础。

综上，仲裁庭认为，申请人有关第二被申请人应承担连带赔偿责任的主张不能成立。

5. 申请人的损失问题。

在本案申请中，申请人主张其对案涉基金的投资因二被申请人的行为而产生全部损失，故要求第一被申请人返还投资本金及认购费用，并按业绩比较基准赔偿利息损失，第二被申请人承担连带赔偿责任。二被申请人则提出，申请人的投资尚未发生损失，即使发生损失，损失金额也未确定。案涉基金尚未清算，所投资的 F 合伙企业仍处于正常存续状态并持有对 G 公司、K 公司和 L 公司的股权投资。第一被申请人仍然持有私募基金管理人资质，并在积极管理案涉基金，尽量争取回收投资。因此，截至本案申请之日，申请人对案涉基金的投资并未出现损失，即使出现损失，也无法确定损失金额。

考虑到本案的特定事实，仲裁庭认为，申请人对案涉基金的投资目前尚未发生损失，即使发生损失，也暂时无法确定损失金额。原因有两方面：一是，案涉基金的投资符合本案合同对投资范围的约定，所投资的 F 合伙企业目前处于正常存续状态，其底层资产（所持有的 G 公司、K 公司、L 公司的股权）也是真实、合法并有效存续的资产，而且基金管理人与基金托管人均正常存续并履职。因此，本案中的案涉基金并不存在需要在尚未清算的情况下即认定投资人的投资已发生实际损失的特别情形（例如，投资不符合基金合同约定的投资范围，所投资产已灭失或无回收变现的可能，或基金管理人已解散或失去履职条件等）。二是，按正常程序，案涉基金应首先进行清算，将其持有的 F 合伙企业有限合伙份额进行变现，然后将变现所得按约分配给包括申请人在内的基金份额持有人，或在无法变现的时候考虑向基金份额持有人进行原状分配，在此基础上再确定基金份额持有人的投资是否产生损失，并进一步判断二被申请人是否应对此承担法律责任。但在本案中，F 合伙企业的底层资产是三笔股权投资，尽管 G 公司目前处于破产程序，但不能排除随着破产程序的进行，仍有收回部分甚至全部投资的可能性（例如新的投资者愿意重组 G 公司），且 K 公司和 L 公司目前经营正常，有望获得投资回报，因此基金份额持有人还有可能收回投资本金及实现预期收益的机会。更何况，申请人已在过去三年内按年化 8.5% 的业绩比较基准累计收到了 25 万余元的投资收益，体现了一定程度上的回报，因此多给一些时间给第一被申请人及 F 合伙企业，也是多给自己一个机会。基于上述考虑，仲裁庭认定，申请人对案涉基金的投资损失目前暂未发生。

由于仲裁庭认定申请人对案涉基金的投资损失目前暂未发生，因此对于第一被申请人提出的已支付投资收益应由申请人作为不当得利返还，或与第一被申请人应付款项相互抵销的主张，仲裁庭无需进一步处理。

仲裁庭希望借此机会向二被申请人作出如下提示：仲裁庭的上述评判，不能成为二被申请人认为已履行完毕案涉基金的基金管理人或托管人职责、后续可以无视包括申请人在内的基金份额持有人之合法诉求的借口。仲裁庭在本案裁决书中的所有分析及结论，均是基于申请人所选择的仲裁请求及其提出的相关主张与证据，并综合考虑了二被申请人的抗辩事由，申请人仍然有权依据与本案合同签订及履行有关的其他事实与证据，另案主张相关权利。因此，第一被申请人需积极履行基金管理人职责，促使 F 合伙企业、E 公司积极寻求资产变现及投资重组的机会，努力为基金份额持有人争取最大权益，以期圆满化解与基金份额持有人可能出现的后续争议，避免己方声誉及利益受损；第二被申请人也需继续履行基金托管人职责，切实发挥按照本案合同的约定监督基金管理人及维护基金资产安全的作用。

（五）关于申请人的各项仲裁请求

1. 关于申请人的第一项仲裁请求，即裁决第一被申请人向申请人返还投资本金 100 万元及基金认购费用 1 万元。

关于该项仲裁请求，仲裁庭认为，申请人有关第一被申请人在基金募集阶段与投资管理阶段对申请人进行了欺诈行为、违反适当性义务以及未尽责履行本案合同的主张，均不能成立。仲裁庭驳回申请人的该项仲裁请求。

2. 关于申请人的第二项仲裁请求，即裁决第一被申请人向申请人支付投资收益损失，以 100 万元为基数，按其承诺的业绩比较基准年化 8.5% 的标准，从 2020 年 7 月 18 日起计算至实际返还之日止，暂计算至 2022 年 3 月为 14 万余元。

关于该项仲裁请求，仲裁庭认为，由于申请人有关返还投资本金的仲裁请求已被驳回，申请人无权要求第一被申请人支付投资收益损失。仲裁庭驳回申请人的该项仲裁请求。

3. 关于申请人的第三项仲裁请求，即裁决第二被申请人共同承担连带赔偿责任。

关于该项仲裁请求，仲裁庭认为，第二被申请人依法依约履行了本案合同项下的基金托管义务，申请人有关第二被申请人共同承担连带赔偿责任的主张不能成立。仲裁庭驳回申请人的该项仲裁请求。

4. 关于申请人的第四项仲裁请求，即裁决被申请人承担本案的仲裁费和律师费。

仲裁庭认为，考虑到申请人的主要仲裁请求被驳回，根据《仲裁规则》第 52 条之规定，申请人应自行承担本案仲裁费与律师费。仲裁庭驳回申请人的该项仲裁请求。

三、裁决

根据以上意见，仲裁庭对本案作出裁决如下：

（1）驳回申请人的全部仲裁请求；

（2）本案仲裁费为人民币全部由申请人承担。该笔费用已与申请人向仲裁委员会预缴的等额仲裁预付金相冲抵。

本裁决为终局裁决，自作出之日起生效。

📖 案例评析

【关键词】可仲裁性　适当性义务　履行瑕疵

【焦点问题】

与基金合同有关的侵权行为可否请求仲裁裁决；如何评判基金管理人在履行适当性义务过程中的瑕疵问题。

【焦点评析】

2017 年 7 月，申请人与第一被申请人、第二被申请人签订了本案《基金合同》，约定申请人作为基金投资者，认购被申请人作为基金管理人、银行 C 担任托管人。案涉基金为私募创业投资基金，存续期限为 3 年，申请人投资及持有案涉基金份额约 100 万元。

申请人提起仲裁申请，主张第一被申请人在基金募集阶段存在欺诈行为，且在销售基金的过程中未尽适当性义务，而第二被申请人在监督基金资金投向方面存在过错以及违反了信息披露义务。申请人请求裁决第一被申请人向申请人返还投资本金并赔偿利息损失，第二被申请人承担连带赔偿责任。

现结合本案案情及法律适用焦点问题，评述如下：

一、合同约定仲裁案件项下侵权行为的管辖

《仲裁法》第 2 条规定："平等主体的公民、法人和其他组织之间发生的合同纠纷和其他财产权益纠纷，可以仲裁。"在私募基金合同纠纷案件中，如果投资者以管理人、托管人违反合同义务为由提出仲裁申请，基于基金合同中约定的仲裁条款，该合同争议的可仲裁性并无争议。但是，投资者也可能以管理人、托管人违反法定义务为由，将其请求权基础定性为侵权而非违约。这一情况在投资者主张管理人在私募基金的募集过程中存在欺诈行为或违反适当性义务时，尤为突出，原因在于私募基金募集过程中当事人尚未签署基金合同，不存在合同法律关系，故管理人在该过程中对投资者进行欺诈或违反适当性义务，从法律性质而言构成侵权行为。投资者或其律师在提出仲裁申请时，经常将违约与侵权同时列为针对管理人、托管人的请求权基础，有时甚至仅将侵权作为请求权基础。因此，在依据私募基金合同约定的仲裁条款提起的仲裁案件中，如果申请人主张被申请人存在侵权行为，则首先需要

判断仲裁庭对申请人以侵权为请求权基础所提出的仲裁请求是否具有管辖权。

本案中，申请人主张二被申请人在案涉基金的募集与运作过程中存在误导性陈述、欺诈、故意隐瞒重要信息、未尽适当性义务、不尽责等侵权行为，具有侵权的故意，其侵权行为已经由有关证监局认定，并直接导致了申请人的全部财产损失，故应承担侵权责任。第一被申请人提出，申请人以侵权为请求权基础，要求二被申请人承担侵权责任，不属于仲裁庭管辖范围。申请人则提出，二被申请人的上述侵权违法行为也是违反合同法定附随义务之违约行为，应当承担违约责任。

仲裁意见认为，《仲裁法》第 2 条规定仲裁范围应为"合同纠纷和其他财产权益纠纷"，案涉《基金合同》的仲裁条款约定"因本合同而产生的或与本合同有关的一切争议"应提交仲裁委员会进行仲裁，仲裁条款本身并未采用类似于"与本合同有关的争议，无论为侵权或非侵权争议，均提交【仲裁委员会】仲裁解决"的措辞。由于申请人明确将二被申请人的侵权行为作为请求权基础，而没有将二被申请人在《基金合同》项下的合同违约行为作为请求权基础，就涉及申请人主张的二被申请人上述侵权行为是否具有可仲裁性的问题。在这个问题上，不宜机械地套用《仲裁法》第 2 条规定的"其他财产权益纠纷"或《基金合同》仲裁条款中有关"与本合同有关的一切争议"的措辞来进行简单的文义解释，而是应该深入探究申请人主张二被申请人的某一项侵权行为是否与《基金合同》之间具有关联因素。也就是说，需要进一步判断的是，申请人主张的侵权行为是否因《基金合同》而产生，或是否与《基金合同》的缔结及履行有关。如果该侵权行为不是因《基金合同》产生，与《基金合同》的缔结与履行没有直接关系，也不涉及《基金合同》项下的财产权益纠纷，则该侵权行为不属于《基金合同》约定的仲裁条款管辖范围。反之，如果可以建立该侵权行为与《基金合同》之间的关联因素，则可初步确定申请人的主张仍属于仲裁条款的管辖范围，仲裁庭应对申请人的主张进行下一步的实体审理。

具体到本案，申请人主张第一被申请人的"欺诈行为"，核心在于某基金已投资 T 公司，而第一被申请人在案涉基金成立后，将募集资金用于投资某基金，该行为实际上是"解套"了某基金的前期投资者。申请人并未主张《基金合同》因第一被申请人的欺诈行为而无效，也未请求仲裁庭对《基金合同》予以变更或撤销，而是主张第一被申请人在基金募集过程中存在欺诈行为，应承担相应的侵权责任。由此可见，申请人的本意并非排除仲裁庭基于《基金合同》仲裁条款的管辖权，而是意图强调所主张的二被申请人存在欺诈行为、违反适当性义务及不尽责履约的违法性质。第一被申请人抗辩的重点，也是在于强调仲裁庭对申请人提出的、与《基金合同》的缔结及履行无关的侵权主张没有管辖权，不应对之进行审理，而不是主张仲裁庭对《基金合同》项下争议整体无管辖权。仲裁意见认为，由于申请人主张的第一被申请人之侵权责任因《基金合同》而产生，亦与《基金合同》的缔结有关，故仲裁庭对该主张具有管辖权，应适用《侵权责任法》有关一般侵权责任的法律原则评判申请人所主张的第一被申请人侵权责任是否成立。

经审理，虽然申请人提出了二被申请人存在"诈骗"的行为，但该等指控既无有权司法机关的认定，申请人也没有提供其他证据，足以令仲裁庭对所谓的"诈骗"问题达到合理怀疑的程度。因此，根据现有证据，申请人未能证明第一被申请人在基金募集阶段故意告知申请人有关某基金或 T 公司的虚假情况，或故意隐瞒相关真实情况，从而诱使申请人签署《基金合同》。由于申请人未能证明第一被申请人存在应承担侵权责任的欺诈行为，仲裁庭也就无需进一步分析申请人是否遭受损失、损失与所称侵权行为之间是否存在因果关系以及第一被申请人是否存在主观过错等其他侵权责任构成要件。

二、适当性义务履行瑕疵的问题

适当性义务是指金融产品发行人、销售者以及金融服务提供者等卖方机构在向金融消费者推介、销售高风险等级金融产品，以及为金融消费者参与融资融券、新三板、创业板、科创板、期货等高风险投资活动提供服务的过程中，必须履行的了解客户、了解产品、将适当的产品（或者服务）销售（或者提供）给适合的金融消费者的义务，目的在于确保金融消费者在充分了解相关金融产品、投资活动的性质及风险的基础上作出自主决定，并承受由此产生的收益和风险。基金管理人（包括其委托的基金销售机构）在向金融消费者募集资金时，应该严格履行适当性义务的法律要求。

管理人在履行适当性义务的过程中，有可能存在某种程度的瑕疵，不能达到尽善尽美的理想程度。这是目前私募投资基金市场的一个客观现实，难以回避。因此，需要准确地评判管理人对适当性义务的履行程度及其法律后果，既要充分落实适当性义务对金融消费者的保护力度，也要避免脱离私募基金行业的特点与惯例，对管理人采取"有瑕疵，即担责"的"一刀切"做法，避免过于严苛的裁判尺度导致挤出效应。

本案中，针对申请人提出的第一被申请人在履行适当性义务方面存在误导性陈述、欺诈、不尽责等主张，第一被申请人提供了申请人签署的《风险揭示书》《私募投资基金投资者风险调查问卷》《回访确认书》《客户满意度调查表》《客户告知书》等一系列适当性文件，作为证明其在基金募集阶段已履行适当性义务的初步证据。申请人则进一步提出第一被申请人在履行适当性义务过程中存在瑕疵，主要表现在两方面：一是，申请人当时仅在投资者适当性文件上签字，然后交给基金销售机构的工作人员由其自行填写有关内容；二是，第一被申请人违反了投资冷静期的要求。

有关适当性文件的签署与填写问题。在私募基金合同纠纷案件中，投资者经常提出的一个主张，是管理人（或其委托的基金销售机构）当时只让投资者签署了有关适当性文件，有关内容由管理人或基金销售机构的工作人员代为填写，有的案件中甚至提出投资者没有亲笔签署适当性文件。在这个问题上，仲裁庭可以考虑划分为两类情况，区别对待。

第一类情况是投资者否认适当性文件由其亲笔签字。有的案件中，申请人认可的亲笔签名与适当性文件上显示的"签名"之间确实存在肉眼可辨的差异，这时举证责任应转移至管理人，由其具体说明适当性文件是如何获得的，并提供证据证明当时申请人同意由他人代其签名，并具有向管理人（或其委托的基金销售机构）交付上述文件的真实意思表示。如果无法提供这方面的证据，管理人可能承担举证不力的法律后果。但是，在有的案件中，投资者认可的亲笔签名与适当性文件上显示的"签名"之间难以辨认形式上的差异，或仅有细微差异，仲裁庭并不能确定是否为不同人士签署。在这种情况下，投资者需要考虑是否申请笔迹鉴定，否则单纯否认由其亲笔签名适当性文件尚不足以否定管理人提供的适当性文件的效力。

第二类情况是投资者不否认其签署了适当性文件，但提出其内容不是由投资者填写。本案就属于这类情况，申请人提出有关适当性文件由其签名后交付给基金销售机构，基金销售机构的工作人员代为填写了适当性文件中的具体内容。仲裁意见认为，案涉基金的销售机构工作人员可能确实存在代申请人填写适当性文件具体内容的情况，而且没有将与申请人之间的沟通交流进行留痕、保存证据，确实存在一定程度的履行瑕疵。但是，判断该问题是否达到管理人违反适当性义务法律要求的关键，在于代填的内容是否为虚假或不实，或是否违背了申请人的指示而擅自代填。虽然申请人在本案中提出了上述单方指控，但没有提供其他证据来支持其说法。因此，仅凭单方指控还不足以推翻由申请人亲笔签名且显示了完整填写内容的适当性文件的客观存在。更重要的是，申请人没有指出其亲笔签名的适当性文件中有哪些内容存在虚假或不实之处。因此，即使基金销售机构在履行该适当性义务时存在一定瑕疵，但不足以达到否定其已实质上尽到该义务的程度，故申请人应承担未能就投资者适当性文件提出有效抗辩的不利后果。

有关投资冷静期的要求。投资冷静期制度的实质是给予投资者在签署基金合同后至少 24 小时的冷静期，且在冷静期满后、管理人回访确认之前享有解除合同的选择权。本案中，申请人缴纳投资款在先，缴款后两天才签署了《基金合同》，导致《基金合同》约定的投资冷静期落空。对此问题，仲裁意见认为，第一被申请人在投资者适当性管理方面的回访确认环节存在明显瑕疵，违反了本案合同的约定。但是，基金募集机构违反投资冷静期及回访要求的主要法律后果，是投资者有权在基金募集机构回访确认成功前解除基金合同，要求退还认购基金款项，管理人也不得投资运作投资者交纳的认购基金款项。尽管第一被申请人违反了上述冷静期规定，但案涉基金的资金已全部按约定的投资范围进行了投资，案涉基金也在 2018 年至 2020 年期间每年按约定的业绩比较基准向包括申请人在内的基金份额持有人支付了投资收益，且申请人对此并无异议。因此，第一被申请人违反投资冷静期及回访确认的行为，与申请人提出的仲裁请求及所主张的损失之间并无因果关系；仅以此为由，也难以认定第一被申请人在基金募集阶段全面违反了适当性义务，以至于达到了需要向申请人承担全额赔偿责任的程度。

【结语】

在金融消费者以侵权为请求权基础向管理人、托管人提出仲裁申请时，仲裁庭应确定上述侵权行为是否具有可仲裁性。在这个问题上，应该深入探究申请人主张的某一项侵权行为与案涉基金合同之间是否具有关联因素。仲裁庭对当事人之间因该合同而产生的或与该合同的缔结及履行有关的争议具有管辖权，无论该争议是基于违约行为还是侵权行为；但是，对于涉及非案涉基金合同当事人之间的争议或事件，或不在该合同仲裁条款范围之内的争议，或非基于该合同的、仅因违反某一法定义务而产生的侵权责任，仲裁庭一般不具有管辖权。

在管理人履行适当性义务存在一定程度的瑕疵时，仲裁庭既要落实适当性义务法律制度对金融消费者的保护力度，也要避免对管理人采取"有瑕疵，即担责"的"一刀切"裁判方式，因此需要综合判断履行瑕疵的法律性质、影响后果、与申请人主张的损失之间是否存在因果关系、申请人是否满足相关举证责任等多方面因素，准确裁判，在投资者保护与私募基金行业发展之间寻求合理、动态的平衡关系。

自然人 A 与 B 资产管理公司基金合同争议案

中国国际经济贸易仲裁委员会（以下简称"仲裁委员会"）根据自然人A（以下简称"申请人"）与被申请人B资产管理公司（以下简称"被申请人"或"B公司"）签订的《基金合同》中仲裁条款的约定，以及申请人于2021年8月a日向仲裁委员会提交的仲裁申请书及其附件，受理了上述合同项下的基金合同争议案。

一、案情

（一）申请人的仲裁请求及事实和理由

被申请人是一家私募基金管理公司，控股股东和实际控制人为Y某（持有被申请人90%的股权）。Y某毕业于某大学，与申请人（以及其所代表的实际投资人）均为某大学某级同学。2015年1月，Y某投资设立了被申请人，并在其同学熟人圈里销售MT系私募基金。2015年3月至7月，被申请人先后就新三板同类型单一融资项目募集设立多只基金，包括MT一号基金（以下简称"1号基金"）、MT新三板成长基金（以下简称"案涉基金"）、MT成长基金1期（以下简称"成长基金1期"）等，并在募集资金同时，被申请人在2015年4月、5月和7月先后设立多家其实际控制的关联企业，包括C公司（有限合伙）、D公司（有限合伙）、E公司（有限合伙）等。

2015年7月a日，申请人（同时代表其他同学即实际投资人持有份额）与被申请人签署了《基金合同》。《基金合同》约定，申请人作为委托人出资人民币630万元（案涉币种均为人民币，仲裁庭注）购买案涉基金；案涉基金固定存续期限 3 年，由被申请人作为管理人负责案涉基金的管理、发行和运作。申请人在《基金合同》签署前即将 630 万元存入案涉基金的托管账户。

2015 年 7 月 b 日，案涉基金成立。2018 年 7 月同日，案涉基金到期清算。截至提起仲裁申请之日，案涉基金除了分配一次近 43 万元的清算款外，已无力偿付本金和预期收益，且根据公开信息及被申请人向投资人发布的基金产品情况说明，其底层主要投资项目已长年巨额亏损、资不抵债。

申请人认为，被申请人在案涉基金的募集和运作过程中未尽适当性义务，并存在通过其实际控制的关联方和案涉基金进行关联交易、输送利益转嫁损失等导致申请人投资损失严重。具体表现在以下两个方面：

1. 未尽适当性义务。被申请人在销售案涉基金时未尽适当性义务，严重违反相关法律法规，表现为：

（1）投资人不是合格投资者，未履行"了解投资人义务"。被申请人为募集更多资金违法促使非合格投资者汇集资金，导致大多不具备相应风险识别能力和风险承担能力的个人投资者成为案涉基金直接或间接的持有人，因此没有实际履行"了解投资者并对其分类"的适当性义务；明知申请人存在代持行为，但对名义投资人或实际投资人的身份、投资金额、财产与收入状况、证券投资经验、投资需求、风险偏好等信息均未予了解，也无法在了解基础上对投资人进行适当分类；未对申请人及实际投资人进行合法的风险评估、风险测试，《基金合同》中罗列的所谓合格投资者承诺书、声明与承诺以及风险揭示书等格式性条款只是掩人耳目的形式。

（2）未履行风险告知说明义务。《基金合同》名称中含有新三板字样，但被申请人没有向申请人告知说明投资全国中小企业股份转让系统（即俗称的"新三板"）已挂牌股票和拟挂牌企业股权涉及的市场风险和具体投资项目风险；被申请人在基金合同和风险揭示书中没有对新三板市场风险进行任何披露；没有披露具体投资项目风险，《基金合同》第 11 条对投资范围的描述广泛而模糊，且未做任何解释，对于主要投向"新三板已挂牌的公司股票或拟挂牌企业股权"也没有任何说明；没有披露与投资项目关联关系引致的风险。尤其是，案涉基金成立之前，被申请人通过实际控制的关联企业 C 公司、D 公司及/或 E 公司已经以自有资金投资了至少包括 M 地 F 公司和 G 公司两个拟挂牌新三板企业，且上述投资此后均转为案涉基金及被申请人管理的其他基金接盘并持有至今。因此，在案涉基金募集时，被申请人均明知拟投资具体项目状况，但均未在基金销售及签署合同文件时对基金特定投资产品、投资方式以及投资风险进行任何披露。此外，被申请人实际控制的上述关联企业将所投资的 F 公司、G 公司等标的项目转让给案涉基金及被申请人管理的其他基金，构成重大关联交易，但被申请人在明知其控制的关联企业投资的产品与案涉基金存在投资范围重叠及利益冲突，以及存在损害投资人利益的风险，但在基金销售及签署相关文件时对此故意隐瞒，并在此后公告信息中提供虚假陈述。

（3）未履行适当（匹配）销售义务。投资者适当且进行风险承受等级分类、告知说明金融产品及风险是履行金融产品适当匹配销售义务的前提，由于被申请人没有履行上述两项前提性义务，必然也无法履行将投资人和产品进行匹配的义务。被申请人在《基金合同》及风险揭示书中均没有任何投资人和产品风险等级测评和适当匹配的内容，不仅没有告知投资人可能遭受的最大损失风险，相反还故意夸大产品预期收益率误导投资人进行购买。以上表明，被申请人利用申请人的非专业性和同学友情销售案涉基金，且在该过程中未履行法律规定的适当性义务。

2. 通过关联交易进行利益输送。被申请人在案涉基金的投资运作和管理过程中通过关联交易进行利益输送，严重违反相关法律法规，表现为：

（1）F 公司投资项目。被申请人实际控制的 C 公司、D 公司及 E 公司在 2015 年 4 月至 9 月期间分多次投资 F 公司合计 6500 万元。2015 年 12 月 a 日，F 公司改制为股份有限公司，C 公司、D 公司、E 公司均作为发起人参与改制并持有其股份，但案涉基金并非发起人，也不持有 F 公司的股份。2017 年 1 月 a 日，F 公司公告 C 公司、D 公司、E 公司持有的 F 公司股份解除限售，此后 C 公司、D 公司、E 公司将其持有的 F 公司全部股份转让给案涉基金、1 号基金及成长基金 1 期。以上表明 F 公司 2015 年 4 月后历次增资、改制及在新三板挂牌前，被申请人实际控制的关联企业 C 公司、D 公司、E 公司即以低估值增资或受让股权。尽管案涉基金在此期间未持有 F 公司的股权，但被申请人却在 2015 年 10 月的三季报和 2016 年 3 月 31 日的一季报等报告中向投资者披露"我们选中了 F 公司，投资金额 1000 万元""目前基金直接投资股权的企业有：F 公司"等虚假信息，而事实上案涉基金至少是在 2017 年 2 月后才通过 C 公司、D 公司、E 公司的关联交易受让 F 公司股份，被申请人也因此通过案涉基金输送利益实现安全退出。

（2）G 公司投资项目。被申请人与 G 公司的实际投资人及其财务投资人（被申请人控制前）均存在关联关系，虽然 G 公司一直处于亏损状态，被申请人仍通过 C 公司、D 公司完成投资并在解除限售后将其持有股份转让给 1 号基金与成长基金 1 期。案涉基金应于 2018 年 7 月到期，且被申请人在 2017 年四季度报告中声称"本产品基本投资完毕，在距离产品到期还有半年多的时间，我们一直在积极推进退出事宜"，却在 2018 年 1 月至 6 月的退出期间将 1 号基金和成长基金 1 期持有的 G 公司合计近 43 万股股票转让给案涉基金，即在其管理的不同基金之间进行不公允的关联交易。以上表明，被申请人投资关联方亏损的项目且利用案涉基金及其他基金进行关联交易，损害了申请人和其他投资人的权益并造成严重损失。

综上，申请人认为，被申请人作为案涉基金的金融产品的发行人、销售者及管理人，没有依法履行适当性义务、未勤勉尽责管理基金，多次通过不公允的关联交易进行利益输送转嫁损失，严重损害了申请人的权益，应承担缔约过失和违约责任。

基于上述事由，申请人向仲裁委员会提请仲裁，申请人的仲裁请求为：

（1）被申请人赔偿申请人的投资实际损失，即剩余投资本金近 490 万元及利息。

（2）被申请人承担本案仲裁相关全部费用，包括但不限于仲裁费、保全费、律师费、差旅费、评估费、拍卖费、鉴定费等，具体金额以实际发生为准。

申请人在庭后提交了"关于仲裁请求的说明"，对上述仲裁请求说明如下：

（1）第一项仲裁请求中的利息计算方式为，以剩余本金近 490 万元为基数，按中国人民银行发布的同期同类存款基准利率计算，自 2015 年 7 月 a 日起计算至被申请人实际支付之日止，暂计至 2021 年 7 月 a 日为 80 余万元。

（2）第二项仲裁请求中，被申请人应承担本案的相关全部费用，即包括本案的全部仲裁费及律师费。

在庭审中，申请人当庭提出增加仲裁请求，并于庭后提交了"增加仲裁请求申请书"，增加了下述仲裁请求：

（1）被申请人向申请人提供案涉基金、MT 七号新三板成长基金（以下简称"7 号基金")、E 公司、C 公司、D 公司各自的历年证券投资明细报告及基金的投资情况、资产负债情况、投资收益分配情况及其财务会计账簿等财务资料。

（2）被申请人向申请人披露案涉基金、7 号基金、E 公司、C 公司、D 公司各自所有投资项目和金融产品信息：包括但不限于各个项目在该基金中的实际占比和变化；以及包括 F 公司、G 公司、I 公司等项目之投资合同性文件、投资金额、时间、方式、投前尽职调查报告和投资决策文件，投资人保护条款或措施、投资合同履行情况。

（3）被申请人向申请人披露 C 公司、D 公司、E 公司、N 地 H 公司等关联方以及和其他关联基金（包括 1 号基金、7 号基金、成长基金 1 期等）关联交易的合同、时间、价格、资金往来凭证以及合理性。

（4）被申请人向申请人披露其及 H 公司对案涉基金、7 号基金、E 公司取得的历次管理费和业绩报酬以及计提基准。

（5）被申请人向申请人披露其变更控股股东（或实际控制人 Y 某）的原因、方式和股权转让合同、转让价格以及履行情况。

申请人在"增加仲裁请求申请书"中称，除仲裁申请书中所列明的被申请人未尽适当性义务和利益输送行为外，被申请人还存在其他相关违法违约行为，未尽诚实信用勤勉尽责义务，侵害了投资人的利益，具体包括：未建立风控、监察和稽核等内控制度，违法进行关联交易（即以案涉基金和被申请人控制的关联方及其管理的其他基金发生直接和间接的交易，如仲裁申请书中所述关联交易，以及被申请人在庭审时确认 7 号基金和 E 公司的全部募集资金均为 2200 万元，且均直接或间接来源于案涉基金），为管理人和第三人谋取利益；未配备专业人员进行合理投资决策，未专业化管理运作基金，不合理投资长期亏损企业和关联方企业（包括 G 公司、某空网等投资项目），未作合格的尽职调查和谨慎决策；未安全保管并合理处置资产，如 F 公司等项目还在上升期和盈利期时未及时有效变现资产，未对基金投资设置担保和增信措施，未在投资人利益受损时采取合理司法救济手段；未依法编制真实、明确的投资报告（年报、季报、临时报告）以及证券投资明细报告，且报告信息模糊、矛盾、错误、虚假（如报告存在案涉基金成立前 2014 年财务数据），且未对报告专业术语和内容做任何说明；未披露案涉基金和 7 号基金、E 公司等关联方间的利益冲突、投资项目亏损、摘牌、处罚等重大信息和披露虚假、误导、重大遗漏信息；超越投资范围（应以投资目标确定投资范围即新三板挂牌和拟挂牌企业股权，如基金合同约定所有可以投资的产品且投资比例为0—100%，应视为没有约定范围），投资股票和其他金融产品违反投资目标且擅自提取业绩报酬。以上行为不仅严重违约，而且严重违反《证券投资基金法》与《私募投资基金监督管理暂行办法》等法律规定，但因被申请人拒绝依法披露相关投资及交易信息（包括关联交易等重大事项）和财务信息资料，申请人不能据此确认违约违法行为并进而就其给申请人造成的损失提出权利主张，故依法依约申请增加前述仲裁请求。

申请人在庭后代理意见中提出，有关法律法规及司法解释要求对投资者给予倾斜保护，要求金融机构承担实质性的适当性义务并承担举证责任，并围绕被申请人未尽适当性义务、通过关联交易（F公司和G公司投资项目）进行利益输送以及该等行为与申请人损失之间存在因果关系的主张进行了详细阐明，在此不再细述。仲裁庭已仔细阅读了申请人的代理意见，并在评析本案争议焦点时予以充分考虑。

（二）被申请人的答辩意见

1. 被申请人已经尽到了适当性义务：

（1）申请人除了签署《基金合同》之外，还单独签署了《合格投资者承诺书》，向被申请人承诺其为合格投资者，如果因存在欺诈、隐瞒或其他不符合实际情况的陈述所产生的一切责任，由申请人自行承担，与被申请人无关。因此，申请人已书面承诺符合合格投资者条件，被申请人已通过《客户风险承受能力问卷—自然人客户》（以下简称《客户问卷》）的方式对申请人的风险识别能力和风险承担能力进行了评估，申请人是"积极型"投资者，与案涉基金的风险等级相匹配，被申请人已履行了适当销售义务。

（2）被申请人没有促使非合格投资者汇集资金。申请人确保其投资资金来源合法是其自身义务，申请人称被申请人"促使"汇集资金，未提供任何证据证明，与事实不符。被申请人不认可申请人的"代持"行为，申请人才是案涉基金的投资者、委托人，如果案外人认为系实际持有人，应自行主张权利，申请人没有主张赔偿损失的权利基础。

（3）被申请人已向申请人充分提示了投资案涉基金存在的风险。申请人签署的《基金合同》首页内容即为《风险揭示书》，充分揭示了投资案涉基金面临的市场风险、管理风险、流动性风险等风险，申请人也签署了《风险揭示书》，且《基金合同》第 21 条对案涉基金面临的风险进行了详细揭示，可见被申请人已向申请人充分告知了投资案涉基金面临的风险，告知方式也符合监管要求。案涉基金的名称就体现了案涉基金是投资于新三板市场，《基金合同》相关条款和《风险揭示书》也进行了相关风险披露，因此申请人称被申请人没有披露新三板的市场风险不符合事实。申请人拥有金融产品投资相关专业学士以上学位，具有丰富的投资经验，其风险识别能力远超一般投资者，堪称专业级别。根据申请人的教育背景和既往投资经验，申请人完全能够识别和深入理解投资案涉基金面临的全部风险（包括案涉基金就是主要投资于新三板市场、能够理解新三板市场的风险）。被申请人没有披露具体投资项目风险的义务，案涉基金不存在申请人所称的接盘其他基金所持股票的情况，况且即使在募集时被申请人已经知晓案涉基金拟投资的目标企业的状况，也没有任何法律或监管规定要求被申请人必须向申请人披露该等特定目标企业的风险。本案中并不存在申请人主张的所谓"关联交易"，C 公司、D 公司、E 公司均是在中国证券投资基金业协会（以下简称"基金业协会"）进行备案的合伙型私募基金，被申请人是代表其管理的多支契约型基金，分别作为有限合伙人，投资于 C 公司、D 公司、E 公司等三只合伙型基金，该等合伙型基金其实分别是被申请人管理的多支契约型基金的投资通道，而被申请人管理的多支契约型基金均投资于同一投资标的并不存在利益冲突，也不构成关联交易，更不会损害投资人的利益，反而体现了被申请人一贯的投资策略。《风险揭示书》中已说明基金管理人不承诺投资者资产本金不受损失，被申请人也不存在向申请人夸大案涉基金的预期收益率的情况，申请人并未提供证据证明其主张。

2. 被申请人不存在申请人指称的"通过关联交易进行利益输送"的行为，被申请人在案涉基金的投资运作和管理过程中没有任何违规行为：

（1）F 公司投资项目。案涉基金的综合托管人是 H 公司，案涉基金成立时 H 公司尚未完备内部流程，契约型基金不能直接持有非上市公司股权或有限合伙企业份额，因此案涉基金通过投资被申请人管理的另一只契约型基金 7 号基金，再投向 E 公司，最终实现向 F 公司投资 1000 万元，认购 F 公司约 1.2% 的股权。E 公司于 2015 年 9 月 a 日登记为 F 公司的股东，于 2015 年 10 月 b 日完成投资款项支付，在 F 公司于 2015 年 12 月改制为股份公司后，E 公司持有的股权按照净资产折算为 60 余万股股份。因此，E 公司事实上是案涉基金投资 F 公司的工具和通道，案涉基金在其季报中披露的"我们选中了 M 地 F 公司传播有限公司，投资金额 1000 万元"与事实相符。F 公司于 2016 年 7 月在新三板挂牌后，被申请人拆除了 E 公司这一投资工具，将 E 公司持有的 F 公司 60 余万股股票全部平价转回至案涉基金，E 公司所获得的价款已分配至 7 号基金，并进一步由 7 号基金分配至案涉基金。自 2017 年 2 月起，由案涉基金直接持有该等 60 余万股 F 公司股票。因此，不存在申请人所谓的"E 公司以较低估值认购 F 公司股权、再以较高估值将 F 公司股权转让给［案涉基金］"的情况，不存在所谓的利益输送。

（2）G 公司投资项目。首先，被申请人与 G 公司的实际控制人及财务投资人并没有关联关系，申请人也没有提供任何证据证明存在所谓的关联关系。申请人指责被申请人在 G 公司连年亏损的情况下仍进行投资，则是申请人忽视了股权投资以及电子商务公司特点。案涉基金在 2015 年 12 月投资 G 公司之时，虽然其财务报告显示仍处于亏损状况，但每年的亏损金额都在减少（2014 年亏损超过 230 万元，2015 年仅为 16 万余元，减亏幅度高达近 93%），营业收入在大幅增加（2014 年约为 2500 万元，2015 年高达约 6000 万元，增幅高达近 140%）。在案涉基金投资后，G 公司的营业收入仍保持高速增长，2016 年营业收入约 8700 万元，2017 年达到约 1.1 亿元。电子商务公司的业务特点决定了曾经历或正在经历长达数年甚至数十年的亏损。其次，案涉基金并不存在受让被申请人管理的其他基金持有的 G 公司股票的情形，不存在申请人所谓的"不公允的关联交易"。申请人称案涉基金在 2018 年 1 月至 6 月期间受让了被申请人管理的其他基金持有的共计近 43 万股 G 公司股票，是申请人的误解。案涉基金是在 2018 年 5 月 k 日、(k+1) 日以及 6 月 x 日分三次合计买入了近 43 万股 G 公司股票，三次交易均是通过集合竞价转让方式进行。在集合竞价的交易方式下，买卖双方都不可能知道自己的交易对手方是谁，更不可能将股票卖给指定的买入方，客观上也不存在关联交易的可能性。因此案涉基金不存在进行不公允的关联交易、损害投资人利益的情形。

3. 案涉基金尚未完全变现，申请人所谓的"投资实际损失"并没有实际发生，要求被申请人赔偿其损失也没有事实根据。截至目前，案涉基金尚未完成全部底层资产（即目标企业的股权/股票）的变现，其盈亏情况实际尚不确定。虽然受新冠疫情影响，目标企业当前经营状况不如预期，当前变现目标企业的股权/股票存在一定难度，但被申请人在持续不断地通过各种资源去促使退出。案涉基金到期终止进入清算期后，自 2018 年 7 月至 2020 年 12 月期间，陆续实现了部分底层资产的退出，也陆续向包括申请人在内的投资人进行了分配，且案涉基金的底层资产仍在继续变现，存在目前经营状况不如预期的目标企业遇到新机遇再次升值的可能性，案涉基金在退出后还有可能实现盈利。

4. 申请人增加的 5 项关于资料提供和信息披露的仲裁请求，均没有法律法规的规定以及《基金合同》约定的依据，被申请人没有义务向申请人进行披露，申请人增加的 5 项仲裁请求均不能成立，且这些仲裁请求不仅涉及案涉基金，还涉及其他案外基金，因此请求仲裁庭驳回申请人增加的仲裁请求。针对申请人在《增加仲裁请求申请书》中事实与理由部分所称的被申请人的违法违约行为，不符合事实，申请人也没有提供证据加以证明，被申请人在案涉基金募集、投资运作以及退出阶段全部合法合规，并符合《基金合同》的约定，被申请人也从未受到过任何监管调查、质疑、异议、约谈、监管措施等。具体而言：

（1）关于关联交易。被申请人已在答辩意见和庭审中详细说明了 F 公司和 G 公司两个投资项目不存在申请人主张的关联交易。7 号基金和 E 公司均未收取过任何管理费，申请人所谓的为管理人和第三人谋取利益的指责没有事实依据。被申请人管理的多只基金投资同一标的公司不属于所谓"关联交易"，且就关联交易本身而言，也并非被禁止或违反合同约定、法律规定。

（2）关于"不合理投资长期亏损企业和关联方企业"和"未安全保管并合理处置资产"。被申请人已在答辩意见和庭审中详细说明了案涉基金投资 G 公司这一亏损企业是股权投资电商的性质所决定的，被申请人在投资前进行了充分的尽职调查和审慎决策。2018 年起电商行业因某电商平台上市导致行业格局剧变及随后的疫情冲击给企业经营以及进一步融资环境造成了重大不利影响，申请人以投资六年后发生的变化去判断当年的投资决策是"事后诸葛亮"，不能证明被申请人存在未进行专业投资分析和决策的情形。申请人主张的"未合理处置资产""未对基金投资设置担保和增信措施"和"未采取合法司法救济手段"没有事实或合同依据，也与股权投资的本质相悖。投资及退出相关决策是基金管理人基于自身商业判断有权作出的，申请人的投资遭遇了市场风险确实令人遗憾，但该等风险是申请人进行私募基金投资、参与股权投资应当自行承担的风险。

（3）关于"超越投资范围"和"擅自提取业绩报酬"。申请人的主张没有事实依据，也与《基金合同》的约定不符。《基金合同》已明确约定投资范围和投资目标，两者并不矛盾，是并存的关系，投资目标是案涉基金的总体目标，投资范围则是对所投标的的具体约定。申请人的所谓《基金合同》约定所有可以投资的产品且投资比例为 0—100% 的说法，是申请人对相关条款的误读。投资比例 0—100% 是指基金财产可以全部或部分投资于某项标的，但不得通过质押式回购、融资融券后再行投资于该项标的，使得该等标的的投资比例超过 100%。《基金合同》第 11 条约定的投资目标为"主要通过投资全国中小企业股份转让系统已挂牌股票或拟挂牌企业股权，追求投资人资产的保值、增值"，但并不意味着案涉基金必须将其全部资金都投资于新三板挂牌公司或拟挂牌公司，且第 11 条投资范围中明确约定案涉基金可以投资有限合伙企业份额、契约型基金以及沪深 A 股股票等金融产品。因此，案涉基金投资股票和其他金融产品没有超越投资范围，符合《基金合同》约定。另外，《基金合同》第 18 条第 3 款第 4 点明确约定了业绩报酬的计算方法、计算和支付流程，申请人称被申请人"擅自"提取业绩报酬没有《基金合同》依据。

5. 申请人应自行承担其提起本案仲裁所产生的一切费用。被申请人对仲裁庭在庭审中询问的有关事项，在庭后作出如下回复：

（1）案涉基金的投资者人数共计近 30 人，募集规模约为 5500 万元。

（2）被申请人与 H 公司具有关联关系，被申请人已就该关联关系在基金业协会网站进行公示。

（3）案涉基金终止时，持有 F 公司股票的成本占总成本的约 26%，市值占基金总市值的近 27%；持有 G 公司的成本占总成本的约 16%，市值占基金总市值的近 16%。自案涉基金终止日至今，案涉基金持有的全部 F 公司和 G 公司股票的数量没有变化。

（4）1 号基金于 2018 年 3 月（b-1）日期满终止，2018 年 3 月 b 日起进入清算期；成长基金 1 期于 2018 年 4 月 d 日期满终止，2018 年 4 月（d+1）日起进入清算期。两只基金均已变现部分财产并向持有人分配，目前仍在清算过程中。

被申请人在庭后代理意见中提出，需基于相关事实发生时的客观情况和法律法规规定来判断本案，判断管理人是否勤勉尽责时应尊重"投资有风险"的原则，并围绕被申请人已尽到适当性义务，不存在通过 F 公司和 G 公司投资项目进行利益输送，申请人要求披露的信息不属于法定以及《基金合同》约定的信息披露范围，申请人所谓"投资实际损失"并未实际发生或即使发生也是基于市场风险，与被申请人的行为之间没有因果关系等主张进行了详细阐明，在此不再细述。仲裁庭已仔细阅读了被申请人的代理意见，并在评析本案争议焦点时予以充分考虑。

二、仲裁庭意见

仲裁庭认为，本案审理过程中，双方当事人已就本案相关事实和法律问题充分发表了意见。结合本案案情和证据材料，根据相关法律及规定，仲裁庭发表如下意见：

（一）仲裁庭查明的本案事实

经审理，仲裁庭注意到申请人就本案相关事实的主张以及提交的证据材料，同时也充分注意到被申请人就相关事实的主张和证据，听取了双方当事人及其代理人的质证意见，并在庭审中就仲裁庭需要了解的相关事实进行了询问。根据本案双方当事人提交的证据，结合当事人相关陈述和庭审调查的情况，仲裁庭查明本案事实如下：

1. 申请人与被申请人均认可的基本事实。

2015 年 7 月 a 日，申请人与被申请人签署了《基金合同》。申请人为基金委托人，被申请人为基金管理人，H 公司为基金综合托管人。案涉基金为非公开募集证券投资基金，固定存续期限为自成立之日起 3 年。申请人投资案涉基金 630 万元。同日，申请人也在《客户问卷》《风险揭示书》《合格投资者承诺书》等相关文件上签字。

2015 年 7 月 c 日（即签署《基金合同》之前），申请人向 H 公司转入基金投资款 630 万元。

2015 年 7 月 b 日，案涉基金成立。

2018 年 7 月 b 日，案涉基金存续期限届满，《基金合同》同日终止。之后，案涉基金进入基金财产清算期间。截至申请人提起本案之日，被申请人已向申请人分配了清算款合计 140 余万元。

2. 申请人与被申请人之间存在争议的重要事实问题。

申请人与被申请人在对本案审理结果直接相关的六项重要事实问题上存在争议，各自提出了相关证据及主张，并在庭审中及庭审后就此发表了质证意见和代理意见。仲裁庭现对该六项重要事实问题逐一进行评析和认定。

（1）关于涉及案外人的微信对话记录能否作为证据的问题。

在庭审中，申请人代理人 T 某提出，其为实际投资人之一，申请人为代持人，申请人提交的部分证据（申请人证据 8、11、13、18）实为 T 某与被申请人时任法定代表人 Y 某之间的微信对话记录；虽然其不是以证人身份出具证言，但实际投资人委托申请人及代理人 T 某主张权利合法有效，代理人与实际投资人利益一致，因此 T 某与 Y 某之间的微信对话记录属于有效书证。此外，申请人也提交了其他案外人士与 Y 某、被申请人工作人员 D 某之间的微信对话记录（申请人证据 15、21）。被申请人认可上述证据的真实性或形式真实性，但不认可关联性或证明目的。

仲裁庭认为，仲裁当事人提供的证据可以来源于自身，也可以来源于第三方，均需接受另一方当事人的质证并由仲裁庭判定证据效力。申请人将其代理人或其他案外人与 Y 某、D 某的微信对话记录作为申请人方面的书证提交，并不违反法律规定，仲裁庭无需排除该证据。至于该微信对话记录的证据效力问题，仲裁庭在认定与其相关的争议事实时一并评析。

（2）关于《客户问卷》《合格投资者承诺书》《B 公司产品风险评级管理制度（2015 年）》的问题。

针对被申请人提交的《客户问卷》《合格投资者承诺书》《B 公司产品风险评级管理制度（2015 年）》（以下简称《风险评级管理制度》）等三份证据（被申请人证据 1、2，《合格投资者承诺书》为《基金合同》的一部分），申请人主张，其当时没有阅读并勾选《客户问卷》中的问题答案选项，仅是在被申请人工作人员安排下签名，且问卷中若干问题的勾选与事实不符；《合格投资者承诺书》是《基金合同》中罗列的"格式性条款""只是掩人耳目的形式而已"；《风险评级管理制度》为被申请人事后伪造的证据，且未载明案涉产品风险等级，未说明新三板市场产品的特征及风险等级，当时也未提供给申请人。

被申请人则主张，《客户问卷》中所有问题由申请人本人作出了勾选，显示申请人拥有金融产品投资相关专业学士以上学位，拥有丰富的投资经验，参与过股票基金产品的交易，可用于投资的资产金额为 1000 万元以上，投资时的首要目标是产生较多收益、可以承担一定风险，申请人最终得分为 77 分，属于"积极型"投资者；《合格投资者承诺书》由申请人签署，并作出相关承诺；根据《风险评级管理制度》，案涉基金拟投资新三板市场已挂牌股票或拟挂牌企业股权，系投资范围为"定增、股权投资"等的产品，风险评级为"中高风险"，匹配的投资者风险类型为"积极型"。

仲裁庭现对上述三份证据的效力逐一分析和认定如下：

关于《客户问卷》。从《客户问卷》表面看，无涂改痕迹，无漏页换页，每一项问题显示了勾选答案，并有申请人手写签名及填写日期；对于每一项问题旁的铅笔字样手写分值，根据被申请人解释，是由被申请人工作人员根据《客户问卷》附表 1 "自然人客户风险承受能力评分表"对每一项问题的勾选答案进行打分的分值，亦符合类似问卷的评分操作模式。仲裁庭认为，根据"谁主张，谁举证"的原则，在被申请人提交了显示有申请人手写签名及填写日期、对各项问题均有勾选答案的《客户问卷》后，如果申请人主张其仅在《客户问卷》上签字而未对问题逐项进行勾选的话，则需提供相应的证据来证明该主张。但是，申请人未能提供进一步的证据。基于以上分析，《客户问卷》可视为由申请人进行了勾选及签署。

关于《合格投资者承诺书》。申请人并未否认签署了《合格投资者承诺书》，也没有提供证据证明签署时或签署后其对该文件的内容提出了异议。虽然申请人在仲裁申请书中提及《合格投资者承诺书》为格式条款，但后续并未进一步阐述该观点，也未提交证明该文件实为被申请人一方格式条款的证据。基于以上分析，《合格投资者承诺书》可视为已由申请人签署，且申请人对其内容无异议。

关于《风险评级管理制度》。申请人否认《风险评级管理制度》真实性的核心观点，是该文件的第一条中引述了《私募基金管理暂行条例》，而该条例在 2017 年才有征求意见稿，不可能在 2015 年 6 月成为该制度所引用的法律依据。经仲裁庭查询，2017 年 8 月 30 日国务院法制办公室发布了《私募投资基金管理暂行条例（征求意见稿）》，之前没有名为《私募基金管理暂行条例》的法规，且迄今为止国务院也未正式发布《私募投资基金管理暂行条例》。

仲裁庭认为，虽然被申请人 2015 年版《风险评级管理制度》中援引《私募基金管理暂行条例》的原因无从探究，但仅凭该引述法规的名称有误就判定《风险评级管理制度》是被申请人事后伪造的证据，尚显不足。一方面，被申请人自 2015 年 2 月起即在基金业协会备案为私募证券投资基金管理人，私募基金管理人在设立及建章建制阶段，产品风险评级制度是需要制订的一项基本内部制度，且制定该制度并不存在难度。有关被申请人在未制定该制度的情况下就已在市场上进行募资活动并开始管理运作多只私募基金的假定，显得说服力不强。另一方面，这种情况的出现有多种可能性，例如事后伪造是一种可能性，被申请人在制订《风险评级管理制度》时措辞不严谨也是一种可能性。如果主张被申请人事后伪造了该文件，那么对于被申请人为何在伪造时引述了一份尚处于征求意见阶段的法规草案，而且引述名称还与该法规草案的全名不一致的现象，仍难以给予逻辑自洽的解释。基于以上分析，仲裁庭认为，根据民事诉讼证据盖然性原则，仅因为这一点还无法达到排除《风险评级管理制度》作为证据的程度；但是，在涉及该证据拟证明的事实时，仲裁庭将结合其他证据对拟证明的事实进行综合评判，而非仅仅依赖该证据。

（3）关于申请人提交的证据能否证明被申请人知悉申请人代持安排或促使申请人汇集非合格投资者资金的问题。

申请人主张，被申请人明知申请人存在代持行为，促使申请人汇集非合格投资者的资金。为证明该主张，申请人提交了两组证据。第一组证据是两份与 Y 某、D 某相关的微信对话记录（申请人证据 8、15），其中证据 8 是对话时间分别为 2015 年 5 月 a 日、2018 年 3 月 b 日、2019 年 6 月 c 日至 10 月 e 日期间的数段对话记录，对话方为 Y 某，证据 15 是对话时间分别为 2019 年 12 月 f 日、2018 年 3 月 b 日、2019 年 12 月（f+5）日和 2019 年 3 月 k 日的数段对话记录（除 2019 年 3 月 k 日的对话方为 D 某之外，其余是 Y 某在微信群中或单独对话的记录）。第二组证据是申请人与 H 某、S 某、L 某、G 某、Z 某、T 某等案外人之间签署的基金份额委托代持协议及补充代持协议（以下简称"代持协议"，申请人证据 14）。

被申请人则主张，被申请人在申请人认购案涉基金时并不知道申请人主张的所谓"代持"情况，更没有促使申请人汇集非合格投资者的资金，有关微信对话记录并不能证明这一点，且被申请人此前从未见过申请人与其他人士之间的代持协议，申请人也从未向被申请人提供过这些代持协议。

仲裁庭注意到，《基金合同》签署日为 2015 年 7 月 a 日，而申请人提供的微信对话记录中仅有 2015 年 5 月 a 日的对话发生在《基金合同》签署前，与基金募集阶段关联性最大，应重点分析。在该段对话记录中，对话人（申请人代理人 T 某）提到"和法律的介个同学说了说，看看凑钱买点""我和几个同学说说，然后可以派一个人去办手续，签合同什么的""上次你跟老 F 是不是也联系了？因为她上次也和以后问我和 LY 同学问问能不能凑，我不知道时间有这么紧，不知道明天看看他们能不能到位"，Y 某则分享了名字显示为"DD（与 D 某名字相近）"的个人名片并回复"这是我们的销售"。

仲裁庭认为，就上述对话记录而言，尚不足以证明 Y 某当时知悉申请人的代持安排或促使申请人汇集非合格投资者的资金，主要理由有三方面：一是，该段对话中没有出现案涉基金的名称，无法确定讨论内容与案涉基金的募集工作相关；二是，该段对话的时间是 2015 年 5 月 a 日，本案《基金合同》签署于 2015 年 7 月 a 日，案涉基金成立于 2015 年 7 月 b 日，而申请人向案涉基金的综合托管人 H 公司转入投资款是在 2015 年 7 月 c 日，对话时间与转款时间、《基金合同》签署及案涉基金设立之间还有一个多月的间隔，仅凭对话本身无法认定所讨论的就是案涉基金；三是，该等对话主要体现为 T 某的发言，虽然有"凑钱买点""派一个人去办手续""能不能凑"等内容，但此类对话内容过于宽泛，无法证明 Y 某知悉申请人在投资案涉基金时作为代持人的身份，也不能显示 Y 某促使申请人汇集非合格投资者的资金。

发生在《基金合同》签署后的各段微信对话记录也存在同样的问题，对话中均未提及案涉基金，且上下文并不完整、明确；虽在某段对话中提到代持一词，仅从选择提供的对话段落中还无法推断出被申请人在案涉基金募集阶段就知悉申请人为他人代持或促使申请人汇集非合格投资者的资金的情形。

对于申请人提供的第二组证据代持协议，仲裁庭注意到被申请人并非协议当事方，并在质证意见及代理意见中表示此前从未见过代持协议。目前，尚无证据证明申请人曾向被申请人提供过这些代持协议。从常理判断，如果投资者为他人代持基金份额，一般也不会在基金募集阶段主动向管理人披露，因为一旦披露就可能导致管理人无法安排其认购基金份额，否则将变成管理人在基金募集方面的违规行为。

基于以上分析，仲裁庭认为，现有证据无法证明被申请人在案涉基金募集阶段知悉申请人主张的代持安排或促使申请人汇集非合格投资者的资金。

（4）关于申请人提交的证据能否证明 Y 某夸大案涉基金预期收益率的问题。

申请人主张 Y 某有夸大宣传案涉基金预期收益率的情形，主要证据为案外人 T 某与 Y 某在 2015 年 5 月 （a+1） 日的微信对话记录（申请人证据 11）以及该对话记录中包含的 H 公司内部推介 MT 新三板基金的邮件截图（申请人证据 18）。

被申请人则主张上述微信对话发生在案外人 T 某与 Y 某之间，不能证明被申请人向申请人夸大基金收益，而且 H 公司内部推介邮件的内容均为 H 公司员工起草，有关邮件截图是 Y 某应 T 某的要求提供，并且明确说明了属于 H 公司内部邮件，因此不应构成被申请人对案涉基金的宣传。

经审查，上述两份证据显示 Y 某向 T 某提供了 H 公司内部推介 MT 新三板基金的邮件截图，并表示"H 公司内部的邮件，勿外传"，T 某问到"收到，多谢 Y 某，前两期是 100 三年 300，年回报在 60% 么？"Y 某答复"年化 46"；H 公司内部邮件截图提及 Y 某将在 2015 年 5 月 （a+10） 日在 H 公司会议室进行名为《三板市场的投资机会及 MT 资产三板投资逻辑和理念》的内部沟通，其中涉及 "Y 某秉持项目与资金匹配原则，不重规模重质量，当前管理 2 亿元 1 期三板产品运作顺利，本次发行也会控制规模，保证投资资金的使用效率从而提高产品收益率""Y 某个人对该产品预期，内生复合回报 30% 以上（复利 30%），我们认为很靠谱"等措辞。

仲裁庭认为，上述证据无法证明 Y 某就案涉基金的预期收益率向申请人作出了承诺，更谈不上夸大了预期收益率。一方面，Y 某在微信对话记录中提到的"年化 46"，从上下文看，更符合逻辑的解释应是指前两期类似基金的回报率为年化 46%。T 某的问题是"前两期是 100 三年 300，年回报在 60% 么？"Y 某对此回答"年化 46"，应是对"前两期"年回报的答复，修正了 T 某提出的年回报 60% 的数据。该对话的内容无法推导出 Y 某是在对案涉基金的年回报率作出答复，也不能视为是对申请人进行的答复；即使是作出了答复，也仅为一个预估而已，远未达到承诺预期收益率的程度。另一方面，H 公司内部邮件中的内容并不是被申请人的基金募集宣介材料，即使可以作为 Y 某对拟募集基金收益率有所预期的一个佐证，也不能反推出 Y 某当时将该邮件截图提供给案外人 T 某，就是为了向申请人有意夸大案涉基金的预期收益率或为了误导申请人的结论。

基于以上分析，仲裁庭认为，现有证据无法证明 Y 某在案涉基金募集阶段向申请人承诺或夸大案涉基金的预期收益率。

（5）关于 F 公司投资项目的问题。

申请人主张，被申请人通过 C 公司、D 公司、E 公司等关联企业在案涉基金成立之前即投资 F 公司合计 6500 万元，以低估值增资或受让股权；在 2017 年 1 月 a 日上述关联企业持有的 F 公司股份解除限售后，才将持有的 F 公司股权通过关联交易全部转给案涉基金、1 号基金和成长基金 1 期，被申请人因此通过案涉基金输送利益实现安全退出（申请人证据 9、10）。但是，被申请人在 2015 年 10 月案涉基金的第三季度报告和 2016 年 3 月的第一季度报告中提及"我们选中了［F 公司］，投资金额 1000 万元""目前基金直接投资股权的企业有：［F 公司］"（申请人证据 12），属于向投资者披露虚假信息。

针对申请人的主张，被申请人提供了一系列证据来解释案涉基金对 F 公司的投资路径及安排（被申请人证据 3-15、18）。

根据庭审查明并结合双方当事人提供的相关证据，案涉基金投资 F 公司的投资路径以及相关款项支付/股票买卖的步骤如下：第一步，2015 年 10 月 b 日，案涉基金向 7 号基金投资 1000 万元，7 号基金同日向 E 公司投资 1000 万元；第二步，E 公司已于 2015 年 9 月 a 日登记为 F 公司的股东（持股约 1.2%），在 10 月 b 日向 F 公司支付投资款项 1000 万元；第三步，E 公司在 F 公司 2015 年 12 月股改后折算为持有其 60 余万股股票；第四步，2017 年 2 月 c 日至（c+7）日之间，案涉基金按照 E 公司的安排通过全国中小企业股份转让系统分笔购入 60 余万股 F 公司股票，成交金额合计近 1000 万元；最后一步，2017 年 2 月（c+3）日至（c+10）日期间，E 公司向 7 号基金分笔转款，并由 7 号基金于收款当日再全款转给案涉基金，案涉基金合计收回近 1000 万元（取整数）。从整体上看，案涉基金在 2015 年 10 月 b 日对外投出 1000 万元，2017 年 2 月（c+3）日至（c+10）日期间合计收回近 1000 万元；在 2017 年 2 月 c 日至（c+7）日之间购入 60 余万股 F 公司股票，成交金额合计近 1000 万元。

庭审后，申请人进一步对被申请人提交的上述证据发表了质证意见和代理意见，质疑被申请人按上述路径及步骤投资 F 公司的合理性及动机，并对有关划款指令、资金到账证明、资产估值表、股票交易交割单等证据的真实性或证明目的提出怀疑。

需要指出的是，对于申请人有关被申请人通过 C 公司、D 公司、E 公司等关联企业在案涉基金成立之前以低估值增资或受让股权投资方式投资 F 公司的主张，与案涉基金无关，故不属于本案审理范围。对于申请人有关 F 公司投资项目构成关联交易输送利益的主张，仲裁庭将在分析本案争议焦点时予以裁决。本部分首先分析和认定案涉基金是通过哪些路径和步骤投资 F 公司，以及投出款项与所购 F 公司股票之间是否存在对应关系等事实问题，而这些事实问题将是分析相关争议焦点的基础。

仲裁庭认为，被申请人就案涉基金投资 F 公司的路径与步骤所提供的证据及解释，在各环节均有相关证据印证（包括申请人提交的证据也可以佐证其中的部分事实），形成了完整的证据链，能够展现案涉基金投资 F 公司的路径安排、投出及收回款项的流向与步骤、60 余万股 F 公司股票购入安排等核心点。虽然被申请人提交的某些证据有不完整或不明确之处，但从总体上评析该证据链，至少可以证明两点基本事实，而申请人提交的证据也无法对此予以否认：第一，案涉基金投出 1000 万元款项，最终收回近 1000 万元，尽管两个金额之间有稍许差额，应属于估值波动及各种手续费导致的正常偏差，可见案涉基金在收回最初通过 7 号基金、E 公司投出的投资款项方面并没有发生实质性亏损；第二，案涉基金通过全国中小企业股份转让系统买入并持有 60 余万股 F 公司股票，成交金额合计近 1000 万元，而这些股票的数量与 E 公司在 2015 年 12 月 F 公司股改时转股获得的股票数量是一致的，且被申请人也表示这些交易是"案涉基金分笔通过全国中小企业股份转让系统平价买入 E 公司持有的 60 余万股 F 公司股票"（被申请人证据 18）。因此，仲裁庭采纳案涉基金投资 F 公司的以上两点基本事实，将其适用于对相关争议焦点的分析之中。

（6）关于 G 公司投资项目的问题。

申请人主张，被申请人与 G 公司的实际投资人及其财务投资人（被申请人控制前）均存在关联关系，虽然 G 公司一直处于亏损状态，被申请人仍通过 C 公司、D 公司完成投资并在解除限售后将其持有股份转让给 1 号基金与成长基金 1 期；被申请人在案涉基金 2018 年 1 月至 6 月的退出期间内，仍将 1 号基金和成长基金 1 期持有的 G 公司合计近 43 万股股份转让给案涉基金，即在其管理的不同基金之间进行不公允的关联交易（申请人证据 10、13）。

被申请人则主张，案涉基金在 2018 年 5 月 k 日、（k+1）日以及 6 月 x 日分三次通过集合竞价转让方式，分别购入 16 万股、15 余万股和 11 余万股 G 公司股票（合计近 43 万股），成交价格分别为约 9.1 元/股、约 9.2 元/股和约 9.0 元/股，而在集合竞价的交易方式下，买卖双方都不可能知道交易对手方，更不可能将股票卖给指定的买入方，客观上不存在与之进行交易的可能性（被申请人证据 16、17、19—21）。对此，被申请人提交了 1 号基金与成长基金 1 期有关 G 公司股票的卖出成交记录查询单作为证据，试图证明成交记录查询单上列明的卖出交易无法与案涉基金的买入交易在时点上形成一一对应的关系，进而否定案涉基金是从 1 号基金和成长基金 1 期购入近 43 万股 G 公司股票。

需要指出的是，对于申请人有关被申请人与 G 公司的实际投资人及其财务投资人（被申请人控制前）存在关联关系、1 号基金和成长基金 1 期投资处于亏损状态的 G 公司等主张，与案涉基金无关，故不属于本案审理范围。对于申请人有关案涉基金投资 G 公司构成关联交易输送利益的主张，仲裁庭将在分析本案争议焦点时予以裁决。本部分首先分析和认定案涉基金购入的 G 公司近 43 万股股票是否与 1 号基金和成长基金 1 期同期减持的 G 公司股票之间存在一定的关联关系。

仲裁庭认为，根据民事诉讼证据盖然性原则，被申请人提供的证据尚不能否定案涉基金购入的 G 公司近 43 万股股票与 1 号基金和成长基金 1 期同期减持的 G 公司股票之间存在一定的关联关系。新三板挂牌股票流动性低，大部分股票的交投并不活跃，很多股票多日无成交或在某一交易日仅有一笔成交的情形并不少见。即使买卖双方通过集合竞价方式在新三板市场上进行股票买卖，也完全可以达到在约定交易日的约定交易时段通过对敲出价达成股票买卖交易的效果。从客观情况看，案涉基金在 2018 年 5 月 k 日至 6 月 x 日期间合计购入 G 公司股票近 43 万股，而 1 号基金和成长基金 1 期在 2018 年上半年合计减持 G 公司股票近 44 万股，两者在时间与股票数量方面高度接近。而被申请人并没有提交 1 号基金、成长基金 1 期在 2018 年上半年的全部 G 公司股票交易记录，所提交的成交记录查询单也有意未披露交易对手方、交易价格等关键信息，故存在 1 号基金、成长基金 1 期分次通过相互之间转让或向第三方转让特定数量的 G 公司股票后，再向案涉基金转让该股票的可能性。也就是说，仅凭被申请人提交的数份成交记录查询单，还不能对上述客观情况提供更为合理、可信的解释。基于以上分析，仲裁庭认为，案涉基金在 2018 年 5 月 k 日至 6 月 x 日的期间内间接地从 1 号基金、成长基金 1 期购入近 43 万股 G 公司股票的主张，具有更高的可信度，予以采纳。

（二）关于案涉合同的效力

本案双方当事人之间签订的《基金合同》系双方当事人真实的意思表示，内容不违反我国法律、行政法规中的强制性规定，合法有效，对双方当事人都具有约束力。双方当事人均应当依法全面履行各自的合同义务，任何违反相关合同约定的行为都应当承担法律责任。

（三）关于本案主要争议焦点

结合本案案情及双方诉辩意见，仲裁庭总结本案主要争议焦点包括：

（1）被申请人在向申请人销售案涉基金的过程中是否存在未尽适当性义务的情形？如有，是否与申请人的损失之间存在因果关系？

（2）被申请人在案涉基金的管理运作过程中，是否在 F 公司与 G 公司投资项目上通过关联交易进行利益输送、构成基金财产混同或不公平对待基金委托人？如有，是否与申请人的损失之间存在因果关系？

（3）申请人要求被申请人进行的相关信息披露，是否具有法律或合同上的依据？

就上述争议问题，仲裁庭逐项分析如下。

1. 关于被申请人是否违反了适当性义务的问题。

申请人主张被申请人在以下三方面违反了适当性义务：①未实际履行"了解客户"的义务，明知申请人存在代持行为，但没有对申请人及实际投资人进行了解和分类，更没有进行合法的风险评估、风险测试，促使申请人向非合格投资者汇集资金；②未履行"告知说明义务"，没有向申请人告知说明新三板市场风险和具体投资项目风险，也没有说明关联交易及其风险；③未履行"了解产品及匹配销售义务"，未在《基金合同》及《风险揭示书》中列明投资人和产品风险等级测评及适当匹配的内容，也没有告知投资人可能遭受的最大损失风险，且存在夸大产品预期收益率误导投资人进行投资的情况。

被申请人则主张，被申请人在基金募集过程中已经尽到了适当性义务：①申请人已书面承诺符合合格投资者条件，被申请人已通过问卷调查的方式对申请人的风险识别能力和风险承担能力进行了评估，申请人是"积极型"投资者，与案涉基金的风险等级相匹配，因此被申请人已履行了适当销售义务；②被申请人不知晓申请人所谓的"代持"安排，更没有促使非合格投资者汇集资金；③被申请人已向申请人充分提示了投资案涉基金存在的风险，且没有披露具体投资项目风险的义务，本案也不存在申请人主张的所谓"关联交易"；④被申请人未夸大案涉基金的预期收益率，申请人并未提供证据证明其主张。

仲裁庭认为，适当性义务是指金融产品发行人、销售者以及金融服务提供者（以下合称"卖方机构"）在向金融消费者推介、销售高风险等级金融产品，以及为金融消费者参与融资融券、新三板、创业板、科创板、期货等高风险投资活动提供服务的过程中，必须履行的了解客户、了解产品、将适当的产品（或者服务）销售（或者提供）给适合的金融消费者的义务，目的在于确保金融消费者在充分了解相关金融产品、投资活动的性质及风险的基础上作出自主决定，并承受由此产生的收益和风险。其中，卖方机构的告知说明义务是其适当性义务的组成部分之一，强调的是信息披露义务，即卖方机构在推介金融产品时，应当向金融消费者充分说明与金融产品相关的市场风险、信用风险、合同的主要内容等重要事项，使得金融消费者对所投资的金融产品有足够的认识来做出投资决定。适当性义务的履行是"卖者尽责"的主要内容，也是"买者自负"的前提和基础。具体到私募基金推介、销售方面，《私募投资基金监督管理暂行办法》作为部门规章，明确了私募基金销售过程中私募基金管理人对投资者应履行的适当性义务要求。因此，被申请人向申请人推介案涉基金时，应当根据有关规定，基于诚信原则履行"了解客户""告知说明义务"及"了解产品及匹配销售"等适当性义务。

仲裁庭进一步认为，本案审理需要把握以下两个基本原则：一是，要充分认识到我国对私募基金监管的法律规定与自律规则经历了一个不断发展与完善的渐进过程，私募基金的业务实践与法律文本也经历了一个从相对粗放到逐渐精细的演变历程。如果按今天的标准来判断，当年的私募基金推介行为或文件可能显得比较粗糙甚至低于现行标准。但是，只要这些行为或文件不违反当时适用的法律法规规定、自律规则，或在没有法律法规规定或自律规则的情况下，也没有明显低于同行业一般人士应达到的专业水准，则不宜采用现在的标准来判定当时的行为构成了违法违规。二是，要在申请人与被申请人之间准确适用和分配举证责任。仲裁庭认可，在涉及金融消费者的适当性义务案件中，卖方机构需承担证明其满足适当性义务的举证责任。但这并不等同于要求私募基金管理人承担自证清白的绝对责任。如果管理人提出了证明其已满足适当性义务的证据，则举证责任转移到金融消费者，由金融消费者来证明管理人提供的证据不足以证明其已尽到适当性义务，或提供新证据来证明管理人未履行适当性义务。

基于上述原则，仲裁庭现逐一评析和认定双方当事人在适当性义务方面的主张。

（1）关于"了解客户"。

根据《私募投资基金监督管理暂行办法》第16条的规定："私募基金管理人自行销售私募基金的，应当采取问卷调查等方式，对投资者的风险识别能力和风险承担能力进行评估，由投资者书面承诺符合合格投资者条件……"第18条规定："投资者应当如实填写风险识别能力和承受能力问卷，如实承诺资产或者收入情况，并对其真实性、准确性和完整性负责。填写虚假信息或者提供虚假承诺文件的，应当承担相应责任。"第19条规定："投资者应当确保投资资金来源合法，不得非法汇集他人资金投资私募基金。"

从被申请人提供的证据看，申请人在签署《基金合同》时签署了《合格投资者承诺书》，承诺其为私募证券投资基金的合格投资者，并签署了《客户问卷》，根据对应的"自然人客户风险承受能力评分表"被评估为"积极型"投资者。对照被申请人《风险评级管理制度》，"积极型"投资者对应的投资风险为"中高风险"，投资范围为"混合型、股票型、可转债、可交债，定增、股权投资"，而案涉基金主要投资新三板已挂牌股票或拟挂牌企业股权，投资范围属于上述"定增、股权投资"。因此，被申请人提供了证明其已履行"了解客户"适当性义务的初步证据，举证责任现在转移到申请人。

申请人主张被申请人违反"了解客户"适当性义务的核心主张，是被申请人明知申请人存在代持行为，但却没有对申请人及实际投资人进行了解、分类及合法风险评估与测试，所以违反了"了解客户"适当性义务。但是，根据仲裁庭对本案相关事实的认定，现有证据无法证明被申请人在案涉基金募集阶段知悉申请人存在代持安排或促使申请人汇集非合格投资者的资金。因此，申请人的上述主张及相关证据并不能在举证责任方面否定被申请人提出的初步证据。

申请人进一步提出，被申请人未按照最高人民法院发布的《全国法院民商事审判工作会议纪要》（以下简称《九民纪要》）第75条的规定及其理解来举证在销售时对金融消费者的风险偏好、风险认知和风险承受能力进行了测评、要求金融消费者提供必要资料及确认测评资料。仲裁庭认为，虽然

《九民纪要》体现的相关审判原则具有重要的参考价值，但案涉基金的募集行为发生在 2015 年，应按照当时适用的《私募投资基金监督管理暂行办法》来判断被申请人当时的行为是否违法违规。根据《私募投资基金监督管理暂行办法》第 16 条规定，私募基金管理人在自行销售私募基金时应当采取问卷调查等方式，对投资者的风险识别能力和风险承担能力进行评估，由投资者书面承诺符合合格投资者条件。除此之外，《私募投资基金监督管理暂行办法》在"了解客户"方面没有更详细的规定了。在 2015 年，基金业协会还没有在这方面发布适用的自律规则或文件模板。从 2016 年起，基金业协会开始陆续发布《私募投资基金募集行为管理办法》《证券期货投资者适当性管理办法》《基金募集机构投资者适当性管理实施指引（试行）》等自律规则，以及投资者风险问卷调查内容与格式和风险揭示书等法律文本模板。由此可见，在 2015 年案涉基金募集阶段，被申请人采取的措施满足了当时的法律要求，操作方式与当时的私募基金行业实践也基本一致，即使用后续发布的标准来看可能有不完善之处（例如在收集测评资料方面），也不宜因此就认定被申请人在 2015 年违反了当时适用的适当性义务规定。

综上，仲裁庭认为，被申请人在案涉基金募集阶段已履行了当时适用的"了解客户"适当性义务，即使存在瑕疵，也没有达到违法的严重程度。

（2）关于"告知说明义务"。

根据《私募投资基金监督管理暂行办法》第 16 条的规定，私募基金管理人应当制作风险揭示书，由投资者签字确认。

仲裁庭注意到，申请人在签署《基金合同》的同日签署了《风险揭示书》，其中列示了私募基金投资面临的风险，包括但不限于市场风险、管理风险、流动性风险、信用风险、私募基金管理人风险及其他风险。《基金合同》第 21 条"风险揭示"也披露了市场风险、管理风险、流动性风险、信用风险、特定投资方法及基金资产所投资的特定投资对象可能引起的特定风险及其他风险。申请人并不否认签署了《风险揭示书》，但认为被申请人未尽到风险告知说明义务的主要理由有两方面：一是《风险揭示书》和《基金合同》中未告知说明新三板市场风险；二是被申请人未向申请人告知说明具体投资项目（F 公司与 G 公司）的风险，也没有说明这两个项目构成关联交易及其风险。

仲裁庭认为，申请人有关被申请人未尽到"告知说明义务"的主张不能成立，理由如下：

第一，虽然案涉基金的《风险揭示书》与《基金合同》与被申请人管理的其他投资新三板市场同类基金（例如1号基金和成长基金1期）的相关文件相比，确实在风险披露内容中没有专门提及新三板及其风险，但尚未严重到构成被申请人违反"告知说明义务"并须承担赔偿责任的程度。一方面，案涉基金的名称中带有"新三板成长基金"的字样，正常投资人士应能理解基金资金将主要投向新三板市场，而有关新三板市场风险的信息可从各种公开渠道了解，还不至于推定投资者只能依赖《风险揭示书》和《基金合同》中的信息披露才能了解投资新三板市场的风险。另一方面，申请人填写的《客户问卷》也显示了其拥有金融产品投资相关专业学士以上学位，具备投资经验，对投资新三板市场的相关风险应能有所了解。

第二，被申请人在案涉基金的募集阶段是否有义务向申请人披露具体投资项目，取决于是否有法律或合同上的要求。仲裁庭认为，申请人在这方面没有提出法律条文或合同条款作为其主张的依据。虽然被申请人在设立案涉基金之前已通过C公司、D公司、E公司投资了F公司和G公司，但目前并无证据显示被申请人在案涉基金的募集阶段向潜在投资者（包括申请人）提出了基金设立后将投资这两个项目的计划。也就是说，除非有证据证明被申请人在案涉基金设立前已拟定了基金设立后将投资F公司和G公司的计划（类似于基金设立目的就是对已选定的特定项目进行专项投资），否则即使案涉基金在设立后对这两家公司进行了投资，也不能仅仅因为这个事实就得出被申请人在募集阶段承担了需向申请人进行具体披露的结论。

综上，仲裁庭认为，被申请人在案涉基金募集阶段已履行了当时适用的"告知说明义务"，即使存在瑕疵，也还没有达到违法的严重程度。

（3）关于"了解产品及匹配销售"。

根据《私募投资基金监督管理暂行办法》第17条规定："私募基金管理人自行销售或者委托销售机构销售私募基金，应当自行或者委托第三方机构对私募基金进行风险评级，向风险识别能力和风险承担相匹配的投资者推介私募基金。"

本案中，被申请人基于申请人签署的《客户问卷》，根据自然人客户风险承受能力评分表将申请人评估为"积极型"投资者；《风险评级管理制度》将"积极型"投资者对应的投资风险定为"中高风险"，投资范围为"混合型、股票型、可转债、可交债，定增、股权投资"。仲裁庭认为，即使《风险评级管理制度》的真实性存在一定疑问，将投资新三板市场已挂牌股票和拟挂牌企业股权认定为中高风险的股票与股权投资活动，还是符合具有投资经验的投资者的普遍认知的，也符合市场惯例。根据私募基金行业的实践，"积极型"投资者属于可投资股权或股票市场的投资者群体。由此可见，被申请人有关申请人作为"积极型"投资者，在风险测评等级方面符合案涉基金的投资风险及投资范围的主张，符合私募基金市场惯例及行业实践，并无不妥。此外，虽然《基金合同》中没有案涉基金的风险测评等级等相关内容，《客户问卷》没有对不同级别的风险术语含义进行释义，在法律文本制作方面不尽完善，但一则当时适用的法律法规或自律规则对此并无明确要求，二则申请人根据案涉基金的名称、《基金合同》对投资目标和投资范围以及基金风险的表述、已签署的《风险揭示书》等内容，足以知悉案涉基金将主要投向新三板市场，也能够通过各种渠道了解到投资新三板市场面临的风险。因此，仅因为这一点就否定被申请人对案涉基金产品的风险披露及风险评级，则显得法律或合同依据不足，要求过于苛刻。

对于申请人有关 Y 某有夸大案涉基金收益率或促使申请人向非合格投资者汇集资金的主张，根据仲裁庭对本案相关事实的认定，目前证据尚无法证明上述主张。

综上，仲裁庭认为，被申请人在案涉基金募集阶段已履行了当时适用的"了解产品及匹配销售"适当性义务，即使存在瑕疵，也还没有达到违法的严重程度。

2. 关于被申请人投资 F 公司与 G 公司是否属于通过关联交易进行利益输送、构成基金财产混同或不公平对待基金委托人的问题。

《私募投资基金监督管理暂行办法》第 22 条规定，同一私募基金管理人管理可能导致利益输送或利益冲突的不同私募基金的，应当建立防范利益输送和利益冲突的机制；第 23 条规定了私募基金管理人及其从业人员从事私募基金业务不得进行的行为，其中：第 1 项规定不得将其固有财产或者他人财产混同于基金财产从事投资活动；第 2 项规定不得不公平地对待其管理的不同基金财产；第 3 项规定不得利用基金财产或者职务之便为本人或者投资者以外的人牟取利益，进行利益输送；第 6 项规定不得从事损害基金财产和投资者利益的投资活动。《基金合同》第 9 条第 6 款约定了基金管理人的各项义务，其中：第 4 项要求基金管理人建立健全内部风险控制、监察与稽核、财务管理及人事管理等制度，保证所管理的基金财产与其管理的其他基金财产和基金管理人的固有财产相互独立，对所管理的不同财产分别管理，分别记账，进行投资；第 5 项要求除依据法律法规、本合同及其有关规定外，基金管理人不得为基金管理人及任何第三人谋取利益，不得委托第三人运作基金财产；第 19 项要求基金管理人应公平对待所管理的不同财产，不得从事任何有损基金财产及其他当事人利益的活动。此外，《基金合同》第 11 条第 5 款约定了案涉基金禁止从事的行为，其中第 4 项要求案涉基金不得利用基金资产为基金委托人之外的任何第三方谋取不正当利益，进行利益输送。综上，适用法律与《基金合同》设置了被申请人在管理运作案涉基金时须遵守的三项基本义务：一是，不得利用基金财产或者职务之便为本人或者投资者以外的人牟取利益，进行利益输送；二是，不得将其固有财产或者他人财产混同于基金财产从事投资活动；三是，不得不公平地对待其管理的不同基金财产，不得从事损害基金财产和投资者利益的投资活动。

仲裁庭注意到，申请人在仲裁申请书中主张被申请人在案涉基金的投资运作和管理过程中通过关联交易进行利益输送，在庭审及庭后提交的代理意见中还提出了因关联交易而导致基金财产混同及不公平对待投资人的主张。从完整性角度出发，仲裁庭在评析时将对上述主张一并回应。仲裁庭也注意到，申请人支持其各项主张的具体事例是案涉基金对 F 公司和 G 公司的投资，但不否认投资 F 公司和 G 公司符合案涉基金的投资范围。虽然申请人在庭审及庭后提交文件中提及，案涉基金除了 F 公司和 G 公司两个投资项目之外还可能在其他投资项目中涉嫌利益输送，但未针对其他项目提供证据。因此，仲裁庭在本案中只需对案涉基金投资 F 公司和 G 公司是否涉及关联交易进行利益输送、是否构成基金财产混同或是否构成不公平对待基金委托人等问题进行评析和认定。

（1）关于 F 公司投资项目的问题。

仲裁庭认为，申请人对案涉基金投资 F 公司属于通过关联交易进行利益输送、构成基金财产混同或不公平对待基金委托人等主张是否成立，取决于以下两方面：一是案涉基金投资 F 公司是否构成关联交易；二是该交易是否存在利益输送、基金财产混同或不公平对待基金委托人的事实。

关于案涉基金投资 F 公司是否构成关联交易的问题。根据仲裁庭对本案相关事实的认定，案涉基金投资 F 公司的交易，具体体现为案涉基金在 2017 年 2 月 c 日至（c+7）日期间从 E 公司手中购买 60 余万股 F 公司股票的交易。至于案涉基金之前向 7 号基金投资 1000 万元的交易，则属于案涉基金对 7 号基金的一笔投资（对于该笔投资是否符合《基金合同》将在下文分析）。被申请人是向 E 公司出资近 200 万元的有限合伙人（出资比例 99.9%），E 公司的基金管理人为 H 公司，而被申请人与 H 公司具有关联关系；同时，被申请人也是案涉基金的管理人。基于此，E 公司、案涉基金因被申请人而具有关联关系，两者之间的交易属于关联交易的范畴。

仲裁庭认为，尽管案涉基金在 2017 年 2 月向 E 公司购买 60 余万股 F 公司股票的交易构成了关联交易，但当时适用的法律对同一管理人管理的私募基金之间的关联交易并无明文的禁止性规定，而且《基金合同》第 11 条第 5 款有关投资禁止行为中，也没有列入关联交易。《基金合同》第 16 条第 3 款第 3 项虽名为"对基金禁止从事的关联交易进行监督"，但内容是要求"基金管理人应当将与本机构有控股关系的股东或与本机构有其他重大利害关系的公司名单提供给投资监督部门或者所委托的投资监督部门，并有责任保证该名单的真实、准确和完整性，并及时将更新后的名单发送给对方"，即禁止案涉基金与被申请人的控股股东或与被申请人有重大利害关系的公司进行交易，并设立了名单机制及相应的投资监督机制。E 公司不是被申请人的控股股东；相反，被申请人是 E 公司的有限合伙人，目前也无证据显示 E 公司对被申请人具有重大利害关系或属于被申请人设置的禁止关联交易公司名单。因此，该关联交易是否违法违约，重点应放在考察其是否存在利益输送、基金财产混同或不公平对待基金委托人的问题。

关于案涉基金投资 F 公司是否存在利益输送、基金财产混同或不公平对待基金委托人。

首先，关于利益输送问题。《私募投资基金监督管理暂行办法》或《基金合同》没有对哪些行为构成利益输送提供更详细的定义或说明。对此，可以参考的是 2014 年 9 月证监会"关于《私募投资基金监督管理暂行办法》相关规定的解释二"（以下简称"《暂行办法》解释二"）。根据《暂行办法》解释二，禁止"利用基金财产或者职务之便，为本人或者投资者以外的人牟取利益，进行利益输送"的规定包含两层含义：一是，基金管理人作为受托人，除依法取得管理费等报酬外，不得利用基金财产或者职务之便为自己牟取利益；二是，基金管理人对投资者负有忠实义务，应当为基金份额持有人的利益最大化服务，不得利用基金财产或者职务之便为投资者以外的其他人牟取利益。

仲裁庭认为，案涉基金向 E 公司购买 60 余万股 F 公司股票的交易不构成利益输送的情形，主要理由有两方面：

第一，根据仲裁庭对本案相关事实的认定，案涉基金通过 E 公司向 F 公司投入 1000 万元，最终收回近 1000 万元，并以合计近 1000 万元的成交金额从 E 公司购入并持有 60 余万股 F 公司股票。上述金额之间虽然存在少许差额，但应属于估值波动及支付各种手续费所致。也就是说，E 公司并未从该交易中获利，作为 E 公司的有限合伙人的被申请人也无从获利。此外，被申请人表示 7 号基金和 E 公司均未针对案涉基金的 1000 万元投资金额收取过管理费。这一说法应符合事实，因为一旦收取了管理费，管理费就会从案涉基金投出的 1000 万元中扣除，而案涉基金最后几乎是全额收回了投出款项。参考《暂行办法》解释二的精神，该交易没有为被申请人或他人牟取利益。

第二，申请人主张案涉基金 2015 年 10 月第三季度报告与 2016 年 3 月第一季度报告中涉及 F 公司的虚假信息披露一事，并不构成案涉基金与 E 公司之间存在关联交易进行利益输送的证据。案涉基金在 2015 年 10 月第三季度报告中提及"我们选中了［F 公司］，投资金额 1000 万元"，结合其在 2015 年 10 月 b 日通过 7 号基金向 E 公司投资 1000 万元、E 公司于同日向 F 公司支付投资款的事实，该说法虽然过于简化，但也不构成虚假信息。案涉基金在 2016 年 3 月第一季度报告中提及"目前基金直接投资股权的企业有：［F 公司］"，确实与事实不符，属于信息披露不严谨、不准确。但是，该信息披露的瑕疵并不能证明案涉基金在 2017 年 2 月向 E 公司购买 F 公司股票就构成了利益输送，两者之间并无事实上或法律上的逻辑关联性。

基于以上分析，仲裁庭认为，案涉基金投资 F 公司并不涉及申请人所主张的利益输送。

其次，关于基金财产混同问题。根据 2014 年 9 月证监会"关于《私募投资基金监督管理暂行办法》相关规定的解释一"（以下简称"《暂行办法》解释一"）的精神，关于禁止管理人固有财产或他人财产和基金财产混同的规定，原因在于基金财产属于信托财产，具有独立性，应当独立于私募基金管理人、托管人等的固有财产，基金管理人、托管人等因基金财产的管理、运用或者其他情形而取得的财产和收益，归入基金财产，因此将基金管理人的固有财产混同于基金财产从事投资活动的行为，违背了基金财产独立性的原则，可能损害投资者的利益。

仲裁庭认为，案涉基金投资F公司没有涉及基金财产与被申请人固有财产或他人财产进行混同。

首先，案涉基金向7号基金投资1000万元，获得7号基金相应的基金份额，而被申请人是7号基金的管理人，这不属于被申请人将其固有财产与案涉基金的财产进行混同的情形。

其次，7号基金将来源于案涉基金的1000万元投入E公司后，E公司将上述1000万元全款投入了F公司，并未将被申请人作为有限合伙人向E公司出资的近200万元与该1000万元款项汇总后再同时投入F公司，故在E公司层面也不存在将案涉基金的财产与被申请人的财产进行混同的情形。

再次，关于不公平对待基金委托人问题。根据《暂行办法》解释一的精神，关于禁止不公平对待所管理的不同基金财产的规定，是指当基金管理人同时管理若干只基金时，基金管理人作为受托人，应当公平地对待其管理的每一只基金，对所管理的每一只基金的基金份额持有人，都应履行诚实信用、谨慎勤勉、有效管理的义务，为所管理的各只基金的全体基金份额持有人的最大利益，管理基金财产；为一只基金的利益而损害另一只基金利益的行为，违背了受益人利益最大化原则，也违背了受托人义务，应当禁止这种行为。

因此，案涉基金投资F公司是否构成了对基金委托人的不公平对待，关键在于被申请人是否是为了其管理的其他基金的利益，通过该投资项目损害了案涉基金的利益，让其他基金获利。如前分析，案涉基金投资F公司并未使得7号基金、E公司或被申请人从中牟利，本身也没有在投资款项方面遭受实质性损失，而且最终也购得并持有了60余万股F公司股票。基于以上分析，仲裁庭认为，案涉基金投资F公司不构成被申请人不公平对待基金委托人的情形。

最后，申请人在《增加仲裁请求申请书》中提及案涉基金超越投资范围，主张其投资股票和其他金融产品违反投资目标约定并擅自提取业绩报酬。仲裁庭注意到，根据《基金合同》第11条第1款有关投资目标的约定，案涉基金的投资目标是"在严格控制风险的前提下，主要通过投资全国中小企业股份转让系统已挂牌股票或拟挂牌企业股权，追求投资人资产的保值、增值"。

也就是说，案涉基金的投资目标并不要求案涉基金"只能"投资于新三板已挂牌股票或拟挂牌企业股权，而在《基金合同》第 2 款有关投资范围的约定中，第 5 项允许案涉基金投资非标类金融产品（包括契约式私募投资基金）。基于以上分析，仲裁庭认为，案涉基金投资 7 号基金 1000 万元的交易并未超出其投资范围，也与其投资目标不冲突。

综上，仲裁庭基于现有证据，对申请人有关案涉基金投资 F 公司属于被申请人通过关联交易进行利益输送、构成基金财产混同或不公平对待基金委托人等主张不予支持。

（2）关于 G 公司投资项目的问题。

仲裁庭认为，申请人对案涉基金投资 G 公司属于通过关联交易进行利益输送、构成基金财产混同及不公平对待基金委托人等主张是否成立，取决于以下两方面：一是案涉基金投资处于亏损状态的 G 公司是否违反了法律或《基金合同》；二是有关案涉基金在 2018 年 5 月至 6 月购入 G 公司股票的行为是否构成关联交易，是否存在利益输送、基金财产混同或不公平对待基金委托人的事实。

关于投资处于亏损状态的 G 公司的问题。仲裁庭认为，法律并不禁止案涉基金投资处于亏损状态的目标企业，《基金合同》有关投资范围及投资禁止行为的条款也没有约定案涉基金不能投资处于亏损状态的新三板挂牌企业。被申请人已解释了投资 G 公司的原因，以及电子商务类企业在发展过程中可能处于长期亏损状态的行业特点，具有合理性。因此，案涉基金投资 G 公司属于被申请人作为基金管理人行使投资管理职能的范畴，G 公司处于亏损状态这一事实本身并不能证明被申请人违反了法律规定或《基金合同》约定。

关于投资 G 公司是否构成关联交易进行利益输送、基金财产混同或不公平对待基金委托人的问题。根据仲裁庭对本案相关事实的认定，案涉基金间接地从 1 号基金、成长基金 1 期购入近 43 万股 G 公司股票的主张具有较高的可信度。由于被申请人同时担任案涉基金、1 号基金和成长基金 1 期的管理人，该交易构成一项关联交易。

但是，即使案涉基金买入 G 公司股票的交易构成了一项关联交易，也不必然意味着被申请人需要承担向申请人赔偿损失的责任。判断被申请人是否需要承担赔偿责任，还需要对以下两个问题进行分析：一是，案涉基金在 2018 年 5 月至 6 月期间买入 G 公司的股票时，是否违反了法律或《基金合同》；二是，被申请人是否存在通过该交易进行利益输送、基金财产混同或不公平对待基金委托人的情形。仲裁庭现对上述问题逐一评析和认定如下：

首先，案涉基金在 2018 年 5 月至 6 月期间购入 G 公司股票，并无法律方面的明文禁止，也没有违反《基金合同》的条款。案涉基金在 2018 年 7 月 b 日即将到期，在 5 月底、6 月初进行该笔投资，确实造成了将手头的现金换成了股票的客观后果。但是，在 2018 年 5 月至 6 月该交易发生之时，法律对同一管理人管理的私募基金之间的关联交易并无明文的禁止性规定，而且《基金合同》未约定退出期，也没有约定在案涉基金到期前的某段期间内不得进行投资，故该交易并不被《基金合同》所禁止。至于被申请人在 2017 年四季度报告中提到"本产品基本投资完毕，在距离产品到期还有半年多的时间，我们一直在积极推进退出事宜"，该陈述不构成对《基金合同》条款的修改或补充，也不构成对被申请人有约束力的一项承诺。

其次，现有证据尚不能证明案涉基金投资 G 公司涉及利益输送、基金财产混同或不公平对待基金委托人的情形，主要理由有三方面：

第一，案涉基金是通过集合竞价的交易方式，在 2018 年 5 月 k 日、（k+1）日以及 6 月 x 日分别购入 16 万股、15 余万股和 11 余万股 G 公司股票（合计近 43 万股），成交价格分别为约 9.1 元/股、约 9.2 元/股和约 9.0 元/股。根据仲裁庭查询第三方网站，G 公司的股票在 2018 年的成交并不活跃，2018 年 1 月 a 日至 1 月（a+7）日期间有成交，收盘价均为 10 元/股，然后 5 月（k-3）日成交了 16 万股（收盘价约 9.2 元/股），随后分别在 5 月 k 日成交 32 余万股（收盘价约 9.0 元/股）、5 月（k+1）日成交 15 余万股（收盘价约 9.2 元/股）、5 月 31 日成交 10 余万股（收盘价约 9.0 元/股）、6 月 h 日成交 11 余万股（收盘价约 9.0 元/股），再之后就到了 9 月 j 日成交 1000 股（收盘价 10 元/股）。由此可见，案涉基金购入 G 公司股票的成交价格没有大幅偏离交易前后期间的收盘价格，其中 2018 年 5 月（k+1）日和 6 月 h 日的成交额与收盘价就是案涉基金购入的股票数量与成交价格，说明当日仅有案涉基金进行的这一笔交易。如果被申请人希望操纵案涉基金向其他关联基金输送利益的话，更符合逻辑的操盘方式应是让案涉基金按照约 9.2 元/股（即 5 月（k-3）日的收盘价）甚至更高的价格购入 G 公司股票。因此，现有证据还不足以证实案涉基金通过上述三笔交易使得被申请人、1 号基金或成长基金 1 期牟取了利益。

第二，案涉基金用基金财产购入 G 公司股票，不涉及基金财产与被申请人或他人的固有财产混同的情形。

第三，实事求是地说，案涉基金在到期前购入 G 公司股票，确实可能达到让已进入清算阶段的 1 号基金、成长基金 1 期获得了现金并向其投资人进行分配的效果。而这是否构成了被申请人不公平对待案涉基金的基金委托人，核心还是在于两点：一是，案涉基金支付的购股价格是否不符合当时的市场情况；二是，被申请人是否在明知 G 公司会扩大亏损、股价会持续走低的情况下，仍然让案涉基金接盘了上述股票。对于第一点，仲裁庭已在前述分析中认定案涉基金购入 G 公司股票的价格没有大幅偏离交易前后期间的收盘价格，在此不再重复。

对于第二点，目前还没有证据显示被申请人在案涉基金 2018 年 5 月至 6 月购入 G 公司股票时，已预料到或应能预料到 G 公司后续会面临着亏损扩大、股价大幅走低的情况。在案涉基金投资后，G 公司仍处于正常经营状态中。根据仲裁庭查询 G 公司的公开信息披露文件，2018 年上半年其营业收入为近 5700 万元（比上年同期增长约 30%），2018 年全年营业收入为 9300 余万元（比上年同期减少约 15%），但 2019 年上半年营业收入大幅降低至 2500 余万元（比上年同期减少约 55%）。对此，G 公司在 2019 年半年度报告中给出的解释是"报告期内，整体经济形势依旧低迷，目前公司受到电商环境变化，尤其是唯品会平台经营调整的影响，公司销售同比下降约 55%"，提出的风险应对措施之一是"2019 年新增拼多多和微信商城渠道，公司上半年，将两个渠道的组织架构组建完成，下半年争取在这两个渠道的业绩方面取得更高增长，降低唯品会销售占比，使得各平台的销售占比均衡发展"，可见电商行业竞争态势及渠道冲击确实严重影响了 G 公司在 2018 年至 2019 年期间的营业收入。2020 年新冠疫情的冲击，则更属于重大意外事件，超出所有人的预期。客观地看，被申请人作出投资决策时，不可能完全预料到后续市场风险及新冠疫情等重大不利情况。相反，更符合私募基金管理人投资动机和逻辑的解释，应该是被申请人期望打一个"时间差"，在案涉基金的清算期内再逐步变现手中持有的 G 公司股票，实现退出。基于以上分析，仲裁庭认为，申请人对案涉基金的投资亏损与案涉基金购入 G 公司股票之间并无法律上认可的因果关系。

综上，仲裁庭基于现有证据，对申请人有关案涉基金投资 G 公司属于被申请人通过关联交易进行利益输送、构成基金财产混同或不公平对待基金委托人等主张不予支持。

3. 关于申请人要求被申请人进行信息披露的问题。

根据申请人提交的《增加仲裁请求申请书》，申请人要求被申请人进行五项信息披露。不过，申请人增加了信息披露方面的仲裁请求，却没有提交案涉基金已披露的定期报告或临时报告，并以此为依据展示哪些信息应披露而未披露在这些报告中。在《增加仲裁请求申请书》的事实与理由部分，申请人也没有具体阐明被申请人的信息披露义务范围以及哪些方面的信息未披露，仅泛泛提及被申请人未依法编制案涉基金真实、明确的投资报告和证券投资明细报告、报告信息模糊、矛盾、错误、虚假或未对报告专业术语和内容做任何说明。相反，申请人提出被申请人还存在其他相关违法违约行为，未尽诚实信用勤勉尽责义务，侵害了投资人的利益，以此来论证增加信息披露仲裁请求的合理性，即"因被申请人拒绝依法披露相关投资及交易信息（包括关联交易等重大事项）和财务信息资料，申请人不能据此确认违约违法行为并进而就其给申请人造成的损失提出权利主张"。

被申请人则主张，被申请人已在官方网站上披露了案涉基金的定期报告和临时报告，已体现案涉基金历年投资情况、资产负债情况、所投资项目信息等内容，申请人新增的信息披露要求不属于法定以及《基金合同》约定的信息披露范围，并针对申请人在《增加仲裁请求申请书》中主张的被申请人违约违法之处逐一进行了抗辩。不过，被申请人也没有提交案涉基金已披露的全部定期报告或临时报告来证明其所主张的已披露信息，也没有提供一份完整的定期报告或临时报告作为示例来展示此类报告能满足申请人主张的哪些信息披露要求。

仲裁庭注意到，虽然申请人提出的仲裁请求是要求被申请人进行特定项的信息披露，所依据的事实和理由却是基于其认为被申请人存在的各项违约违法行为，但又提出之所以无法确认并依此索赔的原因在于被申请人没有披露"相关投资及交易信息（包括关联交易等重大事项）和财务信息资料"，故增加有关信息披露的仲裁请求。也就是说，尽管申请人提出了若干事实和理由，但这些事实和理由是申请人希望通过增加信息披露仲裁请求、获得相关证据后再来证实的事项。更重要的是，申请人没有将这些所谓的"事实和理由"作为要求被申请人赔偿申请人投资本金及利息损失的仲裁请求的依据，也没有要求仲裁庭对上述"事实和理由"是否成立进行裁判。相对应地，被申请人在还未见到申请人可能提交的证据之前所进行的抗辩，与申请人之间其实也仅是观点上的交锋，双方均未进入基于证据的实质攻防环节。

基于此，仲裁庭认为，仲裁庭应审理的问题不是申请人在《增加仲裁请求申请书》中主张的被申请人违约违法行为（以及被申请人提出的抗辩理由），而应是申请人提出的有关信息披露仲裁请求是否具有法律或合同依据，是否可以获得支持。如果仲裁庭支持申请人在信息披露方面提出的全部或部分仲裁请求，申请人在收到被申请人披露的相关信息后，有权自行决定是否再向被申请人另案主张权利。基于上述考虑并本着"定分止争"的原则，仲裁庭将首先总结申请人提出的信息披露仲裁请求，判定哪些部分的仲裁请求属于本案审理范围，哪些部分的仲裁请求超出本案审理范围，然后再根据法律规定、自律规则及《基金合同》，并充分考虑被申请人提出的抗辩意见，评析和认定应支持该等仲裁请求中的哪些部分。

关于符合本案审理范围的申请人信息披露仲裁请求的问题。经仲裁庭归纳、总结，申请人提出的信息披露仲裁请求可以分为三类：

（1）第一类仲裁请求是案涉基金的有关信息，具体包括：案涉基金的历年证券投资明细报告，以及案涉基金的投资情况、资产负债情况、投资收益分配情况及其财务会计账簿等财务资料；案涉基金的所有投资项目和金融产品信息（包括但不限于各个项目在案涉基金中的实际占比和变化，以及包括F公司、G公司、I公司等项目之投资合同性文件、投资金额、时间、方式、投前尽职调查报告和投资决策文件、投资人保护条款或措施、投资合同履行情况）；案涉基金与C公司、D公司、E公司、H公司等关联企业以及和其他关联基金（包括1号基金、7号基金、成长基金1期等）之间关联交易的合同、时间、价格、资金往来凭证以及合理性。

（2）第二类仲裁请求是与被申请人有关的信息，具体包括：被申请人对案涉基金、7号基金、E公司取得的历次管理费和业绩报酬以及计提基准；被申请人变更控股股东（或实际控制人Y某）的原因、方式和股权转让合同、转让价格以及履行情况。

（3）第三类仲裁请求是被申请人管理或投资的其他关联企业和关联基金的有关信息，具体包括：7号基金、E公司、C公司、D公司各自的历年证券投资明细报告，及其投资情况、资产负债情况、投资收益分配情况及其财务会计账簿等财务资料；7号基金、E公司、C公司、D公司各自所有投资项目和金融产品信息；C 公司、D 公司、E 公司、H 公司等关联企业以及和其他关联基金（包括 1 号基金、7 号基金、成长基金 1 期等）关联交易的合同、时间、价格、资金往来凭证以及合理性；H 公司对案涉基金、7 号基金、E 公司取得的历次管理费和业绩报酬以及计提基准。

仲裁庭认为，在上述三类涉及信息披露的仲裁请求中，第一类与第二类分别与案涉基金和被申请人有关，因此属于本案审理范围，但第三类涉及被申请人管理或投资的其他关联企业与关联基金的信息（即 E 公司、C 公司、D 公司、H 公司、1 号基金、7 号基金、成长基金 1 期的信息），而这些关联企业与关联基金并非《基金合同》的当事方，不受《基金合同》项下仲裁条款的约束，不属于本案审理范围。因此，仲裁庭只需要对第一类和第二类涉及信息披露的仲裁请求进行审理。

关于被申请人信息披露范围的问题。根据《私募投资基金监督管理暂行办法》第 24 条的规定，私募基金管理人应当按照合同约定，如实向投资者披露基金投资、资产负债、投资收益分配、基金承担的费用和业绩报酬、可能存在的利益冲突情况以及可能影响投资者合法权益的其他重大信息，不得隐瞒或者提供虚假信息。基金业协会在 2016 年 2 月发布了《私募投资基金信息披露管理办法》，其中第四章 "基金运作期间的信息披露" 对私募基金运作期间的定期报告与临时报告等信息披露要求进行了具体规范。本案《基金合同》第 9 条（基金当事人、基金综合托管人及权利义务）及第 20 条（信息披露义务）的相关款项也约定了详细的信息披露要求，基本原则是基金委托人有权按照《基金合同》约定的时间和方式获得基金的运作信息资料，被申请人应编制并向基金委托人报送基金财产的投资报告，对报告期内基金财产的投资运作等情况作出说明（但涉及证券投资明细的报告原则上每年度至多报告一次），并对定期报告、季度报告、临时报告、基金份额净值报告等各类报告的披露内容及时间进行了规范，同时约定被申请人可通过信函、电话或传真、电子邮件或手机短信、网站公告等方式进行信息披露。

仲裁庭认为，被申请人披露与案涉基金管理运作有关的信息既是法律规定、自律规则的要求，也是《基金合同》的要求。无论是法律规定、自律规则还是合同约定都不可能做到事无巨细地列出每一项需要披露的信息。在判断私募基金管理人在私募基金管理运作过程中承担的信息披露范围与深度时，应把握平衡原则，并充分考虑到投资者在获得信息方面处于弱势地位的现实。

一方面，要避免基金管理人以法律或合同没有明文规定为由拒绝披露与基金管理运作相关的信息或仅披露高度简化后的信息，导致信息披露条款悬空。另一方面，也要避免支持投资者提出过于宽泛、不具有可操作性的要求，将原本正当的信息披露要求异化为"证据钓鱼"的手段。在基金亏损的情况下，投资者希望了解与基金管理运作有关的更详细的信息，即便带有收集证据的动机，基金管理人对此也应充分理解，抱以同理之心，在法律及合同允许的范围内尽最大努力回应基金委托人的正当诉求，通过真实、准确、完整的信息披露来打消其疑问，提前化解纠纷；即使未来出现纠纷，基金管理人采取了积极主动的信息披露措施，也能作为尽职履责的一个有力证据。

仲裁庭现根据上述原则，并结合法律规定、自律规则及《基金合同》的具体条款及其精神，对是否支持申请人提出的第一类和第二类信息披露仲裁请求进行评析和认定。

首先，对于申请人提出的明显没有法律或合同依据的信息披露要求，或与案涉基金无关的信息披露要求，仲裁庭不予支持。这部分信息主要包括：案涉基金的财务会计账簿等财务资料；非关联交易投资项目的投资合同性文件、投前尽职调查报告、投资决策文件、投资人保护条款或措施、投资合同履行情况；被申请人对 7 号基金、E 公司取得的历次管理费和业绩报酬以及计提基准。

具体而言，关于案涉基金的财务会计账簿等财务资料，适用法律及《基金合同》均未要求被申请人向投资者提供这些财务资料，故申请人的该项仲裁请求没有法律或合同依据。关于非关联交易的基础交易文件及投资支持文件，被申请人作为管理人享有独立管理、运用基金财产的权利，此类投资项目的信息应体现在定期报告或临时报告中，且申请人也没有提出要求披露这些文件的法律或合同依据，故被申请人在这方面没有披露义务。关于被申请人对 7 号基金、E 公司取得的管理费和业绩报酬以及计提基准，这些内容与案涉基金及本案《基金合同》无关，不属于本案审理范围，故被申请人无需披露。

其次，属于案涉基金定期报告、临时报告或基金份额净值报告应包含的一般信息，申请人可以从有关报告中获得或通过归纳总结得出，原则上不必要求被申请人重复披露。这部分信息主要包括：案涉基金的投资情况、资产负债情况、投资收益分配情况，以及案涉基金的投资项目和金融产品信息。申请人提交的证据中已包括了案涉基金若干份信息披露报告中的部分内容（申请人证据12、22），可见申请人能够获得案涉基金已披露的报告。仲裁庭注意到，申请人并没有主张被申请人在案涉基金运作过程中未履行报告披露义务，也没有主张被申请人未披露与某一期或与某一特定事项有关的定期报告、临时报告或基金份额净值报告（或已披露的某一份报告中欠缺了哪方面的信息）。既然申请人没有对案涉基金的报告披露事项提出具体的、有针对性的质疑，也就意味着申请人对已披露报告中应包含的一般信息并无异议。因此，仲裁庭认为不宜要求被申请人重复披露这部分信息。

不过，对于申请人特别关注的两项信息，即案涉基金的历年证券投资明细报告和被申请人对案涉基金取得的历次管理费和业绩报酬以及计提基准，要求被申请人披露这些信息本身就符合法律规定以及《基金合同》中有关管理人应披露基金投资运作情况（包括证券投资明细报告，但只需按年度提供）和管理费及业绩报酬等信息的约定。况且，即使被申请人之前已经披露过此类信息，再披露一次也不会造成过重的工作负担。因此，仲裁庭要求被申请人向申请人就这两项信息进行专项披露。

再次，对于申请人要求案涉基金披露关联交易的核心诉求，仲裁庭予以部分支持。其实，申请人在信息披露方面的核心诉求，在于案涉基金与被申请人的关联企业（E公司、C公司、D公司、H公司）和被申请人管理的关联基金（1号基金、7号基金、成长基金1期）之间的关联交易，又具体分为两部分信息：一是与这些关联交易有关的基本交易信息，包括投资金额、时间、方式、在案涉基金中的实际占比及其变化等信息；二是与这些关联交易有关的基础交易文件及投资支持文件，包括投资合同性文件、投前尽职调查报告、投资决策文件、投资人保护条款或措施、资金往来凭证以及投资合同履行情况等。

仲裁庭认为，判断被申请人在案涉基金关联交易方面的信息披露义务，应立足于法律规定、自律规则及《基金合同》的条款进行判断。虽然《基金合同》中没有设定关联交易披露条款，但《私募投资基金监督管理暂行办法》第24条要求管理人披露可能存在的利益冲突情况，基金业协会《私募投资基金信息披露管理办法》第18条第11项要求管理人在私募基金发生重大关联交易事项后进行披露，故申请人要求被申请人披露案涉基金的关联交易于法有据。

具体到申请人就案涉基金关联交易主张的两部分信息披露要求，仲裁庭仅支持其部分要求，主要理由如下：

第一，对申请人要求被申请人披露案涉基金关联交易的基本交易信息（包括投资金额、时间、方式、在案涉基金中的实际占比及其变化），仲裁庭予以支持。实事求是地说，案涉基金已披露的报告中可能已经部分甚至全部地披露过一笔关联交易的此类基本交易信息。但是，申请人要求披露上述基本交易信息的目的，在于了解案涉基金与被申请人的关联企业及其管理的关联基金之间到底开展了哪些关联交易，以及之前披露过的交易中哪些属于关联交易的范畴。因此，被申请人从关联交易披露的角度出发，向申请人专项提供案涉基金与被申请人的关联企业及其管理的关联基金之间关联交易的基本交易信息，可以回应申请人的诉求，有利于化解纠纷。需要说明的是，尽管《私募投资基金信息披露管理办法》要求管理人披露的是"重大关联交易事项"，但被申请人并未提供其关联交易管理及信息披露的内部制度，《基金合同》中也没有对关联交易的重大性标准进行约定，故本案中被申请人应披露与案涉基金相关的全部关联交易。

第二，关联交易信息披露的核心是被申请人需要对其关联企业、关联基金与案涉基金进行相关关联交易的必要性、交易条件的合理性和交易价格的公允性进行披露与说明。基于此，被申请人在案涉基金开展关联交易时所作出的投资决策文件需要体现上述考量因素、决策过程及决策结果，申请人要求被申请人披露与该关联交易相关的投资决策文件合法合理，仲裁庭予以支持。不过，要求被申请人披露投前尽调报告、具体投资合同（包括其中的投资人保护条款及措施）及资金往来凭证，则没有法律法规、自律规则方面的依据，在《基金合同》中也没有相关的条款约定，对此仲裁庭不予支持。至于某一关联交易的履行情况，案涉基金在相关报告中对投资情况或投资项目的信息披露即可体现该交易的履行情况及在报告时点的状态，无需要求被申请人重复披露。

最后，对于申请人要求被申请人披露其实际控制人变更的信息及相关文件，仲裁庭予以部分支持。基金业协会《私募投资基金信息披露管理办法》第18条第4项要求管理人应按照《基金合同》的约定在其法定代表人、执行事务合伙人（委派代表）或实际控制人发生变更时予以披露。考虑到基金委托人对私募基金的投资在很大程度上是看中了管理人的专业能力，而管理人的专业能力又集中体现在作为其灵魂人物的实际控制人身上（无论其是否担任法定代表人、执行事务合伙人或委派代表），管理人在其实际控制人发生变更后向基金委托人解释变更原因，也属应有之义，仅简单地发一句通知并不能满足信息披露的实质要求。对于被申请人而言，Y 某曾持有被申请人的多数股权并担任法定代表人，属于实际控制人，申请人投资案涉基金也是基于对 Y 某的信任，故被申请人应披露 Y 某转让其持有被申请人股权的原因以及目前履行情况（即是否已转股完毕，目前与被申请人之间是否还有任何关系）。不过，Y 某的股权转让合同及转让价格属于个人隐私，要求披露这方面的信息及文件没有法律或合同上的依据，对此仲裁庭不予支持。

综上，仲裁庭支持申请人要求被申请人披露案涉基金及被申请人的下述信息：

（1）案涉基金在 2015 年 7 月 b 日成立之日起至 2018 年 7 月 b 日到期之日的期间内（以下简称"基金存续期"），与 E 公司、C 公司、D 公司、H 公司、1 号基金、7 号基金、成长基金 1 期之间的各项交易（若与其中任一主体之间无交易，则确认该情况），按年度报告，报告内容应至少包括：交易金额、时间、方式，在案涉基金中的实际占比（按成本计算）及其变化，以及投资决策文件。

（2）案涉基金在基金存续期内的证券投资明细报告，按年度报告。

（3）被申请人对案涉基金取得的历次管理费和业绩报酬以及计提基准。

（4）Y 某转让其持有的被申请人股权的原因，并说明 Y 某完成股权转让的时间以及 Y 某目前与被申请人之间是否还有任何关系。

（四）关于申请人的各项仲裁请求

申请人提出以下仲裁请求：

1. 关于申请人主张赔偿本金损失及利息的仲裁请求。

关于该部分请求，仲裁庭认为，被申请人在案涉基金募集阶段未违反适当性义务（包括"了解客户""告知说明义务"及"了解产品及匹配销售"等方面的义务），现有证据也不能证明案涉基金投资 F 公司和 G 公司构成了被申请人利用关联交易进行利益输送、基金财产混同或不公平对待基金委托人的情形。因此，仲裁庭不支持申请人的该部分请求。

2. 关于申请人主张信息披露的仲裁请求。

关于该部分请求，部分具有法律或合同依据，部分与案涉基金无关或没有法律或合同依据，另有部分不属于本案审理范围。因此，仲裁庭仅支持申请人要求被申请人披露案涉基金及被申请人的下述信息：

（1）案涉基金在基金存续期内与E公司、C公司、D公司、H公司、1号基金、7号基金、成长基金1期之间的各项交易（若与其中任一主体之间无交易，则确认该情况），按年度报告，报告内容应至少包括：交易金额、时间、方式，在案涉基金中的实际占比（按成本计算）及其变化，以及投资决策文件。

（2）案涉基金在基金存续期内的证券投资明细报告，按年度报告。

（3）被申请人对案涉基金取得的历次管理费和业绩报酬以及计提基准。

（4）Y某转让其持有的被申请人股权的原因，并说明Y某完成股权转让的时间以及Y某目前与被申请人之间是否还有任何关系。

考虑到上述信息披露要求涉及的信息均为案涉基金及被申请人应已掌握的信息，或联络Y某即可了解到的信息，准备相关信息披露文件并不会给被申请人造成过重的工作负担。基于此，仲裁庭要求被申请人在仲裁裁决之日起15个工作日内向申请人提交上述信息披露文件的纸质版（加盖公章），具体交接方式由申请人提前通知被申请人。

3. 关于仲裁费的承担。

根据《仲裁规则》第52条的规定，结合本案上述审理结果，仲裁庭认为本案仲裁费应由申请人承担70%，被申请人承担30%。

4. 关于申请人律师费的承担。

根据《仲裁规则》第52条的规定，结合本案上述审理结果，仲裁庭认为申请人应自行承担其律师费。

三、裁决

根据以上意见，仲裁庭对本案作出裁决如下：

1. 被申请人自裁决之日起15个工作日内，向申请人以纸质版（加盖公章）的形式披露下述信息：

（1）案涉基金在2015年7月b日成立之日起至2018年7月b日到期之日的期间内（以下简称"基金存续期"），与E公司、C公司、D公司、H公司、1号基金、7号基金、成长基金1期之间的各项交易（若与其中任一主体之间无交易，则确认该情况），按年度报告，报告内容应至少包括：交易金额、时间、方式，在案涉基金中的实际占比（按成本计算）及其变化，以及投资决策文件。

（2）案涉基金在基金存续期内的证券投资明细报告，按年度报告。

（3）被申请人对案涉基金取得的历次管理费和业绩报酬以及计提基准。

（4）Y 某转让其持有的被申请人股权的原因，并说明 Y 某完成股权转让的时间以及 Y 某目前与被申请人之间是否还有任何关系；

2. 本案仲裁费由申请人承担 70%，由被申请人承担 30%。鉴于本案仲裁费已与申请人等额缴纳的仲裁预付金全部冲抵，被申请人应向申请人支付相应费用以补偿申请人代其垫付的仲裁费。

3. 驳回申请人其他仲裁请求。

上述被申请人应向申请人支付的款项，应于本裁决作出之日起 10 日内支付完毕。

本裁决为终局裁决，自作出之日起生效。

 **案例评析**

【关键词】　了解客户　举证责任　信息披露

【焦点问题】

宽泛的只言片语能否用于证明管理人未履行适当性义务；如何认定申请人的信息披露仲裁请求。

【焦点评析】

2015 年 7 月，本案申请人与私募基金管理人本案被申请人签订了案涉《基金合同》，约定申请人作为基金投资者，认购被申请人作为基金管理人、证券公司 H 担任托管人的案涉基金份额近 600 万元。同日，申请人在《客户问卷》《风险揭示书》《合格投资者承诺书》等相关文件上签字。案涉基金为非公开募集证券投资基金。2018 年 7 月，案涉基金存续期限届满，《基金合同》终止，案涉基金进入清算期。

申请人向仲裁庭提起仲裁，主张被申请人作为基金管理人在向申请人销售案涉基金的过程中未尽适当性义务，导致申请人投资损失严重，应当承担赔偿责任，并要求被申请人披露更多信息以自证在其他方面守约合规。

现结合本案案情及法律适用焦点问题，评述如下：

一、对适当性义务的适用应以举证责任为抓手，公平、合理地认定基金管理人的责任边界

适当性义务是指金融产品发行人、销售者以及金融服务提供者等卖方机构在向金融消费者推介、销售高风险等级金融产品，以及为金融消费者参与融资融券、新三板、创业板、科创板、期货等高风险投资活动提供服务的过程中，必须履行的了解客户、了解产品、将适当的产品（或者服务）销售（或者提供）给适合的金融消费者的义务，目的在于确保金融消费者在充分了解相关金融产品、投资活动的性质及风险的基础上作出自主决定，并承受由此产生的收益和风险。

在私募基金合同纠纷案件中，投资者主张基金管理人在基金募集过程中未履行法律要求的"了解客户""了解产品""匹配销售"及"充分信息披露"义务，往往是决定投资者能否获得全部或部分赔偿的关键点。在审理此类案件时，一方面要充分认识到适当性义务法律制度对投资者的保护作用以及对管理人（包括其委托的基金销售机构）尽职履责的督促作用，另一方面也需要在投资者与管理人之间准确适用和分配举证责任。从举证责任分配的基本原理而言，一方否认一项事实的存在，将导致举证责任转移至另一方，另一方应举证证明该事实存在或该事实不是与争议有关的法律事实。在涉及金融消费者的适当性义务案件中，如果金融消费者提出管理人在向其销售私募基金时没有履行适当性义务，管理人须承担证明其满足适当性义务的举证责任，这一点能够充分体现适当性义务法律制度对金融消费者的保护力度。但是，这并不等同于要求管理人承担自证清白的绝对责任。也就是说，如果管理人提出了证明其已满足适当性义务的证据，则举证责任转移到金融消费者，由金融消费者来证明管理人提供的证据不足以证明已尽到适当性义务，或提供新证据来证明管理人未履行适当性义务。

此外，在审理适当性义务问题时，还需要充分认识到我国对私募基金监管的法律规定与自律规则经历了一个不断发展与完善的渐进过程，私募基金的业务实践与法律文本也经历了一个从相对粗放到逐渐精细的演变历程。如果按当前的标准来判断，早年的私募基金推介行为或文件可能显得比较粗糙甚至低于现行标准。但是，只要这些行为或文件不违反当时适用的法律法规规定、自律规则，或在没有法律法规规定或自律规则的情况下，也不明显低于同行业一般人士应达到的专业水准，则不宜采用现在的标准来对当时的行为进行评判。

本案中，申请人有关被申请人违反适当性义务的核心主张，是被申请人明知申请人存在代持行为，却没有对申请人及实际投资者进行了解、分类并开展风险评估与测试，从而违反"了解客户"适当性义务。根据适当性义务法律制度的要求，举证责任应转移至被申请人，由被申请人提供有关证据来证明自己在向申请人销售案涉基金的过程中确已履行了适当性义务。对此，被申请人提供了申请人签署的《合格投资者承诺书》《客户问卷》以及被申请人的《风险评级管理制度》，证明申请人以本人的身份填写了《合格投资者承诺书》与《客户问卷》，根据其填写的"自然人客户风险承受能力评分表"应评估为"积极型"投资者，对应"中高风险"，而案涉基金主要投资新三板已挂牌股票或拟挂牌企业股权，投资范围符合上述风险评级。客观地讲，上述适当性义务文件签署于 2015 年，如果按照现在的标准来衡量，其中的部分措辞显得较为简略，文字表述也不尽详细，但并不违反当时适用的法律规定及基金业协会自律规则的要求，也符合当时的市场实践，故不宜采用现在的标准来否定当时的适当性义务履行行为。至此，被申请人提供了证明其已履行"了解客户"适当性义务的初步证据，举证责任转移回申请人。

为进一步证明自己的主张，申请人提交了两份微信对话记录作为关键证据。在私募基金合同纠纷案件中，尤其在涉及金融消费者时，金融消费者经常提出其与管理人（或基金销售机构）的某一工作人员之间的微信对话记录，证明工作人员在销售基金时作出了某些承诺或知悉某些信息，进而证明管理人未能满足有关适当性义务的要求。仲裁庭必须从证据"三性"的角度出发，听取双方当事人的质证意见，在此基础上综合审查和认定有关微信对话记录的真实性与合法性是否获得对方当事人的认可、是否与拟证明的法律事实之间存在关联性、是否可以满足证明目的。本案中，经过庭审质证以及仲裁庭的综合评估，从民事证据"盖然性"原则来看，申请人提交的上述微信对话记录一直没有出现案涉基金的名称，而且微信对话的时间早于《基金合同》的签署日期以及案涉基金的成立日期，对话时间与转款时间、《基金合同》签署及案涉基金设立之间还存在近两个月的时间间隔，故难以证明被申请人在案涉基金募集阶段即知悉或应当知悉申请人存在代持安排，或存在被申请人促使申请人汇集非合格投资者资金的情形。简言之，申请人的上述主张及相关证据无法在举证责任方面否定被申请人提出的初步证据。

综上，根据双方围绕相关争议点提供的证据，仲裁意见认为，被申请人在案涉基金募集阶段已履行了当时适用的"了解客户"适当性义务，而申请人未能提供进一步证据满足其举证责任，无法推翻被申请人提供证据的证明力，故申请人有关被申请人违反适当性义务的主张难以成立。

二、信息披露义务的范围应兼顾公平与效率原则

在私募基金的运作过程中，管理人披露与基金相关信息既是法律规定、自律规则的要求，也是基金合同的要求。不过，无论是法律规定、自律规则还是合同约定都不可能事无巨细地列出每一项需要披露的信息。在基金亏损的情况下，投资者希望了解与基金管理运作有关的更详细的信息，即便带有收集证据的动机，管理人对此也应充分理解，抱以同理之心，在法律及合同允许的范围内尽最大努力回应投资者的正当诉求，通过真实、准确、完整的信息披露来打消其疑问，提前化解纠纷；即使未来出现纠纷，管理人采取了积极主动的信息披露措施，也能作为尽职履责的一个有利证据。

在判断管理人在私募基金管理运作过程中承担的信息披露范围与深度时，应把握平衡原则，兼顾公平与效率，并充分考虑到投资者在获得信息方面处于弱势地位的现实。一方面，要避免管理人以法律或合同没有明文规定为由拒绝披露与基金管理运作相关的信息，或仅披露高度简化后的信息，导致信息披露条款悬空。另一方面，也不宜支持投资者提出过于宽泛、不具有可操作性的要求，将原本正当的信息披露要求异化为"证据钓鱼"的手段。

具体到本案，申请人请求仲裁庭裁决被申请人进行多项信息披露。仲裁意见认为，申请人提出的信息披露仲裁请求可归纳为三类：一是，有关案涉基金的信息，包括案涉基金的历年证券投资明细报告，以及案涉基金的投资情况等相关信息；二是，与被申请人有关的信息，包括被申请人从案涉基金与关联基金之处取得的历次管理费和业绩报酬以及计提基准，以及被申请人变更控股股东（或实际控制人）的原因、方式等信息；三是，被申请人管理或投资的其他关联企业和关联基金的有关信息。在上述三类涉及信息披露的仲裁请求中，第一类与第二类分别与案涉基金和被申请人有关，属于本案审理范围，但第三类涉及被申请人管理或投资的其他关联企业与关联基金，而

这些关联企业及关联基金并非案涉《基金合同》的当事方，不受《基金合同》项下仲裁条款的约束，故不属于本案审理范围。因此，仲裁庭只需要对第一类和第二类涉及信息披露的仲裁请求进行审理。

仲裁庭结合法律规定、自律规则及《基金合同》的具体条款及其精神，最终支持了申请人对第一类和第二类信息披露的部分仲裁请求，主要包括：被申请人应披露案涉基金在存续期内与关联基金之间各项交易的交易金额、时间及在案涉基金中的实际占比等信息，以及投资决策文件；案涉基金在存续期内的投资明细年度报告；被申请人对案涉基金取得的历次管理费和业绩报酬以及计提基准；被申请人的大股东转让其持有的被申请人股权的原因及完成时间等。但对于申请人提出的其他明显没有法律或合同依据的信息披露要求，或与案涉基金无关的信息披露要求，则不予支持。仲裁意见也指出，申请人在收到被申请人披露的相关信息后，有权自行决定是否再向被申请人另案主张相关违约和责任。

【结语】

本案涉及私募基金合同纠纷案件的管理人适当性义务和信息披露义务的理解和运用。在审理适当性义务问题时，应以举证责任为抓手，在当事人之间准确适用和分配举证责任，一方面要求管理人承担证明其满足相关义务的举证责任，另一方面在管理人提供初步证据后，合理地将举证责任转移给金融消费者，不能仅以金融消费者有关管理人未履行适当性义务的"否定式主张"为由，即对被申请人提供的证据"视而不见"或要求其承担过高的自证清白之责。在审理信息披露义务问题时，须首先排除与案涉基金或基金合同无关的信息披露要求（例如关联企业或关联基金的有关信息）；在审理具体的信息披露请求时，应兼顾公平与效率原则，一方面排除没有法律或合同依据的信息披露请求，另一方面也应充分理解投资亏损的申请人希望了解有关案涉基金运作信息的诉求，在符合法律与合同要求的披露范畴，且属于管理人掌握范围之内的信息，可以考虑支持金融消费者的有关信息披露仲裁请求。

案例三

自然人 A 与 B 投资公司合伙协议争议案

中国国际经济贸易仲裁委员会（以下简称"仲裁委员会"）根据案外人自然人 C 和被申请人 B 投资公司（以下简称"被申请人"）于 2017 年签订的《合伙协议》中仲裁条款的约定，以及申请人自然人 A（以下简称"申请人"）于 2021 年 9 月（c+8）日向仲裁委员会提交的书面仲裁申请，在申请人办理了相关手续后，受理了上述合同项下的争议仲裁案。

一、案情

（一）申请人的仲裁请求及主要事实和理由

申请人自然人 A 系自然人 C 之女，自然人 C 于 2018 年 7 月 a 日去世，根据其遗嘱，其本人的财产在其身故后，全部由申请人个人继承，属于申请人的个人财产。故申请人通过继承享有自然人 C 在本案系争合同项下的全部权利。

2016 年 6 月，被申请人就 EB 一号私募股权投资基金（契约型）（以下简称"EB 基金"）向投资人进行路演推介。EB 基金由被申请人担任财务顾问，产品初始规模不低于人民币 2100 万元（以下币种均为人民币——仲裁庭注），存续期为 1+1 年，主要投资于智能家居领域公司股权，投资退出安排包括新三板挂牌及 IPO 上市、大股东承诺回购年化 12% 等。

2016 年 8 月，申请人签署《EB 一号私募股权投资基金基金合同》（以下简称《EB 基金合同》），认购金额为 350 万元，并于 2016 年 8 月 a 日打款。2016 年 8 月（a+5）日，EB 基金正式成立。2016 年 8 月（a+10）日，EB 基金管理人向自然人 C 出具《基金认购/申购确认单》。

2017 年 3 月，被申请人称：因 EE 投资的中国 F 科技公司（以下简称"F 公司"）拟申报 IPO，契约型基金不能成为拟 IPO 公司的股东，需变更为独立法人投资主体，上述变更将不涉及项目本身、投资收益分配等投资人全部现有权利的任何变化。

2017 年 3 月，申请人与 EB 基金管理人签订《EB 一号私募股权投资基金基金份额持有人协议》（以下简称《基金份额持有人协议》），约定：2017 年 3 月 a 日提前终止该基金并进行清算；由 F 公司返还已投资的投资款；由管理人指定的有限合伙企业承接本基金的资产和负债，将这笔投资款及其他现金资产总计 2000 余万元作为投资款，划往管理人指定的有限合伙企业的募集结算专用账户。

2017 年 3 月，被申请人发起募集设立中国 D 地保税港区 B 投资合伙企业（有限合伙）（以下简称"DB 基金"），并担任其私募基金管理人。基金类型为私募股权投资基金，设立时规模为 2000 余万元，存续期为 2+1 年。同时，根据前述《基金份额持有人协议》，EB 基金管理人在 2017 年 3 月将投资款转入 DB 基金。

2017 年 3 月，被申请人向投资人发出情况报告和情况说明：明确 DB 基金投资的标的公司为 F 公司；F 公司定于 2017 年第二季度开始申请国内创业板 IPO 上市，IPO 辅导及前期准备已经开始，辅导券商已经进场工作；基金对 F 公司完成股权增资后，除享有净资产和经营业绩增长带来的股权增值外，月内预计将比照 IPO 前最后一轮融资市场价格收获账面浮盈 50% 以上等。有鉴于此，自然人 C 同意在 EB 基金清算后重新认购该新基金，认购金额为 350 万元。

2017 年 6 月 b 日，被申请人向自然人 C 签发《中国 D 地保税港区 B 投资合伙企业（有限合伙）份额确认书》（以下简称《DB 份额确认书》），确认自然人 C 认购金额为 350 万元。

2020 年 4 月，被申请人向申请人发函称：F 公司现金流出现问题，且一直无法解决。

2020 年 7 月 c 日基金存续期届满，申请人多次向被申请人要求支付投资本金及投资收益，均未得到被申请人的回复，至今未收到任何收益回款。

申请人认为，被申请人存在多项违规行为及不尽责的行为，直接导致了投资人的投资损失。

首先，在基金募集设立阶段，被申请人存在虚假陈述、夸大宣传的行为，在投前未对 F 公司的实际运营状况进行充分核实及审慎尽调，违反了适当性义务，误导投资人进行投资，主要表现在：

1. 根据被申请人关于《中国 D 地保税港区 B 投资合伙企业（有限合伙）招募说明书》及推介材料，本基金投资的 F 公司已定于 2017 年二季度正式启动申报 IPO 工作，IPO 辅导及前期准备已经开始，辅导券商已经进场工作。而中国证券监督管理委员会 G 地监管局（以下简称"G 地证监局"）公示信息显示：2016 年至 2017 年底，F 公司并未向该局进行首次发行股票辅导备案，亦未进入辅导期，自无 2017 年二季度正式启动申报 IPO 工作的可能。因此，被申请人存在虚假陈述。

2. 根据大华会计师事务所（特殊普通合伙）G 地分所在 2020 年 2 月出具的《G 地 F 科技股份有限公司财务情况说明》（以下简称《财务情况说明》），F 公司 2015 年至 2017 年连续三年出现大额的经营现金流负数；三年的营业收入基本来自关联方美国 H 物联网公司（以下简称"H 公司"）的销售，截至 2017 年底对 H 公司的应收账款占应收账款总额的 93%。故其财务指标本身并不符合首发上市的要求。被申请人显然并未对 F 公司的上述重大事项进行审慎尽职调查和充分核实。

3. 2017 年 3 月，被申请人承诺：申请人认购 DB 基金所享有的相关权利与 EB 基金一致。根据 EB 基金的路演推介，基金退出 F 公司的机制包括大股东承诺按年化 12% 回购，但被申请人至今无法提供上述增信措施安排的证据。

4. 被申请人不仅未向申请人充分说明本次投资所存在的风险，反而在推介资料中明确表示：本次对 F 公司完成股权增资后，实现股权溢价 60% 以上，对投资人作出了误导性陈述。

其次，在基金设立后，被申请人未及时、准确进行信息披露，亦从未披露基金投资标的存在损失风险。2019 年 7 月，被申请人发布《F 投后情况简要介绍（2018）》称，F 公司在进行融资，已有意向投资超 1 亿元，且公司与美国大型连锁商超铺货顺利，与全美超大电商 Amazon 也开展深度合作。目前在手订单充足，待融资款项到位后，公司将恢复现金流动性，收入和利润也将得到迅速释放。但实际情况是 F 公司涉及多起诉讼，在 2019 年 6 月已被法院列为失信被执行人。而且，根据《财务情况说明》，2018 年 F 公司净利润为负 2600 多万元。由于被申请人未按约履行其信息披露义务，让投资人误以为 F 公司运营情况良好，错失了在 F 公司经营持续恶化前采取各种救济手段的可能。

最后，在投后管理阶段，在 F 公司出现财务状况恶化的情况下，被申请人也未及时采取任何止损措施。在投资人多次要求召开合伙人会议的情形下，均未给予实质性反馈，对于损失持放任态度。

2021 年 2 月 a 日，G 地证监局就被申请人涉嫌违法违规的投诉举报进行答复，认为被申请人在推介材料中表述存在问题，在投后管理过程中，对投资人信息披露不够及时和充分。

申请人认为，被申请人作为 I 证券有限责任公司全资子公司，是一家专业的金融持牌机构，其应具备足够的专业投研能力和风控能力，且应对投资人尽到诚实守信、勤勉尽责以及适当性义务。但其上述欺诈及违约行为，均影响了申请人出于真实意愿将资金投入基金运作的重要事项，直接导致了申请人的投资损失。故申请人依据《民法典》《证券投资基金法》等相关法律法规的规定提起本案仲裁。

申请人提出如下仲裁请求：

（1）被申请人向申请人返还投资本金 350 万元。

（2）被申请人向申请人支付利息损失，以 350 万元为基数，按年化 12% 支付自 2017 年 3 月 a 日起至实际赔付投资本金之日止的利息（暂计至 2021 年 9 月 c 日，共计 1652 天，利息为：350 万元×12%/360 天×1652 天＝约 190 万元）。

（3）被申请人向申请人支付申请人因本案支付的律师费。

（4）被申请人承担本案仲裁费。

（二）被申请人《管辖/主体资格异议申请书》的主要内容

申请人并非提起本案仲裁的适格主体。

首先，根据《仲裁法》第 4 条的规定，当事人采用仲裁方式解决纠纷的，应当是双方自愿，但本案的申请人自然人 A 并非仲裁所依据的《合伙协议》的签约主体。

其次，最高人民法院《关于适用〈中华人民共和国仲裁法〉若干问题的解释》第 8 条第 2 款亦规定，当事人在仲裁协议后死亡的，仲裁协议对于继承仲裁事项的权利人有效，但本案申请人未能有效举证证明其系案涉协议权利义务的继承人。

再次，申请人提供了自然人 C 离婚协议、死亡证明、遗嘱等证据，欲证明自然人 C 的个人全部财产由申请人继承。但根据《仲裁法》第 3 条第 1 项的规定，婚姻、收养、监护、抚养、继承纠纷不能仲裁。仲裁委员会与仲裁庭不能对相关问题进行审理并得出结论。如果仲裁庭对上述问题进行审理并认定，则裁决合法性存疑。申请人应当提供继承权证书或者法院的判决书，才能认定其具备案涉《合伙协议》合伙人身份的仲裁资格。

最后，申请人以某号裁决书来证明该案仲裁庭对遗嘱的真实性、合法性予以认可。但假设该案裁决书仅对某文件的真实性作出了认可，也不代表对申请人继承权的认可，仲裁庭只能对该案所涉合同关系作出认定，其效力不应及于其他合同关系，故更不代表对申请人是《合伙协议》权利义务继承人的认可。

（三）申请人对管辖/主体资格异议申请的答辩意见

1. 本案为合伙协议纠纷，并非继承纠纷，申请人并未要求就遗产进行分配处理，仲裁委员会有权受理并进行实体审理。

2. 申请人为自然人 C 的合法继承人，继承自自然人 C 死亡时开始，申请人亦未表示放弃继承，故自然人 C 名下的遗产在其死亡时即由申请人继承。法律并未规定继承人提起仲裁的前置条件是需要经过继承权公证或法院生效判决。申请人系自然人 C 的独生女，自然人 C 在离异后通过自书遗嘱的方式指定其名下全部财产在其去世后由申请人个人继承。该遗嘱订立过程经过现场录音录像并形成可信时间戳认证。申请人对其合法继承人身份已充分举证，被申请人对此则未提供反证证明存在其他涉及第三人和申请人之间的继承纠纷。假设继承人内部存在纠纷，类案判例亦已充分说理该等继承权纠纷不影响申请人作为适格主体提起本案仲裁。

（四）被申请人答辩意见的主要内容

被申请人请求仲裁庭驳回申请人的仲裁请求。

1. 对于申请人仲裁主体资格的意见，同《管辖/主体资格异议申请书》的意见。

2. 申请人应明确其请求权基础。因为侵权与合同均有可能存在损害赔偿后果。在给付之诉中，一般是继续履行，也有可能是提出赔偿，对应的是损害赔偿责任。而申请人在本案中的主要仲裁请求所用表述是"返还"。该种表述隐含着申请人对基金文件的效力提出怀疑，要求合同应被解除或者被撤销或者被确认无效，在其他情况下则是没有"返还"这种表述的。因此，申请人应对其提出解除、撤销还是要求确认合同无效予以明确。

3. 申请人购买案涉基金产品的主观意愿是明确的，不受被申请人的影响。申请人对案涉基金产品成立背景的描述基本符合事实情况。即：2016 年 8 月，申请人购买了案外人 G 地市 E 资本管理有限公司（以下简称"E 资本"）作为管理人设立的 EB 基金的相关份额。后因基金投资的标的公司拟进行上市申报，EB 基金作为契约型基金，在组织架构上无法满足上市公司股东的形态要求，故全体投资人与管理人 E 资本协商一致转换基金形态。2017 年 3 月，E 基金终止后，全体投资人基于前述安排，与 DB 基金签署了《合伙协议》，将基金形态由契约型转变为有限合伙型。可见，案涉基金产品并非由被申请人主动向申请人推介，而是承接此前已经存在的 EB 基金。前后两只基金虽然形态上不同，但投资的底层资产、标的均一致。投资人在本案基金成立之前，就已对投资标的及相关的产品性质、风险有充分了解，不存在因为 DB 基金推介而误导其购买意愿的可能性。

4. 被申请人作为管理人，充分履行了适当性义务。被申请人充分告知申请人，申请人亦充分了解相关产品的性质和风险。因两个基金存在承继关系，自不存在因被申请人披露不实而误导申请人购买决策的可能性。但为了更加谨慎合规，被申请人依然对申请人进行了个人投资者风险承受能力评估，申请人亦填写了适当性结果确认书。上述证据真实反映了申请人自身的风险偏好和风险承受能力。申请人的风险评级是积极型，和本案基金产品能够相匹配。而且，被申请人也充分尊重了投资人的选择权，在投资冷静期通过电话回访的方式进行了回访。

5. 关于申请人提到的 F 公司 IPO 的相关事项，被申请人并无虚假陈述。被申请人提交的证据足以证明，在推介阶段确已对 F 公司已经进行了 IPO 的辅导和前期准备。

（五）申请人庭后代理意见的主要内容

1. 根据证监会《首次公开发行股票辅导工作办法》《证券发行上市保荐业务管理办法》等的规定，"IPO 辅导"是发行人首次公开发行股票并上市前的必要环节，辅导期自完成辅导备案之日起算，并非如被申请人所述"上市辅导期没有一个法律上的明确界限"。2017 年 3 月，被申请人在 DB 基金募集期间向投资人书面披露称："F 公司计划于 2017 年第三季度开始申请申报国内创业板 IPO 上市，上市辅导及前期准备已经开始，辅导券商已经进场工作。"但被申请人从未提供任何证据证明其披露的上述信息，亦未尽到调查核实的义务。

2. 被申请人在 EB 基金的推介材料中称：F 公司挂牌或上市后，大股东承诺和保障年化 12%收益率和按年化 12%回购。而其在 2017 年 3 月向投资人披露的书面文件中亦明确表示：上述风控和增信措施安排不受投资主体变更为独立法人即 DB 基金的影响。这表明被申请人实际承诺了系争基金的收益率为 12%，故应将其作为计算利息损失的标准。

3. 根据《中国 D 地保税港区 B 投资合伙（有限合伙）清算报告》（以下简称《清算报告》），截至 2020 年 7 月 c 日，DB 基金进入清算期，清算可分配剩余资产总金额为近 70 万元，预留清算费用 5 万元，未变现资产为 F 公司股权。F 公司因涉及多起诉讼，早在 2019 年 6 月就被列为失信被执行人，且由其作为被告的诉讼仍不断在增加，明显已无偿债能力，并且已进入破产清算程序。基金损失无法挽回，投资人损失已经确定，继续等待基金变现 F 公司股权无异于缘木求鱼。

4. 被申请人未适当履行诚实信用、谨慎勤勉的管理义务，以及其作为私募基金管理人应尽的了解产品、将适当的产品销售给适合的金融消费者的适当性义务。被申请人对直接影响投资风险和投资收益的重大事项未尽到审慎审查义务，对于基金产生损失存在重大过错，其过错与损失之间存在因果关系，故应对申请人的损失承担赔偿责任。

（六）被申请人庭后代理意见的主要内容

1. 申请人并非本案的适格仲裁申请人。

2. 被申请人妥善履行了适当性义务。

首先，《关于建议 F 正式启动首次公开发行股票 CIPO 的备忘录》（以下简称《备忘录》）显示，2016 年 9 月，券商、会计师事务所和律师事务所已开始为 F 公司提供新三板挂牌的相关辅导和申报准备工作。在《备忘录》出具之前，上述中介机构已为 F 公司新三板挂牌提供了一段时间的辅导。《审计业务约定书》《法律服务协议书》亦可作为佐证。在该过程中，经对 F 公司有所了解后认为，从预计 2017 年提交 IPO 申请来看，F 公司符合发行条件，据此给出了新三板挂牌与 IPO 共同推进的建议。F 公司董事会在 2016 年 9 月 a

日决议通过了同意正式启动 IPO 的方案，其股东大会于 2016 年 9 月（a+18）日决议通过了《关于公司正式启动首次公开发行股票 IPO 的议案》。上述证据形成了完整的证据链、互相佐证，足以证明被申请人在 2017 年 3 月的《关于 EB 一号私募股权投资基金投资项目更新进展情况报告》（以下简称《EB 情况报告》）中披露的情况属实，也完全符合正常的商业逻辑。因此，被申请人不存在虚假陈述或误导性描述。

申请人以 "F 公司截至 2017 年 12 月 31 日未在上市企业辅导备案名单上" 为由，拟证明被申请人存在虚假陈述的辩论意见，显然属于将 "IPO 辅导" 与 "辅导备案" 混为一谈的谬误。"IPO 辅导期" 并没有准确的法律概念的界定，G 地证监局的备案是 IPO 进入机关备案阶段环节的证明，但绝非 "IPO 辅导期" 开始的标志。拟上市企业在进入机关备案之前，还需经历若干其他环节，包括中介机构的尽职调查、问题诊断、督促拟上市公司董监高整改、培训。以上的环节虽发生于机关备案环节之前，但均属于 "IPO 辅导"。而且，在《EB 情况报告》中，被申请人的原文描述是 "公司计划于 2017 年第三季度开始申报国内创业板 IPO 上市，IPO 辅导及前期准备工作已经开始"，强调的是计划，且相关工作处于前期准备阶段，被申请人并未对何时进行辅导备案给出时间上的承诺。案涉私募投资具有高风险，即便后来 "计划" 未能实现或 "前期准备" 后无法成功，亦属于私募基金投资项目的固有商业风险，也是申请人本应承担的投资风险。

其次，根据经审计的 F 公司 2014 年、2015 年度的财务报表，公司当时的财务状况良好。申请人提交的《财务情况说明》的签署日期是 2020 年 2 月 a 日，其内容主要反映的是 F 公司在 2018 年之后的经营状况以及涉诉情况。

被申请人在投前已对 F 公司进行了充分、审慎的调查，在对 F 公司的投资价值进行分析的基础上，经 B 公司投资决策委员会表决决定后进行投资，决策流程上并无瑕疵。同一时期，其他 20 多个私募基金亦选择投资 F 公司，也从侧面反映了该公司当时的经营与财务状况以及投资价值。本案双方的法律关系为信托法律关系。对被投企业的财务情况进行调查、依据专业能力作出投资决策等，均属于管理人作为受托人的职权范畴，而非募集阶段应向投资人进行信息披露的范围。这也符合《合伙协议》的约定及《合伙企业法》对普通合伙人/有限合伙人的权责分工规定。而且，要求管理人在推介阶段披露拟被投企业的财务数据，也不符合常理，亦非本案仲裁庭的审理和裁决范围。

3. 被申请人已通过向大股东主张回购积极行权。2021年8月，DB基金向F公司的大股东自然人J提起诉讼，G地某人民法院受理，目前本案正在审理中。

4. 普通合伙人不应对有限合伙企业的损失承担赔偿责任。在合伙企业形态下，申请人出资之后，其所投资的财产性质已发生变化，转化成合伙企业份额。而申请人在本案仲裁中主张的损失仅为合伙企业的账面浮亏，即便是实际损失，也是合伙企业的财产损失。故申请人直接向被申请人（有限合伙企业的GP）提起索赔，缺乏法律与事实依据。《EB基金合同》约定，作为普通合伙人，被申请人及其关联方不应被要求返还任何合伙人的出资，亦不对有限合伙人的投资收益保底，所有出资返还以及投资回报均应源自合伙企业的可用资产；除非由于故意或者重大过失行为，普通合伙人及其管理人不应对因其作为或不作为所导致的合伙企业或任何有限合伙人的损失负责。

5. 本案特殊性及裁决对有限合伙企业的影响。申请人与被申请人之间签署的是有限合伙协议，涉案基金的组织形态是合伙企业。仲裁庭对本案的裁决效力不仅及于涉案合同，还及于涉案合伙企业组织的变化。《合伙协议》第10.2.1条明确约定，除非依据本协议约定转让其持有的合伙权益从而退出有限合伙，有限合伙人无权要求退伙或提前收回出资。而申请人在本案中的仲裁请求事实上会导致有限合伙人退伙或者提前收回出资的效果。如果按照申请人仲裁请求的逻辑，申请人是否仍继续作为涉案有限合伙企业的合伙人？其是否仍持有涉案有限合伙的财产份额？申请人持有的财产份额应由谁承继？是否符合变更公示登记的法定条件？对于前述问题，申请人均未明确，仲裁庭实则无法处理。

（七）申请人补充代理意见的主要内容

1.《审计业务约定书》约定的审计范围时间为2013年至2015年6月（二年一期），且仅针对新三板挂牌，与F公司拟计划2017年创业板IPO无任何关联性。创业板要求财务资料的报告期为最近三个完整的会计年度及一期。签订于2015年10月的《法律服务协议书》约定：如果F公司未能在2016年3月底前实现新三板挂牌的，则双方应协商合同变更，与F公司拟计划2017年创业板IPO无任何关联性。与之相对应，《备忘录》载明：至2016年9月，各中介服务机构为F公司提供的服务限于新三板挂牌相关的辅导和申报准备工作。就 F 公司希望了解创业板 IPO 的机会，《备忘录》从法律规定、监管趋势和宏观经济角度做了仅两页纸的初步介绍，当然不能等同于针对创业板 IPO 所需长期、系统的辅导和申报准备工作。除该份未见盖章且仅提供初步信息和宏观建议的《备忘录》外，未有任何证据证明 F 公司有聘用过任何券商、律所、审计机构就创业板 IPO 进行过辅导和与申报准备相关的长期、系统的实际工作，包括被申请人提及的中介机构的尽职调查、问题诊断、督促拟上市公司董监高整改培训等。上述实际情况与被申请人在 2017 年 3 月向投资人所作汇报存在重大不符，被申请人虚假陈述和误导性表述明显。

2. 被申请人认为 "IPO 辅导期" 没有准确的法律概念界定系理解错误。根据《关于第三批行政审批项目取消后的后续监管和衔接工作的通知》（证监发〔2004〕59 号）及其附件的规定：辅导协议签署后 5 个工作日内，辅导机构应当向证监会派出机构报告并登记。辅导期自辅导机构登记之日开始计算，至证监会派出机构出具监管报告之日结束。后续通过实施的《首次公开发行股票并上市辅导监管规定》（中国证券监督管理委员会公告〔2021〕23 号）第 9 条对此也有同样的规定。IPO 辅导工作须经备案/报告登记、实施及验收。被申请人认为辅导实施的环节可在辅导备案之前，辅导备案时间可无限期延后，没有法律依据。而事实上，被申请人未举证证明 F 公司申请过辅导备案或实质性进入过辅导实施环节。

3. 被申请人并未就其履行产品适当性义务所必要的管理制度的存在和实施尽到举证责任。被申请人认为基金管理人的尽调报告及底稿、内部决策流程不属于募集阶段应向投资人进行披露的范围，无需向投资人汇报并征求同意。但申请人并未主张被申请人在募资阶段存在上述信披露义务，而是主张在投资发生损失后，被申请人在仲裁程序中有义务提供上述相关证据，以证明其为履行产品适当性义务而存在并实施了必要的风控管理制度。

二、仲裁庭意见

经开庭审理并合议，仲裁庭对本案发表如下意见：

（一）仲裁庭查明的事实

2016 年 6 月，《EB 募集说明书》载明：产品初始规模不低于 2100 万元，存续期为 1+1 年，主要投资于智能家居领域公司的股权；基金管理人为 E 资本，财务顾问为被申请人；预计 2016 年 9 月在新三板挂牌并进入创新层，

2017 年三季度前申请国内创业板转板上市；大股东承诺如未成功挂牌/上市按年化 12%回购。

2016 年 8 月（a-3）日，自然人 C 与管理人 E 资本、托管人某某建投证券股份有限公司（以下简称"某某建投"）签署《EB 基金合同》，认购金额为 350 万元，并于 2016 年 8 月（a-2）日支付了认购资金。

2016 年 8 月（a+5）日，E 资本发起设立 EB 基金，基金规模为 2000 余万份。

2016 年 8 月（a+10）日，E 资本向自然人 C 出具《基金认购/申购确认单》，确认其认购基金份额 350 万份，认购金额为 350 万元。

2016 年 9 月（a-4）日，某某建投证券、天健会计师事务所、君合律师事务所出具《关于建议 F 正式启动首次公开发行股票（IPO）的备忘录》称：从预计 2017 年提交 IPO 申请来看，F 公司符合发行条件，最终给出了新三板挂牌工作与 IPO 共同推进的建议。

2016 年 9 月 a 日，F 公司召开董事会，形成《G 地市 F 科技股份有限公司董事会决议》，同意公司正式启动 IPO。

2016 年 9 月（a+18）日，F 公司召开股东大会，审议并通过了《关于公司正式启动首次公开发行股票（IPO）的议案》。

2017 年 3 月，自然人 C 与 E 资本签订《基金份额持有人协议》。协议约定：由于基金已投资标的的公司正在或准备申报 IPO，根据中国证监会及相关主办券商的要求，契约型基金不能作为拟申报 IPO 公司的股东，故经 E 资本提议，全体基金份额持有人同意，以 2017 年 3 月 8 日为终止日提前终止本基金；由管理人指定的有限合伙企业承接本基金的资产和负债，并按以下方案对基金资产和负债进行处置和清算……基金管理人与 F 公司协商一致，由 F 公司返还已投资的投资款，基金管理人在有限合伙所有合伙人签署完毕合伙企业合伙协议（或合伙企业补充协议）后直接将该笔投资款及其他现金资产总计 2310 万元作为投资款划往管理人指定有限合伙的募集结算专用账户；自本基金清算完毕之日起，《EB 基金合同》终止。

2017 年 3 月，被申请人向投资人发布《EB 情况说明》称：鉴于公司 2015 年、2016 年业绩进展情况符合预期，相关中介机构和投资机构对于公司申报上市 IPO 期待较高，F 公司拟于 2017 年第二季度正式启动 IPO 申报的准备工作。根据目前相关行业板块在主板与新三板的估值差异，项目通过 IPO 上市退出，将导致预期回报有大幅度提升的可能。为符合目前 IPO 证监会关于投资者资格主体审查的相关要求，契约型基金需进行适格性和合规性调整，变更为相应的独立法人投资主体。本基金前期设立时采用了契约型私募基金，为保障投资项目资本市场进程的正常推进，建议将现有契约式基金的法律形式变更为有限合伙独立法人。上述变更仅为基金主体形式调整之目的，不涉及项目本身，亦不涉及收益分配等投资人全部现有权利的任何变化。

在《EB 情况说明》的附件《EB 更新进展情况报告》中，被申请人向投资人汇报了标的公司经营、资本市场进展和业绩预测以及当前涉及的基金法律结构形式调整事项。并称：标的企业已于 2016 年 9 月举行了临时股东大会，审议通过了《关于公司正式启动首次公开发行股票（IPO）的议案》；目前，F 公司计划于 2017 年第二季度开始申请申报国内创业板 IPO 上市，IPO 辅导及前期准备已经开始，辅导券商已经进场工作。项目组在严格按照 IPO 的规范标准进行上市辅导材料的准备工作，尽量细化工作质量，以满足 IPO 发行审核的要求。同时，公司将紧密结合资本市场及监管政策的变化，综合考虑中介机构的意见及时调整工作重心，在此期间视新三板政策行情保留先挂牌再 IPO 的灵活可能性，力争早日与资本市场对接。企业 2015 年约 5300 万元净利润，2016 年约 7500 万元净利润（待最终审计），2017 年对赌约 1.2 亿元税后净利润，属快速成长期。公司已定 2017 年二季度开始正式启动申报 IPO。本次主体变更并对 F 公司完成股权增资后，除享有净资产和经营业绩增长带来的股权增值之外，月内预计将会比照 IPO 前最后一轮融资市场价格收获账面浮盈 50% 以上，即实现股权溢价 60% 以上。

2017 年 3 月，被申请人发起募集设立 DB 基金。基金《招募说明书》载明：基金类型为主动管理型私募股权投资基金，风险等级为高风险；发行总规模预计为 2000 余万元，存续期为 2+1 年，产品封闭运作，不开放申购赎回；私募基金管理人为被申请人；基金投资范围是某智能家居领域拟挂牌/上市公司的股权；合伙企业期限届满，合伙企业应被解散并清算；本说明书作为《DB 合伙协议》的重要组成部分，与协议具有同等法律效力。

2017 年 3 月，全体投资人与被申请人签署了《DB 合伙协议》，约定：以合伙企业作为全体合伙人出资构成之基金的载体，按照本协议规定实施投资以获得投资收益。该协议第 6.7.1 条约定：普通合伙人及其关联方不应被要求返还任何合伙人的出资，亦不对有限合伙人的投资收益保底，所有出资返还以及投资回报均应源自合伙企业的可用资产。第 6.7.2 条约定：除非由于故意或者重大过失行为，普通合伙人及其管理人不应对因其作为或不作为所导致的合伙企业或任何有限合伙人的损失负责。第10.2.1条约定：除非依据本协议约定转让其持有的合伙权益从而退出有限合伙，有限合伙人无权要求退伙或提前收回出资。第16条约定了被申请人对其他合伙人的信息披露义务和履行方式。第19.5条约定：仲裁裁决是终局的，对相关各方均有约束力。除非仲裁庭另有裁决，仲裁费应由败诉一方负担。败诉方还应补偿胜诉方的律师费等支出。第20条约定：一方违反本协议或未按照本协议的规定全部或部分履行义务的，应向其他各方和本合伙企业承担相应的违约责任。

《合伙协议》签署后，全体投资人与被申请人又签署了《中国D地保税港区B投资合伙企业（有限合伙）合伙协议之补充协议》（以下简称《合伙协议之补充协议》），约定：根据《合伙协议》的相关约定，合伙企业执行事务合伙人即被申请人将合伙企业管理人职能委托给HX（北京）基金管理有限公司，由其代为履行基金管理人相关职能；被申请人追加实缴出资至100万元，出资完成后合伙企业总实缴规模变更为2410万元；全体合伙人同意企业经营期限自正式成立之日（以资金划拨至托管账户日为准）起满3年之日止；本协议与《DB合伙协议》具有同等法律效力，如与该协议存在任何不一致，以本协议为准。

上述协议签署后，被申请人向合伙企业的合伙人出具了《中国D地保税港区B投资合伙企业（有限合伙）合伙人确认书》，明确被申请人为基金管理人，原《合伙协议之补充协议》约定的HX（北京）基金管理有限公司的管理人相关职能不再执行。2017年6月b日，被申请人向自然人C签发《DB份额确认书》，确认其认购金额为350万元。

2017年4月a日，被申请人向中国证券投资基金业协会提交《基金备案申请书》，代表DB基金申请备案登记。2017年10月（b-11）日，被申请人出具《备案承诺函》。2017年10月（b-3）日，DB基金取得《私募投资基金备案证明》，备案编码为SX8911。2017年10月（b+1）日，DB基金向F公司支付投资款2200万元。

2017年10月b日，自然人C签署离婚协议并办理离婚登记手续。2018年7月a日，自然人C去世。2017年1月底，自然人C订立遗嘱：在其身故后，其本人的全部财产由其独生女自然人A个人继承。该遗嘱进行了录音录像并进行了可信时间戳认证。2019年12月c日，烟台仲裁委［2019］仲字第

225 号裁决书对上述事实予以确认。

2019 年 7 月，被申请人发布《F 投后情况简要介绍（2018）》，介绍了 F 公司 2018 年度经营业绩下滑的主要原因和面临的压力及问题。并表示：公司为缓解流动性压力，正在进行融资，已有意向投资资金超 1 亿元；目前在手订单充足，待融资款项到位后，公司将恢复现金流动性，收入和利润也将得到迅速释放。

受被申请人委托，大华会计师事务所（特殊普通合伙）G 地分所于 2020 年 2 月 a 日对 F 公司截至 2019 年 12 月（c+22）日的财务情况进行了调查，并出具了《F 公司财务情况说明》。该财务情况说明载明：F 公司 2015 年至 2017 年经营质量相对较差，主要体现在经营现金流净额与盈利水平严重偏离，连续三年出现大额的经营现金流负数，销售回款情况较差，主要靠新股东的投资维持经营，三年的营业收入基本来自关联方 Meshare INC（H 公司）的销售，截至 2017 年底对 H 公司的应收账款占应收账款总额的 93%。2018 年 F 公司净利润为负 2600 多万元。

2020 年 4 月，被申请人向申请人出具《F 投资情况报告》称：被申请人在 2019 年对称 F 公司进行投后管理的过程中发现了该公司的现金流出现问题，导致日常的经营和生产在一定程度上受到了影响，并在《F2018 年度投后管理报告》中进行了分析。被申请人在第一时间前往 F 公司与大股东进行了多次充分的沟通，希望对方能将基金回购。被申请人于 2019 年 11 月 k 日收到了 F 公司发来的《F 股份回购协议初稿》，经多轮沟通，最终确定回购日期从 2017 年 2 月起算。如协议签署后，F 公司不能按期兑付回购款，被申请人作为基金管理人将第一时间对 F 公司及用其大股东发起诉讼。该报告还提示了回购和本金收回不确定性的风险。

2020 年 7 月（c-3）日，被申请人作为管理人发布《清算报告》称：涉案基金存续期于 2020 年 7 月 c 日届满，届时《DB 合伙协议》终止，依法对基金财产进行清算；基金管理人与基金托管人组成基金财产清算小组，积极履行基金财产清算义务。

2021 年 2 月 a 日，G 地证监局向申请人出具《答复函》称：关于申请人对被申请人涉嫌违法违规的投诉举报事项，经查，被申请人在相关私募股权投资基金募集推介材料中，存在表述不严谨的情况，在相关基金投后管理过程中，对投资者信息披露不够及时和充分；针对以上事项，已督促被申请人进一步规范私募基金相关业务。此外，根据现有证据，未发现被申请人在相关基金管理过程中存在利益输送的情形。

2021年8月b日，DB基金向F的大股东自然人J提起诉讼，广东省G地前海合作区人民法院受理，目前本案正在审理中。

2021年8月（b+5）日，申请人以被申请人违约，为维护申请人的合法权益等为由，向仲裁委员会提起了本案仲裁。

2021年9月（c-8）日，申请人委托律师向被申请人发出《律师函》，要求被申请人向其返还本金及利息。

（二）关于申请人主体资格和本案管辖权

根据仲裁庭前述查明的事实，2017年10月b日，自然人C签署离婚协议并办理离婚登记手续。2018年7月a日，自然人C去世。2017年1月底，自然人C订立遗嘱：在其身故后，其本人的全部财产由其独生女自然人A个人继承。该遗嘱进行了录音录像并进行了可信时间戳认证。2019年12月c日，烟台仲裁委［2019］烟仲字第225号裁决书对上述事实予以确认。

因此仲裁庭认为，申请人作为案外人自然人C的合法继承人，有权主张本案合同项下权利。按照最高人民法院《关于适用〈中华人民共和国仲裁法〉若干问题的解释》第8条的规定，当事人订立仲裁协议后死亡的，仲裁协议对继承其仲裁事项中权利义务的继承人有效，故申请人有权提起本案仲裁。

综上，申请人主体适格，仲裁委员会对本案具有管辖权。

（三）关于本案的法律适用

《民法典》第1260条规定："本法自2021年1月1日开始施行。……"鉴于上述情形发生于本案受理之前，故仲裁庭首先需要确定本案应当适用的法律。

最高人民法院《关于适用〈中华人民共和国民法典〉时间效力的若干规定》第1条规定："民法典施行后的法律事实引起的民事纠纷案件，适用民法典的规定。民法典施行前的法律事实引起的民事纠纷案件，适用当时的法律、司法解释的规定，但是法律、司法解释另有规定的除外。民法典施行前的法律事实持续至民法典施行后，该法律事实引起的民事纠纷案件，适用民法典的规定，但是法律、司法解释另有规定的除外。"因本案法律事实发生在《民法典》施行之前，但持续至《民法典》施行之后，故仲裁庭认为，本案应适用《民法典》。

（四）关于本案系争协议的效力

根据《民法典》第 490 条第 1 款的规定："当事人采用合同书形式订立合同的，自当事人均签名、盖章或者按指印时合同成立。在签名、盖章或者按指印之前，当事人一方已经履行主要义务，对方接受时，该合同成立。"第 502 条第 1 款规定："依法成立的合同，自成立时生效，但是法律另有规定或者当事人另有约定的除外。"本案中，申请人之母自然人 C 与被申请人签署的《合伙协议》，系各方当事人的真实意思表示，合同内容未违反法律、行政法规的强制性规定，亦不违背公序良俗，合法有效，对双方当事人均具有法律约束力。各方当事人均应依据诚信原则，恪守上述协议的约定，履行各自的义务。

（五）关于被申请人是否存在虚假陈述、夸大宣传的问题

申请人认为被申请人在基金募集设立阶段存在虚假陈述、夸大宣传的行为，对投资人作出了误导性陈述。被申请人则认为其并不存在上述行为。仲裁庭认为：

第一，2016 年 6 月的《EB 募集说明书》明确载明：基金管理人为 E 资本，托管人为某某建投，被申请人为财务顾问。《EB 基金合同》亦是由自然人 C 与管理人 E 资本、托管人某某建投三方所签，被申请人则为财务顾问。根据上述募集说明书及基金合同的约定，被申请人并非《EB 基金合同》的合同主体，亦非《EB 募集说明书》的出具主体和信息披露义务人。申请人在本案中的举证及陈述，亦不足以证明被申请人在上述文件中对申请人具有法定或合同上的义务。因此，募集说明书中所载明的"大股东承诺如未成功挂牌/上市按年化 12% 回购"，亦不能认定为被申请人在该基金投资法律关系中对自然人 C 的投资承诺。而且，虽然被申请人在向投资人发布的《EB 情况说明》中称"上述变更仅为基金主体形式调整之目的，不涉及项目本身，亦不涉及收益分配等投资人全部现有权利的任何变化"，但在 DB 基金的《招募说明书》与《合伙协议》中，并无"大股东承诺如未成功挂牌/上市按年化 12% 回购"的表述。仲裁庭认为，作为商事交易安排最主要表现形式的书面合同，仲裁庭应尊重协议当事人的意思自治，对合同权利义务的判断应以当事人在合同中的约定为依据，因此，在合同没有约定的情况下，仲裁庭难以认定被申请人在案涉 DB 基金的推介材料及合同中向投资人作出了此项承诺。

第二，在私募股权投资基金法律关系上，被申请人仅为 EB 基金的财务顾问，在该基金中并不具有法定或者合同约定的对投资项目的尽调责任。案涉DB基金系承接此前已经存在的EB基金，虽然两者形态上不同，但投资的底层资产、标的均一致。自然人C与E资本于2017年3月签订的《基金份额持有人协议》中亦对DB基金承继EB基金的原因及具体操作作出了明确的约定，包括自然人C在内的全体E基金份额持有人均同意终止E基金后，由管理人指定的有限合伙企业承接本基金的资产和负债，可见，双方对将原有的EB基金这种契约型基金变更为有限合伙型基金的意思表示是一致的。而且，上述《基金份额持有人协议》、被申请人向包括自然人C在内的全体投资人发出《EB情况说明》、DB基金《招募说明书》以及包括自然人C在内的全体投资人与被申请人签署的《DB合伙协议》，均发生于2017年3月，被申请人也于次月即2017年4月a日向中国证券投资基金业协会提交《基金备案申请书》，代表DB基金申请备案登记。

可见，F公司增资项目在EB基金存续期间即已进行，尽调责任的主体是该基金的管理人E资本，投资款亦已支付给F公司。基于DB基金与EB基金的前后承继关系，以及全体投资人与E资本及被申请人对基金形态变更的合意，可以认定自然人C在DB基金成立之前，就对投资标的及相关的产品性质、风险已有了解。在各方当事人均认可基金形态变更的具体操作路径，并在2017年3月终止EB基金，设立DB基金，自然人C与被申请人签署《合伙协议》的情况下，虽然被申请人作为DB基金的管理人，对基金投资项目确实负有尽调之责，但难以得出被申请人对DB基金投资项目未作尽调，误导自然人C购买决策的结论。

第三，根据仲裁庭查明的事实，从时间上看，F公司于2015年7月e日和2015年10月f日分别委托天健会计师事务所和北京市君合律师事务所对新三板挂牌等事宜提供相关服务，并分别签署了《审计业务约定书》和《法律服务协议》。某某建投、天健会计师事务所、君合律师事务所于2016年9月（a-4）日出具的《备忘录》载明：经向F公司提供新三板挂牌相关的辅导和申报准备工作取得进一步了解后，从预计2017年提交IPO申请来看，F公司符合发行条件，最终给出了新三板挂牌工作与IPO共同推进的建议。2016年9月a日和（a+18）日，F公司分别召开董事会和股东大会，同意公司正式启动IPO。被申请人于2017年3月向投资人发布的《EB情况说明》亦称：鉴于公司2015、2016年业绩进展情况符合预期，相关中介机构和投资机构对于公司申报上市 IPO 期待较高，F 公司拟于 2017 年第二季度正式启动 IPO 申报的准备工作。在该情况说明的附件《EB 更新进展情况报告》中，被申请人还称：目前，公司计划于 2017 年第二季度开始申请申报国内创业板 IPO 上市，IPO 辅导及前期准备已经开始，辅导券商已经进场工作。本次主体变更并对 F 公司完成股权增资后，除享有净资产和经营业绩增长带来的股权增值之外，月内预计将会比照 IPO 前最后一轮融资市场价格收获账面浮盈 50% 以上，即实现股权溢价 60% 以上。

上述事实表明：其一，在 E 资本设立 EB 基金及自然人 C 与被申请人、托管人签署《EB 基金合同》之前，F 公司已开始委托会计师事务所和律师事务所为其提供新三板挂牌等事宜的相关服务。其二，在中介机构提供服务及出具建议正式启动首次公开发行股票（IPO）的基础上，F 公司通过召开董事会和股东大会，决议正式启动 IPO。E 资本与包括自然人 C 在内的全体投资人于 2017 年 3 月签订的《基金份额持有人协议》，亦印证了 F 公司拟申报 IPO 并应监管部门和券商的要求变更基金主体等事实。且被申请人作为 DB 基金的管理人，其在基金包括《EB 情况说明》在内的推介材料中亦向全体投资人披露了 F 公司拟于 2017 年二季度启动 IPO 申报工作的信息。其三，被申请人作为基金管理人，其在《EB 情况说明》的表述是 F 公司"拟于 2017 年第二季度正式启动 IPO 申报的准备工作"，在《EB 更新进展情况报告》中表述为 F 公司"计划于 2017 年第二季度开始申请申报国内创业板 IPO 上市"。被申请人的上述表述与前述查明事实均表明，F 公司正式启动 IPO 申报准备工作的时间是在 2017 年第二季度及以后，在被申请人向全体投资人出具上述说明和报告时并未正式启动，自不存在公司已进入创业板上市辅导期的问题，更无券商基于该上市辅导期的监管规则要求而提供上市辅导的可能性。其四，如前分析，被申请人在《EB 更新进展情况报告》中称"IPO 辅导及前期准备已经开始，辅导券商已经进场工作"，根据其上下文表述，其时间点应理解为在 F 拟于 2017 年二季度正式启动 IPO 申报准备工作之前，更非现行法律制度和监管规则规定的上市辅导期。因此，该表述在语义上显然并非指向进入 G 地证券交易所创业板上市辅导期前被要求的"IPO 辅导"和辅导券商进场工作。

第四，我国证监会颁布的《首次公开发行股票辅导工作办法》《证券发行上市保荐业务管理办法》虽规定了"IPO 辅导"等内容，但并不表明拟上市企业在完成辅导备案之日前就不存在或不能进行上市的前期准备工作。本案中，在正式启动申报 IPO 准备工作之前，F 公司确已开始相关准备工作。但被申请人在本案中的举证及陈述虽能证明该公司拟正式启动申报 IPO 的"前期准备已经开始"，但并不足以充分证明其所称的"IPO 辅导"已开始、"辅导券商已经进场工作"，且该表述亦容易给人以和监管规则规定的上市辅导期内的券商辅导相混淆的理解。结合被申请人在《EB 更新进展情况报告》中所称的"本次主体变更并对 F 公司完成股权增资后，月内预计将会实现股权溢价 60% 以上"，虽属于其作为管理人对基金投资项目前景的预估，但上述陈述内容在客观上确实对投资人的投资信心具有一定的增强作用。对于此种介绍和陈述，G 地证监局于 2021 年 2 月 a 日向申请人出具的《答复函》认为属于"表述不严谨的情况"，并未认定其构成虚假陈述。据此，仲裁庭认为，虽然《答复函》不属于行政监管决定，但作为私募股权投资基金的监管部门，其对被申请人在案涉基金推介及投后管理中的行为性质认定，依然具有一定的公信力。故本案现有的证据及当事人陈述虽不足以认定被申请人构成虚假陈述，但被申请人的陈述及其对投资者的影响上确实具有一定的过错。

第五，本案中，被申请人在与自然人 C 签署《合伙协议》时，对自然人 C 进行了个人投资者风险承受能力评估，其风险评级是积极型，自然人 C 亦填写了适当性结果确认书。被申请人亦在投资冷静期通过电话回访的方式进行了回访。在上述协议与该基金的《招募说明书》中，均载明案涉 DB 基金具有高风险。因此，自然人 C 作为私募股权投资基金的投资人，其自身的风险偏好和风险承受能力与本案基金产品能够相匹配。而且，基于 DB 基金与 EB 基金之间的承继关系，自然人 C 在与 E 资本签署《基金份额持有人协议》及被申请人向其发出《EB 基金情况说明》后，作为投资人与被申请人随后签署《合伙协议》，是其作出的符合其真实意图的投资决策。故申请人主张被申请人违反适当性管理义务缺乏事实与法律依据，仲裁庭亦依法不予采信。

（六）关于被申请人是否勤勉尽责的问题

第一，申请人认为被申请人在案涉基金设立后未及时、准确进行信息披露，亦从未披露基金投资标的存在损失风险。被申请人则抗辩称其已按约履行了信息披露义务。

仲裁庭认为：案涉 DB 基金作为对 EB 基金的承继，投资 F 公司仍是其主要的甚至是唯一的投资项目。根据仲裁庭查明的事实，2019 年 7 月，被申请人向投资人发布《F 投后情况简要介绍（2018）》，介绍了 F 公司 2018 年度经营业绩下滑的主要原因、面临的压力和问题及发展前景。在被申请人委托的大华会计师事务所（特殊普通合伙）G 地分所于 2020 年 2 月 a 日出具了《F 公司财务情况说明》后，其亦向投资人进行了信息披露。2020 年 4 月，被申请人向申请人出具了《F 投资情况报告》，披露了 F 公司存在的问题及被申请人与该公司大股东的沟通情况，并提示了回购和本金收回不确定性的风险。2020 年 7 月（c-3）日，被申请人作为管理人发布公告称：涉案基金存续期于 2020 年 7 月 c 日届满，届时《合伙协议》终止，依法对基金财产进行清算；基金管理人与基金托管人组成基金财产清算小组，积极履行基金财产清算义务。可见，被申请人在案涉基金设立后的投资管理过程中，确实履行了相关信息披露义务。但是，对于其所称的已向自然人 C 及申请人发送过案涉基金季报、半年报及年报的事实，被申请人并未提供证据予以证明。而且，G 地证监局于 2021 年 2 月 a 日向申请人出具的《答复函》亦称：被申请人在相关基金投后管理过程中，对投资者信息披露不够及时和充分。因此，仲裁庭认为，本案中，被申请人在管理基金过程中，并未按约完全尽到其信息披露义务，存在一定的违约情形。

第二，申请人认为，被申请人未尽投前尽调义务，对于基金产生损失存在重大过错，其过错与损失之间存在因果关系，应对申请人的损失承担赔偿责任。被申请人则称其已履行投前审慎尽调义务，不存在过错，案涉基金的损失是投资项目固有的商业风险，应由申请人承担。

仲裁庭认为：其一，在 F 公司投资项目从 EB 基金延续至 DB 基金的过程中，作为 EB 基金的管理人即 E 资本是否已就该投资项目履行了尽调义务，属于 EB 基金法律关系中的问题，并非本案仲裁的审查范围。但本案现有证据表明，被申请人作为 EB 基金的财务顾问，对该基金投资 F 公司的项目是了解的。在 EB 基金终止而通过设立 DB 基金承继期间，被申请人从前者的财务顾问转为后者的基金管理人，亦应知悉 F 公司的财务情况。其二，对于 F 公司在 2016 年 9 月通过董事会和股东会决议启动 IPO 申报工作的事实，双方当事人均予以确认。而根据本案现有证据及当事人陈述，F 公司的上述决议，亦是依据中介机构的投资分析判断和建议作出。在包括自然人 C 在内的全体投资人与 E 资本于 2017 年签署的《EB 基金份额协议》，以及被申请人向全体投资人出具的《EB 情况说明》中，关于 F 公司拟正式启动 IPO 申报工作的表述，亦均与 F 公司的前述决议内容一致。其三，根据被申请人的举证，同一时期，其他 20 多个私募基金亦选择投资 F 公司，申请人对该事实亦未予以否认。故从私募股权投资基金的市场运行逻辑和规律来看，众多私募基金的此种投资选择，也从侧面反映了投资机构对该项目的投资信心。其四，虽然《F公司财务情况说明》反映其 2015 年至 2017 年经营质量相对较差，但在 F 公司内部决策"计划于 2017 年第二季度开始申请申报国内创业板 IPO 上市"的情况下，被申请人作为案涉主动管理型基金的管理人，《合伙协议》约定被申请人有权依据其专业投资能力进行基金的对外投资，其对投资项目的判断属于私募股权投资基金市场的商业判断。仲裁庭无法根据本案现有的证据判断其在当时投资决策的合理性，亦无法得出被申请人在投资决策上存在重大过错并与 F 投资项目的损失具有因果关系的结论。因此，对于申请人的上述主张，仲裁庭难以采信。

第三，申请人认为，在投后管理阶段，在 F 公司出现财务状况恶化的情况下，被申请人也未及时采取任何止损措施。被申请人则认为其已积极采取措施行权。

仲裁庭认为，根据仲裁庭查明的事实，被申请人于 2020 年 4 月向申请人出具《F 投资情况报告》称：被申请人在 2019 年对 F 公司进行投后管理的过程中，发现了该公司的现金流出现问题，被申请人第一时间与 F 公司大股东多次沟通回购事宜，并于 2019 年 11 月 k 日收到了 F 公司发来的《F 股份回购协议初稿》，最终确定回购日期从 2017 年 2 月起算。如协议签署后，F 公司不能按期兑付回购款，被申请人作为基金管理人，将第一时间对 F 公司及用其大股东发起诉讼。2020 年 7 月（c-3）日，被申请人作为管理人发布了《清算公告》，依法对基金财产进行清算。2021 年 8 月 b 日，DB 基金向 F 的大股自然人 J 提起诉讼，广东省 G 地前海合作区人民法院受理，目前本案正在审理中。上述事实表明，被申请人在 F 投资项目出现风险后，积极与其大股东沟通协商，并采取了相关的行权措施。故申请人关于被申请人未采取任何止损措施的主张，缺乏事实与合同依据，仲裁庭不予采信。

（七）关于申请人的仲裁请求

1. 关于申请人的第 1 项仲裁请求。

本案中，申请人主张被申请人向申请人返还投资本金 350 万元，在本案庭审中，申请人明确上述"返还"的请求权基础是被申请人的违约损害赔偿。

仲裁庭认为，首先，根据《合伙协议》第 6.7.1 条的约定，普通合伙人及其关联方不应被要求返还任何合伙人的出资，亦不对有限合伙人的投资收益保底，所有出资返还以及投资回报均应源自合伙企业的可用资产。第 6.7.2 条约定：除非由于故意或者重大过失行为，普通合伙人及其管理人不应对因其作为或不作为所导致的合伙企业或任何有限合伙人的损失负责。第 10.2.1 条还约定：除非依据本协议约定转让其持有的合伙权益从而退出有限合伙，有限合伙人无权要求退伙或提前收回出资。上述条款既明确约定了被申请人作为普通合伙人及基金管理人承担责任的边界和条件，也约定了申请人作为有限合伙人退伙或提前收回出资的权利边界。

其次，如前分析，在申请人与被申请人签署《合伙协议》之前，被申请人虽在案涉 DB 基金募集推介材料中存在表述不严谨的情形，但并不足以构成申请人所称的虚假陈述、误导申请人投资决策，亦不产生申请人基于被误导并作出违背其真实意思表示的投资决策而导致双方所签协议被解除或效力被否定的结果。而在 DB 基金的投后管理过程中，被申请人作为该主动管理型基金的管理人，有权按照协议的约定对基金的运作和投资进行主动管理。虽然其确实存在信息披露不够及时充分的违约情形，但此种违约并不具有对基金已投资项目的重大不利影响，亦不足以导致申请人在知悉该等情况时丧失法定及合同约定的救济机会。况且，G 地证监局在针对申请人投诉的《答复函》中亦明确："……针对以上事项，已督促被申请人进一步规范私募基金相关业务。此外，根据现有证据，未发现被申请人在相关基金管理过程中存在利益输送的情形。"

因此，仲裁庭认为，双方当事人对于申请人在案涉投资中的损失并无异议，而根据本案现有证据及当事人陈述，并不足以认定申请人的损失与被申请人的行为之间具有因果关系。但是，鉴于被申请人在案涉基金的运行管理中存在部分信息披露义务的违法，且在相关材料的表述上不够严谨，从而一定程度上对投资者产生了影响，仲裁庭综合考量后认为，被申请人应对其上述违约行为和过错承担一定的责任。故仲裁庭酌定被申请人承担申请人本金损失的 10%，即 350 000 元。因本案清算尚未结束，故被申请人承担上述赔偿责任后，案涉基金经最终清算所收回的剩余款项应按约分配给投资者。但是在申请人按约可获分配的收回款项中，应由被申请人扣除 10%（被申请人所能扣除的申请人分配款项以 190 000 元为限），扣除后余额部分再行向申请人依约进行分配。

2. 关于申请人的第 2 项仲裁请求。

申请人主张被申请人以 350 万元为基数，按年化 12% 向其支付自 2017 年 3 月 a 日起至实际赔付投资本金之日止的利息。

仲裁庭认为：首先，我国现行法律制度及监管规则明确禁止基金等资管产品保本保收益。《合伙协议》及其《招募说明书》均载明，案涉 DB 基金的风险等级为高风险。该协议第 6.7.1 条亦明确约定：普通合伙人及其关联方不对有限合伙人的投资收益保底，所有出资返还以及投资回报均应源自合伙企业的可用资产。该协议还在协议的风险提示部分进行了不保收益的风险揭示。

其次，申请人主张"按年化 12%"支付利息的主要依据是《EB 募集说明书》中载明的"大股东承诺如未成功挂牌/上市按年化 12% 回购"，但该内容并未记载在案涉 DB 基金的《招募说明书》和《合伙协议》中。即便案涉基金对 F 公司投资的文件中或达成的协议中作出了此种约定，基于该基金的高风险性质，亦不表明案涉基金投资人能够必然获得年化 12% 的收益。《合伙协议》第 6.7.2 条亦明确约定：除非由于故意或者重大过失行为，普通合伙人及其管理人不应对因其作为或不作为所导致的合伙企业或任何有限合伙人的损失负责。而在本案中，如前分析，被申请人并不具有协议约定的因故意或者重大过失行为导致合伙企业或有限合伙人损失的情形。且案涉基金已于 2020 年 7 月 c 日届满而进入清算阶段，DB 基金亦已于 2021 年 8 月 b 日向 F 公司的大股东自然人 J 提起诉讼。

因此，仲裁庭认为，申请人的此项仲裁请求缺乏事实、合同和法律依据，仲裁庭依法不予支持。

3. 关于申请人的第 3 项和第 4 项仲裁请求。

鉴于仲裁庭对申请人的第 1 项仲裁请求酌定支持 10%，故根据《合伙协议》第 19.5 条的约定以及《仲裁规则》的相关规定，仲裁庭亦支持申请人第 3 项仲裁请求部分的 10%，即被申请人应向申请人偿付律师费约 17 万元。

关于本案仲裁费，同样基于上述仲裁庭的分析意见，本案仲裁费应由申请人承担 90%，被申请人承担 10%。

三、裁决

综上，仲裁庭对本案裁决如下：

（1）被申请人向申请人赔偿其投资本金损失人民币 35 万元。

（2）被申请人向申请人偿付律师费。

（3）本案仲裁费，由申请人承担 90%，由被申请人承担 10%，鉴于申请人已等额缴纳本案仲裁预付金并冲抵，被申请人应向申请人支付以补偿申请人代其垫付的仲裁费。

（4）驳回申请人的其他仲裁请求。

本裁决为终局裁决，自本裁决作出之日起生效。

案例评析

【关键词】适当性义务　勤勉尽责　商业逻辑

【焦点问题】

1. 基金管理人是否违反适当性义务。

2. 基金管理人在管理基金过程中是否勤勉尽责。

3. 投资者能否要求基金管理人返还投资款并赔偿利息。

【焦点评析】

本案的基本案情是：申请人之母认购私募股权投资基金系契约型基金（EB 基金）350 万份，认购金额为 350 万元。因基金投资的 F 公司拟申报 IPO，而监管规则规定契约型私募基金不能作为拟申报 IPO 公司的股东，需变更为相应的独立法人投资主体。故经管理人提议，全体基金份额持有人同意提前终止该基金并进行清算，由管理人指定的有限合伙企业承接本基金的资产和负债，将该笔投资款及其他现金资产作为投资款，划往管理人指定的有限合伙企业的募集结算专用账户。被申请人作为 EB 基金的财务顾问，随后作为基金管理人发起募集设立承继的私募股权投资基金（DB 基金），并与申请人之母签署了《合伙协议》。上述变更仅为基金主体形式调整之目的，不涉及项目本身，亦不涉及收益分配等投资人全部现有权利的任何变化。在 DB 基金存续期间，申请人之母去世，申请人经法律程序确定为继承人。DB 基金到期后，即进入清算程序，被申请人发布了《清算报告》，目前清算尚未结束。现申请人以被申请人违反适当性义务，未勤勉尽责履行其投前尽调义务、信息披露义务和投后管理义务为由，提起本案仲裁，请求裁决被申请人返还投资款、赔偿利息等损失。

现结合本案案情及法律适用焦点问题，评述如下：

一、基金推介虚假陈述和误导性陈述的判断标准

第一，中国证券投资基金业协会于 2016 年发布实施的《私募投资基金信息披露管理办法》第 13 条和《私募投资基金募集行为管理办法》第 23 条均规定：私募基金的宣传推介材料内容应与基金合同主要内容一致，不得有任何虚假记载、误导性陈述或者重大遗漏。如有不一致，应当向投资者特别说明。该两条均明确而具体地规定了私募基金推介材料应包括的主要内容。可见，对私募基金推介材料内容的规制，主要集中在基金本身的相关信息披露，并未强制要求披露基金对外投资项目的具体情况。换言之，私募基金投资项目的相关信息，并非基金推介材料的必要内容。且上述规定中所称的"不得虚假记载、误导性陈述或者重大遗漏"，亦是针对基金层面应当载明并披露的信息，而非针对基金对外投资项目的信息。故对于是否构成"重大遗漏"的判断，须符合上述制度所规定的此项前提条件。当然，如果推介材料中包含的基金对外投资项目信息存在虚假记载，亦属于对上述规定的违反。

第二，本案中，虽然 EB 基金的《募集说明书》载明"大股东承诺如未成功挂牌/上市按年化 12% 回购"，但在 DB 基金承接 EB 基金资产与负债后，被申请人作为 DB 基金的管理人，其向全体投资者提供的《招募说明书》以及与申请人之母签署的《合伙协议》中，均无此种表述。仲裁庭认为，作为商事交易安排最主要表现形式的书面合同，仲裁庭应尊重协议当事人的意思自治，对合同权利义务的判断应以当事人在合同中的约定为依据，因此，在合同没有约定的情况下，仲裁庭难以认定被申请人在 DB 基金的推介材料及合同中向投资人作出了此项承诺。

第三，对于被申请人在其向申请人发布的《进展报告》中所称的 F 公司 IPO 辅导及前期准备已经开始，辅导券商已经进场工作，本次主体变更并对 F 公司完成股权增资后将实现股权溢价 60% 以上。仲裁庭认为：其一，在 DB 基金成立之前，F 公司已内部决策拟 IPO 上市；其二，该表述在语义上显然并非指向进入深圳证券交易所创业板上市辅导期前被要求的"IPO 辅导"和辅导券商进场工作；其三，深圳证监局在对申请人的投诉而出具的《答复函》中认为，被申请人的上述告知内容属于"表述不严谨的情况"，并未认定其构成虚假陈述。

因此，仲裁庭认为，申请人关于被申请人在基金募集阶段存在虚假陈述和误导性陈述而违反适当性管理义务的主张，缺乏事实、合同和法律依据，仲裁庭亦不予采信

二、基金管理人管理基金过程中是否勤勉尽责

第一，在私募股权投资基金法律关系上，被申请人仅为 EB 基金的财务顾问，在该基金中并不具有法定或者合同约定的对投资项目的尽调责任。而 DB 基金系承接此前已经存在的 EB 基金，虽然两者形态上不同，但投资的底层资产、标的均一致。而在 DB 基金成立之前，投资人即已对投资标的及相关的产品性质、风险已有所了解。其后，在各方当事人均认可基金形态变更的具体操作路径，以及新成立基金承继前基金投资项目，并通过签署 DB 基金的《合伙协议》对上述事项予以确定。虽然被申请人作为 DB 基金的管理人，对基金投资项目确实负有尽调之责，但在 DB 基金成立前后投资人均明确知晓基金投资项目且均无异议的情况下，难以得出被申请人对 DB 基金投资项目未作尽调而误导投资者购买基金份额决策的结论。

第二，EB 基金的管理人是否已就投资项目履行了尽调义务，并非本案仲裁的审查范围。本案现有证据表明，被申请人从前者的财务顾问转为后者的基金管理人，亦应知悉投资项目所涉 F 公司的财务及其拟 IPO 上市的情况。虽然相关材料反映出 F 公司 2015 年至 2017 年的经营质量相对较差，但该公司已内部决策"计划申请申报国内创业板 IPO 上市"。而被申请人作为案涉主动管理型基金的管理人，《合伙协议》约定其有权依据其专业投资能力进行基金的对外投资，其对投资项目的判断属于私募股权投资基金市场的商业判断。且同一时期，其他 20 多个私募基金选择投资该 F 公司，亦从侧面反映了投资机构对该项目的投资信心。故仲裁庭难以判断被申请人在当时投资决策的合理性，更无法得出其在投资决策上存在重大过错，且其过错与投资项目的损失具有因果关系的结论。因此，申请人关于被申请人履行投前尽调义务未勤勉尽责的主张，仲裁庭难以采信。

第三，申请人认为被申请人在 DB 基金设立后未及时、准确进行信息披露，亦从未披露基金投资标的存在损失风险。被申请人则抗辩称其已按约履行了信息披露义务。仲裁庭认为，案涉 DB 基金作为对 EB 基金的承继，投资 F 公司仍是其主要的甚至是唯一的投资项目。根据仲裁庭查明的事实，被申

请人在 DB 基金设立后的投资管理过程中，确实履行了相关信息披露义务。但是，对于其所称的已向申请人之母及申请人发送过 DB 基金季报、半年报及年报的事实，被申请人并未提供证据予以证明。而且，深圳证监局向申请人出具的《答复函》中亦载明：被申请人在相关基金投后管理过程中，对投资者信息披露不够及时和充分。因此，仲裁庭认为，本案中，被申请人在管理基金过程中，并未按约完全尽到其信息披露义务，存在一定的违约情形。

第四，申请人认为，在投后管理阶段，在 F 公司出现财务状况恶化的情况下，被申请人也未及时采取任何止损措施。被申请人则认为其已积极采取措施行权。仲裁庭认为：根据仲裁庭查明的事实，被申请人在投资项目出现风险后，积极与其大股东沟通协商，并采取了相关的行权措施。从被申请人所采取的措施来看，无论是上述事项的信息披露的及时性和充分性，抑或是代表 EB 基金行权的及时性及合理性，均难以得出被申请人在投后管理中未尽勤勉尽责义务的结论。故申请人的上述主张缺乏事实与合同依据，仲裁庭不予采信。

三、投资者能否要求基金管理人返还投资款并赔偿利息

第一，根据《合伙协议》第 6.7.1 条的约定，普通合伙人及其关联方不应被要求返还任何合伙人的出资，亦不对有限合伙人的投资收益保底，所有出资返还以及投资回报均应源自合伙企业的可用资产。第 6.7.2 条约定：除非由于故意或者重大过失行为，普通合伙人及其管理人不应对因其作为或不作为所导致的合伙企业或任何有限合伙人的损失负责。第 10.2.1 条还约定：除非依据本协议约定转让其持有的合伙权益从而退出有限合伙，有限合伙人无权要求退伙或提前收回出资。上述条款既明确约定了被申请人作为普通合伙人及基金管理人承担责任的边界和条件，也约定了申请人作为有限合伙人退伙或提前收回出资的权利边界。

第二，本案中，虽然被申请人其确实存在信息披露不够及时充分的违约情形，但此种违约并不具有对基金已投资项目的重大不利影响，亦不足以导致申请人在知悉该等情况时丧失法定及合同约定的救济机会。况且，深圳证监局在针对申请人投诉的《答复函》亦明确："……针对以上事项，已督促被申请人进一步规范私募基金相关业务。此外，根据现有证据，未发现被申请人在相关基金管理过程中存在利益输送的情形。"故仲裁庭认为，商事交易以

诚信为本，双方当事人均应按照诚实信用原则履行合同约定的义务。私募投资基金所形成的法律关系在性质上仍属于信托法律关系，故在投资者将资金交付给基金而由基金管理人进行资产管理后，对作为管理人信义义务履行的审查和违约责任的认定，既是对投资者合法权益的保护，亦是对合同诚信原则的价值维护。故即便本案中并不足以认定申请人的损失与被申请人的行为之间具有因果关系，但被申请人对其违约行为仍应承担相应的违约责任。因此，仲裁庭综合考量后认为，被申请人应对其上述违约行为和过错承担一定的责任，酌定被申请人承担申请人本金损失的 10%。

第三，私募投资基金作为一种风险资产，本身就与固定收益或保本保息相冲突，故我国现行法律制度及监管规则均明确禁止基金等资管产品保本保收益。如果允许投资者投资私募基金能够获得保本保息的结果，无疑有违相关制度的立法本意和制度初衷。本案中，《合伙协议》及其《招募说明书》均载明，案涉 DB 基金的风险等级为高风险。该协议明确约定普通合伙人及其关联方不对有限合伙人的投资收益保底，所有出资返还以及投资回报均应源自合伙企业的可用资产，并进行了不保收益的风险揭示。申请人主张"按年化 12%"支付利息的主要依据是 EB 基金《募集说明书》中载明的"大股东承诺如未成功挂牌/上市按年化 12%回购"，但该内容并未记载在案涉 DB 基金的《招募说明书》和《合伙协议》中。即便 DB 基金在对 F 公司的投资文件中或达成的协议中作出了此种约定，基于该基金的高风险性质，亦不表明 DB 基金投资人能够必然获得年化 12%的收益。本案中，被申请人亦不具有协议约定的因故意或者重大过失行为导致合伙企业或有限合伙人损失的情形。故仲裁庭认为，申请人的此项仲裁请求缺乏事实、合同和法律依据，仲裁庭依法不予支持。

【结语】

任何商业决策都是基于商业判断而展开的，但所有商业判断均有其成立之基础，包括但不限于对市场行为、行业前景、商业模式的理解和认知。一旦商业判断的基础发生改变，商业判断就会随之改变。故商业判断往往带有不确定性，需要根据瞬息万变的市场情况适时调整，这也是由商事经营的本质所决定的。商业与法律的关系是"以商为体，以法为用"，即法律为商业服务。但在商事争议仲裁案的处理中，仲裁庭常常会面临法律思维与商事逻辑在判断上的冲突与取舍困境。法律思维习惯于将对法律案件的理解建立在"法律判断"基础之上，而法律判断又主要是"法律推理"及"法律解释"的过程，导致仲裁庭有时会步入"推理的怪圈"而忽视争议的商事交易本身所蕴含的商业逻辑。由此，在商事仲裁案件中，法律判断亦应建立在商业逻辑的基础上，应充分尊重当事人的意思自治，给予合同效力最大的宽容。只有在没有约定或约定不明确以及理解有争议的情况下才依据法律规定来确定当事人的真实意思。

自然人 A 与 B 资产管理公司基金合同争议案

中国国际经济贸易仲裁委员会（以下简称"仲裁委员会"）根据自然人 A（以下简称"申请人"）与被申请人 B 资产管理公司（以下简称"被申请人"或"B 公司"）及案外人 C 公司（以下简称"C 公司"）于 2019 年 3 月 a 日签订的《基金合同》中仲裁条款的约定，以及申请人于 2021 年 6 月 2 日向仲裁委员会提交的仲裁申请，在申请人完备了相关手续后，受理了双方当事人之间在上述合同项下的本争议仲裁案。

一、案情

（一）申请人的仲裁请求、事实和理由

申请人与被申请人于 2019 年 3 月 a 日就申请人认购案涉私募基金份额事宜签订《基金合同》，认购金额人民币 500 万元（以下所涉金额均为人民币，仲裁庭注），由被申请人作为基金管理人依约对基金进行管理，另由 C 公司作为基金托管人对基金进行托管监督。《基金合同》还约定基金净值预警线为 0.8 元，止损线为 0.7 元。申请人于 2019 年 3 月 a 日支付了全部认购款项。

案涉私募基金份额认购后，因该基金自 2020 年 2 月某日至 2020 年 3 月某日期间，单位净值低于预警线，连续 7 个交易日现金类资产市值低于净资产的 50%，被申请人经 C 公司通知后，仍未按合同第 11 条"（三）其他投资事项 2、预警线及止损条款"的约定进行止损操作，致使基金单位净值低于止损线后被 C 公司进行强行平仓，导致申请人巨额财产损失。后申请人了解到，在 2020 年 9 月 a 日至 2021 年 3 月 a 日期间，C 公司曾多次向被申请人发出风

险提示函，但被申请人均未按约进行止损，也未向申请人披露。

且，在《基金合同》履行过程中被申请人未按照《基金合同》的约定向申请人进行信息披露；被申请人也未能按照法律法规及中国证券投资基金业协会（以下简称"基金业协会"）要求在基金变更高级管理人员、基金经理时及时通知申请人，申请人对案涉私募基金的认购系基于对该基金经理的信任，若知晓更换基金经理，申请人定会立即赎回基金份额，也不会使基金存在巨额亏损的可能。

另，申请人在寻求与被申请人协商赔偿事宜过程中，发现被申请人存在众多重大违规运作事项，例如未存在实际办公地址、风控人员仅挂靠不实际办公，存在场外配资等情况，以上情况也是申请人前述的巨额财产损失重要原因。

申请人多次向被申请人要求协商，并在 2021 年 3 月 b 日通过《律师函》向被申请人要求协商赔偿，但均未果。

申请人认为，被申请人的行为已构成严重违约，承担相应违约赔偿责任，故申请人申请仲裁，请求依法裁决。

综上，申请人在仲裁申请书中提出如下仲裁请求：

（1）被申请人向申请人支付赔偿金 100 余万元。

（2）被申请人承担本案仲裁费。

索赔额的计算及各项计算数值的说明和依据：

按照更换基金经理前净值 0.915 元×购入份额（420 余万）—清盘赎回金额近 290 万元 = 100 余万元（经核对，申请人在其仲裁申请书中载明的认购份额 24 万余元为笔误，仲裁庭注）。

（二）被申请人的主要答辩意见

1. 案涉私募基金的设立、相关合同主要条款以及基金运作过程。

（1）案涉私募基金的设立。基金业协会网站资产管理业务综合报送平台显示，案涉私募基金成立于 2017 年 4 月某日。

（2）案涉私募基金的合同主要条款。

第一，基金经理、预警线条款。《基金合同》签订时，案涉私募基金的基金投资经理为 F 某 1。《基金合同》明确约定了案涉私募基金份额净值的预警线为 0.8 元，止损线为（x-0.1）元；且约定了预警线条款，即在私募基金存续期内任何一个工作日（T 日）收盘后，当下一工作日（T+1 日）显示 T 日的基金份额净值不高于预警线时，被申请人有权选择于 T+1 日 13：30 前追加资金到基金的托管账户使基金 T+1 日的份额净值达到预警线以上，否则被申请人自 T+1 日 13：30 前将基金的现金类仓位增至 50% 以上。

第二，估值计算条款。根据被申请人与 C 公司签订的《私募投资基金服务协议》："乙方（即 C 公司，下同，仲裁庭注）受甲方（即被申请人，下同，仲裁庭注）委托，通过相关人员及系统办理双方在基金服务操作备忘录里约定的基金服务事项。""乙方应向甲方按时提供估值核算服务，真实、准确反映投资品种的公允价值。"根据被申请人与 C 公司签订的《案涉私募基金服务操作备忘录》，协议中明确约定："资产估值由乙方进行，估值日为本资产成立之日起的每个交易日，每个估值日的估值工作在下一个工作日完成。"在实际操作过程中，C 公司于 T+1 日晚上发送净值。

《基金合同》约定："私募基金托管人义务：……（6）复核私募基金份额净值。"故，C 公司作为基金托管人有复核私募基金份额净值的义务。

故，C 公司有义务按时、按约向被申请人提供基金份额净值。

（3）案涉私募基金运作过程。

2021 年 2 月 a 日，基金份额净值为 0.799 元，即低于预警线。被申请人于 2021 年 2 月（a+2）日晚收到 C 公司发送的有关 2 月 a 日基金份额净值通知内容的邮件；但是收到邮件时，当日股市已经收盘，被申请人无法进行交易操作；只能到 2 月（a+3）日进行操作，而 2 月（a+1）日的净值为 0.774 元。

已如前述，根据《基金合同》的约定，当 2 月（a+1）日显示 a 日的基金份额净值不高于预警线时，被申请人有权选择于（a+1）日 13：30 前追加资金到案涉私募基金的托管账户使基金 24 日的份额净值达到预警线以上，否则被申请人自（a+1）日 13：30 前将基金的现金类仓位增至 50% 以上。但事实是，被申请人（a+2）日晚上才收到关于 a 日基金份额净值的通知；故，由于 C 公司的通知时间问题，被申请人客观上无法实现于 2 月（a+1）日进行操作；因此被申请人应于 2 月（a+3）日按照合同约定进行交易操作，但被申请人出于投资综合考虑，迟延了 4 个交易日于 2021 年 3 月（a-1）日按照《基金合同》约定进行了操作。

后，2021 年 3 月（a+3）日案涉私募基金份额净值低于止损线，3 月（a+4）日晚上，被申请人收到 C 公司的报告，3 月（a+5）日被申请人按照《基金合同》约定完成空仓；3 月（a＋19）日分配完毕，因为有一证券代码为"XXXX"的股票为新购股票，故 3 月（a+20）日净值出现波动。

2. 案涉私募基金的基金经理变更。

基金经理于 2020 年 8 月 a 日变更为 D 某，有 D 某与 M 某的微信聊天记录；根据 D 某与另案两位申请人（G 某、C 某1）的通话录音为证，申请人已经得知基金经理由 M 某变更为 D 某。2020 年 8 月 a 日的基金净值为 0.891 元。

此外，案涉私募基金设定了每隔三个月一次的定期开放日以及临时开放日，申请人可以在定期开放日申请赎回，也可以随时申请临时开放赎回。但申请人从未申请赎回，说明申请人对于 D 某在此期间担任基金经理工作的认可。

此外，虽然期间基金净值曾经到达预警线，但在预警线后，基金净值多次回升，并且多次达到 1.000 元以上。在此期间，申请人也从未要求申请赎回。

3. 关于双方的协商过程。

案涉基金清算后，申请人认为遭受了损失，要求被申请人对其进行赔偿。最开始，申请人要求赔偿的损失为，基金净值为 1.000 元与基金清盘时的基金净值之间的差额再乘以购入的份额；后又提出赔偿的损失为，基金经理变更时的基金净值（0.891 元）与基金清盘时的基金净值之间的差额再乘以购入的份额；最后又提出赔偿的损失可以为，基金净值在预警线时与基金净值在止损线时之间的差额再乘以购入的份额。

但由于以下的原因，导致双方无法协商一致：

（1）预警线与止损线区域之间的差额计算方式；

（2）是否考虑降仓 50% 的因素；

（3）是否考虑市场系统性风险的因素；

（4）是否考虑管理人的操作与申请人损失之间的因果关系。

4. 有关本案申请人的诉请。

《民法典》第 584 条规定："当事人一方不履行合同义务或者履行合同义务不符合约定，造成对方损失的，损失赔偿额应当相当于因违约所造成的损失，包括合同履行后可以获得的利益；但是，不得超过违约一方订立合同时预见到或者应当预见到的因违约可能造成的损失。"根据上述规定，申请人主张被申请人承担违约损害赔偿的，该等赔偿必须与被申请人的违约行为存在直接因果关系。

本案中，首先，被申请人不存在基金经理变更未通知的违约行为，已经有证据证明被申请人履行了通知义务；且退一步讲，被申请人是否履行通知义务与申请人主张的损失也不存在直接必然的因果关系；相反，申请人从未提出申请赎回，足见申请人对基金经理变更是充分知晓而且认可的。

2021 年 2 月 a 日，净值跌破预警线未进行降仓处理，与申请人的财产损失之间也没有必然的因果关系。

本案基金为权益型基金，基金净值主要受股票市场涨跌的影响。如果降仓处理，基金份额净值可能上升也可能下降；但是如果不降仓处理，基金份额净值同样也是可能上升也可能下降；事实上，在 2020 年 12 月某日，基金份额净值为 0.768 元跌破了预警线，但是被申请人并未采取降仓的操作，并于 2021 年 1 月 a 日基金份额净值上升到了（1.001 元。由此说明，净值跌破预警线未进行降仓处理与申请人的财产损失之间并不存在必然的因果关系。

且退一步讲，即使被申请人的操作给申请人造成了一定的财产损失，也应是被申请人在基金份额净值到达预警线时未及时按照合同约定进行交易操作而由此行为所造成的此段延迟期间的份额之差。

如前所述，被申请人应于 2 月（a+1）日按照《基金合同》约定进行交易操作，但被申请人迟延了 6 个交易日于 2021 年 3 月（a-1）日按照《基金合同》约定进行了操作，故，在此期间，申请人的损失计算应为：（0.774-0.712）[应采取预警线操作之日 2 月（a+1）日与实际上采取预警线操作之日 3 月 4 日单位净值额之差]×420 余万元（购入份额，申请人申请书中的购入份额疑似有误，应为此数额）×50% = 13 万余元。但如前所述，该损失与被申请人的行为并无必然因果关系，不应由被申请人承担赔偿责任。

以上所述，均有相应证据予以证明。请仲裁庭查明事实，依法驳回申请人的全部仲裁请求。

（三）申请人的庭后代理意见

1. 被申请人在履行合同过程中违规、违约，导致申请人巨大财产损失，事实清楚，证据确实充分。

（1）申请人与被申请人签订的《基金合同》明确约定了基金投资经理为"F 某 1"，预警线为 0.8 元，止损线为 0.7 元。第 11 条"（三）其他投资事项"约定了风险防控措施，该基金运行过程中，被申请人作为基金管理人，第一，没有通知申请人更换基金经理；第二，未按合同约定进行止损操作；第三，未将基金单位净值达到预警线、止损线的信息及时通知申请人。且，C公司在 2020 年 9 月至 2021 年 3 月期间，多次发送风险提示函，但被申请人多次无视合同约定进行止损操作，该行为直接导致了申请人的损失。

（2）上述事实证据确实充分。申请人在与被申请人协商无果后，由 G 某作为代表分别向 M 地证监会、基金业协会提起了举报，其上述行为已由 M 地证监局查明并于 2021 年 8 月某日在其官网公告了《关于对 B 公司采取出具警示函措施的决定》，该"决定"确认了被申请人未履行风险控制措施、未将基金风险情况与投资者的风险识别能力和风险承担能力相匹配、未按基金合同约定向投资者披露"触及基金止损线或预警线""基金净值""基金经理变更"等重大事项的事实。申请人提交的《基金合同》《风险提示函》等证据，均能证明上述事实。由被申请人提交的基金净值表、案涉私募基金净值变化时间轴，均可以证明上述事实。

（3）被申请人应当对其已经履行义务的主张举证证明，否则应当承担举证不能的后果。由于私募基金投资的特殊性，管理人应当履行其尽职、尽责、勤勉、谨慎的义务。被申请人应当提交其在官方网站发布的正式公告、通知，或对投资者的书面通知证据，但被申请人均未提交。关于被申请人提交的通话录音，仅仅截取片段，且无法证明通话的日期。通话中提及的冯总，系公司前股东 M 某。该证据也不能证明被申请人已经明确告知 F 某 1 不再担任基金经理的事实，仅能判断是 M 某不再担任法定代表人。另，该录音也无法证明被申请人就基金单位净值达到"预警线""止损线"等"重大信息"进行过披露。

另，《基金合同》"第十七、信息披露与报告"中第（3）项第 2 款"基金管理人向投资者提供报告及信息查询的方式"（合同第 52 页）中约定，投资者办理基金认购、申购业务时留有传真号、电子邮箱、手机及电话号码等联系方式的，基金管理人也可通过上述方式进行通知。其约定目的在于保证投资者能够有效收到信息，但被申请人没有采取上述任何措施。明显，被申请人没有做到"尽职、尽责"。

结合 M 地证监会的处罚"决定"，被申请人的主张不应当得到支持。关于被申请人主张的该"决定"并非处罚本案中的案涉私募基金，申请人已经提交了相关证据，对于该处罚过程及详尽材料，应当保存于被申请人处，依法应当由被申请人提供举证，否则应当由其承担举证不能的后果。

2. 被申请人应当向申请人承担赔偿义务，事实及法律依据确实充分。

（1）根据《基金合同》第 21 条违约责任，约定了违约方应当承担赔偿责任，其中第（4）项免责条款已经明确详尽列举了基金管理人与托管人可以免责的情况。本案中被申请人情况不属于其中任何一条，对于被申请人违约、违规行为造成的申请人损失，应当进行赔偿。

（2）《私募投资基金信息披露管理办法》明确指出"变更基金经理""触及基金止损线或预警线""基金净值"为重大信息，应当及时向投资人披露。基金管理人、基金托管人、基金销售机构违反法律、行政法规规定，给基金财产或者基金份额持有人造成损害的，依法承担赔偿责任。在有明确法律法规规定以及合法有效的合同约定的情况下，被申请人依据《民法典》合同篇相关条款作为依据，属于适用法律错误。

（3）私募基金投资明显区别于普通合同纠纷，对基金管理人以及从业人员均有严格的要求。在庭审中，被申请人也已自认，信息是否对称以及基金经理的风控能力、投资能力，对投资者利益有直接的、巨大的影响。投资者作为信息获取的弱势方，及时获悉信息更困难。申请人若知晓基金经理的变更，是一定会进行赎回操作的，在此期间若申请人实时掌握基金运作情况，知道被申请人违约，必定会在此期间进行赎回，不可能在明知对方违约且一直在亏损的情况下继续投资。并且，事实证明申请人在 2020 年 8 月 a 日（更换基金经理日）后至清盘期间任何一个时间段内赎回，均不会造成现在如此巨大的损失，现在申请人主张的是已经遭到的实际财产损失，是实际损失而不是预期利益的损失。

并且，被申请人称期间基金净值曾经达到预警线，但在预警线后，基金净值多次回升，申请人未要求申请赎回，也可以侧面印证被申请人本次已经不是第一次违规违约操作且未通知投资者，其故意在长时间内持续违约。

3. 申请人主张的赔偿金额，合法有据。

申请人主张赔偿的金额计算方式为：更换基金经理前一日［2020 年 8 月（a-1）日］单位净值×持有份额-实际赎回金额。

根据被申请人提供的案涉私募基金净值变化时间轴及基金净值表，可以证明被申请人于 2020 年 8 月 a 日变更基金经理，且没有通知申请人，即被申请人于变更基金经理之日已经违约、违规。2020 年 8 月（a-1）日，该基金单位净值在 0.913，在 2020 年 8 月 a 日变更基金经理后，该基金的单位净值开始整体上处于持续下降的状态，并且自 2020 年 9 月某日起，直至 2021 年 1 月某日，单位净值一直低于 x 的预警线。被申请人不仅没有信息披露，也没有按照合同约定 T+1 日（2020 年 9 月某日）进行止损操作。

后在单位净值在预警线上下不断反复一段时间后，于 2021 年 2 月 a 日起，再次持续低于预警线、止损线，直至强制平仓。由此可见，本次更换基金经理，直接造成了基金单位净值的持续下降，并且开始违约操作。因此，申请人认为，更换基金经理且未通知，是被申请人违约行为的开始，并且违约行为一直持续至清仓之日，在此期间给申请人造成的巨大财产损失，应当承担赔偿责任。

综上，申请人认为损失的计算应当从更换基金经理前一日［2020 年 8 月（a-1）日］起计算至申请人实际赎回之日（2021 年 4 月某日），共计近 100 万元。关于被申请人降仓 50% 的主张，没有法律及事实依据，因被申请人违规违约造成的损失应当由其赔偿，申请人不存在过错。

4. 被申请人与 C 公司之间的合同与申请人无关，其双方之间的纠纷应当另案在被申请人与 C 公司之间解决。并且，《基金合同》第 32～33 页约定，风险控制操作系被申请人的义务，C 公司仅有监督和风险提示义务。被申请人关于 C 公司的主张均不能成立，更不能作为其违约、违规操作的理由。

5. 本案被申请人作为违约方，根据合同约定，仲裁费为申请人主张权利支出的必要费用，应当由被申请人承担。

综上，被申请人的行为，严重损害了申请人的合法权益，给申请人造成了巨大的经济损失，根据相关法规和《基金合同》第 21 条第 3 款的约定，仲裁请求所依据事实清楚，证据确实充分，于法有据。

（四）被申请人的庭后代理意见

1. 案涉私募基金的设立。

案涉私募基金成立于 2017 年 4 月某日。基金成立时 M 地中纬的法定代表人、执行董事均为 M 某，《基金合同》约定的基金经理为 F 某 1，实际由 M 某负责基金运营。运营的具体范围包括：与申请人等投资人关系维护、日常事项的沟通以及与基金运营相关等事项（包括通知基金经理的变更事项）。2020 年 11 月某日，公司执行董事变更为 D 某，在此之后，D 某才逐渐知晓前述情况。

2. 案涉私募基金的基金经理变更。

2020 年 7 月某日，被申请人的法定代表人、经理由 M 某变更为 D 某；但 M 某仍然担任公司的执行董事，被申请人的实际运营仍由 M 某负责，包括案涉私募基金的运作、与申请人等投资人的沟通等事项均继续由 M 某负责。

M 某于 2020 年 8 月 a 日将案涉私募基金的账户和密码移交于 D 某，公司基金经理实际于此日变更为 D 某。

关于基金经理变更的事项，在 M 某与 D 某交接账号密码前，M 某将基金经理变更为 D 某的事项口头方式通知于申请人。因此，被申请人关于基金经理变更事项的通知义务实际上已经完成，申请人实际上已知悉基金经理变更为 D 某。

在基金经理实际变更之前即 2020 年 8 月 b 日，案涉私募基金进行了一次分红，L 某、Z 某等都将基金份额赎回。自 2020 年 8 月 b 日起，案涉私募基金仅剩申请人等三个投资者。

2020 年 11 月某日，M 某不再为公司的股东；M 某于 11 月某日最终退出被申请人的实际运营，并辞去执行董事职务。

3. 基金经理实际变更后的基金运作过程。

基金经理变更后，2020 年 12 月某日，基金份额净值为 0.768 元（跌破了 x 的预警线），但是被申请人并未降仓，正是因为未降仓操作，继续持有了股票，所以于 2021 年 1 月 a 日，随着持有股票的价格上涨，基金份额净值也上升到了 1.001 元，故此处申请人代理人庭上所述的"基金经理变更以后净值一直下降"与客观事实严重不符。

当时，D 某向 C 公司进行咨询，C 公司答复称："只要在 10 个工作日内完成降仓操作即可。"基金净值达到预警线后，未在第一时间进行降仓，而是继续保持仓位的操作属于行业的惯例，主要原因在于当基金净值跌破预警线时，如果立即采取降仓操作，那么只能保持现金仓位，一旦原来持有的股票价格上涨，基金就不能享受上涨的利益。所以，未进行降仓处理并不会一定造成投资人的损失只要股票这个"青山"在，净值就有上涨的希望；相反如果持仓股票较少，现金较多时，一旦原来的股票上涨，基金就享受不到股票上涨的利益，反而会给投资人造成损失。

2021 年 2 月 a 日（即 T 日），基金份额净值为 0.799 元，即低于预警线。

被申请人并没有在合同中约定的 2021 年 2 月 (a+1) 日 (T+1 日) 收到 T 日的净值，实际上被申请人于 2021 年 2 月 (a+2) 日 (T+2 日) 的晚上才收到 C 公司发送有关 2 月 a 日基金份额净值通知内容的邮件；但是收到邮件时，当日股市已经收盘，公司无法进行交易操作；只能到 2 月 (a+3) 日进行操作，即实际可以进行操作的日期为 2 月 (a+3) 日；2 月 (a+3) 日的单位净值是 0.75 元。

2021 年 2 月 (a+4) 日、(a+5) 日休市 (因为这两天是周末) 被申请人无法进行操作。被申请人出于投资的综合考虑，延迟了 3 个交易日，3 月某日开始降仓，但由于该日大盘跌幅较大，出现流动性风险，未能使现金仓位到达 50% 以上，被申请人于 3 月某日继续进行了降仓操作将现金仓位升到 50% 以上，此日单位的净值是 0.712。

后，被申请人依《基金合同》约定进行操作，2021 年 3 月 a 日基金份额净值低于止损线，3 月 (a+1) 日晚上，公司收到 C 公司的关于 3 月 a 日净值的报告，3 月 (a+2) 日公司按照合同约定完成空仓；3 月 (a+16) 日分配完毕。

综上，除 2 月 (a+3) 日至 3 月 a 日公司未严格按照合同履行外。其余时间均严格按照合同的约定履行了义务。并且如前所述，2 月 (a+3) 日至 3 月 a 日未按合同履行的原因是被申请人从投资人利益出发进行操作并且符合行业惯例。

4. 被申请人与申请人双方的协商过程。

被申请人在事情发生的整个过程中都积极主动地与申请人进行协商沟通。

案涉私募基金清盘前，被申请人为尽可能地帮助申请人挽回更多的损失于 3 月 a 日左右与申请人方主动协商沟通，曾经提出过三个方案。但申请人等拒绝了被申请人提出的所有方案，并坚持让被申请人进行赔偿。

5. 本案的法律适用。

本案中申请人与被申请人之间签订的《基金合同》属于委托理财合同，适用《民法典》第三编第二十二章委托合同的规定。

《民法典》第 929 条规定："有偿的委托合同，因受托人的过错造成委托人损失的，委托人可以请求赔偿损失。……"因此，本案中申请人作为委托理财合同的委托人请求委托理财合同的受托人即被申请人，赔偿损失必须满足两个前提：(1) 被申请人存在过错；(2) 此损失是由被申请人的过错造成的，即申请人所请求赔偿的损失和被申请人的过错之间是存在因果关系的。

本案中，首先，被申请人不存在基金经理变更未通知的违约行为，已经有证据证明公司履行了通知义务。

其次，关于过错：第一，被申请人实际上是没有过错的，虽然申请人提交的相应警示函，可以说明被申请人公司在行政层面上存在违约的情况，但这不意味着在案涉的案涉私募基金运营中被申请人违反了相应的信托义务，此警示函不会导致申请人受到损失，也不代表双方在信托的法律关系之中存在着过错。第二，如前所述被申请人对于 2021 年 2 月 a 日净值跌破预警线未进行降仓处理不存在过错。

从另一个方面来说，在此前，基金净值跌破预警线时，申请人未要求赎回，也未提出任何索赔要求，后来在基金净值重新回到 1.000 以上时，申请人也未提出赎回，可见，申请人对风险是有充分认知的，对被申请人也是充分信任的。而当基金净值跌破止损线时，申请人却要求被申请人赔偿损失，那么，申请人自己已经对被申请人违背了信义义务，其损失应当由申请人自行承担。

再次，一是被申请人是否履行基金经理变更的通知义务与申请人主张的损失之间不存在因果关系；相反，在基金净值变化过程中，申请人从未提出申请赎回，足见申请人对基金经理变更是充分知晓而且认可的。其实申请人申请仲裁的真正原因是案涉私募基金最终按照合约约定作了空仓处理并分配完毕，申请人损失不可能再挽回。二是 2021 年 2 月 a 日，净值跌破预警线未进行降仓处理，与申请人的财产损失之间也没有因果关系。另外，申请人提交的《仲裁申请书》中提到"基金净值跌至止损线后由 C 公司进行了强制平仓"，实际上，案涉私募基金从来没有"由 C 公司强制平仓"，基金净值达到止损线后，被申请人严格按照合同约定进行操作，将基金持有的股票做空仓处理，并分配了余额。

被申请人作为证据提交的判例中，同样是委托理财合同纠纷，涉案双方之间同样受委托理财的法律关系的调整，法院在此类案件的判决中明确违约行为要与损失之间存在直接的因果关系。正是因为投资人的损失和管理人的操作并无因果关系，故法院判决驳回了投资人的诉请。本案的情形和上述案件的情形如出一辙，本案中申请人的损失和被申请人的行为也没有因果关系，应当驳回申请人的诉请。

如前所述，被申请人能够于 2021 年 2 月（a+3）日按照《基金合同》约定进行交易操作，但被申请人于 2021 年 3 月 a 日按照合同约定进行了操作。由于《基金合同》约定要将仓位升至 50% 以上，其余 50% 的部分不应当成为相应损失，所以申请人在 2 月（a+3）日至 3 月 a 日期间的损失为：（0.75−0.712）[应采取按照公司能够实际进行预警线操作之日 2 月（a+3）日与实际上采取预警线操作之日 3 月某日单位净值额之差]×420 余万（购入份额）×50%＝8 万余元。申请人的该损失，被申请人对此不存在过错且与被申请人的行为并无因果关系，不应由被申请人承担赔偿责任。

最后，本案中的基金经理 D 某先生在 2019 年和 2020 年所运营的两只基金收益均翻倍，长期在私募基金排行榜上占据第一梯队位置，可以说是一位极其优秀的基金经理。本案中造成申请人损失数额（仅讨论数额，不讨论过错和因果关系）的最关键的操作恰恰是：基金经理按照合同约定，对基金进行了不可逆的空仓处理。如果不做空仓处理，而是基金继续存续，那么很有可能给投资人带来超额收益。而在和申请人多次沟通中，申请人无一例外地拒绝了继续持仓操作，拒绝了能够给申请人增加收益的机会。综上，被申请人认为，申请人的申请于法无据，与理相悖，请仲裁庭驳回申请人的全部仲裁请求。

二、仲裁庭意见

（一）本案相关证据材料的认定（略）

（二）本案合同成立及效力

2019 年 3 月 a 日，申请人与被申请人、C 公司签订《基金合同》，即本案合同。鉴于上述《基金合同》的签订时间早于《民法典》的实施时间，故参考最高人民法院《关于适用〈中华人民共和国民法典〉时间效力的若干规定》第 1 条的规定，本案适用《合同法》等认定相关法律问题。

关于《基金合同》的效力，上述协议系各方真实意思表示，其内容亦不违反相关法律、行政法规的强制性规定。因此，仲裁庭根据《合同法》的相关规定，认定《基金合同》依法成立，合法有效，对各方当事人均具有法律约束力，各方当事人应按照合同的约定履行各自的义务。

（三）本案合同的履行

2019 年 3 月 a 日，申请人与被申请人、C 公司签订《基金合同》，约定申请人作为基金委托人，认购案涉私募基金份额，认购金额为 500 万元；被申请人作为基金管理人，C 公司作为基金托管人；《基金合同》中约定基金投资经理为 F 某 1，实际由 M 某负责基金运营。

本案合同签订当日，申请人向"案涉私募基金"账户支付了认购款项 500 万元。

2020 年 7 月某日，被申请人法定代表人由 M 某变更为 D 某；2020 年 8 月 a 日，案涉私募基金的基金投资经理由 D 某担任。

2020 年 9 月 a 日，C 公司向被申请人发送名为"【风险提示】案涉私募基金：2020 年 9 月（a-2）日交易日终，单位净值 0.793 元，低于预警线"的邮件，要求被申请人按照《基金合同》约定履行基金管理人的职责。2020 年 9 月（a+11）日，C 公司向被申请人发送《C 公司投资监督风险提示函》，载明："在 2020 年 9 月（a+3）日—9 月（a+11）日投资监督过程中，我们发现以下风险事件，特此提示：

"监控事项：单位净值低于预警线 0.8 元，自 T+1 日 13：00 起，现金类仓位增值 50% 以上。

"监控结果：2020 年 9 月（a-1）日—9 月（a+7）日现金类资产市值低于净资产的 50%。

"此违规事项已连续 7 个交易日，请按合同要求履职尽快调整完毕，并将该产品后续操作方案回复我部。"

2020 年 9 月（a+14）日，C 公司再次向被申请人发送《C 公司投资监督风险提示函》，载明："在 2020 年 9 月（a+3）日—9 月（a+14）日投资监督过程中，我们发现以下风险事件，2020 年 9 月（a+11）日发送的风险提示函（提示函编号：202009XX）中的违规事项仍处于违规状态，特二次提示：

"监控事项：单位净值低于预警线 0.8 元，自 T+1 日 13：00 起，现金类仓位增值 50% 以上。

"监控结果：2020 年 9 月（a-1）日—9 月（a+12）日现金类资产市值低于净资产的 50%。

"此违规事项已连续 10 个交易日，请按合同要求履职尽快调整完毕，并将该产品后续操作方案回函我部。"

2020 年 12 月 a 日，C 公司向被申请人发送名为"【风险提示】案涉私募基金：2020 年 12 月（a-3）日交易日终，单位净值 0.782 元，低于预警线"

的邮件，要求被申请人按照《基金合同》约定履行基金管理人的职责。

2021年2月a日，C公司向被申请人发送名为"【风险提示】案涉私募基金：2021年2月（a-2）日交易日终，单位净值0.799元，低于预警线"的邮件，要求被申请人按照《基金合同》约定履行基金管理人的职责。

2021年3月a日，C公司向被申请人发送《C公司投资监督风险提示函》，载明："在2021年2月某日（3月a日前8日）—3月a日投资监督过程中，我们发现以下风险事件，特此提示：

"监控事项：单位净值低于预警线0.8元，自T+1日下午13：00起，现金类仓位增值50%以上。

"监控结果：2021年2月某日（3月a日前10日）—3月（a-2）日现金类资产市值低于净资产的50%连续7个交易日，截至2021年3月（a-2）日交易日，非现金基金资产近1200万元，净资产近800万元，占比近150%。

"请按合同要求履职尽快调整完毕，如贵司未能按合同要求履职并连续违规10个交易日以上，我部将上报监管部门。"

2021年3月a日，被申请人将现金仓位升到50%以上。

随后，被申请人向申请人支付案涉私募基金清盘确认金额近290万元及证券托管户销户利息约510元。

2021年3月（a+17）日，申请人向被申请人发送《律师函》，要求被申请人承担相应违约赔偿责任。

2021年8月某日，M地监管局向被申请人作出《关于对B公司采取出具警示函措施的决定》，认定被申请人在开展私募基金业务中存在以下行为：（1）未勤勉谨慎履行管理职责，未按合同约定有效执行基金风险防控措施；（2）管理的部分基金未进行风险评级，未要求投资者提供资产证明或收入证明等合格投资者证明文件，未将基金的风险情况与投资者的风险识别能力和风险承担能力相匹配；（3）未按基金合同约定向投资者披露"触及基金止损线或预警线""基金净值""基金经理变更"等重大事项。

（四）本案争议焦点

1. 被申请人在本案合同履行过程中是否存在违约行为。

（1）被申请人是否按约履行止损义务。

申请人认为，案涉私募基金自2021年2月某日至2021年3月某日期间（共8日），单位净值低于预警线，连续7个交易日现金类资产市值低于净资产的 50%，被申请人经 C 公司通知后，仍未按合同第 11 条 "（三）其他投资事项 2、预警线及止损条款" 的约定进行止损操作，致使基金单位净值低于止损线后被 C 公司进行强行平仓，导致申请人巨额财产损失。

被申请人认为，根据《基金合同》的约定，当 2 月（a+1）日显示 2 月 a 日的基金份额净值不高于预警线时，被申请人有权选择于 2 月（a+1）日 13：30 前追加资金到案涉私募基金的托管账户使基金 2 月（a+1）日的份额净值达到预警线以上，否则被申请人自 2 月（a+1）日 13：30 前将基金的现金类仓位增至 50% 以上。但事实是，被申请人 2 月（a+2）日晚上才收到 C 公司关于 2 月 a 日基金份额净值的通知；故，由于 C 公司的通知时间问题，被申请人客观上无法实现于 2 月（a+1）日进行操作；因此被申请人应于 2 月（a+3）日按照合同约定进行交易操作，但被申请人出于投资的综合考虑，迟延了 4 个交易日于 2021 年 3 月某日按照《基金合同》约定进行了操作。

仲裁庭注意到，《基金合同》的 "基金基本情况表" 约定，案涉私募基金的预警线为 0.8 元，止损线为 0.7 元；第 11 条第 3 项约定："在本私募基金存续期内任何一个工作（T 日）收盘后，当基金管理人下一工作日（T+1 日）估算的结果显示 T 日的基金份额净值不高于预警线时，管理人有权选择于 T+1 日 13：30 前（以追加资金到达托管账户时间为准）追加资金到本基金的托管账户使基金 T+1 日的份额净值达到预警线以上（以管理估算的份额净值为准），否则管理人自 T+1 日 13：30 起将基金的现金类仓位增至 50% 以上。因停牌、流动性等原因导致管理人无法及时将现金类仓位增至 50% 的，平仓操作顺延至下一个交易日。"

根据双方当事人提交的证据材料，本案合同履行过程中，案涉私募基金单位净值分别于 2020 年 9 月、2020 年 12 月、2021 年 2 月多次低于预警线。双方当事人争议较大的系 2021 年 2 月 a 日基金单位净值低于预警线时，被申请人是否按照合同约定进行止损操作。仲裁庭认为，案涉私募基金份额净值于 2021 年 2 月 a 日低于预警线，按照上述合同约定，被申请人应当于 2021 年 2 月（a+1）日 13：30 前追加资金到案涉私募基金的托管账户使基金 2 月（u+1）日的份额净值达到预警线以上，否则被申请人自 2 月（a+1）日 13：30 前将基金的现金类仓位增至 50% 以上。但是被申请人并未按照上述合同约定进行止损操作，而是直至 3 月某日方才将现金仓位升到 50% 以上。另，被申请人基于合同相对性主张的基金托管人通知时间问题，并非《基金合同》约定的抗辩事由，仲裁庭不予认可。综上，被申请人上述行为构成违约。

（2）被申请人是否按约向申请人履行案涉基金投资经理变更的告知义务。

申请人认为，被申请人未能按照法律法规及基金业协会要求在基金变更高级管理人员、基金经理时及时通知申请人，仅凭通话录音，不可证明被申请人履行了其尽职、尽责、勤勉、谨慎的义务。申请人对案涉私募基金的认购系基于对该基金经理的信任，若知晓更换基金经理，申请人定会立即赎回基金份额，也不会使基金存在巨额亏损的可能。同时 M 地监管局于 2021 年 8 月某日向被申请人作出《关于对 B 公司采取出具警示函措施的决定》，亦认定被申请人存在未按基金合同约定向投资者披露"基金经理变更"的行为。

被申请人认为，其不存在基金投资经理变更未通知的违约行为，根据 D 某与另案两位申请人（G 某、C 某 1）的通话录音可知，申请人已经得知基金投资经理由 M 某变更为 D 某；并且，在 D 某任职期间，申请人从未申请赎回案涉基金份额，说明申请人对于 D 某在此期间担任基金投资经理工作的认可。

仲裁庭注意到，《基金合同》第 11 条第 2 项约定："本私募基金的投资经理由基金管理人负责指定。基金管理人可根据业务需要变更投资经理，并在变更后及时告知基金委托人。基金管理人在上述变更之日起 3 个工作日内在基金管理人公司网站公告调整事项或以本基金合同约定能够送达委托人的方式告知委托人即视为履行了告知义务。"

仲裁庭认为，根据上述合同约定，被申请人变更基金投资经理时，应该告知申请人，具体告知方式有两种：一是通过被申请人公司网站进行公告；二是通过合同约定的送达方式进行告知。然而被申请人并没有提供任何证据表明其通过上述两种约定方式之一履行了告知义务，仅凭 D 某与案外人之间较为模糊的通话录音，主张其履行了《基金合同》约定的告知义务，缺乏合同依据和事实依据，仲裁庭不予认可。因此，被申请人未按照《基金合同》第 11 条第 2 项约定履行基金投资经理变更的告知义务，构成违约。

2. 被申请人违约行为与申请人损失之间的关联性。

申请人认为，根据相关法律法规的规定及《基金合同》的约定，被申请人存在未履行止损义务及告知义务，应当承担违约责任。在有明确法律规定以及合法有效的合同约定的情况下，被申请人依据《民法典》合同编相关条款作为依据，属于适用法律错误。

被申请人认为，根据《民法典》第三编第二十二章委托合同的相关规定，申请人作为委托理财合同的委托人请求受托人赔偿损失必须满足两个前提：①被申请人存在过错；②申请人所请求赔偿的损失和被申请人的过错之间是存在因果关系的。本案中，首先被申请人不存在过错；其次，被申请人是否履行基金投资经理变更的通知义务以及基金份额净值于 2021 年 2 月 a 日跌破预警线时未进行降仓处理与申请人主张的损失之间不存在因果关系。关于本案法律适用问题，仲裁庭在"本案合同成立及效力"部分已经论述，即本案适用《合同法》等认定相关法律问题，在此不再赘述。

仲裁庭注意到，《基金合同》第 11 条约定："因基金管理人未能按本基金合同要求执行止损操作，则相关损失由基金管理人承担，基金托管人对此不承担任何责任。"第 21 条第 1 项约定："基金合同当事人违反本基金合同，应当承担违约责任。给其他合同当事人造成损害，应对受损方所遭受的直接损失承担赔偿责任。"

关于被申请人未按约履行止损义务，仲裁庭认为，案涉基金受股票市场涨跌影响，存在投资风险。本案中双方当事人为降低该种投资风险对申请人财产造成的不良影响，在《基金合同》中就特定条件下止损操作作出了具体约定，双方当事人均应遵守该合同约定。2021 年 2 月 a 日，案涉基金单位净值低于预警线时，被申请人未及时进行相应的止损操作，加大了申请人的投资风险，客观上直接导致了申请人的财产损失，被申请人的该项违约行为与申请人财产损失之间存在因果关系，被申请人应当承担赔偿责任。现被申请人又以案涉基金是权益型基金，单位净值变化系股票市场涨跌影响为由主张其未按约履行止损义务与申请人损失无因果关系，缺乏合同依据和事实依据，仲裁庭不予支持。

关于被申请人未按约向申请人履行案涉基金投资经理变更的告知义务，仲裁庭注意到，《基金合同》之《基金基本情况表》约定："管理人为本基金制定的投资小组成员发生变化，或管理人核心成员发生变化，或管理人的公司治理结构或股权机构发生变化时，管理人应在公布发生变化之日起的 3 个工作日通过其官方网站进行公告。管理人在公告中同时明确增设开放日，允许基金委托人申购、赎回且不收取赎回费用，增设开放日不超过自管理人发布公告之日起的 5 个工作日。"仲裁庭认为，如上所述，《基金合同》约定了被申请人负有基金投资经理变更的告知义务，被申请人未履行前述告知义务，属于违约行为，侵犯了申请人后续投资决策权，损害了其合法权益，应当承担相应的赔偿责任。

3. 关于本案申请人所遭受的损失认定。

申请人认为，其损失的计算方式为：按照更换基金经理前净值 0.915 元×购入份额（420 余万）—清盘赎回金额：近 290 万元 = 100 余万元。

被申请人认为，由于《基金合同》约定要将仓位升至 50% 以上，其余 50% 的部分不应当成为相应损失，所以申请人在 2 月（a+3）日至 3 月某日期间的损失为：（0.75-0.712）［被申请人能够实际进行预警线操作之日 2 月（a+3）日与实际上采取预警线操作之日 3 月某日单位净值额之差］×420 余万（购入份额）×50% = 8 万余元。

仲裁庭认为，如上所述，被申请人未按照合同约定履行基金投资经理变更的告知义务及基金净值低于预警线的止损义务，构成违约，均应对申请人相应损失承担一定的赔偿责任。鉴于被申请人告知义务的违反早于止损义务，且违约行为持续至案涉基金清盘，同时考虑到案涉基金设定了开放日，变更基金经理不意味着申请人可随时赎回基金份额，故申请人的相应损失金额应自被申请人更换基金经理后第一个基金赎回开放日起计算至案涉基金清盘之日止。

仲裁庭注意到，《基金合同》之《基金基本情况表》约定："管理人为本基金制定的投资小组成员发生变化，或管理人核心成员发生变化，或管理人的公司治理结构或股权机构发生变化时，管理人应在公布发生变化之日起的 3 个工作日通过其官方网站进行公告。管理人在公告中同时明确增设开放日，允许基金委托人申购、赎回且不收取赎回费用，增设开放日不超过自管理人发布公告之日起的 5 个工作日。"

仲裁庭认为，根据上述合同约定，案涉基金投资经理于 2020 年 8 月 a 日变更后，被申请人应于 2020 年 9 月 a 日（3 日后）之前发公告并增设开放日。综合衡量双方的权利义务，仲裁庭推定被申请人于 2020 年 9 月 a 日发公告，增设开放日不超过自管理人发布公告之日起的 5 个工作日，则更换基金经理后第一个基金赎回开放日应为 2020 年 9 月（a+1）日。被申请人提供的《案涉私募基金净值表》显示，当日的基金单位净值为 0.875。因此，申请人的案涉损失应为：更换基金经理后第一个基金赎回开放日 2020 年 9 月（a+1）日单位净值 0.875×购入份额 420 余万—清盘赎回金额近 290 万 = 84 万余元。

（五）关于申请人的仲裁请求

申请人的仲裁请求，即请求被申请人向申请人支付赔偿金 100 余万元。

仲裁庭认为，案涉基金单位净值变动受股票市场涨跌影响，存在一定的投资风险。申请人在《基金合同》中声明：其为合格投资者，已充分理解《基金合同》条款，了解相关权利义务，了解有关法律法规及所投资基金的风险收益特征，愿意承担相应的投资风险。这意味着申请人作为投资者，对案涉基金的投资风险有充分认识，根据证券投资风险自负的原则，其本应自行承担全部的投资损失。但本案双方当事人为保障申请人的财产安全，降低申请人的投资风险，在《基金合同》中就特定条件下被申请人的止损义务以及告知义务进行了约定，被申请人作为基金管理人，未按照合同约定进行相应操作，增加了申请人的投资风险，应对申请人的投资损失承担相应的赔偿责任。如上所述，自被申请人更换基金经理后第一个基金赎回开放日至案涉基金清盘之日，申请人的损失为 84 万余元，综合考虑本案合同履行情况、被申请人过错程度以及申请人的实际损失等因素，根据公平原则，仲裁庭酌定支持申请人上述损失金额的 35%，即被申请人应向申请人支付赔偿金近 30 万元。

（六）本案仲裁费用的承担

结合仲裁庭对申请人仲裁请求的支持情况，仲裁庭认为应由当事人按相应比例分担本案仲裁费用。其中，申请人承担本案全部仲裁费用的 65%，被申请人承担本案全部仲裁费用的 35%。

三、裁决

根据上述意见，仲裁庭裁决如下：

（1）被申请人向申请人支付赔偿金人民币近 30 万元。

（2）本案仲裁费为人民币约 38 000 元，由申请人承担 65%，即人民币约 25 000 元，由被申请人承担 35%，即人民币约 13 000 元。因该笔费用已由申请人向仲裁委员会全额预缴，故被申请人应向申请人支付人民币约 13 000 元，以补偿申请人代其垫付的仲裁费。

上述裁决支付的款项，被申请人应于本裁决书作出之日起 10 个工作日内支付完毕。

本裁决为终局裁决，自作出之日起生效。

📖 **案例评析**

【关键词】 投资风险自担　勤勉尽责义务

【焦点问题】

投资者认购基金后，在基金管理人存在违约行为时，应如何界定投资损失责任承担，如何平衡投资者的风险自担与基金管理人的勤勉尽责义务

【焦点评析】

本案的基本案情是：申请人、被申请人及案外人 C 公司签订基金合同，被申请人系基金管理人，申请人认购了被申请人发行的私募投资基金，是基金份额持有人。在基金存续期内，被申请人更换了基金投资经理并且未按照合同约定向申请人履行告知义务；同时，基金净值低于预警线后，在 C 公司多次风险提示下，被申请人未按照合同约定进行风险防控操作，致使基金单位净值低于止损线后被强行平仓，造成申请人投资本金损失。就此，申请人以被申请人未能尽到作为基金管理人的告知义务及止损义务为仲裁事由，提请仲裁，要求被申请人承担相应违约责任。

现结合本案案情及法律争议焦点问题，评述如下：

一、投资人的风险自担原则

投资风险自担原则是指在投资活动中，投资者需要自行承担投资风险，并据此约束自己的投资行为，优化投资过程的一种机制。《私募投资基金监督管理条例》第 4 条规定，投资者按照基金合同约定分配收益和承担风险。这一原则强调投资者应自行评估投资项目的风险，并自行承担因投资决策带来的所有正面和负面后果。它要求投资者在作出投资决策时，要充分考虑投资可能带来的各种风险，包括但不限于市场风险、信用风险、流动性风险等，特别是应预见到即使基金管理人勤勉尽责管理和运用基金财产，投资本金仍然可能损失的风险，并愿意接受这些风险可能带来的损失。投资风险自担原则的实施，有助于培养投资者的风险意识和责任感，促使投资者更加理性地进行投资决策，同时也促进了资本市场的健康发展。

本案中，申请人作为一名完全民事行为能力人，在购买案涉基金时，在《基金合同》中声明：其为合格投资者，已充分理解《基金合同》条款，了

解相关权利义务，了解有关法律法规及所投资基金的风险收益特征，愿意承担相应的投资风险。这意味着申请人作为投资者，对案涉基金的投资风险有充分认识，根据证券投资风险自负的原则，其应自行承担全部的投资损失。

二、基金管理人的勤勉尽责义务

根据《私募投资基金监督管理暂行办法》等相关法律法规及行业自律性规则以及基金合同的约定，在基金募、投、管、退的全生命周期中，基金管理人应当恪尽职守，履行诚实信用、谨慎勤勉的义务。这要求基金管理人应向投资者充分、完整披露投资内容和投资风险，以确保投资者在了解产品风险的前提下，理性做出投资决策；在管理、运用基金财产时应当遵守法律法规规定及基金合同约定，并应根据基金业协会规定和基金合同约定及时披露产品相关运作及变更信息。基金管理人未尽勤勉尽责义务致使投资者损失的，应承担相应赔偿责任。

本案中，案涉基金为权益型基金，基金净值主要受股票市场涨跌的影响。为了控制投资风险，双方当事人在《基金合同》中设置了预警线和止损线，约定了特定条件下基金管理人的风险防控操作义务以及信息披露义务。然而，基金管理人并未按照基金合同约定向投资者履行基金经理变更的告知义务，侵犯了投资者后续投资决策权；亦未按照合同约定在案涉基金单位净值低于预警线时，采取约定的风险防控操作，应当就投资者的投资损失承担相应责任。

三、投资损失的责任承担比例

如上文所述，投资风险自担是金融投资领域的基本原则，投资者原则上应当自行承担投资行为带来的全部风险和损失，但是投资风险自担的前提条件应是基金管理人勤勉尽职地履行受托管理义务。若基金全生命运行周期中，基金管理人没有适当履行其法定或约定义务，并直接或间接造成投资者损失，应当就申请人的投资损失承担一定责任。

至于投资者的损失应如何界定责任划分，如何平衡投资者风险自担与基金管理人受托管理义务，则需要结合具体案件情况，综合考虑投资损失产生的原因，包括损失是否由市场风险因素引起，是否系因基金管理人违反勤勉尽责义务造成，基金管理人是否具有免责事由等。

具体到本案，案涉基金为权益型基金，基金净值主要受股票市场涨跌的影响，但基金管理人的违约行为在一定程度上增加了投资者的投资风险。在案涉基金合同履行过程中，基金经理变更后，基金单位净值时涨时跌，并非持续下跌，因此基金经理的变更，仅对投资者的后续投资决策权产生了影响，并未造成直接的经济损失。至于基金管理人未采取约定的风险防控操作，基金合同仅约定基金单位净值低于预警线时，需要将现金仓位升至 50%以上，剩余 50%仍有可能受股票市场涨跌影响，投资者在购买案涉基金时，即应预料到该投资风险，根据投资风险自担原则，不应由基金管理人承担剩余 50%部分的投资损失。

因此综合考虑本案合同履行情况、基金管理人过错程度以及投资者的实际损失等因素，仲裁庭酌定支持投资者损失金额的 35%由基金管理人承担。

【结语】

根据投资风险自担原则，投资者本应当自行承担全部投资损失，但是鉴于基金管理人在基金运行期间，没有适当履行合同约定的告知义务及风险防控操作义务，增加了投资者的投资风险，因此需要结合案件实际情况、损失产生的原因、双方的过错程度等，对投资者的投资损失责任承担比例进行划分。本案裁决从投资风险自担原则及基金管理人的勤勉尽责义务角度进行分析和裁决，希望以此案例能对业界有所启示。

自然人 A、B 基金销售公司、C 证券公司基金合同争议案

中国国际经济贸易仲裁委员会（以下简称"仲裁委员会"）根据申请人自然人 A（以下简称"申请人"）和第一被申请人 B 基金销售公司（曾用名"B 公司"，以下简称"第一被申请人"或"B 公司"）、第二被申请人 C 证券公司（以下简称"第二被申请人"或"C 公司"，第二被申请人与第一被申请人共同简称"被申请人"）于 2017 年 3 月 a 日签订的《基金合同》中仲裁条款的约定，以及申请人于 2020 年 10 月某日提交仲裁委员会网上立案系统后、于 2020 年 11 月某日向仲裁委员会提交的书面仲裁申请，受理了申请人和被申请人之间关于上述合同项下的本争议仲裁案。

一、案情

（一）申请人的主张、仲裁请求及证据

2017 年 3 月 a 日，申请人与第一被申请人、第二被申请人签订《基金合同》，约定由申请人认购第一被申请人管理、第二被申请人托管的案涉基金，认购金额为人民币 450 万元（以下金额均以人民币计，仲裁庭注），合同第 7 节第 1 条约定投资目标为：在控制风险的前提下，追求本基金财产的增值，合同附件一第 2 条第 2 款，以及"特别提示"多次强调该基金适合保守型风险识别能力及风险承受能力的投资者认购。同日，申请人按约交付投资款。2018 年 9 月某日，《基金合同》到期后未能按约偿付，后申请人被拉入第一被申请人建立的投资人微信群，才了解到第一被申请人管理的百余只基金全线"爆雷"，全部延期兑付。

1. 第一被申请人在管理案涉基金的过程中严重违反合同约定，已致合同目的无法实现。第一被申请人在管理基金过程中存在如下违约行为：

（1）超越合同约定的投资范围投资，致使基金到期后资产无法收回，违反《基金合同》第 7 节第 2 条。案涉基金投资金额最大的 1 号私募投资基金、2 号私募投资基金均非合同约定的"信托计划收益权、租赁资产收益权、委托贷款、非上市公司债权、企业应收账款转让的契约型私募基金"，而是大比例投资于第一被申请人管理的其他基金，进行具有"资金池"性质的业务。

（2）被申请人并未自行或委托第三方对基金进行公允的风险评级，未对申请人进行风险承受能力调查。

（3）第一被申请人披露的季度报告不符合《基金合同》第 21 节的约定，且基金终止后亦未编制、披露清算报告，违背披露义务。

（4）案涉基金偿付率不足 10%，而第一被申请人季报、年报中所披露的基金资产净值始终居高不下，2019 年年报中期末基金份额总额为 4.2 亿余元，2018 年年报中期末基金份额总额为近 4.2 亿元，脱离对应标的资产的实际收益率进行分离定价，对基金财产估值明显超越合理范围。

（5）严重违背其他管理人义务。《基金合同》第 11 节约定了当事人权利及义务，被申请人明显违背管理人义务中的第（3）（4）（21）（26）项。2020 年 1 月某日，中国证券监督管理委员会 N 地监管局（以下简称"证监会 N 地监管局"）作出 N 证监答复复字第 2020-XXX 号文件，明确第一被申请人与其关联公司在私募基金活动中存在多项违法违规问题。根据证监会 N 地证监局核查的情况，第一被申请人亦存在违反《基金合同》第 11 节第（1）（7）（8）（20）（27）项的情况。

2. 第二被申请人作为外包服务机构、托管机构，未按照《基金合同》履行相应监督义务，应对投资者因此受到的损失承担补充赔偿责任。第二被申请人存在如下违约行为：

（1）未按合同约定监督管理人的投资运作，违反《基金合同》第 11 节第 5 条第 13 款的约定，致使管理人超范围投资，投资资产难以收回。

（2）未按合同约定履行复核基金份额净值的义务及对披露信息复核的义务，违反《基金合同》第 11 节的约定。同时，第二被申请人未按约履行复核信息披露报告的义务，违反《基金合同》第 21 节第 2 条第 3 款、第 5 款。

（3）第二被申请人未履行为注册登记的不同期项目认购/申购资金份额建

立与之对应的独立账目、独立核算的义务。

综上，第一被申请人、第二被申请人的违约行为使得《基金合同》的根本目的无法实现，申请人遭受重大损失，恳请仲裁委员会依法裁决支持申请人仲裁请求，维护申请人合法权益。

申请人提出如下仲裁请求：

（1）解除申请人与第一被申请人、第二被申请人于 2017 年 3 月 a 日签订的《基金合同》。

（2）第一被申请人返还申请人投资款 410 余万元，及自 2017 年 3 月（a+1）日至 2020 年 8 月 b 日按照中国人民银行同期贷款利率计算的利息，自 2020 年 8 月（b+1）日起至实际支付日止按照全国银行间同业拆借中心公布的一年期贷款市场报价利率计算的利息。

（3）第二被申请人自托管账户向申请人支付上述款项，并对申请人未能受偿的损失承担补充赔偿责任。

（4）本案仲裁费由两被申请人承担。

（二）第一被申请人的答辩意见及证据

1. 本案基金募集及合同签订阶段，第一被申请人履行了适当性义务，不存在违规违约行为。

（1）申请人在本案基金募集阶段提供的《风险承受能力调查问卷（自然人）》中进行勾选，确认其为合格投资者，并且，申请人在测试题目中确认：职业为金融行业一般从业人员；年收入 20 万元至 50 万元；参与过基金等产品的交易；有 2 年至 5 年投资基金、股票、信托、私募证券或金融衍生产品等风险投资品的经验。

（2）第一被申请人在《案涉基金风险揭示书》（以下简称《风险揭示书》）中向投资者明确说明本案基金风险等级属于低风险投资品种，本案基金合同签订时，第一被申请人已完成对本案基金的风险评级。第一被申请人在《风险揭示书》第二（二）部分，向投资者明确说明本案基金风险等级属于低风险投资品种，适合保守型及以上的投资，申请人作为平衡型投资者，与本案基金风险承受能力相匹配。

（3）《风险揭示书》进一步揭示了本案基金有"无法按意愿获得收益甚至亏损本金的风险""关联交易风险""流动性风险"等投资风险，明确基金管理人、托管人不保证最低收益或本金不受损失，并专门就"投资本金存在部分亏损甚至全部亏损可能"进行了多处提示。申请人对此接受并确认，自愿承担投资风险。

2. 第一被申请人从未承诺保本保收益。

《基金合同》封面最下部分、《基金合同》风险承受能力调查问卷"重要提示"第 3 项、第 20 节第 3 条"管理人在此特别说明"部分第 2 项、《风险揭示书》第二（二）部分第 1 款、《基金合同》"特别提示"部分多次向申请人告知本案基金既不保本金也不保收益，管理人仅有义务根据基金财产变现情况，并以最终实际回款为限安排现金分配。

3. 本案基金的投资与《基金合同》约定的投资范围相符。

本案基金的主要投资标的为：1 号私募投资基金、E 公司委托贷款、6 号私募投资基金、3 号私募投资基金、4 号私募投资基金、2 号私募投资基金。根据第一被申请人历次季度、年度管理工作报告披露的信息，本案基金的主要投资标的中除 E 公司委托贷款项目属于债权资产外，其他投资标的均为契约型私募基金，符合《基金合同》第 7 节"基金的投资"第（二）条关于投资范围的约定。

4. 第一被申请人按照《基金合同》的约定履行了信息披露义务。

根据《基金合同》第 21 节"信息披露"的约定，第一被申请人向投资者发布了季报、年报，并采取说明会、延期公告、清算分配公告的形式，对基金产品概况、基金财务概况、投资标的情况和基金财产处置分配等情况及时进行了披露。

5. 本案基金履行的全部过程中，第一被申请人始终坚持管理人的勤勉尽责义务。

截至目前，本案基金正处于底层资产变现处置清算分配阶段，第一被申请人在申请人提起仲裁后，仍然按照合同约定继续履行义务，向投资人分配本金回款，第一被申请人始终秉持管理人的勤勉尽责义务，申请人提出第一被申请人未履行管理人职责的主张没有事实依据和法律依据。

6. 行政监管部门文件与本案无关，相关内容无事实依据。

第一，申请人提交的 N 证监答复复字第 2020-XXX 号文件并未涉及本案基金，更未就本案合同或本案基金项下具体事宜进行具体审查，与本案无关。

第二，该份文件仅是行政监管部门的答复，并且相关内容无事实依据。

第三，本案争议是第一被申请人管理本案基金是否违反了《基金合同》

的约定，第一被申请人是否应当向申请人承担违约责任并赔偿损失。申请人没有完成其在本案中的举证责任，应自行承担不利后果。

7. 申请人合同目的已初步实现，申请人的仲裁请求不能成立。

目前第一被申请人仍在推进本案基金财产变现处置工作。申请人在投资近三年间，对基金管理人和托管人履行职责无任何异议，若准许投资人在本案基金终止且已进入财产变现处置清算阶段中随意解除本案合同是对其他投资人不公平。

8. 本案基金未如期完成主要系市场风险造成，非因第一被申请人的管理原因，申请人作为合格投资者，应遵循"卖者尽责，买者自负"的投资原则，申请人的仲裁请求系变相要求刚性兑付，应予以驳回。

9. 第一被申请人依约履行了《基金合同》约定的各项义务，无任何违法或违约行为，申请人应当自行承担本案仲裁费用。

为支持其主张，第一被申请人提交了如下证据材料：（1）《基金合同》；（2）案涉基金备案证明；（3）申请人购买产品截图；（4）2017 年第一季度至 2021 年第二季度期间 18 期季度报告；（5）2017 年至 2020 年期间 4 期年度报告；（6）《关于案涉基金公告》；（7）清算分配公告说明截图；（8）产品说明会公告截图；（9）《关于案涉基金支付审计费用的公告》；（10）A（自然人）登录信息披露平台访问记录截图；（11）案涉基金延期分配公告 2 份；（12）案涉基金现金分配公告；（13）案涉基金清算分配公告 9 份；（14）案涉基金清算分配单子回单（共 9 次）；（15）《关于审理私募基金合同纠纷案件的专家论证意见书》；（16）《6 号私募投资基金—备案公示信息》；（17）《1 号私募投资基金—备案公示信息》；（18）《2 号私募投资基金—备案公示信息》；（19）《3 号私募投资基金—备案公示信息》；（20）《4 号私募投资基金—备案公示信息》；（21）《5 号私募投资基金—备案公示信息》；（22）中国证券监督管理委员会网站关于私募基金的组织形式答复；（23）［2018］N 执字第 XXXX 号《执行证书》；（24）［2018］NXX 执 XXX 号《执行裁定书》；（25）（2018）某地 XX 破 X 号《民事裁定书》；（26）D 公司重整债权申报受理回执。

（三）第二被申请人的答辩意见及证据

第二被申请人的主要答辩意见如下：

1. 本案不存在无法实现合同目的之情形，投资范围符合约定，申请人无权单方解除《基金合同》。

申请人关于"合同目的无法实现"的主张不成立。在本案所涉基金中，各方签署《基金合同》的目的是，投资者委托管理人对投资款进行集中管理，并对外进行投资运作。第一被申请人基本按照合同约定进行了投资，第二被申请人已尽到托管人监督义务，案涉基金名下目前已没有闲置资金，所有募集资金都已对外投资，形成各种债权资产和固定收益类属性的收益权资产。申请人没有证据证明管理人存在不进行投资运作、侵占或挪用基金财产的行为等造成合同目的不能实现的情形。

关于本案基金的约定投资范围，根据《基金合同》第7节第2条的约定，各方同意本案基金可以通过投资于"资产管理计划、契约型私募基金"等资管产品（以下简称"第二层产品"）的方式开展投资，即本案基金可以投资于FOF（基金投资的基金）。

同时，这一条款并未使用"仅投资于"或"只能投资于"这样的表述将"资产管理计划、契约型私募基金"等资管产品的投资范围限定为100%投资于债权资产。从市场的普遍做法来看，对于以非标产品为投资对象的债权类（市场上习惯称之为"固定收益类"）私募投资基金或各类资管产品，为了帮助投资者获取良好的收益，通常会匹配投资一部分高收益的结构化产品。另外，《基金合同》第14节第1项第6款第3~4行，以及《风险揭示书》第2节第（10）项第3条第（2）款的约定能够证明，《基金合同》允许本案基金投资于这样的"第二层产品"。因此，只要本案基金所投向的"第二层产品"的投资范围总体上属于"信托计划收益权、租赁资产收益权、委托贷款、非上市公司债权、企业应收账款转让"，即可认为该投资范围符合《基金合同》的约定。

根据申请人提交的证据，本案基金所持有投资组合中约62%份额的底层标的为FOF，另外约29%份额的底层标的为"E公司委托贷款"，两者相加总份额达约91%。剩余约9%份额的底层标的为"F公司工程"，其具体内容不明。因此，本案基金的实际投资情况完全符合约定。

2. 第二被申请人已妥善履行了《基金合同》约定的托管人职责，不存在过错。

《基金合同》第17节第1条第（1）款采用正向约定和反向约定相结合的方式，明确了托管人"对管理人的投资行为行使监督权"的范围：仅对《基金合同》第7节"基金的投资"章节第（2）项"投资范围"列明的投资进行监督，对于第 7 节"基金的投资"第（3）项"投资限制"中列明的事项不承担监督职责。

《基金合同》第 15 节"划款指令的发送、确认及执行"第（3）项第三自然段明确了托管人仅承担划款指令要素（限于日期、金额、收款人名称、账号、开户行、用途）以及签章印鉴的形式审查义务。

判断私募投资基金托管人是否履行了监督义务，应以《基金合同》载明的上述条款为准，托管人并不承担实质内容审查或穿透式审查的责任。

3. 申请人声称"第二被申请人未履行基金净值复核及信息披露复核义务"，该主张不能成立。

申请人没有明确所谓"按照合同约定的'按该产品管理人公布的估值核对日前一工作日单位净值进行估值'已经完全不能反映基金的公允价值"的具体依据或有效证据。即便假设本案基金的管理报告中记载的相关产品的净值与实际公允价值间存在差别，也属于相关产品的市场价值在存续期的正常变动，与申请人的仲裁申请无关。此外，即便本案基金管理报告在信息披露方面存在个别问题，也不会对基金资产造成实际损失。

4. 申请人声称"第二被申请人未履行为注册登记的不同期项目认购/申购资金份额建立与之对应的独立账目、独立核算的义务"不成立。

首先，该主张没有合同或法律依据，实际上本案基金的投资者是将申购款汇入募集账户，募集账户是母子结构，在通用的母账户（大账户：C 公司资产托管业务募集账户）下挂本案基金专用的子账户（虚拟账户：案涉基金募集专户）。这一安排既符合基金行业的通行做法，也有《基金合同》的明确约定。

其次，申请人所谓的"独立账目、独立核算"与申请人索赔的实际损失之间没有因果关系。即便本案基金资产存在损失，也是本案基金的投资策略及产品的市场风险决定的，与"不同期项目认购/申购资金份额建立与之对应的独立账目、独立核算的义务"没有因果关系。

5. 本案的合同性质不支持"返还申请人投资款"的救济措施，托管人不是适格的还款义务人。

申请人主张的"返还申请人投资款"，其实质属于要求恢复原状。本案中，申请人及其他基金投资人、管理人和托管人各自的主要义务均已经履行完毕，不存在中止履行的现实可能性。该主张不具备适用《民法典》第 566

条的逻辑前提。

即便假设允许恢复原状，向申请人返还投资款，申请人是将资金委托于管理人进行投资，法律意义上该等资金的占有人是管理人，托管人无权使用和处置基金财产，返还义务的承担主体是管理人，而非托管人。

6. 本案不具备托管人承担补充赔偿责任的法律基础，第二被申请人无需承担任何连带责任。

申请人主张第二被申请人对申请人未能受偿的损失承担补充赔偿责任，实质上是要求托管人就所谓损失承担补充连带责任，该仲裁请求不具备法律及事实基础。《证券投资基金法》第145条第2款规定："基金管理人、基金托管人在履行各自职责的过程中，违反本法规定或者基金合同约定，给基金财产或者基金份额持有人造成损害的，应当分别对各自的行为依法承担赔偿责任；因共同行为给基金财产或者基金份额持有人造成损害的，应当承担连带赔偿责任。"据此，托管人和管理人承担连带责任的前提是托管人与管理人实施了"共同行为"。本案中，申请人没有提供证据来证明第二被申请人与第一被申请人之间存在共同故意，申请人要求第二被申请人承担补充赔偿责任的仲裁请求不应得到支持。

（四）申请人的庭后代理意见

庭后，申请人提交了书面代理意见，在仲裁申请书的基础上补充了如下意见：

1. 第一被申请人未履行告知说明义务，未对申请人进行风险测评，未尽到卖方机构适当性义务和合同约定义务。

申请人提交的调查问卷大部分选项均为空白，被申请人提供的问卷选项并非申请人勾选。第一被申请人理财师向申请人推介购买基金时未做过风险测评，且称案涉基金产品非常安全可靠，收益率也不算高，兑付没有问题，即使最差的情况也能保证本金，第一被申请人有保障基金，保证兑付本金。第一被申请人的理财师还在《基金合同》封面手写了期间、年化9.7%、18个月，未以适当方式全面说明合同主要条款和最终风险。

2. 根据证监会的调查，第一被申请人在管理案涉基金时存在玩忽职守、损害投资者利益的情形，案涉合同应当解除，被申请人应当返还申请人的投资款并支付资金占用费。此外，即使案涉基金处于清算状态，也不应影响申请人要求解除合同，返还投资款的权利。

3. 第二被申请人关于"投资于债权类资产"不能理解为"仅投资于债权类资产"以及"托管人对投资范围的审查仅限于第二层"的抗辩意见明显违背《基金合同》约定及常识，缺乏法律依据，不能成立。第二被申请人未核查底层资产是否属于禁止投资范围，导致投资风险无限扩大，违反了合同义务及信义义务。

4. 因被申请人根本违约，申请人有权解除合同，要求被申请人返还投资款，该请求并非要求"刚兑"。

（五）第一被申请人的庭后代理意见

庭后，第一被申请人向仲裁庭提交了书面代理意见，在答辩意见的基础上，补充提出了如下观点：

返还财产的前提是占有，第一被申请人作为管理人并未占有申请人投资款项，申请人的投资款项已经进入案涉基金专户，申请人请求第一被申请人返还本金及利息的前提不存在。

（六）第二被申请人的庭后代理意见

庭后，第二被申请人向仲裁庭提交了书面代理意见，在答辩意见的基础上，补充提出了如下观点：

1. 申请人关于赔偿损失的条件尚未成就。申请人应当通过基金份额持有人大会决议来宣布本案基金提前终止，从而按照《基金合同》第 24 节约定的基金终止情形下的清算程序来明确基金财产的当前实际价值，进而确定其实际损失（若有）金额，否则构成实质上的保本保收益，也将影响本案基金的整体运行并损害其他投资者的利益。

2. 本案基金各期《管理报告》对所投资底层资产可能涉及的股权类投资有明确阐述，如《2017 年第一季度管理报告》第 4 页"下阶段的操作思路"里就明确记载，"在股权类产品中，B 公司看好'十三五'规划的重点行业"。申请人在本案基金履行过程中从未对此提出过异议，足以说明申请人一开始就认可本案基金所投下层产品可以投资于以股权为底层资产的结构化固定收益类产品。

3. 申请人在庭审中提出个别下层产品（即"2 号私募投资基金"及"6 号私募投资基金"）的托管人同样是第二被申请人，因此第二被申请人理应知晓下层产品的最终投向问题，混淆了不同基金的托管人职责，下层产品的托管人不影响本案基金的托管职责范围。

4. 个别下层产品备案为"私募证券投资基金"，符合合同约定及监管要求。本案基金成立于 2017 年 2 月 a 日，备案于 2017 年 2 月 b 日，"2 号私募投资基金"成立于 2016 年 6 月 a 日、备案于 2016 年 6 月 b 日，"6 号私募投资基金"成立于 2017 年 2 月 b 日、备案于 2017 年 3 月某日，其成立备案时均符合当时有效的《私募基金登记备案系统填表说明》（2014 年编制），该填表说明证明"其他私募基金"的投资范围很广泛，更未要求"其他私募基金"不得投资于私募证券投资基金，且"私募证券投资基金"本身就可以投资于固定收益类产品，因此本案基金作为"其他类"母基金，投资于"私募证券投资基金"不存在任何问题。

5. 托管人没有义务审核产品的风险等级，《基金合同》也没有任何条款要求托管人审核本案基金或其所投资产品的风险等级。

6. 第二被申请人的年托管费费率仅为 0.05%，收费极低，而第一被申请人可以每年根据基金投资的实际收益率获得超过"根据该期投资单元业绩比较基准计算的收益"的全部收益作为业绩报酬。基金业务的收费制度设计，决定了由管理人配备足够的资源行使监管职责、收取较高的报酬，并承担管理不善的责任。托管人作为独立的一方承担形式审核义务，托管人无需配备资源实质"复核"管理人的行为。

7. 申请人提出的各项仲裁请求没有合理依据。

以上列明了申请人与被申请人各方提出的诉求、主张、观点、意见及证据。需要说明的是，由于各方提交的材料及发表的观点较多，仲裁庭可能并未在此完全一一列举，但这并不能说明仲裁庭对此有所忽略。相反，仲裁庭已经仔细审阅了各方提交的全部案卷材料及发表的意见，并对此进行了认真分析研究。

二、仲裁庭意见

（一）关于本案事实

仲裁庭结合本案申请人的仲裁请求，综合考虑各方在庭审中的陈述、质证意见以及所提交的相关证据，认定了如下基本事实：

1.《基金合同》的签署及其内容。

2017 年 3 月 b 日，申请人签署了第一被申请人提供的《风险承受能力调查问卷》。申请人填写了该问卷的第一道问题，确定自己为合格投资者，并确认其金融资产不低于 300 万元，最近 3 年个人年均收入不低于 50 万元。关于申请人是否填写了该问卷的其他问题，尚无法查证。

同日，申请人与第一被申请人（管理人）、第二被申请人（托管人）签署了《基金合同》，约定申请人认购案涉基金 E 投资单元 450 万元的基金份额，该投资单元的投资期限为 18 个月。《基金合同》的主要内容包括：

《基金合同》第四节"基金的基本情况"约定：

"（七）存续期限。1. 本基金的预计存续期限为 10 年，自本基金成立日起算。2. 本基金预计存续期限内，基金财产全部变现完毕的，本基金提前终止。3. 特别地，本基金预计存续期限届满时，基金财产未全部变现完毕的，本基金将自动延期至基金财产全部变现之日止。

"（十一）份额分级/分类。本基金项下份额根据基金份额参与基金的时间的不同分为不同的投资单元，相同投资单元的同类份额享有同等权益。"

《基金合同》第七节"基金的投资"约定：

"（二）投资范围：本基金投资于以下所列示债权类资产：信托计划收益权、租赁资产收益权、委托贷款、非上市公司债权、企业应收账款转让；投资于上述标的的证券公司及其子公司专项资产管理计划、公募基金及其子公司专项资产管理计划、契约型私募基金。闲置资金可投资于现金、银行存款、货币市场基金及现金类资产管理计划。

"（三）投资限制：（1）违反规定向他人贷款或提供担保；（2）从事承担无限责任的投资；（3）利用基金资产为基金投资人之外的任何第三方谋取不正当利益、进行利益输送；（4）投资中禁止投资于股权类资产以及二级市场证券……"

《基金合同》第八节"投资单元"约定：

"一、投资单元的设置。

……本基金根据参与基金的时间的不同，设立不同的投资单元，分别对应的周期为……18 个月（E 投资单元）。

"本基金设立的投资单元独立运作，某期投资单元在投资周期内财产提前变现完毕的，管理人有权决定该期投资单元提前终止。如某期投资单元周期届满时，该投资单元财产未全部变现完毕，该投资单元将自动延期至其基金财产全部变现之日止。

"二、投资单元的管理。管理人按投资单元进行单独管理，相对独立运用、计算和分配。注册登记机构为每个单元的份额建立独立份额名册，管理人、托管人为不同单元的份额建立与之对应的独立账目，独立核算。"

《基金合同》第十一节"当事人及权利义务"约定：

"（四）2. 管理人的义务。（1）应当确保本基金的合法合规性，包括但不限于募集、设立、聘请投资顾问（如有）、投资运作、收益分配、终止清算等环节的合法合规性……（3）按照诚实信用、勤勉尽责的原则履行受托人义务，管理和运用基金财产……（7）建立健全内部制度，保证所管理的私募基金财产与其管理的其他基金财产和私募基金管理人的固有财产相互独立，对所管理的不同财产分别管理，分别记账、分别投资；（8）不得利用基金财产或者职务之便，为本人或者投资者以外的人牟取利益，进行利益输送……（20）公平对待所管理的不同基金财产，不得从事任何有损基金财产及其他当事人利益的活动……（26）管理人应当在开放申购、赎回或滚动发行时按照规定对基金进行合理估值，不得脱离对应标的资产的实际收益率进行分离定价；（27）管理人投资于非标资产时，不得以后期投资者的投资资金向前期投资者兑付投资本金和收益……

"（五）2. 托管人的义务……（3）对所托管的不同基金财产分别设置账户，确保基金财产的完整与独立……（6）复核基金份额净值；（7）根据本合同'信息披露'章节的约定办理与基金托管业务有关的信息披露事项……（13）根据本合同约定监督管理人的投资运作，发现管理人的投资指令违反法律法规的规定及基金合同约定的，应当拒绝执行，立即通知管理人；发现管理人依据交易程序已经生效的投资指令违反法律法规的规定及基金合同约定的，应当立即通知管理人；托管人的监督职责范畴，具体以本合同约定为准……"

《基金合同》第十四节"基金的财产"第1条"基金财产的保管与处分"第6项约定：

"托管人仅负责保管本基金项下托管账户内的现金资产。对于本基金项下未由其保管且未受其实际控制的其他财产（包括现金类资产与非现金类资产），托管人不承担保管职责，且对其安全性和完整性不承担任何责任。管理人负责保管本基金对外投资过程中形成的股权、债权、收益权等非现金资产及相关权利凭证，并应及时将相关权利凭证的复印件加盖公章后交付托管人……"

《基金合同》第十五节"划款指令的发送、确认与执行"约定：

"（三）划款指令的发送、确认和执行的时间和程序……托管人收到管理人发送的划款指令后，应对划款指令进行形式审查，复核无误后应在规定期限内及时执行，不得延误。为免歧义，托管人的形式审查义务仅限于：（1）确认划款指令要素（限于日期、金额、收款人名称、账号、开户行、用途）齐全，指向的交易内容符合本合同约定；（2）确认划款指令上加盖的印鉴和被授权人的签字/签章与授权通知中的预留印鉴和签章样本表面相符……

"（四）托管人依照法律法规暂缓、拒绝执行划款指令的情形和处理程序：托管人发现管理人发送的划款指令违反《中华人民共和国证券投资基金法》《暂行办法》、本合同或其他有关法律法规的规定时，不予执行，并应及时以书面形式通知管理人纠正，管理人收到通知后应及时核对，并以书面形式对托管人发出回函确认，由此造成的损失由管理人承担。"

《基金合同》第十七节"托管人的监督职责"约定：

"1. 托管人按照法律法规规定及本节约定对管理人的投资行为行使监督权，托管人对基金财产的监督和检查自本基金建账估值之日起开始。

"（1）本基金存续期间，托管人仅对本合同"基金的投资"章节第（二）项'投资范围'列明的投资进行监督。对于本合同'基金的投资'章节第（三）项'投资限制'列明的事项不承担监督职责。

"（2）对于投资，托管人将在划款前根据本合同'划款指令的发送、确认及执行'章节对相应的划款指令、投资申请书、投资协议等管理人所提供的材料是否符合投资范围、投资策略及投资限制进行形式审核。

"（3）托管人在投资监督职责范围内，发现产品运作中有不符合合同约定或者达到合同约定的条件时，托管人拟定《业务提示函》通过电子邮件的方式通知管理人。"

《基金合同》第十八节"基金财产的估值和会计核算"第 1 条"基金财产的估值"约定：

"1. 估值方法……（2）委托贷款按成本估值……（4）本基金投资于券商基金/基金公司基金/基金子公司专项基金等合同约定定期公布单位净值的产品，按该产品管理人公布的估值核对日前一工作日公布的单位净值进行估值，估值核对日前一工作日单位净值未公布的，按照该产品管理人公布的此前最近一个工作日的单位净值进行估值……如有确凿证据表明按上述方法进行估值不能客观反映其公允价值，管理人可根据具体情况与托管人商定后，按最能反映公允价值的价格估值。"

《基金合同》第十九节"基金的费用与税收"约定：

"（二）费用计提方法、计提标准和支付方式。1. 管理人的管理费：本基金管理人不收取基金管理费。2. 托管人的托管费：每个投资单元单独计算托管费。本基金的托管费按投资单元委托本金的 0.05% 年费率计提。每日应计提该投资单元的托管费=该期投资单元委托本金×0.05%/当年天数。本基金的托管费自基金合同生效日起，每日计提，按季支付……管理人的业绩报酬：管理人针对每个投资单元单独计算业绩报酬。每个投资单元的投资周期届满后，投资单元的基金财产在扣除相关费用后对投资人进行分配，如投资人已足额获得投资本金及按照该期投资单元业绩比较基准计算的收益，超过该部分的收益则全部作为管理人的业绩报酬。"

《基金合同》第二十节"基金份额的收益/财产分配"第 3 条"收益分配方案的确定与通知"项下"管理人在此特别说明"约定：

"1. 关于业绩比较基准的相关表述，并不意味着管理人保证投资者取得相应数额的收益，也不意味着管理人保证投资本金不受损失。

"2. 投资有风险，投资者仍可能会面临无法取得收益甚至损失本金的风险。"

《基金合同》第二十三节"基金合同的期限、变更、终止"约定：

"一、基金合同的成立与生效。1. 基金合同的成立……投资者为自然人的，本合同经投资者本人签字或授权的代理人签字、管理人加盖公章、托管人加盖合同专用章以及双方法定代表人或法定代表人授权的代理人签字或盖章之日起成立。2. 基金合同的生效：在募集期签署本合同，且其募集资金足额到达托管账户的投资人，其合同基金成立之日起生效；在开放日申购参与本基金，签署本合同，其申购资金足额到达托管账户的投资人，其合同生效日以申购资金到达托管账户日与申购份额确认之日孰晚为准。

"二、基金合同的期限。基金合同的存续期限与本私募基金的存续期限一致，自生效之日起算；但本基金合同生效期届满后基金财产的清算、违约责任、争议的处理等条款继续有效。"

《基金合同》第二十五节"违约责任"约定：

"一、违约责任。当事人违反本合同，应当承担违约责任，给合同其他当事人造成损失的，应当承担赔偿责任。管理人、托管人在履行各自职责的过程中，违反法律法规规定或本合同约定，给基金财产或基金份额持有人造成损失的，应当分别对各自的行为依法承担赔偿责任，但不因各自职责以外的事由与其他当事人承担连带赔偿责任。

"二、免责条款。1. 管理人及/或托管人不对下列情形下基金财产遭受的损失承担任何责任……（5）托管人不负责本基金投资项目的审核义务，对管理人的任何投资行为（包括但不限于其投资策略、决定）及其投资回报不承担任何责任。由于本基金的设计安排、管理、运作模式而产生的任何经济责任和法律责任，托管人不予承担。

"四、本合同所指'损失'均为直接损失。"

《基金合同》附有申请人签字的《风险揭示书》。《风险揭示书》第 2 条第 2 款记载："管理人、托管人均不保证本私募基金投资人获得最低收益或基金本金不受损失，因此，本私募基金投资者面临无法按意愿获得收益甚至亏损本金的风险。本基金属于低风险型投资品种，适合风险识别、评估、承受能力保守型及以上的合格投资者。"第 2 条第 10 款第 3 项（2）记载："本计划可能投资于基金专户、私募证券投资基金、资管计划、信托计划等结构化金融产品的劣后级及中间级份额……"《风险揭示书》还记载："本人知晓，基金管理人、基金销售机构、基金托管人及相关机构不应当对基金财产的收益情况作出任何承诺或担保……在购买本私募基金前，本人已符合《私募投资基金监督管理暂行办法》有关合格投资者的要求并已按照募集机构的要求提供相关证明文件。"

《基金合同》附有《案涉基金基金单位类型及预期收益率公示表》（以下简称《预期收益率公示表》）。《预期收益率公示表》有申请人的签字和第一被申请人的公章。《预期收益率公示表》记载：参与份额在 300 万元以上不满 1000 万元的，18 个月的预期收益率为 9.7%。《预期收益率公示表》还记载，"委托人签署本私募基金单位类型及预期收益率公示表，表明是委托人真实意思的表示，并自愿依法承担相应的基金投资风险，管理人对委托财产的收益状况不作任何承诺或担保"，但该内容未进行加粗、下划线等特别提示处理。

2.《基金合同》的履行。

第一被申请人发起设立的案涉基金，成立于 2017 年 2 月 a 日，2017 年 2 月 b 日在中国证券投资基金业协会进行备案登记。

2017 年 3 月 b 日，申请人向《基金合同》约定的案涉基金募集专户汇款

450 万元。案涉基金募集专户系在母账户（C 公司资产托管业务募集账户）下挂专用的子账户。

第一被申请人在 2017 年年度管理报告中披露了案涉基金的期末资产组合情况，具体如下：

项目名称	投资金额（元）	占总投资金额比例
1 号私募投资基金	近 1.3 亿	38%
E 公司委托贷款	1.2 亿余	约 36%
6 号私募投资基金（最终拟投向上市公司 F 公司定向增发）	4600 万余	约 14%
3 号私募投资基金	近 2600 万	约 7%
7 号私募投资基金（资金实际用于受让某开发区应收账款债权）	1800 万余	约 5%
总计	3.4 亿余	100%

第一被申请人在 2018 年年度管理报告中披露了案涉基金的期末资产组合情况和底层标的，具体如下：

项目名称	底层标的	投资金额（元）	占总投资金额比例	资产到期时间
1 号私募投资基金	FOF	1.5 亿余	约 36%	–
E 公司委托贷款	E 公司委托贷款	1.2 亿余	约 28%	2018 年 7 月
2 号私募投资基金	FOF	6600 万	约 15%	–
6 号私募投资基金	F 公司工程	近 4000 万	约 9%	2021 年 2 月
3 号私募投资基金	FOF	近 2600 万	约 6%	–
4 号私募投资基金	FOF	2300 万	约 5%	–
总计		近 4.3 亿	100%	

第一被申请人于 2019 年、2020 年的年度管理报告中，以及 2021 年第二

季度管理报告中披露了案涉基金的期末资产组合情况和底层标的，与 2018 年的资产组合情况一致，仅在投资份额上有细微变动。

2021 年 11 月某日之前，第一被申请人向申请人进行了 9 次分配，合计向申请人分配 45 万余元。

3. 其他。

（1）关于第一被申请人被采取行政监管措施的事实。

2019 年，证监会 N 地监管局作出《关于对 B 公司采取责令改正的行政监管措施的决定》（［2019］XXX 号，以下简称《行政监管措施决定》）。第一被申请人不服该决定，向中国证券监督管理委员会申请行政复议。

2020 年 5 月 29 日，中国证券监督管理委员会作出 ［2020］ 74 号《行政复议决定书》，维持了《行政监管措施决定》。

《行政复议决定书》认定，第一被申请人在私募基金管理活动中，存在如下问题：宣传推介虚假误导；资产混同、不公平对待、损害投资者利益和资金池；侵占基金财产；玩忽职守。查明了如下事实：

a. 第一被申请人、G 公司、H 公司、I 公司、J 公司 5 家私募基金管理机构及 K 公司是由同一控股股东控制的关联公司。6 家公司由 L 某、Y 某团队统一管理控制，私募基金全流程业务统一管理，存在交叉投资、权益转让等情形。

b. 第一被申请人等管理的系列基金中，存在滚动发行、分设不同投资单元、根据投资金额和期限制定不同业绩比较基准、不同私募基金混同运作、项目权益在不同基金产品之间转让、资金与资产无法明确对应、申赎未进行合理估值、脱离标的资产的实际收益率进行分离定价等情况。

c. EM 系列产品的介绍折页由第一被申请人制作，产品管理人为 G 公司，资金运用为通过投资于四大金融资产管理公司和地方性金融资产管理公司持有的资产包等。EM 系列产品实际投资主要投向 E 公司并购项目、G 公司 2 号私募投资基金等，收益未做到随退随分，实际将部分财产进行了再投资。第一被申请人自认仅有一小部分被投向不良资产、未做到随退随分。

d. 第一被申请人在 L 公司等项目发生风险等情形下，继续进行大额投资，或用后期投资者的投资资金向前期投资者兑付本息等情形。在第一被申请人作为有限合伙人参与 L 公司股权投资后，因 L 公司在不同时期又出现了资金缺口，自 2016 年 9 月起，为补充经营性现金流，第一被申请人及其关联公司对 L 公司进行了多笔债权投资。2016 年底，第一被申请人已发现 L 公司项目存在重大隐性债务风险，成立了工作组专门处理 L 公司的债务。2017 年初，第一被申请人已全面了解 L 公司的困境。2016 年至 2019 年，第一被申请人及其关联公司通过股权、债权、委托贷款、应收账款收益权等方式累计投资 20 多亿，其中占上述金额约 50% 的投资发生在 2016 年底之后。截至 2019 年 6 月，第一被申请人及其关联公司获得 L 公司股权份额总计达到 80% 以上。L 公司 2015 年度、2016 年度审计报告显示：L 公司这两个年度的平均资产总额近 17 亿元、所有者权益 5 亿余元、净利润近 3800 万元。

e. 因 E 股份大部分项目受 2017 年 3 月 c 日发布的《关于进一步加强商业、办公类项目管理的公告》影响，该项目销售对象受限、项目回款周期变长，以及因项目不能及时回款导致的一系列连锁反应。在此情况下，第一被申请人管理的基金仍向 E 集团 3 个项目投资 20 亿元。E 股份与 K 公司签订的咨询服务协议显示：K 公司为 E 股份提供 5 亿元股权转让的融资服务，收取咨询服务费合计 2000 余万元（年化约 24%），并约定 E 股份若未依约回购，则需向 K 公司以尚未支付回购价款为基数按年化 24% 的费率支付咨询服务费。

f. L 公司项目中，第一被申请人等关联公司在发现该项目重大隐性债务风险后仍进行大额投资，且回款所用时间远长于对应私募基金存续期。

g. E 公司项目中，G 公司 EM 七号私募投资基金通过第一被申请人参与出资的 SH 十五号向房地产开发企业 E 集团提供融资，用于补充流动资金。EM 七号基金合同第十一章第 5 条投资禁止行为第 6 款约定："违反《证券期货经营机构私募资产管理计划备案管理规范第 4 号——私募资产管理计划投资房地产开发企业项目》的规定，通过银行委托贷款，信托计划，受让资产收（受）益权等方式向房地产开发企业提供融资，用于支付土地出让价款或补充流动资金，直接或间接为各类机构发放首付贷款等违法违规行为提供便利。" EM 七号实际投资违反了基金合同关于投资禁止行为的约定和相关规定。

h. 第一被申请人在知悉 L 公司项目存在上述风险、第一被申请人及其关联公司管理的私募基金持有 L 公司 80% 以上股权等情形下，未将上述影响投资者合法权益的上述重大信息及时向投资者披露。

i. 第一被申请人等用自己管理运作的私募基金向融资方投资，并按照投资金额的一定比例，通过 K 公司收取咨询服务费或者直接收取自身管理的基金的咨询服务费，实际并未提供咨询服务，存在侵占基金财产的行为。

（2）证监会 N 地监管局给申请人的答复。

2020 年 11 月某日，证监会 N 地监管局对申请人作出 N 证监答复复字第 2020-XXXX 号复函。该复函记载：日常监管中，我局发现第一被申请人存在以下违规行为：a. 私募基金宣传推介存在虚假和误导，未遵循自愿、公平诚实信用原则从事私募基金业务。b. 部分私募基金未采取问卷调查等方式对投资者的风险识别能力和风险承担能力进行评估，未由投资者书面承诺符合合格投资者条件；未制作《风险揭示书》并由投资者签字确认。c. 部分私募基金未自行或者委托第三方机构对私募基金进行风险评级，未向风险识别能力和风险承担能力相匹配的投资者推介私募基金。d. 私募基金管理活动中存在如下行为：（1）将固有财产或者他人财产混同于基金财产从事投资活动；（2）不公平地对待管理的不同基金财产；（3）从事损害基金财产和投资者利益的投资活动；（4）开展或参与具有"资金池"性质的私募基金业务，如不同私募基金进行混同运作，资金与资产无法明确对应；私募基金在开放申购、赎回或滚动发行时未按照规定进行合理估值，脱离对应标的资产的实际收益率进行分离定价；私募基金未进行实际投资或者投资于非标资产，仅以后期投资者的投资资金向前期投资者兑付投资本金和收益等。e. 私募基金进行投资时，按照投资规模的一定比例通过关联方向私募基金资金的实际使用方收取咨询服务费并实际占有，但未提供实质咨询服务，存在侵占基金财产行为。f. 管理、运用私募基金进行项目投资，如 L 公司等项目，存在玩忽职守，不按照规定履行职责情况。g. 部分私募基金未按照合同约定如实向投资者披露可能存在的利益冲突情况以及可能影响投资者合法权益的重大信息。第一被申请人的上述行为不符合《私募投资基金监督管理暂行办法》第 3 条，第 16 条，第 17 条，第 23 条第 1、2、4、6、7 项、第 24 条，不符合《证券期货经营机构私募资产管理业务运作管理暂行规定》第 9 条的有关规定。

（3）与案涉基金投资标的相关的其他事实。

1 号私募投资基金的基金类型为其他私募投资基金，基金管理人为 G 公司，托管人为 R 公司。

2 号私募投资基金的基金类型为私募证券投资基金，基金管理人为第一被申请人，托管人为第二被申请人。

6 号私募投资基金的基金类型为私募证券投资基金，基金管理人为第一被申请人，托管人为第二被申请人。

3号私募投资基金的基金类型为其他私募投资基金，基金管理人为G公司，托管人为S公司。

4号私募投资基金的基金类型为其他私募投资基金，基金管理人为G公司，托管人为T公司。

第一被申请人在2号私募投资基金2020年第二季度管理报告中披露了该基金的资产组合情况及底层标的，具体如下：

项目名称	底层标的	投资金额（元）	占总投资金额比例	资产到期时间
1号私募投资基金	FOF	4.5亿余	约67%	—
8号私募投资基金	FOF	1.9亿余	约28%	—
9号私募投资基金	某A	2200余万	约3%	2020年10月
10号私募投资基金	某电子	1500余万	约2%	2021年4月
总计		6.8亿余	100%	

G公司在1号私募投资基金2020年第二季度管理报告中披露了该基金的资产组合情况及底层标的，具体如下：

项目名称	底层标的	投资份额（元）	份额占比	资产到期时间
11号私募投资基金	FOF	4亿余	约18%	—
G信托	某能源	近2亿	约9%	处置中
4号私募投资基金	FOF	1.7亿余	约8%	—
R医疗	R医疗	近1.8亿	约8%	—
12号私募投资基金收益权	E公司并购	近1.7亿	约7%	—
2号私募投资基金	FOF	近1.3亿	约6%	—
3号私募投资基金	FOF	1亿余	约5%	—

项目名称	底层标的	投资份额（元）	份额占比	资产到期时间
13 号私募投资基金	B 股份	近 1 亿	约 4%	2020 年 12 月
14 号私募投资基金	FOF	9200 余万	约 4%	–
L 公司五月受益权（L 公司项目孵化器）	L 公司	8100 余万	约 4%	处置中
T 公司	T 公司	近 6800 万	约 3%	处置中
U 公司（有限合伙）	L 公司债权	6600 余万	约 3%	2021 年 10 月
15 号私募投资基金	FOF	6500 余万	3%	–
16 号私募投资基金	FOF	6000 万	约 3%	–
17 号私募投资基金	FOF	5200 余万	约 2%	–
案涉基金	FOF	4800 余万	约 2%	–
18 号私募投资基金	某北斗	近 4000 万	约 2%	处置中
19 号私募投资基金	FOF	近 3000 万	约 1%	–
RF 股权收益权	境外某公司	3000 万	约 1%	2021 年 6 月
YM 委托贷款	YM	2000 万	约 1%	处置中
V 果业	V 果业	2000 万	约 1%	处置中
20 号私募投资基金	L 公司	近 2000 万	约 1%	处置中
W 公司	W 公司委贷	2000 万	约 1%	处置中
X 公司股权收益权	X 游戏	1800 万	约 1%	处置中
21 号私募投资基金	FOF	1100 余万	<1%	–
22 号私募投资基金	FOF	1100 余万	<1%	–
B 公司泰山十号私募投资基金	FOF	1000 万	<1%	–
Y 合伙企业（有限合伙）	不良资产包	970 余万	<1%	2021 年 1 月

项目名称	底层标的	投资份额（元）	份额占比	资产到期时间
23 号私募投资基金	FOF	近 860 万	<1%	–
24 号私募投资基金	FOF	650 万	<1%	–
G 公司恒山十七号私募投资基金	E 公司委托贷款	320 万	<1%	处置中
25 号私募投资基金	X 游戏	200 万	约 0.1%	处置中
G 公司 EM 七号私募投资基金	FOF	近 200 万	约 0.1%	–
G 公司 EM 十号私募投资基金	FOF	近 200 万	约 0.1%	–
G 公司 EM 八号私募投资基金	FOF	近 200 万	约 0.1%	–
G 公司 EM 九号私募投资基金	FOF	近 200 万	约 0.1%	–
26 号私募投资基金	L 公司	近 180 万	约 0.1%	处置中
27 号私募投资基金	FOF	160 余万	约 0.1%	–
28 号私募投资基金	FOF	近 170 万	约 0.1%	–
29 号私募投资基金	PK 项目	150 余万	约 0.1%	处置中
30 号私募投资基金	TM 集团	130 余万	<0.1%	2020 年 11 月
31 号私募投资基金	FOF	100 万	<0.1%	–
32 号私募投资基金	FOF	100 万	<0.1%	–
33 号私募投资基金	TB 国际	近 100 万	<0.1%	2020 年 5 月
合计		近 23 亿	100%	

（4）第一被申请人对 E 公司委托贷款项目进行处置、追偿的情况。

2018 年 3 月某日，N 地公证处依据第一被申请人的申请，出具 ［2018］ N 执字第 XXXX 号《执行证书》，被执行人为 E 公司集团有限公司、E 公司控股股份有限公司、W 某，执行标的包括：a. 贷款本金 5000 万元；b. 至 2018

年 2 月某日的利息近 590 万元；c. 自 2018 年 2 月某日开始，以第 a 项为基数，按照年 13.5% 计算的罚息，以及以第 b 项为基数，按照日 0.05% 计算的违约金。

2018 年 5 月某日，第一被申请人持《执行证书》向 N 地人民法院申请强制执行。2018 年 5 月某日，N 地人民法院作出 ［2018］NXX 执 XXX 号《执行裁定书》，裁定冻结、扣划被执行人 E 公司集团有限公司、E 公司控股股份有限公司、W 某的 5 亿余元银行存款、应付罚息及违约金、迟延履行期间债务利息、申请执行费。

2018 年 8 月，P 地人民法院裁定受理 D 公司的破产重整案。D 公司就 E 公司委托贷款项目为第一被申请人提供了担保。第一被申请人已于 2018 年 11 月某日向破产管理人申报重整债权，申报债权金额为 5.7 亿余元。

（5）关于申请人风险承受能力的其他事实。

申请人系金融从业人员，职务是银行客户服务经理，其曾于 2016 年 1 月购买第一被申请人管理的 B 公司昆仑一号私募投资基金，投资金额为 300 万元。

（二）仲裁庭的分析意见

仲裁庭认为，案涉《基金合同》系由具有完全民事行为能力的各方当事人签署，反映了各方当事人的真实意思表示，且不存在违反法律、行政法规的强制性规定等合同无效事由，已经成立并生效。

根据争议各方发表的意见及提交的证据，仲裁庭结合案件争议焦点及仲裁请求作如下分析意见：

争议焦点一：申请人解除《基金合同》的仲裁请求应否得到支持

1. 关于第一被申请人是否存在根本违约行为。

根据《基金合同》第七节第 2 条的约定，案涉基金可以投资于以下所列示的债权类资产：信托计划收益权、租赁资产收益权、委托贷款、非上市公司债券、企业应收账款转让，以及上述标的的证券公司及其子公司专项资产管理计划、公募基金及其子公司专项资产管理计划、契约型私募基金。

按照第一被申请人制作的 2021 年第二季度管理报告以及中国证券投资基金业协会的公示信息，案涉基金的投资情况如下表所示：

投资项目名称	底层标的	份额占比	投资项目产品类型	基金管理人
1 号私募投资基金	FOF	约 35%	其他私募投资基金	G 公司
E 公司委托贷款	E 公司委托贷款	约 30%	委托贷款	–
2 号私募投资基金	FOF	约 15%	私募证券投资基金	第一被申请人
6 号私募投资基金	F 公司工程	约 10%	私募证券投资基金	第一被申请人
3 号私募投资基金	FOF	约 6%	其他私募投资基金	G 公司
4 号私募投资基金	FOF	约 5%	其他私募投资基金	G 公司

第一被申请人认可,案涉基金的投资标的均为债权类资产和契约型私募基金。

综合上述事实情况及《基金合同》内容,仲裁庭认为,第一被申请人违反了《基金合同》第七节第 2 条的约定,进行了超范围投资,理由如下:

第一被申请人投资的契约型私募基金的投资范围,应当限于《基金合同》第七节第 2 条所列示的债权类资产。第一被申请人主张,《基金合同》仅对基金投资的专项资产管理计划的投资范围进行了限制,而对契约型私募基金的投资范围无限制。仲裁庭认为,该理由不能成立:首先,从合同约定文本来看,证券公司及其子公司专项资产管理计划、公募基金及其子公司专项资产管理计划和契约型私募基金中间用顿号隔开,属于并列关系,而"投资于上述标的"系对后缀所有并列产品的共同限制,第一被申请人将合同条款进行割裂解释的理由不能成立;其次,案涉基金属于低风险型投资品种,如果对第一被申请人投资的契约型私募基金的投资范围不加限制,则无异于架空了案涉基金的风险评级,违反了《基金合同》的合同目的,也损害了投资者的权益;最后,案涉《基金合同》是第一被申请人提供的制式文本,根据《基金合同》签署时有效的《合同法》第 41 条规定之精神,当《基金合同》关于投资范围的约定存在两种解释时,应当作出不利于条款提供者的解释,故第一被申请人投资契约型私募基金时,应当对契约型私募基金的再投资范围进行审查,确保契约型私募基金的再投资范围符合《基金合同》第七节第 2 条列示的债权类资产。

仲裁庭注意到,《基金合同》附件 1《风险揭示书》第 2 条第 10 款第 3 项(2)记载:"本计划可能投资于基金专户、私募证券投资基金、资管计划、信托计划等结构化金融产品的劣后级及中间级份额。"对于该约定的效力，仲裁庭不予认可，理由如下：私募证券投资基金的投资范围包括股票、债券、期货合约、期权合约、证券类基金份额等，不限于债权类资产，故《风险揭示书》中的该条约定内容与《基金合同》第七节的约定相悖，也与案涉基金的低风险等级不符。此外，申请人没有在该条款后面进行签字确认，第一被申请人也没有提交其他证据证明其针对该条涉及《基金合同》重大变更的条款向申请人进行了说明和阐释。结合《风险揭示书》相对于《基金合同》的附属地位，仲裁庭认为，该条款并不能改变《基金合同》第七节约定的投资范围限制，第一被申请人超越《基金合同》第七节的约定投资于私募证券投资基金的，构成超范围投资。

根据本案当事人提供的证据以及第一被申请人的陈述，除 E 公司委托贷款项目外，案涉基金财产部分投资于私募证券投资基金，部分投资于其他私募投资基金。案涉基金投资的其他私募投资基金，又存在再次投资私募证券投资基金的情况（如案涉基金投资的 1 号私募投资基金，又再次投资于 2 号私募投资基金，该基金类型为私募证券投资基金）。由此可见，第一被申请人在进行对外投资时，并未严格按照《基金合同》第七节的约定，将投资范围限制在债权类资产，这与第一被申请人宣称的"低风险"型基金不相符，超越了《基金合同》关于投资范围的限制，违反了《基金合同》第七节第 3 条第 4 款的禁止性规定，构成根本违约。

2. 关于第一被申请人提出的不应对底层资产进行穿透审查的异议。

第一被申请人提出，申请人主张案涉基金超过投资范围，违反了合同相对性原则，合同约定的投资范围及投资限制仅能够限制本案合同产品，申请人无权将本案合同的投资范围无限穿透至各项底层资产。仲裁庭认为，该主张不能成立，理由如下：

（1）如上已述，第一被申请人有权将案涉基金投资于契约型私募基金，但第一被申请人有义务审查被投资契约型私募基金的再投资范围，如果第一被申请人投资的契约型私募基金属于中高风险型私募基金，或其投资范围不限于债权类资产，则属于超范围投资。本案中，案涉基金投资了风险等级较高的私募证券投资基金（如 B 公司 2 号私募投资基金、B 公司 6 号私募投资基金），即使不进行穿透审查，也足以认定第一被申请人存在超范围投资的违约行为。

（2）除 E 公司委托贷款项目系直接投资外，案涉基金的其他财产均投资于第一被申请人或其关联方 G 公司管理的其他私募基金。第一被申请人将案涉基金的财产投资于其有能力管理、控制的其他关联基金时，相应关联基金当中的管理人行为应当被视为第一被申请人对于案涉基金管理行为的延伸，属于案涉《基金合同》的履行行为，故在评价第一被申请人是否勤勉尽职时的审查范围，将不限于案涉《基金合同》的管理行为，而是应当包括第一被申请人及其关联方在相应关联基金中的管理行为，也即，仲裁庭有权查清案涉基金的底层资产投向。

（3）根据《行政复议决定书》查明的事实，第一被申请人与 G 公司由同一股东控制，由同一团队管理，多只基金之间存在交叉投资、权益转让等情形，故第一被申请人是有能力继续提供下一层投资产品甚至是底层资产的投资信息的。因此，第一被申请人主张其投资行为符合《基金合同》第七节之约定且不存在《行政复议决定书》查明之违规行为的，应当就下层产品进行穿透举证，直至第一被申请人无法继续穿透为止（即直至第一被申请人投资于非由其管理或实际控制的其他基金为止）。本案中，第一被申请人没有就此进行举证，应当承担举证不能的法律后果。

综上，仲裁庭认为，在约定范围内进行投资管理是第一被申请人的主要合同义务，结合本案证据，第一被申请人存在违反主要合同义务进行超范围投资的行为，构成根本违约，导致申请人的合同目的无法实现，申请人有权依据其解除合同时有效的《合同法》第 94 条第 4 项之规定，单方解除《基金合同》，案涉《基金合同》应于申请人解除合同的通知到达被申请人之日（即仲裁申请书副本送达第一被申请人、第二被申请人之日 2020 年 12 月某日）解除。

争议焦点二：第一被申请人是否应当向申请人返还投资款并支付利息

1. 关于第一被申请人的违约行为与申请人损失之间是否存在因果关系。

如上已述，第一被申请人存在超范围投资的违约行为，且该等违约行为是造成《基金合同》解除的原因。《合同法》第 97 条规定："合同解除后，尚未履行的，终止履行；已经履行的，根据履行情况和合同性质，当事人可以要求恢复原状、采取其他补救措施，并有权要求赔偿损失。"按照该规定，《基金合同》解除后，关于第一被申请人是否应当向申请人承担责任的问题，应当根据第一被申请人的违约行为与申请人损失之间的因果关系予以确定。

仲裁庭认为，第一被申请人的违约行为与申请人的损失之间存在直接因果关系，第一被申请人应当向申请人返还投资款并支付利息。理由如下：

（1）根据《基金合同》第七节关于投资范围的限制规定，以及《风险揭示书》第 2 条第 2 款关于案涉基金风险等级的约定，第一被申请人在管理案涉基金时，仅能够将案涉基金财产投资于债权类资产等低风险等级产品，不得通过多层嵌套等方式将案涉基金财产变相投资于高风险等级产品。本案中，第一被申请人违反《基金合同》的约定，将相当一部分基金财产投资于自己或自己关联方管理的其他基金，并最终投资于非低风险等级的投资标的，严重损害了投资人的合法权益，违反了《证券投资基金法》第 9 条第 1 款、第 2 款"基金管理人、基金托管人管理、运用基金财产，基金服务机构从事基金服务活动，应当恪尽职守，履行诚实信用、谨慎勤勉的义务。基金管理人运用基金财产进行证券投资，应当遵守审慎经营规则，制定科学合理的投资策略和风险管理制度，有效防范和控制风险"之规定。目前，案涉投资人的本金无法收回、收益无法实现，与第一被申请人违反约定进行投资的行为具有直接因果关系，第一被申请人应当承担相应责任。

（2）中国证券监督管理委员会作出的《行政复议决定书》查明了以下事实：a. E 公司项目中，第一被申请人在 E 公司项目销售对象受限、回款周期变长、不能及时回款等问题时继续向 E 集团 3 个项目投资 20 亿元，并通过由第一被申请人的关联方与 E 股份签订咨询服务协议、收取咨询服务费的方式变相损害了投资者的利益；b. L 公司项目中，第一被申请人在全面了解 L 公司困境及重大隐性债务风险的情况下，通过股权、债权、委托贷款、应收账款收益权等方式继续向 L 公司进行大额投资，且回款所用时间远长于对应私募基金存续期；c. YM、PK 项目中，第一被申请人在未实际提供咨询服务的情况下自行或通过关联方收取了高额咨询服务费，变相侵占基金财产；d. 第一被申请人在知悉 L 公司项目存在上述风险、第一被申请人及其关联公司管理的私募基金持有 L 公司 80% 以上股权等情形下，未将上述影响投资者合法权益的重大信息及时向投资者披露；e. 第一被申请人管理的系列基金中，存在滚动发行、分设不同投资单元、根据投资金额和期限制定不同业绩比较基准、不同私募基金混同运作、项目权益在不同基金产品之间转让、资金与资产无法明确对应、申赎未进行合理估值、脱离标的资产的实际收益率进行分离定价等情况。

根据本案证据材料可知，案涉基金直接投资于 E 公司项目，并通过 B 公司天山九号、G 公司 2 号私募投资基金间接投资于 L 公司项目，通过 G 公司 2 号私募投资基金间接投资于 YM、PK 项目。仲裁庭认为，结合《行政复议决定书》查明的事实以及本案证据材料，可以认定，第一被申请人在管理案涉基金时，存在资产混同、不公平对待、损害投资者利益、设立资金池、侵占基金财产、玩忽职守等问题。

（3）《预期收益率公示表》记载，参与金额大于等于 300 万元小于 1000 万元的 E 类投资单元的预期收益率为 9.7%，该"预期收益率"的表述容易对投资者产生误导，虽然《预期收益率公示表》表中有关于"管理人对委托财产的收益状况不作任何承诺或担保"的记载，但是该风险提示没有进行加粗、下划线等特别提示处理，第一被申请人也没有提供其他证据来证明其对于"预期收益率"的概念向申请人进行了合理解释。参照《全国法院民商事审判工作会议纪要》第 77 条"金融产品的合同文本中载明了预期收益率、业绩比较基准或者类似约定的，可以将其作为计算利息损失的标准"之内容，仲裁庭有权依据《基金合同》的内容、履行情况以及各方当事人的过错，在 9.7% 的预期收益率范围内酌定第一被申请人应当赔偿的利息损失数额。

综上，仲裁庭认为，第一被申请人应当向申请人返还投资款本金 400 余万元（=450 万元-45 万余元），并向申请人支付利息损失，该利息损失以 400 余万元为基数，自 2017 年 3 月（a+1）日至 2019 年 8 月 b 日按照中国人民银行同期贷款利率计算，自 2019 年 8 月（b+1）日起至实际支付日止按照全国银行间同业拆借中心公布的一年期贷款市场报价利率计算。

2. 关于第一被申请人提出的有关《行政复议决定书》证明力的异议。

第一被申请人提出，其不认可《行政复议决定书》的真实性，且《行政复议决定书》未涉及本案基金，未就本案基金项下的具体事宜进行具体审查，与本案无关，对本案不具有约束力。

关于证据真实性的问题，仲裁庭注意到，中国证券监督管理委员会的官网上可以检索到针对第一被申请人的《行政复议决定书》，内容与申请人作为证据提交的文件一致，第一被申请人也没有提交其不服《行政复议决定书》而向有管辖权的人民法院提起诉讼的证据，故对于第一被申请人提出的有关证据真实性的异议，仲裁庭不予采纳。

关于申请人是否尽到举证责任的问题，仲裁庭认为：《行政复议决定书》

虽然没有针对案涉基金是否涉嫌违规行为进行有针对性的核查，但是，现有证据足以证明，案涉基金的投资范围包括《行政复议决定书》查明的存在违规行为的投资标的，且《行政复议决定书》是关于第一被申请人及其关联方管理的多只私募基金中存在问题的集中审查，《行政复议决定书》没有列明 1号私募投资基金等单一基金所涉及的违法违规现象，不代表案涉基金不存在《行政复议决定书》查明的问题，如果第一被申请人认为案涉基金中不存在《行政复议决定书》记载的违约行为，则应提出相关证据，否则，第一被申请人应当承担不利后果。本案中，第一被申请人在有能力举证的情况下，没有向仲裁庭提交案涉基金最终投资的全部底层资产情况，故仲裁庭结合申请人、被申请人双方的举证能力以及现有证据，认定第一被申请人在管理案涉基金的过程中存在中国证券监督管理委员会查明的上述违规行为，关于第一被申请人提出的申请人未尽到举证责任的异议，仲裁庭不予采纳。

3. 关于第一被申请人提出的案涉损失系市场风险造成的异议。

第一被申请人提出，申请人的损失主要系市场风险造成（第一被申请人提出，该市场风险包括国内经济下行、出口消费低迷、中美贸易摩擦、新兴市场货币暴跌、新冠疫情导致的底层资产变现困难等），并非第一被申请人的过错，申请人作为合格投资者，应遵循"卖者尽责、买者自负"的投资原则，申请人的仲裁请求系变相要求刚性兑付，应予以驳回。

仲裁庭认为，从《行政处罚决定书》查明的事实来看，申请人的损失是由于第一被申请人超越《基金合同》进行超范围投资的违约行为、玩忽职守等违规行为造成的，申请人损失发生的主要原因产生于第一被申请人违规作出投资决策之时，而与投资之后的国家经济形势、新冠肺炎疫情没有直接关联。况且，第一被申请人没有提出任何有关国家经济形势、新冠肺炎疫情导致案涉损失的证据，故对于第一被申请人提出的该项主张，仲裁庭不予支持。此外，虽然申请人系金融从业人员，理应具有一定的投资知识，但是，这不代表第一被申请人有权利超越《基金合同》的约定、违反法律规定的谨慎勤勉义务去任意进行投资，申请人的合格投资者身份不能阻却第一被申请人的违约、违规行为与案涉损失之间的因果关系，不构成第一被申请人的免责事由，故对于第一被申请人提出的申请人应当自担风险的主张，仲裁庭不予支持。

争议焦点三：第二被申请人是否应当对申请人的损失承担责任

1. 关于第二被申请人是否存在违约、违规行为。

《证券投资基金法》第36条规定："基金托管人应当履行下列职责……（三）对所托管的不同基金财产分别设置账户，确保基金财产的完整与独立；（四）保存基金托管业务获得的记录、账册、报表和其他相关资料……（十）按照规定监督基金管理人的投资运作……"《基金合同》第十一节"当事人及权利义务"第5条第2款"托管人的义务"约定，托管人应当"（1）安全保管基金财产……（3）对所托管的不同基金财产分别设置账户，确保基金财产的完整与独立"。

《行政复议决定书》查明，第一被申请人管理的系列基金中，存在不同私募基金混同运作、项目权益在不同基金产品之间转让、资金与资产无法明确对应等情况。这说明，案涉基金的账户可能存在基金财产不独立的问题。

仲裁庭认为，申请人提交的《行政复议决定书》已经足以说明，第一被申请人管理的系列基金存在财产混同的情况，结合申请人与第一被申请人、第二被申请人的举证能力，仲裁庭认为，在案涉基金是否存在资产混同情形这一问题上，申请人已经尽到了初步的举证责任，第一被申请人、第二被申请人没有提供银行对账单等证据材料来证明案涉基金不存在资产混同情形的，应当承担不利的法律后果。仲裁庭综合本案证据情况，确信案涉基金存在资产混同的事实具有高度可能性，故认定第二被申请人违反了《证券投资基金法》第36条之规定以及《基金合同》的约定，应当承担相应责任。

2. 第二被申请人的行为与申请人的损失之间是否存在因果关系以及第二被申请人应当承担责任的范围。

仲裁庭认为，第二被申请人没有按照《证券投资基金法》和《基金合同》的约定妥善保管基金财产，为第一被申请人侵犯投资人权益的行为提供了便利条件，应当在其过错范围内承担相应责任。仲裁庭结合第二被申请人的违约、违规行为对于申请人损失发生作用力的大小，第一被申请人、第二被申请人对于基金财产的管控能力，以及第一被申请人、第二被申请人在案涉基金中获得报酬的情况，酌定第二被申请人对于申请人的损失承担10%的补充赔偿责任。

申请人要求第二被申请人自托管账户向申请人支付款项。对此，仲裁庭认为，案涉基金托管账户内的资金已经进行对外投资，无法返还，即使托管账户内可能尚存部分资金，该部分资金也应当通过清算程序按照持有份额比例分配给全体基金份额持有人，现在申请人要求解除《基金合同》，自然不能再行主张案涉基金项下的清算利益。而且，第二被申请人应当承担的是由于其未尽托管人义务给申请人造成损失的损害赔偿责任，应当以第二被申请人的自有财产进行赔偿，故对于申请人要求第二被申请人自托管账户支付款项的请求，仲裁庭不予支持。

争议焦点四：关于第二被申请人提出的第一被申请人被刑事立案的事实是否会对本案产生影响

第二被申请人于庭审结束后提出的《立案告知单》未得到申请人的认可，且证据内容上没有体现该刑事案件与本案纠纷的直接关联，故仲裁庭对于第二被申请人提出的《立案告知单》不予采纳。

关于仲裁费及仲裁员的实际费用，仲裁庭将根据本案实际情况及各方过错程度，在各方当事人之间确定承担比例。

三、裁决

仲裁庭根据上述分析意见，裁决如下：

（1）申请人、第一被申请人、第二被申请人于 2017 年 3 月 a 日签订的《基金合同》（编号 XXXX）于仲裁申请书副本送达第一被申请人、第二被申请人之日起（即 2020 年 12 月某日）解除。

（2）第一被申请人返还申请人认购款人民币 400 余万元。

（3）第一被申请人向申请人支付利息损失，该利息损失以人民币 400 余万元为基数，自 2017 年 3 月（a+1）日至 2019 年 8 月 b 日按照中国人民银行同期贷款利率计算，自 2019 年 8 月（b+1）日起至实际支付日止按照全国银行间同业拆借中心公布的一年期贷款市场报价利率计算。

（4）第二被申请人就上述第 2 项、第 3 项应付款项中第一被申请人不能清偿部分承担 10% 的补充赔偿责任。

（5）驳回申请人的其他仲裁请求。

（6）本案仲裁费全部由第一被申请人承担。鉴于本案仲裁费已由申请人向仲裁委员会全部预缴并全额冲抵，故第一被申请人应直接向申请人支付相应费用，以补偿申请人代其垫付的仲裁费。

第一被申请人应在本裁决书作出之日起 15 日内履行完毕上述裁决确定的

应付事项，第一被申请人经强制执行不能全面履行本裁决确定的支付义务的（或有其他证据证明第一被申请人不能全面履行本裁决确定的支付义务的），由第二被申请人承担本裁决第 4 项确定的责任。

本案申请人选定的仲裁员的实际费用由申请人自行承担，该费用与申请人向仲裁委员会预交的实际费用相冲抵后，余款由仲裁委员会退回申请人。

本裁决为终局裁决，自作出之日起生效。

 案例评析

【关键词】私募基金　法定解除　合同目的无法实现

【焦点问题】

1. 私募基金管理人是否构成超范围投资，投资者是否可以据此主张解除基金合同并要求返还出资款、赔偿利息。

2. 基金托管人是否需要承担赔偿责任。

【焦点评析】

本案的基本案情是，申请人与第一被申请人、第二被申请人于 2017 年 3 月 a 日签订了《基金合同》，约定申请人认购第一被申请人管理、第二被申请人托管的"案涉投资基金"，认购金额为 450 万元人民币，投资期限为 18 个月。同日，申请人签署了第一被申请人提供的《风险承受能力调查问卷》，确认自己为合格投资者，并向《基金合同》约定的募集专户汇款 450 万元。

"案涉投资基金"为低风险型投资品种，《基金合同》约定的投资范围为"以下所列示债权类资产：信托计划收益权、租赁资产收益权、委托贷款、非上市公司债权、企业应收账款转让；投资于上述标的的证券公司及其子公司专项资产管理计划、公募基金及其子公司专项资产管理计划、契约型私募基金。闲置资金可投资于现金、银行存款、货币市场基金及现金类资产管理计划"。

2018 年 9 月某日《基金合同》到期后，第一被申请人管理的"案涉投资基金"延期兑付。2019 年，N 地证监局对第一被申请人作出了要求其责令整改的《行政监管措施决定》，第一被申请人复议后证监会维持了《行政监管措施决定》。根据监管部门的认定，第一被申请人在私募基金管理活动中，存在宣传推介虚假误导、资产混同、不公平对待、损害投资者利益和资金池，侵占基金财产，玩忽职守等问题，并查明了第一被申请人与其他五家关联公司均由同一团队管理控制，存在交叉投资、权益转让等情形。

截至 2021 年 11 月某日，第一被申请人向申请人进行了 9 次分配，合计向申请人分配 45 余万元。申请人主张解除《基金合同》，要求第一被申请人返还投资款 410 余万元及利息、第二被申请人承担补充赔偿责任等。

现结合本案案情及法律适用焦点问题，评述如下：

一、因基金管理人超范围投资的根本违约行为导致无法实现合同目的，投资者可主张解除《基金合同》

合同的解除权分为约定解除权和法定解除权，本案中的《基金合同》虽未约定解除事由，但根据当时有效的《合同法》第 94 条的规定，在当事人不履行主要债务或者当事人违约致使不能实现合同目的时（即根本违约时），另一方可以解除合同，此为法定解除权的依据。本案中两被申请人认为，各方签署《基金合同》的目的是，投资者委托管理人对投资款进行集中管理，并对外进行投资运作，合同已经履行完毕，因此合同目的已经实现，并不存在申请人主张的"合同目的不能实现"的情形。故本案的核心是判断基金管理人是否有效履行《基金合同》，合同目的是否实现。

首先，基金管理人的适当履行义务除法定的适当性要求及审慎勤勉等要求外，也源于《基金合同》相关条款的具体约定，本案中申请人主张第一被申请人超越《基金合同》约定的范围进行投资从而导致合同目的无法实现，因而要求解除《基金合同》。关于第一被申请人是否超越《基金合同》的约定范围进行投资，仲裁庭灵活运用了合同解释的各项规则（包括文本解释、目的解释、格式条款解释等方法），探求各方签订合同时的真实意思表示。《基金合同》约定了案涉基金的投资范围，仲裁庭认为从合同文本解释来看，"投资于上述标的"（指债权类资产）系同时对专项资产管理计划与契约型私募基金的限定，从合同的目的解释来看，"案涉投资基金"为低风险基金，如果不限制投资范围为债权类资产，则与《基金合同》的投资目的相违背，从格式条款的解释角度看，在出现两种解释时，也应作出不利于条款提供者（基金管理人）的解释，故仲裁庭认为《基金合同》约定的投资范围仅限于债权类资产，即便第一被申请人投资契约型私募基金，也应限制为债权类投资方向的契约型私募基金。

其次，在判断投资范围是否超限时不仅要考虑投资种类与方向，更应注意再投资时也应满足基金投资范围与风险等级要求。本案中第一被申请人实际投资了私募证券投资基金（投资范围包括股票、债券、期货合约、期权合约、证券类基金份额等，不限于债权类资产），这就超越了《基金合同》中关于债权类资产的投资范围限制。同时，第一被申请人作为管理人还应对基金的底层资产进行穿透，确保其再投资范围符合基金的风险要求，不得通过多层嵌套等方式变相投资高风险等级产品。本案中，案涉基金的风险等级为低风险，因此第一被申请人应投资于低风险型产品，而第一被申请人不仅投资了部分中高风险型私募基金产品，而且还投资了其有能力管理、控制的其他关联基金，因关联基金的管理为其涉案基金管理行为的延续，第一被申请人有能力披露关联基金底层资产时却拒绝穿透，难以证明其投资范围符合《基金合同》的要求，故仲裁庭综合判断，认定基金管理人存在超范围投资行为。

最后，超范围投资行为是否构成根本违约，关键在于判断超范围投资行为是否让投资者签订《基金合同》的合同目的无法实现。仲裁庭认为，申请人申购的"案涉投资基金"为低风险投资产品，而第一被申请人在管理基金过程中，没有按照《基金合同》约定的投资范围进行投资，投资了非债权类资产以及中高风险基金，这直接导致了申请人的投资损失，致使《基金合同》的合同目的无法实现，故而支持了申请人解除合同的主张。

值得注意的是，裁决虽然并未直接解释《基金合同》的合同目的，但是其分析意见表明，《基金合同》的合同目的实际上是投资者要求基金管理人按照合同的约定和法律法规的规定，恪尽职守，本着诚实、信用、谨慎的原则有效管理其投入的资金以期实现资产增值。但这并不意味着合同目的即是获得资产增值，如基金管理人严格按照合同约定，合法合规且有效地履行了义务，在此情况下，投资者仅以无法收回投资款或未获得预期收益为由主张合同目的无法实现而解除合同，该主张则不应得到支持。私募基金投资为非保本投资，发生损失为投资者应当预见的商业风险，投资者无法据此主张解除合同。

二、《基金合同》解除的后果为恢复原状，即返还投资者出资金额并支付利息，基金托管人存在过错的情况下也应承担相应的责任

《合同法》第 97 条规定："合同解除后，尚未履行的，终止履行；已经履行的，根据履行情况和合同性质，当事人可以要求恢复原状、采取其他补救措施，并有权要求赔偿损失。"在基金管理人根本违约的情况下，投资者主张解除合同，其法律后果包括返还出资款（恢复原状）与支付利息（赔偿损失），基金管理人作为直接责任主体，应当承担前述法律责任。

基金托管人也是《基金合同》的相对方，作为投资者的受托人，基金托管人主要承担着保管基金财产、监督基金管理人的责任，但其与基金管理人地位不同，并不直接负责基金的投资管理。因此，在基金无法兑付时，一般应根据基金托管人的单方过错对损害后果的影响大小承担有限的赔偿责任。不过，如基金托管人与基金管理人存在共同的意思联络或者共同行为，则需参照共同侵权理论认定其与基金管理人承担连带责任。对此，《证券投资基金法》第 145 条第 2 款规定了"基金管理人、基金托管人在履行各自职责的过程中，违反本法规定或者基金合同约定，给基金财产或者基金份额持有人造成损害的，应当分别对各自的行为依法承担赔偿责任；因共同行为给基金财产或者基金份额持有人造成损害的，应当承担连带赔偿责任"。

本案中，行政监管部门的《行政监管措施决定》查明了基金管理人存在基金财产混同等问题，这说明基金托管人并未妥善保管基金财产，未有效履行托管义务，从而为基金管理人侵犯投资者权益的行为提供了便利条件。并且，本案中申请人已经完成了证明案涉基金账户存在财产混同的初步举证责任，在基金托管人本可以证明案涉基金财产独立的情况下托管人并未举证证明，故仲裁庭认为基金托管人对于投资损失存在过错，基金托管人应在其过错范围内承担有限责任，仲裁庭酌定基金托管人就基金管理人不能清偿部分承担 10% 的补充赔偿责任。

【结语】

自监管部门打破刚性兑付后，私募基金如未如期兑付，许多投资者选择以"无法实现合同目的"为由主张解除合同，要求返还投资本金并支付资金占用利息。对此，裁判者应妥善分析基金管理人在募、投、管、退四个阶段

是否存在严重违规或违约行为，尤其是在投资过程中是否谨慎勤勉、合法合规地履行了管理人义务。基金管理人的义务来源于适当性义务、审慎勤勉义务等法定要求，也来源于《基金合同》的具体约定，在基金管理人存在违约行为时，也应判断是轻微过失下的瑕疵履行还是构成根本违约。本案中，基金管理人超越投资范围的限制，投资方向偏离了基金产品的风险等级要求，实质性损害了投资者利益，致使其无法实现合同目的，因而投资者主张解除合同于法无悖。

同时，在仲裁中，投资者为保障自身权益一般会增加被申请人，要求基金托管人承担连带赔偿责任或补充赔偿责任。基金托管人的义务来源于法定以及合同约定，仲裁机构宜以合同约定为其义务的主要衡量标准，从而判断基金托管人是否有效履行了保管基金财产与监督基金管理人投资行为的义务，根据其过错对于损害后果的影响承担有限的补充责任。当然，如果基金托管人与基金管理人存在意思联络，共同侵害了投资者权益，则应与基金管理人承担连带赔偿责任。

此外，本案中，裁判者灵活分配了各主体承担的举证责任，基金管理人与基金托管人作为专业机构，提供证据证明其勤勉尽责且履行行为符合合同约定的难度比投资者证明其违约的难度更低，因此理应承担更多的举证责任，本案中，投资者提供了行政监管部门的相关文件已经完成了初步举证责任，基金管理人与基金托管人在不能举出反证证明不存在违约或违规行为时，应承担举证不力的法律后果。

A 信托公司、B 集团公司、自然人 C、自然人 D、E 糖业公司、F 特钢公司、G 金属科技公司、H 再生资源公司差额补足协议争议案

中国国际经济贸易仲裁委员会（以下简称"仲裁委员会"）根据申请人 A 公司（以下简称"申请人"）与被申请人 B 公司（以下简称"第一被申请人"）于 2018 年 1 月某日签订的编号为 XXXX-3 的《差额补足协议》、于 2020 年 1 月某日签订的编号为 XXXX-301 的《差额补足协议之补充协议》、于 2021 年 1 月某日签订的编号为 XXXX-302《差额补足协议之补充协议（二）》；申请人与被申请人 C（自然人）（以下简称"第二被申请人"）于 2018 年 1 月某日签订的编号为 XXXX-4 的《差额补足协议》、于 2020 年 1 月某日签订的编号为 XXXX-401 的《差额补足协议之补充协议》、于 2021 年 1 月某日签订的编号为 XXXX-402《差额补足协议之补充协议（二）》；申请人与被申请人 D（自然人）（以下简称"第三被申请人"）于 2020 年 1 月某日签订的编号为 XXXX-201902 的《连带责任保证合同》、于 2021 年 1 月某日签订的编号为 XXXX-201902 补充 1 的《连带责任保证合同之补充协议》；申请人与被申请人 E 公司（以下简称"第四被申请人"）于 2020 年 1 月某日签订的编号为 XXXX-201903 的《保证担保合同》、于 2021 年 1 月某日签订的编号为 XXXX 201903 补充 1 的《保证担保合同之补充协议》；申请人与被申请人 F 公司（以下简称"第五被申请人"）于 2020 年 1 月某日签订的编号为 XXXX-201904 的《保证担保合同》、于 2021 年 1 月某日签订的编号为 XXXX-201904 补充 1 的《保证担保合同之补充协议》；申请人与被申请人 G 公司（以下简称"第六被申请人"）于 2020 年 1 月某日签订的编号为 XXXX-201905 的《保证担保合同》、于 2021 年 1 月某日签订的编号为 XXXX-201905

补充 1 的《保证担保合同之补充协议》；申请人与被申请人 H 公司（以下简称"第七被申请人"，第一被申请人、第二被申请人、第三被申请人、第四被申请人、第五被申请人、第六被申请人、第七被申请人合称"被申请人"）于 2020 年 1 月某日签订的编号为的《保证担保合同》、于 2021 年 1 月签订的编号为补充 1 的《保证担保合同之补充协议》中关于仲裁条款的约定以及申请人于 2022 年 3 月某日向仲裁委员会 M 地分会提交的书面仲裁申请，受理了本争议仲裁案。

一、案情

（一）申请人的请求及其所依据的事实和理由

2018 年 1 月某日，申请人与第一被申请人签订了编号为 XXXX-3 的《差额补足协议》、与第二被申请人签订编号为《差额补足协议》，约定两被申请人同意作为差额补足义务人，承诺在申请人设立的"1 号信托计划"（以下简称"信托计划"，仲裁庭注）终止时，若契约型基金持有的标的股票全部变现并清算完成，本信托截至信托终止之日时获得的累计现金财产小于本信托计划初始信托资金总额加上年化收益率 9.5% 投资收益扣除累计清算时对应的信托本金自清算日（不含）起至信托计划终止之日（含）之间的预期收益后的金额，则两被申请人应无条件向申请人承担连带补足义务。

2020 年 1 月某日，申请人与第一被申请人另签订编号为 XXXX-301《差额补足协议之补充协议》、与第二被申请人签订编号为 XXXX-401《差额补足协议之补充协议》，约定申请人每个自然季度为受益人分配信托收益，若届时信托计划现金余额不足以支付上述收益的，两被申请人承诺于每个自然季度末月的 20 日前由两被申请人或两被申请人指定的第三方向信托计划专用账户补足差额。

2020 年 1 月某日，2021 年 1 月某日，申请人与第三被申请人分别签订编号为 XXXX-201902《连带责任保证合同》、XXXX-201902 补充 1《连带责任保证合同之补充协议》，约定第三被申请人为第一被申请人、第二被申请人在《差额补足协议》《差额补足协议之补充协议》项下的差额补足义务承担连带保证责任担保。

2020 年 1 月某日，2021 年 1 月某日，申请人与第四被申请人分别签订编号为 XXXX-201903《保证担保合同》、XXXX-201903 补充 1《保证担保合同之补充协议》，约定第四被申请人为第一被申请人、第二被申请人在《差额补足协议》《差额补足协议之补充协议》项下的差额补足义务承担连带保证责任担保。

2020年1月某日，2021年1月某日，申请人与第五被申请人分别签订编号为XXXX-201904《保证担保合同》、XXXX-201904补充1《保证担保合同之补充协议》，约定第五被申请人为第一被申请人、第二被申请人在《差额补足协议》《差额补足协议之补充协议》项下的差额补足义务承担连带保证责任担保。

2020年1月某日，2021年1月某日，申请人与第六被申请人分别签订编号为XXXX-201905《保证担保合同》、XXXX-201905补充1《保证担保合同之补充协议》，约定第六被申请人为第一被申请人、第二被申请人在《差额补足协议》《差额补足协议之补充协议》项下的差额补足义务承担连带保证责任担保。

2020年1月某日，2021年1月某日，申请人与第七被申请人分别签订编号为XXXX-201906《保证担保合同》、XXXX-201906补充1《保证担保合同之补充协议》，约定第七被申请人为第一被申请人、第二被申请人在《差额补足协议》《差额补足协议之补充协议》项下的差额补足义务承担连带保证责任担保。

自2020年起，由于信托计划现金余额不足以向信托计划的委托人支付申请人与第一被申请人、第二被申请人约定的信托收益分配金额，两被申请人应在每个自然季度末月的20日前向信托计划专用账户补足差额，但第一被申请人、第二第一被申请人一直没有履行约定的义务，已构成违约。截至2023年6月某日（不含），第一被申请人、第二被申请人应支付而未支付补足款为6700余万元（本裁决所有款项均为人民币——仲裁庭注）；截至2023年7月某日，因未付差额补足款产生违约金为2400余万元。

申请人多次通过信函、电话、现场洽谈等方式督促第一被申请人、第二被申请人及时履行补足金额的义务。但两被申请人拒不履行合同约定的付款义务，已经构成严重违约。为维护申请人的合法权益，根据当事人达成的仲裁条款，特向仲裁机构申请仲裁。

申请人最终确认的仲裁请求如下：

（1）第一被申请人、第二被申请人向申请人支付自2019年4月某日

（含）起至 2023 年 6 月某日（不含）止的信托计划收益差额补足款 6700 余万元。

（2）第一被申请人、第二被申请人向申请人支付因未支付自 2019 年 4 月某日（含）起至 2023 年 6 月某日（不含）止的信托计划收益差额补足款而产生的违约金，直至全部付清差额补足款之日止，暂计至 2023 年 7 月某日为 2400 余万元（以每季度末月某日应付未付款项金额的日 5‰乘以拖欠天数计算，具体计算方法略）。

（3）第一被申请人、第二被申请人向申请人支付本案仲裁费、保全费、财产保全责任保险费等全部债权维护费用。

（4）被申请人向申请人偿付为办理本案支付的差旅费。

（5）第三被申请人、第四被申请人、第五被申请人、第六被申请人、第七被申请人对上述第 1~4 项仲裁请求向申请人承担连带清偿责任。

（二）被申请人的管辖权异议及答辩情况

1. 第一被申请人提出的主要异议：

第一被申请人已经被 N 地 Z 市人民法院（以下简称"Z 市法院"，仲裁庭注）于 2020 年 2 月某日裁定宣布进入破产和解程序，Z 市法院于 2020 年 4 月某日裁定认可《B 公司的和解协议》（以下简称《和解协议》，仲裁庭注），《和解协议》目前已经进入执行期，执行完毕后，第一被申请人破产和解案件进入终结程序。依据 Z 市法院〔2020〕N 号公告"请于 2020 年 3 月某日前向 B 公司管理人申报债权""未依法申报债权的，在和解协议执行期间不得行使权力，在和解协议执行完毕后可以按照和解协议规定的同类债权条件行使权力"，申请人仲裁应当受上述公告的约束，申请人没有按时向管理人申报债权，在和解协议执行期间不得行使权力，亦不得提起仲裁申请。同时《企业破产法》（以下简称《破产法》，仲裁庭注）第 21 条规定：人民法院受理破产申请后，有关债务人的民事诉讼，只能向受理破产申请的人民法院提起。因此本案仲裁申请不应受理，无仲裁管辖权。

2. 第一被申请人的主要书面答辩意见：

（1）《差额补足协议》与《差额补足协议之补充协议》无效，申请人的请求权基础不能成立。

《差额补足协议》与《差额补足协议之补充协议》系"定增保底协议"，应当认定无效。

案例六　A信托公司、B集团公司、自然人C、自然人D、E糖业公司、F特钢公司、G金属科技公司、H再生资源公司差额补足协议争议案

第一被申请人系A股上市公司I公司股份有限公司（证券代码：XXXX，以下简称"I公司"，仲裁庭注）的股东，按照《差额补足协议》《差额补足协议之补充协议》的约定，该等协议系"定增保底"协议与"抽屉协议"，参照最高人民法院《关于为深化新三板改革、设立北京证券交易所提供司法保障的若干意见》第9条的司法意见，因违反"三公"原则与《证券发行与承销管理办法》《上市公司非公开发行股票实施细则》等证券监管规定，应当认定无效。最高人民法院在其发布的《2022年全国法院十大商事案件》之四南京高科新浚成长一期股权投资合伙企业（有限合伙）诉房某某、梁某某等上市公司股份回购合同纠纷案中，认为"投资人和上市公司股东、实际控制人签订的与股票市值挂钩的回购条款应认定无效"，该案为2022年度全国各级人民法院已判决生效的具有重大社会影响和标志性意义的案件，具有重要的指导意义。同时，该案进一步肯定了上述意见不仅适用于新三板市场，也适用于A股市场；不仅适用于意见发布后的"定增保底"协议，而且适用于此前的"定增保底"协议。无效的合同自始无效，申请人的请求权基础不能成立。

《差额补足协议》与《差额补足协议之补充协议》是为了满足信托委托人的刚性兑付，也应当认定无效。《差额补足协议》是为了保障信托委托人获得固定收益而签订，《差额补足协议之补充协议》第1条第1款更进一步明确是为了让信托委托人按照自然季度获得固定回报，按照《全国法院民商事审判工作会议纪要》（以下简称《九民纪要》，仲裁庭注）第92条的规定，属于刚性兑付，应当认定无效，为保障刚性兑付而签订的差补协议，也是无效的。

（2）退一步讲，即使《差额补足协议》与《差额补足协议之补充协议》合法有效，信托收益请求也欠缺合理性与合法性，且计算错误。

首先，信托收益请求欠缺合理性与合法性。按照《差额补足协议》第2条第1款的约定，差额补足款应当在股票全部变现并清算完成后确定并补足，如果涉案股票尚未变现，则不能确定差额。虽然按照《差额补足协议之补充协议》第1条第2款的约定，信托收益于每个自然季度末月的某日前补足，但差额尚未确定，且在持有股票期间按照信托本金计算收益，欠缺合理性；申请人迟迟不予变现股票，扩大了第一被申请人的损失，按照《民法典》第592条第2款的规定，因此增加的损失应当由申请人承担。

其次，申请人信托收益计算存在重大错误。《差额补足协议之补充协议》自 2020 年 1 月某日生效，但申请人自 2019 年 4 月某日开始起算信托受益，多主张了自 2019 年 4 月某日至 2020 年 3 月某日的信托受益 1400 余万元。另外，第一被申请人已经于 2019 年 1 月某日支付 1600 余万元，缺乏合同依据，也应当冲抵。信托收益的计算结果应当为近 4200 万元–1400 余万元–1600 余万元 = 1100 余万元。

（3）再退一步讲，申请人主张的逾期违约金缺乏依据且明显过高，不应支持。

首先，逾期违约金缺乏合同依据。按照《民法典》第 585 条的规定，违约金系当事人在合同中约定的违约后应当向守约方支付的金钱，违约金需要以约定为前提且与违约行为具有对应性。虽然按照《差额补足协议》第 5 条第 3 款的约定，逾期付款应当按日 5‰支付违约金，但该违约金针对的是第 3 条约定的不按时支付"信托终止（含提前终止）时的差额补足"款的违约责任，而申请人在本案中主张的违约金针对的是《差额补足协议之补充协议》第 1 条第 1 款的违约行为，并非"信托终止（含提前终止）时的差额补足"款，这属于新增的义务或者违约行为，该补充协议并未约定相应的违约金，不可适用《差额补足协议》第 5 条第 1 款的约定。

其次，逾期违约金过高，应当调低为 0。即使应当适用《差额补足协议》第 5 条第 1 款的约定，结合目前的利率水平与 x%的年化收益率以及占有案涉股票的收益，按照《仲裁法》第 7 条确定的仲裁原则，应当调低为 0。

3. 从程序上申请人作为和解债权人应当按照破产程序寻求救济，而不可申请仲裁。

Z 市法院已于 2020 年 4 月某日裁定认可了第一被申请人《和解协议》，并于 2023 年 6 月某日裁定认可了《和解协议》变更方案。申请人作为无财产担保的债权人，按照《破产法》第 100 条的规定，属于和解债权人，应当按照《破产法》第 44 条、第 45 条的规定申报债权，只有对债权表记载的债权有异议的，可以按照《破产法》第 58 条与最高人民法院《关于适用〈中华人民共和国企业破产法〉若干问题的规定（三）》（以下简称《破产法司法解释三》，仲裁庭注）第 8 条的规定申请仲裁，且只能提出确认请求。但申请人并未申报债权，只能按照《破产法》第 100 条第 3 款的规定行使权利，而不可申请仲裁。

案例六　A 信托公司、B 集团公司、自然人 C、自然人 D、E 糖业公司、F 特钢公司、G 金属科技公司、H 再生资源公司差额补足协议争议案

申请人与第一被申请人之间的纠纷，属于仲裁机构无权仲裁的情形。《破产法》相对于《仲裁法》《民事诉讼法》而言，属于特别法，应当优先适用《破产法》规定的救济程序。申请人对第一被申请人的仲裁申请违反了《民事诉讼法》第 244 条第 2 款第 2 项与最高人民法院《关于人民法院办理仲裁裁决执行案件若干问题的规定》第 13 条第 1 款第 2 项的规定，应当撤销第一被申请人的仲裁申请。

综上，第一被申请人认为申请人对其仲裁请求欠缺事实与法律依据，违反《破产法》的规定，应予撤销案件或驳回其仲裁请求。

第二被申请人、第三被申请人、第四被申请人、第五被申请人、第六被申请人和第七被申请人在庭审中表示，其答辩意见同于上述第一被申请人的答辩意见。在担保责任方面，第四被申请人、第五被申请人、第六被申请人和第七被申请人另主张本案《保证担保合同》和《保证担保合同之补充协议》因订立过程中缺失公司董事会或股东决议程序而无效。

（三）双方当事人的主要意见

1. 申请人的主要代理意见：

《信托合同》不存在保证本息固定回报、保证本金不受损失等保底或者"刚兑条款"，第一被申请人及第二被申请人不属金融机构，其对信托公司提供差额补足义务的承诺不违反相关规定。

《差额补足协议》《差额补足协议之补充协议》及《差额补足协议之补充协议（二）》（以下概称"差补协议"，仲裁庭注）约定的差额补足实质是就信托固定预期收益差额部分的补足，且第一被申请人、第二被申请人享有分配超额信托收益的权利，预期信托收益的计算方式与 I 公司的股票价格、交易价值并不挂钩，不存在人为操纵股价的可能，未违反证券法的"三公原则"，应为合法有效。

结合申请人证据 15、证据 16，第三被申请人至第七被申请人作为担保人提供的担保符合《公司法》第 16 条的规定，《差额补足协议》及其补充协议的约定合法有效，第三被申请人至第七被申请人应承担保证担保责任。

第一被申请人指定 J 公司支付的 1600 余万元是基于对《差额补足协议》的履行，与《差额补足协议之补充协议》无关，该款项不应在申请人主张的数额中予以扣减。

《差额补足协议之补充协议》第 1 条第 2 款约定的差补义务除了按 x% 分

配给信托计划委托人的收益外，包括 y% 的管理费及 0.1y% 的托管费，申请人主张的信托管理费（y%）和托管费（0.1y%）属于被申请人差额补足的范围。

2. 被申请人的主要代理意见如下：

差补协议系定增保底协议，应当认定无效，且系为实现信托刚兑而订立，应认定无效。

申请人并不存在损失，被申请人并不存在过错，被申请人不应承担赔偿责任。申请人应当返还财产并赔偿被申请人损失。

即使差补协议有效，支付差补收益与违约金的仲裁请求也不能成立。在差补收益请求项下，信托管理费与信托托管费不属于信托受益补足款；差补收益请求应当自《差额补足协议之补充协议》生效后起算，并应在合理期限内清算。在关于违约金请求项下，违约金请求缺乏依据，逾期违约金过高。

二、仲裁庭意见

结合本案审理情况，根据有关法律规定，仲裁庭就本案事实和法律问题分析认定如下。

（一）关于本案相关事实

根据庭审及双方质证情况，仲裁庭查明如下事实：

1. 关于案涉信托合同的订立及执行情况（申请人证据 1—9、证据 32—37）。

申请人于 2018 年 1 月某日与委托人 K 合伙企业（有限合伙）及 T 某（自然人）分别订立了《1 号信托计划资金信托合同》（以下简称《信托合同》，仲裁庭注）。根据《信托合同》的约定，申请人于 2018 年 1 月 a 日成立案涉信托计划，信托计划的委托人同时为受益人，信托资金本金共计近 1.7 亿元，其中 K 合伙企业分两次认购共计 1.6 亿余元信托计划份额，T 某认购在 100 万元后，另追加认购近 200 万元，共认购近 300 万元信托计划份额。

案涉信托计划通过投资 L 公司设立的 L 公司私募股权投资基金（以下简称"私募股权基金"，仲裁庭注）认购 I 公司非公开发行的股票。

申请人于 2018 年 1 月某日与委托人订立《信托合同》后，于 2018 年 11 月某日与委托人另订立了《1 号信托计划资金信托合同之补充协议》（以下简称《信托合同之补充协议》，仲裁庭注），并于 2020 年 1 月某日与委托人订立

案例六　A 信托公司、B 集团公司、自然人 C、自然人 D、E 糖业公司、F 特钢公司、G 金属科技公司、H 再生资源公司差额补足协议争议案

了《1 号信托计划资金信托合同之补充协议二》（以下简称《信托合同之补充协议二》，仲裁庭注），约定申请人在每个自然季度末月的 20 日向委托人支付信托收益的义务。

其后，申请人于 2021 年 1 月某日与委托人订立了《1 号信托计划资金信托合同之补充协议三》（以下简称《信托合同之补充协议三》，仲裁庭注），将信托计划的信托期限调整为自信托计划正式成立之日起至 2023 年 7 月某日，经所有委托人与受托人一致同意后可提前终止本信托计划。信托期限届满时，若信托计划项下除信托业保障基金财产外的其他信托财产未全部变现，信托计划自动延长至除信托业保障基金财产外的其他信托财产全部变现之日终止。

2. 关于差补协议及担保合同的订立情况（申请人证据 1—14、证据 32—33）。

2018 年 1 月某日，申请人分别与第一被申请人和第二被申请人各订立一份《差额补足协议》，协议约定以信托计划终止日为基准日，在信托计划所投资的私募股权基金所持有的标的股票变现清算后，如信托计划财产小于"初始信托资金总额+9.5% 的年化收益−累计清算的收益"之金额的，第一被申请人和第二被申请人对申请人承担差额补足义务。

申请人于 2020 年 1 月某日分别与第一被申请人、第二被申请人签订《差额补足协议之补充协议》，约定申请人于每自然季度向信托受益人分配信托收益，若届时信托计划现金余额不足以支付收益，第一被申请人、第二被申请人于每个自然季度末月的 20 日前自行或指定第三方补足差额。

之后，申请人于 2021 年 1 月某日分别与第一被申请人、第二被申请人另签订了《差额补足协议之补充协议（二）》，约定第一被申请人、第二被申请人同意并知晓信托计划期限调整，并同意继续按照信托合同、信托合同补充协议、《差额补足协议》及《差额补足协议之补充协议》的约定承担差额补足责任。

这期间，申请人与第三被申请人分别于 2020 年 1 月某日、2021 年 1 月某日订立了《连带责任保证合同》和《连带责任保证合同之补充协议》，约定第三被申请人对第一被申请人、第二被申请人就差补协议项下的义务承担连带保证责任。

同时，申请人于 2020 年 1 月某日分别与第四被申请人、第五被申请人、

第六被申请人、第七被申请人各签订了《保证担保合同》，另于 2021 年 1 月某日分别与第四被申请人、第五被申请人、第六被申请人、第七被申请人各签订了《保证担保合同之补充协议》，约定第四被申请人、第五被申请人、第六被申请人、第七被申请人对第一被申请人、第二被申请人就差补协议项下的义务承担连带保证责任。

3. 关于差补协议的执行情况（申请人证据 17～25）。

2019 年 1 月 a 日，第一被申请人向申请人出具了《承诺函》，确认《差额补足协议》项下的差补义务，并承诺指定 J 公司于 2019 年 1 月（a+1）日前向信托计划保管账户支付 1600 余万元的信托增强资金，用于支付信托计划税费、信托管理费、托管费等相关费用以及向委托人支付信托收益。同日，J 公司向申请人账户支付了 1600 余万元，并出具了《申明函》，确认上述款项用于支付信托管理费、托管费及信托受益等用途。2019 年 1 月（a+4）日，申请人向 K 合伙企业转账支付 1500 余万元，向 T 某支付 27 万余元，付款回单摘要项下标注的资金用途为"收益分配"字样。

后第一被申请人另向申请人出具了《承诺函》，确认《差额补足协议》及《差额补足协议之补充协议》项下的差补义务，并承诺指定 J 公司于 2020 年 3 月某日前向信托计划保管账户支付 1900 余万元的信托增强资金，用于支付信托计划税费、信托管理费、托管费等相关费用以及向委托人支付信托收益，该《承诺函》未实际履行。

2020 年 11 月 a 日，案外人 P 公司向申请人账户支付 500 万元，收款回单摘要中备注的资金用途为"代 B 公司支付给 N 地高速集团差额补足款"。2020 年 11 月（a+5）日，申请人向 K 合伙企业支付 430 余万元，另向 T 某支付 7.8 万余元，付款回单标注为"收益分配"。

4. 关于第一被申请人的破产和解程序（被申请人证据 1 和第一被申请人提交的司法文书）。

2020 年 2 月某日，Z 市法院裁定受理第一被申请人提出的破产和解申请，并于同日公告债权人申报债权事宜，并指定"B 公司清算组"为管理人。2020 年 4 月某日，Z 市法院裁定认可《和解协议》，终止第一被申请人和解程序。后因《和解协议》执行不能，债权人会议通过了《和解协议变更方案》，经第一被申请人申请，2023 年 6 月某日，Z 市法院裁定认可第一被申请人《和解协议变更方案》。

案例六　A信托公司、B集团公司、自然人C、自然人D、E糖业公司、F特钢公司、G金属科技公司、H再生资源公司差额补足协议争议案

以上事实有案涉信托合同、信托文件、差补协议、担保合同、转账凭证、裁判文书等在案证据佐证。被申请人虽不认可申请人证据35、证据36以及申请人涉第三方交易金额的真实性，但未就此提供相反的证据，考虑到被申请人认可其他证据的真实性，且证据35、证据36以及涉第三方证据与上述差补协议、担保合同等在内容上互相吻合，可予相互印证，故仲裁庭综合本案案情，确认上述证据的真实性，并依法认定上述事实。对于申请人庭后逾期提交的关于T某追加认购信托财产的证据，鉴于庭审中被申请人认可申请人证据26列示的近1.7亿元信托计划本金总额，故仲裁庭对该份证据予以采信，对其金额一并认定和处理。但申请人因逾期提交证据而致仲裁程序延长，损害了被申请人的程序利益，仲裁庭认为申请人另需对此承担相应的仲裁费。

（二）关于本案仲裁管辖权问题

第二被申请人至第七被申请人未对本案仲裁提出管辖异议，第一被申请人对本案仲裁管辖权提出了如前异议。

针对第一被申请人的管辖权异议事由，申请人表示：依据《破产法司法解释三》第8条的规定，申请人有权依据与第一被申请人先前订立的仲裁条款提起本仲裁案。第一被申请人提交的管辖权异议材料无法证明《和解协议》目前的状态，《破产法》第100条第3款规定的和解债权人不得行使权利是指在《和解协议》执行期间不得依据《和解协议》向第一被申请人主张清偿，并非排除申请人申请仲裁的权利。申请人有权依据仲裁条款提起仲裁，以确认被申请人对申请人所负的债务，并要求被申请人给付债务。而且，无论第一被申请人的仲裁管辖异议是否成立，对其他被申请人提出的仲裁不受影响。

仲裁庭注意到，根据《破产法》第100条的规定，和解债权人未申报债权的，在和解协议执行期间不得行使权利，但在和解协议执行完毕后，可以按照和解协议规定的清偿条件行使权利。这说明，债权人在和解程序期间未申报债权的，依法并未失权，仍可依照和解协议规定的条件行使权利。本案中，申请人对第一被申请人提请仲裁，亦在于依法确认申请人的债权金额。关于债权确认事宜，根据《破产法司法解释三》第8条的规定，债权人和债务人因债权申报、确认发生纠纷的，应向有管辖权的人民法院提起债权确认诉讼，但如当事人在破产申请受理前订有仲裁条款或仲裁协议的，应向选定的仲裁机构申请确认债权债务关系。根据上述规定，本案申请人虽未申报债权，但其债权在通过仲裁程序确认后，可依照案涉《和解协议变更方案》规

定的清偿条件对第一被申请人行使权利。

鉴于申请人与第一被申请人订有差补协议，根据《差额补足协议》第 7 条的约定，"各方就本协议的履行、解释、效力发生的一切争议，首先通过协商解决，协商不成的，任一方均应将争议提交至中国国际经济贸易仲裁委员会 M 地分会按照申请仲裁时现时有效的仲裁规则进行仲裁"。鉴此，仲裁庭认为申请人将其与第一被申请人之间的债权争议提交至贸易仲裁委员会 M 地分会仲裁，符合法律规定和仲裁条款的约定，亦不妨碍第一被申请人破产和解程序的进行。

综上，第一被申请人的管辖权异议不成立，仲裁委员会对本案具有管辖权。在此基础上，仲裁庭对本案争议有权审理并予裁决。

（三）关于本案争议的主要问题

结合前述双方诉辩的内容，仲裁庭对本案争议的主要问题归纳并分析如下：

1. 关于差补协议的效力问题。

（1）差补协议是否为"定增保底"协议。

如前，第一被申请人提出差补协议为"定增保底"协议，应为无效，而申请人则持相反的主张。对此，仲裁庭认为：

第一，案涉信托计划的委托人，在委托申请人设立信托计划后，信托计划的财产实际投资于私募股权投资基金，而私募股权投资基金则将基金财产投向 I 公司非公开发行的股票的认购。虽然案涉信托计划财产最终投向 I 公司，但就差补协议的权利义务关系来看，系发生在第一被申请人与申请人之间，其目的在于第一被申请人对申请人（即信托计划的管理人）提供增信措施，该等增信措施客观上惠及信托计划的委托人，但其毕竟是第一被申请人与申请人之间的商业安排，即差补协议的权利主体、补足义务等内容，与《信托合同》中的债权人、债务内容等不具有同一性，差补协议属独立合同。同期的《信托合同之补充协议》第 2 条第 4 项约定"剩余信托财产作为超额信托收益，首先返还信托计划项下差补义务人为信托计划支付的信托增强资金"，第一被申请人作为差补协议的当事方，在订立《差额补足协议》，尤其是在订立《差额补足协议之补充协议》之前，自应知悉《信托合同》及《信托合同之补充协议》的权利义务条款，故应洞悉并预判所承担的权利义务后果。根据差补协议的安排，相关利害得失、损益风险以及权责利弊等后果，

案例六　A 信托公司、B 集团公司、自然人 C、自然人 D、E 糖业公司、F 特钢公司、G 金属科技公司、H 再生资源公司差额补足协议争议案

应直接由差补协议的当事人而非其他主体所直接承担。所以，第一被申请人订立差补协议时，其虽为 I 公司的控股股东，但若将其与申请人订立差补协议的目的定位于为上市公司定增股票的发行对象提供"保底"承诺，并没有直接的事实依据。故，有关《证券发行与承销管理办法》《上市公司非公开发行股票实施细则》"上市公司及其控股股东、实际控制人、主要股东不得向发行对象作出保底保收益或变相保底保收益承诺……提供财务资助或补偿"的规定，并不适用于本案案情。

第二，本案申请人请求的合同依据是《差额补足协议之补充协议》第 1.2 条的约定，即"受托人每个自然季度为受益人分配信托收益。若届时信托计划现金余额不足以支付上述收益，乙方承诺于每个自然季度末月的某日前由乙方或乙方指定的第三方向信托计划专用账户补足差额"。根据该条约定，第一被申请人履行差补义务并非基于标的股票售卖差价，亦未与标的股票价格进行联动"绑定"，故不存在第一被申请人所主张的"投资人和上市公司控股股东签订的与股票市值挂钩的回购条款应认定无效"之情形，也不能将此定性为当事人影响资本市场定价机制、误导投资者、损害资本市场交易秩序与交易安全的情形。《证券法》规定的股票发行、交易应予遵循的"公开、公平、公正"等原则并未因此受到损害。

第三，从与本案差补协议关联的投资关系看，案涉信托计划的投资人，即信托合同的委托人通过与申请人订立《信托合同》，投资于申请人管理的信托计划；申请人作为信托计划的管理人，代表信托计划与 L 公司订立私募股权基金合同，将信托计划财产投资于私募股权基金产品；L 公司作为私募股权基金的管理人，负责确定私募股权基金财产的投资标的，将私募股权基金财产投向 I 公司非公开发行的股票（限售期 1 年）。在上述投资和交易关系中，不同的当事人之间分别通过信托合同、基金合同、股票认购合同的订立，彼此确立各自的相对方，并据以形成不同的投资权利义务关系。第一被申请人主张差补协议系上市公司的控股股东为投资人提供"保底"承诺，其实质是概以差补协议项下之权利义务关系替代或否定其他投资合同的法律效力，概以本案纠纷之解决而替代其他独立主体之间的权利义务判断，明显缺失法律依据。而且，对本案之外的其他投资交易合同关系及其效力之判断，亦超出了本案管辖和仲裁的范围。

第四，从本案差补协议的订立及履行情况看，第一被申请人在与申请

订立《差额补足协议》之后，陆续与之订立了《差额补足协议之补充协议》和《差额补足协议之补充协议（二）》，并先后指定第三人履行了部分差额补足的义务，以使申请人免于被追索之责。尤其是，在申请人于2021年1月某日与委托人订立《信托合同之补充协议三》以延长信托计划的期限后，第一被申请人仍然与申请人签订了《差额补足协议之补充协议（二）》，同意在信托计划延长的期限内继续承担信托受益的差额补足义务，充分说明第一被申请人自愿承担申请人履约风险之目的。在此语境下，第一被申请人事后主张该等增信措施无效，并主张申请人未及时终止信托计划、任意扩大损失等抗辩事由，明显有悖于诚实信用原则。

综合上述事由，结合差补协议订立时的法律法规的规定，仲裁庭对第一被申请人关于差补协议系"定增保底"协议应认定无效的主张不予支持。

关于《差额补足协议》及补充协议之于第二被申请人的效力，仲裁庭认为，本案未有证据证明第二被申请人在其订立差补协议时系上市公司的控股股东、实际控制人或主要股东，故不适用上述《证券发行与承销管理办法》《上市公司非公开发行股票实施细则》"上市公司及其控股股东、实际控制人、主要股东不得向发行对象作出保底保收益或变相保底保收益承诺……提供财务资助或补偿"的规定。同时，结合上述相同事由，仲裁庭认为第二被申请人关于《差额补足协议》及补充协议无效的主张亦不能成立。

（2）关于"刚性兑付"问题。

第一被申请人、第二被申请人援引《九民纪要》第92条，主张《信托合同》系刚性兑付关系应认定无效，为保障刚性兑付而签订的差补协议亦为无效。

仲裁庭认为，参照中国人民银行、原银保监会、证监会、国家外汇管理局联合发布的"资管新规"等规定，"刚性兑付"是指金融机构在资产管理业务中在投资人或受益人的预期利益没有实现时以自己的固有财产进行补偿，因"刚性兑付"易扭曲市场机制，引发系统性金融风险，故应禁止。但本案差补协议分别是第一被申请人、第二被申请人向申请人作出的承诺，不属于资产管理人（金融机构）对投资者的固定收益承诺，不属于法律法规禁止的"刚性兑付"情形。至于第一被申请人、第二被申请人辩称《信托合同》无效，进而将《差额补足协议》及补充协议作为联立合同而无效的主张，结合前述事由，仲裁庭认为关于《信托合同》的定性及效力判断超出了本案仲裁范围，在未有司法或仲裁法律文书确定案涉《信托合同》无效的情况下，仲裁庭故对第一被申请人、第二被申请人的该等抗辩事由不予支持。

综合上述（1）（2）的内容，仲裁庭认为，第一被申请人和第二被申请人与申请人订立的差补协议，是《信托合同》之外的当事人提供的第三方差额补足增信措施，其目的在于为案涉信托计划收益提供增信服务。因该等增信措施由第一被申请人、第二被申请人直接向作为信托计划管理人的申请人提供，不属于为主债权人提供保证担保的情形，而是第一被申请人、第二被申请人与申请人之间达成的独立的合同关系。《差额补足协议》及补充协议系双方当事人的真实意思表示，且不违反法律、法规的强制性规定，依法具有法律约束力。

2. 关于本案担保合同的效力问题。

仲裁庭注意到，第三被申请人、第四被申请人、第五被申请人、第六被申请人和第七被申请人所订之《连带责任保证合同》《保证担保合同》发生于《民法典》实施之前，而有关《连带责任保证合同之补充协议》和《保证担保合同之补充协议》则订立于《民法典》实施之后。从其内容来看，《连带责任保证合同之补充协议》和《保证担保合同之补充协议》的内容涵盖了前期《连带责任保证合同》《保证担保合同》的担保范围，并将其内容纳入其中，双方当事人最终调整并确立担保权利义务关系的法律事实实际发生在《民法典》实施以后，仲裁庭根据《民法典》和《公司法》的相关规定，同时参照最高人民法院《关于适用〈中华人民共和国民法典〉有关担保制度的解释》（以下简称《担保司法解释》，仲裁庭注）的相关规定，解决本案项下的担保争议。

另鉴于第三被申请人、第四被申请人、第五被申请人、第六被申请人、第七被申请人等主体情况各异，仲裁庭对相关担保法律文件的效力问题分述如下。

（1）关于第三被申请人的担保责任问题。

基于前述查明的事实，第三被申请人系自然人，其于 2020 年 1 月某日与申请人签订了《连带责任保证合同》，承诺就申请人《差额补足协议》《差额补足协议之补充协议》项下对第一被申请人、第二被申请人的全部债权，包括但不限于收益差额补足款、违约金，损失赔偿金以及为实现债权与担保权利而发生的费用承担连带责任保证担保。后第三被申请人于 2021 年 1 月某日与申请人另签订了《连带责任保证合同之补充协议》，承诺就《差额补足协议》《差额补足协议之补充协议》《差额补足协议之补充协议（二）》项下的差额补足义务承担连带保证责任担保。

关于差额补足义务内容，《连带责任保证合同之补充协议》"鉴于"部分明确包括了"申请人每个自然季度为受益人分配信托收益，若届时信托计划现金余额不足以支付每自然季度末月 20 日应向委托人分配的信托收益，第一被申请人、第二被申请人于每个自然季度末月的 20 日前由其或其指定的第三方向信托计划专用账户补足差额"的内容。

基于上述事实，仲裁庭认为，关于第三被申请人于 2020 年 1 月某日与申请人订立的《连带责任保证合同》以及于 2021 年 1 月某日与申请人订立的《连带责任保证合同之补充协议》，系第三被申请人自愿就第一被申请人、第二被申请人于差补协议项下的债务对申请人承担连带保证责任的承诺，从相对性看，是申请人与第三被申请人真实的意思表示，不违反《民法典》《公司法》等法律法规的强制性规定，故依法具有法律约束力，第三被申请人应恪守合同约定的担保责任。

（2）关于第四被申请人的担保责任问题。

第四被申请人于 2020 年 1 月某日与申请人签订了《保证担保合同》，另于 2021 年 1 月某日与申请人签订了《保证担保合同之补充协议》，明确同意继续为第一被申请人、第二被申请人在《差额补足协议》《差额补足协议之补充协议》《差额补足协议之补充协议（二）》项下的差额补足义务承担连带担保责任。

根据《公司法》第 16 条第 2 款的规定，公司为公司股东或者实际控制人提供担保的，必须经股东会或者股东大会决议。该条第 3 款同时规定："前款规定的股东或者受前款规定的实际控制人支配的股东，不得参加前款规定事项的表决。该项表决由出席会议的其他股东所持表决权的过半数通过。"

仲裁庭注意到，第四被申请人的股东及其所持股权比例历经多次变动，情形复杂。庭审质证时，被申请人对申请人证据 15、证据 16 项下有关"E 公司股东决定"的证据形式提出疑问，明确表示不认可其真实性。申请人对上述文件的来源未给予说明，且于庭后未能就此提供进一步的证据，亦未对此提供合理说明。鉴于此，仲裁庭认为，申请人未能举证证明第四被申请人为第一被申请人提供担保之行为，已按法律和章程规定获得公司有权机关的决

议或同意。故结合上述法律规定，仲裁庭认为，第四被申请人与申请人订立
的《保证担保合同》和《保证担保合同之补充协议》项下关于第一被申请人
义务所作的担保承诺无效。对于该等无效后果，双方当事人均有过错，结合
本案案情和《担保司法解释》的有关规定，仲裁庭认为第四被申请人应在第
一被申请人、第二被申请人不能清偿部分的1/2的范围内，向申请人承担赔
偿责任。

关于第四被申请人为第二被申请人提供担保所订的《保证担保合同》《保
证担保合同之补充协议》的效力，结合在案证据及庭审质证情况，在申请人
未能提供有效证据证明第四被申请人之担保行为已按法律和章程规定获得公
司有权机关决议或同意的情况下，仲裁庭认为第四被申请人于《保证担保合
同》和《保证担保合同之补充协议》项下对第二被申请人所作的担保承诺亦
为无效。基于上述相同的事由，仲裁庭认为第四被申请人应在第一被申请人、
第二被申请人不能清偿部分的1/2的范围内，向申请人承担赔偿责任。

（3）关于第五被申请人的担保责任问题。

第五被申请人于2020年1月某日与申请人签订了《保证担保合同》，另
于2021年1月某日与申请人签订了《保证担保合同之补充协议》，其担保事
项同于上述第四被申请人所承诺的担保内容。

结合本案证据，第五被申请人的控股股东为第七被申请人，仲裁庭认为，
尽管申请人证据15、证据16项下关于第五被申请人的股东决议非证据原件，
但第七被申请人自身亦签订了同于第五被申请人相同权利义务内容的《保证
担保合同》和《保证担保合同之补充协议》，说明第七被申请人同意对外提供
担保。结合《担保司法解释》第8条第3项的规定，仲裁庭认为第五被申请
人所订《保证担保合同》《保证担保合同之补充协议》，已经由其单独或者共
同持有公司2/3以上对担保事项有表决权的股东，即已经由第七被申请人签
字同意。故此，在第五被申请人未有相反证据或相反说明的情况下，仲裁庭
结合本案案情，对第五被申请人所订上述《保证担保合同》和《保证担保合
同之补充协议》的效力予以认定，对被申请人关于第五被申请人未依照《公
司法》作出决议主张不承担担保责任的抗辩不予支持。

据上，仲裁庭认为第五被申请人应按照《保证担保合同》《保证担保合同
之补充协议》的约定，就第一被申请人、第二被申请人于差补协议项下的义
务事项承担连带担保责任。

（4）关于第六被申请人的担保责任。

第六被申请人于 2020 年 1 月某日与申请人签订了《保证担保合同》，另于 2021 年 1 月某日与申请人签订了《保证担保合同之补充协议》，其担保事项同于上述第四被申请人所承诺的担保内容。

结合本案审理情况，第六被申请人的股东分别为案外人 R 公司（境外上市的公众股份有限公司）和案外人 S 公司。第六被申请人与申请人签订的《保证担保合同》第 12.2 条约定，"本合同的有效性、解释、执行及履行和争议解决均应适用中华人民共和国（香港、澳门、台湾地区除外）现行法律、行政法规之规定"，故仲裁庭基于双方约定，适用中华人民共和国内地（大陆）法律解决该担保合同的效力争议。

结合本案证据和质证情况，同时基于上述仲裁庭关于第四被申请人担保责任的处理意见，在申请人未能提供有效证据证明第六被申请人之担保行为已按法律和章程规定获得公司有权机关决议或同意的情况下，仲裁庭认为第六被申请人与申请人订立的《保证担保合同》和《保证担保合同之补充协议》项下的担保承诺无效。对于该等无效后果，双方当事人均有过错，结合本案案情，仲裁庭认为第六被申请人应在第一被申请人、第二被申请人不能清偿部分的 1/2 的范围内，向申请人承担赔偿责任。

（5）关于第七被申请人的担保责任。

第七被申请人于 2020 年 1 月某日与申请人签订了《保证担保合同》，另于 2021 年 1 月某日与申请人签订了《保证担保合同之补充协议》，其担保事项同于上述第四被申请人所承诺的担保内容。

结合本案审理情况，第七被申请人系第六被申请人（持股比例 100%）的一人有限责任公司，虽然仲裁庭上述以申请人证据不足之故认定第六被申请人无需为其订立的担保合同承担有效担保之责，但从事实上看，第六被申请人作为独立的商事主体，其与申请人订立《保证担保合同》《保证担保合同之补充协议》并承诺承担担保之责的事实客观存在。结合本案案情，仲裁庭认为，第六被申请人作为第七被申请人的股东，对于第七被申请人与申请人所订《保证担保合同》《保证担保合同之补充协议》的事实已知情并同意。上述第七被申请人所订《保证担保合同》《保证担保合同之补充协议》，既是第七被申请人自身的意思表示，也是其股东（第六被申请人）的真实意思表示。因此，在第七被申请人未有相反证据足以否定其股东意思表示真实性的情况下，仲裁庭依法认定第七被申请人基于其所订《保证担保合同》《保证担保合同之补充协议》的约定，对就第一被申请人、第二被申请人所负义务承担连带担保责任。

（四）关于申请人的各项仲裁请求

1. 关于要求第一被申请人、第二被申请人支付收益差额补足款的仲裁请求。

申请人于该项请求中要求第一被申请人、第二被申请人向其支付自 2019 年 4 月某日（含）起至 2023 年 6 月 20 日（不含）止的信托计划收益差额补足款 6700 余万元。

双方针对该部分请求的争议包括：第一被申请人、第二被申请人于何时开始收益补足义务；第一被申请人指定的案外人所付金额如何折抵第一被申请人、第二被申请人的补足义务；第一被申请人、第二被申请人应承担的收益差补金额如何确定。

（1）关于两被申请人承担按季度分配收益的差补义务的时间起算。

仲裁庭认为，本案《差额补足协议》约定的是第一被申请人、第二被申请人在信托计划终止及标的股票变现清算完成后所负差补义务的情形，而《差额补足协议之补充协议》约定的是第一被申请人、第二被申请人在申请人每个自然季度为受益人分配信托收益不足时的差补义务。鉴于本案申请人主张第一被申请人和第二被申请人承担的是第二种差补义务，故申请人的该项仲裁请求实际上是基于《差额补足协议之补充协议》项下关于差补义务的约定。

仲裁庭注意到，本案《差额补足协议》订立于 2018 年 1 月某日，从其内容来看，是基于《信托合同》中 30 个月的信托期限，对应约定信托到期终止后按初始信托资金总额加上年化 9.5% 的投资收益之标准承担相应的补足义务，但在《差额补足协议之补充协议》订立时，信托计划未有到期终止清算之迹象，双方遂约定由申请人按每个自然季度为受益人分配信托收益，以及第一被申请人和第二被申请人对应的差额补足义务。根据《差补协议之补充协议》第 1 条的约定，"甲方作为信托计划的受托人，拟于每个自然季度末月的 20 日向信托计划的委托人进行信托收益分配"，说明申请人在《差补协议之补充协议》订立之前，并未向委托人按季度分配收益，故要求第一被申请人和第二被申请人承担分配收益补足的差额亦无从谈起。而且，《差补协议之补充协议》于签字或盖章并加盖公章后才生效，即《差补协议之补充协议》

应于 2020 年 1 月某日起生效，因此，在《差补协议之补充协议》未约定溯及力条款的情况下，该补充协议中有关按季度补足收益差额的义务，应自 2020 年 1 月某日起才对第一被申请人和第二被申请人有约束力。

仲裁庭另注意到，根据申请人证据 17、证据 18 项下的《承诺函》，第一被申请人早于《差补协议之补充协议》订立之前，即向申请人承诺将指定 J 公司于 2019 年 1 月（a+1）日前向信托保管账户支付 1600 余万元的信托增强资金，用于支付信托计划产生的税费、信托管理费、信托托管费以及向委托人支付信托收益。其后，J 公司于 2019 年 1 月 a 日向申请人收款账户支付了上述金额，申请人随后于 2019 年 1 月（a+3）日以"收益分配"的方式将其中的 1500 余万元支付给委托人 K 合伙企业、27 万余元支付给委托人 T 某。

对上述事实，仲裁庭认为，第一被申请人在《差补协议之补充协议》订立之前通过《承诺函》承诺按季度支付信托收益差额义务，以及承诺承担信托管理费和信托托管费的行为，属当事人自愿履行和自愿处分的行为。鉴于《差补协议之补充协议》未约定对按季度承担信托收益补足义务事项具有溯及力，故上述 J 公司代第一被申请人支付的 1600 余万元资金的性质及用途，可根据第一被申请人《承诺函》进行确定，即用于支付信托计划产生的税费、信托管理费、信托托管费以及向委托人支付信托收益。考虑到申请人实际已按照第一被申请人《承诺函》载明的资金用途分配和使用了资金，故仲裁庭对当事人自愿处分及实际履行的内容不予干涉。但是，第一被申请人、第二被申请人主张如承担补足义务，则应将该笔 1600 余万元抵作 2020 年 1 月某日之后的信托收益补足金额，明显没有合同依据。上述第一被申请人自愿承诺且实际履行的内容，不得据以认定双方就信托管理费、信托托管费的费率及承担达成了一致。而且，第一被申请人自愿处分的权利义务的行为后果，并不及于第二被申请人，故亦不能要求第二被申请人于《差额补足协议之补充协议》订立之前即要求其承担信托管理费和托管费的差额补足义务。

据上，仲裁庭认为，根据《差额补足协议之补充协议》的约定，第一被申请人、第二被申请人应自 2020 年 1 月某日起始承担申请人按季度支付信托收益的差补义务。

（2）关于第一被申请人指定第三人所付资金的折抵问题。

基于上述分析，关于 J 公司受第一被申请人指令向申请人支付的 1600 余万元，申请人主张折抵 2018 年 1 月 a 日至 2019 年 1 月（a+1）日（不含）期

案例六　A信托公司、B集团公司、自然人C、自然人D、E糖业公司、F特钢公司、
G金属科技公司、H再生资源公司差额补足协议争议案

间按照年化收益率9.5%计算的包括信托管理（y%）、托管费（0.1y%）以及
信托收益在内的金额，仲裁庭认为符合本案事实。对于第一被申请人、第二
被申请人提出的将该笔金额折抵2020年1月某日之后的信托收益的差补义务
的抗辩，仲裁庭认为没有事实依据。

仲裁庭注意到，《差额补足协议之补充协议》第1.1条约定，申请人拟于
每个自然季度末月的20日向信托计划的委托人进行收益分配，分配金额按
"信托本金×x%×上次分配日至本次分配日期间的天数/360"的标准确定。若
届时信托计划现金余额不足以支付上述收益，第一被申请人、第二被申请人
承诺于每个自然季度末月的20日前由其或其指定的第三方补足差额。

根据上述约定，《差额补足协议之补充协议》并未约定第一被申请人对信
托管理费、托管费承担补足义务。因此，关于第一被申请人后续出具的另一
份《承诺函》，即承诺指定J公司于2020年3月某日前向信托计划保管账户
支付1900余万元的信托增强资金用于支付信托计划税费、信托管理费、托管
费等相关费用以及向委托人支付信托收益，虽然其承诺的内容发生在《差额
补足协议之补充协议》之后，但因《差额补足协议之补充协议》并未约定第
一被申请人对信托管理费、托管费承担补足义务，且第一被申请人实际并未
履行上述《承诺函》，故有关该份《承诺函》项下的信托管理费和托管费的
承担，并不发生对第一被申请人的约束力。

同时，基于上述《差额补足协议之补充协议》第1.1条的约定，关于第
一被申请人指定的案外人N地意正贸易有限公司于2020年11月a日向申请
人账户支付的500万元，鉴于该笔支付金额发生在《差额补足协议之补充协
议》生效之后，且当事方在收款回单摘要备注的仅是"代B公司支付给N地
高速集团差额补足款"，故仲裁庭认为该笔500万元的款项应折抵第一被申请
人、第二被申请人于2020年1月某日（含）之后的按季度承担信托收益补足
的金额。

（3）关于第一被申请人、第二被申请人信托收益差补金额的确定。

基于前述仲裁庭确认的事实，案涉《信托合同》项下信托计划的本金共
计近1.7亿元，按照《差额补足协议之补充协议》关于申请人向委托人拟分
配的信托收益之标准，第一被申请人、第二被申请人应按照每日"信托本金×
x%×上次分配日至本次分配日期间的天数/360"的标准，向申请人承担信托
收益分配补足时的差额补足义务，即每日承担的差补义务金额的最大值是近

4.3 万元（计算公式：近 1.7 亿元×x%/360 天＝近 4.3 万元）。

从本案实际情况看，申请人并未向信托计划委托人按季度支付信托收益，但鉴于申请人与委托人上述所订《信托合同之补充协议二》约定了"受托人于每个自然季度末月的 20 日当日向委托人进行信托收益分配"的义务，故本案申请人对委托人的支付义务并未消除。被申请人在代理意见中主张申请人并不存在损失，故被申请人无需承担赔偿责任的抗辩，没有事实和法律依据。本案申请人之请求权的基础在于本案《差额补足协议之补充协议》项下的合同之债，而非基于实际损失而要求被申请人履行损失赔偿，在申请人实际未能履行对信托委托人的收益支付义务的情况下，第一被申请人和第二被申请人基于《差额补足协议之补充协议》的约定，应全额承担相应的差补义务。按照上述差补金额的计算公式，第一被申请人和第二被申请人应按每日近 4.3 万元的标准对申请人承担差补义务。

关于被申请人辩称的本案信托计划应在合理期限内清算，或在信托期限 30 个月届满后或在标的股票 12 个月的锁定期届满后进行清算，否则应按照《民法典》第 592 条第 2 款的规定由申请人承担其自行扩大的损失，仲裁庭注意到，根据上述《信托合同之补充协议三》的约定，本案信托计划期限由最先约定的 30 个月的期限已调整为"自信托计划正式成立之日起至 2023 年 7 月 a 日"，而且，在《信托合同之补充协议三》签订当日，即于 2021 年 1 月某日，第一被申请人和第二被申请人分别与申请人订立了《差额补足协议之补充协议（二）》，约定第一被申请人、第二被申请人同意并知晓信托计划期限调整，并同意继续按照《信托合同》及其补充协议、《差额补足协议》及《差额补足协议之补充协议》的约定承担差额补足责任。鉴于此，仲裁庭认为，第一被申请人和第二被申请人在明知本案信托计划期限延长的情况下，仍决定与申请人订立《差额补足协议之补充协议（二）》继续承担差额补足义务，故应根据合同严守原则继续履行相应的义务。仲裁庭认为第一被申请人和第二被申请人应承担信托收益差补义务的起始日为 2020 年 1 月某日，申请人于该项仲裁请求中主张第一被申请人和第二被申请人承担至 2023 年 6 月某日（不含）止的差补义务，并未超过信托计划期限，亦未超出被申请人的正当预期。

另外，关于案涉私募股权基金认购标的股票所得的股票分红等收益金额，以及由此形成的案涉信托计划项下的投资收益，因不属于《差额补足协议之补充协议》项下差补义务标准所涵盖的事项，故不在本案审理范围之内，当事人可在信托计划终止清算中另行解决。

综合上述（1）（2）（3）的内容，仲裁庭认为，第一被申请人、第二被申请人应按照每日近4.3万元的标准，向申请人支付自2020年1月某日起至2023年6月某日（不含）期间的申请人所需承担的信托收益的差额补足义务，同时，折抵案外人P公司所付的500万元，第一被申请人、第二被申请人需向申请人支付的差补金额共计4800余万元（近4.3万元×1254天−500万元=4800余万元）。

对申请人在上述金额范围内的仲裁请求，仲裁庭予以支持，对超出上述金额的部分，仲裁庭不予支持。

2. 关于要求第一被申请人、第二被申请人支付违约金的仲裁请求。

申请人于该项请求中要求第一被申请人、第二被申请人因未能支付上述第1项仲裁请求的差额补足款，故应向其承担直至差额补足款付清之日止的违约金，暂计至2023年7月某日的违约金为2400余万元。

对上述违约金请求，被申请人表示需以合同约定为前提，《差额补足协议之补充协议》并未约定违约金，《差额补足协议》虽然约定了违约金，其对应信托计划终止日清算后的差额补足款的逾期支付情形。

仲裁庭认为，根据《民法典》的相关规定，违约金责任属于违约责任的一种形式，但违约金责任的承担需以合同约定为依据。

仲裁庭注意到，《差额补足协议》的主要权利义务内容分别见诸该协议第2.1条的约定，在信托计划终止时若信托计划财产清算后累计现金财产小于约定预期收益金额，第一被申请人、第二被申请人承诺对申请人承担连带补足义务；以及第2.3条的约定，如出现标的股票停牌等无法变现的情况，申请人有权要求第一被申请人、第二被申请人或其指定的第三方按约定价格公式受让信托计划份额；又及第5条的约定，即针对上述差补义务的履行，《差额补足协议》第5条对应设定了违约赔偿责任和违约金责任。具体到违约金责任，《差额补足协议》第5.2条约定：如第一被申请人、第二被申请人未能及时足额支付差额补足款或/和信托受益权回购款或转让价款的，每逾期一日，应每日按应付未付款项金额的5‰向申请人支付违约金。

作为《差额补足协议》的补充，《差额补足协议之补充协议》的主要事项则在于其第1条的约定，即申请人拟于每个自然季度末月的20日，按"信托本金×x%×上次分配日至本次分配日期间的天数/360"的标准，向信托计划的委托人分配信托收益，若届时信托计划现金余额不足以支付上述收益，第一被申请人、第二被申请人承诺于每个自然季度末月的 20 日前由其或其指定的第三方补足差额。但是，对于按季度承担或支付信托收益差额的义务，《差额补足协议之补充协议》并未对应约定相应的违约金责任。

对于《差额补足协议》和《差额补足协议之补充协议》的关系，《差额补足协议之补充协议》第 2 条约定：除补充协议明确修改的条款外，原协议的其余条款继续有效，补充协议与原协议冲突的以补充协议为准，补充协议未约定的以原协议为准。

结合上述内容，仲裁庭认为，《差额补足协议之补充协议》除对信托计划的收益标准调整为 x%/360 天，以及补充约定每季度应付信托收益金额的差额补足义务之外，并未修改《差额补足协议》的权利义务条款及其对应的违约金条款。即，就第一被申请人和第二被申请人承担的差补义务而言，《差额补足协议之补充协议》约定的差补义务并未取代《差额补足协议》项下的差补义务，即本案差补协议项下并存着两种方式的差补义务。鉴于《差额补足协议》项下的违约金责任仅是针对违反信托计划清算后差补义务的情形，而《差额补足协议之补充协议》未就按季度履行差补义务之违反情形约定违约金责任，故第一被申请人违反了《差额补足协议之补充协议》约定的差补义务的承担，并不承担所谓的违约金责任，申请人根据《差额补足协议》向第一被申请人和第二被申请人主张违约金责任，仲裁庭认为没有合同依据。再者，结合本案案情以及当下实体经济发展之现状，尤其是考虑到全国银行间同业拆借中心公布的同期贷款报价利率之标准，仲裁庭认为，基于公平合理的原则，亦不应支持申请人上述违约金的请求。

综上，对申请人的该项仲裁请求，仲裁庭不予支持。

3. 关于要求第一被申请人、第二被申请人支付本案仲裁费、保全费、财产保全责任保险费的仲裁请求。

申请人于该项请求中要求第一被申请人、第二被申请人支付保全费、财产保全责任保险费，另要求第一被申请人、第二被申请人承担本案仲裁费。

申请人为此提交了委托代理合同、财产保全责任保险发票、保全费收据等证据。结合质证情况，仲裁庭确认上述证据的真实性，并据以认定申请人实际支出财产保全费、财产保全责任保险费的事实。

仲裁庭认为，被申请人未依约履行《差额补足协议之补充协议》约定的差额补足义务，虽然不承担违约金责任，但结合本案实际，同时根据《仲裁规则》第 52 条的规定，仲裁庭认为第一被申请人、第二被申请人应承担申请人实际支出的上述费用。

据上，第一被申请人、第二被申请人应向申请人偿付申请人实际支出财产保全费，财产保全责任保险费。

本案仲裁费结合本案案情，根据《仲裁规则》第 52 条的规定，仲裁庭认为由申请人承担 40%，由被申请人承担 60% 为宜。

4. 关于要求被申请人向申请人偿付为办理本案支付的差旅费的仲裁请求。

关于该项仲裁请求，申请人未提供相应的证据证明，仲裁庭对其主张的实际支付差旅费的事实无法确认，故对该项仲裁请求不予支持。

5. 关于要求第三被申请人、第四被申请人、第五被申请人、第六被申请人、第七被申请人对上述请求金额承担连带清偿责任的仲裁请求。

仲裁庭注意到，第三被申请人、第四被申请人、第五被申请人、第六被申请人及第七被申请人与申请人所订担保合同项下承诺的担保范围涵盖了差补义务、违约赔偿及维权费用等范围，结合前述事由，仲裁庭认为第三被申请人、第五被申请人、第七被申请人作为连带担保责任的保证人，就上述第 1 项、第 3 项仲裁请求项下第一被申请人、第二被申请人应承担的支付金额，向申请人承担连带清偿责任。第四被申请人、第六被申请人分别就上述第 1 项、第 3 项仲裁请求项下第一被申请人、第二被申请人应承担的支付金额，在 1/2 的范围内向申请人承担连带赔偿责任。

三、裁决

基于上述事由，经合议，仲裁庭裁决如下：

（1）第一被申请人、第二被申请人向申请人支付自 2020 年 1 月某日（含）起至 2023 年 6 月某日（不含）止的信托计划收益差额补足款人民币 4800 余万元。

（2）第一被申请人、第二被申请人向申请人偿付申请人所支出的保全费、财产保全责任保险费。

（3）本案仲裁费由申请人承担 40%；由第一被申请人、第二被申请人承担 60%。鉴于上述仲裁费已与申请人向仲裁委员会缴纳的仲裁预付金全额冲抵，故第一被申请人、第二被申请人应向申请人支付相应费用以补偿申请人代其垫付的仲裁费。

（4）第三被申请人、第五被申请人、第七被申请人分别就上述第1项至第3项仲裁裁决项下第一被申请人、第二被申请人应承担的支付金额，向申请人承担连带清偿责任；第四被申请人、第六被申请人分别就上述第1项至第3项仲裁裁决项下第一被申请人、第二被申请人应承担的支付金额，在1/2的范围内向申请人承担连带赔偿责任。

（5）驳回申请人的其他仲裁请求。

上述被申请人应向申请人支付的款项，被申请人应自本裁决作出之日起30向申请人支付完毕。

本裁决为终局裁决，自作出之日起生效。

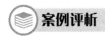 案例评析

【关键词】信托合同　差补协议　"刚兑"之定增保底　合同效力　破产和解与仲裁管辖

【焦点问题】

如何确定信托合同项下差补协议的性质和效力，对差补协议的担保合同是否有效，以及破产和解程序中未申报债权的当事人是否可以基于仲裁协议提请仲裁。

【焦点评析】

本案基本案情：申请人系境内一家信托公司，第一被申请人为上市公司的法人股东，第二被申请人为自然人。第三被申请人为上市公司的实控人，第四至第七被申请人为第一被申请人的关联单位，其中第六被申请人的股东之一为香港上市公司。

申请人受案外人委托设立信托计划并与案外人订有《信托合同》。信托合同约定由申请人按照委托人的意愿，将信托计划资金通过投资私募股权投资基金的方式，认购某上市公司非公开发行的股票。申请人其后与委托人另订立了补充协议，约定申请人在每自然季度末向委托人支付信托收益，并延长信托期限。

在《信托合同》签订当日，申请人与本案第一被申请人和第二被申请人

案例六　A 信托公司、B 集团公司、自然人 C、自然人 D、E 糖业公司、F 特钢公司、G 金属科技公司、H 再生资源公司差额补足协议争议案

订立了一份《差额补足协议》，约定以信托计划终止日为基准日，在信托计划所投资的私募股权投资基金所持有的标的股票变现清算后，如信托计划财产小于"初始信托资金总额+9.5%的年化收益−累计清算的收益"之金额，则差额部分由第一被申请人和第二被申请人补足。后申请人与第一被申请人、第二被申请人订立了《差额补足协议》之补充协议，约定申请人在每自然季度末向信托受益人支付信托收益时，若届时信托计划现金不足以支付收益，由第一被申请人和第二被申请人补足差额或指定第三方补足差额。

上述《信托合同》及《差额补足协议》订立期间，申请人与第三至第七被申请人分别订立了《担保合同》及补充协议，约定第三至第七被申请人就差补协议项下的义务承担连带保证责任。

在《信托合同》后续履行过程中，申请人未能如约向委托人支付信托收益，这期间，第一被申请人曾向申请人确认并履行了当期的差补义务，申请人将差补资金作为信托收益支付给委托人。但后续第一被申请人未能持续履行差补义务，并因债务缠身向当地法院提出破产和解申请，债权人会议通过了和解协议方案，该和解方案也经破产受理法院裁定认可。申请人终因第一被申请人、第二被申请人未履行差额补足义务，遂根据《信托合同》中的仲裁条款向仲裁委员会提请仲裁，要求第一被申请人、第二被申请人向申请人支付信托计划收益差额补足款及逾期之日起的违约金，并要求第三至第七被申请人承担连带清偿责任。

第一被申请人至第七被申请人辩称：《信托合同》《差额补足协议》及其补充协议系为满足信托刚性兑付目的而订立，属无效合同。第一被申请人系案涉上市公司的控股股东，《差额补足协议》及其补充协议属"定增保底"协议，违反"三公"原则与证券监管规定而无效。申请人应作为破产和解债权人按《破产法》第 44 条、第 45 条的规定申报债权，并且只有在对债权有异议时才可提请仲裁进行确认，但因申请人未申报债权请求，按照《破产法》第 100 条第 3 款的规定不应申请仲裁，本案无仲裁管辖权。

第四至第七被申请人另就担保责任的承担进行了抗辩，主张担保合同订立过程中因缺失公司董事会或股东决议程序而无效。

对本案主要争议的主要问题及案件处理评述如下：

一、关于信托合同项下差补协议的性质

诸如信托等资管类合同项下的差额补足协议的法律性质，理论上有保证担保、债务加入和独立增信措施等不同观点。最高人民法院 2019 年 11 月印发的《九民纪要》第 91 条规定："信托合同之外的当事人提供第三方差额补足、代为履行到期回购义务、流动性支持等类似承诺文件作为增信措施，其内容符合法律关于保证的规定的，人民法院应当认定当事人之间成立保证合同关系。其内容不符合法律关于保证的规定的，依据承诺文件的具体内容确定相应的权利义务关系，并根据案件事实情况确定相应的民事责任。"《民法典》实施后，《担保司法解释》第 36 条作了进一步规定，要求司法实践中根据增信措施、意思表示等不同内容，区分保证担保、债务加入和独立合同等不同情形进行认定和处理。相对于《九民纪要》规定的裁判指导属性，《担保司法解释》的规定则属于具有约束力的司法裁判规则。本案信托合同和差补协议及其补充协议等合同文件分别订立于《民法典》施行前后，故需综合考虑不同时期的规定妥善认定和处理。

纵观本案案情，案涉信托合同由申请人和案外人订立，而差补协议则为申请人与第一被申请人、第二被申请人所订立；在内容上，差补协议旨在约定两被申请人对信托计划提供增信措施，为申请人的支付义务提供流动性支持，并非为委托人提供担保；在意思联络上，两被申请人在提供增信措施时并未通知委托人，也未向委托人作出加入债务的意思表示，不符合保证担保或债务加入特征。可见，差补协议属申请人与两被申请人之间的独立合同。

区分独立合同与担保合同或债务加入行为的法律意义，旨在正确揭示当事人订约目的和真实交易关系，避免套用担保或债务加入等法律规定增加当事人的履约成本，保护当事人的正当预期。因为，若将本案申请人与两被申请人之间的差补协议界定为担保合同或者债务加入，则第一被申请人需根据《公司法》或公司章程规定由董事会或者股东会先行决议方为有效。但如此一来，则可能增加交易成本，破坏了当事人正当预期，甚至否定了正常交易关系。就本案而言，正确识别和定性差补协议的意义还在于克服程序障碍，即在委托人未作为当事人参加仲裁的情况下，仲裁庭无需受制于申请人与委托人（案外人）之间的信托权利义务纠纷的前置处理，也不必将之作为本案争议处理的前提，而可径行认定和处理申请人与两被申请人之间的案涉争议。

案例六　A信托公司、B集团公司、自然人C、自然人D、E糖业公司、F特钢公司、
G金属科技公司、H再生资源公司差额补足协议争议案

二、《信托合同》和差补协议是否构成"刚兑"或"保底"

信托法律关系的基本内容是委托人将信托财产委托给受托人以信托人名义进行管理，但信托财产不归入受托人财产范畴，受托人管理和运用受托财产所获利益归于受益人，相应损失后果由受益人承受。遵此法理，信托合同中委托人与受托人既不构成债权债务关系，也不构成股权投资关系，若受托人对委托人承诺"固收""保底"或者在信托文件中约定"刚兑"条款，则该等情形应为无效信托。而且，本案中申请人为金融机构，"刚性兑付"则要求委托人预期利益没有实现时，由申请人以自己的固有财产进行补偿，此行为将破坏金融市场机制，集聚系统性金融风险，违反金融监管规定，故应禁止。

但鉴于本案差补协议是两被申请人对立对申请人作出的承诺，旨在向申请人管理信托计划事宜提供保障，故不属于申请人对委托人承诺"固收"或"保底"情形，也不符合金融机构对投资者承诺固定收益情形，不在法律法规禁止之列。

至于第一被申请人、第二被申请人另提出《信托合同》系以"抽屉协议"方式约定"刚兑"，故而《信托合同》连同差补协议均为无效的主张，其逻辑是将差补协议作为《信托合同》的"抽屉协议"，这明显背离了差补协议的独立性，不符合案件事实。而且，《信托合同》效力关乎申请人与案外人的权利义务关系，两被申请人并非《信托合同》当事人，故在没有法律依据情况下无权主张他人之间的合同为无效合同，该主张也超出了仲裁范围，进而该主张自然得不到支持。

三、差补协议是否构成"定增保底"合同而无效

"定增保底"通常是指在上市公司定向增发交易中，由上市公司或其控股股东、实际控制人、主要股东等向定增投资者提供担保、回购、差补等措施或类似承诺，以保障定增投资者的投资本金和最低收益。"定增保底"虽未明确违反现行法律和行政法规的禁止性规定，但却违反了诸如《上市公司证券发行注册管理办法》等规章和金融监管规定，扰乱了证券市场交易秩序，影响并损害了其他投资者利益。对"定增保底"的处理，司法实践中以"有关规定系部门规章不影响合同效力"或"提供保底收益的主体是上市公司股东

而非上市公司，故而不损害上市公司其他股东和社会公众利益，未明显扰乱
金融安全和市场秩序"为由认定有效，但也有司法判例以"定增保底"严重
妨害市场交易秩序和监管秩序损害投资者利益为由，认为违反公序良俗或社
会公共利益，故将之认定为无效法律行为。

关于本案差补协议是否构成"定增保底"措施，需要结合具体案情而定。
首先，本案信托计划财产虽然最终投向某上市公司非公开发行的股票，但差
补协议毕竟是申请人与两被申请人之间的独立交易，在未有充分证据的情况
下，仲裁庭不宜认定为上市公司控股股东为"定向增发"目的而订立。而且
这将造成与《信托合同》之间的内容冲突，可能损害案外委托人合法权益。
其次，两被申请人关于"定增保底"抗辩逻辑与上述"刚兑"如出一辙，即
为否定差补协议效力之目的，而主张穿透《信托合同》、投资基金合同和股票
认购合同等系列交易关系，主张对不属本案审理范围的交易关系进行否定，
径直认定差补协议是上市公司控股股东与投资人之间的"定增"安排，这明
显超出了案件审理范围。最后，违反部门规章或监管规定等规范虽然有时会
被认为违反社会公共利益，但轻易以违反社会公共利益为由否定特定交易关
系则是不足取的。社会公共利益不像强制性或禁止性法律规范那样具有明确
指向，以违反社会公共利益为由否定特定金融交易关系的，需要充分考量其
与金融监管规定、监管目标和市场交易秩序之间的关系。本案中，仲裁庭认
为，申请人要求被申请人履行差补义务，对标的股票的价格形成机制、股票
市场交易秩序等没有实质影响，也没有证据证明资本市场交易安全或其他投
资者利益因此受损，证券市场"公开、公平、公正"原则并未受到损害，故
未采纳两被申请人的主张，符合该案案情和客观公正仲裁的原则。

四、关于破产和解程序是否阻碍仲裁管辖

仲裁以意思自治为管辖基础，而破产案件以司法集中管辖为要，仲裁和
破产两种管辖制度的性质目标不同。我国现行仲裁法并未涉及破产案件的管
辖，而《破产法》第20条、第25条以及破产法系列司法解释则多处涉及仲
裁管辖，但因相关规定缺乏体系性和详尽性，故在仲裁或司法实践中有关破
产债权确认之诉和仲裁管辖时常发生冲突。

根据《破产法》第20条的规定，人民法院受理破产申请后，已经开始而
尚未终结的债务人的民事诉讼或者仲裁应当中止，在管理人接管债务人的财

产后，该诉讼或者仲裁继续进行，说明破产程序并未排除已开始的仲裁程序。另据第 21 条的规定，破产申请受理时已经受理但尚未审结的案件，人民法院应当中止审理，但在裁定驳回破产申请或者终结破产程序的，中止审理的案件应当依法恢复审理。故根据该条规定，破产程序亦未排除依据仲裁协议后续启动新的仲裁程序。

本案的特殊性在于，申请人在第一被申请人启动的破产和解程序中并未依法申报债权，而其他债权人与第一被申请人达成了和解协议及变更方案，和解程序已经终止。对此种情形，根据《破产法》第 100 条的规定，和解债权人未申报债权的只是在和解协议执行期间不得行使权利，在和解协议执行完毕后，可以按照和解协议规定的清偿条件行使权利。这说明，债权人在和解程序未申报债权的，并不必然失权，事后可依照和解协议规定的条件行使权利。但由于申请人对第一被申请人的债权金额未依法确认，故根据《破产法司法解释三》第 8 条的规定，债权人和债务人因债权申报、确认发生纠纷的，如当事人在破产申请受理前订有仲裁条款或仲裁协议，可向仲裁机构申请确认债权债务关系。

本案案情符合上述情形，仲裁庭认为，本案申请人仲裁的目的在于确认债权金额，既符合本案事实，又符合法律规定。因此，仲裁庭根据本案仲裁协议，对申请人前述仲裁请求事项具有管辖权。按照上述规定，本案裁决作出后，申请人可依照裁决确认的债权金额，按照破产法院裁定认可的《和解协议变更方案》的清偿比例和条件，再行对第一被申请人行使权利。

【结语】

在《担保司法解释》施行后，有关差额补足、流动性支持等类似承诺增信措施的纠纷裁判将逐渐适用统一的裁判规则。在具体个案仲裁中，需充分关注增信法律文件出具或签署的主体、内容、相对性以及意思表示等要素，正确界分保证担保、债务加入、独立交易合同，妥善认定和处理当事人之间的权利义务关系。

另需注意的是，在中央金融工作会议特别强调"要全面加强金融监管，有效防范化解金融风险"的要求下，所有金融活动全部被纳入监管，"机构监管、行为监管、功能监管、穿透式监管、持续监管"将得到强化。在此政策背景下，金融纠纷仲裁不可偏离金融监管目标，对以金融交易或金融创新为名掩盖金融风险、规避金融监管、进行制度套利的金融违法行为、违规行为，要以其实际构成的法律关系认定合同效力，必要时以违反公序良俗或社会公共利益为由予以否定，防止金融风险传递和扩散。但公共利益机制属"安全阀"机制，只有在危险真实发生或迫近时才可启用，金融交易纠纷仲裁中，不轻易以违反公序良俗或违反社会公共利益为由否定金融交易和当事人正当预期。问题的关键在于充分认知和掌握个案案情，正确理解法律、法规、规章和监管规定的立法目的，以求做到防范金融风险与保护合同交易之间的平衡。

从本案差补协议的订立及履行情况看，第一被申请人在与申请人订立《差额补足协议》之后，陆续与之订立了《差额补足协议之补充协议》和《差额补足协议之补充协议（二）》，并先后指定第三人履行了部分差额补足的义务，以使申请人免于案外人的被追索之责。尤其是，在申请人于2021年1月某日与委托人订立《信托合同之补充协议三》以延长信托计划的期限后，第一被申请人仍然与申请人签订了《差额补足协议之补充协议（二）》，同意在信托计划延长的期限内继续承担信托受益的差额补足义务，充分说明第一被申请人自愿承担申请人履约风险之目的。在此语境下，第一被申请人事后主张该等增信措施无效，并主张申请人未及时终止信托计划、任意扩大损失等抗辩事由的，明显有悖于诚实信用原则。

综合上述事由，结合差补协议订立时的法律法规的规定，仲裁庭对第一被申请人关于差补协议系"定增保底"协议应认定无效的主张不予支持。

根据《关于为深化新三板改革、设立北京证券交易所提供司法保障的若干意见》第9条可知，最高人民法院认为，"'定增保底'性质条款，因其赋予了投资方优越于其他同种类股东的保证收益特殊权利，变相推高了中小企业融资成本，违反了证券法公平原则和相关监管规定"。由此笔者认为，该意见的出台具有特殊历史背景和特定适用场景，为保护市场主体合理预期，相关合同效力认定规则不宜扩大适用。

第二部分
债券案例

案例七

A 资本管理公司与 B 贸易公司衍生品交易主协议争议案

中国国际经济贸易仲裁委员会（以下简称"仲裁委员会"）根据 A 资本管理公司（以下简称"申请人"）与 B 贸易公司（以下简称"被申请人"）签订的《中国证券期货市场衍生品交易主协议》《〈中国证券期货市场衍生品交易主协议〉补充协议》（以下分别简称《主协议》《补充协议》）中仲裁条款的约定，以及申请人于 2021 年 11 月在仲裁委员会网上立案系统提交的申请，后于 2021 年 12 月邮寄提交仲裁委员会的书面仲裁申请，受理了双方之间因履行上述合同而产生的本争议仲裁案。

一、案情

（一）申请人的陈述及仲裁请求

2020 年 8 月，申请人与被申请人签订了《主协议》《补充协议》及《衍生品交易履约保障协议》（以下简称《履约保障协议》，与《主协议》《补充协议》合称"本案合同"），约定：双方进行期货市场场外衍生品交易；被申请人向申请人提交合格履约保障品，即保证金，以担保其履行本案合同项下义务；履约保障品实行逐日盯市、追加保证金以及提前终止交易的规则等。

双方签约后即开始进行场外衍生品交易。申请人已依约通过电子邮件向被申请人发送了每个交易日的交易确认单与结算日报（以下简称"电邮账单"），被申请人均正常接收并确认。2021 年 11 月，申请人向被申请人发送需要追加保证金的电子邮件，但被申请人未及时追加保证金，导致交易提前终止，申请人依约进行强制平仓释放保证金处理。按照最终结算结果，被申请人应向申请人支付应付款项人民币近 90 万元。申请人催要该款项未果，故提请本案仲裁，仲裁请求如下：

1. 被申请人支付应付款项近 90 万元；

2. 被申请人支付自 2021 年 11 月起至实际付款日止以近 90 万元为计算基数，按照日 5‰利率计算的提前终止款项利息（暂计算至 2022 年 3 月，金额暂计 6 万余元）；

3. 本案案件受理费由被申请人承担。

（二）被申请人的答辩意见

被申请人对申请人所述的本案合同签订、合同内容、双方签约后进行了衍生品交易、被申请人接收了电邮账单事宜不持异议，亦确认其收到要求追加保证金及支付应付款项的电子邮件通知后，仅通过电话向申请人表示异议，并未追加保证金或付款的事实。但答辩称：

1. 申请人以保证盈利为由诱导被申请人进行场外衍生品交易，主动帮助被申请人填写开户资料，未提供投资者风险测试材料、适当性匹配意见告知书等适当性材料，还误导被申请人进行"累沽累购"高风险交易，未对此产品作特殊说明、规则介绍及特别风险提示等，违反了适当性管理义务。

2. 电邮账单的内容不真实，不能作为交易结算的依据。本案双方系通过名为"投资点价群"的微信群（以下简称"点价微信群"）进行询价、报价及下达交易指令，申请人也是通过该微信群发送当日交易成交及结算结果（以下简称"微信账单"），故该微信群的沟通内容、微信账单才是双方实际交易的客观记录及结算依据。

电邮账单与点价微信群中的下单指令及成交记录无法相互对应，缺乏交易基础事实，显然是申请人单方编造的。申请人的负责人案外人自然人 F 曾向被申请人说明：电邮账单是为了满足合规和审计要求而编制的虚假账单，实际交易结算以微信账单为准。因此，双方就电邮账单的发送与确认都是虚假的意思表示，依法无效。

3. 根据微信账单的记载，2021 年 11 月某日至某日（共 3 日）期间被申请人并不存在保证金不足的情况，而且申请人未按《主协议》第 5.1.1 条的约定事先指定"提前终止日"，擅自提前终止（即强行平仓）被申请人的交易持仓，事后也未告知被申请人，强制平仓是无效的。另外，根据此前需要追加保证金金额更大、追加通知时间跨度更长而申请人却未执行强制平仓的操作惯例，申请人也不应当对被申请人2021年11月的仓位实行强制平仓。

4. 申请人是C期货公司（以下简称"C公司"）的全资子公司，申请人将C公司的工作人员拉入点价微信群负责本案交易结算工作。点价微信群中存在大量"买入期货"的期货交易指令，有关交易统计表及微信账单中也含有大量期货交易数据。这些事实：一则证明申请人与C公司的业务混同，违反了中国期货业协会发布的《期货公司风险管理公司业务试点指引》的有关规定；二则证明本案双方之间存在大量场内期货交易，申请人不具备期货经纪资格，其非法从事的期货经纪业务是无效的。

5. 申请人指导被申请人具体交易操作，参与被申请人的盈利分红，还以极低的保证金诱导被申请人扩大交易量，涉嫌非法配资，后又以所谓的交易亏损为名欺诈被申请人的合法财产，该违法交易后果应当由申请人承担。

（三）双方的其他辩论意见

1. 申请人对被申请人所述的双方系通过点价微信群进行下单交易、存在微信账单的事实不持异议，亦确认其系C公司的全资子公司、点价微信群中有C公司的工作人员。但辩论称：

（1）申请人已做了完整、全面的适当性流程，未违反投资者适当性管理义务。

被申请人已签署了《场外衍生品交易风险揭示书》《合规承诺函》《普通投资者购买高风险等级产品或者服务风险警示书》，并进行了风险承受能力问卷测评，申请人对有关风险提示过程已进行了录音录像。

申请人在开户、交易、追保及平仓环节均已依约履行了告知义务。被申请人具有丰富的期货及衍生品交易经验，"累沽累购"亦是常见的期权交易结构，被申请人系独立自主进行交易，不存在申请人误导交易的情况。

（2）电邮账单符合本案合同约定，也符合客观事实，是双方交易、追保及结算的唯一依据。

微信账单不是申请人发送的，与申请人无关，而是由C公司的工作人员应被申请人的请求并根据被申请人自定义的一系列规则对已经生成的真实结算数据进行分析而提取汇总的交易信息，并不是本案双方实际交易的全部内容，不能作为双方交易结算的依据。

（3）申请人进行平仓操作是依据《履约保障协议》第3.2.3条的约定，因《履约保障协议》具有优先效力，故无需再适用《主协议》第5.1.1条关于指定提前终止日的条款。

（4）申请人是在中国期货业协会备案的期货公司风险管理子公司，本案双方进行的是保证金或杠杆性交易形式的场外衍生品交易，不存在配资行为或代理场内期货交易的行为。点价微信群中出现的所谓"买入期货"等字眼是为了提高沟通效率而约定俗成的对商品期货期权的简略说法。

2. 被申请人确认其签署了《场外衍生品交易风险揭示书》《合规承诺函》《普通投资者购买高风险等级产品或者服务风险警示书》、进行了风险承受能力问卷测评、申请人对有关风险提示过程已进行了录音录像，也确认其具有期货交易经验。但辩论称：

（1）申请人对风险承受能力问卷上的答案事先用铅笔勾画标注作伪，上述录音录像也没有被申请人的开户人员进行测评答卷的相关内容，该问卷测评不代表被申请人的真实意思。而且，适当性义务的履行要贯穿整个交易的始终，申请人在具体交易每一个产品（如本案中最关键的累沽累购产品）的时候没有介绍产品特性和风险所在。

（2）如果微信账单是C公司统计并发送的，而申请人对此无异议，应视同确认这些行为代表了申请人。

（3）电邮账单要对应下单指令及成交确认等最基础的交易事实，申请人有义务举证存在相应的事实。

（4）《履约保障协议》第9条明确约定要有一个提前终止日，并没有不需要指定提前终止日的约定，申请人擅自提前终止交易的行为构成违约等。

3. 被申请人另提交了调取证据申请和专项审计申请书：申请仲裁庭调取申请人履行适当性管理义务的有关证据材料，以及申请人履约过程中有关人员、产品及交易等风险管理方面的信息或依据；申请委托专业机构对申请人在被申请人处进行的期货及期权等交易情况（微信账单、电邮账单及下单交易指令等）进行专项审计，以查明双方是否存在场内期货交易以及电邮账单与交易指令能否对应等本案基础交易事实。

申请人认为，被申请人应当就其答辩自行承担举证责任，拟申请调取的材料涉及申请人内部风险控制制度及执行情况，与本案基本事实无关，审计也不具有必要性，故不同意被申请人的上述调取证据申请和专项审计申请。

（四）与本案争议相关的其他证据

1. 中国期货业协会官方网站（www.cfachina.org）上业务备案链接项下《关于期货公司风险管理公司备案信息的公示》载有：申请人系 C 公司的风险管理公司，协会备案试点业务包括场外衍生品业务等。

2. 本案合同的有关约定。《主协议》约定："本协议构成交易双方之间单一和完整的协议，交易双方之间的所有交易均受本协议约束"（第 1.2 条）；交易双方就同一交易或多笔交易在任一日互负支付义务时，双方对应支付金额进行轧差计算或净额结算，由应支付金额较大的一方向另一方支付轧差金额，交易双方在该同一交易或多笔交易下的支付义务即于当日履行完毕（第 3 条）；交易一方未按履约保障协议的规定履行相关义务，构成该方的违约事件（第 4 条）；当发生违约事件时，"守约方有权书面通知违约方该违约事件的发生，并指定提前终止日。指定的提前终止日应为该通知生效之日起 10 个工作日内的任一日，且一旦被指定后即不可撤销或更改"（第 5.1.1 条）；终止净额计算方须在提前终止日后的 3 个工作日内向对方提交计算报告，"提前终止，应付款方应在提前终止款项付款日支付该计算报告提及的提前终止款项及其利息。本条下的提前终止款项付款日为付款通知生效日之后的第 1 个营业日"（第 5.3 条）；"对于本协议的任何修订、修改或弃权均应以书面形式做出"（第 13.2 条）；"基准日：指提前终止日"（第 14 条）等。

《补充协议》约定："本协议下计算方为甲方，由甲方根据交易所公布的数据或根据相关市场惯例按照诚实信用原则并以商业上合理的方式确定标的证券或本协议下其他相关标的的估值。甲乙双方同意由甲方担任终止净额计算方"（第 4 条第 7 款，其中甲方指申请人，乙方指被申请人，下同）；"违约利率：日利率万分之五，按日计息"（第 4 条第 8 款）；"如乙方希望与甲方达成交易，乙方应通过指定的交易下达人用即时通信工具交易和/或邮件的方式向甲方下达交易指令……如果甲方确认可以与乙方达成该笔交易，通过即时通信工具交易和/或邮件回复乙方作为双方确认达成进行该笔交易的意思表示，交易达成之后，甲方向乙方邮件发送电子版交易确认书，内容包含确认下来的交易要素"（第 5 条第 2 款）；甲方在每日交易结束之后，将当日与乙方已达成的所有交易的交易确认书发送给指定的乙方电子邮箱地址，"甲方发送的电子邮件一经发送给乙方指定的邮箱地址，即视为乙方收到该电子邮件并知晓其中内容……如果乙方认为交易确认书与双方达成的交易存在不一致，应立即通知甲方，并在收到该交易确认书后的 1 个工作日内以书面形式向甲方提出异议，同时说明理由，否则视同乙方认可该交易确认书的全部内容。乙方异议的内容和理由以书面为准"（第 5 条第 5 款）；双方的电子邮件地址等接收通知的方式（第 3 条）等。

《履约保障协议》约定："主协议与本协议的约定不一致的，就本协议而言，本协议的相关约定有优先效力"（第 1.2 条）；"甲方对乙方提交的合格履约保障品进行整体监控，根据市场通用估值方法逐日计算乙方当日持有所有头寸的浮动盈亏以及乙方的实际履约保障品有效价值总额"（第 3.2.1 条）；"乙方按照约定需追加合格履约保障品时，由甲方向乙方发送合格保障品追加通知。乙方应不迟于前述通知生效后的当日 14 时前（含该时点）追加合格履约保障品"（第 3.2.2 条）；"如果乙方未能按照甲方的要求及时追加合格履约保障品，甲方有权对乙方的交易实施部分提前终止，以使得乙方的实际履约保障品有效价值总额不低于合格履约保障品初始价值总额或者甲方要求的其他价值"（第 3.2.3 条）；"甲方为估值方，负责根据于估值日所获得的信息，按照市场通用估值方法计算乙方当日所持所有交易头寸的浮动盈亏、乙方提交的合格履约保障品价值总额以及乙方的实际履约保障品有效价值总额"（第 5.1 条）；"若乙方对甲方计算的结果有异议，应于甲方向其发出的计算结果通知生效后的当日北京时间 14 时前（含该时点）向甲方发出异议通知"（第 6 条）；乙方未按交易文件约定追加合格履约保障品的，构成违约事件（第 8 条）；"因为乙方发生了一项违约事件或终止事件从而导致一个提前终止日产生或被指定"，甲方有权行使其救济权利（第 9 条）等。

3. 落款时间为 2020 年 7 月某日，由被申请人签署的《场外衍生品交易风险揭示书》《合规承诺函》载有："我司已充分了解场外衍生品业务可能发生的各种风险，并对该业务具备足够的风险承受能力""我方具有合法的参与证券、期货以及其他衍生品交易的主体资格""我方清楚理解中国期货业协会关于场外衍生品业务投资者适当性的要求，承诺提供给贵公司的适当性材料均合法、真实、有效"等。

4. 电邮账单包括交易确认邮件及结算日报邮件。交易确认邮件载有："根据我们之前的沟通，我们成交了如下期权，请确认交易"等，随附表格列示了每笔交易的日期、交易编码、标的合约、期初价格、交易方向、期权类型、执行价格、到期日、标的数量、权利金单价、权利金总价等信息。

结算日报邮件载有："附件为我司出具的结算日报、到期清算单"等，附件是名为"客户结算日报"的 xlsx 格式文件，列示了场外衍生品账户资金状况（包含上期账户余额、当期净出入金、开仓收支、平仓/执行收支、当期账户余额、应付账款、客户权益、市值汇总、所需保证金、可用资金、可取资金、追加保证金等）、当期开仓明细（包含开仓日、买卖方向、挂钩标的、合约类型、合约到期日、执行价、开仓数量、开仓名义本金、权利金费率、权利金）、当期平仓明细（包含了结日期、买卖方向、挂钩标的、合约类型、合约开仓日、了结数量、开仓名义本金、开仓权利金、合约了结价格、实现盈亏）、当期持仓明细（包含合约开仓日、挂钩标的、合约类型、合约到期日、标的执行价、持仓数量、开仓名义本金、开仓权利金、当日估值、估计盈亏）等。其中，2021 年 11 月某日的结算日报仅载有当期平仓明细及追加保证金近 90 万元等账户资金状况内容，次日的结算日报只有追加保证金近 90 万元等账户资金状况内容，已无开仓、平仓及持仓明细信息。

上述电邮账单涉及的标的合约或挂钩标的主要为 D 市商品交易所、Z 市商品交易所的豆粕、PTA 等商品期货合约。

5. 微信账单包括两个表格：一个表格包含客户入金（包括平仓损益）、客户盈亏、所剩权益、所需风险准备金及可用开仓资金等信息；另一表格包含是否平仓、标的合约、看涨/看跌、结构、数量、开仓日期、到期日期、客户、开仓权利金、开仓金额、实时权利金、实时金额及盈亏等信息。其中标的合约主要为 D 市商品交易所、Z 市商品交易所的豆粕、PTA 等商品期货合约，2021 年 11 月某日至某日（共 3 日）的微信账单显示"所剩权益"均为正值（金额为 500 多万元）且金额大于"所需风险准备金"（金额低于 30 万元）。

申请人庭审中表示，其无法提供关于微信账单系 C 公司根据被申请人的特定要求制作的或被申请人应当知道微信账单不是双方实际交易的全部内容的相关证据。

6. 显示时间为 2021 年 11 月某日，由申请人向被申请人发送的主题为"履约清算计算报告"的电子邮件载有："由于贵司未按照与我司签署的《衍生品交易履约保障协议》的约定及时追加保证金，我司按照相关协议约定或贵司盘中实际指令，于 2021 年 11 月 a 日至 11 月（a+5）日，相继对贵司的豆粕累沽累购、豆油远期、棕榈油期权、豆粕远期、豆粕期权、PTA 累沽累购期权等进行了全部平仓或部分平仓释放保证金的处理，计算依据按标的收盘价或实际指令，目前贵司账户已无场外期权持仓，按照最终结算结果，贵司应向我司支付近 90 万元"等。

7. 显示时间为 2020 年 12 月某日，对方为自然人 F 的微信聊天截图载有："现在每日我收到两份报表，里面的数据不一样。"自然人 F 回答称："报表指的是？""另一报表呢？是我们公司结算单吧""自然人 G 数据是准确的，但公司以结算单为出入金的标准"等。

显示时间为 1 月某日，对方为自然人 F 的微信聊天截图载有：自然人 F 称"那不能看公司的结算单了""数字一样的只能是咱们统计的每笔明细""盖章版本只能是公司官方出的结算单""公司官方结算单里面有镶嵌的盈利分成结构，基本看不明白的，没有咱们统计这个直观"等。

被申请人称，上述两证据分别是被申请人的工作人员自然人 H、自然人 I 与自然人 F 的微信聊天记录，用以证明申请人确认微信账单用于双方交易结算，电邮账单内容不准确。

申请人确认自然人 F 系其负责联系涉案交易的工作人员。

（五）关于本案证据的说明

上述案情有当事人陈述、本案合同、电邮账单、微信账单、"履约清算计算报告"电子邮件、微信聊天截图、《法律服务合同》、出账回单等证据在案佐证，该等证据的真实性已经双方质证确认。

需要说明的是，仲裁庭已充分注意到本案呈现的当事人的所有陈述及其他证据，之所以未在本裁决书中全部援引或评述，仅因上述证据已足以认定与本案仲裁请求相关的事实，对未提及者不代表仲裁庭忽略或默认。

二、仲裁庭意见

基于上述案情，并谨循依法合规、公平合理的判断标准，仲裁庭阐述意见如下：

（一）关于本案基本事实

经审查，仲裁庭确定上述证据符合法律规定的证据条件，可以作为认定本案事实的依据。

仲裁庭对上述双方无异议的事实予以确认，不再重述。

仲裁庭认为：申请人系经中国期货业协会备案的期货公司风险管理子公司，具备从事场外衍生品业务资质或经营范围。本案合同体现了双方当事人的自愿与合意，不违反我国有关法律、行政法规的强制性规定，合法有效，建立了当事人之间场外衍生品交易法律关系，双方均应恪守。

庭审查明：双方签约后已开展了衍生品交易。被申请人收到同期交易数据不一样的微信账单与电邮账单。申请人系以根据电邮账单被申请人应支付提前终止款项为由提出仲裁请求。被申请人则以根据微信账单申请人无权提前终止交易，且申请人存在未尽投资者适当性管理义务、未指定提前终止日、与 C 公司业务混同、从事期货经纪业务、参与被申请人的盈利分红及涉嫌非法配资等其他违法违规或违约行为，故被申请人以无付款责任或可免责为由抗辩。

由此，本案争议在于：申请人是否存在被申请人指称的违法违规或违约行为？涉案交易结算依据应该是微信账单还是电邮账单？

（二）关于与本案仲裁请求相关的争议问题

1. 关于申请人是否未尽投资者适当性管理义务。

被申请人指称申请人未尽投资者适当性管理义务的表现或理由包括：以保证盈利为由诱导开户、主动帮助填写开户资料、对风险承受能力测评问卷的答案事先勾画标注作伪、未对测评问卷答题过程进行录像、未全程介绍具体交易产品的特性和风险等。

仲裁庭认为：申请人作为期货公司风险管理子公司向客户提供场外衍生品交易服务时，确实应当履行投资者适当性管理义务，确保将适当的服务和产品提供给适当的客户，并向客户充分揭示业务和产品风险。庭审已查明，被申请人已签署了《场外衍生品交易风险揭示书》《合规承诺函》《普通投资者购买高风险等级产品或者服务风险警示书》并进行了风险承受能力问卷测评，申请人已进行了有关风险提示并就该过程录音录像，被申请人已确认其了解或理解场外衍生品业务风险及有关投资者适当性要求，并具有参与相关业务的主体资格以及具备足够的风险承受能力等。另外，根据被申请人的既往期货投资经验，即便申请人存在被申请人指称的诱导、帮助开户或提示答题等不当行为，但该等行为并不足以影响被申请人的自主意思表示或独立判断；至于申请人是否应对测评问卷答题过程进行录像以及全程介绍具体交易产品的特性和风险等，未见相关规范性文件有此具体要求；本案亦没有证据证明被申请人的风险承受能力与案涉交易存在适当性不匹配问题。因此，被申请人该项答辩意见没有事实与法律依据，仲裁庭不予采信。

2. 关于交易结算依据应该是微信账单还是电邮账单。

本案双方确认系通过点价微信群进行下单交易，争议在于：申请人认为微信账单与其无关，而电邮账单符合本案合同约定，应作为结算依据；被申请人认为电邮账单缺乏基础交易事实，而微信账单才是双方交易的客观记录及结算依据，且申请人曾确认实际交易结算以微信账单为准。

(1) 关于微信账单。

仲裁庭注意到申请人关于微信账单系 C 公司应被申请人的请求并根据被申请人自定义的规则对已生成的真实结算数据进行分析而提取汇总的交易信息，并不是双方实际交易的全部内容的主张。但申请人未能提供相应证据佐证，本案并无证据证明被申请人曾向 C 公司提出有关微信账单的请求或被申请人知道（或应当知道）微信账单不是申请人发送的以及微信账单不体现双方实际交易的全部内容等。再联系点价微信群作为双方交易下单及成交平台的特定用途、申请人在微信聊天中对"两份报表"作用的模棱两可表述以及申请人作为本案合同约定的涉案交易估值计算方的特殊身份等情节，仲裁庭认为：申请人作为涉案交易最终成交及结算数据的唯一来源方，其应当就双方交易平台上出现的微信账单的真实性及关联性负责，在申请人未就微信账单作特别说明的情况下，被申请人产生微信账单系申请人发送的涉案交易全部成交及结算数据的认识和信赖有其合理性。因此，申请人关于微信账单与其无关的主张有悖业已查明的履约事实，仲裁庭不予采信。

(2) 关于电邮账单。

仲裁庭认为：从内容上看，电邮账单所包含的交易要素及账户资金信息较微信账单更详细、更全面；从发送及确认方式上看，电邮账单符合本案合同相关约定（即《补充协议》第 5 条约定，双方可以通过即时通信工具进行交易下单及成交，但应通过电子邮件方式进行交易确认书的发送及确认），微信账单不符合上述合同约定。

关于被申请人指称申请人曾说明电邮账单是为了满足合规和审计要求而编制的虚假账单，实际交易结算以微信账单为准的答辩意见。仲裁庭认为：根据《主协议》第 13.2 条的约定，本案合同的任何修改均应以书面形式作出，故被申请人就此举证的 2 份微信聊天记录并不能产生变更本案合同关于交易确认书的发送及确认方式约定的法律效果，更遑论该两份微信聊天记录的语义、指向尚不甚明确，不足以证明存在相关事实。因此，被申请人的该答辩意见并无事实依据，仲裁庭不予采信。

仲裁庭注意到，被申请人关于电邮账单与点价微信群中的下单指令及成交记录无法相互对应而内容不真实的答辩意见。仲裁庭认为：根据《主协议》第 1.2 条及第 3 条、《补充协议》第 5 条以及《履约保障协议》第 3.2.1 条、第 5.1 条、第 6 条之约定，涉案衍生品交易实行单一协议、净额支付、每日交易确认及逐日盯市制度，即双方之间的所有交易均视为本案合同项下交易并受本案合同约束；每一交易日均进行成交交易确认并按净额支付方式计算持仓浮动盈亏及保证金状况，对交易结算结果有异议而未按合同约定的时限或方式提出，视为对交易结算结果已予以认可。因此，本案被申请人既已收到电邮账单并予以确认或未依约提出异议，应当视为其对此前所有持仓和交易结算结果已认可，由此所产生的交易后果应自行承担，再探究电邮账单与点价微信群中的下单指令及成交记录能否对应已无必要，这符合具有行情即时性、交易高频性特点的衍生品交易的市场规则和行业惯例，也是平衡衍生品交易的公平性与效率性的应有之义。被申请人的上述答辩意见有悖本案合同约定，仲裁庭不予采信。

总之，电邮账单符合本案合同相关约定，应作为涉案交易结算依据。

3. 关于申请人是否有权提前终止交易以及是否应当指定提前终止日。

（1）关于是否有权提前终止交易。

根据《主协议》第 4 条及《履约保障协议》第 3.2.2 条、第 3.2.3 条、第 8 条之约定，本案申请人依据电邮账单的交易结算结果，已依约向被申请人发出了需追加保证金的通知，被申请人既未依约提出异议，也未依约追加保证金，已构成本案合同项下的违约事件，申请人依约有权对被申请人的持仓交易实施提前终止。

至于被申请人指称申请人对此前需要追加保证金的情形却未执行强制平仓的操作惯例，申请人也不应对被申请人实行强制平仓的答辩意见。仲裁庭认为：即便确如被申请人所言，申请人此前在交易对方保证金不足的情况下，允许对方继续开仓交易或继续持仓，但申请人的这种做法，应仅被理解为申请人自愿承担相应的透支交易风险，而不应被理解为合同既定的相关交易规则从此变更，故该答辩意见于法无据，仲裁庭不予支持。

（2）关于是否应当指定提前终止日。

仲裁庭注意到申请人关于因《履约保障协议》具有优先效力，故其依据《履约保障协议》第3.2.3条约定进行平仓操作而无需再适用《主协议》第5.1.1条有关指定提前终止日条款的主张，也注意到被申请人关于因申请人未事先指定提前终止日导致其提前终止交易行为无效的答辩意见。

仲裁庭认为：《主协议》第5.1.1条约定守约方在对方违约时有权指定提前终止日，并明确了提前终止日的指定规则和通知要求，其意义在于通过指定提前终止日以确定提前终止交易的基准日，避免违约损失的扩大并保障违约方的相应知情权，既体现为守约方的一项风险管理措施或违约救济权利，也是对守约方如何规范地行使提前终止交易权利提出要求，亦属于守约方的义务范畴；《履约保障协议》第3.2.3条约定的着重点在于明确申请人就被申请人保证金项下违约时享有提前终止交易的权利，并未涉及指定提前终止日事宜，即该条款并未就是否应当指定提前终止日作出与《主协议》不一致的约定；《履约保障协议》第9条反而进一步强调了被申请人的违约事件将导致一个提前终止日产生或被指定。因此，申请人的上述主张有悖本案合同约定，仲裁庭不予支持。申请人实施提前终止交易前，未依约指定提前终止日并通知被申请人，已构成违约行为。

仲裁庭同时认为，如上所述，本案合同关于指定提前终止日的约定与守约方如何规范行使提请终止交易权利有关，而与申请人在被申请人违约的情况下是否有权提前终止交易无关，故被申请人关于因申请人未事先指定提前终止日导致其提前终止交易行为无效的答辩并无合同依据或法律依据，仲裁庭不予支持。

（三）关于本案仲裁请求

基于上述，并根据《主协议》第5.3条之约定，申请人依约实施提前终止交易后，已于2021年11月某日向被申请人提交了"履约清算计算报告"，被申请人未按合同约定的时限或方式提出异议，应视为其认可该计算报告的全部内容，则被申请人应在提前终止款项付款日即2021年11月某日（付款通知生效日之后的第1个营业日）支付该计算报告提及的提前终止款项，被申请人未依约付款，已构成违约行为，应承担相应违约责任。

另外，仲裁庭还认为：申请人作为专业的场外衍生品交易服务商以及涉案交易的估值计算方，应当按照诚实信用和审慎经营的原则，向被申请人提供真实、完整的交易成交及结算信息，并与 C 公司等第三方之间建立有效的业务隔离机制以监控涉案交易信息的流动和使用。申请人在已发送电邮账单的情况下，就微信账单的真实性及关联性应承担更大的注意义务，即其不应该放任微信账单的存在，除非已确保被申请人知道（或应当知道）微信账单不是双方交易的全部内容而不能作为交易结算的有效依据，或被申请人不会被微信账单所误导。如上所述，本案被申请人对微信账单系申请人发送的双方全部交易成交及结算数据有合理信赖，而微信账单与电邮账单的交易结果迥异，微信账单的存在足以影响被申请人对交易风险的判断或交易方案的决策，申请人对被申请人的交易结果或交易损失有过错，应承担相应的法律责任。

因此，依照《民法典》第 577 条及第 292 条之规定，被申请人就其违约行为应当向申请人承担继续履行、赔偿损失的违约责任，而申请人放任微信账单的存在极其可能误导被申请人，对被申请人的交易损失有过错，且还存在未指定提前终止日的违约行为，亦应承担相应的法律责任暨可以减少被申请人相应的损失赔偿额。因本案合同对申请人的上述过错或违约情形如何承担责任未作约定，基于本案案情及公平合理原则，仲裁庭酌定申请人对被申请人的交易损失应承担 65% 的责任。相应地，仲裁庭对申请人要求被申请人支付应付款项的仲裁请求在 31.5 万元（计算式为 90 万元×35%＝31.5 万元）范围内予以支持；对申请人要求被申请人支付该应付款项利息的仲裁请求，亦依约予以支持，即被申请人应支付以上述应付款项为基数，自 2021 年 11 月某日（含）起至实际付款日止，按照日 5 ‰利率计算的利息，暂计至 2022 年 3 月某日为约 2.3 万元（计算式为 31.5 元×0.05%×142＝约 2.3 万元）。

仲裁庭注意到申请人提交了公证费的补充证据。鉴于申请人并未明确提出关于公证费及其具体金额的仲裁请求，仲裁庭对此不做进一步审理。

关于仲裁费用的承担。根据《仲裁规则》第 52 条的规定并结合本案审理情况，仲裁庭裁决：本案仲裁费应由申请人承担 65%，被申请人承担 35%；本案申请人选定的自然人 E 仲裁员的实际费用，由申请人承担 65%，被申请人承担 35%。

（四）关于其他问题的说明

关于本案双方是否进行了期货交易或申请人是否从事期货经纪业务、申请人是否与 C 公司业务混同、申请人是否参与被申请人的盈利分红及涉嫌非法配资等其他争议问题，以及被申请人提出的调查取证申请与专项审计申请。仲裁庭认为，根据在案证据，已足以对本案仲裁请求作出裁决，上述其他争议问题以及被申请人意欲调取的证据材料或专项审计结论对本案裁决结果并无影响，均已非本案审理所必要，故仲裁庭对有关争议问题不再做进一步审理，对上述调查取证申请及专项审计申请不予准许。

三、裁决

基于上述事实与理由，裁决如下：

（1）被申请人向申请人支付应付款项人民币 31.5 万元；

（2）被申请人向申请人支付以人民币 31.5 万元为基数，自 2021 年 11 月某日（含）起至实际付款日止，按照日 5‰利率计算的利息（暂计算至 2022 年 3 月某日为人民币约 2.3 万元）；

（3）本案仲裁费由申请人承担 65%，被申请人承担 35%。鉴于本案仲裁费已由申请人全额预缴并全部冲抵，故被申请人应直接向申请人支付相应费用以补偿申请人代其垫付的仲裁费。

本案申请人选定的自然人 E 仲裁员的实际费用由申请人承担 65%，被申请人承担 35%元。本案实际费用与申请人向仲裁委员会预缴的实际费用冲抵后，余款由仲裁委员会退回申请人。被申请人应直接向申请人支付相应费用。

上述裁决被申请人向申请人支付的款项，被申请人应自本裁决作出之日起 10 日内支付完毕。

本裁决为终局裁决，自作出之日起生效。

案例评析

【关键词】客户适当性管理　交易结算依据　提前终止交易

【焦点问题】

1. 申请人是否未尽客户适当性管理义务；

2. 涉案交易结算依据是"微信账单"还是"电邮账单";

3. 申请人是否有权提前终止交易以及指定提前终止日对提前终止交易法律效力的影响;

4. "微信账单"与"电邮账单"同时存在的法律意义及其对违约责任认定的影响。

【焦点评析】

申请人系某期货公司风险管理子公司,其与被申请人签订了本案合同(包括《主协议》《补充协议》及《履约保障协议》)。申请人称双方持续一年多依约进行了以大连商品交易所、郑州商品交易所的豆粕、PTA 等商品期货合约为挂钩标的的数千笔场外衍生品交易。交易期间,被申请人在微信群与电子邮箱中分别收到交易结果迥异的同期交易数据(以下简称"微信账单"与"电邮账单")。申请人根据"电邮账单"要求被申请人追加保证金未果,随后提前终止交易,并以被申请人应支付提前终止款项为由提出仲裁请求。被申请人以根据"微信账单"其无需追加保证金,申请人无权提前终止交易,且申请人还存在未尽客户适当性管理义务、未事先指定提前终止日、与其母公司业务混同、从事期货经纪业务、参与被申请人的盈利分红及涉嫌非法配资等其他违约行为或违法违规行为,故被申请人无付款责任或可免责为由抗辩。

现结合本案案情及争议焦点问题,评述如下:

一、申请人是否未尽客户适当性管理义务

尽管现行规范性文件对客户从事场外衍生品交易的资格基本未予以限制,但申请人作为专业的衍生品交易服务商,确实应当履行客户适当性评估或管理义务,确保将适当的服务和产品提供给与其风险承受能力相适应的客户,并向客户充分揭示业务和产品的风险。

本案被申请人已签署了《场外衍生品交易风险揭示书》《合规承诺函》《普通投资者购买高风险等级产品或者服务风险警示书》并进行了风险承受能力问卷测评,申请人已进行了有关风险提示并就该过程录音录像,申请人已基本履行了客户适当性管理义务。

根据被申请人的既往期货投资经验,即便申请人存在被申请人指称的诱导、帮助开户或提示答题等不当行为,但该等行为并不足以影响被申请人对

涉案交易的自主意思表示或独立判断；至于申请人是否应对被申请人的测评问卷答题过程进行录像以及全程介绍每一笔具体交易的特性和风险等，未见相关规范性文件有此具体要求；本案亦没有证据证明被申请人的风险承受能力与案涉交易存在适当性不匹配问题。

因此，仲裁庭未支持被申请人的相关答辩意见。

二、涉案交易结算依据是"微信账单"还是"电邮账单"

本案最特别的情节是同时存在交易数据迥异的"微信账单"与"电邮账单"，由此引发本案争议焦点：申请人认为"微信账单"与其无关，应以"电邮账单"作为结算依据；被申请人认为"电邮账单"缺乏基础交易事实，应以"微信账单"作为结算依据。

仲裁庭从三方面阐述意见：

1. 申请人主张"微信账单"系其母公司某期货公司应被申请人的请求并根据被申请人自定义的规则对已生成的真实结算数据进行分析而提取汇总的交易信息，并不是双方实际交易的全部内容。但申请人未能提供相应证据佐证，本案并无证据证明被申请人曾向上述期货公司提出有关"微信账单"的请求或被申请人知道（或应当知道）"微信账单"不是申请人发送的以及"微信账单"不体现双方实际交易的全部内容等。再联系上述微信群作为双方交易下单及成交平台的特定用途、申请人在微信聊天中对该两份账单作用的模棱两可表述以及申请人作为本案合同约定的交易估值计算方的特殊身份等情节，仲裁庭认为：申请人作为涉案交易最终成交及结算数据的唯一来源方，其应当对双方交易平台上出现的"微信账单"的真实性及关联性负责，在申请人未就"微信账单"作特别说明的情况下，被申请人产生"微信账单"系申请人发送的涉案交易全部成交及结算数据的认识和信赖有其合理性。因此，申请人关于"微信账单"与其无关的主张有悖业已查明的履约事实，仲裁庭不予采信。

2. 被申请人主张申请人曾在微信聊天中说明"电邮账单"是为了满足合规和审计要求而编制的虚假账单，实际交易结算以"微信账单"为准。但根据本案合同，双方可以通过微信等即时通信工具进行交易下单，但应通过电子邮件方式进行交易成交信息及结算数据的发送及确认，以及本案合同的任何修改均应以书面形式作出，故被申请人指称的微信聊天记录并不能产生变更本案合同关于交易成交信息及结算数据的发送及确认方式约定的法律效果，更遑论该微信聊天记录的语义、指向尚不甚明确，不足以证明存在相关事实。

3. 被申请人另答辩称"电邮账单"与微信群中的交易下单指令及成交记录无法相互对应而内容不真实。仲裁庭认为，根据本案合同约定，涉案衍生品交易实行单一协议、净额结算或逐日盯市制度，即双方之间的所有交易均被视为本案合同项下交易并受本案合同约束；每一交易日均进行成交交易确认并按净额支付方式计算持仓浮动盈亏及保证金状况，对交易结算结果有异议而未按合同约定的时限或方式提出，视为对交易结算结果已予以认可。因此，被申请人既已收到"电邮账单"并予以确认或未依约提出异议，应当视为其对此前所有持仓和交易结算结果已认可，由此所产生的交易后果应自行承担，再探究"电邮账单"与微信群中的下单指令及成交记录能否对应已无必要，这符合具有行情即时性、交易高频性特点的衍生品交易的市场规则和行业惯例，也是平衡衍生品交易的公平性与效率性的应有之义。故该答辩意见有悖本案合同约定，仲裁庭不予采信。

总之，"电邮账单"符合本案合同相关约定，应作为涉案交易结算依据。

三、申请人是否有权提前终止交易以及指定提前终止日对提前终止交易法律效力的影响

根据本案合同的约定，申请人依据"电邮账单"的交易结算结果，已依约向被申请人发出了需追加保证金的通知，被申请人既未依约提出异议，也未追加保证金，已构成本案合同项下违约事件，申请人依约有权对被申请人的持仓交易实施提前终止即强制平仓。

被申请人指称申请人对此前需要追加保证金的情形并未执行强制平仓，故抗辩申请人依此操作惯例也不应再对被申请人实行强制平仓。仲裁庭认为：即便申请人此前在交易对方保证金不足的情况下，允许对方继续开仓交易或继续持仓，但申请人的这种做法，应仅被理解为申请人自愿承担相应的透支交易风险，而不应被解释为双方已形成相应操作惯例或合同既定的相关交易规则从此变更。该答辩意见于法无据，仲裁庭不予支持。

被申请人主张因申请人未事先指定提前终止日导致其提前终止交易行为

无效。申请人辩称，其系依据具有优先效力的《履约保障协议》的约定进行强制平仓操作，无需再适用《主协议》有关指定提前终止日的约定。仲裁庭认为：《主协议》约定守约方在对方违约时有权指定提前终止日，并明确了提前终止日的指定规则和通知要求，其意义在于通过指定提前终止日以确定提前终止交易的基准日，避免违约损失的扩大并保障违约方的相应知情权，既体现为守约方的一项风险管理措施或违约救济权利，也是对守约方如何规范地行使提前终止交易权利提出要求，亦属于守约方的义务范畴；《履约保障协议》相关约定的着重点在于明确申请人就被申请人保证金项下违约时享有提前终止交易的权利，并未涉及指定提前终止日事宜，即该条款并未就是否应当指定提前终止日作出与《主协议》不一致的约定；本案合同关于指定提前终止日的约定与守约方如何规范行使提前终止交易权利有关，而与申请人在被申请人违约的情况下是否有权提前终止交易无关。因此，申请人关于其无需指定提前终止日的主张与被申请人关于因未事先指定提前终止日导致申请人提前终止交易行为无效的答辩，均无合同依据或法律依据，仲裁庭不予支持。

四、"微信账单"与"电邮账单"同时存在的法律意义及其对违约责任认定的影响

"微信账单"与"电邮账单"同时存在不仅会引发交易结算依据之争，还牵涉违约过失相抵规则，即该情节对违约责任或违约损失赔偿的认定亦有影响。

仲裁庭认为：申请人作为专业的场外衍生品交易服务商以及涉案交易的估值计算方，应当按照诚实信用和审慎经营的原则，向被申请人提供真实、完整的交易成交及结算信息，并与母公司某期货公司等第三方建立有效的业务隔离机制以监控涉案交易信息的流动和使用。申请人在已发送"电邮账单"的情况下，就"微信账单"的真实性及关联性应承担更大的注意义务，即其不应该放任"微信账单"的存在，除非已确保被申请人知道（或应当知道）"微信账单"不是双方交易的全部内容而不能作为交易结算的有效依据，或被申请人不会被"微信账单"所误导。如上所述，本案被申请人对"微信账单"系申请人发送的双方全部交易成交及结算数据有合理信赖，而"微信账

单"与"电邮账单"的交易结果迥异，"微信账单"的存在足以影响被申请人对交易风险的判断或交易方案的决策，故申请人对被申请人的交易结果或交易损失有过错，应承担相应的法律责任。

因此，依照《民法典》第 592 条之规定，申请人放任"微信账单"的存在及其可能误导被申请人，对被申请人的交易损失有过错，且还存在未指定提前终止日的违约行为，亦应承担相应的法律责任暨可以减少被申请人相应的损失赔偿额。因本案合同对申请人的上述过错或违约情形如何承担责任未作约定，基于本案案情及公平合理原则，仲裁庭酌定申请人对被申请人的交易损失应承担 65% 的责任。

【结语】

鉴于场外衍生品交易的复杂性及特殊性，由此产生的纠纷在交易性质的判断、法律关系的厘清、履约事实的认定以及责任承担的分配等方面均呈现不同于普通合同纠纷的诸多法律问题，业界对于此类纠纷的审理思路也尚处于摸索阶段。本案争议焦点也许并不具有普遍性，但如下意见仍值得一提：

第一，场外衍生品交易实行单一协议、净额结算或逐日盯市等规则，客户对每日交易信息及结算数据的确认或未依约提出异议，应当视为其对此前所有持仓和交易结算结果已认可。由此，对于当事人提出的有关下单指令与成交记录是否匹配的疑问以及调查取证或专项审计申请，仲裁庭应保持足够清醒的判断与定力，对衍生品交易特有的市场规则和行业惯例的忽视，难免会无谓地深陷交易乱麻之中。

第二，金融机构等衍生品交易服务商作为合同约定的交易估值计算方，相对于客户有着巨大的信息、技术等优势，其理应秉持最大的诚信及审慎原则履行交易信息及结算数据的管理与披露义务，以经得起客户关于是否存在信息误导、欺诈等主张的严格审查。

第二，不忘仲裁请求这一审理"初心"，甄别似是而非的争议问题。就本案而言，关于双方是否进行了期货交易或申请人是否从事期货经纪业务、申请人是否与其母公司业务混同、申请人是否参与被申请人的盈利分红及涉嫌非法配资等其他争议问题，以及被申请人申请调取的证据（申请人履行适当性管理义务的有关证据）或专项审计结论（案涉下单指令与"微信账单"

"电邮账单"的匹配情况）对本案裁决结果并无影响，已非本案审理所必要，仲裁庭可不再做进一步审理或回应。

另外，本案仲裁庭在认定申请人是否指定提前终止日与其是否有权提前终止交易无关后即可"点到为止"，现还提及申请人未指定提前终止日构成违约行为，因事涉被申请人的独立请求权，似有"画蛇添足"之憾。

案例八

A 贸易公司与 B 资本管理公司交易主协议争议案

中国国际经济贸易仲裁委员会（以下简称"仲裁委员会"）根据申请人 A 贸易公司（以下简称"申请人"或"A 公司"）与被申请人 B 资本管理公司（以下简称"被申请人"或"B 公司"）于 2018 年 8 月和 2018 年 9 月签订的《中国证券期货市场场外衍生品交易主协议》（以下简称《交易主协议》）和《中国证券期货市场场外衍生品交易主协议补充协议》（以下简称《主协议之补充协议》）、于 2019 年 4 月和 2019 年 5 月签订的《补充协议》（以下称为《2019 年补充协议》），以及自 2018 年 9 月起至交易终止的《交易主协议》项下交易确认书（与《交易主协议》《主协议之补充协议》《2019 年补充协议》合称"本案合同"）中仲裁条款的约定，以及申请人于 2022 年 8 月向仲裁委员会提交的书面仲裁申请，受理了双方当事人基于上述合同而产生的本争议仲裁案。

一、案情

（一）申请人的仲裁请求及事实与理由

2018 年 8 月、9 月，申请人在 C 期货公司（以下简称"C 公司"）金属业务部经理自然人 E 承诺稳定盈利情况下，同意开户进行期权衍生品场外交易业务，申请人按照 C 公司的要求与被申请人签订了《交易主协议》及《主协议之补充协议》，并按照 C 公司工作人员提供的开户清单的要求向其提供了相关盖章文件。

上述开户过程全程由 C 公司员工电话指导，未了解申请人的实际情况、未对申请人风险承受能力进行评估、未对交易产品的风险向申请人进行提示，反而称"不填最高等级就审核不过关"，并据此要求申请人在填写适当性评估资料时将所有项目选项填到最高等级。

协议签订并完成开户后，被申请人、C公司建立微信群把申请人相关人员拉进群内开展交易，由被申请人和C公司的员工先将交易指令单独微信发给申请人员工，申请人员工再转发至微信群内。在此期间，申请人对于交易内容、交易风险、交易模式、损益计算方式均不清楚。自2018年11月起，被申请人和C公司员工还要求申请人每月向户名为自然人F的个人银行账户汇款8000元（本案金额均为人民币，仲裁庭注）作为咨询费。后2019年1月至2月，申请人出现亏损400余万元，C公司员工在已出现亏损的情况下仍然要求申请人抬高执行价，导致申请人2月至4月短暂盈利66万元后在7月至9月再次亏损180万元。2019年9月，自然人E亲口承认申请人出现亏损是由于被申请人的错误造成，申请人便不再进行相关交易。至此，申请人在交易期间所投入的1000余万元本金亏损500余万元。

依据最高人民法院于2019年11月8日公布的《全国法院民商事审判工作会议纪要》（以下简称《九民纪要》，仲裁庭注）第72条之规定，卖方机构在向金融消费者推介、销售场外衍生品等高风险等级金融产品的过程中，必须了解客户、了解产品、将适当的产品销售给适合的金融消费者。按照中国期货业协会发布的《产品或服务风险等级名录》，被申请人和C公司提供的场外衍生品服务属于R5风险等级服务，即"包括但不限于承担无限风险敞口的场外衍生产品及相关服务"，显然已经超过了申请人作为一个普通投资者能够承受的风险等级。《九民纪要》第76条还明确规定了卖方机构应充分履行告知说明义务，确保金融消费者能够真正了解各类高风险等级金融产品的投资风险和收益的关键。本案中，被申请人履行适当性义务不当，主要体现在以下几点：

被申请人未按照相关规定全面了解申请人信息、要求申请人提供适格材料、追加了解相关信息。

被申请人未按照2016年12月12日中国证监会发布的《证券期货投资者适当性管理办法》（以下简称《办法》，仲裁庭注）及2017年6月28日中国期货业协会发布的《期货经营机构投资者适当性管理实施指引（试行）》（以下简称《指引》，仲裁庭注）制定相应的客户分类判断标准、方法、流程，缺乏基本的工作依据，对客户提交的材料未尽谨慎注意义务，未审慎履职，未按照《办法》和《指引》的相关规定对产品、客户的适配性作出合理的评估判断，未根据申请人的资金状况、从业经历、专业知识、风险偏好等因素作出合理的客户分类。被申请人向申请人提供的交易具体产品与申请人参与场外交易的目的失去匹配性。

被申请人的告知程序及行为严重违反《办法》及《指引》的相关规定，未按规定的方式正确告知适当性匹配意见，也没有告知申请人应该特别注意的相关事项，未按规定提供双录等配套留痕安排。

被申请人从未向申请人进行过回访调查，未按照《指引》第33条开展应开展的回访工作。

被申请人和C公司明知申请人为普通投资者，并不了解场外衍生品的投资风险和盈利模式，未按规定对申请人风险能力、风险偏好、投资者等级等进行调查评估，其工作人员不仅未向申请人履行告知义务，告知案涉投资活动的风险等级和收益关键，反而要求申请人按照其指令填写相应内容，以确保申请人能够顺利开户，并将应当重点告知、说明的"风险警示书"夹在开户材料中，轻描淡写地要求申请人盖章后连同开户材料一并寄回被申请人，进而违规向申请人推介风险等级明显高于申请人风险承受能力的产品。其在投资者适当性管理工作中未勤勉尽责、未谨慎履职。

此外，被申请人违反法律及自律规定，与其母公司C公司存在严重业务混同，致使被申请人在投资者适当性管理方面基础工作失范、内部控制薄弱，在申请人从事场外期权交易过程中，违反规定多次指导申请人下单交易，并承认在其指导下下单的损失不少于60万元。同时，被申请人及其母公司C公司还违反法律规定及当事人约定，允许申请人的非交易授权人擅自下单、存在过错。

被申请人还违反了协议约定，且违反公平原则，拒绝向申请人提供期权估值计算方式，限制申请人投资权利、加重申请人交易义务，并应澄清其向申请人提供的交易结算结果。

本案中，被申请人显然未履行告知说明义务，也未履行适当性义务，从而给申请人造成了巨额经济损失。其履行适当性义务严重不当，与申请人的场外期权交易损失有法定的因果关系，应以全部赔偿。

为此，依据《九民纪要》第74条、第75条之规定，申请人提出并确认最终仲裁请求如下：

1. 依法查明申请人在被申请人处从事场外期权交易亏损的构成原因，并依法裁决被申请人向申请人赔偿交易本金损失 500 余万元及利息 67 余万元[利息在 2020 年 8 月 a 日前按照中国人民银行发布的同期同类贷款基准利率计算，2020 年 8 月（a+1）日起按照同期全国银行间同业拆借中心公布的贷款市场报价利率（LPR）的标准计算，自最后一笔交易本金支付之日 2019 年 9 月某日起暂计算至 2023 年 2 月某日，此后利息按照上述标准计算至被申请人清偿之日止]；

2. 裁决被申请人承担全部仲裁费用及仲裁过程中产生的差旅费用。

（二）被申请人的答辩意见

1. 被申请人在为申请人开立场外衍生品账户过程中充分履行了适当性义务，申请人签署《交易主协议》等开户文件是真实自愿的，其交易行为也与其风险测评结果相一致。

（1）被申请人依法合规为申请人开立场外衍生品账户，不存在任何不当行为。

申请人的实际控制人自然人 G 及其控制的相关公司长期从事金属贸易，自然人 G 本人及其关联公司自 2012 年起就在 C 公司开户，长期从事期货交易。自然人 G 与自然人 E（C 公司金属事业部员工）相识多年。2018 年 8 月，自然人 G 因见多家金属同行均有从事场外衍生品交易，遂向自然人 E 表示也想做场外衍生品交易，于是自然人 E 将其推介给被申请人。之后，自然人 G 安排其所控制的申请人开立场外交易账户，由被申请人为申请人办理审核开户事宜。

被申请人对申请人的风险承受能力进行了测评。2018 年 8 月 a 日下午，申请人的开户代理人自然人 H 使用其手机注册并接收验证码，自行登录 C 公司投资者适当性系统进行投资者适当性测评，测评结果显示申请人的风险承受能力为 C5 等级（激进型），可以投资高风险产品。被申请人告知其风险测评结果，并进行了衍生品产品特性及风险提示，就"场外衍生品特性风险""买卖场外衍生品风险""流动性风险""提前终止风险"及"特别风险提示：某些衍生品交易，例如：期权交易，期权卖方很有可能遭受亏损无限放大的风险，请您在交易前熟悉相关交易规则，谨慎入市"等事项对申请人进行了充分释明。申请人也对该风险评估结果进行了确认，认可案涉产品风险等级与其风险承受能力匹配，对场外衍生品相关风险及告知事项明确知悉，填写了《投资者基本信息表（机构）》，并签署了《场外衍生品交易风险揭示书》及场外衍生品开户文件材料，包括《交易主协议》及《主协议之补充协议》《投资者适当性客户答卷》《普通投资者适当性匹配意见告知书》《普通投资者购买高风险等级产品或服务风险警示书》。此后，申请人又经过充分考虑后，才将上述开户文件连同公司财务报表等一并提交给被申请人。

随后，被申请人对申请人的相关情况进行了调查了解。结合申请人提供的开户资料，被申请人进行适当性审查后认为，申请人的实控人及相关授权人员均长期从事包括金融期货在内的期货交易，具有丰富的期货交易经验，对场外衍生品交易的风险有充分认知。适当性测评结果显示其风险偏好及风险承受能力高，经综合评估后，确认申请人符合相关业务开户条件。而且，申请人已签署"普通投资者购买高风险等级产品或服务风险警示书"，可以进行R1～R5风险等级的业务。2018年9月a日，被申请人与申请人之间的场外衍生品交易协议签署生效，申请人在24小时犹豫期内没有提出异议，并于2018年9月（a+13）日开展第一笔场外衍生品交易。

上述事实证明，在申请人开户过程中，被申请人已充分履行了产品风险告知及适当性义务，不存在任何违规或不当行为。

（2）申请人以其实际交易行为表明其对相应风险已充分认知，并与其在开户时所做的风险测评结果相印证。

在2018年9月（a+13）日至2019年8月（a+7）日期间，共有200多个交易日，申请人累计交易达近400笔，净盈亏为-500余万元。需要说明的是，这些交易亏损并非一天或一笔交易亏损造成的，而是连续多笔交易长期累积形成的。2018年11月b日盯市报告显示：申请人当日持仓合计亏损就已达60余万元，至此申请人完全可以及时终止交易，避免出现亏损持续扩大的情况。但实际情况是，面对前期交易造成的亏损状况，申请人仍在持续不断地进行交易，申请人在被申请人处累计进行了近400笔场外衍生品交易才导致了目前的亏损额度。这足以说明，申请人对于场外衍生品交易风险不仅充分了解，而且承受能力强，是与其风险测评结果相一致的。

此外，在申请人开始交易并出现亏损后，自然人G还以申请人的关联公司D公司的名义于2019年1月向被申请人申请开立账户进行场外衍生品交易，该公司的授权人员仍为自然人H、自然人I、自然人J、自然人K，与申请人授权的相关交易人员完全一致。申请人及其关联公司多次开立期货及场外衍生品账户的事实说明，申请人的实控人自然人 G 及授权代理人自然人 H 等人对于场外衍生品业务交易知识、风险是有充分认知的，并能趋利避损。

2. 在交易过程中，被申请人已充分履行告知义务，申请人自主决定下单交易，其理应自行承担亏损后果。

申请人与被申请人通过微信进行下单沟通，申请人的实控人自然人 G 及授权代表自然人 H、自然人 I、自然人 J、自然人 K，以及被申请人的交易员、风控员、结算员、场外衍生品部经理、开户客服等人员均在微信群内。申请人的授权人员下达交易指令，由被申请人的员工接单处理，并将结果予以反馈。每日收盘后，被申请人按约定形式向申请人发送交易确认书及盯市报告。在每笔场外交易到期或提解时，被申请人还向申请人发送到期清算报告或提解清算报告。申请人对于其每一笔场外交易的盈亏及保证金计算结果等均是非常清楚的。现有证据显示，被申请人从未对申请人的下单交易过程有过任何干预或不当行为，并已按照合同约定充分履行了告知义务。

根据《交易主协议》第 10 条"陈述与保证""已经充分理解和审慎评估本协议下交易的性质、条款、风险，愿意接受并有能力承担相关交易风险。上述所有陈述与保证在本协议签署日作出，及在每一笔交易达成时视为重复作出，并在本协议有效期内持续有效"，《主协议之补充协议》第 4.1.2 款"乙方对《交易确认书》有异议的，最晚应于甲方发送《交易确认书》后下一交易时段之前书面通知甲方，明确写明异议内容，同时电话告知甲方，否则视为已收到《交易确认书》并对其内容的确认"，结合申请人在《场外金融衍生品交易授权书》中承诺其授权人员确认交易等事项的一切法律后果均由申请人自行承担的表述，以及《交易确认书》、其他开户材料等内容中的着重声明告知事项可知，被申请人已就相关风险及注意事项充分告知申请人，申请人明确接受并确认，因此其对于自身交易产生的结果理应自行承担。

3. 申请人指控被申请人对其进行诱导交易并收取咨询费用等情形，没有事实依据。

（1）被申请人从未向申请人提供交易指导或收取相关费用。

从仲裁申请书可以看出，申请人确认所有的指令都是其授权人员向被申请人直接下达的，被申请人的工作人员从来没有向其提供过任何交易意见。现申请人主张 C 公司与被申请人共同向其提供咨询并收取费用，没有事据。

根据《主协议之补充协议》第 3.7 款"其他陈述""（1）不依赖。其自行独立决定进行交易，并且自行判断或在认为必要时听取顾问意见后自行决定交易是否恰当或适宜。其不依赖来自另一方的任何（书面或口头）的通信，并不以此作为投资意见或建议……（2）评估和理解。有能力评估该交易的价值，有能力理解并且理解了该交易的条款、条件和风险。其有能力承担并且愿意承担该交易的风险"的约定，申请人不应依赖任何人的意思表示作为投资意见或建议，进而影响其自身的交易决策，申请人应自主判断并独立进行交易，并自行承担交易后果。

（2）申请人与自然人 E 存在私下串通的主观恶意，其应自行承担相应的后果。

虽然被申请人是 C 公司的全资子公司，但两者均是各自独立经营的法人。申请人委托提供咨询服务的自然人 E 等人都不是被申请人的工作人员，申请人对此从一开始就是明知的。

从自然人 G 与自然人 L 的微信聊天记录中可以看出，是自然人 G 主动向自然人 E 等人提出私下向其个人支付咨询费，并许以利益分成。申请人私下向自然人 E 个人进行咨询，并且采取了极其隐蔽的付款手段，收款人自然人 F 与被申请人及 C 公司均无任何关系，表明申请人与自然人 E 等人均有向 C 公司隐瞒有偿咨询的故意。证明申请人的实控人自然人 G 与自然人 E 之间存在私下串通，达成私下交易，申请人理应对自己的行为承担后果。

自然人 E 在申请人的诱惑下，为谋取个人利益，不惜违反 C 公司的规定，以个人身份接受申请人的咨询委托，私下提供咨询建议，也已受到监管部门的严肃处罚。

（3）监管部门并未认定被申请人存在违规开户、诱导交易等申请人指控的情形。

申请人曾向相关监管部门进行多次投诉，声称被诱导参与场外衍生品交易遭受大额亏损，相关监管部门受理了申请人的投诉，就投诉事项对自然人 E、C 公司及被申请人进行充分调查后，确认自然人 E 私下以个人名义接受申请人的咨询委托，并收取相关费用。在处理结论中，监管部门并未认定被申请人存在诱导交易或提供咨询建议、收取相关费用等违规问题，足以说明申请人对被申请人的有关指控并不成立。

基于上述事实，申请人应当自行承担其私下委托自然人 E 提供交易咨询的后果，而申请人在本案中故意对案件事实进行歪曲陈述，意图混淆被申请人与 C 公司及自然人 E 等人之间的关系，其主张没有事实依据，缺乏真实性、合理性，不应获得支持。

4. 被申请人已履行相应义务，申请人交易亏损理应自负，其要求被申请人赔偿损失的仲裁请求没有事实及法律依据，不应得到支持。

最高人民法院在《九民纪要》中明确，审理中须坚持"卖者尽责、买者自负"原则。被申请人已经尽到适当性义务及告知说明义务，故无须承担任何责任。反观申请人具有长期丰富的投资经验，完全具备作出自主交易决定及承受风险的能力，且充分自主行使了交易决定权，其理应自行承担相应后果。

（1）申请人的相关人员具有丰富的高风险产品投资经验。

申请人是一家 2016 年 3 月就已成立的有限责任公司，在民法上属营利法人，主营金属材料、铁矿产品销售等业务，对于营利法人相关能力的判断应区别于自然人，需要从股东、公司董事、监事等主要人员及授权人员等方面综合判断。

申请人股东兼监事自然人 G，是公司期权交易的实际控制人，包括聊天记录在内的证据已清晰表明，相关交易最终做主的是自然人 G，其早在 2012 年就已开始从事期货交易，具有丰富的投资经验及风险承受能力。而且，申请人的 4 名授权人员也均具有长期的期货交易经验。

（2）实际交易是最直观的风险揭示及教育，并客观反映了投资者的投资能力。

根据《金融期货投资者适当性制度实施办法》第 5 条第 1 款第 3 项的规定，投资者具有累计 10 个交易日、20 笔以上仿真交易成交记录或者最近 3 年内具有 10 笔以上交易成交记录，即可被认为能够较好地理解交易规则及风险特性申请人的实际交易，足以说明申请人对交易行为具有极高的独立理解及判断力，具备自主交易及风险承受的能力。

（3）申请人的实际交易行为，与其开户及风险测评中所填写的答案相符。

申请人交易的场外期权挂钩资产以镍、铜、锌等为主，交易相当频繁（月均 30 余笔交易），投入金额较大，风险偏好及容忍度高，在多笔交易出现较大额的亏损及保证金不足后，还投入更多资金追加保证金，扩大交易规模，这反映出申请人确实是具有丰富的交易经验、高风险偏好的投资者，对交易中的风险已有足够的认知。更何况，申请人共计亏损 500 余万元，与其投入的 1000 余万元相比，亏损比例为近 50%，并未超出其在《投资者适当性客户答卷》中自认的"能承受的最大投资损失 30%~50%"，属于其承受能力范围之内。

（4）申请人将亏损转嫁给被申请人毫无依据。

从申请人的交易过程及相关聊天记录中可以发现，申请人忽视市场交易风险，无视受其委托提供咨询人员的风险提示，自主决定放大交易量，在出现亏损后也未及时止损，故相关风险理应自负。现申请人试图将风险、损失转嫁给被申请人，毫无依据，不应被支持。

（5）申请人授权人员已充分了解了交易事项。

在申请人开户 5 个月进行近 200 笔交易之后，申请人的 4 名授权人员又于 2019 年 1 月代表其关联公司 D 公司在被申请人处开立场外衍生品账户，从事与申请人相同的交易。此时，申请人的授权人员从被申请人处再一次接受了完整的产品告知及风险提示等适当性审查，其理应充分了解了相关交易事项。

（6）申请人以实际行为确认了交易结果，从未提出异议。

对于申请人的每笔交易，被申请人均依约向其发送盯市报告、交易确认书等材料，文件清晰显示了其账户盈亏状态，以及是否需要追加保证金等情况。申请人对此从未提出异议，并如期进行了保证金追加，这也足以说明申请人认可交易结果，并对风险有足够的承受能力。

（三）申请人的代理意见要点

1. 被申请人开展场外期权交易过程中基础管理工作薄弱，内部业务规则缺失，与其母公司业务大量混同，内部控制失当，是引发纠纷、造成申请人损失的根本性诱因。

（1）被申请人内部制度严重缺失，未按照国家相关规定的要求制定配套落实的工作标准、流程、方法，致使投资者适当性管理业务无章可循。

本案仲裁审理程序中，被申请人仅提供了其制定的《投资者适当性管理办法》，却不提供具体的工作标准、流程、方法。其《投资者适当性管理办法》总共 37 条，绝大多数内容沿用《办法》及《指引》的条款，只有 10 余条属于被申请人为自己"量身定做"，且多为公司的内部管理性规定，未涉及投资者分类及适当性匹配的具体标准、流程、方法等，部分条款疏漏了《办法》及《指引》的相关要求，甚至直接违反了《办法》及《指引》的规定。被申请人制定的《投资者适当性管理办法》第 27 条仅约定了回访的内容，但是并未明确投资者适当性回访工作应由"从事销售推介业务以外的人员进行",也未明确"需对购买或接受高风险产品或服务的普通投资者每年进行回访"的要求等；被申请人制定的《投资者适当性管理办法》第10条，将投资者适当性评估结果书面告知义务确定为公司经办人的义务，明显违反了《指引》应由经营机构书面告知客户评估分类结果的规定。

（2）被申请人作为C公司的风险管理子公司，与C公司业务未有效隔离，与C公司存在大量业务混同，造成被申请人应履行的投资者适当性义务未予履行。

根据规定，风险管理公司与期货公司之间、受同一期货公司控制的其他公司在业务、人员、场地、资产、财务等方面应当严格分开，独立经营、独立核算。

本案仲裁审理程序中，被申请人拒绝回答为申请人开立场外期权户的经办人身份，同时，被申请人也承认申请人的评估问卷是在C公司的系统中完成的，说明被申请人除在收取的客户资料上盖章签字之外，所有场外期权的营销、客户适当性评估、开户等工作均未有作为。事实上，是以C公司M地分公司金属事业部经理自然人E为首，C公司自然人Q、自然人L等人协助，一起操办了申请人从客户营销、开户资料发放、问卷回答引导、交易指导等一系列不当行为。对于自然人E违反《期货从业人员管理办法》第14条有关"诚实守信，恪尽职守，促进机构规范运作，维护期货行业声誉"的行为，N地证监局于2020年6月出具警示函决定，对上述事实做出印证。N地证监局出具的行政监管措施虽然直接针对的是自然人E个人，但自然人E等人的一系列行为均是以C公司在册员工的身份对外开展的，从民事角度看，属于标准的公司职务行为。

本案仲裁审理程序中，被申请人辩称可以使用母公司的评估系统，但C公司与被申请人两者业务不同，客户归属不同，却人员混同、系统混同、评估标准混同，得出的评估结果与实际情况存在一定出入，违反《办法》《指引》及《民法典》《期货公司风险管理公司业务试点指引》等规定。

（3）被申请人及C公司内部控制失当，主动帮助、接受申请人非交易授权人下单，对引发本不应发生的损失存在重大过错。

申请人与被申请人签署的《交易主协议》附件《场外金融衍生品交易授权书》仅对自然人J、自然人I、自然人H、自然人K进行了场外期权事宜操作授权，自然人 G 非申请人交易授权人。但被申请人违反金融交易基本的契约原则，在自然人 G 口头语音对镍看涨期权 500 吨下单时，C 公司的工作人员自然人 L 在个人微信编辑好下单信息后发给自然人 G，由自然人 G 转发至微信群下单，被申请人风控及交易人员不仅对下单人的资格不予审查，且对于异常的巨量下单行为不予注意，导致该单交易直接成交，对引发本不应发生的约 196 万元损失负有不可推卸的责任。

综上，被申请人与 C 公司的"不作为""乱作为"是引发纠纷、造成申请人损失的根本性诱因。

2. 被申请人履行投资者适当性义务严重失当，推荐产品错配，是造成申请人损失的直接原因。

"了解你的客户，了解你的产品，把合适的产品匹配销售给合适的客户"是投资者适当性义务的核心要义。在整个投资者适当性管理工作落实中，经营机构应当履行的是全过程的谨慎注意义务而非一般意义上的形式审查。

（1）被申请人在履行投资者适当性义务的各个主要环节均有失当。

第一，了解客户环节履行投资者适当性义务失当。

其一，根据被申请人提交的证据《投资者基本信息表（机构）》，对比《指引》附件《投资者基本信息表（机构）》，两者的内容差距明显，主要体现在被调查者是否属于与金融相关的市场主体以及被调查者是否与期货交易品种相关，参与期货交易的类型属于投机、套利、套保中的哪一种。被申请人如此设计《投资者基本信息表（机构）》，就是要回避绕开监管要求、方便申请人开立场外期权账户的基本事实。

其二，被申请人向申请人索要的《资产负债表》是 2018 年 6 月、7 月的年中报表，不符合《办法》要求。为了准确区分专业投资者和普通投资者，《办法》要求经营机构鉴别客户最近一年年末的净资产、金融资产以及是否具有 2 年以上的金融投资经历。年度财务报表往往经过第三方审计，可以更全面、客观地反映客户的基本财务信息。被申请人的做法，就是想从财务标准上放松对客户的要求。

第二，在客户适配性评估环节履行投资者适当性义务失当。

在客户适配性评估环节，被申请人履行投资者适当性义务不符合《办法》第 10 条、《指引》第 11 条的规定。

其一，被申请人的评估过程违反规定。根据被申请人自身提供的调查测评的截屏可知，在该份客户风险评估中，申请人评估时间为 2018 年 8 月 a 日 14：24：11，审核时间为 2018 年 8 月 a 日 16：48：42，问卷得分 86 分，客户评级 C5 型。在尚未收到申请人邮寄交投材料的情况下，短短的 2 个小时内被申请人就将申请人匹配审核为 C5 型客户，但至今未告知将申请人匹配为 C5 型客户的具体认定标准以及相应的书面匹配意见。申请人再次要求被申请人向仲裁庭提供公司对客户分类及适配的具体认定标准、流程、方法。

其二，被申请人的评估行为严重失察。根据被申请人提供的《投资者适当性客户问卷》，该问卷的回答自身多处夸大其词，甚至自相矛盾。如问题 7、问题 9 的回答，问题 14、15 与 19 的关系等。同时，问卷的回答与客户提交的《资产负债表》也存在明显冲突。如问题 5 回答"没有数额较大债务"与申请人《资产负债表》显示约 96.6% 的超高负债率冲突巨大。

其三，被申请人设计的《投资者适当性客户问卷》与《指引》相违背。对于问题 12，问卷的题干是"期货、融资融券"，而《指引》的标准题干则是"期货、期权"。而"融资融券"是风险等级高于商品期货的"圈外产品"，不方便核实且可拉高客户的风险评级。

其四，被申请人的评估结果违反规定，严重失配。按照《办法》《指引》的要求，经营机构应当从"三有一看一无"等多个维度对投资者进行评估。

一是被申请人提供《资产负债表》的年初数不一样，尤其是 7 月 1 日的期初数与 6 月 30 日的期末数不一致，说明申请人的财务基础很差。报表显示，申请人没有长期资产，流动资产主要是应收账款、预付款、存货及少量货币资金；主要资金来源除股东投入及少量留存收益外，还有大量欠付供应商的应付款、其他应付款。申请人资产负债率已高达 96.6%，继续举债方可维持经营，难有充足的自有资金从事金融杠杆交易。

二是按照被申请人提供的自然人 G、U 公司、V 公司《期货经纪合同》《投资者尽职调查表》，申请人小股东自然人 G、申请人授权交易人自然人 I，仅仅从事过商品期货业务。按照《办法》第 36 条和《指引》第 24 条及《指引》中附件《产品或服务风险等级名录》的要求，经营机构评估相关产品或服务的风险等级不得低于名录规定的风险等级。商品期货业务属于 R3 级产品，对应的客户群体是 C3 类型客户。按照《产品或服务风险等级名录》的要求，承担有限风险敞口的场外衍生品及相关服务（期权买方）属于 R4 级产品，对应的客户群体是 C4 类型客户。按照《产品或服务风险等级名录》的要求，承担无限风险敞口的场外衍生品及相关服务（期权卖方）属于 R5 级产品，对应的客户群体是 C5 类型客户。申请人所有人员均未从事过期权交易包括仿真的期权交易。

三是按照规定，经营机构向普通投资者销售或提供高风险等级的产品或服务时，应当追加了解投资者的相关信息。既然被申请人将申请人跳级评估到 C5 类型客户，可以购买最高风险等级的 R5 级产品，就应当追加了解相关信息。比如，申请人补充提供的证据中的个人学历说明。被申请人作为专业的金融机构，明知场外期权是在场内期货基础上衍生出来的高级产品，其风险收益结构更加复杂，难以用简单的线性关系加以描述，需要复杂的数学计算模型方可对期权进行估值。被申请人稍加履行谨慎注意义务，依规索要申请人相关人员学历信息或对相关人员进行专业知识测试，即可清楚判断申请人的风险识别及承受能力。虽然被申请人向仲裁庭补充提交了《客户调查表》，尽调人为自然人 R，但尽调人自然人 R 从未与申请人有过任何接触，申请人也无人与之相识，而且《客户调查表》落款时间大大晚于适当性评估结果出具时间。

四是被申请人所述，申请人在《投资者适当性客户问卷》中显示了很强的交易意愿和风险承受能力。其实，申请人只是表达了较高的风险偏好，被申请人并无证据证明申请人具有识别场外期权风险的基本能力。按照投资者适当性评估的基本原理，当较高的风险偏好对应较低的专业技能时，偏离度越大，越应当给予更低的风险等级评估。

其五，被申请人评估的法律逻辑错误。被申请人在仲裁程序中多次陈述，申请人在被申请人处从事了 300 余笔交易，亏损巨大，从未提出异议，且申请人关联公司 D 公司后续开立场外期权户继续交易，意图证明申请人具有风险识别及承受能力及被申请人前期评估结果的正确无误。这是对法律、法规及规章、规则的理解错误。

一是按投资者适当性评估的基本要义，经营机构的评估只能依据当时或以前的事实作出判断。事后投资者的情况发生变化的，按照《办法》第 33 条的规定，经营机构应要求客户进一步提供相关信息，经营机构重新提出评估结果；客户拒绝提供信息的，经营机构应拒绝向客户销售产品或提供服务。被申请人以申请人事后交易行为、D 公司事后开立场外期权户为由，意图印证甚至是评估以前的结果，法律逻辑就是错误的。

二是亏损巨大不属于判断风险承受能力的典型标准；具备风险承受能力的前提是具备风险识别能力。申请人连场外期权估值的基本能力都不具备，也正是被申请人前期交易的盈利诱导使得申请人始终存在盈利翻本的幻想直至亏损殆尽。交易异议期是不是法定的除斥期间有待商榷，但从整个交易过程来看，不能排除申请人有证据时，依法向被申请人主张权利。

三是申请人的关联公司 D 公司也正是相信了 C 公司的收费指导，才于申请人之后开立了场外期权交易账户。被申请人以申请人场外期权授权交易人与 D 公司场外期权授权交易人身份相同以及自然人 H 通过"特定品种交易者适当性知识测试""商品期货期权投资者适当性知识测试"为由，说明申请人具备 C5 类资格，则恰恰证明了被申请人及 C 公司履行投资者适当性义务的不当。业内人士周知，特定品种交易属于商品期货范围，只不过是交易者中包含了境外主体而已，其专业难度明显低于期货的衍生品——期权。自然人 H "特定品种交易者适当性知识测试" 94 分，"商品期货期权投资者适当性知识测试 100 分"，有违常识。被申请人虽然向仲裁庭提交了自然人 H 参加 C 公司组织专业知识测试的录像截屏，但此证据非法律要求的全过程录像，本身就存在严重的证明效力瑕疵。按照法律规定，C 公司必须保存自然人 H 参加"特定品种交易者适当性知识测试"及"商品期货期权投资者适当性知识测试"的全过程录像，被申请人能提供录像截屏也应当能够提供录像截屏的"母图"。被申请人只提供录像截屏而故意隐瞒原始录音录像资料，恰恰是怕暴露 C 公司指导客户通过测试的重要事实。鉴于 C 公司与被申请人系母子公司关系，且两者存在高度业务混同，申请人强烈要求被申请人向 C 公司调取相关影像资料并提交仲裁庭核查。

第三，被申请人在告知说明及文件交付环节履行投资者适当性义务失当。

其一，《九民纪要》第 76 条规定，"告知说明义务的履行是金融消费者能够真正了解各类高风险等级金融产品或者高风险等级投资活动的投资风险和收益的关键，人民法院应当根据产品、投资活动的风险和金融消费者的实际情况，综合理性人能够理解的客观标准和金融消费者能够理解的主观标准来确定卖方机构是否已经履行了告知说明义务"。的确，被申请人向仲裁庭提供了申请人签字盖章的《客户声明》及载有标准书面用语的《被申请人普通投资者购买高风险等级产品或服务风险警示书》。但是，按照《九民纪要》的要求，经营机构的告知应当是"理性人能够理解的客观标准和金融消费者能够理解的主观标准"。而"理性人能够理解的客观标准"可以被理解为经营机构履行告知义务时，语言、措辞清晰明了、简单易懂，能为一般人所理解。"金融消费者能够理解的主观标准"则意味着经营机构必须针对不同理解能力的客户进行不同程度的告知与说明，直至客户真正领会为止。被申请人进行适当性评估时，申请人从未进行过任何场内外期权交易，申请人相关人员的从业经历、专业知识与场外衍生品的内在要求相距甚远。直至目前，被申请人也未提供向申请人相关人员讲解场外期权交易产品构造、风险特征的具体证据。众所周知，一个普通的电子小商品都会有产品说明书，详细告知消费者相关事项，更何况风险特征更高、存在更多不确定性的场外期权产品。仅靠申请人的签字盖章行为不能认定是特殊商事领域真实商事意思的表达。

其二，按照《指引》第26条的规定，经营机构向普通投资者销售产品或者提供服务前，应当按照《办法》第23条的规定告知可能的风险事项及明确的适当性匹配意见。对照被申请人提交的《普通投资者适当性匹配意见告知书》与《指引》附件模板要求，两者存在明显差距。即《指引》要求经营机构必须书面盖章告知投资者适当性匹配意见，而被申请人《普通投资者适当性匹配意见告知书》公司落款处却为空白。事实上，申请人所有开户资料都是在C公司的指导下，下载打印空白落款文件，由客户签字盖章后邮寄C公司。被申请人《普通投资者适当性匹配意见告知书》匹配申请人为C5类客户的意见，也是由申请人业务人员自己勾选的。被申请人在履行投资者适当性义务上不规范、不作为，严重违反了相关规定。

（2）被申请人向申请人推荐错配产品，严重违反期货市场自律规则规定。

中国期货业协会《关于进一步加强风险管理公司场外衍生品业务自律管理的通知》（中期协字〔2018〕118号）规定："风险管理公司应当严格以服务实体经济为目标，以客户风险管理需求为导向，合规、审慎开展场外衍生品业务。严禁与客户开展单纯以高杠杆投机为目的、不存在真实风险管理需求的场外衍生品业务。"

根据被申请人提交的《投资者适当性客户问卷》回答结果以及被申请人提交的《客户调查表》，申请人参与场外期权的目的之一就是套期保值，被申请人提供的场外期权产品理应保证申请人享有最后行权的权利。而被申请人设计的《交易确认书》及其附属《交易条款》，也就是业内常说的"金融产品的文字描述"，却仅规定了现金了结的条款，对于期权产品常备的"行权"

"弃权"方式无任何体现，属于典型的"现金游戏"。申请人连场外期权估值的基本原理都无法理解，难道让其通过动态调整、复杂难懂的交易组合策略实现其套期保值的对冲目的？被申请人设计不适格产品并向申请人推荐、交易，严重违反了期货市场自律规则规定。

3. C 公司违规指导申请人场外期权交易下单，加重了本不应有的损失。

鉴于申请人及其相关人员在场外期权方面专业技能缺乏，C 公司相关人员指导了申请人场外期权交易。申请人的前期盈利，基本上由 C 公司相关人员指导或由申请人跟随指导下单完成，后期的领子组合下单则全部由 C 公司相关人员指导完成，宽跨组合下单绝大多数由 C 公司相关人员指导完成。具体的指导方式，就是由 C 公司员工在微信上事先编辑好期权品种、期权买卖方向、数量、执行价、到期日等内容，然后转发至申请人交易授权人自然人 H 个人微信，再由自然人 H 复制后转发至微信下单群下达交易指令。根据 C 公司相关人员的回访电话录音，仅 C 公司相关人员自己承认的指导下单损失就有 60 余万元。虽然《主协议之补充协议》第 3.7 条约定了不依赖及评估和理解条款，但被申请人及 C 公司自始至终了解申请人及其相关人员的专业技能。否则，被申请人的《交易确认书》及其《交易条款》不会另行改变已有的约定，收回客户的场外期权估值权。被申请人所谓"不依赖及评估和理解条款"，只不过是规避其母公司违规指导客户下单的借口而已。在被申请人及 C 公司高度业务混同的情况下，C 公司相关人员的行为已构成对被申请人表见代理的情形，被申请人及 C 公司应负连带责任。

4. 被申请人制定的格式条款违反了公平原则，未提供履约保障和估值的计算逻辑和计算公式，致使造成申请人的实际损失有待求证。

本案场外交易主要的合同文本包括：《交易主协议》《主协议之补充协议》、微信群下单交易指令、《交易确认书》、每日盯盘报告、提解报告、（月）清算报告等。其中，《交易主协议》《主协议之补充协议》以及《交易确认书》及其交易条款是场外期权交易的核心内容。上述材料均为被申请人重复使用而预先拟定的格式文本，部分条款严重违反公平原则，属于无效条款。

《主协议之补充协议》第 4.2.3 款约定："双方同意，最低履约保障价值及预警履约保障价值的计算由个别交易申请书中约定。"但实际上，被申请人从未在交易申请书中与申请人进行过相应约定。

相反，被申请人设计的交易确认书及附属交易条款第 3.1 条却单方面规定："对于甲方而言，将在任何一个估值日收盘后提供乙方合约价值（可提供估值，但不需说明计算公式）。"对于投资者而言，只提供当日交易结算结果，不提供场外期权计算公式，就无法对下一交易日的资金、仓位进行预期管理，这使得场外期权交易双方处于明显的不公平地位，属于减轻己方义务、限制对方权利的霸王条款。交易确认书及附属交易条款有关合约价值及预警比例的描述，均不是履约保障和估值的计算逻辑和计算公式。尤其是"提前终止条款"显示："提前终止之价格非使用到期报酬之计算方式计算，系利用提前终止当日终止净额加计甲方因避险所生之成本计算，甲方有权决定该提前终止价格。"在被申请人与申请人互为交易对手、存在"零和交易"的情况下，风险管理公司的避险成本由客户承担、避险盈利却由公司自己独享，属于典型的加重对方义务、加强己方权利的霸王条款。在被申请人未告知申请人计算逻辑和计算公式的情形下，被申请人提供的场外期权盈亏计算结果能否真实地反映申请人的实际亏损，值得高度合理怀疑。申请人强烈要求被申请人提供场外期权交易计算逻辑和计算公式，并请被申请人回溯计算下列交易：

（1）回溯下述三笔交易从下单日到提解（平仓）日的逐日计算过程：

第一，入场时间为2019年1月，到期日为2019年2月，入场价格9余万元、出场价近10万元、执行价格94 000元的70吨"NI镍1905"卖出看跌交易，该笔交易收益-30余万元。

第二，入场时间为2018年12月，到期日为2019年1月，入场价格近5万元、执行价格5余万元的100吨"铜1902"买入看涨交易，该笔交易收益-5000余元。

第三，入场时间为2018年10月，到期日为2018年11月，入场价格10余万元、出场价近10万元、执行价格近10万元的20吨"镍1901"卖出看跌交易，该笔交易收益近-2万元。

（2）回溯下述4笔交易从下单第一天到第三天的逐日计算过程：

第一，入场时间为2019年5月，到期日为2019年6月，入场价格近5万元、出场价近5万元、执行价格近5万元的100吨"铜1907"卖出看跌交易，该笔交易收益-3000余元。

第二，入场时间为2019年5月，到期日为2019年6月，入场价格近5万元、出场价近5万元、执行价格近5万元的50吨"铜1907"卖出看跌交易，该笔交易收益-1000余元。

第三，入场时间为 2018 年 12 月，到期日为 2019 年 1 月，入场价格近 5 万元、出场价近 5 万元、执行价格近 5 万元的 500 吨 "铜 1903" 卖出看跌交易，该笔交易收益 3 余万元。

第四，入场时间为 2018 年 10 月，到期日为 2018 年 11 月，入场价格 10 余万元、出场价 10 余万元、执行价格 15 万元的 20 吨 "锡 1901" 卖出看涨交易，该笔交易收益 1 万余元。

5. 本案中，被申请人对其已履行投资者适当性义务的举证并不充分，应承担举证不能的法律后果。

《办法》第 25 条规定："经营机构通过营业网点向普通投资者进行本办法第十二条、第二十条、第二十一条和第二十三条规定的告知、警示，应当全过程录音或者录像；通过互联网等非现场方式进行的，经营机构应当完善配套留痕安排，由普通投资者通过符合法律、行政法规要求的电子方式进行确认。"《指引》第 31 条对此也有相应规定。此外，《办法》第 34 条第 2 款还规定："经营机构与普通投资者发生纠纷的，经营机构应当提供相关资料，证明其已向投资者履行相应义务。"

本案仲裁程序中，被申请人至今不予提供依法应当提供的录音录像资料以及公司进行投资者适当性客户评估分类及适配的具体依据、标准、流程、方法，也未对值得高度怀疑的场外期权交易计算过程进行回溯。《九民纪要》第 75 条规定，"卖方机构对其是否履行了适当性义务承担举证责任。卖方机构不能提供其已经建立了金融产品（或者服务）的风险评估及相应管理制度、对金融消费者的风险认知、风险偏好和风险承受能力进行了测试、向金融消费者告知产品（或者服务）的收益和主要风险因素等相关证据的，应当承担举证不能的法律后果"。

6. 被申请人对涉案交易存在过错，对承担赔偿全部本金及利息负有法定因果关系。

（1）C 公司及被申请人作为专门的场内或场外衍生品经营机构，具有通过提供金融产品和服务获取收益，开发更多客户、销售更多产品的 "天然冲动"；而被申请人作为申请人场外衍生品交易的直接对手，其交易中的直接盈利或亏损均来自申请人的亏损或盈利，被申请人对申请人的持续获利亦有着 "天然抵触"。由于期货市场是一个有风险的专业化市场，期货、期权等各种产品的功能、特点、复杂程度和风险收益特征各不相同，投资者在专业水平、风险承受能力、风险收益偏好等方面都存在很大差异，对金融产品的需求也不尽相同，资本市场的长期稳定发展需要投资者的专业化程度和风险承受能力与产品相匹配。因此，在资本市场发展实践中有必要注重对投资者进行分类管理，"将适当的产品销售给适当的投资者"，防止不当销售产品或提供服务。国家出台投资者适当性的法律、法规、规章及自律规则的根本目的，就是保护金融消费（投资者）者、防范金融创新中的风险。不向投资者讲清楚金融产品的功能构造、风险特征，就向投资者销售高风险等级的金融产品，危害的是投资者的合法权益。因此，投资者适当性的法律、法规、规章及自律规则规范的对象就是经营（金融）机构。而《九民纪要》则适用过错赔偿原则，将投资者适当性的赔偿上限界定为全部本金及利息损失。专门金融机构是投资者适当性义务的履行者，是金融市场的"看门人"，理应对金融市场的稳定运行负有更多的社会责任。

（2）纵观本案的全部证据事实，申请人及其相关人员除风险偏好较高外，无论是从业经历、还是专业技能，都不具备场外期权估值判断的基本能力，无知无畏、喜赢厌输。按照《办法》第 19 条的规定，被申请人可以减轻责任的正确路径是准确地将申请人评估为 C3 类客户并如实告知评估结果，申请人仍坚持购买 R5 级高风险等级产品的，被申请人应就产品或者服务风险高于申请人承受能力进行特别的书面风险警示后，由申请人签署《普通投资者购买高于自身风险服务风险警示书》方可购买场外期权产品。即使在上述路径下，按照《九民纪要》第 78 条的规定，被申请人拟加大免责程度，也必须证明申请人及其相关业务人员既往投资经历、受教育程度完全可以认知场外期权产品收益风险结构并自主估值交易。被申请人不顾申请人的实际情况，直接将申请人评估为 C5 类客户，得以购买 R5 级的场外期权产品，致使投资者适当性管理大门洞开、形同虚设，对申请人从事场外期权交易损失负有法定的因果关系，应予赔偿申请人场外期权交易的本金及利息损失。

此外，鉴于 C 公司指导下单过错行为导致的损失以及被申请人计算结果有待求证的损失，可与因履行投资者适当性义务失当导致的损失相互重合，被申请人应予合并赔偿申请人场外期权交易的本金 500 余万元及暂计至 2023 年 2 月的利息损失近 70 万元。

（四）被申请人的代理意见要点

1. 被申请人已充分履行适当性义务，申请人自愿签署开户文件，并进行场外衍生品交易合法有效。

（1）被申请人已按照监管规范建立了完善的衍生品交易制度。

（2）申请人人员具有丰富的高风险产品投资经验，对场外交易有一定程度的了解。

（3）被申请人已充分履行了适当性义务。申请人在向被申请人申请开立场外衍生品交易账户的过程中，通过了被申请人的投资者适当性测评，测评结果显示其风险承受能力强，可以投资 R4、R5 级别高风险产品。

与此同时，被申请人对申请人的相关企业信用等情况进行了调查了解，并综合申请人出具的相关材料及测评结果，经过适当性审查后，认为申请人符合场外业务开户条件，其作为普通投资者开通的是商品场外期权户（不含权益类等复杂期权）。

由于系统故障导致被申请人丢失了一批 2018 年的部分客户录音。监管机构也曾对此进行调查、核实，并责令被申请人对涉及丢失双录的部分客户进行补录，被申请人已对其他客户进行了补录。而由于发现部分双录丢失时，申请人的纠纷已经发生，故无法对其进行补录。但被申请人以电话形式告知申请人适当性匹配结果，并提示场外交易风险的事实存在。而且，申请人书面确认了风险揭示书及适当性匹配告知书等，并签署了包括《交易主协议》《主协议之补充协议》在内的所有开户文件。

上述事实证明，被申请人对申请人已充分履行了适当性义务，案涉开户协议是双方当事人的真实意思表示，合法有效。

（4）申请人声称其是因受到自然人 E 有关保证稳定盈利的诱导才进行场外交易开户的，但是其并未提供任何证据予以证明。而自然人 Q 与自然人 H 之间的微信聊天记录证明，申请人声称的自然人 Q 在开户环节对其进行欺骗诱导，均与事实不符。申请人相关人员作为资深期货交易人员，理应清楚场外衍生品属于高风险交易，不可能稳定盈利。

申请人签署的《场外衍生品交易风险揭示书》列明了"场外衍生品特性风险""买卖场外衍生品风险"，并做了"特别风险提示"。证明被申请人已就场外交易相关风险向申请人进行了充分释明。申请人的开户人员自然人 H 是企业经营人员，并曾经多次以开户授权人身份参与过期货交易的开户活动，其对于场外交易特性风险及其他相关风险揭示应当完全能够理解。申请人签署并确认了风险揭示书及相关开户文件，证明其自愿接受场外交易风险。

而且，申请人在开户时并未体现其有追求保证稳定盈利的意愿。申请人在适当性测试中填写自己能够承受30%~50%亏损。而且，申请人对于"进行投资的首要目标"的回答是："实现资产大幅增长，愿意承担很大的投资风险。"在整个开户过程中，不存在申请人声称的所谓保证盈利诱导等情形。

（5）根据申请人填具的《投资者适当性客户答卷》，申请人清楚表明其具有丰富的高风险投资经验，自愿从事场外衍生品交易，并可以承受大幅的交易亏损及风险。

2. 交易双方是场外衍生品交易关系，申请人的交易盈亏来自金融市场，交易双方并非零和博弈。

（1）被申请人与申请人之间属于场外衍生品交易关系。

《交易主协议》第1.1条款约定："主协议、补充协议以及交易确认书统称本协议。"第1.2条款约定："本协议构成交易双方之间单一和完整的协议交易，双方之间的所有交易均受本协议约束。"第1.3条款约定："在补充协议与主协议不一致时，补充协议具有优先效力，就一笔交易而言，在主协议、补充协议和相关交易确认书出现不一致时，效力优先顺序如下，交易确认书、补充协议、主协议。"由此可见，以上协议是审理本案的合同依据。

被申请人所使用的《交易主协议》及《主协议之补充协议》等文件均为中国期货业协会统一制定的合同版本，该组协议的相关条款公平合理，适用于所有从事场外衍生品交易的各方参与人，属于行业规范内容，并非由被申请人单方拟定的格式合同。而且，申请人在签署开户文件前具有充足的时间阅读，其完全可以理解上述协议的所有约定内容。

（2）被申请人是做市商角色，交易双方并非零和博弈关系。

场外衍生品（场外期权）是在非集中性交易场所进行的，并按照交易双方需求自行制定的非标准化的期权合约。场外衍生品交易是风险管理公司与投资者通过场外协议的交易形式，由风险管理公司帮助投资者把价格风险转移至证券期货等金融市场的活动。场外交易模式主要有两种：一种是撮合模式；一种是做市模式。目前，国内的场外交易业务，通常是做市模式。

在场外衍生品交易中，做市商扮演着一个中间人的角色，同时为场外市场的期权买家和期权卖家提供交易价格，并在该价位上接受投资者的买卖申请。风险管理公司在与投资者进行场外衍生品交易的同时到金融市场进行对冲交易，风险管理公司的对冲交易与投资者的衍生品交易在方向上是一致的，风险管理公司在场内对冲的期货成交后，才会向投资者反馈该笔场外期权交易指令"已成交"。所以，当投资者的场外衍生品交易产生盈利时，风险管理公司在场内的期货头寸也产生盈利，当投资者的场外衍生品交易出现亏损时，风险管理公司在场内的期货头寸也出现亏损。

因此，申请人与被申请人之间并非零和博弈关系，不存在"一方盈利正是另一方亏损"的情形，场外衍生品交易中申请人的交易盈亏来自金融市场。

3. 申请人有关被申请人对其进行交易指导并收取咨询费用等指控，完全没有事实依据。

被申请人与 C 公司是各自独立经营的法人，自然人 E 等人是 C 公司的员工，与被申请人无任何关系，申请人对此有清晰、明确的认知。从自然人 G 与相关咨询人员的对话中可以发现，自然人 G 主动提出私下向个人支付咨询费，并许以利益分成，诱使自然人 E 私下向其提供有偿咨询。为了达到向 C 公司隐瞒的目的还采取了极其隐蔽的付款手段，申请人每次支付咨询费均是付至自然人 F 的个人卡号，而收款人自然人 F 与 C 公司无任何关系。这证明申请人与自然人 E 等人存在私下交易的恶意串通，其自身负有重大过错。

申请人混淆被申请人与 C 公司及自然人 E 等人之间的关系，指控被申请人对其进行交易指导并收取咨询费用没有根据。

申请人曾向相关监管部门进行多次投诉，相关监管部门进行充分调查后，确认自然人 E 私下以个人名义接受申请人的咨询委托，并收取相关费用。在处理结论中，监管部门并未认定被申请人存在交易指导及收取咨询费用等违规问题。

4. 申请人自主进行下单交易，清楚知晓相关交易情况，理应自行承担交易后果。

（1）被申请人已依约履行了通知义务，按约定形式向申请人发送交易确认书及盯市报告，在每笔场外交易到期或提解时，被申请人还向申请人发送到期清算报告或提解清算报告，申请人清楚知晓相关交易内容及异议权利，其间未提起任何异议。

《主协议之补充协议》第 4.1.2 款结合申请人在《场外金融衍生品交易授权书》中承诺其授权人员确认交易等事项的一切法律后果均由申请人自行承担的表述，以及《交易确认书》等约定，被申请人就相关交易事项已充分告知申请人，申请人没有提出异议，证明其充分知晓并确认相关交易事项。

（2）申请人实际进行的交易行为，客观反映了其较强的投资能力及风险承受能力。

申请人交易的场外期权挂钩资产以镍、铜、锌等为主，这与其现货交易的范围相符。交易期间，申请人累计入金 1000 余万元，自主开展了近 400 笔场外衍生品交易，平均每个月 30 余笔，总体交易盈利 294 笔（占比 78.6%），不盈不亏 1 笔（占比 0.3%），亏损 79 笔（占比 21.1%），盈利交易笔数是亏损交易笔数的 3.72 倍，这足以说明申请人具备相当强的投资能力。申请人交易记录显示：2018 年 9 月 b 日开始出现浮亏 2000 余元，2018 年 11 月 a 日到期交易发生亏损 1 万余元；2018 年 11 月 b 日出现浮亏 60 余万元，被申请人向其发送邮件告知追保近 80 万元，申请人于 11 月（b+1）日对部分仓位进行了平仓，最后入足追保金额 5 万元。由此可知，申请人对交易盈亏及风险情况均是知悉并确认的。此后，申请人亦未改变其激进交易风格，继续投入更多资金进行交易。2019 年 1 月，申请人亏损持续增加，但仍未进行止损，反而继续加仓。2019 年 2 月，大额亏损发生后，申请人又持续交易近 200 笔。从整体来看，申请人投入金额较大，风险偏好及容忍度高，其实际交易行为与其开户及风险测评中所填写的内容相互印证。

此外，申请人的相关人员具有长期丰富的高风险投资经验，对场外交易具有较高的独立理解及判断力，具备自主交易及风险承受的能力。根据相关微信记录等证据，申请人场外交易最终决策的是自然人 G。自然人 G 曾声称"我是第一批做期权交易的"，其总结了以往操作的经验及教训，并发表了其对场外衍生品交易的看法及观点。这充分体现了自然人 G 对场外衍生品交易拥有很高的自信及独立的见解判断。

（3）申请人充分行使了自主交易决定，在多次亏损后仍持续进行交易，其应自行承担交易结果。

申请人完全知晓具体的交易状态，但其对交易亏损结果从未提出过任何异议，证明其已充分认识到了场外交易的风险，并认可相关交易结果。申请人在经历最初三个多月的交易后其账户总体上处于盈利状态，其后忽视市场风险和管控，自主决定放大交易量，在出现亏损后也未及时止损，是造成其大额亏损的根本原因。申请人不但充分行使了自主交易决定，而且还体现了其具有超强的风险承受能力。根据"卖者尽责、买者自负"的原则，申请人理应自行承担交易结果。

二、仲裁庭意见

本案双方当事人及代理人就本案事实及法律问题等向仲裁庭提交了较多的资料和意见，这些资料和意见分别以证据、笔录、质证意见、代理意见等形式保留在本案卷宗中，仲裁庭均已予以认真审阅和充分考虑。仲裁庭在案情或在与本案争议和仲裁请求相关的问题的分析中，未予以摘录、述及者，或虽在案情部分摘录述及但未在仲裁庭意见中予以采用的，并非仲裁庭忽视或默认。

根据相关法律的规定，结合各方证据材料及庭审情况，坚持公平合理的判断标准，仲裁庭就与本案争议和仲裁请求相关的问题作出综合分析。陈述意见如下：

（一）关于本案合同的效力

本案《交易主协议》《主协议之补充协议》《2019 年补充协议》等有双方当事人的签字和签章；自 2018 年 9 月起至交易终止的《交易确认书》，是由申请人发出下单指令，被申请人确认后所出具的，有被申请人印章，申请人亦未提出异议。为此，仲裁庭认为，本案合同是双方当事人的真实意思表示，双方当事人亦未对上述协议之效力提出异议，且未发现协议内容有违反法律和行政法规的强制性规定之情形。故本案《交易主协议》《主协议之补充协议》《2019 年补充协议》及自 2018 年 9 月起至交易终止的《交易确认书》等依法成立并生效，可以作为认定本案当事人权利义务的依据。

至于申请人所述本案合同部分条款严重违反公平原则、属于无效的霸王条款，在申请人并未明确列举相关条款，亦未举证并论述某条款应被认定为无效的情况下，仲裁庭无从否定本案合同某一具体条款的效力。

（二）关于本案事实

经审理，查明以下事实：

申请人及其授权代表于 2018 年 8 月、9 月分别签署了案涉《交易主协议》和《主协议之补充协议》，并按照开户清单要求，同时签署了《投资者基本信息表（机构）》《场外衍生品交易风险揭示书》《客户声明》《投资者适当性客户答卷》《普通投资者适当性匹配意见告知书》《风险警示书》等文件，提供了其营业执照和法定代表人身份复印件、场外金融衍生品交易授权书及人员身份证复印件，及截至 2018 年 7 月的资产负债表。

被申请人工作人员于2018年9月a日对申请人做了尽职调查，生成《客户调查表》，被申请人2018年9月（a+2）日签署了上述《交易主协议》和《主协议之补充协议》。

协议签署过程中，2018年8月a日下午，申请人工作人员自然人H以其手机登录被申请人指定系统按照"普通投资者—机构"做了风险评估，评估得分86，客户评级为C5。

开户完成后，申请人自2018年9月起开始案涉交易，在2018年9月起至2019年8月期间，共进行了近400笔场外衍生品交易，净盈亏为-500余万元。上述交易的基本模式为，申请人授权人员下达的交易指令，被申请人确认后，于每日收盘后向申请人发送《交易确认书》及《盯市报告》。《交易确认书》详细载明了期权交易所涉及的期权类型、连接标的、期初价格、承作数量、名义本金、权利金、履约价格以及各项日期等交易要素，并明确约定了盈亏计算方式（权益收益条款）及保证金规则（履约保证条款）等。盯市报告则详细列明了当日的盈亏情况。在每笔场外交易到期或提解时，被申请人向申请人发送到期清算报告或提解清算报告，列明盈亏情况。

交易期间，2019年4月和2019年5月申请人和被申请人还分别签署了《2019年补充协议》，补充约定了保密义务等内容。

（三）本案争议的焦点问题

结合各方提交的相关证据资料、开庭审理过程中查明的事实，以及各方代理人发表的代理意见，仲裁庭认为本案主要有以下争议焦点：

①被申请人是否妥善履行了适当性义务；②被申请人是否违反规定多次指导申请人下单交易，并收取咨询费；③被申请人是否违反了协议有关约定；④被申请人是否应当对申请人损失承担赔偿责任，应当如何承担。

针对以上争议焦点，仲裁庭逐一分析如下：

1.被申请人是否妥善履行了适当性义务。

申请人主张，被申请人违反适当性义务：一是未按照相关规定全面了解申请人信息，也未按规定对申请人风险能力、风险偏好、投资者等级等进行调查评估；二是未向申请人告知案涉投资活动的风险等级和收益关键，告知程序及行为严重违反了《办法》及《指引》的相关规定，且未按规定的方式正确告知适当性匹配意见，未能提供双录等配套留痕安排，也没有告知申请人应该特别注意的相关事项；三是未按照《办法》及《指引》规定对产品、客户的适配性作出合理的评估判断，未按规定要求申请人提供适格材料，对客户提交的材料未尽谨慎注意义务，未审慎履职，没有根据申请人的资金状况、从业经历、专业知识、风险偏好等因素作出合理的客户分类，致使其为申请人提供的交易具体产品与申请人参与场外交易的目的失去匹配性；四是与其母公司 C 公司存在严重业务混同，自身也没有按照《办法》及《指引》的规定制定完善的适当性管理制度，其客户分类判断标准、方法、流程，缺乏基本的工作依据，致使被申请人在投资者适当性管理方面基础工作失范。因被申请人违反适当性义务，导致申请人遭受案涉损失。

被申请人主张，申请人的实际控制人自然人 G 及其控制的相关公司长期从事金属贸易，且自然人 G 本人及其关联公司自 2012 年起就在 C 公司开户，长期从事期货交易。申请人的开户代理人自然人 H 使用其手机注册并接收验证码，自行登录 C 公司投资者适当性系统进行投资者适当性测评。测评结果显示申请人的风险承受能力为 C5 等级（激进型），可以投资高风险产品。被申请人告知其风险测评结果，并进行了衍生品产品特性及风险提示。申请人也对该风险评估结果进行了确认，认可案涉产品风险等级与其风险承受能力匹配，对场外衍生品相关风险及告知事项明确知悉，填写了《投资者基本信息表（机构）》、签署了《场外衍生品交易风险揭示书》及包括《交易主协议》《主协议之补充协议》《投资者适当性客户答卷》《普通投资者适当性匹配意见告知书》《普通投资者购买高风险等级产品或服务风险警示书》在内的场外衍生品开户文件材料，可以开展 R1~R5 风险等级的业务。申请人经过充分考虑后，向被申请人提交了上述开户文件及其财务报表等。被申请人也对申请人的相关情况进行了调查了解。结合申请人提供的开户资料，被申请人进行适当性审查后认为，申请人的实控人及相关授权人员均长期从事包括金融期货在内的期货交易，具有丰富的期货交易经验，对场外衍生品交易的风险有充分认知。适当性测评结果显示其风险偏好及风险承受能力高，经综合评估后，确认申请人符合相关业务开户条件。而且，在被申请人与申请人之间的场外衍生品交易协议于 2018 年 9 月 a 日签署生效后，申请人在 24 小时犹豫期内也没有提出异议，并于 2018 年 9 月（a+13）日开展第一笔场外衍生品交易。

对此，仲裁庭分析认为：

第一，仲裁庭注意到，在本案合同签署及为申请人办理案涉交易开户的过程中，申请人按照《金融衍生品中普通投资者开户清单》提供了其营业执照复印件、相关人员的身份证复印件，申请人截至 2018 年 7 月的《资产负债表》等材料，及申请人填报并签章的《投资者基本信息表（机构）》和《投资者适当性客户答卷》等文件。以此为基础，申请人授权代表自然人 H 自行登录指定的投资者适当性测评系统进行投资者适当性测评。该次测评结果显示，申请人的风险承受能力为 C5 等级（激进型），可以投资高风险产品。

对此，申请人主张：一是上述《投资者适当性客户答卷》，申请人按要求从 C 公司网址上下载，并按照 C 公司工作人员全程指导填写后，盖章邮寄给 C 公司，答卷并非申请人真实意思，与申请人的实际情况差距较大，且存在多处自相矛盾之处，不能证明被申请人对申请人的实际情况进行了充分了解。二是前述投资者适当性测评是申请人授权人自然人 H 在 C 公司员工自然人 Q 的指导下填写的，由于其明示自然人 H，所有选项分数越高、开户越容易，故该测评并非申请人的真实意思，也与申请人的实际情况差距较大。三是被申请人在尚未收到申请人提交材料的情况下，依据上述评估认定申请人为 C5 型，其过程没有具体的认定标准、流程、方法，该评估违反了规定。

针对申请人的上述主张，仲裁庭认为：一是被申请人提交的［2019］某号《公证书》显示，2018 年 8 月 a 日下午 2 时许，申请人授权代表自然人 H 与 C 公司员工自然人 Q 的微信聊天记录中，当自然人 H 问询"年营业额是否越多越好"时，自然人 Q 回复"要填到 C4 或 C5 级别才能开期权户"，自然人 Q 的上述回复，结合沟通的上下文来看，难以确认为对申请人的明确诱导或指导性语言。并且，申请人目前证据并不足以证明其是完全按照 C 公司工作人员的意思填写的《投资者适当性客户答卷》，填写内容并非其真实意思。尽管如此，由于申请人未按照其实际情况填写《投资者适当性客户答卷》，确实导致了该答卷中存在明显不合理的问题答复，如该答卷中"没有数额较大债务"的答复与申请人交的《资产负债表》中非付息债务较高的情况明显不符。而被申请人未能证明，其在为申请人办理开户的过程中向申请人明确了须提供真实信息及如提供不实信息的后果；未能在申请人提供了明显存在矛盾的信息的情况下，及时发现问题，剔除不符合实际情况的信息；亦未针对普通投资者追加了解相关信息。二是在案证据显示被申请人在未收到申请人相关资料之前，根据申请人通过 C 公司的投资者适当性测评系统之测评结果，已认定申请人为 C5（激进型）型投资者，被申请人自身举证的《客户调查表》的制作时间也是在测评结果作出之后，这使得该测评结果缺乏对申请人相关材料进行先期审核从而作出判断的客观依据。因此，仲裁庭认为，被申请人未能妥善地了解客户，也未能在申请人提交不实信息的情况下，发现问题并拒绝为其提供金融服务，其履行适当性义务的行为不符合《办法》及《指引》的规定。

第二，在案证据显示，根据被申请人的开户要求，申请人签署了《场外衍生品交易风险揭示书》《普通投资者购买高风险等级产品或服务风险警示书》，上述文件明确载明了揭示案涉产品及相关交易风险的内容。且申请人签署《客户声明》承诺"已充分了解了场外衍生品交易的特征，理解相关权益、义务及所投资品种的风险收益特征，愿意承担相应的投资风险"。

但是，申请人对此主张，其是在 C 公司工作人员的指导下签署了《场外衍生品交易风险揭示书》《普通投资者购买高风险等级产品或服务风险警示书》，并寄给 C 公司。其在办理场外期权开户的整个过程中，被申请人始终未曾出面，也未就场外期权产品的功能构造及产品风险等向申请人进行讲解说明。

对此，仲裁庭认为，尽管一方面，本案中并没有充分证据表明在申请人未曾阅读《场外衍生品交易风险揭示书》《普通投资者购买高风险等级产品或服务风险警示书》的情况下，C 公司工作人员指导或指引其在上述材料上签章后邮寄给 C 公司。同时，申请人作为一家专业从事商贸业务的法人实体，在签署案涉合同及《场外衍生品交易风险揭示书》《普通投资者购买高风险等级产品或服务风险警示书》等文件前，也应当保有必要的注意义务，阅读知悉拟签章文件所记载内容，关注到其中所涉及的权利义务等内容。但是，另一方面，尽管申请人提交了其签章的《场外衍生品交易风险揭示书》《普通投资者购买高风险等级产品或服务风险警示书》《客户声明》等文件，但是，本案中没有其他留痕证据表明被申请人在为申请人办理场外衍生品交易开户的过程中按照《办法》《指引》的要求向申请人告知了案涉产品的各个重要事项，并充分揭示了案涉交易的风险。结合实践中确实存在诸多在为投资者开立金融交易账户时，仅指引投资者在所需文件指定位置签字签章，而未向投资者说明产品和揭示风险的现象，考虑案涉场外衍生品交易属于 R5 风险等级服务，存在承担无限风险敞口的交易风险的特征，被申请人应履行特别的注意义务并提供留痕证据加以证明。参照相关司法政策精神，被申请人目前举证无法证明其已妥善地向申请人充分说明了案涉交易，及妥善地向投资者揭示了案涉交易的投资风险。

第三，尽管申请人主张，被申请人至今未告知将申请人匹配为 C5 型客户的具体认定标准以及相应的书面匹配意见。但是，根据被申请人提交的申请人于 2018 年 8 月签章的《普通投资者适当性匹配意见告知书》，并结合双方当事人提交的微信沟通记录，可知申请人完成投资者适当性测评后，即知悉了其测评结果以及其作为普通投资者的适当性匹配意见，且未对该适当性匹配提出异议。

第四，根据在案证据，C 公司工作人员直接承担了案涉交易的推介、销售、投资者适当性测评等工作，向申请人推介销售案涉交易产品，参与申请人填报开户资料的过程，为其办理开户审核，并于申请人开展案涉交易期间，持续多次为申请人提供投资咨询和指导。即在案涉交易的运作中，被申请人与 C 公司确实存在一定程度的业务混同问题，也由此显示出了被申请人在投资者适当性管理方面缺乏必要的管理制度或管理制度落实不到位，未能满足《办法》和《指引》的要求。

综上，申请人在申请开立案涉交易账户时，未提供与其实际情况相符的信息，而被申请人在为申请人开立案涉交易账户时，未能及时核查出申请人提供不实信息，从而依据错误信息对申请人进行适当性测评。被申请人未能证明其因向普通投资者销售高风险产品而追加了解了申请人相关信息，也未能证实其恰当地向申请人告知了案涉场外衍生品可能导致亏损的事项、特别风险点等信息，并向其充分揭示了案涉交易的风险。因此，仲裁庭无法认可被申请人妥善地履行了适当性义务。

2. 被申请人是否违反规定指导申请人下单交易，并收取咨询费。

申请人主张，在申请人从事案涉场外期权交易过程中，被申请人多次违反法律及自律规定，指导申请人下单交易，向其收取咨询费。被申请人承认在其指导下下单的损失不少于 60 万元。

被申请人主张，被申请人从未向申请人提供过任何咨询建议，也从未向其提供交易指导，未收取过申请人的咨询费。对此，申请人已向相关监管部门多次进行投诉，声称其被诱导参与场外衍生品交易，遭受大额亏损。相关监管部门在受理了申请人投诉，且在就投诉事项对自然人 E、C 公司及被申请人进行充分调查后，已确认自然人 E 私下以个人名义接受申请人的咨询委托，并收取相关费用。在处理结论中，监管部门并未认定被申请人存在诱导交易或提供咨询建议、收取相关费用等违规问题。

根据本案的证据资料，结合中国证监会 N 地监管局 2020 年 6 月某日官网上发布的行政执法信息，中国证监会 N 地管理局认定 C 公司工作人员自然人 E 在任职期间以个人名义私下向客户收取报酬进行分配的情况。表明申请人开展案涉交易过程中，自然人 E 等 C 公司工作人员为申请人提供了交易指导，自然人 E 还向申请人收取了咨询费。但在案证据并无法证明被申请人有违规直接对申请人进行交易指导并收取咨询费的行为。在申请人知悉自然人 E 等人的身份且向第三方私人账户支付咨询费的情形下，申请人关于自然人 E 等人的行为构成对被申请人的表见代理的主张不能成立。

3. 被申请人是否违反了协议有关约定。

申请人主张，被申请人违反了协议约定，允许申请人的非交易授权人擅自下单，并拒绝向申请人提供期权估值计算方式，也未向其提供交易结算结果。

被申请人主张，申请人与被申请人通过微信进行下单沟通。申请人的实控人自然人 G 及授权代表自然人 H、自然人 I、自然人 J、自然人 K，以及被申请人的交易员、风控员、结算员、场外衍生品部经理、开户客服等人员均在微信群内。申请人的授权人员下达交易指令，由被申请人的员工接单处理，并将结果予以反馈。每日收盘后，被申请人按约定形式向申请人发送交易确认书及盯市报告。在每笔场外交易到期或提解时，被申请人还向申请人发送到期清算报告或提解清算报告。申请人对于其每一笔场外交易的盈亏及保证金计算结果等均是非常清楚的，被申请人从未对申请人的下单交易过程有过任何干预或不当行为。

对此，仲裁庭分析认为：

第一，针对申请人提出的，被申请人违反约定，允许申请人的非交易授权人自然人 G 擅自通过口头语音下单卖出镍看涨期权 500 吨的问题，仲裁庭注意到，该笔交易是通过微信下单，且根据申请人提交的微信沟通记录。2019 年 1 月 a 日（星期五）22：41 备注名为 "C 公司（自然人 L）" 曾与申请人授权代表自然人 H 沟通表示 "镍 1905 合约，挂单 90 700，卖出 95 000 看涨，500 吨，到 2 月某日，下单"，并表示该下单指令是 "陈总说的"，同时截图自然人 G 与其沟通的信息截屏。而被申请人提交的微信沟通截屏则显示，

2019 年 1 月 a 日 22：43，自然人 G 在案涉交易下单的微信群中发出下单指令"镍 1905 合约，挂单 90 700，卖出 95 000 看涨，500 吨，到 2 月某日，下单"，而该时点申请人之授权代表自然人 H 也同时在该群中。当日 23：11 被申请人执行交易人员在该群回复"NI1905 成交""A 公司卖出 ni1905 的看涨期权，到期日 2019 年 2 月某日，执行价 95 000，入场价 90 700，价格 532.35/吨，数量 500 吨""成交信息，请确认"。申请人授权代表自然人 H 随后确认了该笔交易。被申请人于 2019 年 1 月（a+3）日（星期一）亦向申请人发送了该笔交易的《交易确认书》，申请人未提出异议。也就是说，尽管自然人 G 非协议约定之授权交易代表，但鉴于自然人 G 下单前，申请人之授权交易代表自然人 H 已知悉了欲下单该笔交易的情况，且自然人 G 下单时，自然人 H 也在该下单群中，并未提出异议，事后也对该笔交易做了确认，且被申请人向申请人发送该笔交易的《交易确认书》后，申请人亦未提出异议。故而，仲裁庭认为，因申请人对该笔交易在自然人 G 下单后已经予以追认，应产生有权下单的法律后果。

第二，仲裁庭注意到，《交易主协议》第 1.1 条约定"主协议、补充协议以及交易确认书统称本协议"，第 2.1 条约定"交易双方应当按照本协议的约定履行交易确认书下明确的支付或交付义务。付款方应于支付日向收款方支付应付款项。以实物支付方式结算的，交付方应于交付日向对方完成交付"。而在《交易确认书》及其附件《交易条款》中，"一、基本条款"明确约定了"期权类型""连续标的""期初价格""承作数量""名义本金额（等于承作数量乘以履约价格）""权利金""总权得金（权利金乘以承作数量）""期末价格（连结标的于到期日之收盘价）"及"履约价格"等交易要素；"二、权益收益条款"则约定了"若期末价格高于或等于履约价格，则甲方（指本案被申请人，仲裁庭注，下同）将于权益收益金额支付日前（含当日）交付总权益金的金额予乙方（指本案申请人，仲裁庭注，下同）""若期末价格小于或等于履约价格，则乙方将于权益收益金额支付日前（含当日）交付［（K-St）×承作数量-总权益金］的金额予甲方"；而"三、履约保障条款"中的"3.1 合约价值（计算）"则明确约定，"对于甲方而言，将在任何一个估值日收盘后提供乙方合约价值（可提供估值，但不需说明计算方式）"，"3.2 可用履约保障价值"则约定，"对于乙方而言，在任何一个估值日，可用履约保障价值=原始保证金+保证金追缴+min［（期初期权价格-当前期权价格)，0]×成交数量"。也就是说，双方当事人对案涉交易各种情况下的收益及履约保障的计算均作出了约定，且根据双方当事人所达成的合意，对被申请人在任何一个估值日收盘后应向申请人提供合约价值，可以提供估值，但不需说明计算方式。本案中，申请人依据案涉合同所进行的场外衍生品交易，被申请人已向其提供了交易确认书、盯市报告，以及提解清算报告或到期清算报告等文件，明确了各次交易的具体情况，没有证据显示申请人在收到相关交易文件后对有关交易提出过异议。因此，若申请人不能提供进一步的证据，仲裁庭无从进一步支持申请人要求被申请人提供案涉交易的期权估值计算方式及交易结算结果的主张。

第三，针对申请人提出的调取证据的请求，仲裁庭已转发被申请人。被申请人在其回复意见中答复了申请人在调取证据申请书中提出的问题，并在举证过程中实际提交了申请人要求提交的相关证据。根据相关法律的规定，各方当事人应自行判断其论证是否充分、举证是否得当，并承担相应后果。

综上，仲裁庭难以支持申请人违反了协议有关约定的主张。

4. 被申请人是否应当对申请人损失承担赔偿责任，应当如何承担。

申请人主张，被申请人向申请人赔偿交易本金损失 500 余万元及利息，暂计至 2023 年 2 月的利息为近 70 万元。

被申请人主张，其在为申请人开立场外衍生品账户过程中充分履行了适当性义务，申请人签署场外衍生品交易协议及开户文件是其真实意愿，其场外期权挂钩资产以镍、铜、锌等为主，交易较为频繁、投资金额较高，且申请人风险容忍度高，在多笔交易出现较大额的亏损及保证金不足后，还投入了更多资金追加保证金，扩大交易规模。这表明申请人具有丰富的交易经验，是高风险偏好的投资者，对交易中的风险有足够的认知。申请人自主开展了近 400 笔场外衍生品交易，总体交易盈利近 300 笔，亏损近 80 笔。最早于 2018 年 9 月出现浮亏，2018 年 11 月 a 日、11 月 b 日分别浮亏 1 万余元和近 60 余万元。由此可见，其对交易盈亏及风险情况是知悉的。且申请人合计亏损 500 余万元，与其投入的 1000 余万元相比，亏损比例为近 50%，并未超出其在《投资者适当性客户答卷》中自认的"能承受的最大投资损失 30%～50%"。申请人在多次亏损后仍持续进行交易，应自行承担交易结果。

结合前述分析，仲裁庭认为：

第一，被申请人在履行适当性义务的过程中，存在对风险测评问卷审核不严谨、未能对向普通投资者提供高风险等级产品追加了解投资者相关信息、未能提供向投资者进行风险告知的留痕证据等过错因素，对本案损失应承担相应的赔偿责任。

第二，申请人不能实事求是地填写自身信息，对由信息不准确导致的测评结果之偏差也是有责任的。

第三，申请人遭受损失，尽管有被申请人未能妥善地履行适当性义务的原因，但也有申请人自身较为激进投资，在出现亏损后，未及时止损，仍然坚持追加资金，持续高频交易的客观问题。仲裁庭注意到，从案涉交易情况看，申请人所进行的前 20 笔交易，共盈利 16 笔，亏损 4 笔，共计亏损近 20 万元；其所进行的前 50 笔交易，共盈利 43 笔，亏损 7 笔，共计亏损 30 余万元；其所进行的前 100 笔交易，共盈利 87 笔，亏损 13 笔，共计亏损 40 余万元；其所进行的全部近 400 笔交易，共盈利近 300 笔，持平 1 笔，亏损近 80 笔，合计亏损 500 余万元。申请人并未因为遭受了损失而终止交易，及时止损，而是继续高频率持续交易，自 2018 年 9 月至 2019 年 8 月，200 多个交易日中，共交易近 400 笔。申请人在其代理意见中也提到，申请人及其相关人员风险偏好较高，在案涉投资中存在无知无畏、喜赢厌输心态，开展案涉交易时存在"瞎赌"的交易状态。这表明，申请人所遭受的案涉损失，与其自身较为激进的交易风险偏好，及在遭受损失后并未及时止损，而是继续高频率交易有着重要的因果关系，申请人作为一个商事主体，应对自身行为承担相应的后果。

第四，针对申请人提出的被申请人应向其支付利息的主张，鉴于案涉场外衍生品交易并非保本保收益的产品。并且，一方面，申请人并未提交所主张利息的明确具体的计算过程及计算方式；另一方面，根据前述分析，申请人自身的投资策略，及其遭受损失后未及时止损，也是其遭受案涉损失的重要原因。因此，仲裁庭难以支持其利息主张。

综上所述，根据本案证据，结合当事人陈述，仲裁庭难以支持申请人要求被申请人赔偿其全部本金损失 500 余万元及利息的主张。对案涉金融衍生品这种高风险等级的金融产品，被申请人确实未能妥善地履行适当性义务，应当承担卖者尽责不足的责任。强调"卖者尽责"的同时，申请人作为商事主体，也需"买者自负"，即对其在遭受损失后不及时终止交易、及时止损，而是持续地高频率交易，以致最终遭受更大损失承担相应责任。因此，综合分析，仲裁庭认为，被申请人赔偿申请人本金损失的 30% 即 150 余万元较为适宜。

（四）关于申请人的仲裁请求

1. 关于第 1 项仲裁请求，即依法查明申请人在被申请人处从事场外期权交易亏损的构成原因，并依法裁决被申请人向申请人赔偿交易本金损失 500 余万元及利息近 70 万元〔利息在 2020 年 8 月 a 日前按照中国人民银行发布的同期同类贷款基准利率计算，2020 年 8 月（a+1）日起按照同期全国银行间同业拆借中心公布的贷款市场报价利率（LPR）的标准计算，自最后一笔交易本金支付之日 2019 年 9 月起暂计算至 2023 年 2 月，此后利息按照上述标准计算至被申请人清偿之日止〕。

根据前述分析，仲裁庭认定，被申请人赔偿申请人本金损失 150 余万元；不支持申请人要求被申请人向其支付利息的请求。对于申请人查明在被申请人处从事场外期权交易亏损的构成原因之请求，仲裁庭认为，申请人在案涉交易中所遭受的损失金额、损失构成、损失原因，以及行为与损失的因果关系，均属于申请人举证的范畴，如果申请人不能履行举证义务，则应承担举证不能的法律后果。

2. 关于第 2 项仲裁请求，即裁决被申请人承担全部仲裁费用及仲裁过程中产生的差旅费用。

根据《仲裁规则》第 52 条的规定，结合本案情况，仲裁庭认定，被申请人应承担本案仲裁费的 30%，其余部分仲裁费由申请人自行负担。

对于申请人的差旅费的请求：一方面，由于申请人在本案开庭审理中明确表述放弃了该部分请求；另一方面，即使申请人落款日期为 2023 年 2 月的《仲裁申请事项及事实和理由的变更》中仍然保留了该请求，但因申请人未提交其因案涉仲裁而实际产生差旅费的证据，故仲裁庭无法支持申请人要求被申请人赔偿仲裁过程中产生的差旅费用的请求。

关于被申请人预缴的实际费用，因其选定仲裁员未因本案发生实际费用，故仲裁委员会向被申请人退回其预缴的实际费用。

三、裁决

综上，仲裁庭经合议裁决如下：

（1）被申请人赔偿申请人损失人民币 150 余万元。

（2）本案仲裁费由被申请人承担 25%，由申请人承担 75%。鉴于本案仲裁费已由申请人向仲裁委员会预缴，因此被申请人应向申请人支付相应金额，以补偿申请人为其垫付的仲裁费。

（3）驳回申请人的其他仲裁请求。

（4）被申请人选定仲裁员未因本案发生实际费用，故仲裁委员会向被申请人退回其预缴的实际费用。

上述裁决各项付款义务，被申请人应在本裁决作出之日起 15 日内向申请人履行完毕。

本裁决为终局裁决，自作出之日起生效。

 案例评析

【关键词】　场外衍生品交易　适当性义务　持续性交易

【焦点问题】

被申请人是否妥善履行了适当性义务？

被申请人母公司某期货公司工作人员的个人行为是否影响被申请人的责任认定？

对申请人因高频持续性交易所导致的损失，被申请人应当承担何等责任？

【焦点评析】

本案的基本案情：

申请人有从事期货交易的经验，经既往结识的被申请人母公司 C 期货公司工作人员自然人 E 推介，按照自然人 E 转发的被申请人开户清单要求，签署和提供了期权衍生品场外交易开户所需文件。申请人工作人员通过在被申请人指定系统填报的不准确信息做了风险评估，评估得分 86，客户评级为 C5，并由申请人签署了相关交易协议。数日后，被申请人工作人员对申请人做了尽职调查，生成了《客户调查表》，并由被申请人签署了上述交易协议。开户完成后，申请人通过其授权人员下达的交易指令，被申请人收到并确认后安排交易的方式，在随后的近一年的时间里，在自然人 E 指导下高频持续性地进行了 370 多笔场外衍生品交易，合计净亏损 500 余万元。在遭受巨额损失后，申请人终止交易，并认为被申请人未按规定对其风险能力、风险偏好、投资者等级等进行调查评估，被申请人工作人员未妥善履行告知义务，

违规向申请人推介风险等级明显高于申请人风险承受能力的产品，且被申请人违反法律及自律规定，与其母公司某期货公司存在严重业务混同，从而给申请人造成了巨额经济损失，遂提出本案仲裁，要求被申请人赔偿其全部损失。

现结合本案案情评述如下：

一、对于投资者适当性管理中，申请人提供不实信息的处理

本案中，在进行投资者适当性管理及为申请人开立场外衍生品交易账户环节，双方当事人各有不当，且均针对对方的不当行为提出了自己的论辩意见。

在投资者适当性管理环节，申请人按照被申请人的《金融衍生品部普通投资者开户清单》，向其提供了营业执照复印件、相关人员的身份证复印件，及申请人截至 2018 年 7 月某日的《资产负债表》等材料，并填写了《投资者基本信息表（机构）》和《投资者适当性客户答卷》《普通投资者适当性匹配意见告知书》《普通投资者购买高风险等级产品或服务风险警示书》等文件，授权其工作人员登录投资者适当性测评系统进行了投资者适当性测评，并签署了《场外衍生品交易风险揭示书》《交易主协议》及《主协议之补充协议》。其测评结果显示，申请人的风险承受能力为 C5 等级（激进型），可以开展 R1~R5 风险等级的业务。

被申请人对申请人的相关情况进行了调查了解，结合其提供的开户资料等进行了适当性审查，认为申请人的实控人及相关授权人员均长期从事包括金融期货在内的期货交易，具有丰富的期货交易经验，对场外衍生品交易的风险有充分认知，适当性测评结果也显示其风险偏好及风险承受能力高，故经综合评估后确认申请人符合场外衍生品交易开户条件。为申请人办理了开户手续。

申请人在此环节的不当之处：一是申请人称其在填写《投资者适当性客户答卷》过程中并未按照自身实际情况填写，而是按照被申请人母公司 C 期货公司工作人员自然人 E 的指导填写的，填写内容与申请人实际情况差距较大，且存在多处自相矛盾。二是申请人指出，其工作人员在登录指定系统进行适当性测评时，是在自然人 E 的指导下完成的，且为了实现顺利开户，其在测评中为获得高分数，亦未按照其自身实际情况回答测评问题或填报测评

信息，而是有意识地追求测评能够获得较高分值。当然，也由此导致测评结果与申请人真实情况有一定差距。

被申请人在此环节的不当之处：一是除申请人签署的上述文件外，被申请人未能提交其他留痕证据，以充分证明其在为申请人办理场外衍生品交易开户过程中按照中国证监会发布的《办法》及中国期货业协会发布的《指引》的要求向申请人告知案涉产品的各个重要事项，并充分揭示了案涉交易的风险。尤其是在申请人提出，其是在被申请人母公司 C 期货公司工作人员自然人 E 指导下签署的相关文件，并寄至该期货公司，在其办理场外期权开户过程中被申请人并未出面的情况下，为申请人办理属于 R5 风险等级，存在承担无限风险敞口的交易风险特征的场外衍生品交易服务，按照相关司法政策精神，被申请人应证明其履行了特别的注意义务。二是由于本案中申请人未按照自身实际情况填写问卷及调查表等材料，而是填写了不实信息，且提供了存在明显矛盾的信息。在此情况下，被申请人在审查申请人情况时，未能尽到注意义务，未发现申请人提供信息的矛盾和冲突，从而未能及时剔除不符合实际情况的信息，亦未对申请人追加了解相关信息，没有能够对申请人投资者适当性作出真实评价。三是被申请人在未收到申请人相关资料之前，就根据申请人通过被申请人母公司某期货公司的投资者适当性测评系统之测评结果，认定申请人为 C5（激进型）型投资者，未能妥善地了解客户。四是从本案情况来看，被申请人母公司工作人员直接承担了案涉交易的推介、销售、投资者适当性测评等工作，参与了申请人填报开户资料的过程，为其办理开户审核，且在申请人开展案涉交易期间，还持续多次为申请人提供投资咨询和指导，也就是说在案涉交易的运作中，被申请人与其母公司某期货公司存在一定程度的业务混同，其投资者适当性管理的制度及管控不到位。

针对上述情况，根据《办法》第 25 条、《九民纪要》第 75 条及《办法》第 34 条等规定，结合本案的实际情况，仲裁庭对被申请人在投资者适当性管理环节履行适当性义务的情况作了客观认定。

二、被申请人母公司某期货公司工作人员的个人行为是否影响被申请人的责任认定

本案中，申请人是通过其既往认识的被申请人母公司某期货公司工作人员推介决定开展案涉金融衍生品交易的，且在申请人开展案涉金融衍生品交易过程中，该期货公司工作人员对申请人进行交易指导，申请人向指导人员私人账户支付了咨询费。据此，申请人主张被申请人违反法规为其开展案涉场外期权交易进行交易指导，向其收取了咨询费，并导致其遭受了案涉交易损失 60 多万元。该期货公司工作人员为其进行交易指导的行为系表见代理，被申请人应对上述人员的交易指导承担责任。

被申请人辩称，其从未向申请人提供任何咨询建议，也从未向其提供交易指导，未收取过申请人的咨询费。相关部门在受理申请人投诉后，也已查明是某期货公司工作人员私下以个人名义接受申请人咨询委托，收取费用。未确认被申请人存在诱导交易或提供咨询建议、收取费用等行为。在申请人知悉某期货公司工作人员的身份且向其私人账户支付咨询费的情形下，申请人关于上述人员的行为构成对被申请人的表见代理的主张不能成立。

针对上述情况，申请人及其对案涉交易有重大影响的主要决策人员具备金融产品交易经验，结合中国证监会某省监管局认定该期货公司工作人员在任职期间以个人名义私下向客户收取报酬，以及本案中在案证据并无法证明被申请人有违规直接对申请人进行交易指导并收取咨询费的实际情况，在申请人知悉为其提供交易服务的人员身份并向其私人账户支付咨询费的情形下，申请人关于上述人员的行为构成对被申请人的表见代理的主张不能成立。

三、对申请人因高频持续性交易所导致的损失，被申请人应当承担何等责任

本案申请人自 2018 年 9 月（a+13）日至 2019 年 8 月某日，在将近一年时间的 200 多个交易日中，共交易近 400 笔场外衍生品交易，有盈有亏，其所进行的前 50 笔交易，盈利 43 笔，亏损 7 笔，共计亏损 320 余万元，其所进行的前 100 笔交易，盈利 87 笔，亏损 13 笔，共计亏损 430 余万元，全部近 400 笔交易，共盈利 290 多笔，持平 1 笔，亏损 70 多笔，造成交易本金损失 500 余万元。为此，申请人主张被申请人赔偿其上述本金损失及利息。

被申请人辩称，其在为申请人开户过程中充分履行了适当性义务，申请人自愿签署场外衍生品交易协议及开户文件，其场外期权交易较为频繁，投资金额较高，且在多笔交易出现较大额的亏损及保证金不足后，仍投入更多

资金追加保证金，扩大交易规模。这表明申请人具有丰富的交易经验，对交易中的风险有足够的认知，且是高风险偏好的投资者，对交易盈亏及风险情况有明确的认知。申请人开展案涉交易共计投入1000余万元，合计亏损500余万元，亏损比例为近50%，未超出申请人在《投资者适当性客户答卷》中自认的"能承受的最大投资损失30%~50%"，且申请人在多次亏损后仍持续进行交易，故应自行承担部分交易结果。

结合本案查明事实，被申请人确实未能妥善地履行适当性义务，应当承担卖者尽责不足的责任。但是，在强调"卖者尽责"的同时，也需"买者自负"。从案涉事实来看，如果申请人能够在遭受损失后，适时终止交易、及时止损，而不是抱着喜赢厌输心态，冒进地继续坚持高频率交易，也就不会最终遭受了更大的损失。因此，综合分析案件事实，仲裁庭认为，被申请人应赔偿申请人部分本金损失。

【结语】

金融衍生品交易纠纷案件中，投资者遭受投资损失，与提供服务的金融机构发生纠纷主张损失赔偿，需按照约定选择救济方式，并根据实际情况，明确主张及诉争焦点。目前金融衍生品交易纠纷案例中，多数投资者均签署了相应的适当性管理文件，由此导致的关于适当性义务的履行问题的争议较为普遍，类似纠纷中，需要特别关注以下几个方面：

1. 投资者在签署金融产品交易合约及办理开户时，签署如风险揭示文件等适当性管理文件、进行风险测评，均需谨慎，要切实理解金融产品的实质及存在的交易风险，否则，作为完全民事行为能力人，签署了相应的文件，必然会对后续追偿产生影响。一旦发生纠纷，即使投资者主张，其只是按照卖方要求签署了相关文件，往往也难以提出有效证据。而投资者签署的适当性管理文件，在一定程度上说明卖方机构以一定的方式履行了适当性义务。当然，如果投资者对适当性义务的履行提出疑问，而卖方机构又不能进一步提供录音录像等证据佐证时，就需要进一步考察金融机构履行适当性义务的妥当性。适当性义务的履行不能是流于形式地要求投资者在指定文件上签字，并没有认真负责地向投资者解释其推荐的金融产品或服务的实质及风险特征，没有认真客观地评价投资者的风险承受能力，从而将合适的金融产品和服务推介给合适的投资者。

2. 投资者故意提供虚假信息，从而导致其购买产品或接受服务不适当，卖方机构可请求免除相应责任。投资者并非故意提供虚假信息，而是受到卖方机构的误导、诱导或引导提供虚假信息的，则需举证证实上述情况。如果各方当事人均不能证明谁应当对提供虚假信息承担责任，则会对投资者非常不利。这种情况下，必要时还可以投资者提供的虚假信息合理性的审查为突破口，以此判断卖方是否应对投资者提供虚假信息承担责任，或是否应当免去卖方机构的赔偿责任。结合本案情况，尽管没有充足证据能够证实投资者提供虚假信息是卖方或其相关方引导或诱导所致，但是，由于申请人所提供的虚假信息存在明显的冲突和逻辑错误，而卖方机构在审查过程中未能及时发现这些问题，是适当性义务履行中在履职尽责方面的不到位，由此导致卖方机构依据申请人提供的虚假信息对其做出不符合实际情况的测评结论，显然不宜全部免除其相应责任。

3. 强调"卖者尽责"的同时，仍需"买者自负"。投资者在完成开户后的金融交易过程中，切忌抱着喜赢厌输心态，在遭受损失后，一定要谨慎考虑该类型金融交易的风险适宜性，避免冒进交易，必要时及时止损，防止损失扩大。因为，对于投资者明显激进、自甘承担风险的投资损失，往往难以归责于卖方机构未尽适当性义务，由此所遭受的损失也无法获得赔偿。

投资者进行金融产品交易需要谨慎对待卖方机构对金融产品及相关交易的告知说明，对不理解的部分，可以要求卖方机构做出明确的解释，还要根据自身实际情况进行风险测评，以确定自身风险偏好。切忌为使测评结果符合某类金融产品的投资要求，而通过提供虚假或不实信息等方式，获得虚假评分。发生投资纠纷后，也需要结合个案情况，明确适宜的救济需求，确定寻求救济事由，提出与自己的事实陈述、证据列举、论证逻辑相匹配的仲裁请求。仲裁庭只能是根据当事人的请求、理由及案件事实，确定法律适用和裁决思路。

案例九

A 信用合作联社与 B 证券公司债券
回购交易争议案

中国国际经济贸易仲裁委员会（以下简称"仲裁委员会"）根据申请人 A 信用合作联社（以下简称"申请人"或"A 合作社"）提交的《中国银行间市场债券回购交易主协议（2013 年版）》中仲裁条款的约定，以及申请人于 2020 年 4 月向仲裁委员会提交、后于 2020 年 7 月重新提交的以 B 证券公司为被申请人（以下简称"被申请人"或"B 公司"）的书面仲裁申请和"主协议签订的情况说明"，受理了申请人与被申请人之间关于上述债券回购交易协议文本项下的本争议仲裁案。

2020 年 7 月，被申请人提交了"管辖权异议书"。

一、案情

（一）申请人的仲裁请求、事实和理由

2019 年 1 月 a 日至 1 月（a+6）日，申请人与被申请人开展买断式债券回购交易业务 15 笔，申请人向被申请人融出资金共计人民币近 8.9 亿元（以下所涉币种均为人民币，仲裁庭注）。该 15 笔回购业务均已于 2019 年 2 月到期，到期后被申请人未按约定对标的债券进行回购，也未按约定支付相应的交易差额。申请人多次联系并前往被申请人处进行协商但未获实质进展。被申请人拒不履行合同约定的回购支付义务，已经构成严重违约。

为此，申请人提起本案仲裁申请时，请求被申请人向申请人支付债券买断式回购交易差额人民币 2 亿余元（其中包含到期资金结算额近 8.9 亿元，补偿金额 41 万余元，罚息 7300 余万元，暂计至 2020 年 4 月某日，罚息应付至被申请人向申请人实际支付之日止）（申请人庭审表示上述交易差额数字有误，仲裁庭注），被申请人向申请人支付因主张权利而产生的所有合理费用及开支，其中包括律师费及差旅费等，以及被申请人承担本案仲裁费。

申请人在开庭审理之后提交了"关于债权金额计算情况的说明"，就其具体主张的计算依据称：依据《中国银行间市场债券回购交易主协议（2013年版）》（以下简称《回购主协议》），其债权主张根据《回购主协议》中买断式回购特别条款第3条"违约事件的处理"下的第3点约定，"对于一笔买断式回购而言，如果在违约处理中涉及返还回购债券，守约方有权选择本款所述的差额计算方法"。

因此，依照《回购主协议》约定"差额计算方法"：在一笔买断式回购下，将违约方根据该协议通用条款第8条相关约定本应向守约方支付的款项总和或返还的回购债券的市场公允价值，与守约方根据该协议通用条款第8条的相关约定本应向违约方返还的回购债券的市场公允价值或支付的款项总和相互抵消而得出的一个差额，若差额为正数，则应由违约方向守约方支付，若该差额为负数，则由守约方向违约方支付。本案中，差额应为被申请人按约定应向申请人支付的款项总和，与申请人应向被申请人返还的回购债券的市场公允价值相互抵消得出的差额。

前述差额计算根据以《回购主协议》通用条款第8条规定为准，被申请人应向申请人支付款项总和为违约时到期资金结算额加（+）补偿金额加（+）罚息，扣除回购到期日后发行人计付利息。其中：

1. 补偿金额和罚息：通用条款第8条关于正回购方在到期结算日发生违约的约定为，"违约方在到期结算日发生违约事件，应立即支付到期资金结算额及相应的补偿金额。如果其在到期结算日后的三个营业日内向守约方支付了到期资金结算额，则应就支付延迟天数向守约方支付相应的补偿金额；如果其未在上述三个营业日内履行该等支付到期资金结算额及/或补偿金额义务，则应从第四个营业日起就未支付的到期资金结算额及/或补偿金额按照通用条款第十条的约定支付罚息"。通用条款第10条关于罚息的约定是，"交易一方未在按照通用条款第八条、第九条或适用的特别条款的相关条款确定的提前终止日或应付款日向另一方支付一笔应付款项的，应对从该提前终止日或应付款日起（含该日）至实际付款日止（不含该日）的期间向另一方支付罚息。罚息以应付款项为基数，罚息利率按交易双方在补充协议中约定罚息利率计算。若交易双方未在补充协议中约定罚息利率，则罚息利率按照日利率 2‰计算，若适用的回购利率高于 2‰，则罚息利率按适用的回购利率计算，若存在多个适用的回购利率，则罚息利率按其中最高的一个回购利率计算"。

2. 因此，根据《回购主协议》通用条款第 24 条关于补偿金额的计算规定，其计算公式为：C＝P 首期×I 违约×D 延迟支付天数/365。其中："C"代表补偿金额，"P 首期"代表首期资金结算额，"I 违约"代表违约利率，"D 延迟支付天数"的含义为"就一笔交易涉及的应付款项而言，指从原定的付款日（含该日）至实际付款日（不含该日）止，但总计不超过三个营业日的天数"。由于违约利率采用罚息利率 2‰计算，据此，补偿金额计算公式可转变为：

C＝P 首期×2‰×D 延迟支付天数

根据回购主协议中第 10 条罚息的计算规定，罚息的计算公式为：

P 罚息＝（P 到期＋C）×2‰×D 延迟支付天数

其中："P 罚息"代表罚息，"P 到期"代表到期资金结算额，"C"代表补偿金额，"D 延迟支付天数"代表延迟支付天数。延迟支付天数为被申请人违约后的第四个营业日（含该日）至实际支付日（不含该日）之间的天数。

3. 上述计算中涉及的回购债券市场公允价值，依照《回购主协议》第 20 条第 31 款的约定，业务到期日即被申请人违约日当日市场公允价值计算方式：债券公允价值＝估值净价×债券张数＋应计利息总额。其中估值净价参照中央国债登记结算有限责任公司公布的数据，估值日期为买断式回购到期日。

4. 综上，差额计算方法是：交易差额＝违约时的到期资金结算额＋补偿金额＋罚息－回购债券违约时的公允价值－持有债券期间发行人计付的利息，具体公式为：交易差额 $= \sum_{i=1}^{n} [Pi + Ci + Fi - Hi - Ii]$。

其中，"P"代表到期资金结算额，"C"代表补偿金额，"F"代表罚息，"H"代表回购债券的公允价值，"I"代表到期日至今发行人计付给联社利息，"n"代表附件 1 中的业务序号，共涉及 15 笔业务。

截至 2021 年 4 月 a 日，申请人债权金额（即交易差额）共计近 2 亿元，其中：到期资金结算额为近 8.9 亿元，补偿金额为近 89 万元，罚息为近 1.4 亿元，回购债券的公允价值为近 7.6 亿元（估值基准日为到期日），违约后发行人计付利息为 7100 余万元。

随后，申请人提交了变更仲裁请求如下：

1. 被申请人向申请人支付债权买断式回购交易差额人民币近 2 亿元（其中包含到期资金结算额近 8.9 亿元，补偿金额近 89 万元，罚息近 1.4 亿元暂计算至 2021 年 4 月 a 日，罚息应付至被申请人向申请人实际支付之日止）；

2. 被申请人向申请人支付因主张权利而产生的所有合理费用及开支，其中包含律师费及差旅费；

3. 被申请人承担本案仲裁费及仲裁员差旅费。

（二）被申请人的答辩意见

1. 仲裁管辖异议。

（1）仲裁委员会对本案无管辖权，应当撤销本案仲裁案件。申请人依据《回购主协议》第 17 条第 2 款第 2 段的约定将双方争议提交仲裁委员会。但该《回购主协议》属于中国银行间市场交易商协会制定的交易规则，并非《合同法》规定的合同或协议。该主协议采用多边签署模式，由会员加入协议时单方签署，因而签署该主协议时无法确定与哪一方共同签署。会员签署该协议的行为，既不是向受要约人发出要约，也不是向要约人发出承诺。因此签署该主协议不符合《合同法》关于当事人订立合同采取要约承诺方式要求，不构成本案双方通过法定要约、承诺方式而达成共同合意订立的协议或合同。因此，其中的仲裁管辖约定不能作为申请人与被申请人之间仲裁协议依据。

（2）本案双方从未签署任何书面形式仲裁协议。按照《仲裁法》第 16 条第 2 款的规定，仲裁协议应当具有下列内容：①请求仲裁的意思表示；②仲裁事项；③选定的仲裁委员会。《回购主协议》中的仲裁条款，不构成申请人与被申请人双方之间的仲裁协议。而《回购主协议》仲裁条款不是由案涉双方共同通过协商达成，双方之间没有共同同意将争议提交仲裁委员会仲裁，不具有请求仲裁的意思表示，因此不符合《仲裁法》有关仲裁协议的规定。

（3）此外，根据《仲裁法》第 4 条的规定，当事人采用仲裁方式解决纠纷，应当双方自愿，达成仲裁协议。没有仲裁协议，一方申请仲裁的，仲裁委员会不予受理。如前所述，申请人提出仲裁所依据的《回购主协议》仲裁条款不构成案涉双方有效仲裁协议，根据《仲裁法》的规定，贵会对本案无管辖权。同时，鉴于仲裁委员会对本案无管辖权，根据《仲裁规则》，仲裁委员会或仲裁庭应当依法作出对本案无管辖权并撤销案件的决定。

2. 被申请人"撮合"交易但不承担回购义务。

（1）本案所涉债券买断式回购交易过程中，被申请人按照申请人与债券实际权利人的安排，向其指定第三方买入指定债券品种并同时约定债券实际权利人回购该债券的期限和价格。被申请人通过全国银行间债券市场买入债券，并在购入当天按申请人与债券实际权利人安排确定的价格和期限，再与申请人进行债券买断式回购交易。当被申请人与债券实际权利人约定的回购期限届满时，双方再次约定债券实际权利人对前述债券的回购期限和价格，延续双方委托进行债券买断式回购交易。在整个交易过程中，被申请人仅按照债券交易金额的3‰至5‰收取手续费，而对债券交易品种、价格、回购期限、收益率等债券交易要素均按申请人与债券实际权利人的安排进行的。因此，被申请人事实上依照申请人与债券实际权利人的安排，为其提供债券回购"撮合"交易服务并收取手续费，但对于债券回购交易不承担实际权利义务。

（2）本案中，申请人与债券实际权利人G信托、M地C银行等机构通过被申请人进行债券买断式回购交易，涉及债券15"只"（原文如此，应为15笔或15单，仲裁庭注）到期结算金额8.8亿多元。但至2019年2月，上述债券实际权利人在交易债券回购期限届满后不同意履行债券回购义务，被申请人停止了与申请人在全国银行间债券市场继续进行债券买断式回购交易。

3. 申请人请求被申请人赔偿损失和支付违约金没有事实和法律依据。申请人仲裁请求中要求被申请人赔偿损失2.05亿余元、补偿金41万余元、罚息7400万余元、律师费。但如前所述，被申请人在涉案回购交易中仅提供撮合交易服务，不承担实际权利义务。

被申请人针对申请人《变更仲裁请求申请书》及各项计算方法而认为：①申请人第一项仲裁请求是被申请人向申请人支付债权买断式回购交易差额人民币近2亿元（其中包含到期资金结算额近8.9亿元，补偿金额近89万元，罚息近1.4亿元暂计算至2021年4月，罚息应付至被申请人向申请人实际支付之日止）。但截至目前，申请人尚未将本案债券进行处置，无法确定债券实际处置损失金额。申请人计算回购差额的债券估值是以债券到期日确定的，而其主张的交易差额，与所列到期结算金额、补偿金额及罚息并无直接的加和关系。因此，申请人主张的回购差额、补偿金及罚息计算没有依据，债券实际损失尚待确定。②关于本案债券回购违约后，申请人已经收到部分债券利息，其持有 8 只债券在 2019 年 2 月逾期后，债券发行人均正常支付债券利息。截至 2021 年 3 月，申请人补充提供计算明细表中已经明确收到上述债券利息，应当从差额损失中扣除。③申请人变更后第二项仲裁请求赔偿其所有合理费用及开支，其中包含律师费及差旅费。但其费用支出证据中并无案件委托代理协议、律师费支出凭证及相应发票，申请人主张律师费支出没有相应证据证明。

（三）申请人代理意见

1. 申请人与被申请人均已依法签订《回购主协议》，依据该主协议包含的仲裁管辖条款，仲裁委员会对本案具有管辖权。

（1）《中国银行间交易商协会公告》（〔2013〕2 号）规定：其一，《回购主协议》文本是经交易商协会第二届常务理事会第二次会议审议通过及中国人民银行备案同意并公布施行的制式合同文本，凡是参与中国银行间市场债券回购交易的主体均必须遵守主协议的有关约定，案涉双方不存例外；其二，《回购主协议》为开放式协议，采用多边签署模式，在签署方有效签署后，《回购主协议》在该签署方与其他各签署方之间生效。

《回购主协议》通用条款第 17 条第 2 款约定："若交易双方不进行协商或协商未果，交易双方同意应将争议、纠纷或索赔提交仲裁委员会按照届时有效的《仲裁规则》在 O 地以仲裁方式解决，仲裁庭由三名仲裁员组成，仲裁裁决是终局的，对交易双方具有约束力。"依据该条款，仲裁委员会对本案具有管辖权。

（2）本案双方已按《回购主协议》约定开展 15 笔买断式回购交易业务，申请人为此向被申请人支付共计近 8.9 亿元。上述 15 笔交易均通过全国统一银行间本币交易系统完成网上交易，回购业务到期后被申请人未履行回购义务，未按约向申请人支付买断式回购交易差额，构成违约并引发本案纠纷。

2. 被申请人应按约向申请人支付买断式回购交易差额人民币近 2 亿元。具体计算如下：

（1）2019 年 1 月 a 日至 2019 年 1 月（a+6）日期间，申请人在 15 笔买断式债券回购业务中向被申请人支付标的债券购买资金共计近 8.9 亿元。按照约定回购业务到期时间在 2019 年 2 月 a 日至 2019 年 2 月（a+7）日。到期后，被申请人应按约向申请人支付到期资金结算额共计近 8.9 亿元，《买断式回购成交单》证明被申请人实际未付而构成违约。按照《回购主协议》的约定，被申请人违约后应当支付的款项总和是：违约时到期资金结算额加补偿金额加罚息后扣除回购到期日后债券发行人（本案涉及三个债券发行人）计付给申请人的利息。截至 2021 年 4 月 a 日包括罚息在内，被申请人应付款项共计近 2 亿元，该计算依据和计算结果有申请人提交的"关于债权金额计算情况的说明"详细证实。

（2）案涉债券回购逾期后，申请人多次电话并上门交涉，要求被申请人按约支付到期资金结算金额。2019 年 4 月 a 日，被申请人向申请人发出书面《告知函》称，通过银行间债券市场进行的债券买断式回购交易业务已经逾期，申请人作为逆回购方可以根据主协议的有关条款，对因回购交易所持的债券按照公允价值自行处置，并认为其应支付申请人的债券损失金额为近 1.5 亿元，被申请人同时提出对该损失金额通过债转股等方式协商解决，并将本案涉及的 15 笔交易明细作为告知函的附件一并发送申请人。申请人于 2019 年 4 月（a+21）日书面回复，明确表示同意按照主协议有关条款处置交易涉及债券，但不同意对于交易债券损失额以 2019 年 3 月 b 日为基准日，亦不同意其提出的债转股方案。

（3）被申请人系本案交易正回购方，申请人自始至终都只与被申请人通过银行间债券市场开展本案所涉债券买断式回购交易业务，从未安排被申请人向任何第三方买入指定债券品种。在整个交易过程中，申请人也从不知晓任何第三方存在，从未与被申请人或任何第三方签订过主协议之外的任何协议，被申请人并非仅按照安排提供撮合交易服务，不实际承担权利义务。

申请人同时就被申请人提交的五组证据材料及当庭提交的一组证据材料发表质证意见：

庭前证据：其一，对五组证据材料中《买断式回购成交单》的真实性和合法性予以确认，但对"债券买卖协议"的真实性，合法性、关联性等不予认可。申请人并非该等协议主体，无从判断其真实性。此外，对被申请人提交的五组证据材料的关联性均不予确认。具体为：①该五组材料中的《买断式回购成交单》所载交易与本案无关；②该五组材料中的《买断式回购成交单》所载明的交易确已发生，被申请人此等证据恰能证明申请人在本案中的主张的合法性及有效性；③依据《回购主协议》的约定，买断式回购是指一方（正回购方）在将回购债券出售给另一方（逆回购方）、逆回购方在首期结算日向正回购方支付首期资金结算额的同时，交易双方约定在将来某一日期（即到期结算日）由正回购方以约定价格（即到期资金结算额）从逆回购方购回回购债券的交易。除正回购方和逆回购方两方之外，买断式回购与任何第三方没有关系。被申请人回购债券的来源与申请人没有任何关系，申请人从未与 G 信托、C 银行就本案所涉交易有过任何合意，后两方不是就本案所涉交易中的"委托方"。其二，就被申请人当庭提交的一组证据材料，申请人质证意见是：①被申请人在 15 笔交易统计表中将"委托方"列为 G 信托和 C 银行，系被申请人伪造杜撰，该附表与被申请人 2019 年 4 月 a 日向申请人出具《告知函》的附表有差异，因此申请人对该表格的真实性、合法性及关联性均不予以认可；②对 15 笔交易涉及的标的债券付息情况真实性、合法性及关联性予以认可。

（四）被申请人代理意见

1. 申请人截至本案开庭时尚未将案涉债券进行处置，因此，申请人主张被申请人向其支付回购差额没有相应证据支持。

2. 2019 年 2 月回购失败后，债券发行人均正常支付债券利息，该事实可见付息公告。截至 2021 年 3 月某日，申请人已收债券利息 7100 余万元应当从其主张的差额损失中扣除。

3. 被申请人撮合交易的收益来自手续费，结合本案交易实际情况，以本案线下（即指"场外"，仲裁庭注）委托方向被申请人出具的最后一份《债券买卖协议》约定的协议利率，与线上（即指"场内"，因场内交易均为线上交易，仲裁庭注）相对应的买断式回购交易利率，按照债券交易期间计算出被申请人的各只债券的交易收益，每笔交易，被申请人收益约持有期间交易金额的 0.3%。

4. 关于申请人与被申请人就各只债券首次交易的情况。其中，2017 年 10 月，被申请人用自有资金以现券买入方式，从 M 地 C 银行买入 16D-08 债券面值 2.5 亿元，并于当日向申请人进行正回购交易，2017 年 3 月，被申请人用自有资金以现券买入方式，从 R-1 号资管计划买入 16D-08 债券、16D-10 债券，面值共 1 亿元，并于当日与申请人进行正回购交易，2017 年 9 月，被申请人以自有资金向 K 证券回购 17D-05 债券面值 5000 万元，并于当日再与申请人进行正回购交易，其他债券于 2017 年 3 月，被申请人以自有资金向 L 银行回购相应债券，并于回购债券当日再与申请人进行正回购交易（具体交易情况详见附表及债券成交单）。

5. 被申请人于 2012 年 7 月获得中国人民银行全国银行间债券市场准入资格，于 2012 年 12 月正式开展银行间市场债券业务。2013 年以来，被申请人在银行间市场开展债券撮合交易业务，由公司固定收益部负责，固定收益部负责人自然人 Q 和 O 地业务部负责人自然人 H、P 地业务部负责人自然人 I 均已经被公安部某专案组，以国家非公职人员受贿罪立案侦查并采取强制措施，现已向某人民检察院移交审查起诉。从 2018 年 10 月起，被申请人在银行间债券市场陆续发生买断式回购交易债券到期无法履行回购义务，发生债券交易违约。自 2018 年 11 月至今，某地农村信用社等 6 家机构先后向仲裁委员会提起仲裁申请，要求被申请人赔偿债券回购交易损失，支付补偿金、罚息等。

被申请人对历史债券交易进行的合规检查发现债券交易亏损，原因是债券交易人员与特定交易对手进行现券交易时，被申请人交易人员以明显高于或低于债券市场公允估值的价格，买卖现券而进行非法利益输送。为掩盖现券交易亏损，被申请人交易人员发起债券买断式回购交易，以买断式回购融资超出债券公允价值部分掩盖现券交易亏损，以维持交易持续进行。在债券买断式回购交易无法进行时，交易亏损最终被暴露。

2019 年 12 月，被申请人委托某地 XX 软件有限公司针对被申请人历史债券交易数据进行录入整理分析，发现与被申请人存在价格严重偏离正常债券市场估值 1 元以上现券交易，被申请人发生交易累计亏损近 27 亿元。此外，还有 5700 万元交易手续费，以及支付自然人 H、自然人 I 经营团队奖金 1.42 亿元等交易成本。根据上述现券交易情况，并结合公安机关已经查实的上述人员收取特定交易人员贿赂的行为，被申请人交易人员在办理债券交易业务中与特定机构的交易人员相互勾结，故意人为制造严重偏离债券的正常市场估值的现券交易，并以买断式回购交易为掩盖手段，造成债券现券亏损交易，向其他机构或人员进行非法利益输送，从特定人员处获取非法利益，给被申请人造成巨额经济损失。

二、仲裁庭意见

本案中对于当事人提出的请求、答辩及所提供的证据与陈述，仲裁庭根据《仲裁法》《合同法》及相关规定作出判断。仲裁庭作出判断过程中已全面考虑、评估当事人情形及其提交的所有证据及意见，下文未予引用或未予提及的，不意味着仲裁庭予以忽略。

（一）仲裁管辖和合同效力

申请人依据《回购主协议》认为，该市场为交易商协会自律管理市场，该协会理事会指定并发布《回购主协议》。根据协会和该协议要求，协议属于开放式协议，由交易机构加入协会时自动签署，并接受该协议作为市场内交易双方可适用的合同。案涉当事人均为协会会员，因此在没有相反证据和另行签署的合同下，该《回购主协议》即构成回购交易双方的合同。据此，双方存在合法有效的合同关系和合同约定。

同时，申请人提起本案仲裁的依据是《回购主协议》第17条第2款中约定的争议解决方式是仲裁委员会仲裁解决。据此，因案涉债券交易而产生的争议，应提交仲裁委员会仲裁解决。

被申请人辩称，首先，案涉争议双方从未签署任何书面形式的仲裁协议。申请人所述《回购主协议》相关条款不是双方存在仲裁协议的依据。按照《合同法》的规定，当事人之间订立合同需经要约作出意思表示，经相对方承诺通知到达要约人时成立。但《回购主协议》是交易商协会制定的交易规则，会员加入协会时采用多边签署模式。而任意会员签署该协议时无法确定相对方。因此，该主协议的签署行为，既不是向受要约人发出要约，也不是对要约人发出的承诺。其次，《仲裁法》第16条第2款规定，仲裁协议应当具有下列内容：①请求仲裁的意思表示；②仲裁事项；③选定的仲裁委员会。《回购主协议》中的仲裁条款不是申请人与被申请人共同通过协商达成，双方没有共同请求仲裁的意思表示，不符合《仲裁法》前述有关仲裁协议的规定。

被申请人由此辩称，仲裁委员会对本案无管辖权，并应撤销本案。《仲裁法》第4条规定，当事人采用仲裁方式解决纠纷，应当双方自愿，达成仲裁协议。没有仲裁协议，一方申请仲裁的，仲裁委员会不予受理。同时，《仲裁规则》第6条第7项规定，仲裁委员会或经仲裁委员会授权的仲裁庭作出无管辖权决定的，应当作出撤销案件的决定。

仲裁庭认为，上述《回购主协议》通用条款首部载明"为促进债券回购交易的顺利开展，明确交易双方的权利义务，维护交易双方的合法权益，根据《合同法》等法律法规，交易双方在平等、自愿的基础上签署本协议"。其中第2条2约定，"对本协议下每一笔质押式回购而言，主协议、补充协议和该笔质押式回购的交易有效约定构成交易双方之间就该笔质押式回购的完整协议；对本协议下的全部买断式回购而言，主协议、补充协议和交易有效约定构成交易双方之间就全部买断式回购的单一和完整的协议"。

仲裁庭认为，中国银行间市场债券回购交易是会员间以电子化交易方式进行，因此在会员加入该交易商协会时签署主协议并适用于各具体交易的相对方。《回购主协议》通用条款首部明示"交易双方在平等、自愿的基础上签署本协议"，第23条约定，"签署方应以法定代表人或授权签字人签字或盖章并加盖公章的方式签署两份主协议，一份由签署方留存，一份送中国银行间市场交易商协会备案。在签署方有效签署主协议后，主协议在该签署方与其他各签署方之间生效"。本案双方均依照约定方式恰当签署该协议。因此，该等约定和当事人签署方式均符合《合同法》有关合同成立和生效的规定。

仲裁庭进而认为，根据该《回购主协议》第17条2款的约定，交易双方可协商解决有关本协议下或与本协议相关的任何争议、索赔或纠纷。协商不成时，"交易双方同意将争议、纠纷或索赔提交仲裁委员会按照届时有效的《仲裁规则》在北京以仲裁方式解决，仲裁庭由三名仲裁员组成，仲裁裁决是终局的，对交易双方具有约束力"。该《回购主协议》第2条1款约定，"交易双方在签署主协议之后达成的交易适用主协议"。

有鉴于此，本案合同系双方当事人真实意思表示，其内容和形式不违反法律和行政法规的强制性规定，符合合同约定和法律规定的生效条件，仲裁庭确认本案合同合法、有效，对合同双方具有法律约束力，并确定争议双方各自权利义务的基本依据。同时，仲裁庭认为，根据《回购主协议》仲裁条款的约定，中国国际经济贸易委员会对本案具有管辖权。

（二）本案交易事实问题

1. 本案买断回购交易的事实：

申请人提交"买断式回购交易单"（源自中国外汇交易中心全国银行间同业拆借中心电子文档打印件），部分内容摘录列表如下：

正回购方：B公司，即本案被申请人；

逆回购方：A信用社，即本案申请人；

	成交日期	成交编号	债券代码	债券名称	券面总额（万元）
1	2019-1-X	AA201901XXXX0183	a0405	17D-05	5000
2	2019-01-X	AA201901XXXX0210	b0408	16D-08	5000
3	2019-01-X	AA201901XXXX0211	b0408	16D-08	5000
4	2019-01-X	AA201901XXXX0212	b0408	16D-08	5000
5	2019-01-X	AA201901XXXX0213	b0408	16D-08	5000
6	2019-01-X	AA201901XXXX0214	b0408	16D-08	5000
7	2019-01-X	AA201901XXXX0211	b0410	16D-10	5000
8	2019-01-X	AA201901XXXX0213	b0408	16D-08	5000
9	2019-01-X	AA201901XXXX0214	b0310	16E-10	5000
10	2019-01-X	AA201901XXXX0215	b0303	16E-03	5000
11	2019-01-X	AA201901XXXX0214	b0409	16D-09	5000
12	2019-01-X	AA201901XXXX0215	c0205	15F-05	5000
13	2019-01-X	AA201901XXXX0216	c0205	15F-05	5000
14	2019-01-X	AA201901XXXX0217	b0409	16D-09	5000
15	2019-01-X	AA201901XXXX0218	b0405	16D-05	5000

上表由仲裁庭根据《回购交易单》摘录制作，该表显示双方就三个发行人所发行的①“16D-08”6笔；②“16D-10”1笔；③“16E-10”1笔；④“16E-03”1笔；⑤“16D-09”2笔；⑥“15F-05”2笔；⑦“17D-05”1笔；和⑧“16D-05”1笔，共计8个品种（只）15笔回购业务。双方所涉债券交易票面价值共计7.5亿元。

此外，根据各《回购交易单》，每笔交易项下的利率和成交价格有明确约定和记载，15笔回购交易下，申请人向被申请人支付共计近8.9亿元。

申请人提交《债券交割单（买断式回购首期）》15份，其源自中央国债登记结算有限公司（以下简称“中登公司”）电子文档的打印件，打印日期为2020年3月某日。该债券交割单对应上述列表显示的15单（笔）回购交易均已完成交易并在中登公司实现交割。

申请人提交根据中登公司电子文档打印的《合同列表》，分项显示各单交易的结算合同编号、业务类别、券面金额等内容，均与上述回购交易单显示内容一致。该《合同列表》亦显示和记录合同金额状态为"等款"，合同状态为"失败"。

上述成交单、交割单、合同列表，经被申请人质证不存异议。被申请人对申请人上述证据显示的双方间15笔债券回购交易及《回购交易单》中所载内容均予以确认。

2. 本案回购交易失败后的事实情况。

案涉15笔回购交易失败后，被申请人于2019年4月a日向申请人发送《告知函》，说明"我司与贵司通过银行间债券市场进行的债券买断式回购交易业务已经逾期"，并建议申请人作为逆回购方可根据《回购主协议》的有关条款，"对因回购所持的债券按照公允价值自行处置"。双方按照2019年3月b日市场公布的买断式回购交易涉及债券的市场估值为基准，"根据债券到期结算金额与基准日估值之差确认交易债券损失金额为近1.5亿元"。该函随附一份被申请人草拟的《债券交易损失确认协议》，但未获确认签署。

2019年4月（a+21）日，申请人回复被申请人并发送《关于B公司告知函的回函》称：①同意根据主协议有关条款处置所涉标的债券，结清逾期买断式回购业务的标的债券。②针对贵司提出的按照2019年3月b日银行间债券市场公布的债券市场估值作为基准确认交易债券损失金额，不同意将该日作为基准日。基准日应为买断式回购业务的债券结清日。③债券交易损失金额的计算方法为：债券交易损失金额＝买断式回购业务首期结算金额×2‰×业务逾期天数＋买断式回购业务首期结算金额×买断式回购合同利率×业务逾期天数÷365＋买断式回购业务到期结算金额−基准日买断式回购业务标的债券市场估值。其中，业务逾期天数＝买断式回购交易业务标的债券结清日−买断式回购业务到期结算日。"本函的出具，不代表我联社基于法律法规以及《中国银行间市场债券回购交易主协议》等相关合同、文本的约定可向贵司主张的各项权益的变更和放弃"。此后，申请人仍继续持有案涉债券，被申请人亦未继续履行合同项下的回购义务。

上述事实，均有证据证实并经双方确认无疑。

（三）本案争议焦点

1. 被申请人违约。

申请人称，2019年1月a日至2019年1月（a+6）日期间，本案双方通过中国银行间本币交易系统网上交易开展买断式债券回购交易共计 15 笔，申请人据此向被申请人支付购买资金近 8.9 亿元。按照约定，该 15 笔资金的到期时间在 2019 年 2 月 a 日至 2019 年 2 月 （a+7） 日期间。到期后，被申请人应向申请人支付到期资金结算额共计近 8.9 亿元，但其未履行回购义务而构成违约。

被申请人违约后应按照《回购主协议》相关约定向申请人支付违约时到期资金结算额、加补偿金额和罚息后，扣除回购到期日债券发行人（本案涉及 D 银行、E 银行、F 银行）计付给申请人的利息。截至 2021 年 4 月 a 日，被申请人应支付的款项共计近 2 亿元，计算依据及过程详见申请人关于《A 合作社关于债权金额计算情况的说明》。

此后，申请人多次与被申请人交涉，要求被申请人按照约定支付到期资金结算金额。被申请人于 2019 年 4 月 a 日书面告知申请人上述交易逾期，并要求申请人根据主协议条款按照所涉债券的公允价值自行处置，被申请人提出按照 2019 年 3 月 b 日作为基准日计算，申请人债券交易损失金额为近 1.5 亿元，被申请人据此提出申请人损失金额可以采用债转股方式解决。对此，申请人回函明确表示不同意被申请人的解决方案，也不同意被申请人以 2019 年 3 月 b 日为所涉债券公允价值实际损失计算的基准日。

被申请人辩称，其按照申请人与债券实际权利人的安排，提供债券回购"撮合"交易服务，仅按照债券交易金额的 3 ‰至 5 ‰收取手续费，而对于债券交易品种、价格、回购期限、收益率等债券交易要素均按照申请人与债券实际权利人的安排进行，因此被申请人不承担债券回购交易权利义务。申请人与债券实际权利人 G 信托、M 地 C 银行等机构通过被申请人交易人员进行债券买断式回购交易，本案涉及债券 15 笔的到期结算金额 8.8 亿多元。被申请人是通过全国银行间债券市场，自债券实际权利人指定的第三方买入债券，买入当日按申请人与债券实际权利人安排确定的价格和期限，在同一市场与申请人进行了案涉债券买断式回购交易。被申请人与债券实际权利人在场外的"债券买卖协议"中约定前述债券的期限和价格。但在回购期限届满时，被申请人与债券实际权利人重新约定债券实际权利人对前述债券的回购期限和价格，以此延续双方委托进行的债券买断式回购交易。因此，在整个交易过程中，被申请人对于债券回购交易不承担实际权利义务。但至 2019 年 2 月，上述债券实际权利人在交易债券回购期限届满后不同意履行债券回购义务，被申请人因此停止与申请人在全国银行间债券市场继续进行债券买断式回购交易。

申请人在书面质证意见中称，被申请人所述不实，被申请人为此提交的"债券买卖协议"等并据此发生的买断式回购成交单，均与本案无关，且申请人并非该等债券买卖协议及相关买断式回购交易当事人，因此，对被申请人所述和其提交的证据真实性、合法性和关联性均不予确认。

申请人称，场内买断式回购交易与正回购方和逆回购方两方之外的任何第三方没有关系。根据《回购主协议》，买断式回购是指一方（正回购方）将回购债券出售给另一方（逆回购方）、逆回购方在首期结算日向正回购方支付首期资金结算额的同时，约定在将来某一日期（即到期结算日）由正回购方以约定价格（即到期资金结算额）从逆回购方购回回购债券的交易。具体到本案，申请人（逆回购方）与被申请人（正回购方）之间依据债券回购的购买金额、回购金额及回购期限等约定组成要素开展交易。至于被申请人债券回购来源，与申请人没有任何关系，申请人从未与G信托、C银行等就本案所涉交易的债券有过任何合意。因此，被申请人所称的债券实际权利人系伪造杜撰，且其本案作为证据提交的15笔交易表格内容，与其2019年4月a日向申请人出具的《告知函》所附表格存在差异，因此该等证据的真实性、合法性和关联性，亦不予认可，被申请人抗辩理由缺少事实和合同依据。

仲裁庭注意到，被申请人在案涉回购交易前后，并未披露第三方委托人或债券实际权利人情形，亦未将其与案外人之间的债券回购协议事项作为本案双方回购交易合同关系的成立条件，或作为被申请人履行本案合同回购义务的先决条件。此外，被申请人从未向申请人说明，其仅仅收取手续费并提供类似"通道"业务而不承担案涉交易下合同权利义务。尤其是，在被申请人逾期履行案涉债券回购义务后向申请人发出的《告知函》中，被申请人自行确认回购债券"逾期"，并因此要求申请人按该等债券公允价值自行处置债券后计算损失。仲裁庭亦注意到，被申请人庭审时承认，被申请人与其提及的"委托方"或"债券实际权利人"之间的"债券买卖协议"为中国银行间债券市场外的"场外交易"协议，相当于一个"抽屉协议"而违规。

被申请人辩称，其负责债券交易的员工与市场内其他会员机构的交易员之间，存在私下沟通违法侵占公司利益，并采用违法违规交易手法蒙骗公司而形成虚假盈利。被申请人的部分责任人员已由司法部门采取强制措施，该等责任人员将因犯罪而被提起公诉。被申请人为此自查发现公司从事的类似回购交易涉案数额巨大，给公司造成亏损数额高达数十亿元。

仲裁庭认为，被申请人抗辩理由的核心意思是，被申请人逾期回购合同所涉债券并构成违约，但因其仅提供"撮合"交易，而不应承担案涉合同项下回购义务。但是，被申请人所谓另有委托人与其从事场外交易，并以此作为与申请人之间案涉回购交易的支付条件，而委托人与本案申请人就债券品种、价格等另有约定，被申请人仅属"撮合"交易收取手续费的理由，仅属其单方陈述意见。上引《回购主协议》第 2 条 1 款明示约定，"交易双方在签署主协议之后达成的交易适用主协议"，第 3 条声明与保证项下第 10 款约定，"除非其另行披露，其系代表自身而非代理任何第三方签署本协议并进行交易"。因此，被申请人所谓其从事"撮合"交易而不对案涉债券交易承担权利义务，另有第三方是所涉交易债券的"实际权利人"等理由，缺少事实和合同依据，仲裁庭不予采信。即使被申请人单方所述属实，被申请人该等行为亦属违规，对申请人不具任何约束力。

此外，仲裁庭注意到，被申请人确认其"债券买卖协议"属场外交易，而该场外交易约定事项，既不能证明是本案双方场内交易条件或本案争议双方合同成立条件，也不能证明被申请人据此仅"收取手续费"的事实。虽然被申请人庭审中亦曾表示其在某省法院对所谓第三方"债券实际权利人"提起诉讼求偿，但承认因缺少合同依据和证据而被驳回。由此，被申请人上述抗辩理由，均缺少事实和法律依据，仲裁庭不予采信。

同时，被申请人所谓其内部交易人员与市场其他机构交易人员存在违法合谋输送利益行为，并因此被有关机构立案追究刑事责任。但其并未提供本案双方交易人员直接或间接"约定"或类似行为的任何证据，亦未提供申请人交易人员与所谓"委托方"交易人员直接或间接约定的任何证据，以及被申请人交易人员违法犯罪事实的证据。是故，被申请人这一抗辩理由，不具任何事实和法律依据，仲裁庭亦不予采信。

有鉴于此，仲裁庭认为，根据《回购主协议》约定的适用范围，在没有相反证据下，案涉 15 笔"买断式回购交易单""债券交割单（买断式回购首期）""合同列表"等证据证明，案涉回购交易仅限本案争议双方，所涉回购交易是场内交易、所涉债券品种为债券发行人发行并场内流通的标准化产品、具体交易采用电子化交易方式的事实。被申请人逾期未能履行回购义务已然构成违约。是故，被申请人因违约而应依据《回购主协议》承担违约责任。

2. 损失范围。

申请人称，按照《回购主协议》的相关约定，被申请人应为其违约而须向申请人支付的款项总和是，违约时到期资金结算额加（＋）补偿金额加（＋）罚息，扣除（－）回购到期日后债券发行人已计付的利息，截至 2021 年 4 月 a 日，被申请人违约而应向申请人支付的款项共计近 2 亿元。其计算依据及过程详见《A 合作社关于债权金额计算情况的说明》。上述应支付款的具体计算依据是《回购主协议》通用条款第 8 条，即被申请人应向申请人支付款项总和为违约时到期资金结算额、加（＋）补偿金额、加（＋）罚息，再扣除回购到期日后发行人已计付利息。其中：

（1）补偿金额：《回购主协议》通用条款第 8 条约定，"违约方在到期结算日发生违约事件，应立即支付到期资金结算额及相应的补偿金额。如果其在到期结算日后的三个营业日内向守约方支付了到期资金结算额，则应就支付延迟天数向守约方支付相应补偿金额，如果其未在上述三个营业日内履行该等支付到期资金结算额及/或补偿金额义务，则应从第四个营业日起就未支付的到期资金结算额及/或补偿金额按照通用条款第十条的约定支付罚息"。据此，被申请人在到期结算日发生违约，应立即支付到期资金结算额和补偿金额。

《回购主协议》第 24 条约定，补偿金额计算公式为：$C = P$ 首期 $\times I$ 违约 $\times D$ 延迟支付天数 $/365$。其中："C"代表补偿金额，"P 首期"代表首期资金结算额，"I 违约"代表违约利率，"D 延迟支付天数"的含义为"就一笔交易涉及的应付款项而言，指从原定的付款日（含该日）至实际付款日（不含该日）止，但总计不超过三个营业日的天数。由于违约利率采用 2‰罚息率计算，据此，补偿金额计算公式就可转变为：$C = P$ 首期 $\times 2‰ \times D$ 延迟支付天数。

（2）罚息：《回购主协议》第 8 条约定，被申请人在违约之后三个营业日内未支付的，应自第四个营业日起按通用条款第 10 条计算支付罚息。该协议第 10 条约定，"交易一方未在按照通用条款第八条、第九条或适用的特别条款的相关条款确定的提前终止日或应付款日向另一方支付一笔应付款项的，应对从该提前终止日或应付款日起（含该日）至实际付款日止（不含该日）的期间向另一方支付罚息。罚息以应付款项为基数，罚息利率按交易双方在补充协议中约定罚息利率计算。若交易双方未在补充协议中约定罚息利率，则罚息利率按照日利率 2‰计算"。据此，本案双方并无补充协议另行约定罚息利率，因此应以上述约定的 2‰为准，依据该约定计算方法计算罚息，而罚息计算的延迟支付天数为被申请人违约后的第四个营业日（含该日）至实际支付日（不含该日）之间的天数。

根据该条约定的罚息的具体计算方式为：P 罚息 =（P 到期+ C）×2‰×D 延迟支付天数。其中："P 罚息"代表罚息，"P 到期"代表到期资金结算额，"C"代表补偿金额，"D 延迟支付天数"代表延迟支付天数。此处的延迟支付天数为网信证券违约后的第四个营业日（含该日）至实际支付日（不含该日）之间的天数。

（3）标的债券市场公允价值：申请人称，上述计算中涉及的回购债券市场公允价值，应按照《回购主协议》第 20 条第 31 款的约定，业务到期日即被申请人违约日当日市场公允价值计算方式是：债券公允价值=估值净价×债券张数+应计利息总额。其中估值净价参照中央国债登记结算有限责任公司公布的数据，估值日期为买断式回购到期日。

申请人称，根据以上各项具体约定，申请人主张的差额计算方法是，交易差额=违约时到期资金结算额+补偿金额+罚息-回购债券违约时的公允价值-持有债券期间发行人计付利息。具体计算公式：交易差额 = $\sum_{i=1}^{n}[Pi + Ci + Fi - Hi - Ii]$。其中："P"代表到期资金结算额，"C"代表补偿金额"，"F"代表罚息，"H"代表回购债券的公允价值，"I"代表到期日至今发行人已计付利息，"n"代表附件 1 中的业务序号，共涉及 15 笔业务。同时，申请人提交的双方"买断式回购业务交易差额计算明细表"显示，申请人统计 15 单总量后以到期结算金额（P）+ 补偿金额（C）+ 罚息（F）- 到期日回购债券公允价值（H）-到期日至今发行人计付利息（I），带入 15 单统计数据总量的计算过程为：

近 8.9 亿元+近 89 万元+近 1.4 亿元-近 7.6 亿元-7100 余万元=近 2 亿元。

截至 2021 年 4 月 a 日，本案申请人债权金额共计近 2 亿元，其中：到期资金结算额为近 8.9 亿元，补偿金额为近 89 万元，罚息为近 1.4 亿元，回购债券的公允价值为近 7.6 亿元（估值基准日为到期日），被申请人违约后但所涉债券发行人已经计付利息为 7100 余万元。

被申请人辩称，案涉回购交易债券，申请人在被申请人违约未能回购后，按场内市场价格自行处置（卖出）该等债券，处置价格与双方约定的结算价格之差为申请人损失，但申请人至今未予处置，因此无法确定债券处置损失金额。此外，申请人主张的交易差额，与所列到期结算金额、补偿金额及罚息并无直接的加和关系。因此，申请人主张的回购差额、补偿金及罚息计算均无依据，其实际损失尚待确定。

被申请人辩称，因其仅从事"撮合"交易并据此收取每单回购交易成交额3‰计算的手续费，此外，如上所述，被申请人亦提出市场交易人员私下联系从事利益输送等违法犯罪和第三方"债券实际权利人"等情形，而被申请人因此不需承担该债券回购义务和违约赔偿责任。

仲裁庭认为，就事实而言，申请人确实持有所涉交易债券而未予处置，但《回购主协议》并无约定在债券回购交易中一方违约未能履行回购义务后，守约方必须处置（卖出）本应由违约方在结算日回购的债券，并在处置之后方可提出差额损失赔偿请求。是故，申请人有权依据合同约定主张差额损失。仲裁庭进而认为，虽然被申请人抗辩案涉债券没有实际处置就无从计算差额损失，差额损失并非其所列到期结算金额、补偿金额及罚息的直接加和。但就申请人所述其差额损失的具体计算依据和计算方式均符合《回购主协议》约定而并无不妥。《回购主协议》并无限制或规定守约方必须处置债券后计算差额损失。是故，被申请人这一理由缺少合同依据，仲裁庭不予采信。

仲裁庭注意到，申请人提出的计算方法中涉及回购债券市场公允价值的确定，按照《回购主协议》第20条第31款的约定，业务到期日即被申请人违约日当日市场公允价值计算方式是：债券公允价值＝估值净价×债券张数＋应计利息总额。其中估值净价参照中央国债登记结算有限责任公司公布的数据，估值日期为买断式回购到期日。被申请人此前虽提出按照2019年3月b日作为处置债券日期的债券公允价值，但其处置债券和以该日为处置债券公允价值的建议遭到申请人书面回绝。

仲裁庭认为，如上所述，申请人有权依据合同约定，无须对案涉债券加以处置（卖出）后再主张差额损失，申请人参照中登公司公布的数据，以案涉债券回购到期日为债券公允价值的估值日期，并无不妥，亦符合合同约定和通常的市场处理方式。因所涉多只债券品种，并所涉前后15笔交易，各笔交易的实际回购到期日不完全一致，申请人据此实际情况提出的计算结果，亦符合合同约定和市场实践做法。仲裁庭确认申请人就其差额损失而提出的具体计算依据和计算方法，符合合同约定。

4. 关于已计付利息的扣除。

申请人称，其差额损失计算中，对被申请人违约之后但申请人仍持有该等债券期间，债券发行人正常付息的7000余万元，已经按《回购主协议》约定的方式在计算差额损失中予以扣除。申请人最初仲裁请求中的差额损失约2.05亿元为笔误，在变更仲裁请求时已经予以更正。仲裁庭认为，双方均确认差额损失中应扣除已计付利息，且双方均提交了有关证据，申请人亦将计付利息在其主张的差额损失中加以扣除。对此，仲裁庭予以确认。

（四）关于本案仲裁请求

申请人变更并固定后的仲裁请求如下：

1. 被申请人向申请人支付债权买断式回购交易差额人民币近2亿元（其中包含到期资金结算额近8.9亿元，补偿金额近89万元，罚息近1.4亿元暂计算至2021年4月a日，罚息应付至被申请人向申请人实际支付之日止）；

2. 被申请人向申请人支付因主张权利而产生的所有合理费用及开支，其中包含律师费及差旅费；

3. 被申请人承担本案仲裁费及仲裁员差旅费。

仲裁庭认为，申请人第一项仲裁请求，具有事实和法律依据，其计算依据和计算过程是"到期结算金额（P）+补偿金额（C）+罚息（F）-到期日回购债券公允价值（H）-到期日至今发行人计付利息（I）"，该公式列示的计算方法，符合合同约定，仲裁庭支持申请人这一请求。但仲裁庭在此需要说明，申请人此项请求中包含暂计至2021年4月a日的罚息，其计算依据和计算过程按合同约定的2‰利率标准和实际天数计算，并无不妥，但其仲裁请求的罚息则应付至被申请人实际支付日。由此，超过该截止日期计算的罚息，应以上述公式中"到期结算金额（P）+补偿金额（C）"之和作为此后罚息计算的基数，并按照日2‰标准计算到实际支付日。故，仲裁庭裁决被申请人向申请人支付债权买断式回购交易差额人民币近2亿元（暂计算至2021年4月），并向申请人支付以人民币近8.9亿元（到期结算金额近8.9亿元+补偿金额近89万元之和）为基数，按照日2‰标准，自2021年4月a日至实际支付之日止的罚息。

仲裁庭认为，申请人第二项请求，属于被申请人违约后申请人为依法维护自身权益而实际发生的费用，且提交了律师费实际发生的证据加以证实。根据《仲裁规则》第52条，仲裁庭支持申请人这一请求。

仲裁庭认为，申请人第三项请求的仲裁费和仲裁员差旅费因被申请人违约所致，应由被申请人承担并全额予以补偿。

三、裁决

基于上述意见，仲裁庭裁决如下：

（1）被申请人向申请人支付债权买断式回购交易差额人民币近2亿元，并向申请人支付以人民币近8.9亿元（到期结算金额近8.9亿元+补偿金额近89万元之和）为基数，按照日2‰标准，自2021年4月a日至实际支付之日止的罚息。

（2）被申请人向申请人支付因主张权利而产生的所有合理费用及开支，其中包含律师费及差旅费。

（3）本案仲裁费全部由被申请人承担。鉴于本案仲裁费已与申请人向仲裁委员会预交的等额仲裁预付金全部冲抵。因此，被申请人应向申请人支付相应费用，以补偿申请人代其垫付的仲裁费。

（4）自然人J仲裁员办理本案产生的实际费用全部由被申请人承担。该款与申请人向仲裁委员会预交的仲裁预付金相互抵冲后，余款将由仲裁委员会退还申请人。因此，被申请人应向申请人支付相应费用以补偿申请人代其垫付的实际费用。

上述各裁决项下应支付的款项，被申请人应于本裁决作出之日起30日内向申请人支付完毕。

本裁决为终局裁决，自作出之日起生效。

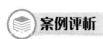 **案例评析**

【关键词】合同主体和仲裁管辖　违约赔偿计算　场外交易
【焦点问题】
约定仲裁管辖、违约赔偿无须先行处置债券、场外交易不能免责
【焦点评析】
本案争议双方均为银行间交易商协会注册会员，双方分别签署了《回购

主协议》，申请人为逆回购方，被申请人为正回购方。双方于 2019 年 1 月 a 日至（a+6）日期间，通过中国银行间本币交易系统网上交易开展买断式债券回购交易共计 15 笔，约定到期时间在 2019 年 2 月 a 日至（a+7）日期间。双方先后达成买断式债券回购交易 15 笔（15 笔成交单），成交额约为人民币 8.9 亿元。但在约定到期结算日，被申请人未能履行回购义务，未按《成交单》支付交易差额，从而构成违约。

申请人依据《回购主协议》买断式回购特别条款的第 3 条主张，守约方有权选择差额计算方法计算损失，被申请人应向申请人支付的款项总和，与申请人应向被申请人返还回购债券市场公允价值相互抵消后得出的差额。同时，《回购主协议》通用条款第 8 条约定，违约方支付款项总和或返还回购债券的市场公允价值。被申请人违约后曾书面回复并建议申请人，以 2019 年 4 月 a 日为基准日计算该等债券的"公允价值"，再计算申请人可能的实际损失。双方因此发生争议。

结合案情和争议焦点问题评析如下：

一、仲裁管辖异议

申请人依据《回购主协议》仲裁条款提起本案仲裁，但被申请人辩称，根据《仲裁法》，仲裁协议须包括：①请求仲裁的意思表示；②仲裁事项；③选定的仲裁机构。《回购主协议》并非本案争议双方协商达成，双方没有共同提交仲裁的意思表示。《回购主协议》属交易商协会制定的交易规则，采用多边开放式形式。任意会员签署该协议时无法确定相对方，签署协议既非向受要约人发出要约，亦非向要约人发出承诺。因此，《回购主协议》并不构成《合同法》规定的合同或协议，其中仲裁管辖约定不能视为双方仲裁协议依据。

仲裁庭认为，银行间市场是会员间以电子化交易方式进行债券回购交易，会员加入该交易商协会以签署《回购主协议》为条件。据此，签署后《回购主协议》适用各具体交易对手方。《回购主协议》通用条款首部载明"交易双方在平等、自愿的基础上签署本协议"。《回购主协议》第 2 条第 1 款约定，交易双方在签署主协议之后达成的交易适用主协议；第 2 款约定，对本协议下的全部买断式回购而言，主协议、补充协议和交易有效约定构成交易双方之间就全部买断式回购的单一和完整的协议。本案双方自愿加入交易商协会并分别签署《回购主协议》，之后在银行间债券市场达成8个品种15笔买断式回购交易，均有《回购交易单》《债券交割单（买断式回购首期）》可证：交易主体明确、交易对手相互真实意思表示、相互要约和承诺均为有效成立。交易商协会会员众多，本案双方或交易对手达成的回购交易，通过成交单、交割单、支付凭证等，足以认定并构成交易双方之间的单一和完整合同。在没有相反证据和另行签署补充协议的情况下，《回购主协议》及《成交单》构成回购交易双方（交易对手）之间的有效合同。主协议的仲裁条款构成双方之间合法、有效的仲裁协议，该仲裁协议构成本案仲裁管辖的合同依据。

二、违约赔偿计算

双方对15笔购买资金支付数额和约定的到期资金结算数额不存争议。被申请人违约后应按照《回购主协议》相关约定向申请人支付违约时到期资金结算额、加补偿金额和罚息后，再扣除回购到期日债券发行人计付利息后的数额，赔偿申请人。案涉8种15笔回购交易的各笔约定到期日、结算价格有所不同。申请人依照《回购主协议》主张的汇总计算方法是：（每笔）交易差额＝违约时到期资金结算额+补偿金额+罚息－回购债券违约时的公允价值－持有债券期间发行人计付利息。15笔交易差额汇总计算公式：

$$汇总交易差额 = \sum_{i=1}^{n}\left[P_i + C_i + F_i - H_i - I_i \right]。$$

其中："P"代表到期资金结算额，"C"代表补偿金额，"F"代表罚息，"H"代表回购债券的公允价值，"I"代表到期日至今发行人已计付利息，"n"代表1笔交易业务序号。被申请人辩称申请人尚未处置案涉债券，债券回购差额的债券估值以债券到期日确定，但申请人主张的交易差额与所列到期结算金额、补偿金额及罚息并无直接的加和关系，债券实际损失尚待确定。

仲裁庭依据《回购主协议》及双方《成交单》的约定而认为，申请人主张的差额损失已经扣除被申请人违约，债券发行人实际支付的利息数额。同时，申请人有权依据《回购主协议》，无须对案涉债券先行处置（卖出）后再提出差额损失赔偿请求。申请人参照中登公司公布的数据，以债券回购到期日为债券公允价值的估值日期符合合同约定和通常的市场处理方式。仲裁庭采信申请人主张和理由，支持申请人的损失赔偿请求。

三、场外交易不构成场内交易违约免责理由

被申请人辩称其与债券实际权利人在场外达成"债券买卖协议",按照申请人与债券实际权利人的安排而提供债券回购的"撮合"交易,被申请人自债券实际权利人指定的第三方买入债券,再与申请人进行案涉债券买断式回购交易。债券交易品种、价格、回购期限、收益率等债券交易要素,均是申请人与债券实际权利人之间的安排。被申请人仅收取了少量"手续费"而不应承担实际权利义务。至2019年2月,案涉债券回购期限届满后,债券实际权利人不同意履行债券回购义务,被申请人因此停止与申请人在全国银行间债券市场继续进行债券买断式回购交易。被申请人又称,其员工私下交易侵害公司利益并导致公司账面损失数十亿元,本案交易涉及员工违法而超出合同纠纷解决范畴。申请人指出,被申请人提交的"债券买卖协议"与本案无关,申请人并非该等债券买卖协议交易当事人。因此,对被申请人所述和其提交证据的真实性、合法性和关联性均不予确认。根据《回购主协议》,买断式回购是指一方(正回购方)将回购债券出售给另一方(逆回购方)、逆回购方在首期结算日向正回购方支付首期资金结算额的同时,约定在将来某一日期(即到期结算日)由正回购方以约定价格(即到期资金结算额)从逆回购方购回回购债券的交易。本案申请人(逆回购方)与被申请人(正回购方)之间依据债券回购的购买金额、回购金额及回购期限等约定组成要素开展交易。至于被申请人债券回购来源,与申请人无关。申请人从未与被申请人所称的债券实际权利人就本案所涉交易债券有过任何合意。案涉买断式债券回购交易全部发生在场内并符合交易规则,与被申请人交易员私下与他人的场外交易行为无关。

仲裁庭认为,被申请人以场外交易、员工非法和违规私下从事债券交易而侵害公司利益、被申请人仅从事债券权利人与申请人之间的"撮合"交易等说法,纯属借口而全无事实根据和法律依据,被申请人以此作为其场内交易违约的免责理由,亦无合同和法律依据。即使被申请人确有场外"撮合"安排,但案涉8种15笔交易所涉债券品种均属场内标准化产品。因此,被申请人所称的场撮合交易"事实"即使存在,亦不免除场内回购交易违约而须承担的合同和法律责任。

【结语】

本案争议的代表性是，监管机关提出"压杠杆、去通道"的市场整改政策要求，对市场资金的流动性确有影响而出现违约情形。但被申请人违约后承认回购逾期并建议申请人按市场公允价值自行处置债券，但在本案审理时又称不存在仲裁协议而请求撤销本案仲裁审理，辩称场内交易受场外交易实际权利人行为的制约、员工非法私下交易侵害公司利益、守约方须先行处置等理由而希图免责，甚至否定《回购主协议》合同和仲裁条款效力，其前后不一的立场和主张既无事实根据，亦无合同和法律依据，有违诚信。尤其是，场外交易即使存在亦不能作为场内交易违约的免责理由。

A 药业公司、B 银行、C 银行定向发行协议争议案

中国国际经济贸易仲裁委员会（以下简称"仲裁委员会"）根据第一被申请人 A 药业公司（以下简称"第一被申请人"或"A 集团"）和第二被申请人 B 银行（以下简称"第二被申请人"或"B 银行"，第一、第二被申请人以下合称"被申请人"）于 2017 年 8 月签订的《A 药业公司 2017 —2019 年度债务融资工具非公开定向发行协议》（以下简称《定向发行协议》）中仲裁条款的约定，以及申请人 C 银行（以下简称"申请人"或"C 银行"）提交的"证据资料清单目录"第 29 项的"中市协注 N 号文件投资人名单"，以及申请人提交的书面仲裁申请，受理了上述协议项下的定向发行协议争议仲裁案。

一、案情

（一）申请人的仲裁请求及主张

2017 年 8 月，A 集团作为发行人，聘请 B 银行为主承销商拟发行 "A 药业公司 2018 年度第四期非公开定向债务融资工具"（以下简称 "18A 药业 M"），双方签署了《定向发行协议》。

2018 年 11 月 a 日，申请人与中国 D 银行股份有限公司签订了 "非金融企业债务融资工具标准分销协议"，认购 A 集团发行的非公开定向债务融资工具 18A 药业 M，认购金额为 6000 万元（币种为人民币，下同，仲裁庭注）。该融资工具发行金额 2 亿元，利率为 7.5%，发行期限为 3 年，按年付息，本金到期兑付日为 2021 年 11 月 a 日。

2019 年 6 月，由于 A 集团贷款逾期违反了《定向发行协议》中的交叉违约承诺，B 银行因此召集了"2017 年度第二期、2018 年度第一期、2018 年度第三期、2018 年度第四期非公开定向债务融资工具"2019 年度第一次持有人会议。2019 年 7 月持有人会议通过决议：要求增加 A 集团法定代表人自然人 E 和 A 集团子公司 F 公司连带担保，并于 30 个工作日内完成相关法律手续。

2019 年 8 月 b 日，B 银行发布违约公告，称因 A 集团未能落实第一次持有人会议决议的相关法律手续，本期定向债务融资工具于 2019 年 8 月 b 日立即到期应付。之后 A 集团未能及时筹措兑付资金，18A 药业 M 发生实质性违约。

2020 年 8 月 a 日，申请人前往 A 集团面见其财务总监，并下发《债务催收函》，A 集团表示需请示法定代表人，后未予回复。

2020 年 9 月 b 日，A 集团与子公司 A 药业公司收到中国证券监督管理委员会《行政处罚及市场禁入事先告知书》，两家公司及其他相关人员因涉嫌信息披露违法受到行政处罚。

申请人认为，B 银行作为债券承销机构未按照三性原则开展尽调，未进行审慎核查和必要调查、复核工作，对发行人经营活动、财务状况、偿债能力真实状况未予披露，B 银行应承担法律连带责任。

为此，申请人提出如下仲裁请求：

1. 第一被申请人向申请人支付债券本金 6000 万元，支付应付利息截至 2020 年 9 月 a 日 800 余万元，利息付至付清本金之日止；

2. 第一被申请人向申请人支付违约金，从实质性违约日 2019 年 8 月 b 日起，按迟付天数应付未付金额的日利率 5‰支付；

3. 第一被申请人承担本案仲裁费；

4. 第二被申请人对第 1 项至第 3 项仲裁请求全部费用承担连带责任。

（二）第二被申请人的管辖权异议

根据《定向发行协议》，B 银行与申请人之间未达成仲裁协议，理由如下：

1. 《定向发行协议》关于仲裁事项的约定为"公司"与"投资人"就本协议发生的争议，根据《定向发行协议》对仲裁事项的约定，申请人与 B 银行并未达成仲裁协议。

《定向发行协议》第 2 页载明，本协议由 A 集团作为公司及附件三《投资人名单及基本情况》所列明的机构作为定向投资人订立。根据《定向发行协议》第 2 页的约定，该协议中"公司"指代 A 集团，"投资人"指代《定向发行协议》附件三《投资人名单及基本情况》所列明的机构。B 银行仅为本次债务融资工具发行的主承销商和簿记管理人。根据《定向发行协议》第 11.2 条的约定，仲裁事项为"公司"与"投资人"，即申请人与 A 集团就《定向发行协议》产生的任何争议，申请人与 B 银行并未达成仲裁协议。虽该协议签字页中 B 银行盖章处显示"投资人"，但根据对协议全文的理解，"投资人"应均指 A 集团 2017—2019 年度债务融资工具投资人。且申请人也是基于 B 银行主承销商的身份对 B 银行提起本案仲裁，而非基于 B 银行投资人的身份，因此应认定 B 银行与申请人之间并不存在仲裁协议。

2. 《定向发行协议》签订主体为申请人及 A 集团，B 银行作为主承销商和簿记管理人，并非合同主体，B 银行不应受该协议约定的仲裁条款约束。

根据《定向发行协议》第 2 页的约定，该协议由 A 集团及投资人订立，B 银行非合同主体。从《定向发行协议》的内容来看，该协议仅约定了 A 集团与投资人的权利与义务，为发行人与投资人之间的协议，而非主承销商与投资人之间的协议。B 银行也不应受该协议约定的仲裁条款的约束。

3. 对于同类型债券交易纠纷案件，仲裁委员会及仲裁庭已作出过生效裁决确认对主承销商无管辖权。

鉴于该案与本案属同类型债券交易纠纷案件，该案发行协议与本案《定向发行协议》的争议解决条款约定完全一致，根据同案同判的原则，应参照该案的处理方式处理本案。

（三）申请人意见

1. 申请人受《定向发行协议》约束，因此与 A 集团存在仲裁协议。

A 集团作为发行人发行债券，申请人购买债券，是融资工具持有人，因此申请人受该融资工具《定向发行协议》中权利义务约束，申请人与 A 集团之间存在仲裁协议。

2. 2019 年 8 月 b 日起 A 集团应向申请人同时支付债券利息及日利率 5 ‰ 的违约，债券利息与违约金不存在重复计算问题。本案中日利率 5 ‰ 的违约金是一种惩罚性责任，是按照约定 A 集团应承担的违约责任，不适用最高人民法院《关于审理民间借贷案件适用法律若干问题的规定》［（2020 年第二次修正），以下简称《民间借贷适用法律规定》（2020 年）］的关于违约金利率的规定。

因此，申请人请求为合理合法要求。

3. B 银行应受仲裁协议约束，管辖权异议不能成立。

根据《全国法院审理债券纠纷案件座谈会纪要》（以下简称《债券座谈会纪要》），B 银行作为主承销商法律责任主体地位明确，且 B 银行以积极态度参与书面答辩，证明 B 银行已接受仲裁委对本案的审理。

4. B 银行作为承销机构未按照合理性、必要性和重要性原则开展尽职调查，严重违反规范性文件、自律监管规则中尽职调查要求的行为，存在重大过错，其应与 A 集团承担连带责任。

第一，《公司债券发行与交易管理办法》第 34 条规定，承销机构承销公司债券、应当依据本办法及中国证监会、中国证券业协会有关尽职调查、风险控制和内部控制等相关规定，制定严格的风险管理制度和内部控制制度，加强定价和配售过程管理。B 银行未按照上述规定履行相关义务和责任。

第二，B 银行未按照《公司债券承销业务尽职调查指引》（2020 年 1 月 22 日修订通过）第 8 条、第 10 条、第 11 条、第 15 条、第 19 条、第 24 条，对第一被申请人开展尽职调查，导致申请人无法实现持有债券权利。第二被申请人承销债券未履职到位，存在重大过错。

第三，在 B 银行提交证据材料中，从 B 银行于 2018 年 11 月（b+11）日出具的"关于 A 药业公司 2018 年度第四期非公开定向债务融资工具发行前重大（重要）事项的尽职调查报告"以及 B 银行于 2018 年 11 月 b 日出具的"关于 A 药业公司 2017—2019 年度非公开定向债务融资工具再授信业务上投前的尽调报告"具体报告内容可以看出，B 银行作为债券发行人的主承销商，根本就未按照《公司债券承销业务尽职调查指引》规定的程序和内容开展尽责尽调，其根本就没有"卖者尽责"的行为，也根本上未履行"尽责"的义务。

第四，B 银行作为主承销商，未审慎检查出证监会在《行政处罚及市场禁入事先告知书》所公告的 A 集团违法违规行为，导致申请人购入债券本息无法兑付，其行为与申请人目前面临的权利无法实现状态有必然因果关系。

第五，《债券座谈会纪要》第 29 条对债券承销机构过错责任认定进行了明确规范，现有证据表明 B 银行违反了第 29 条所列第（1）项至第（5）项之情形。

第六，B银行提交的证据材料不能证明B银行按前述法律规范对A集团依法尽调、履行了"卖者尽责"的责任。其证据材料也不能支持第二被申请人在其答辩状中为推卸责任而称其已经"尽责"的观点。

综上所述，申请人有权要求第一被申请人支付债券本息、承担违约责任及诉讼相关费用，并要求第二被申请人与第一被申请人承担连带责任。

（四）第一被申请人的答辩意见

1. 申请人不得要求A集团自实质违约日2019年8月b日起同时支付债券利息和违约金。

债券利息应以本金6000万元为基数计算，支付至2019年8月（b-1）日为止。申请人要求A集团从2019年8月b日起支付违约金，则从该日起不得再要求A集团支付债券利息。

2. 根据《民间借贷适用法律规定》（2020年），《定向发行协议》中约定的违约金日利率过高，请仲裁庭予以调减。

首先，《定向发行协议》所约定的日利率5‰折合年利率为18%，同时债券票面利率为7.5%，则2019年8月b日至2021年11月b日期间违约金和债券利息相加年利率为25.5%，一并支付的要求不合理。

其次，根据《民间借贷适用法律规定》（2020年）中的标准，目前违约金率过高。

3. 关于2019年8月b日后的违约金计算基数，应为6000万元，而不应为6000万元加利息计算，利息不应作为违约金的基数再次计算。

4. 申请人与第一被申请人之间没有仲裁条款，也不存在仲裁协议，申请人也不在《定向发行协议》的专项机构投资人名单中。

（五）第二被申请人的答辩意见

申请人主张B银行未依据《公司债券发行与交易管理办法》及《公司债券承销业务尽职调查指引》开展尽职调查工作，系其对法律规则适用范围以及申请人所购买的产品性质认识错误，上述规定不适用于案涉定向工具。

1. 《公司债券发行与交易管理办法》及《公司债券承销业务尽职调查指引》仅适用于在证券交易所、全国中小企业股份转让系统、证券公司柜台转让的品种，并不适用于案涉定向工具。

2. 非金融企业债务融资工具发行期间关于尽职调查工作应当如何开展的概括性规定为《银行间债券市场非金融企业债务融资工具尽职调查指引》（以

下简称《非金债尽职调查指引》）。该文件根据《银行间市场非金融企业债务融资工具管理办法》（以下简称《非金债管理办法》）制定，2008 年 4 月 15 日生效，至 2020 年 12 月 4 日废止。

3. 公司债券与定向工具适用不同的规定，也是由不同的产品自身的特性决定的，公司债券适用的规定不可生搬硬套在银行间市场交易的品种之上。

综上所述，第二被申请人认为，申请人将交易所债券市场使用的公司债券相关规定错误适用到本案中，主张 B 银行未开展合理的尽调工作，显然不能成立。

（六）当事人庭后补充意见

申请人提出以下新意见：

1. 关于本案的法律适用，《债券座谈会纪要》明确"人民法院在审理此类案件中，要根据法律和行政法规规定的基本原理，对具有还本付息这一共同属性的公司债券、企业债券、非金融企业债务融资工具适用相同的法律标准。"B 银行未按照《公司债券承销业务尽职调查指引》进行尽调。

2. B 银行未向仲裁庭提供《企业债务融资工具尽职调查报告》，即《非金债尽职调查指引》第 3 条明确规定的尽职调查报告。

3. B 银行未按《非金融企业债务融资工具定向发行注册文件表格体系》（以下简称《非金债发行注册文件表格体系》）履责：其作为主承销商未向仲裁庭提交定向发行注册文件清单（DY 表）、定向发行备案文件清单（DYB 表）；未按上述表格体系中"一、注册文件清单"项下 1.3"文件说明"的要求履责，未提供证据证明其履行了 1.4"注意事项"应履行的责任；未提供 1.3"文件说明"项下（三）"特定要件"。

4. 交叉性违约后 A 集团无法按约兑付本息的原因无证据证明系"经营不善"所致，其在发行债券之初即掩盖其实际偿债能力。B 银行对发行人包括偿债能力等方面未尽责尽调，"经营不善"是推卸责任的借口。

第二被申请人针对申请人意见作出以下回复：

1.《债券座谈会纪要》于 2020 年 7 月 15 日发布，不具有溯及力，并且该纪要不属于法律法规和司法解释，对仲裁案件审理仅具有参考性。申请人依据《债券座谈会纪要》主张 B 银行于案涉定向工具发行之时未按照《公司债券承销业务尽职调查指引》开展尽调，并据此认为 B 银行存在过错，严重欠缺法律依据。

另外，《债券座谈会纪要》虽然要求人民法院对不同债券适用相同的法律标准，但同时也明确要求应统筹兼顾公募与私募、场内与场外等不同市场发展的实际情况。不同的债券品种交易的场所不同，购买的对象不同，监管主体不同，必然导致其交易规则存在差异，申请人依据该纪要主张本案适用《公司债券承销业务尽职调查指引》，显然混淆了不同交易场所、不同债券品种的不同规则要求，欠缺法律依据和事实依据。

2. 申请人主张 B 银行未向仲裁庭提供《非金债尽职调查指引》第 3 条要求的尽职调查报告，说明 B 银行未进行尽职调查，缺乏法律依据和事实依据。案涉定向工具分注册阶段及后续发行阶段，《非金债尽职调查指引》第 3 条指向的是注册阶段，而非案涉定向工具发行阶段，与案涉争议无关。B 银行已经按照《非金债尽职调查指引》第 20 条规定撰写补充尽职调查报告，履行了尽调义务。

3. 申请人根据《非金债发行注册文件表格体系》提及的 DY 表格、注册清单中 1.4 "注意事项" 等也为针对注册阶段，而非案涉定向工具发行阶段的规定，与案涉争议无关。同时，由于案涉定向工具不涉及《非金债发行注册文件表格体系》规定的特定产品、特定行业或特定情形，因此不需要提供 1.3（三）"特定要件"。

二、仲裁庭意见

（一）仲裁庭的管辖权

仲裁庭认为，第二被申请人提出的管辖权异议不成立，仲裁庭对本案具有管辖权。

根据《仲裁规则》第 6 条第 1 款、第 2 款，经仲裁委员会的授权，仲裁庭有权就仲裁协议的存在、效力以及仲裁案件的管辖权作出决定。仲裁庭根据表面证据认为存在有效仲裁协议的，可根据表面证据作出仲裁庭有管辖权的决定。

经查，本案第二被申请人所签《定向发行协议》第 11.2 条规定，若本协议公司和投资人在协商开始日后 30 天内就本协议而发生的任何争议无法达成一致意见，则任何一方均有权提交仲裁委员会按照届时有效《中国国际经济贸易仲裁委员会仲裁规则》在北京以仲裁方式解决，仲裁裁决是终局的，对协议各方具有约束力。

首先，仲裁庭认为该仲裁条款反映了当事人的真实意思表示，内容合法有效，对协议各方具有约束力。第二被申请人作为投资人签署了上述《定向发行协议》，应受仲裁协议约束。

其次，根据银行间市场交易商协会发布的《债务融资工具定向发行协议》（2017年版）第12.3条，主承销商和联席主承销商（如有）作为投资人签署本协议，即视为认同本协议关于主承销商和联席主承销商（如有）的相关权利义务约定。因此，承销商作为投资人签字不能仅从表面上理解，而应该从实质出发，承销商签字意味着其就承销商身份已接受《定向发行协议》约束。第二被申请人所称申请人不得以自己承销商身份提起仲裁的主张不能成立。

最后，根据《债务融资工具定向发行协议》（2017年版）第15.2条，本协议签署各方应首先通过协商方式解决各方之间在本协议下或与本协议相关的任何争议；若各方不进行协商或在协商开始后＿＿个工作日内无法达成一致意见，则各方一致同意选择＿＿（仲裁/诉讼）方式解决争端。该范本争议解决条款中未排除承销商一方，但本案《定向发行协议》第11.2条仅约定"公司和投资人"，存在承销商纠纷被架空的可能。在债券发行中，发行人、投资人一般对协议格式条款敏感度较低，承销商通常作为发行协议的主要提供者应尽勤勉尽责义务并在协议文本释义不清的情况下承担对其不利的解释。因此，仲裁庭认为应该对本案《定向发行协议》第11.2条中所约定的"公司和投资人"作广义的解释，否则就无法对本案主承销商在案涉交易中的法律地位做出合理的解释。

综上所述，第二被申请人的管辖权异议不成立，仲裁庭认为其对本案具有不容置疑的管辖权。

（二）双方当事人提交的证据效力

仲裁庭认为，申请人、第二被申请人提交的证据真实有效，应当作为本案裁决依据。

1. 关于申请人提交的证据，在庭审答辩及质证过程中，被申请人对申请人提交证据的真实性均作出了确认，针对上述证据的真实性各方不存在异议。

2. 关于第二被申请人提交的证据，申请人对于第二被申请人所提交全部证据真实性的异议，仲裁庭不予采纳。根据《仲裁规则》第41条第1款，当事人应对其申请、答辩和反请求所依据的事实提供证据加以证明，对其主张、辩论及抗辩要点提供依据。申请人虽不认可第二被申请人提交证据的真实性，主张第二被申请人所提交证据系由第一被申请人提出"B银行以积极态度参与书面答辩，证明B银行已接受仲裁委对本案的审理"。仲裁庭认为，鉴于本案中仲裁委员会并未将管辖权异议作为独立的庭前准备程序处理，而是由仲裁庭在开庭审理时就管辖权问题作出裁决，第二被申请人如不积极参与答辩，将会承担因此而产生不利后果的风险，类似于英美法中的"有限出庭"（limited appearancel appearance under protest）情形。因此，第二被申请人积极参与答辩的事实并非仲裁庭驳回其管辖权异议的依据之一。

申请人事后伪造，但在庭审答辩质证及庭后质证意见中未提供足以支持其主张的证据、线索，以证明证据真实性存疑。

经查，第二被申请人提供的证据真实有效。申请人关于证据真实性的异议，仲裁庭不予采纳。

关于申请人对第二被申请人所提交第三组证据关联性的异议，仲裁庭不予采纳。关联性是指证据材料与案件事实存有内在的联系，经查，第二被申请人提供的证据可以证明其主张事实，对于被申请人关于第三组证据关联性的异议，仲裁庭不予采纳。

（三）本案《定向发行协议》合同主体

首先，本案《定向发行协议》反映了当事人的真实意思表示，且不违反法律、行政法规的强制性规定，无其他违法无效性事由，因此《定向发行协议》真实有效。第一被申请人以发行人身份签署了《定向发行协议》，受其约束。

其次，根据银行间市场交易商协会发布的《债务融资工具定向发行协议》（2017年版）第12.3条，主承销商和联席主承销商（如有）作为投资人签署本协议，即视为认同本协议关于主承销商和联席主承销商（如有）的相关权利义务约定。因此，本案中第二被申请人作为投资人签署了《定向发行协议》，应视为其作为承销商接受协议约束。

最后，根据《定向发行协议》第4.7条，发行人发行本期债务融资工具，主承销商承销本期债务融资工具，以及本期债务融资工具持有人认购或购买本期债务融资工具，均视为已同意并接受上述约定，并认可该等约定构成对其有法律约束力的相关合同义务。发行人违反上述约定，投资人有权提交仲裁委员会仲裁。因此，申请人购买18A药业M，作为债务融资工具持有人应视为《定向发行协议》当事人。

综上所述，本案申请人、第一被申请人及第二被申请人均受《定向发行协议》约束。各方争议的解决方式，应当适用《定向发行协议》的有关约定。第一被申请人在其答辩状中所提管辖权异议不能成立。

（四）第一被申请人是否存在违约行为

仲裁庭认为，第一被申请人存在违约行为。

根据《定向发行协议》第 4.5.2 条第 ii 款，持有人会议决议有条件豁免，但发行人未在 30 工作日内完成相关法律手续的，则本期债务融资工具本息在办理法律手续期限届满后次一日立即到期应付。经查，第二被申请人于 2019 年 8 月 b 日发布违约公告，称因第一被申请人未能落实第一次持有人会议决议的相关法律手续，定向债务融资工具 18A 药业 M 于 2019 年 8 月 b 日立即到期应付。之后第一被申请人未能及时筹措兑付资金，18A 药业 M 发生实质性违约。截至申请人提起仲裁申请时，第一被申请人仍未支付债券本息。

根据《定向发行协议》第 4.2.1 条第 1 项，如果公司未能根据本协议约定向定向投资人支付应付款项，公司应就应付未付款项向定向投资人支付违约金。第一被申请人对违约事实未予以否认。

综上所述，第一被申请人在本案中存在的违约行为毋庸置疑。

（五）债券发行中承销商责任认定应依据的法律规范

首先，关于双方存在争议的《债券座谈会纪要》，该文件是最高人民法院在 2020 年 7 月 15 日发布并生效的司法解释性文件，其对债券纠纷中法律适用问题进行了规定，适用于公司债券、企业债券、非金融企业债务融资工具发行与交易纠纷，因此可适用于本案。针对本案债券纠纷中的法律适用问题，可参照《债券座谈会纪要》的规定。

至于第二被申请人主张《债券座谈会纪要》没有溯及力的问题，仲裁庭认为，《债券座谈会纪要》是对如何正确理解、执行法律进行解释，其内容并不属于法律规定本身。所以除非在该《债券座谈会纪要》之前出现过与之冲突的同级别或更高级别的司法解释，该《债券座谈会纪要》为了便于理解而对其之前司法文件的解释并不当然适用法不溯及既往的规定。因此，第二被申请人的主张仲裁庭不予采纳。

其次，本案中所涉及债券类型为在银行间债券市场上定向发行的非金融企业债务融资工具，应适用银行间市场交易商协会发布的《非金债管理办法》《非金债尽职调查指引》《非金债发行注册文件表格体系》及《银行间债券市场非金融企业债务融资工具信息披露规则》等相关文件。

至于申请人主张债券纠纷应适用相同法律标准，因而应适用证券业协会发布的《公司债券承销业务尽职调查指引》的说法，仲裁庭认为，《债券座谈会纪要》仅是对裁判思路进行统一，根据法律原理对各类债券适用相同法律标准不意味着目前各类债券应适用同一具体的尽调规范，而应当根据债券对公共利益影响力的性质适用相应的监管规范，因此，申请人的主张仲裁庭不予采纳。

（六）第二被申请人应当承担的责任

根据《非金债管理办法》第 10 条，为债务融资工具提供服务的承销机构、信用评级机构、注册会计师、律师等专业机构和人员应勤勉尽责，严格遵守执业规范和职业道德，按规定和约定履行义务。上述专业机构和人员所出具的文件含有虚假记载、误导性陈述和重大遗漏的，应当就其负有责任的部分承担相应的法律责任。

关于具体承担何种法律责任：

1. 依侵权行为应当承担的责任。

首先，根据《证券法》第 29 条，证券公司承销证券，应当对公开发行募集文件的真实性、准确性、完整性进行核查。发现有虚假记载、误导性陈述或者重大遗漏的，不得进行销售活动；已经销售的，必须立即停止销售活动，并采取纠正措施。该条规定了证券发行承销商应勤勉尽责地对发行文件进行审慎核查的义务，违反该义务致使投资人遭受损失的，则承销商须承担侵权责任。

其次，鉴于《证券法》中对非金融企业债务融资工具能否适用该法没有明确规定，《债券座谈会纪要》作为法律适用解释性文件对此进行细化。根据《债券座谈会纪要》，具有还本付息这一共同属性的公司债券、企业债券、非金融企业债务融资工具应根据法律和行政法规规定的基本原理适用相同的法律标准。因此，非金融企业债务融资工具作为与《证券法》中公司债券等同样具有还本付息属性的债券，也适用上述对承销商义务的规定，案涉债券承销商在特定债券发行中未尽其在该种类债券中应当承担的特定审慎核查义务给投资人造成损失的应承担相应的侵权责任。

2. 依准合同应当承担的责任。

本案中，虽然《定向发行协议》中未直接约定承销商尽调的义务与责任，但仲裁庭认为申请人与第二被申请人之间存在一种类似英美法中默示合同的准合同关系，该准合同约定了第二被申请人应当勤勉尽责地开展尽调。理由如下：

　　本案中第二被申请人被第一被申请人聘请为承销商负责涉案债券发行工作并支付相应的承销费，第二被申请人的工作内容包括对发行人的发行文件进行核查，与潜在投资人进行沟通，其工作实质在于面对投资人对发行人整体情况与未来还款能力进行背书。此种情况下，应当认为第二被申请人开展承销工作的行为使得其对债券投资人负有勤勉尽责开展尽调的准合同义务。否则，从现有《定向发行协议》表面上看承销商对于投资人不承担尽调工作的义务与责任，若发行文件中由于承销商的失职而存在虚假记载、误导性陈述或者重大遗漏也没有向承销商追责的根据，其责任无拘束、工作质量无保障，这将导致《定向发行协议》中三方权利义务的严重不平等。《民法典》第999条至第988条关于准合同的规定中，对无因管理和不当得利两种情况给予了准合同的定义。事实上，来自欧洲大陆民法典的准合同的概念在英美普通法中蕴含更为宽泛的含义，它将所有虽然没有明确表示但从其行为、意图、环境条件等方面可以推断双方确有形成合同关系意图的情况均定义为默示合同，即所谓Implied-in-law-contract。因此，出于公平的考虑及对立法者立法意图的尊重，仲裁庭认为，第二被申请人的承销工作行为使得申请人与第二被申请人之间可视为存在一个准合同，或曰默示合同。根据该合同的约定，第二被申请人作为承销商在债券发行工作中应当对投资者承担勤勉尽责地履行尽职调查的义务，按照相关法律法规的要求进行尽调；若违反该义务给投资人造成损失的，则应承担违约赔偿责任。

　　（七）承担举证义务的主体

　　首先，根据《仲裁规则》第41条第1款，当事人应对其申请、答辩和反请求所依据的事实提供证据加以证明，对其主张、辩论及抗辩要点提供依据。

　　其次，在侵权责任举证方面，根据《民法典》第1165条，依照法律规定推定行为人有过错，其不能证明自己没有过错的，应当承担侵权责任。因此，侵权责任中过错推定原则的适用需要法律规定，而涉案非金融企业债务融资工具并不当然适用《证券法》第85条关于承销机构过错推定的规定。过错推定作为一种特殊的侵权责任归责原则，仅在特定情况下适用，即受害人处于弱势地位，信息不对称导致其难以对行为人是否存在过错进行举证。在公开交易的证券市场中，个人投资者相对于发行主体通常处于弱势地位，适用过错推定有利于各方利益的平衡。而本案中，交易各方均为金融机构。申请人作为金融机构属于具有资金实力、专业知识与经验的专业投资者，在债券交易中应有能力进行信息收集与分析、风险判断与预防，相对于交易对方及承销商并不当然处于弱势地位。银行间市场甚高的加入门槛及各种限制条件也是基于这样的考虑。因此，虽然最高人民法院出于对法律一般的统一解释认为，凡是债券均应根据法律和行政法规规定的基本原理适用相同的法律标准，但并没有就各种证券的内在性质作进一步的具体分析，而是把这一任务留给了各案的裁判者去统筹兼顾各类产品、市场、投资者的实际情况做出其符合立法本意的解释。综上，仲裁庭认为，本案不适用过错推定原则，申请人应证明第二被申请人存在过错。

最后，至于申请人根据债券纠纷中"卖者尽责、买者自负"原则主张第二被申请人应举证证明自己"尽责"，该原则不属于具体的法律规定。如上所述，法律的基本原则是"谁主张谁举证"，举证责任倒置是在特殊条件下对一般性法律规定的特殊安排，必须有强烈的理由方可实现。申请人所述理由不足以说明举证责任在于第二被申请人，因此，申请人的主张仲裁庭不予采纳。

综上所述，仲裁庭认为，承担举证义务的主体为申请人，申请人应当证明第二被申请人在债券承销工作中未履行审慎核查义务。

（八）第二被申请人在债券承销工作中是否尽到义务

1. 申请人的主张与证明根据《债券座谈会纪要》第29条，债券承销机构存在下列行为之一，导致信息披露文件中关于发行人偿付能力相关的重要内容存在虚假记载、误导性陈述或者重大遗漏，足以影响投资人对发行人偿债能力判断的，人民法院应当认定其存在过错：①协助发行人制作虚假、误导性信息，或者明知发行人存在上述行为而故意隐瞒的；②未按照合理性、必要性和重要性原则开展尽职调查，随意改变尽职调查工作计划或者不适当地省略工作计划中规定的步骤；③故意隐瞒所知悉的有关发行人经营活动、财务状况、偿债能力和意愿等重大信息；④对信息披露文件中相关债券服务机构出具专业意见的重要内容已经产生了合理怀疑，但未进行审慎核查和必要的调查、复核工作；⑤其他严重违反规范性文件、执业规范和自律监管规则中关于尽职调查要求的行为。

首先，关于申请人认为第二被申请人未根据《非金债尽职调查指引》第

3 条提供尽职调查报告的主张：

根据《非金债尽职调查指引》第 2 条，该指引所称的尽职调查，是指主承销商及其工作人员遵循勤勉尽责、诚实信用原则，通过各种有效方法和步骤对企业进行充分调查，掌握企业的发行资格、资产权属、债权债务等重大事项的法律状态和企业的业务、管理及财务状况等，对企业的还款意愿和还款能力做出判断，以合理确信企业注册文件真实性、准确性和完整性的行为。

根据《非金债尽职调查指引》第 3 条，主承销商应按该指引的要求对企业进行尽职调查，并撰写企业债务融资工具尽职调查报告（以下简称"尽职调查报告"），作为向交易商协会注册发行债务融资工具的备查文件。

根据《非金债尽职调查指引》第 20 条，主承销商应于每期债务融资工具发行前，撰写补充尽职调查报告，反映企业注册生效以来发生的重大变化的尽职调查情况。

综上，《非金债尽职调查指引》第 3 条中的尽职调查报告为企业注册债务融资工具时应当制作的报告，涉案债券作为注册有效期内后续发行的债券，应根据《非金债尽职调查指引》第 20 条规定撰写补充尽职调查报告，该报告第二被申请人已作为证据提交。

其次，关于申请人主张第二被申请人未按《非金债发行注册文件表格体系》履责，未提供定向发行注册文件清单（DY 表）、定向发行备案文件清单（DYB 表）、未按"文件说明""注意事项"要求履责、未提供"特定要件"：

经查，根据《非金债发行注册文件表格体系》使用说明部分（一）定向发行表格体系的基本内容第 1 条，定向发行注册文件清单（DY 表、DYB 表）列示企业注册或备案发行债务融资工具应向交易商协会提交的要件。案涉债券在注册有效期内进行后续发行不属于注册或备案阶段，因此第二被申请人无须提供上述清单。

根据《非金债发行注册文件表格体系》"注册文件清单"第 1.3 条文件说明（三）特定要件，除必备要件外，涉及特定产品、特定行业或特定情形的定向债务融资工具在注册或备案时还需提供特定要件。经查，涉案债券不涉及《非金债发行注册文件表格体系》所规定的特殊情形，且不属于注册或备案阶段，因此不涉及提供上述特定要件。

关于第二被申请人未按《非金债发行注册文件表格体系》"文件说明""注意事项"要求履责，申请人未能具体举证。

综上所述，结合目前已有证据，申请人以上主张未能证明第二被申请人存在《债券座谈会纪要》第 29 条规定的五种行为之一。

2. 第二被申请人的主张与证明。

根据《债券座谈会纪要》第 30 条，债券承销机构对发行人信息披露文件中关于发行人偿付能力的相关内容，能够提交尽职调查工作底稿、尽职调查报告等证据证明符合下列情形之一的，人民法院应当认定其没有过错：①已经按照法律、行政法规和债券监管部门的规范性文件、执业规范和自律监管规则要求，通过查阅、访谈、列席会议、实地调查、印证和讨论等方法，对债券发行相关情况进行了合理尽职调查；②对信息披露文件中没有债券服务机构专业意见支持的重要内容，经过尽职调查和独立判断，有合理的理由相信该部分信息披露内容与真实情况相符；③对信息披露文件中相关债券服务机构出具专业意见的重要内容，在履行了审慎核查和必要的调查、复核工作的基础上，排除了原先的合理怀疑；④尽职调查工作虽然存在瑕疵，但即使完整履行了相关程序也难以发现信息披露文件存在虚假记载、误导性陈述或者重大遗漏。

首先，本案中第二被申请人提交了债券承销工作中形成的工作底稿及相关文件。经查，第二被申请人已按照银行间市场交易商协会相关规定的要求，对债券发行相关情况进行了合理尽职调查。针对第一被申请人是否存在非经营性资金占用问题，第二被申请人对瑞华会计师事务所（特殊普通合伙）所出具的《关于 A 药业公司发行股份购买资产并募集配套资金申请的反馈意见专项核查说明》，某证券承销保荐有限责任公司所出具的《某证券承销保荐有限责任公司关于 A 药业公司〈中国证监会行政许可项目审查一次反馈意见通知书〉之反馈意见回复专项核查意见（财务数据更新稿）》，某律师事务所出具的《某事务所关于 A 药业公司发行股份及支付现金购买资产并募集配套资金暨关联交易之法律意见书》，某省人民政府金融服务办公室发布的《某省人民政府金融办公室关于 A 药业有关情况的调查报告》等专业意见、政府调查结果进行了审慎核查和必要的调查、复核工作，并对第一被申请人高管进行访谈，排除了合理怀疑。

根据信托法的法理原则，第一被申请人将债券承销工作委托给第二被申请人进行，第二被申请人独立对债券发行开展尽职调查工作，应承担诚实、信用、谨慎等受托人义务。根据以上证据，第二被申请人已经按照相关规定开展了尽职调查，履行了诚实、信用、谨慎等义务。

其次，证监会所做出的《行政处罚及市场禁入事先告知书》虽显示 A 集团存在提供信息虚假等违法事实，但上述情况并不必然说明第二被申请人在债券承销工作中未尽尽职调查义务，存在重大过错。证券监管部门依其权力对市场参与者进行调查与一般金融机构依照法律规定和市场要求进行尽职调查有很大的不同。第二被申请人在其履职过程中是否具体存在过错应依据《债券座谈会纪要》第 29 条、第 30 条的解释作出判断。

综上所述，申请人未能证明第二被申请人的尽调工作存在违法违规，同时第二被申请人已证明其按照银行间市场交易商协会相关规定的要求进行了尽调。仲裁庭认为，不论是根据侵权责任还是根据准合同的理论，第二被申请人在本案债券发行中都已经履行了其勤勉尽责地开展尽调的义务，不应承担进一步的责任。

至于本案债券违约是因第一被申请人未披露非经营性资金占用行为导致还是因其经营不善导致，由于第二被申请人在债券发行中不存在侵权或违约行为，因此也无从谈及侵权行为与申请人损失的因果关系，对此不再展开讨论。

（九）关于申请人的仲裁请求

1. 关于前述列明的申请人第 1 项仲裁请求，仲裁庭予以部分支持。

根据《定向发行协议》第 5.2.2 条，（公司）将按照约定向持有定向工具的投资人还本付息和履行本协议约定的其他义务。本案中，18A 药业 M 已发生实质性违约，申请人关于要求第一被申请人兑付上述债务融资工具本金6000 万元的请求，仲裁庭予以支持。

至于申请人要求第一被申请人付债券利息至付清本金之日，仲裁庭认为，《定向发行协议》仅约定了债券存续期内利息。对于违约后应付未付金额，根据《定向发行协议》第 4.2.1 条第 1 项，如果公司未能根据本协议约定向定向投资人支付应付款项，公司应就应付未付款项向定向投资人支付违约金；违约金自违约之日起，按应付未付金额的日利率 5‰的标准计算，直至实际付清之日止。因此，《定向发行协议》已就违约约定了更高比例的违约金，仲裁庭认为不应再同时对逾期金额计算债券利息。综上，债券利息应付至 2019年 8 月（b-1）日。债券利息=债券本金 6000 万元×票面利率 7.5%×实质违约日前未付天数 259 天/365 天=310 余万元。申请人庭后书面确认的债券利息主张金额为 320 余万元，与仲裁庭根据涉案债券票面利率及实质违约日前未付天数计算所得的利息金额不符，仲裁庭酌减 1 万余（= 320 余万 - 310 余万）元。综上，仲裁庭予以支持的债券本金及利息的金额为 6300 余万元。

2. 关于前述列明的申请人第 2 项仲裁请求，仲裁庭予以支持。

根据《定向发行协议》第 4.2.1 条第 1 项，如果公司未能根据本协议约定向定向投资人支付应付款项，公司应就应付未付款项向定向投资人支付违约金；违约金自违约之日起，按应付未付金额的日利率 5‰ 的标准计算，直至实际付清之日止。仲裁庭认为，申请人关于第一被申请人从 2019 年 8 月 b 日按应付未付金额的日利率 5‰ 支付违约金的要求符合约定，应予支持。

至于第一被申请人主张违约金金额以债券本金为基础计算，不包括利息，仲裁庭认为，根据《定向发行协议》第 4.2.1 条第 1 项，违约金的计算基础为应付未付金额，其中包括未付利息，因此第一被申请人的主张不予支持。违约金 = 应付未付金额 6300 余万元 × 日利率 5‰ × 2019 年 8 月 b 日至实际付清日期间天数。

3. 关于前述列明的申请人第 3 项仲裁请求，仲裁庭予以支持。

根据《定向发行协议》第 4.2.1 条第 2 项，如果公司违反本协议约定及《非金债管理办法》等法律及交易商协会相关自律规范文件的规定，而导致投资人遭受损失的，公司应赔偿由此给投资人造成的实际损失。仲裁庭认为，律师费属于"给投资人造成的实际损失"，因此对于申请人第 3 项仲裁请求应予支持。

4. 关于前述列明的申请人第 4 项仲裁请求，仲裁庭予以支持。

根据《仲裁规则》第 52 条第 1 款规定，仲裁庭有权在裁决书中裁定当事人最终应向仲裁委员会支付的仲裁费和其他费用。经考虑本案中第一被申请人的违约情况以及对申请人仲裁请求的支持程度，仲裁庭决定本案仲裁费应由申请人承担 25%，由第一被申请人承担 75%。

5. 关于前述列明的申请人第 5 项仲裁请求，仲裁庭不予支持。

如前所述，申请人未能证明第二被申请人在债券承销工作中未尽审慎核查义务，仲裁庭不支持申请人关于第二被申请人承担连带责任的请求。

三、裁决

综上，仲裁庭裁决如下：

（1）第一被申请人向申请人支付"18A药业M"本金人民币6000万元及利息人民币300余万元；

（2）第一被申请人向申请人支付按照下述公式计算的违约金：

违约金＝应付未付金额人民币6300余万元×日利率5%×2019年8月b日至实际付清日期间天数；

（3）第一被申请人向申请人支付申请人所花费的律师费；

（4）本案仲裁费为人民币60余万元，由申请人承担25%，由第一被申请人承担75%；

（5）驳回申请人的其他仲裁请求。

上述第一被申请人应向申请人支付的款项，第一被申请人应于本裁决作出之日起30日内支付完毕。

 **案例评析**

【关键词】

承销商在证券发行中的法律地位　侵权责任　默示合同与准合同关系　承销商过错责任　尽职调查标准

【焦点问题】

承销商在银行间债券市场上定向发行的非金融企业债务融资工具违约中的责任认定

【焦点评析】

2017年8月，本案第一被申请人作为发行人，聘请第二被申请人作为主承销商，拟发行一期非公开定向债务融资工具。双方就上述债券发行签署了《定向发行协议》，其第11.2条约定，仲裁事项为"公司"与"投资人"之间的所产生的争议。第二被申请人在该协议"投资人"栏下签字盖章。2018年11月a日，申请人与某商业银行签订了《非金融企业债务融资工具标准分销协议》，认购第一被申请人发行的非公开定向债务融资工具，认购金额为人民币6000万元。该融资工具发行金额为2亿元，利率为7.5%，发行期限为3年，按年付息，本金到期兑付日为2018年11月a日。

2019年6月，由于第一被申请人贷款逾期，违反了《定向发行协议》中的交叉违约承诺，第一被申请人在其召集的"2019第一次持有人会议"上承诺增加第一被申请人的法定代表人及其一家子公司承担连带担保，并于 30 个工作日内完成相关法律手续。2019 年 8 月 b 日，第二被申请人发布违约公告，称因第一被申请人未能落实第一次持有人会议决议的相关法律手续，该期定向债务融资工具于 2019 年 8 月 b 日立即到期应付。之后，第一被申请人未能及时筹措兑付资金，非公开定向债务融资工具发生了实质性违约。

2020 年 8 月 a 日，申请人下发《债务催收函》。第一被申请人未予回复。同年 9 月 b 日，第一被申请人与其一家子公司收到中国证监会的《行政处罚及市场禁入事先告知书》，两家公司及其他相关人员因涉嫌信息披露违法受到行政处罚。

申请人认为，第二被申请人作为债券承销机构未按照三性（合理、必要、重要）原则开展尽职调查，未进行审慎的核查和必要的调查、复核工作，对发行人经营活动、财务状况及偿债能力的真实状况未予披露，应承担法律连带责任。

现结合本案案情及争议焦点评述如下：

一、承销商的仲裁管辖权异议

第二被申请人认为，《定向发行协议》关于仲裁事项的约定为"公司"与"投资人"就本协议发生的争议，根据《定向发行协议》对仲裁事项的约定，申请人与作为承销商的第二被申请人并未达成仲裁协议。

仲裁庭认为，尽管《定向发行协议》仲裁条款中约定的主体是第一被申请人与作为投资人的申请人，但是第二被申请人作为承销商在协议上签字盖章，为该宗发行背书，理应受到该协议条款的约束。

另外，在银行间市场交易商协会（NAFMII）发布的标准化定向发行协议（2017 年版，以下简称"范本"）中，主承销商作为投资人签署该协议，即视为认同该协议中承销商相关权利义务的约定。因此承销商作为投资人签字应被认定为其就承销商身份已接受《定向发行协议》的约束。

最后，范本的争议解决条款中的主体为"各方"，其并未排除承销商。反观案涉《定向发行协议》中却只提到"发行人"与"投资者"。如果不对案涉《定向发行协议》中的"投资者"作出合理解释，否则其他方与承销商在案涉合同下的纠纷的解决机制便存在被架空的可能性。鉴于在债券发行中，发行人、投资人一般对协议格式条款敏感度较低，承销商通常作为发行协议的主要提供者应尽勤勉尽责义务并在协议文本释义不清的情况下承担对其不利的解释。通过对本案《定向发行协议》第 11.2 条中所约定的"公司和投资人"作出广义的解释，对本案主承销商在案涉交易中的法律地位予以明确，可以较好地平衡各方当事人在案涉《定向发行协议》下的权利义务关系，避免争议解决程序的复杂化。

二、承销商责任认定应依据的法律规范

《债券座谈会纪要》是最高人民法院在 2020 年 7 月 15 日发布并生效的司法解释性文件，其对债券纠纷中法律适用问题进行了规定，适用于公司债券、企业债券、非金融企业债务融资工具发行与交易纠纷，因此可适用于本案。

《债券座谈会纪要》是否有溯及力？该《债券座谈会纪要》是对如何正确理解、执行法律进行解释，其内容并不属于法律规定本身。所以除非在该《债券座谈会纪要》之前出现过与之冲突的同级别或更高级别的司法解释，该《债券座谈会纪要》为便于理解而对其之前司法文件的解释并不当然适用法不溯及既往的规定。

其次，本案中所涉及债券类型为在银行间债券市场上定向发行的非金融企业债务融资工具，应适用银行间市场交易商协会发布的《非金债管理办法》《非金债尽职调查指引》《非金债发行注册文件表格体系》及《银行间债券市场非金融企业债务融资工具信息披露规则》等相关文件。

申请人主张债券纠纷应适用相同法律标准，因而应适用证券业协会发布的《公司债券承销业务尽职调查指引》的说法不能成立。《债券座谈会纪要》仅是对裁判思路进行统一；根据法律原理对各类债券适用相同法律标准不意味着目前各类债券应适用同一具体的尽调规范，而应当根据债券对公共利益影响力的性质适用相应的监管规范。

三、承销商应当承担的责任依据

根据《非金债管理办法》第 10 条，为债务融资工具提供服务的承销机构、信用评级机构、注册会计师、律师等专业机构和人员应勤勉尽责，严格遵守执业规范和职业道德，按规定和约定履行义务。上述专业机构和人员所出具的文件含有虚假记载、误导性陈述和重大遗漏的，应当就其负有责任的部分承担相应的法律责任。

具体承担何种法律责任？根据《证券法》第 29 条，证券公司承销证券，应当对公开发行募集文件的真实性、准确性、完整性进行核查。发现有虚假记载、误导性陈述或重大遗漏的，不得进行销售活动；已经销售的，必须立即停止销售活动，并采取纠正措施。该条规定证券发行承销商应勤勉尽责地对发行文件进行审慎核查的义务，违反该义务致使投资人遭受损失的，则承销商须承担侵权责任。其次，鉴于《证券法》中对非金融企业债务融资工具能否适用该法没有明确规定，《债券座谈会纪要》作为法律适用解释性文件对此进行了细化：具有还本付息这一共同属性的公司债券、企业债券、非金融企业债务融资工具应根据法律和行政法规规定的基本原理适用相同的法律标准。因此，非金融企业债务融资工具作为与《证券法》中公司债券等同样具有还本付息属性的债券，也适用上述对承销商义务的规定。案涉债券承销商在特定债券发行中未尽其在该种类债券中应当承担的特定审慎核查义务给投资人造成损失的应依侵权行为承担相应的侵权责任。

同时，虽然案涉《定向发行协议》中未直接约定承销商尽调的义务与责任，但是鉴于本案中第二被申请人是第一被申请人作为承销商付费聘请以负责案涉债券发行工作，其工作内容包括对发行文件进行核查及与潜在投资人进行沟通，其工作实质在于面对投资人对发行人整体情况与未来还款能力进行背书。此种情况下，应当认为第二被申请人开展承销工作的行为使得其对债券投资人负有勤勉尽责地开展尽调的准合同义务。否则，如根据现有《定向发行协议》字面判定承销商对于投资人不承担尽调工作的义务与责任，则若由于承销商的失职而导致发行文件中存在虚假记载、误导性陈述或者重大遗漏时也无法向承销商追责，其责任无拘束、工作质量无保障，势将造成《定向发行协议》中三方权利义务的严重不平等。《民法典》第 979 条至第 988 条关于准合同的规定中，对无因管理和不当得利两种情况给予了准合同的定义。事实上，来自欧洲大陆民法典的准合同的概念在英美普通法中蕴含更为宽泛的含义，它将所有虽然没有明确表示但从其行为、意图、环境条件等方面可以推断双方确有形成合同关系意图的情况均定义为默示合同，即所谓 Implied-in-law-contract。本案申请人与第二被申请人之间存在这样一种类似的准合同关系。因此，出于公平的考虑及对立法者立法意图的尊重，可以认为第二被申请人的承销工作行为使得申请人与第二被申请人之间存在一个类似英美法中默示合同的准合同；根据该合同的约定，第二被申请人作为承销商在债券发行工作中应当对投资者承担按照相关法律法规的要求勤勉尽责地履行尽职调查的义务；若违反该义务给投资人造成损失，则应依准合同承担违约责任。

关于责任竞合问题，《民法典》第186条规定因一方的违约行为而损害对方人身权益、财产权益的，受损害方有权选择请求其承担违约责任或者侵权责任。在债券发行交易中，承销商有相当大一部分的法定义务内容都会被当事人以再约定形式在合同中写明或者以本案准合同的形式存在，这意味着承销商一旦不履行合同中的法定义务，即构成对约定义务的违反，理论上也会引发两种责任的竞合。

尽管在司法实践与学术界，普遍认为在侵权责任与违约责任竞合时，受损害方应在两种请求权中作出选择，仅行使一种请求权。然而，笔者认为，在类似案件中，不应在受损害方提起诉讼或仲裁阶段，抑或仲裁庭或法院进行责任认定阶段，要求其作出二选一的决定。因为在诉请提出时，受损害方通常难以判断哪一种请求权更为有利，或更易被法官或仲裁员接受。虽然理论上讲，受损害方在选择其一请求权后败诉，仍可基于另一请求权再次提起诉讼或仲裁，但这无疑增加了当事人的维权成本与司法资源的消耗。

笔者建议借鉴英美法司法管辖区中处理该问题的思路，在受损害方提出诉请及仲裁庭或法院责任认定阶段无须对请求权作出二选一的认定。而在损害赔偿阶段再去评估该问题，避免违约方承担双重赔偿。正如本案中，鉴于第二被申请人是否构成侵权责任抑或构成准合同下违约责任的关键在于第二被申请人是否勤勉尽责地开展尽调的义务，仲裁庭在损害赔偿阶段处理该问题仍能避免违约方承担双重赔偿以及增加违约方诉累的问题。

四、举证责任的分配

在侵权责任举证方面，申请人主张《证券法》第85条关于承销机构过错推定的规定。过错推定作为一种特殊的侵权责任归责原则，仅在特定情况下适用，即受害人处于弱势地位，信息不对称导致其难以对行为人是否存在过错进行举证。在公开交易的证券市场中，个人投资者相对于发行主体通常处于弱势地位，适用过错推定有利于各方利益的平衡。本案交易各方均为金融机构。申请人作为金融机构属于具有资金实力、专业知识与经验的专业投资者，在债券交易中应有能力进行信息收集与分析、风险判断与预防，相对于交易对方及承销商并不当然处于弱势地位。银行间市场甚高的加入门槛及各种限制条件也是基于这样的考虑。因此，虽然最高人民法院出于对法律一般的统一解释认为，凡是债券均应根据法律和行政法规规定的基本原理适用相同的法律标准，但并没有就各种证券的内在性质作进一步的具体分析，而是把这一任务留给了各案的裁判者去统筹兼顾各类产品、市场、投资者的实际情况做出其符合立法本意的解释。综上，本案非金债务融资工具并不当然适用《证券法》第85条关于承销机构过错推定的规定。申请人应证明第二被申请人存在过错。

最后，申请人主张第二被申请人须举证证明自己"尽责"，其根据是债券纠纷中"卖者尽责、买者自负"的原则。该原则不是程序法的规定。法律的基本原则是谁主张谁举证，举证责任倒置是在特殊条件下对一般性法律规定的特殊安排，必须有强烈的理由方可实现。

五、承销商在本案债券承销工作中的应尽义务

根据《债券座谈会纪要》第29条，债券承销机构存在下列行为之一，导致信息披露文件中发行人偿付能力相关的重要内容存在虚假记载、误导性陈述或者重大遗漏，足以影响投资人对发行人偿债能力判断的，人民法院应当认定其存在过错：①协助发行人制作虚假、误导性信息，或者明知发行人存在上述行为而故意隐瞒的；②未按照合理性、必要性和重要性原则开展尽职调查，随意改变尽职调查工作计划或不适当地省略工作计划中规定的步骤；③故意隐瞒所知悉的有关发行人经营活动、财务状况、偿债能力和意愿等重大信息；④对信息披露文件中相关债券服务机构出具专业意见的重要内容已经产生了合理怀疑，但未进行审慎核查和必要的调查、复核工作；⑤其他严重违反规范性文件、执业规范和自律监管规则中关于尽职调查要求的行为。

根据《债券座谈会纪要》第30条，债券承销机构对发行人信息披露文件中关于发行人偿付能力的相关内容，能够提交尽职调查工作底稿、尽职调查报告等证据证明符合下列情形之一的，人民法院应当认定其没有过错：①已经按照法律、行政法规和债券监管部门的规范性文件、执业规范和自律监管规则要求，通过查阅、访谈、列席会议、实地调查、印证和讨论等方法，对债券发行相关情况进行了合理尽职调查；②对信息披露文件中没有债券服务机构专业意见支持的重要内容，经过尽职调查和独立判断，有合理的理由相

信该部分信息披露内容与真实情况相符；③对信息披露文件中相关债券服务机构出具专业意见的重要内容，在履行了审慎核查和必要的调查、复核工作的基础上，排除了原先的合理怀疑；④尽职调查工作虽然存在瑕疵，但即使完整履行了相关程序也难以发现信息披露文件存在虚假记载、误导性陈述或者重大遗漏。

本案中第二被申请人提交了债券承销工作中形成的工作底稿及相关文件。经查，第二被申请人已按照银行间市场交易商协会相关规定的要求，对债券发行相关情况进行了合理尽职调查。针对第一被申请人是否存在非经营性资金占用问题，第二被申请人对会计师事务所出具的专项核查说明、证券公司出具的核查意见、律师事务所出具的法律意见书、当地人民政府金融服务办公室发布的调查报告等专业意见、政府调查结果进行了审慎核查和必要的调查、复核工作，并对第一被申请人高管进行访谈，排除了合理怀疑。

根据信托法的法理原则，第一被申请人将债券承销工作委托给第二被申请人进行，第二被申请人独立对债券发行开展尽职调查工作，应承担诚实、信用、谨慎等受托人义务。根据以上证据，第二被申请人已经按照相关规定开展了尽职调查，履行了诚实、信用、谨慎等义务。

证监会作出的《行政处罚及市场禁入事先告知书》显示第一被申请人存在提供信息虚假等违法事实，并不必然说明第二被申请人在债券承销工作中未尽尽职调查义务，存在重大过错。证券监管部门依其权力对市场参与者进行调查与一般金融机构依照法律规定和市场要求进行尽职调查有很大的不同，不能以证监会出具了行政处罚决定就推定承销商未按照《债券座谈会纪要》进行尽职调查从而存在过错。第二被申请人在其履职过程中是否存在过错应依据《债券座谈会纪要》第 29 条、第 30 条的解释作出判断。

本案仲裁庭在审查双方提交的证据后认为，第二被申请人已证明其按照银行间市场交易商协会相关规定的要求进行了尽调，申请人未能证明第二被申请人的尽调工作存在违法违规；不论是根据侵权责任还是根据准合同的理论，第二被申请人在本案债券发行中都已经履行了其勤勉尽责地开展尽职调查的义务，不应承担进一步的责任。

【结语】

鉴于当前立法的缺失以及在债券发行交易中承销商负责准备法律文书，

导致合同中对承销商责任的明确规定不足，承销商的责任认定显得较为模糊。本案通过从《债券座谈会纪要》的性质和目的出发，同时总结市场上现行有效的管理办法及指引文件，力图明确债券发行中承销商责任认定的法律适用问题。

　　本案仲裁庭尝试将英美法系中的默示合同（Implied-in-law-contract）概念引入对我国《民法典》中准合同概念的解释，以解决《定向发行协议》中三方权利义务的不平等问题，例如由于承销商的失职可能导致虚假记载、误导性陈述或者重大遗漏，但目前并没有相应的追责机制等问题。最后，本案通过分析并适用《债券座谈会纪要》第 29 条及第 30 条，明确了承销商在债券定向发行中过错责任的具体标准，为未来处理类似案件提供了说理思路和实操指引。

案例十一

A 银行与 C 基金管理公司债券回购交易协议争议案

中国国际经济贸易仲裁委员会（以下简称"仲裁委员会"）根据申请人 A 银行（以下简称"申请人"）与 B 资管计划分别签署并在中国银行间市场交易商协会备案的《债券回购交易主协议》（以下简称《回购主协议》）中仲裁条款的约定、1 号、2 号、3 号、4 号、5 号、6 号《质押式回购成交单》以及申请人于 2020 年 5 月向仲裁委员会提交的以 C 基金管理公司为被申请人（以下简称"被申请人"或"C 公司"）的书面仲裁申请，受理了双方当事人因履行上述合同而产生的本争议仲裁案。

一、案情

（一）申请人的仲裁请求提出的事实和理由

申请人依据《回购主协议》第 17 条的仲裁条款的约定提起本案仲裁申请。根据《回购主协议》第 1 条第 2 项约定，主协议、补充协议和该笔质押式回购的交易有效约定构成交易双方之间就该笔质押式回购的完整协议。申请人与被申请人已分别签署《回购主协议》，受其仲裁条款的约束。申请人与被申请人管理的 B 资管计划就本案 6 笔质押式回购交易，《质押式回购成交单》（合并称为"成交单"）构成案涉合同组成部分。根据 2015 年《仲裁规则》第 14 条的规定，多份合同所涉当事人相同且法律关系性质相同、争议源于同一系列交易、多份合同中的仲裁协议内容相同的情况下，申请人可就多份合同项下的争议在同一仲裁案件中合并提出仲裁申请。

1. 被申请人违约。

申请人与被申请人管理的 B 资管计划在银行间市场开展本案所涉 6 笔质押式回购交易；各单逆回购方为申请人，正回购方为 B 资管计划。各单约定融资条件是：

（1）编号为 1—3 的《质押式回购成交单》分别于 2019 年 11 月 25 日达成，其中均约定：回购期限 14 天，首次结算日为 2019 年 11 月 25 日，到期结算日为 2019 年 12 月 9 日，回购利率 10%，交易金额人民币 3400 万余元（以下币种均为人民币，仲裁庭注），应计利息 13 万余元，到期结算金额 3400 万余元，质押债券为 3600 万余元 D 债券。

（2）编号为 4—6 的《质押式回购成交单》分别于 2019 年 11 月 28 日达成，其中均约定：回购期限 14 天，首次结算日为 2019 年 11 月 28 日，到期结算日为 2019 年 12 月 12 日，回购利率 10%，交易金额 3500 万余元，应计利息 13 万余元，到期结算金额 3500 万余元，质押债券为 3700 万余元 D 债券。

按上述成交单各单均有约定，"被申请人"（申请人原文，但案涉成交单显示交易对手为其管理的 B 资管计划，仲裁庭注）在到期结算日应全额支付包含约定利息的结算价款，但其未履行回购付款义务而构成违约。申请人为此请求裁决被申请人以 B 资管计划项下的财产及被申请人的固有财产履行上述回购交易项下的回购义务，该请求内容构成每笔成交单下第一项仲裁请求。

2. 资管计划管理人负有清算偿债责任。

B 资管计划未能回购到期质押债券后，管理人被申请人向申请人表示 B 资管计划是一只由单一委托人委托设立的、由委托人实际管理的资产管理计划，被申请人愿意协调委托人解决回购违约问题，但在没有获得委托人同意的情况下被申请人拒绝向申请人透露 B 资管计划的委托人信息，拒绝向委托人提供 B 资管计划的相关资料，亦未清偿债务。

被申请人作为 B 资管计划的资产管理人，有义务主动处置 B 资管计划财产用于偿付该资管计划债务；在其财产不足偿付全部债务时，被申请人作为管理人有义务对其进行清算，并向债权人披露该资管计划的相关情况，以确保债权人获得公平清偿。这既是作为资管计划管理人的法定职责，也是其在质押式回购合同项下的附随义务。资管计划对外义务的履行优先于管理人和委托人依据资管合同设定的内部权责，管理人履行清算和清偿义务无须获得委托人认可；如管理人怠于履行上述义务，则管理人应代为偿还资管计划对外负债。据此，被申请人的清偿责任分别构成各成交单下第 2 项仲裁请求。

3. 被申请人对资管计划债权人承担侵权赔偿责任。

申请人在与被申请人交涉中了解到，被申请人没有实际行使对 B 资管计划的主动管理权，B 资管计划的投资决策均由委托人作出指令被申请人执行；同时，B 资管计划实际投资并持有债券全部为中国 D 公司（以下简称"D 公司"）于 2017 年 4 月发行的"D 债券"单一品种债券。B 资管计划在 2017 年 3 月备案后的客观情况显示，该资管计划是专门配合"D 债券"该只债券的发行而设立；该只债券共发行 10 亿元但仅有包括 B 资管计划的两家投资人认购。如果没有 B 资管计划的利益输送支持，"D 债券"不能通过正常方式完成募集发行。

据此，被申请人违反银行间市场有关交易规则，放任 B 资管计划委托人全权进行资管计划运作，实质是变相向不具备银行间市场准入资格的机构出借交易账户的行为；在委托人运作下，B 资管计划实为 D 公司的融资工具，通过"结构化发行"向发行人输送利益而加大回购交易对手风险，侵犯回购交易对手合法权益。为加大结构化发行融资规模，B 资管计划的杠杆率超过 300%，突破回购交易安全边界，违反资管计划杠杆率不超过 200% 的限定，在 2018 年《关于规范金融机构资产管理业务的指导意见》（简称《资管新规》，仲裁庭注）出台后，被申请人明知 B 资管计划存在杠杆率超标需要整改，却放任问题存在。被申请人违规行为导致申请人与 B 资管计划之间的债券回购交易，实际成为申请人对 D 公司的融资，被申请人滥用其银行间市场信用为 D 公司套取申请人资金提供便利。被申请人多项违规侵权行为造成申请人损失，须为此承担侵权赔偿责任，构成申请人各成交单下第 3 项仲裁请求。

概括而言，被申请人应承担：①被申请人管理的 B 资管计划项下财产履行其与申请人间 6 笔成交单的合同回购义务及附随义务；②被申请人对 B 资管计划债权人承担清算偿债责任；③基于被申请人违规行为而应承担对 B 资管计划债权人的侵权赔偿责任。申请人就案涉 6 笔成交单变更其仲裁请求，在下述各单交易第 1 项仲裁请求中加入"及被申请人的固有资产"。由此，申请人变更后的仲裁请求如下：

1-1　请求裁决被申请人履行成交编号为 1 的《质押式回购成交单》债券质押回购交易项下的回购义务，以其管理的 B 资管计划项下财产及被申请人的固有财产向申请人支付回购交易项下到期资金结算额 3400 万余元及自回购交易到期结算日 2019 年 12 月 9 日之后第 4 个营业日 2019 年 12 月 13 日起按照到期资金结算额的每日 2‰ 计算的罚息（自 2019 年 12 月 13 日截至 2020 年 4 月 28 日共计 138 天罚息为人民币 94 万余元）。

1-2　请求裁决被申请人清算 B 资管计划并向申请人提交 B 资管计划的清算报告、资产管理合同等资产管理计划的法律文件、交易记录、投资指令、收益分配记录、可用于履行第 1-1 项求求的财产明细；并请求在被申请人拒绝提交 B 资管计划上述文件的情况下裁决由被申请人代为履行编号 1《质押式回购成交单》债券质押回购交易项下的回购义务，向申请人支付第 1-1 项仲裁请求项下到期资金结算额和罚息。

1-3　请求裁决被申请人向申请人赔偿因被申请人违规行为导致申请人在编号 1《质押式回购成交单》债券质押回购交易项下蒙受的损失，损失金额为第 1-1 项仲裁请求项下到期资金结算额和罚息在以 B 资管计划项下财产偿付之后仍未能获得清偿的差额部分。

2-1　请求裁决被申请人履行成交编号为 2 的《质押式回购成交单》债券质押回购交易项下的回购义务，以其管理的 B 资管计划项下财产及被申请人的固有财产向申请人支付回购交易项下到期资金结算额 3400 万余元及自回购交易到期结算日 2019 年 12 月 9 日之后第 4 个营业日 2019 年 12 月 13 日起按照到期资金结算额的每日 2‰计算的罚息（自 2019 年 12 月 13 日起截至 2020 年 4 月 28 日共计 138 天罚息为人民币 94 万余元）。

2-2　请求裁决被申请人清算 B 资管计划并向申请人提交 B 资管计划的清算报告、资产管理合同等资产管理计划的法律文件、交易记录、投资指令、收益分配记录、可用于履行第 2-1 项请求的财产明细；并请求在被申请人拒绝提交 B 资管计划上述文件的情况下裁决由被申请人代为履行编号 2《质押式回购成交单》债券质押回购交易项下的回购义务，向申请人支付第 2-1 项仲裁请求项下到期资金结算额和罚息。

2-3　请求裁决被申请人向申请人赔偿因被申请人违规行为导致申请人在编号 2《质押式回购成交单》债券质押回购交易项下蒙受的损失，损失金额为第 2-1 项仲裁请求项下到期资金结算额和罚息在以 B 资管计划项下财产偿付之后仍未能获得清偿的差额部分。

3-1　请求裁决被申请人履行成交编号为 3 的《质押式回购成交单》债券质押回购交易项下的回购义务，以其管理的 B 资管计划项下财产及被申请人的固有财产向申请人支付回购交易项下到期资金结算额 3400 万余元及自回购交易到期结算日 2019 年 12 月 9 日之后第 4 个营业日 2019 年 12 月 13 日起按照到期资金结算额的每日 2‰计算的罚息（自 2019 年 12 月 13 日起截至 2020 年 4 月 28 日共计 138 天罚息为人民币 94 万余元）。

3-2　请求裁决被申请人清算 B 资管计划并向申请人提交 B 资管计划的清算报告、资产管理合同等资产管理计划的法律文件、交易记录、投资指令、收益分配记录、可用于履行第 3-1 项请求的财产明细；并请求在被申请人拒绝提交 B 资管计划上述文件的情况下裁决由被申请人代为履行编号 3《质押式回购成交单》债券质押回购交易项下的回购义务，向申请人支付第 3-1 项仲裁请求项下到期资金结算额和罚息。

3-3　　请求裁决被申请人向申请人赔偿因被申请人违规行为导致申请人在编号3《质押式回购成交单》债券质押回购交易项下蒙受的损失，损失金额为第3-1项仲裁请求项下到期资金结算额和罚息在以B资管计划项下财产偿付之后仍未能获得清偿的差额部分。

4-1　　请求裁决被申请人履行成交编号为4的《质押式回购成交单》债券质押回购交易项下的回购义务，以其管理的B资管计划项下财产及被申请人的固有财产向申请人支付回购交易项下到期资金结算额3500万余元及自回购交易到期结算日2019年12月12日之后第4个营业日2019年12月18日起按照到期资金结算额的每日2‰计算的罚息（自2019年12月18日起截至2020年4月28日共计133天罚息为人民币近94万元）。

4-2　　请求裁决被申请人清算B资管计划并向申请人提交B资管计划的清算报告、资产管理合同等资产管理计划的法律文件、交易记录、投资指令、收益分配记录、可用于履行第4-1项请求的财产明细；并请求在被申请人拒绝提交B资管计划上述文件的情况下裁决由被申请人代为履行编号4《质押式回购成交单》债券质押回购交易项下的回购义务，向申请人支付第4-1项仲裁请求项下到期资金结算额和罚息。

4-3　　请求裁决被申请人向申请人赔偿因被申请人违规行为导致申请人在编号4《质押式回购成交单》债券质押回购交易项下蒙受的损失，损失金额为第4-1项仲裁请求项下到期资金结算额和罚息在以B资管计划项下财产偿付之后仍未能获得清偿的差额部分。

5-1　　请求裁决被申请人履行成交编号为5的《质押式回购成交单》债券质押回购交易项下的回购义务，以其管理的B资管计划项下财产及申请人的固有财产向申请人支付回购交易项下到期资金结算额3500万余元及自回购交易到期结算日2019年12月12日之后第4个营业日2019年12月18日起按照到期资金结算额的每日2‰计算的罚息（自2019年12月18日起截至2020年4月28日共计133天罚息为人民币近94万元）。

5-2　　请求裁决被申请人清算B资管计划并向申请人提交B资管计划的清算报告、资产管理合同等资产管理计划的法律文件、交易记录、投资指令、收益分配记录、可用于履行第5-1项请求的财产明细；并请求在被申请人拒绝提交B资管计划上述文件的情况下裁决由被申请人代为履行编号5《质押式回购成交单》债券质押回购交易项下的回购义务，向申请人支付第5-1项仲裁请求项下到期资金结算额和罚息。

5-3　　请求裁决被申请人向申请人赔偿因被申请人违规行为导致申请人在编号5《质押式回购成交单》债券质押回购交易项下蒙受的损失，损失金额为第5-1项仲裁请求项下到期资金结算额和罚息在以B资管计划项下财产偿付之后仍未能获得清偿的差额部分。

6-1　请求裁决被申请人履行成交编号为 6 的《质押式回购成交单》债券质押回购交易项下的回购义务，以其管理的 B 资管计划项下财产及被申请人的固有财产向申请人支付回购交易项下到期资金结算额 3500 万余元及自回购交易到期结算日 2019 年 12 月 12 日之后第 4 个营业日 2019 年 12 月 18 日起按照到期资金结算额的每日 2‰计算的罚息（自 2019 年 12 月 18 日起截至 2020 年 4 月 28 日共计 133 天罚息为人民币近 94 万元）。

6-2　请求裁决被申请人清算 B 资管计划并向申请人提交 B 资管计划的清算报告、资产管理合同等资产管理计划的法律文件、交易记录、投资指令、收益分配记录、可用于履行第 6-1 项请求的财产明细；并请求在被申请人拒绝提交 B 资管计划上述文件的情况下裁决由被申请人代为履行编号 6《质押式回购成交单》债券质押回购交易项下的回购义务，向申请人支付第 6-1 项仲裁请求项下到期资金结算额和罚息。

6-3　请求裁决被申请人向申请人赔偿因被申请人违规行为导致申请人在编号 6《质押式回购成交单》债券质押回购交易项下蒙受的损失，损失金额为第 6-1 项仲裁请求项下到期资金结算额和罚息在以 B 资管计划项下财产偿付之后仍未能获得清偿的差额部分。

7　请求裁决被申请人承担本案全部仲裁费、保全费、财产保全担保费等费用。（上述申请人第 7 项仲裁请求针对合并仲裁后因本案而发生的实际费用。）

（二）被申请人答辩依据的事实和理由

1. 本案争议事实清晰，申请人在银行间市场与 B 资管计划进行标准化债券回购交易，案涉 6 笔交易到期结算日，B 资管计划违约未能如约回购。因此，B 资管计划应当按照《回购主协议》第 8 条"违约事件的处理"第（一）（1）C 款规定，向申请人支付到期资金结算额、补偿金额、罚息以及其他相关费用。

事实上，B 资管计划是《回购主协议》的签署方。按照中国人民银行金融市场司《关于做好部分合格投资者进入银行间债券市场有关工作的通知》（中国人民银行 2014 年 11 月 28 日公布，仲裁庭注），资管计划作为非法人投资者准予进入银行间债券市场从事交易。交易商协会《关于银行间市场非法人产品签署备案回购主协议有关事项的通知》（以下简称《非法人产品签署主协议通知》，2015 年 2 月 11 日公布），对非法人产品签署备案《回购主协议》进行规范，明确由管理人以管理人名义代资管计划签署《回购主协议》并提交协会备案。案涉 6 笔回购成交单证实，正回购方是 B 资管计划，逆回购方是申请人；交易之前双方各自签署备案《回购主协议》构成交易双方合同依据。被申请人履行管理人职责参与本案仲裁但并非合同主体。申请人针对被申请人的仲裁请求均不在仲裁审理范围。申请人作为金融机构在银行间市场投资标准化产品，因此发生的亏损应按市场规则处置质押债券，并按合同约定请求交易对手承担责任。

2. B 资管计划对申请人的债务依法应以其财产承担，被申请人不应以自有资产对 B 资管计划的债务向申请人承担责任。被申请人履行管理人职责但本身未曾签署《回购主协议》，未曾与申请人达成仲裁协议。《仲裁法》第 4 条规定，"当事人采用仲裁方式解决纠纷，应当双方自愿，达成仲裁协议"。本案适用《仲裁规则》第 5 条规定，"仲裁协议指当事人在合同中订明的仲裁条款或以其他方式达成的提交仲裁的书面协议"。《回购主协议》第 17 条第 2 项第 2 款约定，"若交易双方不进行协商或协商未果，交易双方同意应将争议、纠纷或索赔提交中国国际经济贸易仲裁委员会按照届时有效的《中国国际经济贸易仲裁委员会仲裁规则》在北京以仲裁方式解决……"同时，该协议第 2 条第 1 项约定，"交易双方在签署主协议后达成的交易适用主协议"。据此，案涉协议的仲裁条款明确约束"交易双方"，即签署该主协议并从事债券回购交易的双方。

申请人无权请求被申请人清算 B 资管计划，无权要求被申请人向其提交该资管计划的清算报告、资管合同等资管计划的法律文件、交易记录、投资指令、收益分配记录、财产明细等。申请人的该项请求并非基于《回购主协议》，不属《回购主协议》仲裁协议约定的仲裁范围。具体而言：①B 资管计划依法设立并经合法备案，只能在依法终止时进行清算。②被申请人没有法定义务提供各成交单下第 2 项请求所列书证。③被申请人没有约定义务提供上述书证。《回购主协议》中"信息披露"第 16 条第 2 项、第 3 项的约定是，"不限制交易一方根据相关法律的要求，就与本协议以及本协议项下交易有关的任何信息进行披露"；"交易一方同意另一方将有关本协议以及本协议项下交易的信息交流或披露予另一方的关联方、外部专业顾问或服务提供者"。《回购主协议》也无约定，在交易一方违约时，守约方有权申请对违约方进行清算并提交清算报告等。④仲裁庭可依据仲裁条款和《回购主协议》裁决 B 资管计划承担违约责任，但申请人各成交单下的第 2 项请求，并非被申请人法定义务，也不属《回购主协议》约定义务。申请人的请求与案涉 6 笔回购交易到期结算日发生违约的关键事实没有关联性，与本案合同仲裁协议约定不符，对交易双方权利义务认定缺乏足够的关联性和重要性，并会导致被申请人违反监管要求和对委托人的保密义务，仲裁庭应予驳回。

3. 申请人各成交单下第 3 项请求，要求被申请人承担违规侵权责任而于法无据，不属《回购主协议》仲裁条款约定仲裁事项。

（1）被申请人作为 B 资管计划的管理人，始终严格按照监管要求以及资产管理合同履职，在 B 资管计划与申请人的债券回购交易中并无过错。依据《中国国际经济贸易仲裁委员会仲裁规则》第 41 条有关举证的规定，申请人应首先举证证明被申请人存在过错。事实上，B 资管计划是单一委托人设立的通道型产品，起杠杆率超过 200%，持有单一品种债券等事实，都是其现状，并非被申请人存在过错的证据。B 资管计划设立于《资管新规》实施前，彼时监管法规并未禁止通道型资管计划，未对私募资管业务杠杆率明示设定限制。因此，不因 B 资管计划现状而推定被申请人当初存在过错；更为重要的是，B 资管计划进行债券回购交易中始终按照市场交易规则和《回购主协议》有关约定进行交易询价、指令执行等行为，并无任何违规和过错。

（2）被申请人没有侵害申请人权益的事实。债券回购交易都是标准化产品融资交易，交易风险包括交易对手未能及时兑付的信用风险。正因如此，才需通过质押债券作为融资交易担保品。质押品可以是具有国家信用的低利率债，也可以是具有企业信用而利率相对较高的企业债，此为债券投资基本原理和行业共识。申请人选择的债券品种作为质押债券进行交易，已默认承担信用风险；其损失就是交易对手在到期结算日违约而应当承担的违约责任。《回购主协议》第 3 条约定，"交易一方在签署主协议及补充协议之时向另一方做出下列声明与保证"，其第 9 项约定："其具备独立评估交易风险的能力，能够对交易中所涉及的法律、财务、税务、会计和其他事项自行调查评估（不依赖另一方的意见），且充分认识并愿意承担交易风险，根据自身的利益和判断进行交易。"据此，申请人有关自身内部风控的陈述表明，其签署《回购主协议》并选择 B 资管计划和案涉债券开展回购交易，是其独立评估交易风险并根据自身利益判断的行为。申请人应信守交易合约，依法要求 B 资管计划承担违约责任。

（3）被申请人"过错"与申请人损失之间没有因果关系。申请人债券回购交易的目的是获取资金融出利息，逆回购方应考虑的交易因素是质押债券的市场信用评级、利息标准、质押期限和质押率等交易要素；以及交易对手专户产品性质、持仓产品结构、杠杆率等情形。如有必要，申请人在 2018 年 3 月与 B 资管计划首次进行交易之前就应向被申请人提出尽调要求并不时检查交易要素和各项条件。根据庭审调查事实，与申请人交易员自始保持联系的是 B 资管计划委托人的代表，直至 B 资管计划 2019 年 12 月发生违约，历时近 2 年，约定的回购利率从 5.5% 上涨至 10%。但申请人从未向被申请人提出被申请人涉嫌 D 公司结构化发行、利益输送问题；从未就 B 资管计划委托人、产品结构等向被申请人提出尽调要求。

从《回购主协议》关于交易各方独立评估交易风险的承诺可知，申请人明知且愿意承担交易风险，申请人自 2018 年 3 月开始交易就是高杠杆推手之一。因此，申请人所称被申请人"过错"与其损失之间并无因果关系。债券回购违约直接原因是包商银行事件后市场资金流动性断裂、市场对发行人资信提出更高要求。外部市场环境变化导致交易对手无法以"D 债券"继续交易，或以合理价格出售持仓债券而违约。

（4）《回购主协议》仲裁协议约定，"双方之间在本协议下或与本协议相关的任何争议、索赔或纠纷"，既然被申请人并非协议签署方和本案债券回购交易对手方，申请人不能以违约和侵权竞合为由将本案仲裁审理范围扩张至侵权主张。"竞合"的前提是违约方与侵权行为人为同一主体，侵权行为本身就是违约行为。本案《回购主协议》的违约方是 B 资管计划，违约行为是其未能在到期结算日支付到期结算资金回购质押债券；申请人指称侵权方是被申请人，侵权行为是被申请人涉嫌违规设立通道产品、参与结构化发行以及管理的资管计划高杠杆现象等行为，其说法显然不符合违约与侵权竞合的情形。

（4）B 资管计划不是《民法总则》规定的民事主体，但资管计划作为金融创新产品，受《证券投资基金法》及其下位规章《私募资管业务办法》规制，符合《民法总则》第 11 条关于特别法优先于一般法的规定。根据《证券投资基金法》第 5 条规定，基金财产的债务由基金财产本身承担，基金财产独立于基金管理人、基金托管人的固有财产。《证券期货经营机构私募资产管理办法》第 6 条规定，资产管理计划财产的债务由资产管理计划财产本身承担，资产管理计划财产独立于证券期货经营机构和托管人的固有财产，并独立于证券期货经营机构管理的和托管人托管的其他财产。司法审判实践认定，资管计划管理人代为应诉是履行管理人职责，不能因此以自有财产承担资管计划负债。

（三）申请人庭后意见和补充事实

申请人庭后分别就事实问题和其概括的法律问题发表意见。其中有关本案事实方面的意见，概括如下：

1. B资管计划是"D债券"结构化发行通道产品，其专门为承接该债券发行而成立。2017年3月，被申请人完成B资管计划私募基金备案；3月24日，B资管计划取得银行间市场准入资格；4月10日，D债券发行10亿元，但申购机构包括B资管计划仅有2家；4月12日至18日，B资管计划分14笔买入近7亿元该债券，这一期间该债券市场成交估计近11亿元。B资管计划委托人以1亿元出资，通过反复"买入债券—质押债券融资—以融入资金再买入债券"的循环操作，共计承接该债券近7亿元。所谓结构化发行，是指发行人拟通过债券融资但无法获得正常市场认而通过私下安排关联方、一致行动人设立私募产品反复买卖、质押融资、再买券等操作方式，使原本无法正常发行的债券得以卖出的行为。结构化发行涉嫌操纵发行价格、不正当利益输送、破坏市场秩序。此外，该债券发行后数日内发生的巨额换手情形，说明该债券交易是事先约定的"过券"交易。B资管计划每日分2—3笔、每笔4000万—6000万元买入模式说明，买入近7亿元该债券是预先谈好，否则将持有债券质押融资后，不可能立即与单笔大额（4000万—6000万元）卖单成交；也不可能在没有预计买券资金需求的情况下未卜先知进行质押债券融资。下表为D债券交易情况：

交易日期	日成交均价（元）	日成交额（亿元）	B资管计划买入金额（亿元）
2017-04-18	99.92	1.4	0.9（0.5、0.4）
2017-04-17	99.93	2.5	1.5（0.5、0.5、0.5）
2017-04-14	99.92	1.9	1.4（0.4、0.5、0.5）
2017-04-13	99.92	2.2	1.6（0.6、0.5、0.5）
2017-04-12	99.92	2.5	1.5（0.5、0.5、0.5）

上表显示的成交事实说明，认购10亿元案涉交易债券的两名投资人只是阶段性代为出面认购、实际按私下约定配合B资管计划接盘机构完成债券转

手。该等安排只有发行人 D 公司主导才能实现，否则 B 资管计划不可能锁定近 7 亿元债券、更不可能按其融资节奏逐笔有序取得该等债券。2020 年 11 月，中国银行间市场交易商协会（以下简称"交易商协会"）首次对案外人中国 G 公司结构化发行给予处罚并同时公布《关于进一步加强债务融资工具发行业务规范有关事项的通知》（以下简称《债务融资工具规范通知》），交易商协会的处罚及通知表明，在该通知发布之前的结构化发行行为，亦属违规并可加以处罚。

2. 被申请人怠于对 B 资管计划进行整改，表现为：①被申请人对 B 资管计划存在的高杠杆率问题未予纠正；②被申请人承认如事先知道 B 资管计划的委托人是 D 公司的关联方，这一"做法"（指结构化发行）即属违规。但被申请人就 D 公司违约兑付后发给申请人说明函中称 B 资管计划不是"债券结构化发行"的产品，委托人与债券发行人 D 公司确实不存在关联关系。但上述案涉债券发行后的交易情况证实委托人与 D 公司是关联方且一致行动。因案涉"D 债券"是永续债，法律上，发行人在 2020 年 4 月之前并无义务提前赎回，也无义务协助被申请人解决 B 资管计划回购违约问题。被申请人违约后，D 公司与被申请人、申请人曾共同协商解决回购违约方案，但 D 公司明确表示"不是不救，是现在没有多余的资金提前赎回"，表明 D 公司与 B 资管计划存在利益关系。③被申请人向 B 资管计划委托人让渡管理权，是 B 资管计划发生上述杠杆率超高、参与结构化发行的原因。2020 年 7 月、8 月，Z 证监局认定被申请人将 B 资管计划投资管理权让渡给委托人的行为违规，并对被申请人及其有关责任人员进行了处罚。

3. 事实是，申请人自 2018 年 3 月起首次与 B 资管计划开展回购交易，此后逐步形成授信 2 亿额度内的回购交易规模。截至 2019 年 2 月 27 日，B 资管计划均能正常履约完成回购；2 月 27 日的两笔交易原定 2019 年 6 月 11 日到期，但因 B 资管计划没有资金偿还，申请人为避免违约而续做两笔交易，向 D 资管计划提供资金用于偿还上述到期回购融资。自此，双方开展的回购交易均属申请人为 B 资管计划融资偿还到期资金的"续作回购"交易。

被申请人于 2019 年 7 月出具《关于 B 资管计划情况的说明函》（以下简称《B 资管计划说明函》）向申请人确认和建议：①B 资管计划是一家实体企业作为单一委托人委托被申请人设立的通道型资管产品，只持有"D 债券"一只债券；②B 资管计划不构成结构化发行、委托人和 D 公司没有关联关系；

③B 资管计划杠杆率高于 300%，剩余未质押债券量少而只能和回购对手续作回购等待债券变现，如不续作将进入违约坏账和折价处置，对手本金将发生大比例损失；④根据被申请人调研，发行人 D 公司信用状况稳定有希望在 2020 年 4 月全部赎回该期债券；⑤委托人和发行人都有措施偿债（委托人卖债，发行人提前赎回）；⑥"鉴于 B 资管计划的现状和 D 公司债券的资质，我司作为管理人建议贵行继续与 B 资管计划续作回购，保护贵行的回购本金与利息。"由此，申请人按照被申请人建议与 B 资管计划在 2 亿元额度内续作回购，直至 2019 年 12 月因 B 资管计划所持债券被案外其他债权人查封而无法续作，申请人与 B 资管计划最后 6 笔回购（2019 年 12 月 9 日到期 3 笔、2019 年 12 月 12 日到期 3 笔）违约至今。

2019 年，B 资管计划持有的近 7 亿债券中近 9000 万元被其他债权人拍卖，但仍持有 6 亿余案涉债券。Z 证监局对被申请人的监管措施处罚显示，截至 2020 年，B 资管计划剩余未解决正回购违约金额约 5 亿元。根据 B 资管计划的总资产及负债推算，2019 年 11 月 21 日之前总资产近 7 亿，其中总负债接近 6 亿元，杠杆率约 600%，远超 2019 年 7 月 31 日《B 资管计划说明函》、2019 年 8 月会谈中描述的 300%杠杆。这一事实说明被申请人在 2019 年 6 月 B 资管计划发生兑付风险之后继续隐瞒真实情况，骗取申请人续作回购交易。

申请人另就其自行概括的主要法律问题发表分析意见如下：

第一，责任主体。

（1）资管计划本身不具民事主体资格，案涉 6 笔回购交易是被申请人与申请人两个民事主体之间的合同。如将回购交易合同主体认定为 B 资管计划，仲裁协议仅存于 B 资管计划与申请人之间，导致本案申请人针对被申请人固有财产的仲裁请求没有仲裁管辖依据。

（2）通过质押式回购负债加杠杆，资管计划财产明显不足清偿，按《资管合同》约定，委托人有义务追加资金以备资管计划偿还回购融资。在此情况下，资管计划即不以其财产"独立"对外承担责任。

（3）被申请人应以其固有财产承担责任：①《信托法》规定，管理人管理的资管计划所产生的负债，可由资管计划财产和管理人固有财产偿还，管理人以固有财产先行支付后对资管计划财产享有优先受偿的权利。《信托法》第 37 条第 2 款规定，"受托人违背管理职责或者处理信托事务不当"情况下，信托对第三人所负债务以受托人固有财产承担。被申请人多项违规行为构成"违背管理职责""处理信托事务"的不当行为，依法应对 B 资管计划债务以其固有财产承担责任。②被申请人应承担责任的义务：一是遵守基金业管理法规和银行间债券市场相关法规；二是资管计划财产不足履行回购合同义务时要求委托人追加出资；三是资管计划财产不足履行回购合同义务时对其清算并及时偿债等特定合同义务。被申请人违反该特定合同义务，承担违约责任的财产不限于资管计划财产，应由被申请人固有财产对债权人损失承担赔偿责任。③被申请人将投资管理权让渡于委托人、未披露资管计划持有单一品种债券且系通过结构化发行流入市场的劣质债券、未披露该资管计划违规超高杠杆率风险，已构成对申请人的误导和欺诈（侵权）行为，应以其固有财产对侵权行为造成的损失承担赔偿责任。

概括而言，责任主体的认定：①回购合同当事人是被申请人而非 B 资管计划。②资管计划本质是商事信托，金融行业分业监管制度不改变资管计划法律上信托属性。无论《资管新规》发布前适用《特定客户资管办法》，还是之后适用《私募资管业务办法》，上位法都是《证券投资基金法》，其第 2 条规定，证券投资基金由基金管理人管理，基金托管人托管，为基金份额持有人利益进行证券投资活动，未规定的适用《信托法》《证券法》等。③民事主体、仲裁主体及管辖权，从法律解释的角度，资管计划民事主体资格应由其组织法决定而不是由债券交易市场规则决定，银行间市场规则将"非法人投资者"或"产品户"规定为市场"参与者"，但并不能赋予其民事主体资格的效力。④资管计划本身具有民事主体地位，根据《证券投资基金法》第 19 条、《证券期货经营机构私募资产管理业务管理办法》第 11 条规定，管理人对外代表资管计划实施民事法律行为，则其法律关系应理解为民事代理关系。而根据《民法总则》第 167 条的规定，代理人知道或者应当知道代理事项违法仍实施代理行为，或者被代理人知道或应当知道代理人的代理行为违法未作反对表示的，被代理人和代理人应当承担连带责任。因此，法律上即使资管计划独立对外承担责任也是有条件的，其独立责任（实际没有）不能成为管理人违法违规的挡箭牌。

申请人又称，《关于规范债券市场参与者债券交易业务的通知》第 3 条规定，参与者不得通过任何债券交易形式进行利益输送、内幕交易、操纵市场、规避内控或监管，或者为他人规避内控与监管提供便利；非法人产品资产管理人与托管人应按照有关规定履行交易结算等合规义务并承担相应责任。第 4 条规定，参与者应严格遵守债券市场账户管理有关规定，不得出借自己的债券账户，不得借用他人债券账户进行交易。因此，产品户交易主体为其管理人，由管理人履行交易结算等合规义务并承担相应责任。非法人产品本身无法出借债券交易账户，可见该通知禁止管理人出借交易账户。

以上可见，本案交易双方民事主体为申请人和被申请人；由此，案涉仲裁协议双方也是申请人和被申请人，仲裁协议约定的仲裁机构对本案违约和侵权争议具有管辖权。

第二，资管计划对外责任。

（1）有关法律规定：被申请人依据《证券投资基金法》第 5 条和《证券期货经营机构私募资产管理业务管理办法》第 6 条的规定主张资管计划财产承担违约责任，属于法律理解错误。上述规定不排除当事人另有约定的从其约定情形。《信托法》第 32 条、第 37 条规定与上述规定原理相同，受托人（管理人）违法和违背职责即须以自有财产对信托（资管计划）债务担责，只是受托人先行支付第三方债务后，有权对信托财产（资管计划财产）享有优先受偿权利。

（2）相关司法判例：①7 号民事判决（一审判决，仲裁庭注）就当事人之间《债券远期买卖协议》项下回购义务，判决受托人对信托债务承担偿还责任。②8 号民事判决（二审判决，仲裁庭注）中指出，《信托法》第 37 条第 1 款是关于处理信托事务所产生费用与债务如何负担的规定，一审判决对该条法律规定适用不当，受托人也须对信托债务负责。

（3）根据上述法律规定和司法判例精神，信托资产独立偿债的前提是，须在资管计划层面建立类似公司资本保全制度，否则交易安全无法保证。如法律规定仅限资管计划独立偿债，至少应规定：①对应公司注册资本制，规定信托资金公示；②对应股东不得抽逃出资，规定不得在未清偿债务的情况下对委托人进行分配；③对应公司盈利并弥补亏损的基础上进行利润分配，规定资管计划审计核算制度；④对应公司破产和清算制度，规定资管计划不足偿付全部负债时召开债权人会议进行清算分配。信托之下，委托资金进入及退出信托仅由委托人和受托人约定而不需第三方债权人同意，不具有公司独立对外承担责任的基础。因此，信托或资管计划财产的独立性，不应曲解为信托或资管计划负债仅由信托财产本身承担。

（4）根据《证券投资基金法》第5条及《证券期货经营机构私募资产管理业务管理办法》第6条的规定，投资者是否以其出资为限对资管计划债务承担责任的问题，实际取决于资管合同中是否"另有约定"。案涉资管计划并非封闭性，委托人随时可抽回出资，资管计划财产不足承担回购义务时，委托人本应增加出资令资管计划履行回购义务。但资管合同另有约定而从其约定的前提下，不适用上述"资产管理计划的债务由资产管理计划财产本身承担，投资者以其出资为限对资产管理计划的债务承担责任"的规定。本案被申请人作为管理人拒绝披露B资管计划的委托人及《资管合同》，虽口头表示曾催促委托人追加出资但没有追加情况下怠于采取法律手段追讨，被申请人行为构成管理信托事务不当，因此应以其固有财产对申请人的损失承担赔偿责任。

第三，被申请人违背管理职责、处理管理事务不当应以固有财产偿还资管计划的对外债务。

（1）被申请人的违规事实：①Z证监局处罚决定认定，被申请人在B资管计划管理中存在的违规：其一，将投资管理权让渡委托人而仅执行其投资指令；其二，B资管计划首任投资经理违反《资管合同》约定，按委托人指示下达买入案涉债券投资指令；其三，集中投资案涉债券且产品杠杆率高形成重大风险和多笔正回购违约；其四，公司合规风控流于形式而对B资管计划投资交易未进行实质性审核，对通道类业务风险认识严重不足且未将其纳入公司合规风控体系；其五，债券研究工作不独立、投资交易系统权限管理混乱、关联交易管理存在漏洞。被申请人总经理自然人E、合规负责人自然人F、B资管计划历任投资经理均已为此受到监管机构的行政处罚。②被申请人在案涉回购交易违约后，拒不披露资管计划委托人信息和《资管合同》，未采取必要行动促使委托人追加出资，从而构成违反《资管合同》行为。③B资管计划目前持有6亿元案涉债券，但正回购债务约5亿元，在案涉债券价值大幅贬值和资管计划财产不足偿还负债时，被申请人未及时履行该资管产品清算偿债责任。

（2）资管业务违规行为的分析如下，申请人作为回购交易相对方有权信赖交易对手遵守资管业务监管规定、符合法定要求。该等监管和义务规则并非仅为保护委托人利益而设，被申请人让渡管理权给委托人，令委托人超高杠杆持有单一品种债券的行为，①违反《资管新规》第22条主动管理要求而不能免除自身责任。违反《资管新规》第 24 条关于不得以资管计划资金与管理方进行不正当交易，利益输送、内幕交易和操纵市场的规定。②违反《私募资管业务办法》第 46 条不得在资管合同中约定由委托人或其指定第三方下达投资指令或提供该投资建议的规定；违反该办法第 17 条规定，利用资管计划或者职务便利为投资者以外的第三方谋取不正当利益。违反该办法第 44 条不得转委托而须切实履行主动管理职责的规定，以及违反该办法第 66 条不得进行关联交易的规定。③违反《证券期货经营机构私募资产管理业务运作管理暂行规定》（2016 年 7 月 18 日起实施）第 7 条以及第 8 条有关规定，其中第 8 条规定，私募资产管理业务不得从事非公平交易、利益输送、利用未公开信息交易、内幕交易、操纵市场等损害投资者合法权益的行为，不得利用管理的资产管理计划资产为资产管理人及其从业人员或第三方谋取不正当利益或向相关服务机构支付不合理的费用。其中第 7 条规定，私募资产管理业务不得从事违法活动提供交易便利，不得设子账户、分账户、虚拟账户或将资产管理计划证券、期货账户出借他人，违反账户实名制规定。

（3）被申请人违反银行间债券市场监管规定的分析：银行间市场参与者必须遵守市场规则和会员自律规则。根据《规范债券交易通知》第 1 条的规定，债券市场参与者包括符合债券市场准入规定的非法人产品以及非法人产品的资产管理人与托管人，但禁止：①管理决策交给委托人，被申请人让渡管理权等同出借账户。②为发行人结构化发行服务，致发行人等关联方自己持有已发行债券和虚假购买债券。结构化发行涉及一系列监管规则，包括《规范债券交易通知》《银行间债券市场债券交易自律规则》《资管新规》《私募资管办法》以及《私募资产管理业务运作管理暂行规定》等。2020 年 11 月 19 日，交易商协会发布《关于进一步加强债务融资工具发行业务规范有关事项的通知》，明确禁止结构化发行；同日交易商协会对中国 G 公司 "H" 发行中进行 "结构化发行" 的违规行为进行处罚，表明即使在交易所和银行间市场未明令禁止之前所进行的 "结构化发行" 也是违规的。③B 资管计划的超高杠杆率一度高达 600%，远超《规范债券交易通知》第 9 条有关 "债券正回购资金余额不超过净资产" 的一般性要求。非法人产品集中持有单一债券风险远高于分散投资风险，因此合理的杠杆率应低于 100%。被申请人放任委托人通过资管计划集中持有单一债券危及交易对手资金安全。

第四，被申请人应以固有财产承担特殊违约责任。

（1）正回购方在回购合同项下通常具有的特定义务：①守法；②要求委托人追加出资；③资管计划财产不足履行回购义务时对其清算偿债。被申请人作为管理人，有义务向债权人披露B资管计划的资产状况和经营记录，证明委托人没有抽逃出资和逃废债务情况；违约后应对资管计划及时清算向债权人进行公平透明的清算偿债。

（2）违反上述特定义务则应以固有财产承担责任：①回购合同民事主体为被申请人，该合同真实意思表示是限于资管计划财产客观上不足履行回购义务时，相对方可接受以资管计划财产补偿，但不包括管理人主观恶意履行合同的情形。上述三项义务中，守法取决于管理人主观行为，否则将使管理人无任何制约而不符合正常预期，不是合同双方真实意思表示；清算资管计划是资管计划资不抵债时管理人义务，管理人拒绝清算偿债导致交易对手实际损失，如仍以资管计划财产为限则无法对管理人加以约束。资管计划财产本身无法承担全部责任，因此也不是合同当事人真实意思表示。管理人拒绝清算偿债即应由管理人固有财产承担责任。②回购合同民事主体为资管计划时，管理人对外代表资产管理计划签约、履约，其法律地位是资管计划的代理人。根据上述《民法总则》第167条规定，被代理人和代理人应当承担连带责任。

第五，被申请人侵权责任。

（1）被申请人存在多重的侵权行为：2017年5月发现B资管计划在委托人掌控下集中买入单一债券，涉嫌结构化发行和杠杆率高达600%违规，被申请人因此要求委托人追加资金或卖出债券的事实，表明其清楚B资管计划已危及回购交易对手的资金安全。被申请人试图出售债券降低杠杆水平但长期挂牌仍无法以80元—90元的适当价格卖出、同期市场却多次出现以95元以上价格大额成交的事实，证明被申请人明知案涉债券受发行人操纵。被申请人在委托人拒不追加资金（或无力追加资金）时，对交易对手隐瞒和回避上述风险，导致申请人在不知情的情况下与B资管计划开展回购交易。至2019年6月11日回购兑付失败，又建议申请人续作而导致申请人发生重大损失。因此，债券发行人及关联方以同业拆借外观掩盖企业融资性质、参与结构化发行致债券缺乏真实流动性，资管计划高杠杆率蕴含风险等，均构成对申请人的"误导和欺诈"。

（2）侵权责任承担主体为被申请人，因资管计划以资产为限而没有"意思机关"（自身决策机制）而没有民事主体地位也不可能有侵权能力。申请人遭受的侵权损失认定标准，是 B 资管计划项下资产履行回购义务的不足部分。被申请人须以其固有财产对资管计划财产清偿不足部分承担侵权赔偿责任。

申请人继而提交《补充代理意见》，新增观点如下：

案外人中国 I 公司公开披露信息显示，委托人在《资管合同》之外曾与被申请人订立《补充协议》式的"抽屉协议"。结合监管机构对 B 资管计划首任投资经理朱某的处罚，显示该资管计划曾分 14 笔买入近 7 亿元同一品种债券，违反资管合同和监管规则。本案资管计划持有单一品种债券的通道产品，其杠杆率高达 200%，证明被申请人存在过错行为。

（四）被申请人庭后意见

针对申请人代理意见和补充代理意见，以及申请人提交的披露申请和补充披露申请，被申请人书面回复意见，概括如下：

1. 基于对本案基础法律关系是债券质押回购交易的合同法律关系，合同主体是签署《回购主协议》的申请人和 B 资管计划；《资管合同》是委托人与管理人间合同关系，因此两者法律关系不同。被申请人在本案中的答辩和举证均围绕案涉债券质押式回购交易违约这一基础事实，并以《回购主协议》和回购成交单作为合同依据。事实上，B 资管计划依法设立，彼时针对通道业务和产品杠杆率的严格限制性资管新规尚未发布。

2. 中国 J 公司仲裁争议案件与本案无关。该公司隶属上市公司中国 I 公司，依据监管规则作出信息披露是其法定义务。被申请人对《资管合同》委托人负有保守商业秘密的义务，除非法律规定或交易规则要求或合同相对方明确书面豁免，管理人无权向合同以外第三方即本案申请人进行披露，管理人履行合同义务与委托人如何履行法定披露义务无关。申请人不是该《资管合同》主体，无权要求被申请人披露。银行间市场不存在向交易机构或交易对手方披露《资管合同》、交易指令等信息的强制性规定。

被申请人依据《证券投资基金法》规定行使管理人职责参与本案仲裁；依据交易商协会《非法人产品签署主协议通知》，属于代 B 资管计划签署《回购主协议》和在质押式回购交易单据上盖章。B 资管计划管理人与其他公司间的纠纷与本案无关，案涉交易均在银行间市场指定的交易场所和交易系统进行，没有违反人民银行、交易商协会等监管机构对债券质押式回购交易制定的交易规则，案涉六笔交易的到期结算日发生违约应当依据《回购主协议》进行裁判。

3. 关于申请人的注意义务。申请人是银行金融机构，作为市场参与者对银行间债券市场质押式回购交易的交易规则应有充分、清晰认知。申请人反复指责 B 资管计划通道性质和高杠杆率是导致回购违约的关键和被申请人必须承担违约和侵权责任的基础，但申请人应首先提供证据证明：申请人 2018 年与 B 资管计划开展债券回购交易时就已进行尽调，且显示 B 资管计划当时不具有通道性质和高杠杆率。如果申请人应当自行承担因其履职不当而导致的交易风险。

（五）关于申请人特定披露请求和被申请人异议

申请人在开庭后依据《证据指引》第 7 条"特定披露请求"之规定，先后提出特定披露申请和补充披露申请，请求仲裁庭指令被申请人披露有关书证。其中：指令被申请人披露 B 资管计划资管合同、对委托人分配记录、资产负债明细等。其理由是，B 资管计划民事主体资格和仲裁主体资格等，需以《资管合同》作为其依法设立及存续的必要证据。B 资管计划案涉回购交易合同责任是否由委托人、管理人承担，或仅以资管计划财产承担，亦需根据该《资管合同》加以确定。《证券投资基金法》第 5 条、《证券期货机构私募资产管理业务管理办法》第 6 条规定，资产管理计划的债务由资产管理计划财产本身承担，投资者以其出资为限对资产管理计划的债务承担责任，但资产管理合同依照《证券投资基金法》另有约定的从其约定。因此，B 资管计划究竟是属于何种资管计划，只有《资管合同》可以证明。

申请人请求披露分配记录的理由是，资管计划尚未偿还回购融资款项时，委托人进行资金分配（即委托资金提取）并导致资管计划无力偿还回购融资，即应认定管理人未善意履行回购合同，需在委托人分配资金范围内承担责任。本案资管计划无力回购融资，而管理人有义务提交该资管计划分配记录。

请求披露资管计划资产负债明细的理由是，B 资管计划事实上无力清偿对外融资债务，虽然法律上资管计划没有类似于公司的破产清算制度，但债权人的合理预期是，被申请人作为管理人负有说明 B 资管计划资产负债情况并作出公平清偿的义务和责任。

请求披露 B 资管计划项下被申请人与中国 J 公司《补充协议》的理由是：中国 J 公司是 B 资管计划委托人，除用于向基金业协会备案的《资管合同》

外，中国 J 公司与被申请人另行签署《补充协议》。该《补充协议》构成 B 资管计划《资管合同》的组成部分，是本案的主体资格认定、责任承担认定必不可少的文件，具有关联性和重要性。

被申请人代理意见和补充意见对此提出异议，根据《证据指引》第 7 条第 3 项的规定，申请人的特定披露请求应由仲裁庭予以驳回，其主要理由是：

1. 申请人就本案事实问题的陈述绝大部分没有事实依据。

（1）申请人未能证明 B 资管计划是案涉交易债券结构化发行通道；监管机构对被申请人采取行政监管措施的部分事实依据是，B 资管计划通道产品让渡管理权及杠杆率高而发生实质性违约存在较大风险，但未认定结构化发行。结构化发行本质特征是，债券发行人通过直接认购或由发行人实际出资但通过关联机构、资管产品等方式间接认购自己发行的债券。没有证据证明发行人与 B 资管计划委托人及 B 资管计划的委托资金存在私下安排购买发行人债券的行为。

（2）《资管新规》实施后，被申请人对 B 资管计划高杠杆问题进行整改。因外部环境因素，银行间债券市场发生流动性断层是 B 资管计划未能充分压降杠杆的根本原因，并非被申请人怠于履行职责。正是因为受市场环境影响，被申请人才主动与案涉债券发行人 D 公司沟通债券到期兑付情况，落实监管要求解决 B 资管计划违约风险问题。

（3）案涉交易是银行间市场标准化交易，以合法发行的债券作为担保品，市场参与者在进行交易时应对质押债券进行考察。申请人选择信用债为质押债券交易即默认承担信用风险，申请人没有完整披露其交易员与委托人代表的"自然人 K—被申请人"之间完整聊天记录，没有说明直接与该代表接触并达成交易意向而持续发生交易的情况。自 2018 年 3 月双方开展回购交易至 2019 年 6 月期间，申请人从未与被申请人进行过何接触，也没有就交易对手或其管理人及委托人进行任何尽职调查。事实上，被申请人 2019 年 7 月出具的《关于 B 资管计划情况的说明函》及 2019 年 8 月的会谈显示，其向申请人表明 B 资管计划是通道型产品、其投资杠杆率高于 300%，这与 Z 证监局认定事实完全吻合，不存在隐瞒真实情况、骗取申请人同意续作回购情形。相反，申请人前述证据显示，在申请人决定与被申请人进行直接沟通时，被申请人真实充分地向申请人揭示 B 资管计划情况，不存在任何欺瞒行为。

（4）案涉债券回购交易违约的根本原因是外部市场变化以及该债券发行

人出现兑付危机。回购违约事件的直接原因是市场资金流动性断裂、市场参与主体对质押券发行主体资信提出更高要求，正是这种外部市场环境变化导致无法再进一步以案涉债券作为质押券进行再融资。同时，叠加该债券发行人出现的兑付危机，使得质押券出现市场流动性枯竭、无法以合理价格卖出而最终导致债券回购违约。

因此，特定披露申请内容与本案不存关联性，对裁判结果缺乏重要性。B 资管计划的分配情况、资产负债明细，须到争议案件的执行阶段由执行法院依法依职权要求（管理人代表）B 资管计划报告财产状况。

2. 特定披露申请导致 B 资管计划管理人违反法律或执业操守。参照《信托法》第 33 条第 3 款的规定，受托人对委托人、受益人以及处理信托事务的情况和资料负有依法保密义务；结合《证券期货经营机构私募资产管理业务管理办法》对管理人信息披露职责和义务的规定，管理人仅对投资者（即委托人）负有信息披露的职责和义务；在私募资管行业，监管部门监管口径、窗口指导以及管理人自律规则都要求管理人对资管业务信息承担保密责任。

3. 申请人特定披露申请导致 B 资管计划管理人、委托人承受不合理的负担。首先，B 资管计划是单一委托人资管产品，管理人有保守商业秘密的义务。申请人申请披露文件均属商业秘密范畴。其次，B 资管计划作为依法设立的私募资管产品，依法享有独立的财产权，产品风险也与管理人、委托人、托管人的自身风险相隔离，如披露将对正常经营造成不利影响。

4. 资管计划是银行间债券市场合法"市场参与者"，是银行间债券回购交易《回购主协议》签署主体，依法有独立的财产能力独立对其债务承担责任。

（1）申请人没有提供完整证据链证明案涉回购交易存在违法事实。B 资管计划于 2017 年 3 月设立，当时的监管政策并未禁止通道业务，也没有对资管计划杠杆率的限制。

（2）资管计划对外债务承担不适用《信托法》。

申请人主张被申请人对 B 资管计划债务承担责任的理由之二是，基于信托关系，受托人违背管理职责或者处理信托事务不当对第三人所负债务或者自己所受到的损失可以其固有财产承担。但《证券期货经营机构私募资产管理业务管理办法》第 6 条明确规定，资管计划以其财产对资管计划债务承担责任。该办法的依据包括《证券法》《证券公司监督管理条例》《期货交易管理条例》《资管新规》《私募资管业务办法》等，但不包括《信托法》。尤其是《证券期货经营机构私募资产管理业务管理办法》已经对资管计划债务承担做出明确规定且该规定与上位法之一的《证券投资基金法》第 5 条规定完全一致，《证券期货经营机构私募资产管理业务管理办法》应为处理资管计划债务承担问题的直接法律依据。

（3）本案被申请人应是 B 资管计划，被申请人代其签署《回购主协议》和参与本案仲裁是履行管理人职责，对 B 资管计划债务是否担责不属本案仲裁范围，被申请人此前提交的代理词已详细论述。

（4）申请人提供的参考案例 7 号的判决已经被最高人民法院二审撤销并改判驳回原告诉讼请求；案例 8 号与本案不属类案而无参考价值。

二、仲裁庭意见

（一）合同效力

申请人依据《回购主协议》就本案所涉申请人与被申请人作为管理人所管理的 B 资管计划在中国银行间债券市场开展的 6 笔质押式回购交易，到期后 B 资管计划未能回购而以 B 资管计划管理人为被申请人提起本案仲裁。本案双方确认《回购主协议》是本案争议合同。

被申请人辩称，根据交易商协会发布的《非法人产品签署主协议通知》对非法人产品签署备案《回购主协议》的明确要求是，由管理人以管理人名义代资管计划签署该《回购主协议》并提交协会备案。由此，被申请人作为 B 资管计划管理人签署《回购主协议》并申报完成备案，但被申请人自身并未签署《回购主协议》。

仲裁庭注意到，《回购主协议》通用条款首部载明"为促进债券回购交易的顺利开展，明确交易双方的权利义务，维护交易双方的合法权益，根据《合同法》等法律法规，交易双方在平等、自愿的基础上签署本协议"。该协议第 2 条 2 款约定，"对本协议下每一笔质押式回购而言，主协议、补充协议和该笔质押式回购的交易有效约定构成交易双方之间就该笔质押式回购的完整协议"。

根据《非法人产品签署主协议通知》的规定，非法人产品包括：基金管理公司及其子公司特定客户资产管理计划 \ 证券公司资产管理计划及其他获准在银行间市场开展业务的非法人产品。以及管理人应按照人民银行［2012］

17 号公告和［2013］2 号公告的相关要求，就开展债券回购的每个非法人产品账户，以管理人名义代其签署《回购主协议》，并提交协会备案。据此，被申请人作为 B 资管计划管理人，在该资管计划设立时代其签署《回购主协议》并完成交易商协议备案。

仲裁庭认为，申请人已恰当签署该《回购主协议》；被申请人亦依照银行间市场交易规范性要求代表 B 资管计划签署该《回购主协议》并完成报备。案涉当事人签署主协议的行为符合《合同法》有关合同成立和生效的规定；同时符合交易商协会规则要求。《回购主协议》第 23 条约定，"签署方有效签署主协议后，主协议在该签署方与其他各签署方之间生效"。另，《回购主协议》第 2 条第 1 款约定，"交易双方在签署主协议之后达成的交易适用主协议"。

仲裁庭认为，《回购主协议》是交易商协会理事会统一制定发布的开放式协议，签署后即作为交易对手之间合同而适用于"签署之后达成的交易"。双方确认本案交易无涉补充协议，因此，该《回购主协议》与案涉 6 笔《质押式回购成交单》构成本案争议所适用之合同，合法有效，是签署方真实意思表示并对签署方具有法律约束力，因此也是确定有关各方权利义务的基本依据。

（二）合同主体和仲裁管辖问题

申请人称，案涉债券回购交易的正回购方 B 资管计划并不具有法人资格，因此被申请人作为法人机构是《回购主协议》的签署方和交易主体，从而构成合同当事人和仲裁协议当事方，仲裁管辖因此合法有效。

被申请人辩称，B 资管计划是《回购主协议》的签署方，按照《合格投资者进入通知》要求，资管计划作为非法人投资者准予进入银行间债券市场从事交易。2015 年 2 月 11 日，交易商协会发布《非法人产品签署主协议通知》，对非法人产品签署备案《回购主协议》明确规定由管理人以管理人名义代其签署并提交协会备案。据此，被申请人作为 B 资管计划管理人代其签署但本身并未签署《回购主协议》，也未与申请人发生回购交易。被申请人参加本案仲裁，是依法履行管理人职责的行为，被申请人事实上未与申请人达成仲裁协议就案涉有关争议提交仲裁。《仲裁法》第 4 条规定，"当事人采用仲裁方式解决纠纷，应当双方自愿，达成仲裁协议"。同时根据《中国国际经济贸易仲裁委员会仲裁规则》第 5 条第 1 项的规定，"仲裁协议指当事人在合同中订明的仲裁条款或以其他方式达成的提交仲裁的书面协议"。申请人提起本案仲裁的依据是《回购主协议》第17条第2项第2款，"若交易双方不进行协商或协商未果，交易双方同意应将争议、纠纷或索赔提交中国国际经济贸易仲裁委员会按照届时有效的《中国国际经济贸易仲裁委员会仲裁规则》在北京以仲裁方式解决"。申请人与被申请人之间不存在债券回购交易，不存在仲裁协议和合同关系。因此，仲裁委员会对本案不具管辖权，申请人针对被申请人的诸项请求均不在仲裁管辖范围。

仲裁庭注意到，被申请人庭后书面请求在仲裁裁决中明确以"B资管计划"作为本案回购违约主体，但申请人书面反驳称，被申请人这一请求企图偷换仲裁主体，申请人提起本案仲裁的被申请人即为被申请人。被申请人和仲裁机构均无权变更被申请人为"中国C公司（代表B资管计划）"。

仲裁庭认为，《回购主协议》第2条第1款约定，"交易双方在签署主协议之后达成的交易适用主协议"。案涉债券回购交易主体为申请人与B资管计划无疑。根据《回购主协议》第17条有关交易双方同意将争议、纠纷或索赔提交仲裁委员会按照届时有效的《仲裁规则》在北京以仲裁方式解决的约定，申请人基于案涉债券回购交易中，是被申请人而非B资管计划既违约又存在违规侵权的认知和理由，将本案争议提起仲裁，本身并无不妥。

根据交易发生当时适用的《民法总则》（2021年起生效的《民法典》同条）第102条第1款规定："非法人组织是不具有法人资格，但是能够依法以自己的名义从事民事活动的组织。"该法第105条规定："非法人组织可以确定一人或者数人代表该组织从事民事活动。"根据上引《证券期货经营机构私募资产管理业务管理办法》第11条的规定，证券期货经营机构从事私募资管业务，以管理人名义代表投资者行使诉讼权利或者实施其他法律行为。据此，案涉债券回购交易主体虽是B资管计划，但被申请人作为其法定诉讼代表构成适格仲裁主体。根据《回购主协议》仲裁条款的约定，仲裁委员会对本案争议具有管辖权，案涉交易相关的"争议、纠纷或索赔"事项均属仲裁审理范围。

仲裁庭注意到，申请人根据《仲裁规则》第14条的规定提出，多份合同所涉当事人相同且法律关系性质相同、争议源于同一系列交易、多份合同中的仲裁协议内容相同的情况下，申请人可就多份合同项下的争议在同一仲裁案件中合并提出仲裁申请。

仲裁庭认为，案涉6笔质押式回购交易中，申请人为逆回购方，B资管计划为正回购方。各笔交易成交单约定的回购期限、融出数额、约定利率等交易要素虽有不同但交易主体相同、争议源于同一系列交易而适用《回购主协议》；因B资管计划在各成交单约定的到期结算日未能履行回购义务违约所致。是故，申请人可就案涉6笔交易在本案中合并提出仲裁请求。

同时，被申请人代B资管计划签署《回购主协议》的行为合法有效，根据上引《证券期货经营机构私募资产管理业务管理办法》第11条的规定，被申请人以管理人名义代表投资者行使诉讼权利或者实施其他法律行为。被申请人代表B资管计划依法行使诉讼，并不等同是案涉《回购主协议》合同主体，亦不等同于承担申请人请求的全部法律责任。《仲裁委员会仲裁规则》第3条1款规定，"仲裁委员会根据当事人的约定受理契约性或非契约性的经济贸易等争议案件"。申请人针对被申请人提出的违约和侵权等仲裁请求，但被申请人的行为属性和责任范围只有经过仲裁审理后才能认定。有鉴于此，仲裁庭认为，仲裁委员会对本案合同争议具有管辖权，案涉交易相关的"争议、纠纷或索赔"事项均属仲裁审理范围。

（三）本案争议焦点

1. 合同和违约主体。

申请人称，申请人与B资管计划的6笔质押式回购交易，各单约定的融资条件是：

（1）编号为1—3的《质押式回购成交单》分别于2019年11月25日达成，其中均约定：回购期限14天，首次结算日为2019年11月25日，到期结算日为2019年12月9日，回购利率10%，交易金额3400万余元，应计利息13万余元，到期结算金额3400万余元，质押债券为3600万余元D债券。

（2）编号为4—6的《质押式回购成交单》分别于2019年11月28日达成，其中均约定：回购期限14天，首次结算日为2019年11月28日，到期结算日为2019年12月12日，回购利率10%，交易金额3500万余元，应计利息13万余元，到期结算金额3500万余元，质押债券为3700万余元D债券。

上述6笔业务的成交单约定的到期结算日分别到期后，被申请人未履行回购付款义务而构成违约，申请人提交各笔交易的"成交单"和"交割失败通知"可资证明。申请人为此请求裁决被申请人以B资管计划项下财产及被申请人固有财产履行上述回购交易的回购义务，并因此承担违约责任。

因为，被申请人是本案民事主体和合同当事人，B 资管计划只是交易规则确认的"产品户"，本身并无独立法人资格和意思机关，其合同订立和交易行为以及因此产生的违约责任，应由被申请人以 B 资管计划项下财产及被申请人固有财产一并承担违约责任。申请人代理意见中引述被申请人于 2019 年 7 月 31 日《关于 B 资管计划情况的说明函》中被申请人已说明的事实情况：①B 资管计划是一实体企业单一委托人设立通道型资管产品，只持有"D 债券"一只债券；②B 资管计划不构成结构化发行、委托人和 D 公司没有关联关系；③B 资管计划杠杆率高于300%，剩余未质押债券量少，只有续作等待债券变现，否则进入违约坏账和折价处置而对手本金将发生大比例损失；④D 公司希望 2020 年 4 月全部赎回该期债券，其信用状况稳定能完成赎回；⑤委托人和发行人都有措施偿债（委托人卖债，发行人提前赎回）；⑥"鉴于 B 资管计划的现状和 D 公司债券的资质，我司作为管理人建议贵行继续与 B 资管计划续作回购，保护贵行的回购本金与利息。"

申请人称，依照被申请人上述建议，申请人与 B 资管计划在 2 亿元额度内续作回购交易，但 B 资管计划持有债券被案外人查封而致双方的续作中断，案涉最后 6 笔到期债券违约至今。因 B 资管计划未能兑付到期质押债券，被申请人作为该资管计划管理人负有清算偿债责任，有义务主动处置 B 资管计划财产用于偿付其对外负债，当其财产不足清偿对外债务时，被申请人即有义务对其清算并确保债权人获得公平清偿。这是资管计划管理人的法定职责，也是质押回购合同项下被申请人随附义务。被申请人以《资管合同》非本案合同作为抗辩理由，并不成立。

申请人认为，资产管理计划对外义务的履行优先于该资产管理计划合同设定的管理人和委托人的内部责任划分，该等义务的履行并不需要以获得委托人的认可为前提；如管理人怠于履行上述义务，则管理人应代为偿还资产管理计划的对外负债。事实上，被申请人承认该资管计划是单一委托人委托设立，该资管计划委托人中国 M 公司已经在 Y 市仲裁委对被申请人提起仲裁，并由其母公司予以公开披露。

被申请人在明知委托人母公司已经对外公开披露其投资 B 资管计划并因被申请人违反合同对其造成的损失提出索赔的情况下，公然宣称披露"将对委托人的正常经营造成不利影响，导致外界对委托人及其集团公司的财务状况、经营状况产生不必要的误解，引发委托人及其集团公司市值及股价的不当波动"。同时，结合Z证监局对B资管计划首任投资经理朱某的处罚决定显示，该资管计划曾分14笔买入近7亿元的同一品种债券，违反资管合同也违反监管规则。即使本案所涉资管计划是通道产品，但其持有单一品种债券和杠杆率超过规则限定的200%等事实，均证明被申请人存在违规过错行为。被申请人行为构成对申请人财产权益的侵害，并且，被申请人拒绝披露的行为亦有违诚信原则。

被申请人辩称，第一，案涉标准化债券回购交易中，B资管计划因未能在到期结算日回购质押债券而违约，应按《回购主协议》第8条相关约定向申请人支付到期资金结算额、补充金额、罚息以及其他相关费用。事实上，B资管计划是《回购主协议》的签署方，依照《合格投资人进入通知》，资管计划作为非法人投资者准予进入债券市场从事交易。按照交易商协会《非法人产品签署主协议通知》要求，管理人代资管计划签署《回购主协议》并提交协会备案，被申请人已合法合规履行代签和设立备案手续。但被申请人自身并未签署《回购主协议》，也未曾与申请人开展回购交易，并非《回购主协议》约定的交易对手和合同主体。第二，被申请人参与本案仲裁仅是依法履行管理人职责，申请人无权请求被申请人清算B资管计划，更无权要求被申请人向其提交该资管计划的清算报告、资产管理合同等有关资产管理计划的法律文件、交易记录、投资指令、收益分配记录、财产明细等；申请人该项请求并非基于《回购主协议》，因此不属《回购主协议》仲裁条款约定的仲裁范围。具体而言，①B资管计划依法设立并经合法备案，只能依照《资管合同》约定和依法终止而进行清算。②截至目前，《资管新规》和《证券期货经营机构私募资产管理业务管理办法》关于管理人披露义务的规定，都是规范管理人对资管计划投资者（即委托人）的披露义务。法律、行政法规、证监会或者人民银行均无规定，要求资管计划管理人或资管计划本身向交易对手披露资管计划内部信息。因此，申请人各成交单下第2项请求没有法律依据。③《回购主协议》第16条第2项、第3项有关"信息披露"的约定是，"不限制交易一方根据相关法律的要求，就与本协议以及本协议项下交易有关的任何信息进行披露""交易一方同意另一方将有关本协议以及本协议项下交易的信息交流或披露予另一方的关联方、外部专业顾问或服务提供者"。《回购主协议》并无约定，在交易一方违约时，守约方有权申请对违约方进行清算。④仲裁庭可依据仲裁条款和《回购主协议》裁决B资管计划就该违约行为承担违约责任和履行《回购主协议》下的约定义务，但申请人请求被申请人以固有财产履行回购义务的违约责任并无合同依据。本案合同仲裁协议约定的仲裁事项是"双方之间在本协议下或与本协议相关的任何争议、索赔或纠纷"，申请人请求内容与协议约定不符，与本案权利义务认定缺乏足够的关联性和重要性，且将导致被申请人违反监管要求和对委托人的保密义务，应予驳回。

仲裁庭认为，案涉6笔《成交单》和《交割失败通知》等证据足以证明，B资管计划在到期结算日未能履行回购义务而构成违约。申请人与B资管计划之间构成《回购主协议》约定的"交易对手"并受该协议约束；被申请人是B资管计划管理人，双方对此均予确认无疑。根据《证券投资基金法》第19条的规定，公开募集基金的管理人应当以基金管理人名义，代表基金份额持有人利益行使诉讼权利或者实施其他法律行为；第31条规定，对非公开募集基金的基金管理人进行规范的具体办法，由国务院金融监管机构依照该法"基金管理人"一章的原则制定。由此，《证券期货经营机构私募资产管理业务管理办法》第12条规定，证券期货经营机构从事私募资产管理业务，以管理人名义代表投资者行使诉讼权利或者实施其他法律行为。无论依据《回购主协议》及《质押式回购成交单》的约定，还是根据上述法律法规规定，管理人并非案涉债券回购交易的合同主体。《资管合同》与案涉《回购主协议》的主体不同、法律关系不同，不属本案仲裁审理范围。

有鉴于此，仲裁庭认为，被申请人本身并未签署案涉《回购主协议》，没有证据显示其与申请人开展债券回购交易。案涉6笔回购交易中，被申请人本身并无违反《回购主协议》的违约行为。被申请人履行《资管合同》义务的行为、依法代表资管计划（投资者）行使诉讼权利并作为本案仲裁主体，无论其行为是否违反该《资管合同》约定，甚至违法违规，并不因此构成案涉债券回购交易的交易主体和《回购主协议》的合同主体。

此外，申请人主张被申请人同时需要承担B资管计划的违约责任和违约后的清算责任等"附随义务"，请求被申请人以B资管计划清算财产优先清偿该资管计划对外债务的主张，并非依据《回购主协议》约定；因此缺少事实和合同依据。

2. 侵权责任。

申请人称，被申请人存在：①没有依法行使对B资管计划的主动管理权，放任委托人对资管计划的投资决策权，并据其指令执行；②B资管计划投资持有的全部债券均为D公司于2017年4月10日发行的"D债券"单一品种债券，该债券发行时仅有两名投资人认购，显示B资管计划是为了配合该债券发行而设立；③变相向不具备银行间市场准入资格的机构出借交易账户，使B资管计划成为D公司市场融资工具，向发行人输送利益；④管理人违反《资管新规》杠杆率200%的要求，违规加大B资管计划杠杆超过300%，甚至达到600%；⑤协助并加大"结构化发行"融资规模，给交易对手造成风险等情形。被申请人因多项违规行为构成对申请人的侵权，因此须承担侵权责任。被申请人侵权行为导致申请人在案涉债券质押回购交易项下蒙受损失，损失金额是各成交单约定到期资金结算额和罚息之和，而由B资管计划财产偿付但未获清偿的差额部分。

被申请人辩称，申请人在场内开展债券回购的交易对手是B资管计划，交易方式属标准化产品融资交易；交易风险包括未能兑付的信用风险。正因如此，该类交易需以质押债券作为交易担保品。质押债券可以是国家信用资质的低利率债，也可以是利率和风险相对较高的企业信用资质的信用债。申请人选择信用债作为质押债券进行交易，实际已默认承担更大信用风险。因此，其损失是B资管计划到期结算日违约应当承担的违约责任，属债券回购交易正常交易风险。根据《回购主协议》第3条"交易一方在签署主协议及补充协议之时向另一方做出下列声明与保证"下的第9项，交易方"具备独立评估交易风险的能力，能够对交易中所涉及的法律、财务、税务、会计和其他事项自行调查评估（不依赖另一方的意见），且充分认识并愿意承担交易风险，根据自身的利益和判断进行交易"。申请人独立自行评估交易风险并根据自身利益从事交易，即应信守交易合约约定。其要求被申请人承担违约和侵权责任，并无事实和法律依据。

被申请人又称，B资管计划并非基金公司主动管理类型业务，严格说属于营业性信托，即俗称"通道"业务。此类业务由委托人及委托人聘请的投资顾问决策，管理人执行其投资指令协助完成交易。基于此，申请人所谓被申请人的违规"过错"行为，与申请人损失之间没有因果关系。申请人与B资管计划开展案涉债券回购交易的目的是获取资金融出的利息收益，其风险来自质押品债券本身。申请人作为融出资金的逆回购方，首先须考虑所涉债券品种的市场信用评级、利息标准、质押期限和质押率等交易要素；以及申请人交易对手专户产品的性质、持仓产品结构、杠杆率等情形。该等因素均属申请人投资决策内部风控问题，应在 2018 年 3 月首次与 B 资管计划开展交易前就应对此进行审查并不时检查。事实上，最初即与申请人一方交易员保持联系的就是 B 资管计划委托人的代表，由此可见，申请人知晓并自始就确定以"D 债券"债券与交易对手开展回购交易。B 资管计划 2019 年 12 月发生违约时双方交易已历时 2 年，协议的回购利率从最初的 5.5% 上涨至 10%。这期间，申请人从未向被申请人提出关于涉嫌 D 公司"结构化发行"、利益输送的问题，也从未就 B 资管计划委托人、债券品种、产品结构等向被申请人提出尽职调查要求。

因此，申请人不能以违约和侵权竞合为由，将本案仲裁审理范围扩张至对被申请人的侵权主张。根据法律规定，违约和侵权竞合的前提是违约方与侵权行为人为同一主体，侵权行为本身就是违约行为。本案中，《回购主协议》违约方是 B 资管计划，违约行为是未能在到期结算日支付到期结算资金回购质押债券。申请人指称侵权方是被申请人，侵权行为是被申请人涉嫌违规设立通道产品、参与结构化发行、放任资管计划委托人决策和高杠杆等，其理由显然不属于违约与侵权竞合的法定理由，因此不能以竞合为由将本案仲裁的违约事由扩至申请人所主张的侵权行为责任。

仲裁庭认为，被申请人并非案涉债券回购交易主体和本案《回购主协议》的合同主体，事实上被申请人自身并未签署该《回购主协议》，被申请人因此不存在《回购主协议》下的违约行为。同时，根据《合同法》第 122 条的规定："因当事人一方的违约行为，侵害对方人身、财产权益的，受损害方有权选择依照本法要求其承担违约责任或者依照其他法律要求其承担侵权责任。"该规定中"当事人一方的违约行为"的含义表明，双方之间存在合法有效的合同关系是违约和侵权竞合的必要前提条件；在此前提下，违约方的违约行为可以同时构成侵权行为。被申请人与申请人之间既然不存在合同关系，即使被申请人存在违规甚至违法行为及违反《资管合同》的行为，也不构成法律规定的竞合情形。

仲裁庭注意到，申请人提及被申请人承担侵权责任的赔偿范围是 B 资管计划财产不足清偿的部分，存在"竞合"情形。由此，申请人主张资管计划管理人的违约和侵权赔偿责任，实际是 B 资管计划财产不足清偿部分的补充赔偿责任。仲裁庭已如上述，表明被申请人不是案涉《回购主协议》合同主体，不存在该合同下的违约责任。申请人提出的侵权赔偿请求，无论是否限制在该资管计划清偿不足部分还是其债券回购的全部损失范围，申请人依据法律规定而享有诉权，均可不依赖案涉合同关系和仲裁协议而另行寻求法律救济。仲裁庭认为，申请人在本案中主张被申请人侵权并据此主张被申请人承担赔偿责任的请求和理由，缺少合同和法律依据，同时确已超出本案仲裁审理范围。

3. 结构化发行。

综合申请人意见，①B 资管计划从事结构化发行，即在发行人拟通过债券融资而又无法获得正常市场认购的情况下，通过私下安排关联方、一致行动人设立私募产品反复买券、质押券融资再买券接盘原本无法正常发行的债券。因此，结构化发行涉嫌操纵发行价格、不正当利益输送、破坏市场秩序。事实是，2017 年 3 月，被申请人完成 B 资管计划的备案；3 月 24 日取得银行间市场准入资格。4 月 10 日，D 债券发行募集 10 亿元但申购机构仅有 2 家。4 月，B 资管计划分 14 笔买入近 7 亿元该债券，这一期间该债券共计成交近 11 亿元。由此可见，B 资管计划是专门承接 D 公司发行的"D 债券"而成立的资管计划，通过反复"买入债券—质押融资—以融入资金再买入债券"的循环操作方式，配合发行人融资。此后，该债券发行数日内发生的巨额换手情形也说明该债券交易均是事先约定的"过券"交易。交易记录和申请人查询整理的该债券交易情况表显示，B 资管计划在发行数日后接盘并完成转手，证明该等交易安排只能是发行人 D 公司予以主导。2020 年 11 月，交易商协会对案外人中国 G 公司结构化发行给予处罚并同时公布《债务融资工具规范通知》，该处罚及该通知表明，该通知发布之前的结构化发行行为亦属违规并可追溯处罚，并非被申请人工作人员所称，监管机构对结构化发行不加限制而对等行为是"高举轻放"。②B 资管计划到期未能兑付违约之后，被申请人怠于对其予以整改、清算。具体表现：对 B 资管计划超高杠杆率问题未予整改纠正；让渡 B 资管计划管理权行为已被 Z 证监局认定为违规，并对被申请人及其相关责任人员予以行政处罚。③申请人与 B 资管计划自 2018 年 3 月起至 2019 年 2 月，在 2 亿授信额度内持续开展回购交易。原定 2019 年 6 月 11 日到期两笔回购交易面临违约风险之前，B 资管计划均能到期结算。申请人为避免上述两笔交易违约而与 B 资管计划续作两笔，提供资金用于偿还到期回购的融资。B 资管计划此后无法获得追加资金履行回购义务最终违约未能兑付。

申请人代理意见进一步认为，《证券投资基金法》第5条和《证券期货经营机构私募资产管理业务管理办法》第6条规定，均不排除当事人另有约定的，可以从其约定。《信托法》第32条和第37条，与上述法律法规规定的原则一致，受托人（或管理人）违法和违背受托人职责的，须以自有财产对信托（资管计划）的债务担责，受托人先行支付第三方债务后对信托财产享有优先受偿权。申请人补充提交两份司法判例并结合上述法律规定分析而认为，被申请人以固有财产承担资管计划对外负债取决于双方是否另有约定。本案被申请人违规参与结构化发行、隐瞒案涉交易问题债券情形、放任资管计划管理、未能及时督促委托人追加出资实现回购、委托人拒绝追加出资后又急于采取法律手段追讨、迟延清算资管计划并以清算财产优先偿付对外债务等行为，均为违反管理职责、管理事务不当和管理信托事务不当的行为。根据《信托法》第37条第2款："受托人违背管理职责或者处理信托事务不当对第三人所负债务或者自己所受到的损失，以其固有财产承担。"被申请人应以固有财产对申请人损失承担赔偿责任。

被申请人辩称，B资管计划不是《民法总则》规定的民事主体，但资管计划作为金融创新产品而受《证券投资基金法》及其下位规章《证券期货经营机构私募资产管理业务管理办法》规制，同时符合《民法总则》第11条关于特别法优于一般法的规定。根据《证券投资基金法》第5条的规定，基金财产的债务由基金财产本身承担，基金财产独立于基金管理人、基金托管人的固有财产。《证券期货经营机构私募资产管理业务管理办法》第6条规定，资产管理计划财产的债务由资产管理计划财产本身承担，资产管理计划财产独立于证券期货经营机构和托管人的固有财产，并独立于证券期货经营机构管理的和托管人托管的其他财产。司法审判实践认定，资管计划管理人代为应诉是履行管理人职责，资管计划对外债务仍由该资管计划财产承担。

被申请人辩称，本案B资管计划由单一委托人委托设立，区别于被申请人的主动管理型资管计划；本案资管计划的委托人及其指定投资顾问具有投资决策和投资指令权利，被申请人据此执行投资指令并无过错。监管架构此后针对被申请人及下述投资经理个人的业务告知和处罚等，均是针对被申请人资管业务的内部风控方面的问题，并未认定被申请人在管理的资管计划与申请人的债券回购业务中存在违规或违约行为。申请人提交的两份司法判例，其中 7 号一审判决已经被最高人民法院二审撤销改判,驳回原告诉讼请求;其中 8 号判决与本案不属"类案"而无参考价值。该案基础法律关系是债权人因公司股东未足额出资而依据《公司法》司法解释主张未出资范围内的赔偿责任和补充赔偿责任,与本案争议性质和法律依据完全不同。

被申请人辩称,申请人引述的《信托法》规定并不适用本案争议。申请人主张被申请人对 B 资管计划债务承担责任的理由是基于信托关系,受托人违背管理职责或者处理信托事务不当对第三人所负债务或者自己所受到的损失可以其固有财产承担。但《证券期货经营机构私募资产管理业务管理办法》第 6 条已明确规定,资管计划以其财产对资管计划债务承担责任。该办法的依据明示包括《证券法》《证券公司监督管理条例》《期货交易管理条例》《资管新规》《证券期货经营机构私募资产管理业务管理办法》等,而不包括《信托法》。尤其是《证券期货经营机构私募资产管理业务管理办法》与其上位法之一的《证券投资基金法》第 5 条完全一致,《证券期货经营机构私募资产管理业务管理办法》应为处理资管计划债务承担问题的直接法律依据。

仲裁庭认为,通常所谓的"结构化发行",是指债券发行人在发行环节和发行后交易过程中的"自融"性质的行为,虽然涉及债券发行的承销商和场内交易主体,但主要针对发行人。不能仅凭案涉合同约定和交易债券品种的后期市场表现而推定或认定存在"结构化发行"行为,并由此认定债券发行后的场内交易的"参与方"曾参与结构化发行违规并承担赔偿责任。本案所涉债券是否属于结构化发行问题并非仲裁管辖和审理范围,虽然申请人依据交易商协会针对案外人中国 G 公司的处罚决定而认定结构化发行情形可追溯处罚,但仲裁庭认为,该处罚决定由交易商协会这一自律组织依据其章程和场内交易规则作出,处罚内容显示停止发行人会员资格和限制其一定时期内发行债券的权利,但并未认定发行人及关联方存在"结构化发行",并对涉及结构化发行而导致的投资人损失承担赔偿责任。是故,交易商协会对中国 G 公司的处罚决定与本案被申请人是否从事"结构化发行"之间,并无必然的关联关系和证明效力。此外,申请人并未指明禁止结构化发行的效力性强制性法律规定。

此外,仲裁庭注意到,申请人提出被申请人存在多项违规行为之一是其隐瞒案涉债券属于"问题债券",即正常情况下该债券的发行可能不被市场所接受。被申请人辩称,申请人是银行类金融机构,作为市场合格机构投资人应对银行间债券市场质押式回购交易的交易规则具有充分清晰的认知。事实上，申请人与 B 资管计划持续两年就同一债券品种开展回购交易，且约定利率水平持续上升，申请人从未与被申请人联系了解该资管计划委托人和交易债券品种情形，申请人亦未提交其投资决策前对所涉债券交易各方和债券本身进行尽职调查的证据。申请人作为金融机构本应负有合理注意义务，其自行决策投资的债券品种，应自行承担该债券的市场风险。

仲裁庭认为，申请人自 2018 年 3 月起至 2019 年 6 月期间，持续与 B 资管计划就同一发行人发行的债券品种开展回购交易。2019 年 6 月违约风险显露后仍保持 2 亿元额度的回购融资规模。此后因违约风险而续作回购交易的主要目的，是期待债券发行人提前兑付从而避免违约事件导致申请人的投资损失。以上过程表明，申请人自始自行决策选择交易对手和交易所涉债券品种，不应归责于交易对手的管理人即被申请人。

另外，就案涉争议的法律适用而言，仲裁庭注意到，双方均确认资管计划的性质属于商事信托，但违约后的赔偿责任是否应当适用《信托法》而及于被申请人固有财产的问题，双方意见不一。申请人认为，被申请人违约和违规侵权（管理信托财产不当而给第三方造成损失），须依据《信托法》规定以固有财产承担赔偿责任；但被申请人认为，《证券投资基金法》和《证券期货经营机构私募资产管理业务管理办法》已明确规定，资管计划属于特定交易主体，其违约责任以其财产赔偿，不足部分由该资管计划委托人承担赔偿义务，与管理人固有资产无关。

仲裁庭认为，本案回购交易首先依据《回购主协议》并适用《合同法》，被申请人并非合同主体，不是回购交易主体和合同违约方，因而不存在违约责任。同时，无论依据《信托法》还是《证券投资基金法》的规定，资管计划财产均属于投资人所有；法律规定基本原则相同，信托财产或资管计划财产，在法律上与受托人自有财产和管理人固有财产不可混同。申请人主张以管理人固有财产赔偿资管计划财产清偿不足的差额部分，缺少合同和法律依据。

4. 申请人特定披露请求和被申请人异议。

仲裁庭注意到，申请人为支持其仲裁请求而提出"特定披露请求"和补充披露请求，请求仲裁庭指令被申请人提供和披露有关书证，包括 B 资管计划的资管合同，以及该资管合同项下与资管计划业务交易记录相关的文件等，并列举了要求披露的诸项理由。申请人据此提出，如被申请人拒绝披露，仲裁庭应作出对被申请人不利的推断。被申请人辩称，申请人并非《资管合同》当事人，不是B资管计划委托人，无权提出该等披露要求，无权提出清算资管计划并提交资管计划清算报告的要求；披露将导致被申请人违反保密义务和承受不合理负担。

仲裁庭未同意申请人的特定披露请求。仲裁庭认为，本案属合同争议，构成案涉合同的是《回购主协议》及成交单，被申请人并非《回购主协议》交易主体或合同主体，而《回购主协议》中也未见资管计划管理人的约定披露义务。此外，仲裁庭不同意申请人所称，被申请人在资管计划财产不足清偿的前提下，就差额部分具有违约和侵权竞合的情形，虽然申请人认为被申请人行为构成侵权而因此具有合法诉权，但依据法律规定，资管计划违约后以其财产对其负债清偿不足的部分，应由资管计划委托人（投资人）承担责任而非资管计划管理人承担责任。此外，就举证责任分配而言，缺少被申请人"违约"的直接证据和合同依据的前提下，指令被申请人作出特定披露显然对其并不公平。

仲裁庭进而认为，就案涉争议问题而言，双方前后发表的其他有关意见，尤其是申请人有关中国信托法律制度的学理分析意见等，与上述争议焦点不具必然联系，无碍仲裁庭对本案仲裁请求相关事实的认定，仲裁庭因此不再赘述。

（四）关于仲裁请求

申请人在本案中提出7项仲裁请求，前6项请求分别针对每一单《质押式回购成交单》而提出具体3项请求事项，除每单约定的交易金额，质押债券票面额、利率和到期结算日等交易要素不同，申请人请求的性质具有共同性。申请人针对各《质押式回购成交单》下第1项请求（包括第1-1、第2-1、第3-1、第4-1、第5-1、第6-1请求）内容时，被申请人"以其管理的B资管计划项下财产及被申请人的固有财产"向申请人支付各《质押式回购成交单》下的到期资金结算额，及自回购交易到期结算日之后第4个营业日起，按照到期资金结算额的每日2‰计算，截至2020年4月28日的罚息。

被申请人对上述请求内容包含的"到期资金结算额"和"罚息"数额及其计算方式未提异议。

仲裁庭认为，根据《回购主协议》通用条款第8条第1款3（1）C有关

"在到期结算日发生违约事件"下的约定，违约方在到期结算日发生违约事件，应立即支付到期资金结算额以及相应的补偿金额。如果其未在上述 3 个营业日内履行该等支付到期资金结算及/或补偿金额的义务，则应从第 4 个营业日起就未支付的到期资金结算额及/或补偿金额按照通用条款的第 10 条的约定支付罚息。其第 10 条约定，"若交易双方未在补充协议中约定罚息利率，则罚息利率按日利率万分之二计算"。案涉各《质押式回购成交单》均有到期资金结算额的约定，申请人请求数额符合成交单约定；申请人以到期资金结算额为基数计算罚息的利率和起算日期，亦符合合同约定。同时，各《质押式回购成交单》中明示首次结算方式和到期结算方式均为"券款对付"，B 资管计划实际履行回购义务的同时，申请人亦应将其质押债券解除质押返还给 B 资管计划。

此外，仲裁庭注意到，申请人每一成交单下第 1 项（包括第 1-1、第 2-1、第 3-1、第 4-1、第 5-1、第 6-1）请求项下罚息的计算，均以括弧内文字标明"截至"2020 年 4 月 28 日。对此，仲裁庭认为，"截至"的文字表述，应理解为申请人提起案涉仲裁请求时暂计的已发生罚息日期，而不同于从起算日到暂计日"截至"的期间，根据上引《回购主协议》第 10 条的约定，罚息应计算至到期资金结算额支付完毕之日。

仲裁庭此前已述，申请人这一请求具有要求违约方 B 资管计划继续履行合同回购义务的性质，并无不妥。仲裁庭支持申请人该项请求，被申请人应以其管理的 B 资管计划项下的财产向申请人支付其本案仲裁请求的到期结算资金和罚息。仲裁庭须说明，申请人收取到期结算资金和罚息的同时，应将质押债券解除质押并返还 B 资管计划。

仲裁庭认为，被申请人不是案涉《回购主协议》的当事人；申请人此项请求中包含要求被申请人以固有财产支付回购交易项下到期资金结算额和相关罚息的请求内容，缺少合同和法律依据，仲裁庭不予支持。

申请人各《质押式回购成交单》下的第 2 项请求（包括第 1-2、第 2-2、第 3-2、第 4-2、第 5-2、第 6-2 请求）是，被申请人提交 B 资管计划的清算报告、资产管理合同等资产管理计划的法律文件、交易记录、投资指令、收益分配表、可用于履行第 1 项请求的财产明细，在被申请人拒绝提交上述文件的情况下，请求裁决被申请人代为履行各成交单下的债券质押回购交易的回购义务，向申请人支付各成交单第 1 项请求的到期资金结算额和罚息。

仲裁庭认为，申请人并非B资管计划的委托人，而B资管计划是否清算、被申请人是否提交有关资管合同的法律文件和交易文件等，不属案涉《回购主协议》约定事项，同时也不是法律明示规定的资管计划清算事由；仲裁庭无从认可和支持申请人这一请求。同时，申请人又称，如被申请人拒绝提交该等文件，则申请人请求裁决被申请人代为履行B资管计划在各《质押式回购成交单》交易项下的回购义务。仲裁庭并未指令被申请人提交该等文件，即使被申请人提交和披露该等文件，该等文件也属事实证据，与案涉合同约定的B资管计划回购义务无关。即使该等文件可以起到支持申请人有关被申请人违规侵权行为的"事实"主张，但因双方不存在有效的仲裁协议，该等"事实"和理由亦不构成"竞合"情形。仲裁庭确认申请人享有依法另寻救济的诉权，但本案中申请人这一仲裁请求，缺少事实、合同和法律依据，仲裁不予支持。

申请人在各《质押式回购成交单》下的第3项请求（包括第1-3、第2-3、第3-3、第4-3、第5-3、第6-3请求）是，裁决被申请人向申请人赔偿各《质押式回购成交单》下债券质押回购交易项下蒙受的损失，损失金额为各成交单下第1项仲裁请求中的到期资金结算额和罚息在以B资管计划项下财产偿付之后仍未能获得清偿的差额部分。

仲裁庭认为，申请人这一请求指向资管计划财产偿付后未获清偿的差额部分，因此实际构成补充赔偿责任的请求。但是，仲裁庭已如前述，认定被申请人不属案涉《回购主协议》的合同主体而不存在违约问题；同时，申请人所指被申请人"违规行为"不是有效合同和仲裁协议前提下的侵权行为，因而不属本案审理范围。同时，申请人并未证明被申请人存在损害资管计划资产的"侵权"行为以及该等行为与申请人实际损失之间存在必然因果关系。是故，申请人这一请求，缺少事实和法律依据，仲裁庭不予支持。

申请人第7项仲裁请求是裁决被申请人承担本案全部仲裁费、保全费、财产保全担保费等费用。

根据仲裁庭以上分析意见及《仲裁规则》第52条的规定，仲裁庭认为，案涉《回购主协议》的违约方是被申请人管理的B资管计划，本案仲裁费应由被申请人以其所管理的B资管计划的财产承担。

申请人未提交保全费，财产保全担保费的证据，故仲裁庭对保全费、财产保全担保费的仲裁请求不予支持。

三、裁决

基于上述事实和理由，仲裁庭经合议裁决如下：

（1）被申请人应履行成交编号为 1 的《质押式回购成交单》债券质押回购交易项下的回购义务，以其管理的 B 资管计划项下财产向申请人支付回购交易项下到期资金结算额人民币 3400 万余元及自回购交易到期资金结算日 2019 年 12 月 9 日之后第 4 个营业日，即 2019 年 12 月 13 日起按照到期资金结算额的每日 2 ‰计算的罚息（自 2019 年 12 月 13 日起至 2020 年 4 月 28 日共计 138 天罚息为人民币 94 万余元）。

（2）被申请人应履行成交编号为 2 的《质押式回购成交单》债券质押回购交易项下的回购义务，以其管理的 B 资管计划项下财产向申请人支付回购交易项下到期资金结算额人民币 3400 万余元及自回购交易到期资金结算日 2019 年 12 月 9 日之后第 4 个营业日，即 2019 年 12 月 13 日起按照到期资金结算额的每日 2 ‰计算的罚息（自 2019 年 12 月 13 日起至 2020 年 4 月 28 日共计 138 天罚息为人民币 94 万余元）。

（3）被申请人应履行成交编号为 3 的《质押式回购成交单》债券质押回购交易项下的回购义务，以其管理的 B 资管计划项下财产向申请人支付回购交易项下到期资金结算额人民币 3400 万余元及自回购交易到期资金结算日 2019 年 12 月 9 日之后第 4 个营业日，即 2019 年 12 月 13 日起按照到期资金结算额的每日 2 ‰计算的罚息（自 2019 年 12 月 13 日起至 2020 年 4 月 28 日共计 138 天罚息为人民币 94 万余元）。

（4）被申请人应履行成交编号为 4 的《质押式回购成交单》债券质押回购交易项下的回购义务，以其管理的 B 资管计划项下财产向申请人支付回购交易项下到期资金结算额人民币 3500 万余元及自回购交易到期资金结算日 2019 年 12 月 12 日之后第 4 个营业日，即 2019 年 12 月 18 日起按照到期资金结算额的每日 2 ‰计算的罚息（自 2019 年 12 月 18 日起至 2020 年 4 月 28 日共计 133 天罚息为人民币近 94 万元）。

（5）被申请人应履行成交编号为 5 的《质押式回购成交单》债券质押回购交易项下的回购义务，以其管理的 B 资管计划项下财产向申请人支付回购交易项下到期资金结算额人民币 3500 万余元及自回购交易到期资金结算日 2019 年 12 月 12 日之后第 4 个营业日，即 2019 年 12 月 18 日起按照到期资金结算额的每日 2‰计算的罚息（自 2019 年 12 月 18 日起至 2020 年 4 月 28 日共计 133 天罚息为人民币近 94 万元）。

（6）被申请人应履行成交编号为 6 的《质押式回购成交单》债券质押回购交易项下的回购义务，以其管理的 B 资管计划项下财产向申请人支付回购交易项下到期资金结算额人民币 3500 万余元及自回购交易到期结算日 2019 年 12 月 12 日之后第 4 个营业日，即 2019 年 12 月 18 日起按照到期资金结算额的每日 2‰计算的罚息（自 2019 年 12 月 18 日起至 2020 年 4 月 28 日共计 133 天罚息为人民币近 94 万元）。

（7）驳回申请人其他仲裁请求。

（8）本案仲裁费由被申请人以其所管理的 B 资管计划的财产承担。该笔费用已由申请人全额预缴，因此，被申请人还应以 B 资管计划项下财产补偿申请人为其垫付的仲裁费。

上述被申请人应向申请人履行的支付义务，应在本裁决作出之日起 15 日内履行完毕。

本裁决为终局裁决，自作出之日起生效。

 **案例评析**

【关键词】非法人组织仲裁主体　资管计划违约　管理人固有财产

【焦点问题】资管计划管理人是适格仲裁主体、回购义务当事人、违约赔偿无涉管理人固有资产

【焦点评析】

申请人与被申请人为管理人的 B 资管计划，根据各自分别签署并备案的《回购主协议》，在银行间债券市场先后达成 6 笔债券回购"成交单"。资管计划为正回购方，申请人为逆回购方。资管计划在"成交单"约定到期结算日未能履行回购义务而构成违约。之后，被申请人作为资管计划管理人，曾向申请人建议"协调"处理由债券发行人兑付债券但无果；又建议申请人按《回购主协议》约定，以市场公允和合理价格处置质押债券，以"成交单"载明的质押债券结算价格与市场处置公允价格之差，作为申请人实际损失。但申请人事实上并未处置质押债券，而依据《回购主协议》仲裁条款针对被申请人提起本仲裁，请求被申请人以其固有财产承担违约和侵权赔偿责任。

双方对案涉合同效力、资管计划违约事实不存在争议，但对被申请人是否构成本案仲裁适格主体、申请人仲裁请求是否属于仲裁审理范围、被申请人是否有义务以其固有资产承担资管计划的违约赔偿责任、被申请人的市场违规行为是否构成对申请人的侵权并因此须承担侵权责任等问题，存在争议。

结合本案案情及争议焦点问题，评述如下：

一、被申请人是适格仲裁主体

双方承认，资管计划是银行间债券市场特许准入的交易主体，属非法人组织；案涉债券回购交易双方是申请人与该资管计划；《回购主协议》和"成交单"构成双方之间合同法律关系。申请人认为，因资管计划并非民事法律主体，不具有民事权利和行为能力。资管计划未能完成回购而产生的民事法律责任应由管理人（被申请人）承担。被申请人辩称，《回购主协议》是交易商协会理事会统一制定发布的开放式多边协议。依照协会规则，被申请人作为管理人受托设立资管计划，须代其签署《回购主协议》并完成备案，其行为合法合规。《回购主协议》约定，签署后该协议即作为"交易对手"间完整合同而适用于"签署之后达成的交易"。被申请人由此抗辩仲裁管辖并认为，案涉双方间不存在合同关系和仲裁协议，申请人仲裁请求不在仲裁审理范围。

仲裁庭认为，该《回购主协议》与案涉 6 笔"成交单"构成本案争议所适用之完整合同。以《回购主协议》签署备案和"成交单"签署时应适用的《民法总则》（2021 年起生效的《民法典》同条）第 102 条第 1 款规定为准，"非法人组织是不具有法人资格，但是能够依法以自己的名义从事民事活动的组织"。其第 105 条规定，"非法人组织可以确定一人或者数人代表该组织从事民事活动"。《证券期货经营机构私募资产管理业务管理办法》第 12 条规定，证券期货经营机构从事私募资管业务，以管理人名义代表投资者行使诉讼权利或者实施其他法律行为。因此，资管计划经其管理人代其签署《回购主协议》并完成本案后，获准以资管计划名义从事场内债券回购交易，但被申请人作为其诉讼（或仲裁）代表构成适格仲裁主体，符合法律规定。《回购主协议》中的仲裁条款，即是仲裁管辖的合同依据。

二、违约赔偿无涉管理人固有资产

申请人请求被申请人以其"固有资产"为其管理的资管计划承担违约和侵权赔偿责任。其主要理由是，由单一委托人委托设立而由被申请人管理，其商业决策和行为均属管理人决定也是管理人职责。被申请人未能尽职并存在违规让渡资管计划管理权、配合债券发行人进行结构化发行、作为通道业务的资管计划违规放大杠杆率等多项违规行为，从而导致该资管计划未能履行回购义务。管理人法定职责及其在质押式回购合同项下附随义务表明，资管计划财产不足赔偿时，被申请人应以其固有资产承担赔偿责任。因此，被申请人须：①履行案涉 6 笔回购义务及附随义务；②被申请人对债权人承担清算偿债责任；③因被申请人违规而应同时向资管计划债权人承担侵权赔偿责任。根据《信托法》的规定，资管计划对外义务的履行优先于管理人和资管计划委托人依据"资管合同"设定的内部权责，管理人履行清算和清偿义务无须获得委托人认可。因此，被申请人应对案涉债券回购交易按《回购主协议》第 8 条"违约事件的处理"下的（一）（1）C 款规定，向申请人支付到期资金结算额、补偿金额、罚息以及其他相关费用。此外，根据《信托法》第 37 条第 2 款的规定，"受托人违背管理职责或者处理信托事务不当对第三人所负债务或者自己所受到的损失，以其固有财产承担"。被申请人未能在资管计划履行回购义务后拒绝清算资管计划、拒绝提交《资管合同》、资管计划交易指令、交易明细、历次分配等相关信息，违反管理人法定附随义务而构成对申请人的违约和侵权。被申请人辩称，申请人自身是商业银行，作为专业金融机构在场内从事标准化产品交易，申请人理应对其从事的债券回购交易承担高于普通主体的合理注意义务。案涉回购交易债券品种是企业债，发行人信用风险和市场风险较高。申请人选择该债券交易、在发行人出现兑付风险后仍提高约定利率水平而与该资管计划保持 2 亿元融资额度的事实说明，申请人应自行承担风险和责任。而在发生亏损后应按市场规则和合同约定处置质押债券，以结算价格和处置价格的差价作为其实际损失。根据适用于资管计划的相关法律法规和《回购主协议》，资管计划财产独立于管理人财产，申请人请求以被申请人的固有资产承担资管计划的违约和侵权赔偿责任，并无事实、合同和法律依据。

仲裁庭认为，《回购主协议》及案涉 6 笔"成交单"构成案涉债券回购交易对手方之间的完整合同，并非被申请人和申请人之间的合同。资管计划虽属非法人组织，但是"能够依法以自己的名义从事民事活动的组织"；其合法设立并完成交易商协会要求签署的《回购主协议》和备案之后，应视为该资管计划享有"以自己的名义从事民事活动"的权利和主体资格。双方的实质争议是该资管计划未能履行回购义务的责任，是否应由管理人并以其"固有资产"承担。仲裁庭认为，综合当事人引述的相关法律法规基本原则是，信托财产独立于信托受托人固有财产；基金财产独立于基金管理人和基金托管人的固有财产；"资产管理计划财产的债务由资产管理计划财产本身承担，资产管理计划财产独立于证券期货经营机构和托管人的固有财产，并独立于证券期货经营机构管理的和托管人托管的其他财产"（《证券期货经营机构私募资产管理业务管理办法》）。本案《回购主协议》无涉资管计划的设立和运营，无涉资管计划委托人和管理人之间的权利义务关系。而案涉债券回购交易和交易品种亦属场内的标准化产品，"成交单"证明其合法合规。被申请人存在违规行为，但监管机构对其违规行为的处罚并非针对债券回购交易，因此，被申请人的违规行为与资管计划未能履行回购义务之间不存在因果关系。

三、管理人的违规是否构成对申请人的侵权

申请人称，资管计划违规加杠杆配合发行人结构化发行。申请人自 2018 年 3 月起与该资管计划开展回购交易后逐步形成授信 2 亿元额度规模，至次年 2 月该资管计划均能正常履约。但此后两笔到期未能履约，申请人为此续做交易相当于向其提供到期回购融资。因被申请人存在让渡管理权、怠于整改、拒绝信息披露、拖延甚至拒绝清算等违规行为的法定附随义务。根据《信托法》第 37 条第 2 款的规定，受托人违背管理职责或者处理信托事务不当，信托对第三人所负债务以受托人固有财产承担。被申请人的违规行为已经构成"违背管理职责和处理不当"行为，须依法以其固有财产承担对第三人（申请人）的债务。因资管计划是商事信托的非法人主体而不具有完整民事权利能力和行为能力，以《证券投资基金法》第 19 条和《证券期货经营机构私募资产管理业务管理办法》第 11 条规定为准，管理人对外代表资管计划实施的民事法律行为，其法律关系应理解为民事代理关系。根据《民法总则》第 167 条的规定，代理人知道或者应当知道代理事项违法仍实施代理行为，或者被代理人知道或应当知道代理人的代理行为违法未作反对表示的，被代

理人和代理人应当承担连带责任。资管计划独立对外承担责任的规则，不能成为管理人违法违规的"挡箭牌"。被申请人辩称，事实上，本案资管计划设立时，监管机关针对俗称的"通道"业务和压降产品杠杆率的严格限制性"资管新规"尚未正式发布施行。后因外部市场条件的变化叠加债券发行人自身兑付危机，使得市场流动性趋于枯竭，申请人无法以公允、合理的价格卖出质押债券，资管计划亦无力在结算日履行回购义务。《回购主协议》合同主体是申请人和该资管计划，《资管合同》的合同主体是委托人与受托人而与申请人无关。案涉债券质押式回购交易的违约和赔偿救济，均以《回购主协议》和"成交单"为据。申请人并非《资管合同》主体，无权要求被申请人披露该合同内容和履行情况。案涉债券是在指定交易场所和交易系统进行的"标准化产品"，符合债券质押式回购交易规则。申请人没有尽到合理注意义务并采取对应的风控措施，应自行承担交易风险。申请人以被申请人违约和侵权为由请求仲裁庭令被申请人对资管合同、资管计划的交易、清算和分配信息等内容予以披露，并无合同和法律依据。

仲裁庭认为，被申请人并非案涉债券回购的"交易对手"，不是《回购主协议》当事人；被申请人市场违规行为以及监管机构对其处罚，与案涉债券回购交易之间并无必然的因果关系。申请人要求被申请人披露资管合同、资管合同的委托人及资管计划交易指令和财产明细等信息，进而要求被申请人首先对资管计划清算的理由，并无合同依据。但是，根据《回购主协议》约定，当交易对手方未能履行回购义务而构成违约，质押债券持有人可以但并非必须先行处置质押债券，再以约定的结算价格和处置价格的差价计算损失。申请人有权以《回购主协议》约定的计算方式主张违约赔偿，但其请求被申请人以其固有财产承担违约和侵权责任，缺少合同和法律依据。

【结语】

监管机构提出"压杠杆，去通道"整改政策之后，市场一度因出现流动性不足而对质押债券的回购履约造成压力，从而引发多起债券回购交易甚至债券兑付的违约情形。基于交易商协会制定开放式多边《回购主协议》，及体现"交易对手"之间场内债券回购交易要素达成的"成交单"等，一并构成交易对手间的完整合同。合法设立的资管计划虽非法人组织，但由管理人代为签署《回购主协议》并完成备案，即合法获得进入该市场并享有场内债券回购的交易资格。资管计划管理人履行职责参与诉讼和仲裁的行为，并不构成《回购主协议》和"成交单"的合同当事人。案涉资管计划亦属"通道"业务，客观存在杠杆率过高的事实，但申请人为获取违约赔偿而混淆债券回购交易合同关系和委托资管合同关系，并以被申请人存在的违规行为等构成侵权，而须承担资管计划的违约责任以及被申请人的侵权责任，针对管理人"固有财产"提出的违约和侵权赔偿请求，缺少合同和法律依据。

A 资本管理公司与 B 公司债券募集争议案

中国国际经济贸易仲裁委员会（本案以下简称"仲裁委员会"）根据被申请人 A 资本管理公司（以下简称"被申请人"或"A 公司"）于 2016 年 11 月签署的《募集说明书》中仲裁条款的约定，及申请人 B 公司（以下简称"申请人"）为"B 资本-C 资产管理计划"资产管理人的《中国证券投资基金业协会资产管理计划备案证明》、"B 资本-D 单一资产管理计划"持有本案债券的《中国证券登记结算有限责任公司投资者证券持有信息（S 市）》、申请人为"B 资本-D 单一资产管理计划"资产管理人的《中国证券投资基金业协会资产管理计划备案证明》、"B 资本-D 单一资产管理计划"持有本案债券的《中国证券登记结算有限责任公司投资者证券持有信息（S 市）》，以及申请人于 2021 年 8 月向仲裁委员会提交的书面仲裁申请书，受理了双方当事人之间的本争议仲裁案。

一、案情

经庭审并审核争议方当事人提供的证据显示，本案为公司债券募集纠纷案。

（一）申请人提出的仲裁请求及所依据的事实和理由

1. 被申请人在其 2016 年 11 月签署《募集说明书》第四节增信机制、偿债计划及其他保障措施第 4 条第 3 款"争议解决方式"明确约定："如果协商解决不成，任何一方有权向中国国际经济贸易仲裁委员会提请仲裁，根据当时现行有效的仲裁规则进行仲裁，仲裁地点为 W 市。"该《募集说明书》为被申请人发行债券时公布的有效法律文件，募集说明书文末有发行人 A 公司与债券受托管理人中国 E 公司的公章。

2. 申请人作为"B 资本-C 一资产管理计划"、"B 资本-D 单一资产管理计划"的资产管理人，有权代表基金行使诉讼仲裁等追偿权利；通过提交的持仓证明，申请人作为资产管理人的"B 资本-C 单一资产管理计划""B 资本-D 单一资产管理计划"均已购入并持有被申请人发行的"2016 年非公开发行公司债券（第二期）"（以下简称"本期债券"），系被申请人发行的本期债券的债券持有人（详见申请人提交的资产管理合同、备案证明及持仓证明等文件），申请人有权行使本期债券持有人即债权人的权利，可以适用仲裁条款提起仲裁申请。

所有当事人受此仲裁条款约束的事实和法律依据：被申请人发行债券发布募集说明书，系要约，申请人购入被申请人发行的债券，系承诺，双方已形成有效的债券合同关系，募集说明书之约定即为债券合同之约定，双方均应遵守债券合同关于仲裁条款之约束。本案系公司债券交易纠纷，因为债券具有系公开发行的证券这一特殊属性，而申请人系在市场购入债券而成为被申请人的债权人，致使本案申请人与被申请人之间并不像其他案件那样在同一合同文本中签署仲裁条款，而是以要约和承诺的方式形成债券合同关系，进而适用募集说明书即要约中关于仲裁条款之约定。

事实和理由：

被申请人 A 公司 2016 年 11 月发行了本期债券在 S 交所挂牌，债券简称：M，债券代码：1，本期债券面值总额近 17 亿元，债券期限为 3 年，自 2016 年 11 月至 2019 年 11 月。截至仲裁申请之日，申请人作为资产管理人的"B 资本-C 单一资产管理计划""B 资本-D 单一资产管理计划"分别持有被申请人发行的本期债券 16 万余张、100 万余张（单张债券票面金额为 100 元），票面本金分别合计为 1600 万余元、10 000 万余元。

本期债券于 2019 年 11 月 a 日到期后，被申请人未能按期足额偿付全部本息（仅兑付了到期利息及部分本金），已构成违约。现被申请人尚欠申请人管理的"B 资本-C 单一资产管理计划"所持债券本金 1400 万余元、尚欠申请人管理的"B 资本-D 单一资产管理计划"所持债券本金 9000 万余元，相应的利息亦均未偿还。

申请人的仲裁请求为：

1. 被申请人支付债券本金 1400 万余元及利息（以 1400 万余元为基数，按照年利率 12% 的标准，自 2019 年 11 月 a 日起计算至实际还清之日止）；

2. 被申请人支付债券本金 9000 万余元及利息（以 9000 万余元为基数，按照年利率 12% 的标准，自 2019 年 11 月 a 日起计算至实际还清之日止）；

3. 被申请人承担本案全部的仲裁费，被申请人承担申请人为实现债权而支付的律师费。

（二）被申请人的答辩意见

1. 申请人依据的仲裁协议应为无效。

申请人是依据《募集说明书》第 4 节第 4 条第 3 款争议解决方式"……如果协商解决，不成任何一方有权向中国国际经济贸易仲裁委员会提请仲裁，根据当时现行有效的仲裁规则进行仲裁，仲裁地点为 W 市"。

但是，《募集说明书》亦约定了以诉讼方式解决争议。具体约定如下：

（1）《募集说明书》"声明"及"债券受托管理人声明"均明确约定"……公司债券出现违约情形或违约风险的，受托管理人承诺及时通过召开债券持有人会议等方式征集债券持有人的意见，并以自己名义代表债券持有人主张权利包括但不限于……提起民事诉讼或申请仲裁"；

（2）《募集说明书》第 9 节第 2 条第 3 款"受托管理人的职责、权利和义务"部分第 10 项、第 12 项均约定受托管理人是以诉讼方式行使权利，而非提起仲裁。

被申请人认为，对于争议解决的约定，不能仅依据争议解决条款来确定，而应依据各方当事人签署或认可的法律文件的全文来认定。《仲裁法》及其司法解释并未规定争议解决条款的约定可以推翻或对抗其他条款关于争议解决的约定。最高人民法院《关于适用〈中华人民共和国仲裁法〉若干问题的解释》（以下简称《仲裁法解释》）第 7 条的规定正是为了解决此类争议。公司债券的发行、交易是极为专业的业务，参与其中的各方当事人均应对相关文件中的条款有明确、清晰的认识。申请人作为从事资本管理的专业机构，配有证券、法律团队，不可能分不清仲裁与诉讼。尤其是在"争议解决方式"中约定仲裁及仲裁机构，在"受托管理人的职责、权利和义务"中约定受托管理人有权提起民事诉讼，这两种完全不同的法律程序即使是普通社会大众亦可区分。

因此，被申请人认为《募集说明书》中关于仲裁及诉讼的约定是明确而无歧义的：《募集说明书》中既约定了诉讼，亦约定仲裁，根据《仲裁法解释》第7条的规定，《募集说明书》中的仲裁条款应为无效。

2. 申请人不是适格的申请人。

（1）申请人是以"B资本-C单一资产管理计划"及"B资本-D单一资产管理计划"的资产管理人身份提起仲裁，其并不具备提起仲裁的主体资格。

根据《募集说明书》有权向被申请人主张权利的主体为本期债券的受托管理人E公司，而非债券持有人或债券持有人的委托人，申请人与被申请人之间并不存在仲裁协议。

《募集说明书》的"声明"及"债券受托管理人声明"均明确约定，"……公司债券出现违约情形或违约风险的，受托管理人承诺及时通过召开债券持有人会议等方式征集债券持有人的意见，并以自己名义代表债券持有人主张权利包括但不限于……提起民事诉讼或申请仲裁"。

《募集说明书》第4节第2条"针对发行人违约的违约责任及其程度方式"第3款约定"如果发生违约事件，债券受托管理人可依法采取任何可行的法律救济方式回收本期债券本金和利息"。而该约定之后的第3条"争议解决"约定"双方对因上述情况引起的任何争议任何一方有权向中国国际经济贸易仲裁委员会提请仲裁，仲裁地点为W市。仲裁裁决是终局的，对发行人及投资者均具有约束力"。根据上下文，该约定中的"双方"是指债权发行人和受托管理人，而"仲裁裁决是终局的，对发行人及投资者均具有约束力"的约定是针对仲裁裁决适用对象的约定，而非关于仲裁当事人的约定。

同时，《募集说明书》第1节"发行概况"第五条"认购人承诺"约定："购买本期债券的投资者（包括本期债券的初始购买人和二级市场的购买人及其他方式合法取得本期债券的人，下同）被视为作出以下承诺：（一）接受本募集说明书对本期债券项下权利义务的所有规定并受其约束……"根据本条规定，申请人亦应受到《募集说明书》的"声明"及"债券受托管理人声明"、第4节第2条及第3条的约束。既，申请人在购入债券之时即将仲裁或诉讼的权利让渡给了受托管理人。

最高人民法院发布的《全国法院审理债券纠纷案件座谈会纪要》规定，"对于债券违约合同纠纷案件，应当以债券受托管理人或者债券持有人会议推选的代表人集中起诉为原则，以债券持有人个别起诉为补充"。其中第6条明确规定，只有在债券持有人会议决议授权受托管理人或者推选代表人代表部分债券持有人主张权利或者债券持有人会议以受托管理人怠于行使职责为由作出自行主张权利的有效决议后，债券持有人才能够自行起诉。上述规定即是对债券持有人自行起诉的限制。虽然，纪要适用于人民法院审理债券违约合同纠纷案件，但是对仲裁机构审理同类案件依然有直接的指导意义以保证我国法律适用的统一性。

实际上由受托管理人提起诉讼或仲裁有利于平等保护全部债券持有人的权利，避免因部分债券持有人通过单独提起诉讼或仲裁的方式得到清偿而导致其他债券持有人无法受偿，以致过分损害其他债券持有人的权利。

（2）申请人不具有权利人的合法授权。

《B 资本-C 单一资产管理计划资产管理合同》合同封面及第 11 页"当事人权利义务"部分注明委托人为"F 公司（代 N 私募投资基金）"；《B 资本-D 单一资产管理计划资产管理合同》封面及第 11 页"当事人权利义务"部分注明委托人为"F 公司（代 O 私募投资基金）"。经代理人在基金业协会网站查询，F 公司系上述两支私募投资基金的管理人。故本案存在两个委托关系：一为 F 公司与基金份额持有人之间的委托关系，二为 F 公司与申请人之间的委托关系。F 公司作为基金管理人的职权包括以诉讼或仲裁的方式向债务人追偿的权利均来源于基金份额持有人的授权。而申请人依据与 F 公司签订的资管合同提起本次仲裁表明其接受了 F 公司的转委托。根据《民法典》第169 条第 1 款的规定，转委托应当取得被代理人的同意或追认，但申请人至今未提交上述基金份额持有人就 F 公司转委托申请人提起仲裁的同意或追认的证据。故申请人无合法有效的授权，无权提起本次仲裁。

3. 申请人将《B 资本-C 单一资产管理计划资产管理合同》及《B 资本-D 单一资产管理计划资产管理合同》合并提起仲裁申请不符合《仲裁规则》。

《仲裁规则》第 14 条规定："申请人就多份合同项下的争议可在同一仲裁案件中合并提出仲裁申请，但应同时符合下列条件：1. 多份合同系主从合同关系，或多份合同所涉当事人相同且法律关系性质相同；2. 争议源于同一交易或同一系列交易；3. 多份合同中的仲裁协议内容相同或相容。"但申请人的仲裁申请并不符合本规定。

本案申请人依据的是两份完全独立的资管合同，交易也是独立的，显然不符合上述规定的条件；这两份资管合同的委托人 F 公司亦未就这两份合同与申请人及被申请人就本次债券募集签订仲裁协议，且这两份合同中并未约定仲裁条款，故不符合上述规定的条件。

对被申请人来说，在收到本案证据之前并不知晓这两份资管合同的存在，亦未就这两份合同及对应的交易与 F 公司签订任何文件，故即使 F 公司直接提起仲裁亦不能合并申请。

从申请人与被申请人的合同关系来说，申请人依据上述两份资管合同分别在中国证券投资基金业协会及中国证券登记结算有限责任公司进行了备案和开户，备案编码和证券账户都是独立的。故申请人是依据两个独立备案的资管计划，分别以两个不同的证券账户购入被申请人发行的债券，这是两个完全独立的交易，不属于《仲裁规则》第 14 条规定的"争议源于同一交易或同一系列交易"。

因此申请人将两份资管合同合并提起仲裁申请不符合《仲裁规则》第 14 条的规定。

4. 违约债券的利息不应按照年利率 12% 计息。

申请人依据《关于同意发行人延期兑付某年非公开发行公司债券（第二期）剩余本金及相应利息的议案》主张违约债券应按照年利率 12% 计息。但是，申请人在该项证据的证明目的中称"议案已获得持有人通过并生效，对各方均有约束力"。则在该议案生效的情况下，仅应在 2019 年 11 月至 2020 年 5 月之间按照 12% 的年利率计息，2020 年 5 月 21 日之后仍应按《募集说明书》的约定计息，既票面利率 7.5% 上浮 50%；如该议案不生效，则议案的所有条款、约定均不生效（该议案不包含争议解决方式的约定），故议案中"本议案审议通过但未生效的，债券持有人有权自 2019 年 11 月 a 日起按照年利息 12% 向发行人主张还本付息"的约定亦不能生效。

二、仲裁庭意见

本案各方当事人及代理人就本案事实及法律问题等，在庭审前、庭审中、庭审后向仲裁庭提交的证据材料和各自的代理意见，分别以仲裁申请书、证据目录及说明、答辩意见、质证意见、代理意见等形式保留在本案卷宗中。对于上述主要材料，仲裁庭均予以充分的审阅和考虑。仲裁庭在案情中未予叙述、引用，或虽已在案情部分摘录述及但未在仲裁庭意见中予以叙述、引用，并非仲裁庭忽视或默认。

（一）关于本案合同

经仲裁庭审查，被申请人于 2016 年 11 月签署了《募集说明书》，发行公司债券。该《募集说明书》是本案争议之债券发行及交易的重要文件，载明了债券发行人、债券受托管理人和债券持有人各自的权利和义务，是投资人认购和交易该债券的法律依据和重要文件。债券持有人和债券发行人通过对《募集说明书》的认可作为合同关系建立的依据符合该类金融交易的习惯，且双方当事人未对本案《募集说明书》效力提出异议。因此，债券发行人、债券受托管理人和债券持有人的权利和义务均应该受到《募集说明书》条款的约束。

（二）关于本案管辖权问题

被申请人已向 W 市金融法院提出了确认仲裁协议效力之诉，请求确认《募集说明书》中仲裁条款无效，且申请人和被申请人之间不存在仲裁协议。W 市金融法院已作出民事裁定书，对于被申请人关于仲裁条款无效以及投资者无权直接向被申请人主张权利的主张不予支持，裁定驳回被申请人的申请。鉴于法院已经作出裁定，对于被申请人的异议仲裁庭不再重复作出认定。

（三）关于多份合同审理问题

被申请人提出：

本案申请人依据的是两份完全独立的资管合同，交易也是独立的，显然不符合上述规定的条件；这两份资管合同的委托人 F 公司亦未就这两份合同与申请人及被申请人就本次债券募集签订仲裁协议，且这两份合同中并未约定仲裁条款，故不符合上述规定的条件。

对被申请人来说，在收到本案证据之前并不知晓这两份资管合同的存在，亦未就这两份合同及对应的交易与 F 公司签订任何文件，故即使 F 公司直接提起仲裁亦不能合并申请。

从申请人与被申请人的合同关系来说，申请人依据上述两份资管合同分别在中国证券投资基金业协会及中国证券登记结算有限责任公司进行了备案和开户，备案编码和证券账户都是独立的。故申请人是依据两个独立备案的资管计划，分别以两个不同的证券账户购入被申请人发行的债券，这是两个完全独立的交易，不属于《仲裁规则》第 14 条规定的"争议源于同一交易或同一系列交易"。

申请人对此的回复意见为：

本案虽涉及两只不同的资管产品，但其管理人是同一主体，即均为申请人 B 资本，而资管产品本身并不具备法律主体资格，其权利行使均归于管理人，作为法律主体的当事人即为申请人 B 资本，尽管不同的资管产品因为持有本期债券而与发行人成立多份债券合同关系，但所涉的当事人是相同的，均为申请人 B 资本与被申请人 B 公司，符合仲裁委员会制定的仲裁规则的相关规定。被申请人将本案争议的债券合同关系曲解为资管合同关系，认为申请人系依据两份资管合同合并提起仲裁申请，显然是错误的。

仲裁庭认为，本案虽涉及两个资产管理计划，但根据查明的事实证实，本案债券交易产生的纠纷源于同一系列的交易，即 A 公司 2016 年非公开发行公司债券（第二期）的交易，所涉及的两个资管计划的管理人是同一主体，即均为申请人。申请人作为资管计划的管理人有权依法行使仲裁权。两个资管计划所持有的债券的发行人为被申请人。在交易纠纷中可以确定的是当事人相同且法律关系性质亦相同。故此，在本案项下合并提出仲裁并审理并没有违反《仲裁规则》的相关规定。

（四）关于本案合同的约定和履行

仲裁庭通过庭审和审议双方提交的证据查明：2016 年 11 月被申请人作为发行人签署了《募集说明书》。被申请人根据《募集说明书》于 2016 年 11 月 a 日发行了"2016 年非公开发行公司债券第二期"，并在上海证券交易所挂牌交易。根据《募集说明书》的相关规定，及债券受托管理人于 2016 年 12 月发布的《关于 A 公司 2016 年非公开发行公司债券（第二期）在 S 市证券交易所挂牌的公告》，该债券简称 P，债券代码为 2，债券发行的票面金额为人民币 100 元，按面值平价发行。发行总额为近 17 亿元，票面年利率为 7.5%，债券的期限为 3 年，计息期限从 2016 年 11 月 a 日至 2019 年 11 月 a 日，债券的到期日为 2019 年 11 月 a 日。本债券按年付息，到期一次还本，利息每年支付一次，2017 年至 2019 年间每年的 11 月 22 日为上一计息年度的付息日。最后一次利息与本金一次支付。本期债券于 2016 年 12 月 b 日起在 S 市证券交易所市场固定收益证券综合电子平台挂牌。

2019 年 11 月 a 日，本期债券到期，至 2019 年 11 月 a 日本期债券到期应计本息合计为 18 亿余元。被申请人已经以现金方式兑付 3 亿余元。按照全体债券持有的本期债券数量的比例分配。被申请人已经向全体债券持有人兑付了截至 2019 年 11 月（a-1）日的债券利息。本期债券的剩余本息，被申请人向全体债券持有人尚未兑付的本金合计为 15 亿元，被申请人尚未向全体债券持有人兑付 2019 年 11 月 a 日起的债券利息。

2019 年 12 月，被申请人作为本期债券的发行人召开 2016 年非公开发行公司债券（第二期）2019 年第二次债券持有人会议。会议审议通过《关于同意发行人延期兑付 2016 年非公开发行公司债券（第二期）剩余本金及相应利息的议案》。关于本期债券剩余本金及相应利息的兑付，该议案载明如下事项：发行人提议并同意按照如下方式延期兑付本期债券剩余本金及相应利息：第一，本金兑付方式：自 2019 年 11 月 a 日至 2020 年 5 月 a 日（含当日），发行人在此期间可采取分期或一次性的方式兑付本期债券尚未兑付的剩余本金合计 150 000 万元。第二，利息计算及支付方式：2019 年 11 月 a 日至 2020 年 5 月（a-1）日，本期债券的年利率调整为 12%，按天计息，利随本清。第三，本议案生效条件：①本议案及"关于同意发行人 2016 年非公开发行公司债券（第二期）增加增信措施的议案"（以下简称"增信议案"）经债券持有人以合法程序表决通过；②发行人与本期债券受托管理人根据本议案及"增信议案"内容签署相应的债券文书、资产抵押协议和股票质押协议，在"增信议案"确定的期限内（该议案审议通过后 10 个工作日内）完成资产抵押登记及股票质押登记手续，并将他项权利证书正本及《证券质押登记证明书》或其他质押登记凭证交本期债券受托管理人保管；③发行人与本期债券受托管理人在本议案审议通过后 10 个工作日内向公证机构申请办理赋予强制执行效力的债权文书公证。上述三个条件同时满足后，本议案生效。本议案审议通过但未生效的，债券持有人有权自 2019 年 11 月 a 日起按年利息 12% 向发行人主张还本付息。

仲裁庭同时查明，申请人作为资产管理人的 B 资本-C 和 D 的资产管理计划分别持有被申请人发行的本期债券 16 万余张、100 万余张（单张债券票面金额为 100 元），票面本金分别合计为 1600 万余元、10 000 万余元。2019 年 11 月，"C 资管计划"收到转来的兑付款 300 万余元（其中兑付利息 100 万余元，本金近 200 万余元），实际剩余未兑付本金金额为 1500 万余元（计算方式为"16 万余张×近 89 元/张"或者"1600 万余元-近 200 万元"）；"C 管理计划"收到转来的兑付款近 2000 万元（其中兑付利息 760 万余元，本金 1100 万余元），实际剩余未兑付本金金额为 9000 万余元（计算方式为"100 万余张×近 89 元/张"或者"1 亿余元-1100 万余元"）。

除上述部分兑付的利息和本金外，在本期债券于 2019 年 11 月 a 日到期后，被申请人本期债券未完成全额兑付且未达成有效的延期预案，已经构成违约。仲裁庭认为，被申请人没有根据《募集说明书》的约定，履行合同义务，作为合同的当事人一方不履行已经约定的合同义务或者履行合同义务不符合约定的，应当承担继续履行、采取补救措施或者赔偿损失等违约责任。

（五）关于申请人的仲裁请求

根据查明的事实和相关法律的规定，仲裁庭认为，在减去被申请人已经支付的部分本金和利息之后，申请人如下的仲裁请求有事实证据，符合相关的法律规定是应该得到支持的：

1. 第 1 项仲裁请求：被申请人支付债券本金 近 1500 万余元及利息（以近 1500 万余元为基数，按照年利率 12% 的标准，自 2019 年 11 月 a 日起计算至实际还清之日止）。

2. 第 2 项仲裁请求：被申请人支付债券本金 9000 万余元及利息（以 9000 万余元为基数，按照年利率 12% 的标准，自 2019 年 11 月 a 日起计算至实际还清之日止）。

仲裁庭经审理查明，申请人主张的本金金额为申请人管理的"资管计划"持有的被申请人发行的债券面值金额，而主张计算利息的利率为持有人会议提出并通过的议案中"本议案审议通过但未生效的，债券持有人有权自 2019 年 11 月 a 日起按年利息 12% 向发行人主张还本付息"所确定的利率。

关于本案应适用的利率，被申请人称，如上述议案不生效，则议案的所有条款、约定均不生效（该议案不包含争议解决方式的约定），故议案中"本议案审议通过但未生效的，债券持有人有权自 2019 年 11 月 a 日起按照年利息 12% 向发行人主张还本付息"的约定亦不能生效。但仲裁庭认为，上述议案明确约定了"通过但未生效"以及"通过并生效"两种情况下对应的利率，而仲裁庭查明上述议案处于通过但未生效的状态。故在此情况下，被申请人应根据上述议案的约定，自 2019 年 11 月 a 日起按照年利率 12% 的标准支付利息。

对申请人的上述两项请求，仲裁庭予以支持。

3. 第 3 项仲裁请求：被申请人承担本案全部的仲裁费用及申请人为实现债权而支付的律师费。

根据上述分析意见及被申请人的违约情形，对于申请人提出的要求被申请人支付律师费的请求，仲裁庭予以支持。

根据《仲裁规则》第52条规定，结合仲裁庭对申请人仲裁请求的支持程度和本案形成原因等因素，仲裁庭认为，本案仲裁费应全部由被申请人承担。

三、裁决

综上，仲裁庭作出裁决如下：

（1）被申请人向申请人（管理的"B资本-C单一资产管理计划"）支付债券本金人民币1400万余元及利息（以人民币1400万余元为基数，按照年利率12%的标准，自2019年11月a日起计算至实际还清之日止）。

（2）被申请人向申请人（管理的"B资本-D单一资产管理计划"）支付债券本金人民币9000万余元及利息（以人民币9000万余元为基数，按照年利率12%的标准，自2019年11月a日起计算至实际还清之日止）。

（3）被申请人承担申请人为实现债权而支付的律师费。

（4）本案仲裁费全部由被申请人承担。本案仲裁费已与申请人预缴的等额仲裁预付金相冲抵，故被申请人应补偿申请人代其垫付的仲裁费。

以上应付款项，被申请人应于本裁决作出之日起20日内向申请人支付完毕。

 **案例评析**

【关键词】适格当事人　债券发行人　债券受托管理人　资产管理人（受托债券持有人）

【焦点问题】

如何判断申请人在《募集说明书》约定中的当事人性质是本案确定管辖和并案审理的关键。审理本案时，在判断管辖条款约定的总体性和各分项安排后，最为重要的就是要分清本案当事人在案中的角色和权利。案件的审理需要理清三个主要问题，即：仲裁条款的确定、申请人是否为适格的仲裁当事人和本案合同争议是否可以合并审理。

【焦点评析】

本案基本案情：

被申请人2016年11月发行了本期债券，本期债券面值总额近17亿元，债券期限为 3 年，自 2016 年 11 月至 2019 年 11 月。截至仲裁申请之日，申请人作为资产管理人的"B 资本-C 单一资产管理计划""B 资本-D 单一资产管理计划"分别持有被申请人发行的本期债券 16 万余张、100 万余张（单张债券票面金额为 100 元）。

本期债券于 2019 年 11 月 a 日到期后，被申请人未能按期足额偿付全部本息，申请人因此提起仲裁，请求支付本息。

被申请人答辩称，《募集说明书》在不同条款中约定了以仲裁、诉讼方式解决争议，申请人提起仲裁依据的仲裁协议无效。

被申请人答辩称案涉《B 资本-C 单一资产管理计划资产管理合同》及《B 资本-D 单一资产管理计划资产管理合同》是两份完全独立的资管合同，合同的委托人 F 公司亦未就此两份合同与申请人及被申请人就本次债券募集签订仲裁协议，且这两份合同中并未约定仲裁条款，两份合同所涉交易也是分别以两个不同的证券账户购入被申请人发行的债券的独立交易，不符合仲裁委员会《仲裁规则》第 14 规定，故认为不可在本案中合并审理。

申请人认为尽管涉及两只资管产品，但管理人相同均是申请人，资管产品无法律主体资格，其权利行使归于管理人即申请人。尽管不同的资管产品因为持有本期债券而与发行人成立多份债券合同关系，但所涉的当事人是相同的：均为申请人与被申请人，符合合并审理的规则规定。

被申请人还提出申请人不是适格当事人，《募集说明书》中明确有权向被申请人主张权利的主体为本期债券的受托管理人而非受托债券持有人或受托债券持有人的委托人，申请人与被申请人之间并不存在仲裁协议。申请人作为债券持有人的争议解决权利已经因《募集说明书》中相关条款的约定，让渡与债券的受托管理人。

现结合本案案情评述如下：

一、案涉争议究竟是否属于仲裁管辖

本案裁决中，仲裁庭在是否属于仲裁管辖问题，实际引用了北京金融法院的裁定结果确定了仲裁管辖。

案涉《募集说明书》在争议解决问题上作了如下的约定：《募集说明书》第 4 节第 4 条第 3 款争议解决方式"……如果协商解决不成，任何一方有权向中国国际经济贸易仲裁委员会提请仲裁，根据当时现行有效的仲裁规则进行仲裁，仲裁地点为北京。"但是，《募集说明书》在"声明"及"债券受托管理人声明"中又明确约定"……公司债券出现违约情形或违约风险的，受托管理人承诺及时通过召开债券持有人会议等方式征集债券持有人的意见，并以自己名义代表债券持有人主张权利包括但不限于……提起民事诉讼或申请仲裁"。《募集说明书》第9节第2条第3款还约定了"受托管理人的职责、权利和义务"部分第10项、第12项均约定受托管理人是以诉讼方式行使权利，而非提起仲裁。

虽然本案对于案件的管辖被申请人向法院提出管辖异议时已经被驳回，仲裁庭对此没有作出详细的分析。但是，从《募集说明书》的条款作出的相应规定可以得出这样的判断。

这种在一个合同中作出多处各不相同的争议解决方式的约定是本案中当事人可以对争议管辖作出不同判断的基础。但是，透过具体的条款约定可以看出，《募集说明书》第4条的约定是明确而具体地表明相关于说明书的任何争议应该提交仲裁委员会通过仲裁方式解决争议。而在后续的条款中的约定可以说是有具体针对性的管辖规定。比如在发行人和债券受托管理人声明的条款中，约定的是声明人承诺公司债券出现违约情形或违约风险时，要召开债权人会议，征集债券持有人意见，代表债券持有人提起民事诉讼或申请仲裁，在第9节的约定中也是明确表示债券受托管理人的职责，可以采取诉讼方式解决纠纷。

被申请人所谓的对于争议解决的约定不能仅依据争议解决条款来确定，而应依据各方当事人签署或认可的法律文件的全文来认定的辩解，显然是想否定合同中概括性争议解决条款对于争议解决管辖的法律约束性。

在不考虑金融法院裁定确定仲裁管辖的前提下，仲裁庭应该在上述约定中明确选择究竟是仲裁管辖还是人民法院管辖。从案涉《募集说明书》的约定看，对于争议的解决方式是有区别的，尽管这些约定表面上看似乎存在约定不明确，即《募集说明书》中既约定了诉讼，又约定了仲裁，根据《仲裁法解释》第7条的规定，《募集说明书》中的仲裁条款应为无效。

但是可以明确区分的是上述条款中涉及诉讼解决争议的约定，都是针对债券发行人和债券受托管理人的约束，没有将债券持有人包括在内。因此，债券持有人包括其委托人或委托的资产管理人在本案争议发生时，引用《募集说明书》的第4条争议解决条款提起仲裁是有合同依据的。

需要指出的是，由于本案《募集说明书》涉及管辖约定的条款中出现了债券发行人、债券受托管理人、债券持有人等不同的称呼，而案涉争议中又出现了资产管理人（或受托债券持有人）等当事人，致使被申请人在管辖问题上可以混淆不同条款对于不同争议或不同当事人之间发生的争议应该适用的管辖约定。本案的争议是发行人与持有人之间的争议，因此，适用仲裁方式解决本案纠纷显然是明确的。公司债券的发行、交易是极为专业的业务，参与其中的各方当事人均应对相关文件中的条款有明确、清晰的认识。"争议解决方式"既约定了仲裁又约定了诉讼，将这两种完全不同的法律程序混同在同一合同中，会造成当事人对于争议管辖的不同解释也会在发生纠纷时引起歧义。这需要当事人在《募集说明书》这样重要的合同条款中对争议解决有一致的约定，以避免歧义的发生。

二、本案申请人是否为适格仲裁当事人

本案被申请人认为，申请人是以"B 资本-C 资产管理计划"及"B 资本-D 资产管理计划"的资产管理人身份提起仲裁的，其并不具备提起仲裁的主体资格。申请人作为债券持有人的争议解决权利已经因《募集说明书》中相关条款的约定，让渡于债券的受托管理人。根据《募集说明书》有权向被申请人主张权利的主体为本期债券的受托管理人而非债券持有人或受托债券持有人，申请人与被申请人之间并不存在仲裁协议。

被申请人对于本案当事人的认定解释不正确。案涉合同涉及债券发行人（被申请人）、债券受托管理人、债券持有人和受托债券持有人（资产管理人）等几方。根据《全国法院审理债券纠纷案件座谈会纪要》第 2 条第 7 款"通过各类资产管理产品投资债券的，资产管理产品的管理人根据相关规定或者资产管理文件的约定以自己的名义提起诉讼的，人民法院应当依法予以受理"的规定作为资产管理人亦是受托债券持有人的申请人以及《募集说明书》中约定的争议解决条款提起仲裁，是有其法律和合同的依据的。本案中的债券受托管理人虽然在《募集说明书》的条款约定中被赋予可以代表债券持有人对于债券在发行过程中或持有期间发生的纠纷采取法律行动的权利，但通常情况下，在完成债券发行后，债券受托管理人并不愿意卷入债券发行人与债券持有人之间的纠纷。他们大多是在召开的发行人与持有人参加的会议中充当协调角色。故此，债券持有人或受托债券持有人就必须自己出面维护自

身权益、解决纠纷。

根据中国证券监督管理委员会发布的《公司债券发行与交易管理办法》（2021 年修订）第 57 条中关于债券持有人权益保护的相关规定："公开发行公司债券的，发行人应当为债券持有人聘请债券受托管理人，并订立债券受托管理协议；非公开发行公司债券的，发行人应当在募集说明书中约定债券受托管理事项。在债券存续期限内，由债券受托管理人按照规定或协议的约定维护债券持有人的利益。"

第 59 条特别指出"发行人不能按期兑付债券本息或出现募集说明书约定的其他违约事件的，可以接受全部或部分债券持有人的委托，以自己名义代表债券持有人提起、参加民事诉讼或者破产等法律程序，或者代表债券持有人申请处置抵质押物"。

中国证监会的规定主旨是在以债券受托管理人的方式更好地保护投资者而不是将投资者所享有的权利完全过渡给受托管理人，特别是当投资者的利益受到损害时剥夺投资者采取措施通过法律途径维护自身利益的权利。虽然在上述的规定中表示，发行债券的发行人应该为债券的持有人聘请债券受托管理人，但主要目的还是监督债券发行人应该合法地发行债券并不得侵害债券持有人的合法权益。而从法律的角度来看，在《募集说明书》中约定的债券受托管理人所享有的权利事实上均来自债券持有人。本案中虽然《募集说明书》约定了债券受托管理人有权代表投资者行使权利，但是并不意味着可以禁止或剥夺投资者向债券发行人直接主张权利。事实上，债券受托管理人的权利来源于通过合同而获得债券持有人的授权，而非将权利无条件让渡。

本案的申请人是资本管理公司，在其管理的资产计划中持有案涉债券。作为资本管理公司在其资产计划中的角色是受投资人的委托持有被申请人发行的债券。在债券受托管理人没有出面召集会议并代表债券持有人行使权利追究被申请人的违约责任，维护债券持有人合法权益的情况下，作为受托持有债券的资本管理公司当然有权代债券持有人行使权利提起仲裁。

仲裁庭认为申请人是本案适格的仲裁当事人，也符合相关的法律法规的规定，其有权以自己的名义直接采取法律措施维护债券持有人的合法权益。

三、本案是否适用多合同合并审理

案涉合同的合并提起仲裁并非《仲裁规则》第 19 条意义上的合并仲裁，

而是《仲裁规则》第14条所规定的多合同合并审理的仲裁案件。实践中一般为了方便审理并节约司法资源，通常将争议涉及的多份合同是否存在主从关系、涉及的交易是否同一（或是系列交易）、当事人是否相同、法律关系是否相同、涉及的关系内容是否相同作为多份合同纠纷合并审理。

《仲裁规则》第14条规定："……申请人就多份合同项下的争议可在同一仲裁案件中合并提出仲裁申请，但应同时符合下列条件：1. 多份合同系主从合同关系；或多份合同所涉当事人相同且法律关系性质相同；2. 争议源于同一交易或同一系列交易；3. 多份合同中的仲裁协议内容相同或相容。"

被申请人认为，申请人依据两份资管合同分别在中国证券投资基金业协会及中国证券登记结算有限责任公司进行了备案和开户，备案编码和证券账户都是独立的。故申请人是依据两个独立备案的资管计划，分别以两个不同的证券账户购入被申请人发行的债券，这是两个完全独立的交易，故不适用《仲裁规则》第14条多份合同仲裁的规定。

本案虽涉及两个资产管理计划，不同的资管产品因为持有本期债券而与发行人成立多份债券合同关系，但根据查明的事实证实，本案的债券交易产生的纠纷源于同一系列的交易，即被申请人本期债券交易，所涉及的两个资管计划的管理人是同一主体，即均为申请人，公司债券的发行人亦均为被申请人。申请人作为资管计划的管理人依据两个资管计划分别成立的债券合同关系，将两个资管计划所持有的债券的发行人列为被申请人，在同一个仲裁案件中提出仲裁申请，符合《仲裁规则》第14条的规定。被申请人将本案争议的债券合同关系曲解为资管合同关系，认为申请人系依据两份资管合同合并提起仲裁申请，显然是错误的。

A 产业投资公司与 B 证券公司承销协议争议案

中国国际经济贸易仲裁委员会（以下简称"仲裁委员会"）根据申请人 A 产业投资公司（以下简称"申请人"或"A 公司"）与被申请人 B 证券公司（以下简称"被申请人"或"B 公司"）及案外人中国 C 银行（以下简称"C 银行"）于 2018 年 4 月签订的《非金融企业债务融资工具承销协议文本》（以下简称"本案合同"）中仲裁条款的约定，以及申请人于 2022 年 3 月通过仲裁委员会在线立案系统提交并于 2022 年 3 月寄至仲裁委员会的书面仲裁申请，受理了申请人与被申请人因上述合同而产生的本争议仲裁案。

一、案情

（一）申请人的仲裁请求及事实和理由

申请人与被申请人于 2018 年签订了本案合同及补充协议，被申请人作为主承销商协助申请人进行债务融资工具的注册/备案、销售及后续管理等工作并作为申请人债务融资工具发行的簿记管理人，负责协议项下债务融资工具的簿记建档工作。

根据本案合同第 7.1 条的约定，发行成功后，发行方按合同约定的金额和支付方式向主承销方支付承销费。承销费计算方式：承销费＝当期债务融资工具发行面值总额×发行年限×年承销费率，年承销费率为 0.15%。本案合同第 6.1.1、7.3.1、7.3.1 和 7.6 条约定承销费的支付方式是一次性支付，由簿记管理人即被申请人从募集资金中一次性扣收。

另，根据《发行情况公告》《中国 D 公司 2019 年度第一期中期票据簿记建档利率区间确认书》《中国 D 公司 2018 年度第一期中期票据募集说明书》（以下简称《募集说明书》）《中国 D 公司 2018 年度第一期中期票据申购说明》（以下简称《申购说明》）《中国 D 公司 2018 年度第一期中期票据发行方案》（以下简称《发行方案》）相关资料，本期债务融资工具的期限为 5 年（3 年+2 年），第三年末附发行人票面选择权和投资人回售权。2018 年度第一期中期票据（以下简称"案涉票据"或"中票"）实际发行总额为 6 亿余元（涉案币种均为"人民币"，仲裁庭注）。

现申请人已在第三年末回购了 6 亿余元，并于 2021 年 12 月完成行权付息兑付手续，实际兑付付息金额为近 7 亿元。

而被申请人按照本案合同约定从募集资金中一次性扣收了 5 年的承销费 470 万余元（6 亿余元×5 年×0.0015＝470 万余元），故，被申请人需向申请人返还多收取的 2 年的承销费用 180 万余元及自收到承销费之日起至实际全部退还之日止期间的利息。

申请人多次沟通但被申请人均不予返还，据此，申请人提请仲裁。

庭审中，申请人表示 C 银行已向其退还了 2 年的承销费，故相应减少对被申请人的请求金额。根据申请人变更仲裁请求申请书，申请人最终确认如下仲裁请求：

（1）被申请人支付申请人多支付的 2 年的承销费近 140 万元及自 2018 年 12 月 a 日收到承销费之日起至全部退还之日止期间的利息（利息计算方式：以近 140 万元为基数，在 2019 年 8 月 b 日之前按中国人民银行同期贷款利息计算，自 2019 年 8 月 b 日之日起按全国银行间同业拆借中心公布的贷款市场报价利率计算）。

（2）本案仲裁费由被申请人承担。

（二）被申请人的答辩意见

1. 被申请人不存在多收取承销费用情形。

本案的争议焦点是承销费的计算问题，按发行期限计算承销费系双方的真实意思表示，双方约定的是一次性收费，不存在多收取承销费的情形，具体理由如下：

（1）本案合同第 7.1 条约定的承销费计算公式使用的是票据的发行年限而非实际存续年限。

对于发行年限，双方在合同中没有作出特别的解释。按照通常理解，指票据发行时确定的发行期限。对此《募集说明书》《发行方案》《申购说明》《发行金额公告》均明确票据的发行期限为5年（3年+2年）。

申请人主张按照票据实际存续年限计算承销费，既无合同约定，也不能得出发行年限是票据实际存续年限的结论。《募集说明书》记载的发行期限5年（3年+2年）是指："发行人有权决定在中票存续期的第3年末调整中票后2年的票面利率，调整后的票面利率为中票存续期前3年票面年利率加或减发行人提升或降低的基点""发行人将于中票第3个计息年度付息日前的第15个工作日披露关于是否调整中票票面利率以及调整幅度的公告""发行人作出关于是否调整中票利率及调整幅度的公告后，投资者有权选择在投资者回售登记期内进行登记，将持有的中票按面值全部或部分回售给发行人，或选择继续持有中票"。

投资者在第3年末是否选择回售很大程度上取决于申请人是否调整票面利率，如果申请人维持票面利率或调高票面利率，投资者很可能不会要求发行人回售；如申请人调低票面利率，投资者很可能要求发行人回售，中票提前到期。该权利义务主要是针对投资者与发行人之间的权利义务，与被申请人的承销义务无关。本案合同未对中票提前到期或者中票实际存续期限与发行期限5年不一致时的承销费用计算方式进行另外约定，在未进行其他约定的前提下，因投资者与发行人之间的权利选择导致承销人的合法权利受损，显然有失公平。

申请人最终因自身原因决定在第三年末全部回购并大幅调低票面利率，导致案涉票据存续3年即到期终止，但双方并未就承销费用的发行年限、发行利率等签订补充协议或进行其他特别约定。在未对"发行年限"另行约定的情况下，申请人要求以票据实际存续期限计算承销费用显然缺乏事实依据。

（2）双方约定的收费方式亦可以看出承销费用无须考虑票据的实际存续年限。

本案合同第7条对于承销费用及支付方式进行了详细约定，可分为"一次性支付"和"按年支付"，但双方恰恰选择了一次性支付，说明"双方对于承销费用的计收与票据的实际存续年限无关，按照发行年限计算即可"。

本案合同第7.3条约定，承销费用由簿记管理人（即被申请人）在缴款日从募集资金中一次性扣收；《募集说明书》约定缴款日为"2018年12月（a+1）日"。被申请人于2018年12月（a+1）日按5年的发行年限一次性扣收承销费用后，申请人也没有提出任何异议。

申请人、被申请人及 C 银行订立的《补充协议》进一步约定，在丙方（即 C 银行）存在时，主承销费在乙方（即被申请人）、丙方之间的分配比例为 70%：30%，由簿记管理人向发行方（即申请人）足额收取应收承销费。被申请人根据《补充协议》约定，在一次性扣收承销费后代申请人向 C 银行支付 30% 的承销费，且 C 银行已向申请人开具相应金额的发票。双方在《补充协议》中也没有针对发行年限做另外约定，由此可以看出各方一致同意承销费用计算无须考虑票据的实际存续年限。

（3）被申请人已经履行完本案合同约定的义务，没有义务退还承销费。根据本案合同第 3.1 条、第 3.2 条，被申请人为协议项下债务融资工具的主承销商和簿记管理人，提供债务融资工具承销和簿记管理服务。

根据本案合同第 6.3 条，"发行方和主承销方特此确认，在簿记管理人按照第 6 条的约定足额向发行方划付了募集资金且发行方实际已收到了该等募集资金，主承销方在本条下的承销义务和责任即告终止"。本案中票发行金额为 6 亿余元，被申请人于 2018 年 12 月（a+2）日向申请人支付募集款项金额 6 亿余元（该款项为扣除承销费用后的款项，计算方式：承销费总额为 6 亿余元×5 年×0.15%/年 = 400 万余元，募集款项为 6 亿余元 − 470 万余元 = 6 亿余元）。据此，被申请人作为主承销方在本案合同项下的承销义务和责任已告终止。

《补充协议》约定，"本协议项下债务融资工具由乙方承担余额包销责任"，余额包销针对的是 2018 年 12 月（a+1）日未售出的票据，不包括投资者在第 3 年末行权回售的票据。

综上，被申请人作为主承销商已经按照本案合同为申请人提供承销服务，有权依据本案合同第 7.1 条、第 7.3.1 条的约定一次性收取承销费用，票据存续期间投资者回售选择权的行使与被申请人的承销服务无关，申请人主张按照中票实际存续期限计算承销费并要求退回多收取的 2 年承销费没有依据。

（4）申请人已认可承销费应按票据期限 5 年计算，承销费的收取与投资人是否选择回售无关。

根据申请人于 2018 年 12 月出具的《划款通知书》，"……本次募集资金中直接扣留承销费用人民币 470 万余元……本期债券附有投资人回售选择权，承销费及销售激励费的收取与投资人是否选择回售无关。承销费及销售激励费按照本期债券期限5年计算"。即使发行人在第三年选择回售全部中票,承销费用的计算仍应按照发行年限为5年计算,被申请人不存在多收取承销费的情形。

2. 退一步讲,即使按实际存续年限退还承销费,则应退回的费用应为近120万元。

本案合同第7.2条约定,"承销费包括支付给主承销方的所有承销费用,分为主承销费和销售佣金,销售佣金的分配方式和比例由主承销方与其他承销团成员另行约定",根据《补充协议》约定,承销费在被申请人与C银行之间的分配比例为70%:30%。根据《申购说明》,中票的销售佣金费率为实际发行金额的0.1%。根据本案合同第7.1条的约定,支付给承销团的销售佣金为6亿余元×0.1%=60万余元。根据《L配售结果表》,C银行作为联席主承销商,中标中票约4000万元,应支付给C银行销售佣金4万元无须支付,根据《主承销收入分配的确认说明》,最终应支付给承销团的销售佣金为近60万元,因此,承销费总额470万余元-销售佣金近60万元=410万余元。根据《补充协议》约定的70%:30%的分配比例,被申请人收取的主承销费为410万余元×70%=280万余元,C银行收取的承销费为410万余元×30%=120万余元,被申请人已在募集款中扣收并代申请人划付给C银行,并就各自收取的承销费已分别向申请人开具发票。即使按申请人的主张,被申请人需退还2年的承销费金额应为280万余元×2/5=近120万元。

(三) 双方当事人的主要代理意见

申请人庭审辩论中表示,被申请人应当返还多收取的2年承销费,主要是基于公平原则。本案合同是被申请人提供的格式合同,被申请人未就合同条款对申请人进行提示和说明。发行年限应作广义解释,计算公式中的"3年"也属于发行年限,应当作有利于申请人的解释。被申请人作为主承销商,不论根据法律还是行业惯例,在证券存续期内还应当提供其他服务,包括信息披露义务,以及合同约定的督导义务,能说募集资金完成了被申请人的义务就终止了。被申请人没有提供2年的服务,应当向申请人返还多收取的2年承销费。申请人《划款通知书》的内容是按照被申请人的要求出具的,被申请人要求出具的时候说是根据监管要求由申请人按其格式出具,因此,《划款通知书》不是申请人的真实意思表示,而且其内容涉及的销售费未在本案合同中约定,申请人即使出具也不应当出具如此复杂的《划款通知书》,这不符合双方的交易习惯。申请人之所以支付较高的费用，是因为发行年限是 5 年，且合同约定了后续督导义务，所以，支付的费用是跟真正的发行年限相对应，否则的话，双方可能约定按年支付费用，不可能约定一次性支付。申请人在庭后补充意见中另强调，按照证券法及相关规定，后续督导的义务属于簿记管理人即被申请人的义务，C 银行的主要义务是结算，因被申请人只提供了 3 年服务，故，从公平原则应当返还申请人 2 年的承销费。

被申请人除前述意见外，在庭后代理意见中补充表示：发行年限应指票据发行时确定的发行期限，根据银行间市场交易商协会平台备案登记和公开披露的信息以及其他发行文件，案涉票据期限为 5 年。申请人已认可承销费按中票期限 5 年计算，与其是否选择回售无关。承销费的收取是基于承销服务，被申请人在本案合同项下的义务已经履行完毕，后续管理义务应由联席主承销商牵头负责，申请人关于中票的《付息公告》《行权公告》《行权结果公告》《兑付公告》均载明存续期间的信息披露、后续管理工作等均由 C 银行负责，C 银行也具有承销资质，C 银行退还承销费的行为与被申请人无关。本案合同非被申请人提供的格式文本，合同及发行文件均没有将"发行年限"解释为实际存续年限，不存在两种解释的问题。案涉票据共启动了两次发行程序，因市场波动，申请人取消了第一次发行，并发布了《取消发行的公告》，因各方在每次启动发行程序时均准备了全套发行材料，申请人提供的《申购说明》系第一次取消发行的材料，应以被申请人提供的第二次发行即案涉票据实际发行的《申购说明》作准，在该《申购说明》中记载并实际发生了销售团成员的销售佣金。综上，被申请人要求仲裁庭驳回申请人的仲裁请求。

二、仲裁庭意见

结合本案案情和证据材料，仲裁庭对本案事实和法律问题分析认定如下。

（一）关于本案的基本事实

仲裁庭查明：2018 年 4 月，申请人作为案涉票据的发行方，与被申请人作为主承销商及簿记管理人，以及案外人 C 银行作为联席主承销商，共同订立了本案合同和《补充协议》。根据本案合同第 3 条，被申请人接受申请人委托，协助申请人对案涉票据进行注册/备案、销售及后续管理工作，并负责票据的簿记建档工作。双方当事人就承销的权利义务事项进行了约定。

　　案涉票据名称为"中国 D 公司 2018 年度第一期中期票据"，有效申购金额为 7 亿余元，实际发行金额为 6 亿余元，发行期限为 5 年（3 年+2 年），票面利率为 7.6%。

　　案涉票据发行期内第 3 年末申请人拥有调整票面利率选择权，投资者拥有回售选择权。申请人于 2021 年 11 月公告调整票面利率，将剩余 2 年期内的票据年利率调整为 2.6%。最终，案涉票据实际存续期限为 3 年。

　　根据银行间市场清算所股份有限公司出具的投资人回售付息兑付手续完成证明书，申请人于 2021 年 12 月完成了对投资人回售票据的付息兑付手续，实际兑付近 7 亿元，包括本金 6 亿余元和 3 年期利息 4700 万余元。

　　关于承销费的计收和支付，被申请人于 2018 年 12 月从实际发行金额中扣收承销费 470 万余元（6 亿余元×5 年×0.15%承销费率），并按《补充协议》约定的主承销商与联系承销商的分配比例（70%：30%），向 C 银行支付了 120 万余元。被申请人、C 银行按其实际收取的承销费金额，分别向申请人开具了发票，发票总金额为 470 万余元。

　　仲裁庭另查明，申请人原名称为"中国 D 公司"，本案合同及发行文书均以原名称签署或出具。

　　上述事实由当事人陈述、庭审笔录及在案证据佐证，双方当事人均无异议，仲裁庭予以确认。

　　（二）关于本案合同的效力

　　本案合同"首部"载明，本案合同系根据《合同法》《银行间债券市场非金融企业债务融资工具管理办法》订立，且本案合同订立、费用支付等法律事实发生在《民法典》施行之前，根据最高人民法院《关于适用〈中华人民共和国民法典〉时间效力的若干规定》，仲裁庭适用《民法典》施行之前的《合同法》等法律规定解决双方的权利义务争议。

　　仲裁庭认为，本案合同文本由中国银行间市场交易商协会提供，申请人和被申请人作为银行间债券市场的发行方和承销方，自愿选择采用本案合同文本条款，并在此基础上协商订立了《补充协议》，故，本案合同是双方当事人真实的意思表示，合同内容不存在违反法律、行政法规的强制性规定以及社会公共利益之情形，仲裁庭依法确认其效力，并将之作为本案争议的裁判依据。

　　（三）本案争议的主要问题

　　仲裁庭认为，本案争议的焦点是被申请人按发行年限计收的承销费，是否基于票据实际存续期限应向申请人返还相应金额的问题。

围绕上述焦点,结合双方的诉辩意见,仲裁庭认为本案争议解决需考虑三个方面的问题:其一,被申请人按发行年限收取承销费是否有合同依据;其二,本案是否存在按实际年限返还承销费的约定或安排;其三,基于公平原则被申请人是否负有返还相应金额的义务。

1. 关于承销费计收的合同依据问题。

仲裁庭注意到,本案合同第 7 条专门对"费用及支付"进行了约定。其中,第 7.1 条约定:

"基于主承销方就本案协议项下某期债务融资工具发行为发行方提供的承销服务,发行成功后,发行方按本协议规定的金额和支付方式向主承销方支付承销费。承销费计算方式如下:承销费=当期债务融资工具发行面值总额×发行年限×年承销费率。本案合同项下的年承销费率为 0.15%。"

基于上述条款,仲裁庭认为,被申请人计收承销费的依据是其作为主承销商提供票据承销服务,且于"发行成功后",即可按合同约定的金额和方式予以收取。关于承销费金额的确定,上述条款明确以"发行年限"为其计算依据,而非以票据"实际存续年限"为依据。

案涉票据的发行年限在其发行时即应确定,根据申请人《申购说明》《募集说明书》等合法有效的发行文件,案涉票据的发行年限为 5 年(3 年+2年)。尽管《申购说明》《募集说明书》载明申请人在第三年末有权根据实际情况调整票面利率,以及票据投资者有权选择回售,但票据的发行期限为 5年,则由申请人通过《募集说明书》等公开文件预先承诺并予确定。

据上,仲裁庭认为本案中被申请人在案涉票据发行成功后,按 5 年之发行年限及约定费率计收承销费,具有明确的合同依据。

2. 本案承销费是否存在按实际年限计收或返还的安排。

仲裁庭注意到,本案合同第 7.3 条对"支付方式"进行了约定:第 7.3.1条约定了"一次性支付",第 7.3.2 条则约定了"按年支付"的支付方式。而有关票据实际"存续年限"的约定,则见之于第 7.3.2 条"按年支付"项下的内容。其中:

第 7.3.2.1 条约定,由簿记管理人在缴款日从募集资金中扣收首年承销费,剩余承销费按年平均由发行方在当期债务融资工具"存续期间"支付;

第 7.3.2.2 条约定,由发行方在缴款日后的约定日向簿记管理人支付首年承销费，剩余承销费按年平均由发行方在当期债务融资工具"存续期间"支付。

基于上述条款，仲裁庭认为，"存续期限"是针对承销费的支付方式而言，并非作为确定承销费金额的依据。根据上述约定，在首年承销费扣收或支付后，剩余承销费无论是基于第7.3.2.1条还是第7.3.2.2条的约定，均应在票据存续期间内按年平均进行支付。按年平均支付有别于一次性支付，但仍属于支付方式，并不能因此变更已确定的承销费金额。即便在"按年支付"的方式下，"首年承销费"与"剩余承销费"的支付安排仍然要遵循前述第7.1条已确定的承销费总额。

而从合同条款的安排看，承销费计收（第7.1条）与承销费支付（第7.3条）为前后并列条款，从其文义及上下文逻辑看，承销费金额计算是权利之基础，承销费支付则是权利之实施，除非另有约定，后者无意动摇变更前者。且从合同条款措辞看，在确定承销费总额以及支付"首年承销费"之后，"剩余承销费"亦为确定金额，仍需全额支付，只是按"存续年限"平均支付而已，故不因实际存续年限缩减而减收，也不因实际存续年限延长而加收。诚然，该本案合同文本未顾及合同订立时确定票据存续期限的实际困难，但其在承销费总金额和首期应付金额既已确定的情况下，按实际存续期间平均支付剩余承销费的安排，无论如何得不出减收承销费的结论。更何况，本案合同双方实际选择的是"一次性支付"，而未选择"按年支付"的方式。

关于被申请人提出"发行年限"应作广义解释，包括票据实际发行年限3年的主张，仲裁庭认为没有合同依据，也不符合客观实际。其一，"发行年限"作为承销费计收依据，约定在第7.1条，若按实际发行年限或实际存续期限计收承销费，则承销费及相关权利义务在合同订立时便无法确定，上述第7.1条作为基础条款的目的便落空，这显然不是合同的本意。其二，发行年限"3年+2年"的安排只是赋予申请人在票据发行期限内选择回购的权利节点，但不能因此认定发行年限即为3年，而且，上述申请人公开发行的文件均明确发行期限为5年，该等文件对申请人具有约束力。故，仲裁庭采纳被申请人的抗辩意见，对申请人关于"发行年限"作广义解释的主张不予支持。

据上，仲裁庭认为本案双方并未约定按票据实际存续年限计收承销费，亦未有基于存续期限返还承销费的安排。

3. 关于双方对承销费计收的特别约定。

仲裁庭注意到，双方当事人于本案合同项下选择了一次性支付方式，并进一步明确为"由簿记管理人在缴款日从募集资金中一次性扣收"的方式。

根据被申请人证据7，申请人在其向被申请人出具的《划款通知书》中明确表示："根据我公司与贵公司签署的本案合同及相关《补充协议》，贵公司应在本次募集资金中直接扣留承销费用470万余元和销售激励费。本期债券附有投资人回售选择权，承销费及销售激励费的收取与投资人是否选择回售无关。承销费及销售激励费按照本期债券期限5年期计算。"

上述内容说明，申请人在通知被申请人扣划承销费之前，已经确认承销费按"本期债券期限"5年期计算，而且明确表示承销费收取与投资人是否选择回售无关。《划款通知书》由申请人一方盖章确认，在没有相反证据的情况下，应视为申请人真实的意思表示。至于被申请人提出是按被申请人要求而出具，《划款通知书》不是申请人真实意思的主张，仲裁庭认为不能成立。而且，即使《划款通知书》是应被申请人要求而出具，则恰能印证申请人自始按"5年发行年限"计收承销费的本意，而被申请人在对方要求"承销费收取与投资人是否选择回售无关"的情况下仍予盖章确认，亦说明申请人在合同履行中对承销费按5年计收的确认。

据上，仲裁庭认为，即使双方在订立合同时对承销费计算方式中的"发行年限"发生误读或存在分歧，则该等分歧因双方在后续履行过程中通过申请人出具《划款通知书》的行为而予以明确。故，申请人关于按存续年限计收承销费并予返还相应金额的主张，既无合同依据，又违反"禁止反言"原则。

4. 关于被申请人是否基于公平原则返还相应承销费的问题。

仲裁庭认为，民事主体从事民事活动，应当遵循公平原则，公平原则贯穿于民事合同的订立、履行及纠纷解决全过程。

本案合同文本系由中国银行间市场交易商协会制定，而非被申请人一方为重复使用而单方拟定的条款，故，申请人关于格式合同以及对被申请人作出不利解释的主张没有法律依据。事实上，本案合同作为银行间市场非金融企业债务融资工具发行承销的合同范本，兼顾了发行方、承销方以及关联方的权利义务，广泛适用于非金融企业债务融资工具的发行承销活动。而且，申请人作为中票发行方，在确定主承销商方面，具有主动权和选择权，双方在此期间亦订有《补充协议》，对本案合同条款进行了修改，故，本案合同之于双方而言均为自愿协商、公平议价的结果。在合同订立层面，不能轻言合同违反公平原则。

关于合同实际履行层面，申请人提出被申请人实际履行 3 年义务，以及未履行本案合同第 10 条项下义务，应适用公平原则返还 2 年承销费的主张，仲裁庭认为亦不能成立，理由如下：

首先，案涉票据的发行期限、发行利率、发行价格、承销费率等，均是双方当事人基于客观情况以市场化方式确定。申请人对承销费每年费率为 0.15%，按 5 年计收并一次性收取的安排应有充分预期，而在被申请人根据实际发行金额扣收时，亦未见申请人提出异议。

其次，关于本案合同第 10.1 条约定的主承销商在票据存续期间"持续对发行方开展跟踪、检测、调查等后续管理工作、持续督导发行方履行信息披露义务、还本付息等义务"，申请人未有证据证明被申请人违反上述约定。至于被申请人未在后续 2 年内履行上述义务，是因申请人在发行期内决定降低中票利率以及投资人要求回购所致。即，被申请人未履行后续管理和持续督导工作，是申请人一方合同期内选择行权的结果，故不能将此归咎于被申请人。

再次，本案合同约定申请人委托被申请人公开销售中票，本质上属于委托合同。委托合同项下，委托人单方行权终止合同而致受托人失去商业机会的，依法应承担相应补偿责任。就本案而言，申请人通过单方行权提前终止票据存续期限，虽不至于补偿申请人的承销费损失，但因其自身原因终止了被申请人的后续管理服务，又以被申请人未履行后续管理服务为由主张返还承销费，恰恰有违公平原则。

最后，从被申请人职责与权利的对应关系看，被申请人作为主承销商，其主要义务和责任是组织和实施承销。而且，本案中票承销采用余额包销的方式进行，即对在缴款日未能售出的中票，全部由被申请人按发行利率/价格自行购入，因此，案涉票据发行的责任和风险落在被申请人一方。故而，本案合同第 6.3 条相应约定："发行方和主承销方特此确认，在簿记管理人按照约定足额向发行方划付了募集资金且发行方实际已收到该等募集资金，主承销方在本条下的承销义务和责任即告终止。"对此，本案合同第 7.1 条相应约定，在"发行成功后"，申请人即负有支付承销费的义务。可见，被申请人所援引的上述本案合同第 10 条项下的"后续管理工作"事宜，并非被申请人的主要义务事项，而且该条同时约定后续管理工作应由丙方，即案外人 C 银行负责牵头执行。由此，被申请人已履行了与收取承销费所对应的义务事项，按发行年限计收承销费并未免除其责任，或者加重申请人责任或排除申请人主要权利，故，被申请人未履行后续管理工作不能成为按实际期限返还承销费的依据。

仲裁庭另需提及的是，在法律规定缺失或者当事人无明确约定的情况下，遵循公平原则处断纠纷亦为仲裁的一项基本原则。但就本案而言，由于双方当事人在本案合同项下明确约定了承销费的计算和支付方式，且在合同履行中进一步确认承销费收取与申请人是否选择回售无关，故，本案亦不存在根据公平原则酌定被申请人返还相应金额的空间。

据上，仲裁庭认为申请人援引公平原则主张返还承销费的主张，没有事实和法律依据。

（四）关于申请人的各项仲裁请求

1. 关于要求被申请人支付承销费及相应利息的仲裁请求。

基于前述意见，仲裁庭认为申请人基于案涉票据实际存续期限而要求被申请人返还其 2 年承销费的主张没有事实基础和合同依据，也不符合公平原则和法律规定。在此基础上，申请人主张的利息亦没有法律基础。

另据本案合同第 5.2 条及《补充协议》第 1 条，主承销商之间独立履行受托义务，不对对方承担连带责任。故申请人提及的 C 银行已向申请人退回相应承销费事宜（如有），属于当事人对合同权利义务的自愿处分和履行，与本案被申请人是否返还承销费的争议无关。

据上，仲裁庭对申请人的该项仲裁请求不予支持。

2. 关于要求被申请人承担本案仲裁费的仲裁请求。

根据《仲裁规则》第 52 条的规定，结合本案审理情况，仲裁庭认为本案仲裁费全部由申请人承担。仲裁庭对申请人的该项仲裁请求不予支持。

三、裁决

基于上述事由，经合议，仲裁庭裁决如下：

（1）驳回申请人的全部仲裁请求。

（2）本案仲裁费全部由申请人承担。本案仲裁费已与申请人向仲裁委员会预缴的等额仲裁预付金相冲抵。

本裁决为终局裁决，自作出之日起生效。

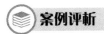 **案例评析**

【关键词】票据承销　合同解释　真意表示　公平原则

【焦点问题】

围绕是否返还承销费这一争议，如何确定承销费计收的基础依据和当事人真实的意思表示，以及本案应否适用公平原则对双方权利义务作出调整。

【焦点评析】

申请人系一家产业投资控股公司，是案涉票据的发行方，被申请人系一家券商，在本案中是案涉票据的主承销商。承担主承销业务的还有案外人某银行。申请人与被申请人及案外人订立了票据《承销协议》和《补充协议》，约定被申请人受申请人委托办理票据注册、备案、承销及后续管理工作。

根据发行文件，案涉票据发行期为5年，票面利率为7.6%，发行期内第3年末申请人有权调整票面利率，投资者拥有回售选择权。案涉票据实际发行金额为6亿余元，申请人于第3年末公告下调利率至2.6%，投资人选择回售，申请人遂对投资人兑付了票据本金及3年期利息，案涉票据实际存续期限为3年。

被申请人事先从票据发行金额中按5年发行期限，扣收了承销费，并按7∶3比例，与作为联席承销商的某银行进行了分配。申请人认为票据实际发行期限为3年，向被申请人主张返还剩余2年期限内的承销费。案外人某银行对应返还了承销费，但被申请人拒绝返还，双方发生纠纷，遂生本案。

现结合本案案情和法律问题以及裁判方法，评述如下：

一、溯源纠纷的逻辑起点，确定承销费计收的依据

本案所涉承销费纠纷，争议焦点为承销费是否返还，但问题根源则在于前期计收承销费的方式、金额是否正当，这是本案争议的基础性问题，也是解决本案纠纷的逻辑起点。

根据现有规定，债券、票据等融资工具承销由法定机构实施，相关机构及人员应当依照法律法规、行业规定和执业规范的规定，规范项目定价、配售和信息披露等业务活动，不得违反公平竞争、进行利益输送、直接或者间接谋取不正当利益。本案《承销协议》为中国银行间市场交易商协会制定的非金融企业债务融资工具发行承销合同范本，对承销费计收的依据，首先应根据合同的约定进行判断。

如案情所示，根据《承销协议》第7.1条，被申请人收取承销费的前提是票据"发行成功"，承销费金额按"当期债务融资工具发行面值总额×发行年限×年承销费率0.15%"确定。即在承销费率确定的情况下，承销费计收标准是按"发行年限"而非按"存续年限"确定。根据票据《申购说明》《募集说明书》等发行文件载明的信息，"发行年限"为5年，故本案合同项下，首先确定被申请人按5年标准计收承销费具有合同依据。

二、运用合同条款解释规则，洞察双方当事人的真意

申请人提出按票据"实际存续年限"返还相应承销费，意在强调虽有上述合同约定的5年"发行年限"，但案涉票据"实际存续年限"为3年。由此产生的争议是：票据"存续年限"能否视为"实际发行年限"？即本案"发行年限"这一术语是否应解读为"约定发行年限"和"实际发行年限"两种情形？如此一来，上述约定的承销费初始按"发行年限"进行计收之后，是否需要事后结合票据"存续年限"再行调整？双方当事人就此产生纷争。

至此，本案争议的逻辑线条发生延伸。即，上述合同第7.1条约定承销费按5年"发行年限"计收后，仅仅是确定承销费金额的初步证据。本案合同条款是否对此有所涉及或另有不同约定，尚需结合合同相关条款进行判断，并就双方争议的条款进行解释，以确定双方当事人真实的意思表示，同时验证按5年"发行年限"计收承销费是否具有最终性和确定性。

关于合同解释的一般规则，原《合同法》第125条第1款规定："当事人对合同条款的理解有争议的，应当按照合同所使用的词句、合同的有关条款、合同的目的、交易习惯以及诚实信用原则，确定该条款的真实意思。"《民法典》第142条第1款规定："有相对人的意思表示的解释，应当按照所使用的词句、结合相关条款、行为的性质和目的、习惯以及诚信原则，确定意思表示的含义。"相较而言，原《合同法》虽未如《民法典》明确强调以文义解释为基础，但从其立法本意看，仍需在文义解释的基础上，再行结合体系解释、目的解释、习惯解释和诚信解释等解释规则以及其他辅助性解释方法以确定当事人的真意。

仲裁庭首先关注到合同中的专业术语条款和权利义务条款中，未见合同对"发行年限"作不同解释或约定。案涉票据发行文件虽载明发行年限为"3年+2年"，但旨在说明发行人于票据发行期限内选择回购的时间节点，不能据此认定"发行年限"为3年或者5年，"发行年限"有其特定含义。

其次，结合上下文及承销费支付条款，案涉承销费支付方式存在"一次性支付"和"按年支付"两种方式。其中，本案合同在"按年支付"方式下使用了"存续期间"这一用语，并约定发行人支付首年承销费后，剩余承销费根据票据"存续期间"按年平均支付。但本案中当事人在合同勾选项中明确排除了"按年支付"方式，而是明确选择了"一次性支付"方式，说明当事人在订约之初即按照既定计收公式一次性扣收承销费，同时一并锁定承销费金额的意愿。而且，"按年支付"只是支付方式而已，不能因此改变该条前述既定的承销费计收标准和计收金额。

最后，从承销行为的性质及合同目的看，被申请人作为票据主承销商，其主要合同义务是实施销售，合同约定采用余额包销方式承销，要求被申请人在缴款日对未能售出的票据全部购入，由被申请人承担票据销售的全部责任和风险。在被申请人完成承销义务的情况下，作为交易对价，双方事先确定承销费金额并予一次性支付，既符合对等原则，又契合余额包销行为性质和合同目的。

当然，作为一个完整的解释体系，当事人意思表示并不限于合同文本约定，如果当事人在合同履行过程中另行约定，或通过特定民事法律行为变更合同，则以后者为据确定相应的权利义务后果。即使从合同解释方法看，合同缔约背景、磋商过程以及实际履行行为等因素，亦应作为合同解释的补充方法纳入解释规则体系。遵循该等逻辑思维，仲裁庭继续关注了合同的履行情况，注意到申请人在其出具的《划款通知书》中确认"承销费按债券期限5年期计算，与投资人是否选择回售无关"，这说明当事人在合同履行中非但未就承销费进行变更或对承销费返还进行约定，而且进一步确认了合同约定的承销费条款。

至此，本案有关承销费计收标准、金额确定、支付方式、实际履行等要素均予确定，申请人要求被申请人返还"剩余期限"内的承销费款项没有事实依据或合同依据。

三、甄别法律适用的前提，界定公平原则的适用边界

本案最后一个焦点问题关乎公平原则的适用，即是否应适用公平原则对双方权利义务进行调整。

公平原则是民事主体从事民事活动应当遵循的基本法律原则，是合理确定当事人权利义务的法律依据。申言之，上述无论是基于合同约定、当事人实际履行还是基于合同解释规则所认定的权利义务内容，如明显违反公平原则，尤其是在一方当事人要求援引公平原则重新调整的话，仲裁庭仍应考虑该等诉求，"公平合理地解决纠纷"，也是现行《仲裁法》对仲裁的基本要求。毕竟，基于意思自治和合同解释规则得出的结论，仅仅是实现了合同层面上的逻辑自洽，但若有悖法律基本原则，甚至出现权利义务明显失衡现象，则相关法律原则或法律规定便具备了适用的前提。但是，作为小前提的案件事实在满足法律原则适用的前提下，作为大前提的法律原则或法律规范才得以适用。本案中公平原则是否得以适用，需要审查上述既有结论是否可能存在或导致不公平的后果。

仲裁庭继而审查了申请人关于被申请人未履行后续管理工作基于公平原则对应返还承销费的主张，认为：相较于票据承销这一主要义务事项，"后续管理工作"并非主要内容；在被申请人事先承诺余额包销承担全部风险责任的情况下，申请人事后根据"存续年限"要求返还承销费的，恰恰是对被申请人不公平；本案合同文本系中国银行间市场交易商协会推荐使用的文本，已兼顾缔约各方利益，并非单方拟定的格式合同。以上可见，公平原则在本案中不具有适用的前提，且鉴于合同当事人意思表示真实，权利义务确定，公平原则亦无介入调整之必要，仲裁庭亦无自由裁量空间，本案最终以驳回当事人的仲裁请求结案。

【结语】

仲裁裁决常被喻作"给败诉方的一封信"，仲裁文书释法说理的效果决定了仲裁文书的好坏，并直接影响仲裁公信力。在仲裁实践中，当事人的诉辩内容与其所依据的事实理由以及彼此之间未必具有体系性和逻辑性，但作为裁判者处断一项具体争议或仲裁标的时，则需要根据案情，运用体系性思维，遵循认定事实与其理由、适用法律与其理由以及认定事实和适用法律之间的

逻辑关系，增强仲裁文书的逻辑性和释法说理效果。

　　本案特点就在于运用体系性和逻辑性思维，结合合同条款的解释方法，在确定当事人真实意思表示的基础上，论证了承销费计收的合同依据、合同特殊约定、当事人实际履行效果、法律原则的适用以及仲裁庭是否具有自由裁量权的空间，并按上述裁判要素的内在逻辑关系搭建起一个独立、自洽、完整的论证体系，有效回应双方的诉辩主张，提高仲裁裁决的说服力。该案最终认定被申请人无须返还申请人"剩余期限"的承销费，该结论是运用逻辑思维对案件事实和法律要素分析认定的结果，其客观性和公正性自然离不开裁判逻辑的严密性和体系性。

A 证券有限公司与 B 科技产业公司债券募集争议案

中国国际经济贸易仲裁委员会（以下简称"仲裁委员会"）根据被申请人 A 证券有限公司（以下简称"被申请人"或"A 公司"）于 2019 年 8 月签订的《A 公司 2019 年公开发行公司债券（第一期）募集说明书》（以下简称《募集说明书》或"本案合同"）中仲裁条款的约定，申请人 B 科技产业公司（以下简称"申请人"）于 2022 年 5 月出具的"补充说明"，以及申请人于 2022 年 6 月向仲裁委员会提交的书面仲裁申请，受理了上述合同项下投资协议争议案。

一、案情

（一）申请人提出的仲裁请求及事实和理由

1. 申请人认购并持有 M 债券，该期债券《募集说明书》构成申请人、被申请人之间的有效合同。

2019 年 8 月，被申请人于 S 市证券交易所（以下简称"S 市交所"）发行 A 公司 2019 年公开发行公司债券（第一期）（以下简称"本案债券"或"M 债券"），募集资金拟用于偿还有息债务。被申请人在《募集说明书》中明确了本案债券基础发行金额为 5 亿元（指人民币，下同，仲裁庭注），可超额配售不超过 10 亿元；债券面值 100 元，按面值平价发行；债券期限为 5 年期，债券存续期第 3 年末附发行人上调票面利率选择权及投资者回售选择权；按年付息，利息每年支付一次，到期一次还本，最后一期利息随本金的兑付一起支付；发行日为 2019 年 9 月 a 日，以及相应的违约责任等。

2019年9月b日，被申请人在发布的本案债券发行结果公告中明确，根据簿记结果，最终发行规模为6亿元，最终票面利率为7.3%。申请人于簿记建档期间进行申购，申购金额为近1亿元，申购利率7.3%，并足额缴纳了认购款近1亿元，后持有面额近1亿元的本案债券至今。

本案《募集说明书》明确，投资者认购或持有本案债券视作同意《债券受托管理协议》《债券持有人会议规则》《募集说明书》中其他有关发行人、债券持有人、债券受托管理人等主体权利义务的相关约定。申请人认购并买入持有本案债券，属于本案债券的投资人。《募集说明书》作为本案债券发行中约定发行人和投资人之间权利义务的载体，构成双方之间的有效合同。

2. 被申请人偿债能力恶化，已不具备履约能力。

2022年4月，被申请人发布《A公司2019年度第一期定向债务融资工具未按期兑付本息的公告》（以下简称《未按期兑付本息的公告》）披露，被申请人于2019年4月发行的A公司2019年度第一期定向债务融资工具（以下简称"N债券"），发行金额6亿元，未能于2022年4月c日兑付本息，已经构成违约。

同时，被申请人系上市公司C医药公司（以下简称"C公司"）的控股股东，2022年5月d日，C公司董事会在《C医药公司关于控股股东所持股份被轮候冻结的公告》中披露，截至2022年5月a日，被申请人持有的100%（近5亿股）C公司股票已被司法标记及司法冻结和轮候冻结，近一年被申请人债券逾期或违约，主体和债项信用等级下调，同时被申请人因债务问题涉及的诉讼及仲裁共计44起，标的金额合计约83亿余元。

2022年5月，债券受托管理人在《A公司债券2022年度第十五次受托管理事务临时报告》附件中披露，因被申请人与D集团有限公司之间的合同纠纷，其持有的O股权被P法院冻结，冻结期限自2022年5月至2025年5月。

3. 申请人请求解除本案合同，并要求被申请人承担违约责任。

申请人认为，发行人已明确披露其发行的N债券因未按期兑付本金及支付利息构成违约，同时发行人涉及诉讼几十余起、金额巨大，发行人其行为已表明不能按期足额兑付本案债券本金及支付利息。

根据《民法典》第563条"有下列情形之一的，当事人可以解除合同：（二）在履行期限届满前，当事人一方明确表示或者以自己的行为表明不履行合同主要债务"，第578条"当事人一方明确表示或者以自己的行为表明不履行义务的，对方可以在履行期限届满前请求其承担违约责任"的规定，申请人可以申请解除合同，即双方之间的《募集说明书》，并要求被申请人提前兑付本案债券的本金和支付利息，同时要求被申请人承担违约责任。截至2022年5月，被申请人待兑付申请人本案债券本金近1亿元，从2021年9月至2022年5月（含）的利息500万余元。由于被申请人已经用其行为表明不能按期、足额兑付本案债券本金及支付利息，申请人为实现债权而支付的律师费，属于合理且必要支出的费用，应当由被申请人负担。

申请人的仲裁请求为：

（1）裁决立即解除申请人与被申请人之间的《募集说明书》（《募集说明书》系争债券发行中约定发行人和投资人之间权利义务的载体，构成双方之间的有效合同）。

（2）裁决被申请人立即向申请人兑付M债券（债券代码：1）的本金近1亿元，并支付利息至实际兑付本金之日止［利息的具体计算方式为：从2021年9月a日至2022年5月c日（含）的利息为500万余元，从2022年5月（d+4）日起，以未兑付本金近1亿元为基数，按年利率7.3%计算至实际支付之日止］。

（3）裁决被申请人立即向申请人支付因不能按期兑付M债券本金而产生的违约金至实际兑付本金之日止（违约金具体计算方式为：从2022年5月（d+4）日起，以未兑付本金和利息1亿余元为基数，按全国银行间同业拆借中心同期贷款利率标准计算违约金至实际兑付本金之日止）。

（4）裁决被申请人承担本案仲裁费。

2022年9月，申请人向仲裁庭提出《变更仲裁请求申请书》，申请将仲裁请求变更为：

（1）裁决被申请人立即向申请人兑付M债券的本金近1亿元，并支付利息至实际兑付本金之日止（利息的具体计算方式为：从2021年9月a日至2022年9月a-1日的利息为700万余元，从2022年9月a日起，以未兑付本金近1亿元为基数，按年利率7.3%计算至实际支付之日止）。

（2）裁决被申请人立即向申请人支付因不能按期兑付M债券本金而产生的违约金至实际兑付本金之日止（违约金具体计算方式为：从2022年9月a日起，以未兑付本金和利息近1亿元为基数，按全国银行间同业拆借中心同期贷款利率标准计算违约金至实际兑付本金之日止）。

（3）裁决被申请人补偿申请人因本案支出的保全保险费7万余元、保全费近3千元（截至2022年9月a-1日，以上1、2、3、4项总计1亿余元）。

（4）裁决被申请人承担本案仲裁费。

同时，将仲裁申请书中所述事实与理由的第2、3点分别变更为：

2. 被申请人未能在本案合同约定的日期完成偿付本案债券利息及回售本金事项。

申请人对其持有的面额近1亿元债券已全额登记回售。根据《募集说明书》第18条和第20条约定，本案债券应于2022年9月a日偿付利息和回售本金。2022年9月a日，被申请人实际未能按时支付利息、兑付回售本金。被申请人于2022年9月b在S市交所网站发布公告称，截至该日，被申请人未能支付本案债券近5亿元的回售本金及2021年9月a日至2022年9月a-1日期间的全额利息。本案债券受托管理人E证券公司（以下简称"E公司"）于2022年9月在S市交所网站发布临时报告称，被申请人应于2022年9月a日偿付利息和回售本金，截至公告日，被申请人未能按期足额偿付本案债券的利息和回售本金。

3. 被申请人未能按时偿付利息本金的行为违反《募集说明书》约定，应承担违约责任。

《募集说明书》约定，被申请人未能按时偿付到期本金或利息的，构成违约。被申请人2022年9月a日未能按期支付本案债券利息及回售本金，且其与受托管理人均对未能按时支付事项进行了公开披露确认，依据《募集说明书》约定，被申请人未能按期支付利息及回售本金的行为已构成违约，申请人有权要求被申请人承担违约责任。

截至2022年9月（a-1）日，被申请人待兑付申请人本案债券本金近1亿元，从2021年9月a日至2022年9月（a-1）日（含）的利息700万余元；被申请人应向申请人支付违约金，以及申请人为实现债权而支付的保全保险费、保全费等合理且必要支出的费用。

（二）申请人庭审、庭后主要代理意见

1. 《募集说明书》构成发行人、持有人、受托管理人等主体之间的有效合同，各方均应遵守。

《募集说明书》系被申请人作为发行人所作出的承诺及说明，对被申请人具有约束力。《募集说明书》明确，投资者认购或持有本案债券视作同意《债券受托管理协议》《债券持有人会议规则》及《募集说明书》中有关发行人、债券持有人、债券受托管理人等主体权利义务的相关约定。鉴于申请人为债券持有人，《募集说明书》为约定发行人与持有人等主体之间权利义务的合同，各方均应遵守。

2.《募集说明书》项下的仲裁条款符合法律法规及证监会的规则要求，属于独立的争议解决条款，不存在无效情形，构成当事人之间有效的仲裁协议。

（1）《募集说明书》符合我国法律法规及证监会的相关要求，并非仅依发行人意志而随意编写。根据发行本案债券时的法律法规要求，《募集说明书》需依据《公司法》《证券法》《公司债券发行与交易管理办法》《公开发行证券的公司信息披露内容与格式准则第 23 号——公开发行公司债券募集说明书》（2015 年修订）等编制。

（2）《公开发行证券的公司信息披露内容与格式准则第 23 号——公开发行公司债券募集说明书》（2015 年修订）中明确要求应在特定章节约定债券违约后的争议解决机制，本案仲裁条款的设置及内容符合上述要求，构成案涉《募集说明书》项下的争议解决条款。

（3）被申请人主张《募集说明书》没有约定争议解决方式，这将导致其自认《募集说明书》不符合法定要求，与其自述本案债券发行符合法定要求且已经发行的事实不符，被申请人将仲裁条款强行解释为是对《债券受托管理协议》的引用、披露与提示，意图误导仲裁庭，不应予以支持。

3. 申请人有权依据《募集说明书》申请仲裁，仲裁委员会为约定争议解决机构，有权依法裁决本案。

《募集说明书》构成发行人、持有人、受托管理人等主体之间的合同，意思表示真实且不违反法律、行政法规的效力性强制性规定，各方均应遵守。被申请人违反了《募集说明书》的约定，已构成违约，申请人有权依据《募集说明书》中关于发行人违约、违约责任承担、违约争议解决机制等条款的约定，就本案所涉争议向仲裁委员会申请裁决。

4. 依据《募集说明书》《债券受托管理协议》的约定，本案属于因履行《债券受托管理协议》发生的争议，仲裁委员会具有管辖权。

《募集说明书》载明，因属于受托管辖协议发生的争议，任何一方均有权将争议提交仲裁委员会，按其仲裁规则进行仲裁。《募集说明书》第九节债券受托管理人部分约定，发行人应当根据法律、法规和规则及募集说明书的约定，按期足额支付本次债券的利息和本金；在本次债券到期、加速清偿（如适用）或回购（如适用）时，发行人未能偿付到期应付本金和/或利息，构成发行人在受托管理协议和本次债券项下的违约事项；违约事件发生时，发行人应当承担相应的违约责任，包括但不限于按照募集说明书的约定向债券持有人及时、足额支付本金及/或利息以及迟延支付本金及/或利息产生的罚息、违约金等，并就受托管理人因发行人违约事件承担相关责任造成的损失予以赔偿。案涉《债券募集说明书》《债券受托管理协议》均对发行人权利义务、违约行为及责任、争议解决管辖等作出了明确约定，申请人有权依据上述约定向仲裁委员会主张追究被申请人的违约责任。

5. 被申请人已经当庭确认仲裁请求第1项和第2项，仅以节假日顺延2日为由对违约日期提出异议，缺乏事实依据，应当不予以支持。

《募集说明书》约定，若债券持有人行使回售选择权，则2020年至2022年每年9月a日为本案债券回售部分上一个计息年度的付息日。被申请人应付本金及利息日期为2022年9月a日，被申请人未予当天支付即构成违约，应当自当天之日起计算违约金。

6. 被申请人的违约行为导致申请人支出了保全保险费和保全费，属于实际支付或者必然发生的费用，被申请人应当负担。根据《募集说明书》的约定并结合《全国法院审理债券纠纷案件座谈会纪要》关于应当支持实现债权的合理费用的规定，申请人因本案支付或者发生的保全保险费和保全费属于因被申请人违约行为造成的损失和实现债权的合理费用，理应由被申请人负担。

（三）被申请人主要答辩意见和庭审意见

1. 被申请人与申请人之间就本案债券交易纠纷并未达成仲裁协议。

申请人称，其系依据《募集说明书》提起本案仲裁，主张解除其与被申请人之间的《募集说明书》，并按照《募集说明书》的约定向其兑付所持债券本息等。然而，《募集说明书》对争议管辖并无明确约定，申请人与被申请人之间就《募集说明书》的签订及履行所涉争议并未达成仲裁协议。

2. 《债券受托管理协议》约定的仲裁协议不适用于申请人，即便可以适用，申请人亦无权就本案所涉争议申请仲裁。

申请人所谓《募集说明书》第 51 页"三、发行人对于违约责任及争议解决机制""（三）争议解决机制"所载"任何一方均有权将争议提交中国国际经济贸易仲裁委员会"的内容，实际是对被申请人与案外人 E 公司签署之《债券受托管理协议》第 12.2 条原文的引用，系对《债券受托管理协议》关于争议解决条款的披露与提示，其适用前提明确为"因履行受托管理协议发生的争议"，不构成《募集说明书》项下的争议解决条款。

《债券受托管理协议》的签约双方为作为发行人的被申请人及作为受托管理人的 E 公司，作为持有人的申请人并非《债券受托管理协议》的签约当事人。即便《募集说明书》明确持有人接受《债券受托管理协议》全部内容，仅能说明各方认可该协议所约定的受托管理事项，不能表示各方达成就债券交易纠纷争议通过仲裁解决的合意。《募集说明书》及《债券受托管理协议》不存在包含与被包含、主合同与从合同的关系。《募集说明书》约束的是发行人与债券持有人之间的债券交易法律关系，而《债券受托管理协议》则是约束发行人与受托管理人之间、债券持有人与受托管理人之间的委托管理法律关系。本案中，申请人系作为债券持有人就与作为发行人的被申请人间的债券交易纠纷提起本案仲裁，应适用《募集说明书》关于争议管辖的约定，因《募集说明书》没有约定争议解决方式，申请人仅能依法向有管辖权的人民法院提起诉讼。《债券受托管理协议》关于仲裁的约定即便可以适用于申请人，本案所涉争议不属于因履行该协议或与之相关的争议，不能据此确定本案管辖。

3. 关于本案实体问题。

（1）对于第 1 项仲裁请求没有异议。

（2）对于申请人主张的违约金。关于回售本金兑付日期，根据申请人所提供的本案债券《未按期兑付本息的公告》，本案债券的回售兑付日为 2022 年 9 月（a+2）日，申请人主张从 9 月 a 日起算违约没有合同依据。自 2022 年 9 月（a+2）日起被申请人方才构成确定的实质的违约，因此申请人在本案中所主张的违约金应自该日期起开始计算。对于申请人以全国银行间同业拆借中心同期贷款利率的标准计收违约金的主张予以认可。

（3）申请人关于保全保险费的仲裁请求没有合同依据，其没有证明因本案所支出的保全保险费构成其实际损失，且系对其实现债权所必须，故该项仲裁请求不应得到支持。

二、仲裁庭意见

需要说明的是，本案双方当事人就本案事实及法律问题等先后向仲裁庭提交了资料和意见，这些资料和意见分别以证据、笔录、质证意见、代理意见等形式保留在本案卷宗中，仲裁庭均已予以充分的审阅和考虑。仲裁庭在案情中未予摘录、述及者，或者虽已在案情部分摘录述及但未在仲裁庭意见中予以采用者，并非仲裁庭忽视或默认。

仲裁庭根据双方当事人提交的全部书面材料和庭审中查明的事实，依据本案合同约定和法律规定，形成仲裁庭意见如下：

（一）关于本案管辖

申请人认为，申请人与被申请人之间存在有效的仲裁协议，仲裁委员会对本案具有管辖权。其理由主要包括：①《募集说明书》构成发行人、持有人、受托管理人等主体之间的有效合同。②《募集说明书》项下的仲裁条款符合法律法规及证监会的规则要求，属于独立的争议解决条款，不存在无效情形，构成当事人之间有效的仲裁协议。③申请人有权依据《募集说明书》申请仲裁，仲裁委员会为约定争议解决机构，有权依法裁决本案。④依据《募集说明书》《债券受托管理协议》的约定，本案属于因履行《债券受托管理协议》发生的争议，仲裁委员会具有管辖权。

被申请人认为，申请人与被申请人之间不存在有效的仲裁协议，仲裁委员会对本案没有管辖权。其理由主要包括：①《募集说明书》对争议管辖并无明确约定，申请人与被申请人之间就《募集说明书》的签订及履行所涉争议并未达成仲裁协议。②《债券受托管理协议》约定的仲裁协议不适用于申请人，即便可以适用，申请人亦无权就本案所涉争议申请仲裁。③《债券受托管理协议》的签约双方为被申请人及E公司，申请人并非《债券受托管理协议》的签约当事人，即便《募集说明书》明确申请人接受《债券受托管理协议》全部内容，仅能说明各方认可该协议所约定的受托管理事项，不能表示各方达成就债券交易纠纷争议通过仲裁解决的合意。④《募集说明书》与《债券受托管理协议》不存在包含与被包含、主合同与从合同的关系。本案中，申请人系作为债券持有人就与作为发行人的被申请人间的债券交易纠纷提起本案仲裁，应适用《募集说明书》关于争议管辖的约定。

仲裁庭注意到：

（1）《募集说明书》之"声明"约定，"投资者认购或持有本次公司债券（指本案债券，仲裁庭注）视作同意《债券受托管理协议》《债券持有人会议规则》及债券募集说明书中其他有关发行人、债券持有人、债券受托管理人等主体权利义务的相关约定"。可见，投资者为本案债券《募集说明书》《债券受托管理人》的合同当事人。

（2）《募集说明书》由本案债券发行人签署和发布。《募集说明书》第九节"债券受托管理人"约定，"为维护债券持有人的利益，发行人根据《证券法》《合同法》《管理办法》及其他有关法律法规的规定，聘请 E 公司作为本次债券的债券受托管理人，并签订《债券受托管理协议》"。可见，被申请人作为发行人为本案债券《募集说明书》《债券受托管理人》的合同当事人。

（3）申请人认购并持有本案债券近 1 亿元，为本案债券的投资者、持有人。被申请人为本案债券的发行人。

（4）《募集说明书》约定的内容包括声明、重大事项提示、目录、释义、发行概况、风险因素、发行人及本期债券的资信情况、债券受托管理人（包括债券持有人行使权利的形式、《债券持有人会议规则》的主要内容）、备查文件等。

（5）《募集说明书》第九节"债券受托管理人"第二（二）9 条约定，"发行人无法按时偿付本次债券本息时，发行人应当按照募集说明书的约定落实全部或部分偿付及实现期限、增信机构或其他机构代为偿付安排、重组或者破产安排等相关还本付息及后续偿债措施安排并及时报告债券持有人、书面通知受托管理人"。本节第二（五）1 条约定，"债券持有人享有下列权利：（1）按照募集说明书约定到期兑付本次债券本金和利息……（5）法律、法规和规则规定以及受托管理协议约定的其他权利"。

（6）《募集说明书》第九节"债券受托管理人"第二（十一）2 条约定，"因履行受托管理协议发生的争议，可以采取以下方式解决……（3）任何一方均有权将争议提交中国国际经济贸易仲裁委员会，按其仲裁规则进行仲裁，仲裁地点在中国 W 市"。

（7）《募集说明书》第四节"增信机制、偿债计划及其他保障措施"之三（三）约定，"因履行受托管理协议发生的争议，可以采取以下方式解决……（3）任何一方均有权将争议提交中国国际经济贸易仲裁委员会，按其仲裁规则进行仲裁，仲裁地点在中国 W 市"。

（8）本案为申请人就申请人、被申请人间因《募集说明书》的履行而产生争议，由申请人向仲裁委员会提起的仲裁案件。

（9）《仲裁法》第 21 条规定："当事人申请仲裁应当符合下列条件：（一）有仲裁协议；（二）有具体的仲裁请求和事实、理由；（三）属于仲裁委员会的受理范围。"第 16 条规定："仲裁协议包括合同中订立的仲裁条款和以其他书面方式在纠纷发生前或者纠纷发生后达成的请求仲裁的协议。仲裁协议应当具有下列内容：（一）请求仲裁的意思表示；（二）仲裁事项；（三）选定的仲裁委员会。"

综上，根据我国有关法律和本案实际，仲裁庭认为，申请人与被申请人均为《募集说明书》《债券受托管理协议》的合同当事人；《债券受托管理协议》虽为单独的协议，但从本案债券认购与交易情况、《债券受托管理协议》作为《募集说明书》的一部分由被申请人进行签署和公告、申请人与被申请人在本案债券交易中的关系等考虑，《债券受托管理协议》为《募集说明书》的一部分；《债券受托管理协议》约定了申请人享有"按照募集说明书约定到期兑付本次债券本金和利息"等权利，以及当事人因《债券受托管理协议》发生争议由仲裁委员会管辖；本案为申请人就申请人、被申请人间因包括《债券受托管理协议》在内的《募集说明书》的履行而产生争议，由申请人向仲裁委员会提起的仲裁案件。因此认定，申请人与被申请人之间就本案存在仲裁协议，仲裁委员会对本案具有管辖权。

（二）关于本案合同的法律适用

《募集说明书》签署于 2019 年 8 月，约定本案债券期限为 5 年期，本案债券兑付日为 2024 年 9 月 a 日。可见，本案属于《民法典》施行前的法律事实持续至《民法典》施行后引起的民事纠纷案件。根据《民法典》及最高人民法院《关于适用〈中华人民共和国民法典〉时间效力的若干规定》等规定，结合本案事实，仲裁庭认为审理本案争议应适用《民法典》及其他适用法律。

（三）关于本案合同的效力

申请人认为，本案合同、《债券受托管理协议》为申请人与被申请人间的有效合同。其理由主要包括：①本案合同系本案债券发行中约定发行人和投资人之间权利义务关系的载体，构成各方之间的有效合同。②申请人认购并持有本案债券，属于本案债券投资人。③在本案债券交易过程中，《募集说明书》属于要约邀请，申请人的认购行为属于要约，申请人与被申请人签订认购协议或者被申请人接受申请人缴纳的认购款的行为构成承诺。④《募集说明书》第九节第二段约定，任何人购买债券后即视为接受《债券受托管理协议》，《债券受托管理协议》即构成发行人、E公司和全体债券持有人之间有法律约束力的合同。

被申请人认为，本案合同、《债券受托管理协议》构成各方当事人间的有效合同，但《债券受托管理协议》的当事人为被申请人、案外人E公司，而非申请人。其理由主要包括：①《债券受托管理协议》的签约双方为被申请人与E公司。②本案合同与《债券受托管理协议》是各自独立的协议，不存在包含与被包含的关系，所约束的法律关系并不相同。

仲裁庭认为：①《募集说明书》之"声明"明确约定，"投资者认购或持有本次公司债券视作同意《债券受托管理协议》《债券持有人会议规则》及债券募集说明书中其他有关发行人、债券持有人、债券受托管理人等主体权利义务的相关约定"。本案中，通过申请人签署本案债券《债券申购意向函》、缴纳认购款，被申请人签署《募集说明书》《合格投资者及受益所有人确认函》、接受认购款等行为，使《募集说明书》成为申请人与被申请人之间的合同。②申请人与被申请人均认可《募集说明书》为他们之间的有效合同。③《募集说明书》系申请人、被申请人的真实意思表示，仲裁庭未发现《募集说明书》形式和内容违反我国法律、行政法规的强制性规定，亦未发现其存在违反公序良俗的情形。因此，仲裁庭认定，《募集说明书》合法有效，应作为确定本案仲裁当事人权利义务的依据。

（四）关于本案的焦点

结合本案当事人的主张和证据，仲裁庭认为，本案的焦点是：

1. 被申请人是否应向申请人兑付本案债券的本金近1亿元，自2021年9月a日起至2022年9月（a-1）日止期间的利息700万余元，及以近1亿元本金为基数，自2022年9月a日起至实际兑付本金之日止期间，按年利率7.3%计算的利息。

2. 被申请人是否应向申请人支付因不能按期兑付本案债券本金而产生的违约金，金额为以应付未付本金和利息1亿余元为基数，自2022年9月a日起止至实际兑付本金之日止期间，按全国银行间同业拆借中心同期贷款利率标准计算的违约金。

（五）关于被申请人是否应向申请人兑付本案债券的本金近1亿元，自2021年9月a日起至2022年9月（a-1）日止期间的利息700万余元，及以近1亿元本金为基数，自2022年9月a日起至实际兑付本金之日止期间，按年利率7.3%计算的利息

申请人、被申请人均认为，被申请人应向申请人兑付：（1）本案债券本金近1亿元；（2）自2021年9月a日起至2022年9月（a-1）日止期间的利息700万余元（计算公式：近1亿元×7.3%＝700万余元）；以及（3）以近1亿元本金为基数，按年利率7.3%计算，自2022年9月a日起至实际兑付本金之日止期间的利息。

仲裁庭注意到：

（1）如仲裁意见（三）所述，《募集说明书》合法有效，应作为确定仲裁当事人权利义务的依据。

（2）《募集说明书》第一节第一（三）条约定，"……6.债券品种和期限：本期债券期限为5年期，债券存续期第3年末附发行人上调票面利率选择权及投资者回售选择权……15.还本作息方式：本期债券按年付息，利息每年支付一次，到期一次还本，最后一期利息随本金的兑付一起支付。16.发行首日及起息日：本期债券发行首日为2019年9月a日，起息日为2019年9月a日……18.付息日：本期债券存续期内，2020年至2024年每年9月a日为上一个计息年度的付息日；若债券持有人行使回售选择权，则2020年至2022年每年9月a日为本期债券回售部分上一个计算年度的付息日。（如遇法定节假日和/或休息日，则顺延至其后的第1个交易日；顺延期间付息款项不另计利息）……20.兑付日：本期债券兑付日为2024年9月a日；若债券持有人行使回售选择权，则本期债券回售部分的兑付日为2022年9月a日。（如遇法定节假日和/或休息日，则顺延至其后的第1个交易日；顺延期间付息款项不另计利息）"。

（3）《募集说明书》之第九节"债券受托管理人"第二（五）1条约定，"债券持有人享有下列权利：（1）按照募集说明书约定到期兑付本次债券本金和利息……（5）法律、法规和规则规定以及受托管理协议约定的其他权利"。

（4）被申请人本案债券《发行结果公告》载明，最终票面利率为7.3%。

（5）被申请人于2019年8月在S市交所发行本案债券，申请人认购本案

债券近 1 亿元，截至开庭日仍持有本案债券近 1 亿元。2022 年 8 月，申请人对其持有的近 1 亿元本案债券已全额登记回售。

（6）2022 年 9 月，被申请人发布《未能按期兑付利息及回售本金的公告》，载明被申请人应于 2022 年 9 月 a 日（如遇节假日则顺延至次一工作日）偿付利息和回售本金，截至本公告日，公司未能按期足额偿付本期债券的利息和本金。截至目前，发行人未能支付本期债券 4 亿余元的回售本金及 2021年 9 月 a 日至 2022 年 9 月（a-1）日期间的全额利息，合计金额 50 000 万余元。

（7）申请人表示，2021 年 9 月 a 日被申请人已向其支付 2020 年 9 月 a 日至 2021 年 9 月（a-1）日期间的利息。申请人、被申请人均认为，被申请人应向申请人兑付本案债券本金近 1 亿元，自 2021 年 9 月 a 日起至 2022 年 9 月（a-1）日止期间的利息 700 万余元，及以近 1 亿元本金为基数，自 2022 年 9月 a 日起至实际兑付本金之日止期间，按年利率 7.3% 计算的利息。

（8）《民法典》第 509 条第 1 款规定："当事人应当按照约定全面履行自己的义务。"

综上，根据我国《民法典》等有关法律、《募集说明书》及本案实际情况，仲裁庭认为，被申请人应向申请人兑付本案债券的本金近 1 亿元，自2021 年 9 月 a 日起至 2022 年 9 月（a-1）日止期间的利息 700 万余元，及以近 1 亿元本金为基数，按年利率 7.3% 计算，自 2022 年 9 月 a 日起至实际兑付本金之日止期间的利息。

（六）关于被申请人是否应向申请人支付因不能按期兑付本案债券本金而产生的违约金，金额为以应付未付本金和利息 1 亿余元为基数，自 2022 年 9月 a 日起止至实际兑付本金之日止期间，按全国银行间同业拆借中心同期贷款利率标准计算的违约金

申请人认为，被申请人应向申请人支付以应付未付本金和利息 1 亿余元为基数，自 2022 年 9 月 a 日起止至实际兑付本金之日止期间，按全国银行间同业拆借中心同期贷款利率标准计算的违约金。其理由主要包括：被申请人的违约行为给申请人造成了损失，而且依据《募集说明书》的约定，其应当承担的违约责任包括迟延支付本金及利息产生的罚息、违约金等。

被申请人认为，其应向申请人支付以应付未付本金和利息 1 亿余元为基数，按全国银行间同业拆借中心同期贷款利率标准计算的违约金，但计算期

间为自 2022 年 9 月（a+2）日起止至实际兑付本金之日止，而非申请人仲裁请求中主张的自 2022 年 9 月 a 日起算。其理由主要为，本案确定的回售兑付日期为 2022 年 9 月（a+2）日，自该日期起被申请人方构成确实的实质违约。

仲裁庭注意到：①如仲裁意见（三）所述，《募集说明书》合法有效，应作为确定仲裁当事人权利义务的依据。②《募集说明书》第九节"债券受托管理人"第二（五）1 条约定，"债券持有人享有下列权利：（1）按照募集说明书约定到期兑付本次债券本金和利息……（5）法律、法规和规则规定以及受托管理协议约定的其他权利"。③《募集说明书》第四节第三（一）条约定，"1. 以下事件构成本次债券项下的违约事件：（1）在本次债券到期、加速清偿（如适用）或回购（如适用）时，发行人未能偿付到期应付本金和/或利息……"《募集说明书》第四节第三（二）条约定，"1. 上述违约事件发生时，发行人应当承担相应的违约责任，包括但不限于按照募集说明书的约定向债券持有人及时、足额支付本金及/或利息以及迟延支付本金及/或利息产生的罚息、违约金等，并就受托管理人因发行人违约事件承担相应责任造成的损失予以赔偿"。④《募集说明书》第一节第一（三）条约定，"……20. 兑付日：本期债券兑付日为 2024 年 9 月 a 日；若债券持有人行使回售选择权，则本期债券回售部分的兑付日为 2022 年 9 月 a 日。（如遇法定节假日和/或休息日，则顺延至其后的第 1 个交易日；顺延期间付息款项不另计利息）"。⑤2022 年 8 月 11 日，申请人对其持有的近 1 亿元本案债券已全额登记回售。2022 年 9 月 a 日为周六，其后第 1 个交易日为 2022 年 9 月（a+2）日。⑥对申请人本项仲裁请求，被申请人表示，其应按应向申请人支付以应付未付本金和利息 1 亿余元（计算公式：1 亿元+700 万余元＝1 亿余元）为基数，按全国银行间同业拆借中心同期贷款利率标准计算的违约金，计算期间为自 2022 年 9 月（a+2）日起止至实际兑付本金之日止期间，而非申请人仲裁请求中主张的自 2022 年 9 月 a 日起算。⑦《民法典》第 509 条第 1 款规定："当事人应当按照约定全面履行自己的义务。"

因此，根据我国《民法典》等有关法律、《募集说明书》及本案实际情况，仲裁庭认为，被申请人应向申请人支付因不能按期兑付本案债券本金和利息而产生的违约金，金额为以应付未付本金和利息 1 亿余元为基数，按全国银行间同业拆借中心公布的同期贷款利率标准计算，自 2022 年 9 月（a+2）日起止至实际兑付本金之日止期间的违约金。

（七）关于申请人的仲裁请求

1. 关于第 1 项仲裁请求。

如仲裁庭意见（五）所述，仲裁庭认为，应支持申请人关于被申请人向申请人兑付本案债券本金近 1 亿元，及以本金近 1 亿元为基数，按年利率 7.3% 计算，自 2021 年 9 月 a 日起至本金近 1 亿元实际支付之日止期间的利息，暂计算至 2022 年 9 月（a-1）日为 700 万余元的仲裁请求。

2. 关于第 2 项仲裁请求。

如仲裁庭意见（六）所述，仲裁庭认为，应支持申请人关于被申请人向申请人支付以未兑付本金和利息 1 亿余元为基数，按全国银行间同业拆借中心公布的同期贷款利率标准计算，自 2021 年 9 月 a 日起至实际兑付本金之日止期间的违约金的仲裁请求。

3. 关于裁决被申请人补偿申请人因本案支出的保全保险费 7 万余元、保全费近 3 千元的仲裁请求。

仲裁庭经审理查明，为处理本案，申请人向 S 人民法院支付财产保全费近 3 千元。向某保险公司购买了诉讼保全责任保险，并支付保险费 7 万余元。根据《仲裁规则》第 52 条之规定，并结合本案实际情况，仲裁庭认为，应支持申请人关于被申请人补偿申请人因本案支出的保全保险费 7 万余元、财产保全费近 3 千元的仲裁请求。

（八）关于本案仲裁费和实际费用

根据《仲裁规则》第 52 条之规定，并结合双方当事人对本案纠纷的过错程度以及仲裁请求得到支持的程度，仲裁庭认为本案仲裁费应全部由被申请人承担。

本案未因案件审理发生实际费用，故仲裁委员会将退回申请人预缴实际费。

三、裁决

依据上述事实和理由，仲裁庭经合议作出裁决如下：

（1）被申请人向申请人兑付 A 公司 2019 年公开发行公司债券（第一期）M 债券（债券代码：1）的本金人民币近 1 亿元。

（2）被申请人向申请人支付以人民币近 1 亿元为基数，按年利率 7.3% 计算，自 2021 年 9 月 a 日起至实际支付之日止期间的利息，暂计算至 2022 年 9

月（a-1）日为人民币 700 万余元。

（3）被申请人向申请人支付以人民币 1 亿余元为基数，按全国银行间同业拆借中心公布的同期贷款利率标准计算，自 2021 年 9 月 a 日起至人民币近 1 亿元本金实际支付之日止期间的违约金。

（4）被申请人向申请人支付申请人因本案支出的保全保险费及财产保全费。

（5）本案仲裁费全部由被申请人承担。

（6）本案未因案件审理发生实际费用，故仲裁委员会将退回申请人预缴实际费。

上述裁决所涉被申请人应向申请人支付的款项，应于本裁决书作出之日起二十日内支付完毕。

本裁决为终局裁决，自裁决作出之日起生效。

 **案例评析**

【关键词】债券募集说明书　受托管理协议　仲裁管辖

【焦点问题】

债券交易纠纷是否适用债券募集说明书关于因履行债券受托管理协议发生的争议提交仲裁的约定？

【焦点评析】

本案的基本案情是，被申请人即债券发行人于 2019 年 8 月公开发行本案债券，后于 2022 年 4 月 c 日公开披露其对 2019 年 8 月发行的债券违约。申请人即债券持有人以被申请人已经用其行为表明不能按期、足额兑付本案债券本金及支付利息为由向仲裁委员会申请仲裁，请求解除双方之间的债券募集说明书、被申请人提前兑付本案债券本金、支付利息并承担违约责任。被申请人对本案管辖权提出异议，主要理由为，双方当事人就本案债券交易纠纷并未达成仲裁协议，债券受托管理协议约定的仲裁协议不适用于申请人，即便可以适用，因该约定限定的是"因履行受托管理协议发生的争议"，申请人亦无权就本案所涉争议申请仲裁。

现结合本案案情及争议焦点问题，评述如下：

一、债券募集说明书与债券受托管理协议的内容和相互关系

债券募集说明书是最为重要的债券发行文件。根据本案债券发行时施行的债券募集说明书应当包括债券发行概况，风险因素，发行人及本期债券的资信状况，增信机制、偿债计划及其他保障措施，发行人基本情况，财务会计信息，募集资金运用，债券持有人会议，债券受托管理人，发行人、中介机构及相关人员声明，备查文件等内容。因此，债券募集说明书是汇集了多种发行信息的文件集合。

为充分保障债券持有人的利益，2020 年 3 月 1 日实施的《证券法》正式确立了债券受托管理人制度，该法第 92 条第 2 款规定，"公开发行公司债券的，发行人应当为债券持有人聘请债券受托管理人，并订立债券受托管理协议"。实际上，在证券法修订之前，证监会于 2007 年发布的《公司债券发行试点办法》就正式提出了债券受托管理人制度。《公开发行证券的公司信息披露内容与格式准则第 23 号—公开发行公司债券募集说明书》（2015 年修订）第 61 条也规定："发行人应披露所聘任的债券受托管理人及其联系人和所订立的债券受托管理协议的情况。"公司债券因其涉众性、定型性和流动性，其违约的后果影响较大，甚至可能引发整个市场的波动。立法强制要求公司债券发行人委托专业的证券市场中介作为债券受托管理人，监督发行人履行相关义务，有助于债券持有人防范债券风险。

实践中，债券发行顺序一般是：发行人内部作出发行债券的决议，发行人聘请受托管理人并签订债券受托管理协议，向有关机构提出发行债券申请并得到核准，发行人联合承销机构、受托管理人发布债券募集说明书，投资者认购债券、支付资金并成为债券持有人。

受制于上述规定和债券发行顺序，债券受托管理协议是在发布债券募集说明书之前签订。此后向社会公开的债券募集说明书会将债券受托管理协议的内容纳入说明书的"债券受托管理人"一节，还会明确记载债券受托管理协议对于投资者的效力。正如本案中债券募集说明书之"声明"部分的约定，投资者认购或持有本次公司债券（即本案债券）视作同意债券受托管理协议、债券持有人会议规则及债券募集说明书中其他有关发行人、债券持有人、债券受托管理人等主体权利义务的相关约定。债券持有人虽然并未参与债券受托管理协议的制定，但在认购债券的情况下，也视同接受了债券受托管理协

议的约定，并成为债券受托管理协议的当事人。债券受托管理协议本身是一个独立的法律文件，但又属于债券募集说明书中的必备内容。

二、债券募集说明书与债券受托管理协议的法律性质

《民法典》第473条第1款规定："要约邀请是希望他人向自己发出要约的表示。拍卖公告、招标公告、招股说明书、债券募集办法、基金招募说明书、商标广告和宣传、寄送的价目表等为要约邀请。"因此，债券募集说明书属于要约邀请。债券募集说明书作为一个整体，是发行人介绍发行信息、吸引投资人购买债券的要约邀请。需要强调的是，仅债券募集说明书还不构成债券发行人与债券持有者、受托管理人或者其他当事人之间的合同。但是，债券募集说明书中的部分内容，将在未来成为相关当事人间的合同约定，由此成立多个合同关系。如，债券募集说明书中关于债券内容的条款构成债券交易合同的主要内容。投资者在债券发行过程填报的申购单或者投标文件，属于签订债券交易合同过程中的要约。债券发行成功后主承销商代表发行人向投资者发送的配售确认单或者中标通知，属于签订债券交易合同过程中的承诺。至此，投资者成为债券持有人，其与发行人之间形成了债券交易合同法律关系。债券交易合同关系本质上是借款合同关系，债券持有人属于贷款人，负有提供借款的义务；发行人属于借款人，负有到期返还借款并支付利息的义务。

债券受托管理协议虽然是由发行人与受托管理人签订，但由于投资者接受债券募集说明书关于视同接受债券受托管理协议的约定，在认购债券后即加入债券受托管理协议，形成由发行人、受托管理人和债券持有人三方参加的合同关系。对于债券受托管理协议的法律性质，较多的观点认为属于《民法典》第919条规定的委托合同，即一方委托他人处理事务的协议，一般是委托具有相应资质和能力的主体处理事务。债券委托管理协议建立在《证券法》第92条规定的债券受托管理人制度的基础上，约定了发行人的义务、债券持有人的权利以及受托管理人对发行人的权利、对债券持有人的义务，其目的是加强债券持有人利益的保护。

三、本案管辖是否适用债券募集说明书中的仲裁约定

本案系由债券持有人提起仲裁，其管辖依据是本案债券募集说明书关于

仲裁的约定。经查，债券募集说明书第四节"增信机制、偿债计划及其他保障措施"之三（三）和第九节"债券受托管理人"第二（十一）2条中均有关于"因履行受托管理协议发生的争议"可以提交仲裁解决的约定。被申请人则主张，上述内容是对被申请人与案外人签署之债券受托管理协议第12.2条原文的引用，系对债券受托管理协议关于争议解决条款的披露与提示，其适用前提明确为"因履行受托管理协议发生的争议"，不构成债券募集说明书项下的争议解决条款。在此就需要判断债券募集说明书关于仲裁的约定是否适用于申请人申请解决的争议，即解除与被申请人的债券交易合同、由被申请人向申请人支付本金和利息并承担违约责任。一方面，即便债券募集说明书中关于仲裁的约定是直接来自债券受托管理协议，但由于债券募集说明书在"声明"部分明确约定投资者认购或持有本案债券视作同意债券受托管理协议相关约定，因此，在发行人与债券持有人之间也建立了通过仲裁解决争议的约定。而且，在债券募集说明书中公布争议解决方式是法定要求，且由发行人发布债券募集说明书。发行人在争议发生后又主张债券募集说明书未约定争议解决方式，显然有违诚信原则。另一方面，债券受托管理协议约定了申请人享有"按照募集说明书约定到期兑付本次债券本金和利息"等权利，申请人提起解决的争议即为实现上述约定权利，属于"因履行受托管理协议发生的争议"，仲裁委员会有权管辖。

【结语】

本案属于债券交易纠纷，双方对债券交易实体争议不大，主要争议在于仲裁委员会是否对本案享有管辖权。该主要争议产生的根源在于当事人对债券募集说明书关于仲裁的约定有不同的理解。仲裁庭在分析债券募集说明书关于仲裁的具体约定、债券受托管理协议关于债券持有人权利的约定以及债券募集说明书与债券受托管理协议之关系的基础上，结合债券受托管理协议作为债券募集说明书的一部分由被申请人进行签署和公告、申请人与被申请人在本案债券交易中的关系等因素，认定本案为申请人就申请人、被申请人之间因包括债券受托管理协议在内的募集说明书的履行而产生的争议，仲裁委员会对本案具有管辖权。该认定符合发行人的真实意思表示，也充分维护了债券持有人的合法权益，有助于及时解决债券交易纠纷，对于类似案件具有普遍指导意义。

第三部分
资产管理案例

A 证券公司与 B 贸易公司债券
受托管理协议争议案

中国国际经济贸易仲裁委员会（以下简称"仲裁委员会"）根据申请人A 证券公司（以下简称"申请人"或"A 公司"）与被申请人 B 贸易公司（以下简称"被申请人"或"B 公司"）于 2020 年 1 月签订的《债券受托管理协议》（以下也称"本案合同"）中仲裁条款的约定，以及申请人于 2022 年 8 月向仲裁委员会提交的书面仲裁申请，受理了申请人和被申请人之间因履行上述合同而产生的本争议仲裁案。

一、案情

（一）申请人的仲裁请求及事实和理由

2020 年 4 月，被申请人取得中国证券监督管理委员会下发的《关于核准 B 贸易公司向合格投资者公开发行公司债券的批复》，可以采取分期发行的方式，在 24 个月内，向合格投资者公开发行面值总额不超过 80 亿元的公司债券。

2020 年 4 月，被申请人发行了"B 公司 2020 年面向合格投资者公开发行公司债券（第一期）"，该债券包含两个品种，其中品种一简称为"M"，债券代码"1"，票面金额人民币 100 元，票面利率每年 6.95%。

2020 年 8 月，被申请人发行了"B 公司 2020 年面向合格投资者公开发行公司债券（第二期）"，简称为"N"，债券代码"2"，票面金额人民币 100 元，票面利率每年 7%。

申请人为上述债券的牵头主承销商及债券受托管理人，并与被申请人签署了《债券受托管理协议》，根据"M"的募集文件，投资者有权选择在该品种债券第二个计息年度付息日将其持有的全部或部分"M"债券按面值回售给被申请人。同时，根据募集文件及《债券受托管理协议》，当被申请人债务未偿付累计总金额达到或超过被申请人最近一年末合并财务报表净资产的0.5%，且在触发前述情形之日起20个工作日内仍未足额偿付逾期本金或利息，即构成违约。当前述违约情形持续30个连续工作日仍未解除时，经未偿还的本次债券持有人所持表决权的1/2以上通过，可以宣布所有未偿还本次债券的本金和相应利息立即到期应付。此外，申请人有义务对被申请人履行募集说明书及债券持有人会议决议项下义务的情况进行监督，当被申请人未按期履行义务时，申请人有权接受全部或部分债券持有人的委托，以自己名义代表债券持有人对被申请人采取法律行动。

C企业管理合伙企业（以下简称"C合伙企业"）认购了100万余张"M"债券及100万张"N"债券；D资管公司（以下简称"D公司"）管理的O基金认购了近2万张"M"债券；E证券公司（以下简称"E公司"，与C合伙企业、O基金合称"本案债券持有人"）认购了9万余张"N"债券，上述认购债券合计对应本金金额人民币2亿余元。

2022年3月，被申请人发布了"M"的回售实施办法，且C合伙企业、O基金均已于该办法规定的回售登记期间行使了回售选择权，要求被申请人按约偿付其所持有的全部"M"债券回售本金及利息。但被申请人收到上述要求后，至今未仍履行偿付义务，且对于前述未偿付情况，被申请人亦已于2022年4月发布的公告中自行确认其未能按期偿付上述债务。

就"N"债券，根据被申请人发布的《2017年度第一期中期票据未能按期足额偿付本息的公告》及《2017年度第四期中期票据未能按期足额偿付本息的公告》，"S""P"债券均已于2022年3月加速到期，被申请人应偿付的债券本息合计人民币27亿余元，但被申请人亦于上述公告中确认其未能偿付上述债券本息。同时，根据被申请人公示的《2021年年度审计报告》显示，截至2021年底，被申请人合并财务报表净资产共计人民币420亿余元，其未偿付的债券本息已超过上述净资产的0.5%，且逾期20个工作日仍未足额偿付。基于此，"N"的债券持有人于2022年5月召开了2022年第二次债券持有人会议，并表决通过了《关于宣布"N"加速清偿的议案》，对被申请人宣告"N"的本金及相应利息在2022年5月立即到期应付。但被申请人至今仍未履行偿付义务，对于上述未履行情况，被申请人亦已于 2022 年 6 月发布的公告中自行确认其未能按期偿付上述债务。

申请人认为，被申请人未按照约定履行"M"及"N"债券偿付义务的行为已违反募集文件及《债券受托管理协议》的相关约定，且违约行为至今仍未得到纠正。据此，申请人有权在接到债券持有人授权的情况下，对被申请人进行相应追索。目前，本案债券持有人已经授权并委托申请人以自己名义对被申请人采取法律行动。

根据申请人和被申请人于 2020 年 1 月签署的《债券受托管理协议》第 15.2 条，"因本协议引起的或与本协议有关的任何争议应首先通过双方之间的友好协商解决。如果在任何一方向另一方送达要求就前述争议进行协商解决的通知之日起 30 个工作日内未能得以解决，则任何一方有权将该争议提交中国国际经济贸易仲裁委员会中国 W 市总会（'贸仲'）进行仲裁（且提交争议的仲裁机构仅应为贸仲）"。

申请人提出如下仲裁请求：

（1）裁决被申请人向申请人偿付债券本金共计人民币 2 亿余元。

（2）裁决被申请人向申请人按照以下标准支付债券利息，其中：① "M" 利息，以人民币 1 亿余元为基数，自 2021 年 4 月 b 日起，按照票面利率每年 6.95% 为标准，支付至实际偿付之日止；② "N" 利息，以人民币 1 亿余元为基数，自 2021 年 8 月 b 日起，按照票面利率每年 7% 为标准，支付至实际偿付之日止（上述利息暂计至 2022 年 8 月 a 日的合计金额为人民币 1600 万余元）。

（3）裁决被申请人承担本案中申请人支付的保全费人民币 5000 元、保全担保保函费人民币 16 万余元，并承担本案仲裁费。

（二）被申请人的管辖权异议

针对申请人的仲裁请求，被申请人提交了管辖权异议申请书，请求将本案移送有管辖权的中国 Y 市金融法院审理。

被申请人认为，其与申请人签订的《债券受托管理协议》鉴于条款明确约定合同目的即"甲乙双方经过友好协商，就本次发行的债券的受托管理及相关事宜达成如下协议"，申请人和被申请人之间建立的是"委托受托法律关系"而非"债权债务法律关系"，故《债券受托管理协议》第 15 条"适用法律和争议解决"条款仅仅适用于甲乙双方之间因委托受托法律关系引起的争议。

本案仲裁请求涉及的是申请人与第三人（即"C 合伙企业、D 公司以及 E 公司"）之间的债权债务法律关系，根据《民事诉讼法》第 22 条的规定，对法人或者其他组织提起的民事诉讼，由被告住所地人民法院管辖，故涉及申请人与第三人之间债权债务法律关系争议应由申请人住所地中国 Y 市有管辖权的人民法院进行审理。

（三）申请人关于管辖权异议的答辩

申请人认为，被申请人提出的异议主张没有事实及法律依据，本案应由仲裁委员会管辖，理由如下：

1. 被申请人提出申请人与被申请人依据《债券受托管理协议》建立的是委托受托法律关系，而本案为债权债务法律关系，不应适用《债券受托管理协议》项下仲裁条款的主张，与事实不符，且没有合同依据。

申请人认为该协议并非单纯的委托管理协议，其内容亦包含申请人对被申请人的督导权利及被申请人债券偿付不能情况下代表债券持有人以自身名义对其进行债权主张的权利。

具体而言，根据《债券受托管理协议》第 3.1 条及第 3.3 条的约定，被申请人应当按期支付本次债券的利息和本金，并履行债券持有人会议决议项下发行人应当履行的各项职责和义务。同时根据《债券受托管理协议》第 4.2 条、第 4.6 条及第 4.14 条的约定，申请人应对被申请人履行还本付息、信息披露及有关承诺的义务的情况进行持续跟踪和监督，当其不能偿还债务时，申请人应当督促被申请人落实相应的偿债措施，并有权接受债券持有人的委托，以自己的名义代表债券持有人申请仲裁。

由此可见，《债券受托管理协议》除约定债券相关受托管理事务外，亦包含了债务追索的相关约定，而《债券受托管理协议》第 15.2 条仲裁条款约定，因本协议引起的所有争议均应提交仲裁委员会进行仲裁。基于此，申请人接受债券持有人的委托以自身名义向被申请人进行债务追索，属于行使其在《债券受托管理协议》项下的权利，符合该协议的约定，由此产生的争议也应该按照该协议仲裁条款，提交仲裁委员会进行仲裁。被申请人仅以鉴于条款中的"受托管理"字样将双方间的法律关系理解为"委托受托法律关系"，并将仲裁条款限制适用于因"委托受托法律关系"引起的争议，是对该协议的片面曲解，其主张没有事实及合同依据。

2. 依据《债券受托管理协议》，申请人有权以自身名义代表债券持有人向被申请人主张债权，因此本案不存在需引入第三方主体的情况。

按照《债券受托管理协议》的约定，申请人有权接受债券持有人的委托以自己的名义向被申请人提起仲裁，且被申请人公开发布的《募集说明书》中亦对申请人的此项权利进行了披露。根据《募集说明书》第十节第二条第（三）款第 11 项、第 14 项的约定，被申请人不能偿还债务或债券出现违约情形或风险时，受托管理人可以接受全部或部分债券持有人的委托，以自己名义代表债券持有人依法申请法定机关采取财产保全措施、提起民事诉讼、申请仲裁、参与重组或者破产的法律程序。

《债券受托管理协议》及《募集说明书》，均是由被申请人认可并自愿签署的文件，其理应受其约束。在目前申请人已经取得债券持有人充分授权的情况下，申请人有权根据上述约定，代表债券持有人，以自己的名义直接向被申请人提起仲裁，而不需要将被申请人所谓的协议外的第三方主体引入本案的审理中。

二、仲裁庭意见

仲裁庭基于申请人的仲裁请求及其针对该等请求所提出的主张、被申请人针对申请人主张提出的抗辩理由，结合庭审与双方证据情况，坚持符合法律规定、公平合理的判断标准，阐述仲裁庭意见如下：

（一）仲裁庭认定的事实

2020 年 1 月，申请人与被申请人签署了《债券受托管理协议》，其中被申请人为甲方，申请人为乙方，"鉴于"条款约定"（4）本次债券（若分期发行，则指每期债券）募集说明书（以下简称'募集说明书'）已经明确约定，投资者认购或持有本次债券被视为接受本协议""第 2 条受托管理事项 2.3 根据中国法律的规定、募集说明书和本协议的约定以及债券持有人会议的授权，乙方作为本次债券全体债券持有人的代理人处理本次债券的相关事务，维护债券持有人的利益。2.4 债券持有人认购或持有本次债券即视作同意乙方作为本次债券的受托管理人，且视作同意本协议项下的相关规定"。

第 3 条　甲方的权利和义务

3.1 甲方应当依据法律、法规和募集说明书的规定享有各项权利、承担各项义务，按期支付本次债券的利息和本金。

3.3 甲方应当履行《债券持有人会议规则》及债券持有人会议决议项下发行人应当履行的各项职责和义务。

第4条 乙方的职责、权利和义务

4.9 乙方应当依据法律、法规和规则、本协议及债券持有人会议规则的规定召集债券持有人会议，并监督相关各方严格执行债券持有人会议决议，监督债券持有人会议决议的实施。

…………

4.11 债券出现违约情形或风险的，乙方应当及时通过召开债券持有人会议等方式征集债券持有人的意见，并勤勉尽责、及时有效地采取相关措施，包括但不限于督促甲方、增信机构和其他具有偿付义务的机构等落实相应的偿债措施，并可以接受全部或部分债券持有人的委托，以自己名义代表债券持有人依法申请法定机关采取财产保全措施、提起民事诉讼、申请仲裁、参与重组或者破产的法律程序。

4.14 甲方不能偿还债务时，乙方应当督促甲方、增信机构和其他具有偿付义务的机构等落实相应的偿债措施，并可以接受全部或部分债券持有人的委托，以自己名义代表债券持有人依法申请法定机关采取财产保全措施、提起民事诉讼、申请仲裁、参与重组或者破产的法律程序。

4.20 乙方在履行本协议项下的职责或义务时，可以聘请律师事务所、会计师事务所、信用评级机构、资产评估机构等专业机构协助其履行职务。债券受托管理人聘请专业机构所产生的费用（如有），由发行人承担。

第12条 本次债券的违约及救济

12.1 以下事件构成本次债券的违约事件：

（1）在本次债券到期或回购（若适用）时，发行人未能偿付到期应付本金；

（2）在本次债券付息期、本次债券到期或回购（若适用）时，发行人未能偿付本次债券的到期利息……

（6）发行人及合并范围内子公司任何一笔债务（公司债/债务融资工具/企业债/境外债券/金融机构贷款/其他融资）出现本金或利息逾期未偿付单独或累计的总金额达到或超过发行人最近一年未合并财务报表净资产的0.5%且在触发以上情形之日起20个工作日内仍未足额偿付逾期本金或利息。

12.2 本次债券违约时的加速清偿的救济措施

（1）加速清偿的宣布

如果本次债券的违约事件发生且一直持续 30 个连续工作日仍未解除，经未偿还本次债券持有人（包括债券持有人代理人）所持表决权的二分之一以上通过，前述债券持有人或债券受托管理人（须事先书面请求上述债券持有人同意）可以书面方式通知发行人，宣布所有未偿还本次债券的本金和相应利息，立即到期应付。

（3）其他救济方式

如果发生违约事件且一直持续 30 个连续工作日仍未解除，债券受托管理人可根据经代表未偿还本次债券本金总额二分之一以上的债券持有人通过的债券持有人会议决议，依法采取任何可行的法律救济方式收回未偿还本次债券的本金和利息。

第 15 条　适用法律和争议解决

15.1 本协议受中国法律管辖，并根据中国法律进行解释。

15.2 因本协议引起的或与本协议有关的任何争议应首先通过双方之间的友好协商解决。如果在任何一方向另一方送达要求就前述争议进行协商解决的通知之日起 30 个工作日内未能得以解决，则任何一方有权将该争议提交中国国际经济贸易仲裁委员会中国 W 市总会（"贸仲"）进行仲裁（且提交争议的仲裁机构仅应为贸仲）。

2020 年 4 月 a 日，被申请人发布《B 公司关于获得中国证监会核准公开发行公司债券批复的公告》。其中提到被申请人收到中国证监会对公司公开发行公司债券事宜批复："一、核准公司向合格投资者公开发行面值总额不超过 80 亿元的公司债券。二、本次公司债券采用分期发行方式，首期发行自中国证监会核准发行之日起 12 个月内完成；其余各期债券发行，自中国证监会核准发行之日起 24 个月内完成。"

2020 年 4 月签署的《募集说明书》中发行人为被申请人，牵头主承销商、债券受托管理人、簿记管理人为申请人，其中，声明部分规定了债券受托管理人的职责："债券受托管理人承诺严格按照相关监管机构及自律组织的规定、本募集说明书及债券受托管理协议等文件的约定，履行相关职责。发行人的相关信息披露文件存在虚假记载、误导性陈述或重大遗漏，致使债券持有人遭受损失的，或者公司债券出现违约情形或违约风险时，债券受托管理人承诺及时通过召开债券持有人会议等方式征集债券持有人的意见，并以自己的名义代表债券持有人主张权利，包括但不限于与发行人、增信机构、承销机构及其他责任主体进行谈判，提起民事诉讼或申请仲裁，参与重组或者破产的法律程序等，有效维护债券持有人合法权益。债券受托管理人承诺，在受托管理期间因其拒不履行、延迟履行或者其他未按照相关规定、约定及债券受托管理人声明履行职责的行为，给债券持有人造成损失的，将承担相应的法律责任。"以及"投资者认购或持有本期债券视作同意债券受托管理协议、债券持有人会议规则及债券募集说明书中其他有关发行人、债券持有人、债券受托管理人等主体权利义务的相关约定。"

第二节 发行概况，（四）本期债券基本条款

2. 债券名称：B公司2020年面向合格投资者公开发行公司债券（第一期）。

…………

4. 票面金额及发行价格：本期债券票面金额为100元，按面值平价发行。

5. 债券期限：本期债券分为2个品种，品种一为4年期，附第2年年末发行人调整票面利率选择权和投资者回售选择权；品种二为5年期，附第3年年末发行人调整票面利率选择权和投资者回售选择权。

6. 债券利率或其确定方式……本期债券采用单利按年计息，不计复利。

7. 发行人调整票面利率选择权：发行人有权决定是否在本期债券品种一存续期的第2年年末、本期债券品种二存续期的第3年年末调整本期债券品种一后2年和品种二后2年的票面利率。

8. 投资者回售选择权：发行人发出关于是否调整本期债券票面利率及调整幅度的公告后，投资者有权选择在本期债券品种一的第2个计息年度付息日和品种二的第3个计息年度付息日将其持有的本期债券品种一和品种二全部或部分按面值回售给发行人。本期债券品种一的第2个计息年度付息日和品种二的第3个计息年度付息日即为回售支付日，发行人将按照某交所和债券登记机构相关业务规则完成回售支付工作。发行人发出关于是否调整本期债券票面利率及调整幅度的公告之日起3个交易日内，行使回售选择权的债券持有人可通过指定的交易系统进行回售申报；回售申报期不进行申报的，

则视为放弃回售选择权，继续持有本期债券并接受上述关于是否调整本期债券票面利率及调整幅度的决定。

…………

10. 还本付息方式及支付金额：本期债券采用单利按年计息，不计复利。每年付息一次，到期一次还本，最后一期利息随本金的兑付一起支付。本期债券于每年的付息日向投资者支付的利息金额为投资者截至利息登记日收市时所持有的本期债券票面总额与对应的票面年利率的乘积；于兑付日向投资者支付的本息金额为投资者截至兑付登记日收市时所持有的本期债券最后一期利息及所持有的本期债券票面总额的本金。

11. 起息日：本期债券的起息日为 2020 年 4 月 b 日。

…………

13. 付息日：本期债券品种一和品种二的付息日为本期债券存续期内每年的 4 月 b 日。如投资者行使回售选择权，则本期债券品种一回售部分债券的付息日为 2021 年至 2022 年每年的 4 月 b 日，品种二回售部分债券的付息日为 2021 年至 2023 年每年的 4 月 b 日。

第十节　债券受托管理人列示了本次债券之《债券受托管理协议》的主要内容。其中（十）违约责任和补偿

1. 如果《债券受托管理协议》任何一方未按《债券受托管理协议》的规定履行义务，应当依法承担违约责任。守约方有权依据中国法律、募集说明书及《债券受托管理协议》之规定追究违约方的违约责任。

2. 发行人向受托管理人（代表其本身并作为其他受补偿方的受托人）保证，补偿受补偿方（1）与受托管理人根据《债券受托管理协议》提供服务相关的或（2）由发行人违反了其在《债券受托管理协议》的任何义务、责任或声明、保证及承诺或违反了与本次发行相关的任何法律规定或上市规则（包括但不限于因本次发行的申请文件或募集说明书以及本次债券的有效期内的其他信息出现虚假记载、误导性陈述或重大遗漏）而引起的受补偿方在相应司法管辖区受到的直接或间接的索赔、诉讼、法律程序、要求、责任、损失、损害、费用和支出（包括但不限于他人对受托管理人或任何其他受补偿方提出权利请求或索赔）并使受补偿方不受任何损害。接到补偿要求后，发行人应立即补偿受补偿方的以上的损失、费用和支出，包括受补偿方与调查、

准备或辩护本条范围内即将发生的或可能发生的诉讼或索赔及与相关事件有关而支付或发生的费用和支出。

2020年4月签署的《B公司2020年面向合格投资者公开发行公司债券（第一期）发行公告》，其中"一、本期发行基本情况2、债券全称：B公司2020年面向合格投资者公开发行公司债券（第一期），品种一简称'M'，债券代码'1'；品种二简称'Q'，债券代码'3'"。

2020年4月签署的《B公司2020年面向合格投资者公开发行公司债券（第一期）票面利率公告》，其中"根据网下向合格投资者询价结果，经发行人和主承销商协商一致，最终确定本期债券品种一的票面利率为6.95%，品种二的票面利率为7.3%"。

2020年8月签署的《第二期募集说明书》与第一期募集说明书相比，除起息日、付息日等有所调整外，其余内容一致。第二期的起息日为2020年8月b日及付息日为本期债券存续期内每年的8月b日。其中，"第五节 增信机制、偿债计划及其他保障措施"。

五、偿债保障措施

（一）制定债券持有人会议规则

发行人已按照《管理办法》的要求共同制定了《债券持有人会议规则》，约定债券持有人通过债券持有人会议行使权利的范围、程序和其他重要事项，为保障本期债券本息的按约偿付作出了合理的制度安排。

（二）引入债券受托管理人制度

本期债券引入了债券受托管理人制度，由债券受托管理人代表债券持有人对发行人的相关情况进行监督，并在本期债券本息无法按约定偿付时，根据《债券持有人会议规则》及《债券受托管理协议》的规定，采取必要及可行的措施，保护债券持有人的正当利益。

六、发行人违约责任及争议解决

（一）构成债券违约的情形

根据《债券受托管理协议》，以下事件构成本期债券的违约事件：①在本期债券到期或回购（若适用）时，发行人未能偿付到期应付本金；②在本期债券付息期、本期债券到期或回购（若适用）时，发行人未能偿付本期债券的到期利息。③发行人及合并范围内子公司任何一笔债务（公司债/债务融资工具/企业债/境外债券/金融机构贷款/其他融资）出现本金或利息逾期未偿付单独或累计的总金额达到或超过发行人最近一年末合并财务报表净资产的0.5%且在触发以上情形之日起20个工作日内仍未足额偿付逾期本金或利息。

（二）本期债券违约时的加速清偿的救济措施

1. 加速清偿的宣布。如果本期债券的违约事件发生且一直持续30个连续工作日仍未解除，经未偿还本期债券持有人（包括债券持有人代理人）所持表决权的1/2以上通过，前述债券持有人或债券受托管理人（须事先书面请求上述债券持有人同意）可以书面方式通知发行人，宣布所有未偿还本期债券的本金和相应利息，立即到期应付。

2. 其他救济方式。如果发生违约事件且一直持续30个连续工作日仍未解除，债券受托管理人可根据经代表未偿还本期债券本金总额1/2以上的债券持有人通过的债券持有人会议决议，依法采取任何可行的法律救济方式收回未偿还本期债券的本金和利息。

（三）适用法律和争议解决

1. 《债券受托管理协议》受中国法律管辖，并根据中国法律进行解释。

2. 因《债券受托管理协议》引起的或与《债券受托管理协议》有关的任何争议应首先通过发行人、受托管理人双方之间的友好协商解决。"如果在任何一方向另一方送达要求就前述争议进行协商解决的通知之日起30个工作日内未能得以解决，则任何一方有权将该争议提交中国国际经济贸易仲裁委员会中国W市总会（"贸仲"）进行仲裁（且提交争议的仲裁机构仅应为贸仲）。"

2020年8月签署的《B公司2020年面向合格投资者公开发行公司债券（第二期）发行公告》及3日后签署的《B公司2020年面向合格投资者公开发行公司债券（第二期）票面利率公告》，分别确定了第二期发行债券全称为：B公司2020年面向合格投资者公开发行公司债券（第二期），简称"N"，债券代码"2"。该期票面利率为7%。

被申请人两期债券发行后，对于第一期债券中的"M"（债券代码1），C合伙企业持有100万余张，D公司-O基金（以下简称"O基金"）于2021年11月a日至2021年12月b日期间买入持有近2万张；对于第二期债券即

"N"（债券代码2），C合伙企业持有100万张，E公司于2021年11月（a-14）日买入持有9万余张。

2021年8月（b-4）日，被申请人发布了《B公司2020年面向合格投资者公开发行公司债券（第二期）2021年付息公告》，显示"本次付息的债权登记日为2021年8月（b-1）日，凡在2021年8月（b-1）日（含）前买入并持有本期债券的投资者享有本次派发的利息，2021年8月（b-1）日卖出本期债券的投资者不享有本次派发的利息"。

2022年3月，被申请人分别发布了《关于B公司2017年度第一期中期票据未能按期足额偿付本息的公告》以及《关于B公司2017年度第四期中期票据未能按期足额偿付本息的公告》，显示"本期债务融资工具本息应在持有人会议召开日的次一日立即到期应付……因受宏观经济环境、行业环境、融资环境叠加影响，公司流动性出现阶段性紧张，导致出现本期债务融资工具未能如期偿还的情况"。

2022年3月，被申请人分别发布了《B公司关于"M"票面利率调整及投资者回售实施办法第一次提示性公告》《B公司关于"M"票面利率调整及投资者回售实施办法第二次提示性公告》及《B公司关于"M"票面利率调整及投资者回售实施办法第三次提示性公告》，其中"重要提示：1.利率调整：'M'（以下或称'本期债券'）发行人选择不调整票面利率……4.回售价格：人民币100元/张（不含利息）。5.回售登记期：2022年3月b日至2022年3月（b+4）日（仅限交易日）。6.回售资金到账日：2022年4月a日"。

2022年3月b日，O基金对其持有的近2万张"M"债券行使了回售操作。2022年3月（b+1）日，C合伙企业对其持有的100万余张"M"债券行使了回售操作。

2022年4月，被申请人发布了《B公司关于"M"的回售结果公告》及《B公司关于"M"及"Q"相关事项的公告》，显示被申请人"应于2022年4月a日支付'M'的回售本金。因受宏观经济环境、行业环境、融资环境叠加影响，公司流动性出现阶段性紧张，公司未能按期足额偿付'M'的回售本金"，且"公司未能按期足额偿付'M'及'Q'本年度利息"。

2022年5月，《关于"N"2022年度第二次债券持有人会议决议的公告》通过了"关于宣布'N'加速清偿的议案"，显示"本次债券持有人会议决议对全体本次债券持有人有效。'N'的本金及相应利息在2022年5月a日立即到期应付"。

2022 年 6 月，被申请人发布了《B 公司关于公司债券相关事项的公告》，显示"'Q'、'N'及'R'的本金和相应利息应在 2022 年 5 月 a 日立即到期应付……公司未能足额按期偿付'Q'、'N'及'R'的本金和相应利息"。

2022 年 7 月，C 合伙企业与申请人签订了《授权委托协议》，其中"鉴于"条款约定"1. 甲方为'M'和'N'的债券持有人，截至本协议签订之日，其持有'M'100 万余张债券，对应债券本金金额 1 亿余元，'N'1 000 000 张债券，对应债券本金金额 100 000 000 元（以下简称'标的债券'）；乙方系上述债券的牵头主承销商及受托管理人。……3. 甲方拟委托乙方对 B 公司采取法律行动，以维护自身权益"。

第一条　委托内容和权限

1.1 甲方委托乙方以自身的名义代表甲方对 B 公司采取后续法律行动，并以最大限度回收甲方所持标的债券对应的合法债权为工作目标（以下简称"委托事项"）。甲方授权乙方为前述目标所可采取的法律行动包括但不限于在符合债券募集等文件约定条件的情况下向 B 公司宣布立即到期并加速清偿、提起相关司法程序，要求 B 公司兑付全部尚未兑付的本金和利息等。

1.5 乙方将于通过法律行动实际回收相应债权（即回收款项到达乙方指定账户）后的 10 个工作日内，将回收款项（包括但不限于回收的债券本息、实现债权的费用等）中对应甲方标的债券的部分支付予甲方。

第三条　承诺和保证

3.1 甲方向乙方作出如下承诺和保证……（4）甲方承认并自愿无条件接受乙方在授权范围内所采取之法律行动对应产生的相应法律责任、结果、后果；……

该《授权委托协议》的附件一为 C 合伙企业与申请人分别就"M""N"签订的《授权委托书》，其中委托方为 C 合伙企业，受托方为申请人，委托事项为"委托方现委托受托方以自身的名义，代表委托方、就委托方管理并有权代表的基金或其他形式的投资产品所持债券简称为：'M'（或'N'）对 B 公司采取法律行动"。

2022 年 7 月，E 公司与申请人签订了《授权委托协议》，其中"鉴于"

条款约定"1. 甲方系债权代码为'N（2.SZ）'的债券持有人，截至本协议签订之日，其持有'N（2.SZ）'9万余张债券，对应债券本金金额900万余元；乙方系上述债券的牵头主承销商及受托管理人……3. 甲方拟委托乙方对B公司采取法律行动，以维护自身权益"。该《授权委托协议》的附件一为E公司与申请人就"N"签订的《授权委托书》。

2022年7月a日，D公司与申请人签订了《授权委托协议》，其中"鉴于"条款约定"1. 甲方为'M'的债券持有人，截至本协议签订之日，其持有'M'近2万张债券，对应债券本金金额近200万元；乙方系上述债券的牵头主承销商及受托管理人……3. 甲方拟委托乙方对B公司采取法律行动，以维护自身权益"。该《授权委托协议》的附件一为D公司与申请人就"M"签订的《授权委托书》。

2022年8月，申请人提起本案仲裁。

2023年2月，申请人提交了《关于4号案件债券持有人不会重复主张债权的说明》，其中包括E公司、D公司以及C合伙企业《关于所持债券对应债权权益的说明》，内容为关于其作为债券持有人，就其所持债券"已全权授权并委托中国A证券公司（以下简称'A公司'）以其自身名义向中国国际经济贸易仲裁委员会申请仲裁并向B公司主张上述债券对应的全部债权权益、接收相应债权对应的偿付款项。为免歧义，我方在此明确，对于最终A公司所提仲裁请求为中国国际经济贸易仲裁委员会生效裁判文书所支持的部分，我方不会再以自身名义、以任何理由向B公司重复提出偿付主张；如仲裁中A公司与B公司达成和解/调解，则我方亦认可相应和解/调解内容，并不会就已和解/调解解决的争议事项再行以自身名义重复向B公司进行主张"。

（二）关于本案的管辖权问题

双方对于本案合同履行的事实不持有异议，即被申请人发行的两期债券"M"和"N"，其中对于第一期已经行使回售权的"M"债券未能按期偿付本金，第二期"N"在经债券持有人会议决议加速到期后未能足额按期偿付本金和相应利息。本案的争议焦点在于程序法上的管辖权的问题，被申请人认为申请人基于《债券受托管理协议》提起仲裁，而该仲裁条款仅适用于申请人与被申请人双方之间因委托受托法律关系而引起的争议，而申请人的请求为案外第三人与被申请人之间的债权债务关系，应当由被申请人住所地法院管辖；申请人认为《债券受托管理协议》约定了当被申请人不能偿还债务时，申请人应当督促被申请人落实相应的偿债措施，并有权接受债券持有人的委托，以自己的名义代表债券持有人申请仲裁，且仲裁条款约定的是因《债券受托管理协议》引起的所有争议均由仲裁委员会仲裁，申请人提起仲裁符合协议约定。此外，《募集说明书》第十节第二条第（三）款第 11 项、第 14 项约定，被申请人不能偿还债务或债券出现违约情形或风险时，受托管理人可以接受全部或部分债券持有人的委托，以自己名义代表债券持有人依法申请法定机关采取财产保全措施、提起民事诉讼、申请仲裁、参与重组或者破产的法律程序。因此，申请人有权以自己名义代表债券持有人向被申请人进行债权追索。

就上述双方的管辖权异议，仲裁委员会认为需要对本案的相关实体内容进行审理后才能决定，授权仲裁庭对管辖权异议作出决定。仲裁庭结合本案的庭审、双方提交的证据，以及相应的法律规定和司法实践，认为：其一，本案申请人所主张的仲裁请求，实际上依据的是《债券受托管理协议》中的仲裁条款，对被申请人提起了本案仲裁；其二，申请人主张的是案外人基于《募集说明书》《发行公告》等文件所持有债券份额而产生对被申请人的债权。本案的管辖权争议在于申请人能否基于本案合同获得案外人的有关实体权利的诉讼实施权问题。

对上述诉讼资格和主体问题，涉及本案合同约定，交易性质以及仲裁管辖的相关问题，就上述问题，仲裁庭分述如下：

1. 合同约定。

本案中双方当事人对《债券受托管理协议》的效力不持有异议，仲裁庭认为本案合同系双方的真实意思表示，且并无明确的违反法律和强制性规范的情形，合法有效，可以作为裁断双方本案合同项下争议的依据。

《债券受托管理协议》规定了申请人作为债券受托管理人的职能，包括代理债券持有人对债券发行人（债务人）履行债券契约事项进行监督，其中，第 4 条"乙方的职责、权利和义务"约定了申请人有权接受债券持有人的委托，以自身名义代表债券持有人采取法律措施。即"4.11……债券出现违约情形或风险的，乙方应当及时通过召开债券持有人会议等方式征集债券持有人的意见，并勤勉尽责、及时有效地采取相关措施，包括但不限于督促甲方、增信机构和其他具有偿付义务的机构等落实相应的偿债措施，并可以接受全部或部分债券持有人的委托，以自己名义代表债券持有人依法申请法定机关采取财产保全措施、提起民事诉讼、申请仲裁、参与重组或者破产的法律程序"，以及 "4.14 甲方不能偿还债务时，乙方应当督促甲方、增信机构和其他具有偿付义务的机构等落实相应的偿债措施，并可以接受全部或部分债券持有人的委托，以自己名义代表债券持有人依法申请法定机关采取财产保全措施、提起民事诉讼、申请仲裁、参与重组或者破产的法律程序"。

《债券受托管理协议》第 15 条 "适用法律和争议解决" 约定了 "15.2 因本协议引起的或与本协议有关的任何争议应首先通过双方之间的友好协商解决。如果在任何一方向另一方送达要求就前述争议进行协商解决的通知之日起 30 个工作日内未能得以解决，则任何一方有权将该争议提交中国国际经济贸易仲裁委员会中国 W 市总会（'贸仲'）在中国 W 市进行仲裁（且提交争议的仲裁机构仅应为贸仲）"。

同时，仲裁庭注意到，《募集说明书》的性质目前在法律性质的解释上存在争议，但无论作为要约还是要约邀请，其内容构成债券持有人与发行人之间的合同内容是明确的，可以作为确定投资者权利与发行人义务的依据，对于发行人、债券持有人以及受托管理人均具有约束力。由此，该《募集说明书》表明了本案合同所对应的交易，以及与本案合同相平行的交易，均在合同缔约过程中，各方参与主体均知晓存在明确的仲裁管辖的意思表示。其中，《募集说明书》的声明部分规定了债券受托管理人的职责："债券受托管理人承诺严格按照相关监管机构及自律组织的规定、本募集说明书及债券受托管理协议等文件的约定，履行相关职责。发行人的相关信息披露文件存在虚假记载、误导性陈述或重大遗漏，致使债券持有人遭受损失的，或者公司债券出现违约情形或违约风险时，债券受托管理人承诺及时通过召开债券持有人会议等方式征集债券持有人的意见，并以自己的名义代表债券持有人主张权利，包括但不限于与发行人、增信机构、承销机构及其他责任主体进行谈判、提起民事诉讼或申请仲裁，参与重组或者破产的法律程序等，有效维护债券持有人合法权益。" 以及 "投资者认购或持有本期债券视作同意债券受托管理协议、债券持有人会议规则及债券募集说明书中其他有关发行人、债券持有人、债券受托管理人等主体权利义务的相关约定"。《募集说明书》中第十节债券受托管理人披露了《债券受托管理协议》项下的内容。同样，《募集说明书》中约定的仲裁条款表述为 "六、发行人违约责任及争议解决……（三）适用法律和争议解决……2. 因《债券受托管理协议》引起的或与《债券受托管理协议》有关的任何争议应首先通过发行人、受托管理人双方之间的友好协商解决。如果在任何一方向另一方送达要求就前述争议进行协商解决的通知之日起30个工作日内未能得以解决，则任何一方有权将该争议提交中国国际经济贸易仲裁委员会中国W市总会（'贸仲'）进行仲裁（且提交争议的仲裁机构仅应为贸仲）"。

前述《债券受托管理协议》以及《募集说明书》项下的仲裁条款能否适用于本案情形需要根据合同条款和合同内容解释，首先，仲裁条款约定的是"因《债券受托管理协议》引起的或与《债券受托管理协议》有关的任何争议"，从文义解释上看，其范围包括《债券受托管理协议》中规定的内容，既包括双方未按照合同项下的权利义务行事，也包括因合同项下约定的权利行使而产生的争议；其次，本案的事实情形即被申请人对两期债券未能按时履约，符合《债券受托管理协议》约定的"第12条本次债券的违约及救济12.1第（1）（2）（6）项"构成债券违约的情形；最后，申请人提起本案仲裁是按照《债券受托管理协议》的约定条款进行，其约定本身给了申请人以自身名义代债券持有人采取法律行动的权利范围。因此，申请人提起仲裁属于《债券受托管理协议》的仲裁条款所涉及的约定范围。与此同时，《债券受托管理协议》的内容同样在《募集说明书》中有所重复，而《募集说明书》构成了对申请人、被申请人以及投资者（在本案中指案外人C合伙企业、D公司以及E公司）的约束，投资者能够基于《募集说明书》的约定，委托授权申请人行权。

本案中申请人与债券持有人签订的《授权委托协议》，同样约定了申请人采取仲裁方式属于授权范围之内的行动。"第1.1条甲方委托乙方以自身的名义代表甲方对B公司采取后续法律行动，并以最大限度回收甲方所持标的债券对应的合法债权为工作目标（以下简称'委托事项'）。甲方授权乙方为前述目标所可采取的法律行动包括但不限于在符合债券募集等文件约定条件的情况下向B公司宣布立即到期并加速清偿、提起相关司法程序，要求B公司兑付全部尚未兑付的本金和利息等。"而申请人以自身名义代投资者行使权利，则落入了《债券受托管理协议》所约定的内容，因而同样需要适用《债券受托管理协议》关于仲裁条款的约定。

因此，根据《债券受托管理协议》《募集说明书》以及《授权委托协议》，申请人获得债券持有人的授权，并以自身名义根据仲裁条款的约定向被申请人提起仲裁，存在合同上的依据。

2. 本案合同所对应的交易。

在债券市场中，发行人与债券持有人之间并非简单的债权债务关系，还涉及债券的合同属性与证券属性的叠加，因而涉及多方主体的参与协作以及持有人的个人行动与集体行动的关系问题。申请人能否以自身名义提起仲裁主张投资者对于被申请人的债权，需要厘清受托管理人、发行人、债券持有人以及债券持有人会议之间的法律关系。

最高人民法院在《全国法院审理债券纠纷案件座谈会纪要》中明确了受托管理人的诉讼主体资格，规定"对于债券违约合同纠纷案件，应当以债券受托管理人或者债券持有人会议推选的代表人集中起诉为原则，以债券持有人个别起诉为补充"。2019 年修订的《证券法》在立法层面也原则上确定了债券受托管理人的委托授权诉讼主体资格。第 92 条规定："公开发行公司债券的，应当设立债券持有人会议，并应当在募集说明书中说明债券持有人会议的召集程序、会议规则和其他重要事项。公开发行公司债券的，发行人应当为债券持有人聘请债券受托管理人，并订立债券受托管理协议。受托管理人应当由本次发行的承销机构或者其他经国务院证券监督管理机构认可的机构担任，债券持有人会议可以决议变更债券受托管理人。债券受托管理人应当勤勉尽责，公正履行受托管理职责，不得损害债券持有人利益。债券发行人未能按期兑付债券本息的，债券受托管理人可以接受全部或者部分债券持有人的委托，以自己名义代表债券持有人提起、参加民事诉讼或者清算程序。"

2020 年 6 月发布的中国人民银行、发展改革委、证监会《关于公司信用类债券违约处置有关事宜的通知》同样肯定了要充分发挥受托管理人和债券持有人会议制度在债券违约处置中的核心作用，明确了受托管理人依授权享有相应诉权，但同时也认可在受托管理人未履行职责等情形下，持有人可自行诉讼。

本案合同所对应的交易属于债券交易中形成的一个部分。债券交易包括了公开募集、发行、承销、中介、债券合同履行和管理、债券兑现以及清算等不同阶段。本案合同在整个交易之中，处在其中的一个部分，但是由于申请人作为承销人的角色，属于债券发行人和债券持有人之间的关键甚至主动性的角色。在债券发行过程中，对本案合同的设计、形成、管理和履行具有实际上的主导作用。

在本案合同对应的债券法律关系上，投资者与债券发行人是债权债务关系，受托管理人与发行人存在受托管理关系，但同时受托管理人还承担着对发行人履行债券契约以及在债券违约时作为集体行动代表形态的职能，即本案中申请人接受债券持有人委托提起仲裁的情形。尤其是在公开发行债券中，持有人单独的维权行动会受到发行文件或债券持有人会议等限制，由受托管理人获得债券持有人会议决议授权并集体行动就成为债券多方关系下纠纷解决的必要路径。

由于本案债券性质为非公开发行，不存在债券持有人会议的约束，但基于前述分析的债券法律关系和法律特征，本案合同作为债券交易的一部分，合同与债券关系的性质并无不同。已有的司法实践已经确认的债权类的规章制度，对本案合同而言，构成了行业的商事习惯和交易惯例。该等商事习惯和交易惯例已经存在着明确的纠纷解决机制的倾向。在这种情况下，即便从债券法律关系的视角，申请人根据债券持有人会议决议以及接受投资者的授权作为争议解决主体，符合债券市场的特性和纠纷解决的救济路径。

3. 双重诉权下的诉讼担当人问题。

本案合同项下的申请人所约定的诉权，属于未经债权转让而形成的基于合同条款的意思表示而取得的直接诉权。通过合同约定而形成的诉权，与本案合同项下的实际履行中的合同利益之间，以及后者所延伸的在本案仲裁中的胜诉利益归属问题，表面上存在着分离。此种情形下，我国目前的民事诉讼学理分类，存在着意定诉讼担当的情形。依据常见的定义，意定诉讼担当是指实体法上的权利主体或者法律关系以外的第三人，为了他自己的利益或者代表他人的利益，以正当当事人的地位提起诉讼，主张一项他人享有的权利或基于他人法律关系所引发的争议，法院判决的效力及于原来的权利主体。

意定诉讼担当可以分为法定意定诉讼担当与扩大适用的意定诉讼担当。法律规定的意定诉讼担当，是法律明确允许　定类型案件可以由他人进行诉讼担当，如破产管理人。扩大适用的意定诉讼担当，则是解决多数人诉讼以外的其他形式的诉讼担当，主要在知识产权类如集体著作权管理等案件中适用。本案中申请人属于扩大适用的意定诉讼担当。在比较法和学理上需要谨慎适用扩大的诉讼担当的理由，主要基于代理人制度和避免双重给付的考虑，即诉讼担当可能会破坏代理人制度的专业性，导致不专业的主体实施诉讼以及使被告存在被重复主张权利从而损害被告利益的可能性，但在本案中不存在上述情形。

首先，本案中由申请人作为诉讼担当符合证券行业复杂交易对更高专业性的特殊性要求，受托管理人作为专业机构，一方面具备监督发行人规范财务及资金用途等经营行为的能力；另一方面，对于发行人是否按照发行契约履行义务，也必须由专业机构予以监督，以保证合法合规的信息披露、正常经营以及规范使用债券募集资金等。

其次，根据 C 合伙企业、D 公司以及 E 公司与申请人签订的《授权委托协议》以及《关于所持债券对应债权权益的说明》，其作为债券持有人，就其所持债券已经全权委托申请人以其自身名义向仲裁委员会申请仲裁并向被申请人主张债券对应的全部债权权益，并且明确对于最终申请人所提仲裁请求为仲裁委员会生效裁判文书所支持的部分，其不会再以自身名义向被申请人重复提出偿付主张，因此已经在事实上取消了双重给付问题；同时，由于存在着债券持有人的意思表示，表明其已经知晓的状态，且不存在异议，也不会实际产生因为仲裁的相对性而导致的可能的机会主义行为。

最后，对于"为了权利主体利益的意定诉讼担当"，存在着一定的限制条件。诉讼担当应当满足"诉讼担当人被赋予包括诉讼实施权限在内的全括性管理权"以及"诉讼担当人现实且密切地参与到作为诉讼标的之权利关系的发生及其管理之中"（也即"诉讼担当人对于该权利关系的参与达到'等于或超越权利关系主体对于该权利关系了解'的程度"）。对此，在本案合同所对应的交易情形下，上述两种条件，仲裁庭认为基于本案合同的约定和债券持有人的同意，和合同缔约过程中的意思表示，结合本案申请人在整体交易中所担任的角色，也事实上符合上述的要件。

同时，仲裁庭认为，申请人是为了权利主体利益的意定诉讼担当，需要考虑"必要性"和"经济性"的问题，所谓"必要性"是指当事人借助民事诉讼现有的律师代理、第三人参加诉讼或共同诉讼的形式实现自己的权利是否具有现实可行性。根据债券市场的公开性，以申请人代表债券持有人集体行动而非个体行动具有争议解决的效率，具有合理性。"经济性"意味着当事人选择授权诉讼担当人进行诉讼，其原因在于此种方式更加经济或诉讼担当人更加专业，更有利于维护被担当人的利益，申请人作为案涉债券的牵头主承销商和债券受托管理人，全程参与了债券的发行募集的各个环节，行使了各项管理和监督职能，其具备更高的专业性以及更全面的信息来源，在此种情形下，案外人采取授权申请人作为诉讼担当的方式具有充分的正当性，应当允许。

基于前述分析，当申请人获得部分债券持有人的授权进行法律程序时，其并非实体权利债权的转移而延伸出的诉权权能。本案中申请人与案外人的《授权委托协议》约定"乙方将于通过法律行动实际回收相应债权（即回收款项到达乙方指定账户）后的10个工作日内，将回收款项（包括但不限于回收的债券本息、实现债权的费用等）中对应甲方标的债券的部分支付予甲方"，即案外人仍然是债权持有人，申请人通过案涉合同获得的授权是单独的诉讼实施权的转移。

同时，仲裁庭需要特别强调的是，依据我国的《仲裁法》以及《仲裁规则》，在各方达成明确的意思表示且对文义并无异议的情形下，被申请人主张管辖权不成立并无依据。

被申请人的异议主张基于本案合同的交易性质属于"委托受托法律关系"而非"债权债务法律关系"，仲裁庭认为该异议不能成立。首先，委托受托法律关系和债权债务法律关系并不是平行、排斥的关系，而可能存在包含和被包含的情形；其次，本案的情形并非缺乏先例，我国之前的《涉外经济合同法》，基于存在着外贸代理制，而作出了专门的规定，所对应的是现行《民法典》第925条"受托人以自己的名义，在委托人的授权范围内与第三人订立的合同，第三人在订立合同时知道受托人与委托人之间的代理关系的，该合同直接约束委托人和第三人；但是，有确切证据证明该合同只约束受托人和第三人的除外"之规定。因此，仲裁庭认为本案合同的情形，类似于外贸代理制下的外贸公司与国际买卖合同下的双方当事人之间的关系。

综上所述，本案的合同约定和基础法律关系约定了申请人有权以自身名义接受债权人委托向被申请人提起仲裁；目前的立法、司法及金融监管规定，均明确了受托管理人的诉讼主体资格；本案的情形也符合扩大适用的意定诉讼担当的情形。因此，在被申请人违约的情形下，由申请人作为提起仲裁的主体符合合同约定和法律规定，具有理论上的正当性，申请人有权以自己名义向被申请人提起仲裁，仲裁委员会有权管辖本案争议。

（三）关于本案的争议债券相关金额计算问题

根据案涉《募集说明书》以及被申请人发布的公告，本案争议债券分别

为被申请人发行的"M"以及"N"品种债券。对于 M，C 合伙企业持有 100
万余张，D 公司持有近 2 万张；对于 N，C 合伙企业持有 100 万张，E 公司持
有 9 万余张；由于两期债券票面金额均为每张 100 元人民币，本案两期债券的
本金金额共计债券全部张数（100 万余+近 2 万+100 万+9 万余）张×100 元/张＝
2 亿余元。

而两期债券在持有人、持有数量以及计息方式上存在差异，在此分别予
以计算。

1. M

对于"M"债券，债券代码 1，根据《募集说明书》及《B 公司 2020 年
面向合格投资者公开发行公司债券（第一期）票面利率公告》等文件，该债
券的票面利率为 6.95%，票面金额为每张 100 元人民币，存续期 4 年，附第 2
年年末发行人调整票面利率选择权和投资者回售选择权，起息日为 2020 年 4
月 b 日，付息日为本期债券存续期内每年的 4 月 b 日，利息计算方式为单利
按年计息。"M"债券发行后，被申请人已经支付第一年利息。2022 年 3 月被
申请人发布了票面利率调整及投资者回售实施办法公告后，2022 年 3 月 b 日，
O 基金对其持有的近 2 万张"M"债券行使了回售操作。2022 年 3 月（b+1）
日，C 合伙企业对其持有的 100 万余张"M"债券行使了回售操作。根据被申
请人后续公告，被申请人未能支付"M"债券本年度的利息以及回售本金。

"M"债券对应本金为债券张数（2 万+100 万余）张×100 元/张＝1 亿余
元，应付利息为"M"债券本金 1 亿余元×年化利率 6.95%÷365 天×自 2021
年 4 月 b 日至 2022 年 8 月 a 日的实际天数计 470 天＝960 万余元。（暂计日为
2022 年 8 月 a 日）

2. N

对于"N"债券，债券代码 2，根据《第二期募集说明书》及《B 公司
2020 年面向合格投资者公开发行公司债券（第二期）票面利率公告》等文
件，该债券的票面利率为 7%，票面金额为每张 100 元人民币，起息日为 2020
年 8 月 b 日，付息日为本期债券存续期内每年的 8 月 24 日，利息计算方式为
单利按年计息。"N"债券发行后，被申请人已经支付第一年利息。

对于"N"债券，C 合伙企业持有 100 万张，E 公司于 2021 年 11 月（a-
14）日买入持有 9 万余张。根据 2022 年 5 月《关于"N"2022 年度第二次债
券持有人会议决议的公告》，该决议通过了"关于宣布'N'债券加速清偿的

议案"，决定"N"债券的本金及相应利息在 2022 年 5 月 a 日立即到期应付。而根据 2022 年 6 月被申请人发布的《B 公司关于公司债券相关事项的公告》，被申请人未能足额偿付"N"债券的本金和相应利息。

N 对应本金为债券张数（100 万+9 万余）张×100 元/张=1 亿余元，应付利息为"N"债券本金 1 亿余元×年化利率 7%÷365 天×自 2021 年 8 月 b 日至 2022 年 8 月 a 日的实际天数计 348 天=720 万余元。（暂计日为 2022 年 8 月 a 日）

（四）关于本案的保全费、保函费用及仲裁费承担

本案的《债券受托管理协议》及《募集说明书》等文件约定了相关费用支出问题。《债券受托管理协议》第 4.11 条、第 4.14 条约定了申请人在债券违约情形下的职责行使，如前所述，本案被申请人违约符合《债券受托管理协议》约定的情形，第 4.20 条规定，"乙方在履行本协议项下的职责或义务时，可以聘请律师事务所、会计师事务所、信用评级机构、资产评估机构等专业机构协助其履行职务。债券受托管理人聘请专业机构所产生的费用（如有），由发行人承担"。

《募集说明书》第十节债券受托管理人"二、债券受托管理协议主要内容""（十）违约责任和补偿约定了违约方的责任承担方式"。其中"1. 如果《债券受托管理协议》任何一方未按《债券受托管理协议》的规定履行义务，应当依法承担违约责任。守约方有权依据中国法律、募集说明书及《债券受托管理协议》之规定追究违约方的违约责任。2. 发行人向受托管理人（代表其本身并作为其他受补偿方的受托人）保证，补偿受补偿方（1）与受托管理人根据《债券受托管理协议》提供服务相关的或（2）由发行人违反了其在《债券受托管理协议》的任何义务、责任或声明、保证及承诺或违反了与本次发行相关的任何法律规定或上市规则（包括但不限于因本次发行的申请文件或募集说明书以及本次债券的有效期内的其他信息出现虚假记载、误导性陈述或重大遗漏）而引起的受补偿方在相应司法辖区受到的直接或间接的索赔、诉讼、法律程序、要求、责任、损失、损害、费用和支出（包括但不限于他人对受托管理人或任何其他受补偿方提出权利请求或索赔）并使受补偿方不受任何损害。接到补偿要求后，发行人应立即补偿受补偿方的以上的损失、费用和支出，包括受补偿方与调查、准备或辩护本条范围内即将发生的或可能发生的诉讼或索赔及与相关事件有关而支付或发生的费用和支出"。申请人

提起本案仲裁所支出的费用符合"发行人违反了其在《债券受托管理协议》的任何义务"而引起的"受补偿方在相应司法辖区相应的费用和支出"。即本案的仲裁费用、保全费、保函费用属于申请人因被申请人违约而产生的费用和支出，应当由被申请人承担。

三、裁决

仲裁庭依据所认定的事实，以及本案合同的约定及相关法律规定，裁决如下：

（1）被申请人向申请人偿付债券本金共计人民币 2 亿余元。

（2）被申请人向申请人按照以下标准支付债券利息，其中：①"M"利息，以人民币 1 亿余元为基数，自 2021 年 4 月 b 日起，按照票面年利率 6.95% 为标准，支付至实际偿付之日止；②"N"利息，以人民币 1 亿余元为基数，自 2021 年 8 月 b 日起，按照票面年利率 7%/年为标准，支付至实际偿付之日止（上述利息暂计至 2022 年 8 月 a 日的合计金额为人民币 1690 万余元）。

（3）被申请人承担本案中申请人支付的保全费及保全担保保函费。

（4）本案请求仲裁费全部由被申请人承担。该笔仲裁费已与申请人预缴的等额仲裁预付金全额冲抵，故被申请人应补偿申请人代为垫付的仲裁费。

上述裁决被申请人应向申请人支付的款项和履行的义务，被申请人应自本裁决作出之日起 30 日内履行完毕。

本裁决为终局裁决，自作出之日起生效。

案例评析

【关键词】债券发行　债券承销　受托管理　诉讼担当人　管辖权异议

【焦点问题】

依据合同约定，债券受托管理人是否可以自行作为申请人提起仲裁，取决于合同解释和诉权相关的法律规则。

【焦点评析】

本案的基本案情：申请人系拥有合法资质的证券承销保荐资格的主体，与作为债券发行人的被申请人签订《债券受托管理协议》，形成了承销关系，申请人属于牵头主承销商，第一期债券票面金额人民币100元，票面年利率6.95%；第二期债券票面金额人民币100元，票面年利率7%。同时，合同确立了债券回售关系，投资者有权选择在该品种债券第二个计息年度付息日将其持有的全部或部分债券按面值回售给被申请人。再者，合同约定了违约加速到期条款，当被申请人债务未偿付累计总金额达到或超过被申请人最近一年末合并财务报表净资产的0.5%，且在触发前述情形之日起20个工作日内仍未足额偿付逾期本金或利息，即构成违约。当前述违约情形持续30个连续工作日仍未解除时，经未偿还的本次债券持有人所持表决权的1/2以上通过，可以宣布所有未偿还本次债券的本金和相应利息立即到期应付。此外，合同确立了受托管理关系，申请人作为债券持有人的受托管理人，申请人有义务对被申请人履行募集说明书及债券持有人会议决议项下义务的情况进行监督，当被申请人未按期履行义务时，申请人有权接受全部或部分债券持有人的委托，以自己名义代表债券持有人对被申请人采取法律行动。

之后，三债券持有人分别购买了被申请人发行的第一期债券和第二期债券，有单独持有第一期或第二期的，有同时持有第一期和第二期的，合计对应本金金额人民币2亿余元。就第一期债券，被申请人发布了回售实施办法，且两债券持有人均已于该办法规定的回售登记期间行使了回售选择权，要求被申请人按约偿付其所持有的全部债券回售本金及利息。就第二期债券，被申请人亦于发布公告确认其未能偿付本息，未偿付的债券本息已超过上述净资产的0.5%，且逾期20个工作日仍未足额偿付。债券持有人召开了第二次债券持有人会议，并表决通过了《关于宣布第二期债券加速清偿的议案》，对被申请人宣告本金及相应利息在2022年5月a日立即到期应付。被申请人已于2022年6月发布的公告中自行确认其未能按期偿付上述债务。

针对申请人的仲裁请求，被申请人提交了管辖权异议申请书，请求将本案移送有管辖权的某市金融法院审理。被申请人认为，其与申请人签订的《债券受托管理协议》鉴于条款明确约定合同目的即"甲方双方经讨友好协商，就本次发行的债券的受托管理及相关事宜达成如下协议"，申请人和被申请人之间建立的是"委托受托法律关系"而非"债权债务法律关系"，故《债券受托管理协议》第15条"适用法律和争议解决"条款仅仅适用于甲乙双方之间因委托受托法律关系引起的争议。本案仲裁请求涉及的是被申请人与第三人（即债券持有人）之间的债权债务法律关系，根据《民事诉讼法》

第22条第2款的规定，对法人或者其他组织提起的民事诉讼，由被告住所地人民法院管辖，故涉及被申请人与第三人之间债权债务法律关系争议应由被申请人住所地某市有管辖权的人民法院进行审理。

本案对于合同的效力、合同履行的事实，债券回售、加速到期、债券持有人会议等方面，以及被申请人未能偿付债券本息等并无异议，本案的争议焦点在于程序法上的管辖权的问题。被申请人认为申请人基于《债券受托管理协议》提起仲裁，而该仲裁条款仅适用于申请人与被申请人双方之间因委托受托法律关系而引起的争议，而申请人的请求为案外第三人与被申请人之间的债权债务关系，应当由被申请人住所地法院管辖；申请人认为《债券受托管理协议》约定了当被申请人其不能偿还债务时，申请人应当督促被申请人落实相应的偿债措施，并有权接受债券持有人的委托，以自己的名义代表债券持有人申请仲裁，且仲裁条款约定的是因《债券受托管理协议》引起的所有争议均由本会仲裁，申请人提起仲裁符合协议约定。此外，《募集说明书》第十节第二条第（三）款第11项、第14项约定，被申请人不能偿还债务或债券出现违约情形或风险时，受托管理人可以接受全部或部分债券持有人的委托，以自己名义代表债券持有人依法申请法定机关采取财产保全措施、提起民事诉讼、申请仲裁、参与重组或者破产的法律程序。因此，申请人有权以自己名义代表债券持有人向被申请人进行债权追索。

现结合本案案情评述如下：

本案的焦点主要集中于：其一，合同约定的债券受托管理人仲裁诉求，包括仲裁范围等是否明确；其二，非公开发行的债券受托管理人的集中起诉是否有诉讼法上的依据；其三，诉权的性质和合同性质的解释是否实体上产生申请人和被申请人的法律关系。

一、多重法律关系的管辖权约定问题

本案中申请人和被申请人存在着多重法律关系，从而形成了债券发行人、承销人、持有人、受托管理人等多重角色和身份，并且形成了多重合同文本约定。其中，申请人作为专业的具有合法合格资质的证券承销商，同时，作为牵头主承销商和受托管理人。因此，从合同的履行阶段和管辖权约定来看，首先，在债券发行和债券销售的时候，承销商属于被申请人的受委托人，两者之间属于商事关系；其次，在债券认购和履行阶段，在本案和商业实践之中，承销商促成的债券购买人购买被申请人发行的债券，但债券持有人与债券发行人之间属于债权人和债务人之间的民事关系；再次，在出现债券发行人（债务人）违约的时候，分散的债券持有人需要召开债券持有人会议并作出集体行动，通过决议，申请人在本案合同项下负有召开债券持有人会议的义务和权力，在现实的商业实践中，实际上同时也是处置方案等提案的提出人；最后，出现违约的时候，受托管理人有权以自己的名义起诉并采取法律救济行为。

由于存在着上述多重法律关系，申请人同时充当了承销商和受托管理人的职责，出现债券发行人违约的情形时候，出现了债券持有人、申请人和被申请人的三方关系。其中申请人和被申请人基于《债券受托管理协议》而明确约定了仲裁委员会的仲裁管辖权，但是在债券持有人和被申请人之间，由于系采用发行方式，并不存在一对一的合同关系，而是一对多的合同关系，因此，双方系主要通过债券发行人的公告方式形成合同关系，并且在本案中并不存在仲裁条款。

同时，依据我国的现行法律，2019年修订的《证券法》在立法层面也原则上确定了债券受托管理人的委托授权诉讼主体资格。第92条规定，"公开发行公司债券的……债券发行人未能按期兑付债券本息的，债券受托管理人可以接受全部或者部分债券持有人的委托，以自己名义代表债券持有人提起、参加民事诉讼或者清算程序"。但是该法条前两款均规定属于公开发行公司债券的，第三款并未明确规定是否应当局限于公开发行公司债券。理论上可以扩张解释，但双方在本案中均未提出该法条的解释问题。客观而言，从法条的整体表述解释而言，的确可以理解为第三款的规定适用于公开发行，而本案不属于公开发行，不能直接适用。因此，就上述问题就变成了诉权的自行约定问题，也就变成合同法解释问题。

因此，在本案之中，需要判断的第一个问题在于，由于存在债券持有人向法院起诉的，但属于分散的诉权，以及受托管理人向仲裁机构起诉的，集中的诉权，就同一个合同利益，存在着事实上可能的排斥关系。如果受托管理人处分了合同权利，会导致债券持有人的合同权利的丧失。那么需要判断的第一个问题是，债券持有人是否知道并了解这种受托管理人的诉权存在。对此，仲裁庭首先考察了《债券受托管理协议》的受托管理人的合同取得的仲裁诉权依据和仲裁范围。首先，合同有条款明确约定了受托管理人的诉权，

"甲方不能偿还债务时，乙方应当督促甲方、增信机构和其他具有偿付义务的机构等落实相应的偿债措施，并可以接受全部或部分债券持有人的委托，以自己名义代表债券持有人依法申请法定机关采取财产保全措施、提起民事诉讼、申请仲裁、参与重组或者破产的法律程序"，同时约定了仲裁范围，"因本协议引起的或与本协议有关的任何争议任何一方有权将该争议提交中国国际经济贸易仲裁委员会北京总会（'贸仲'）在北京进行仲裁（且提交争议的仲裁机构仅应为贸仲）"。因此，受托管理人的合同授权是清晰明确的，且并无限制范围。其次，仲裁庭考察了在合同签订时，各方是否了解知晓上述安排，债券持有人是否清晰了解受托管理人具有上述诉权。在本案中，《募集说明书》也存在着明确的约定仲裁条款，与《债券受托管理协议》中的表述一致。无论《募集说明书》是要约还是要约邀请，都构成了债券持有人、受托管理人、债券发行人之间的有约束力的合同内容，因此，债券持有人是知晓了解上述约定并受到约束的。最后，在本案中，申请人作为受托管理人，出具了债券持有人的《授权委托协议》，因此形成了授权。尽管诉权是否可以书面授权，而非转让取得，是存在着争议的，但是受托管理人有权提出仲裁，并且不损害债券持有人的合同权利的意思表示是明确的。

二、非公开发行的债券受托管理人的集中起诉是否有诉讼法上的依据

债券受托管理人的集中诉权，是否可以独立提出仲裁？如前所述，《证券法》的法定诉权授权并不能解释出非公开发行的情形。那么，受托管理人的集中起诉是否具有法律上的依据？这涉及几个不同的层面：首先，受托管理人的独立诉权是否具有法律上的依据，或者法理上的依据？其次，在本案合同项下，是否上述诉权具有实体法，尤其是合同法上的依据，是否会突破合同的相对性？

如前所述，《证券法》并没有明确非公开发行的债券制度下，受托管理人是否可以直接获得诉权。但类似问题，最高人民法院在《全国法院审理债券纠纷案件座谈会纪要》中阐明了司法机关的态度。在宗旨之中，明确表述，"统筹兼顾公募与私募、场内与场外等不同市场发展的实际情况，妥善合理弥补部门规章、行政规范性文件和自律监管规则的模糊地带，确保案件审理的法律效果和社会效果相统一"。并在规定"对于债券违约合同纠纷案件，应当以债券受托管理人或者债券持有人会议推选的代表人集中起诉为原则，以债

券持有人个别起诉为补充"，同时进一步明确，"债券受托管理人的诉讼主体资格。债券发行人不能如约偿付债券本息或者出现债券募集文件约定的违约情形时，受托管理人根据债券募集文件、债券受托管理协议的约定或者债券持有人会议决议的授权，以自己的名义代表债券持有人提起、参加民事诉讼，或者申请发行人破产重整、破产清算的，人民法院应当依法予以受理"。显然，上述司法实践，将受托管理人的诉权扩展到了非公开发行的类型，属于对《证券法》的扩张解释。但对于仲裁机构而言，上述司法实践或者称之为司法政策并不必然适用，而仅具有参照作用。

仲裁庭在本案之中，认为申请人属于意定诉讼担当人。意定诉讼担当是指实体法上的权利主体或者法律关系以外的第三人，为了他自己的利益或者代表他人的利益，以正当当事人的地位提起诉讼，主张一项他人享有的权利或基于他人法律关系所引发的争议，法院判决的效力及于原来的权利主体。意定诉讼担当可以分为法定意定诉讼担当与扩大适用的意定诉讼担当的分类。法律规定的意定诉讼担当，是法律明确允许一定类型案件可以由他人进行诉讼担当，如破产管理人。扩大适用的意定诉讼担当，则是解决多数人诉讼以外的其他形式的诉讼担当，主要在知识产权类如集体著作权管理等案件中适用。本案中申请人属于扩大适用的意定诉讼担当。由于我国的代表人诉讼（集团诉讼）范围类型受到限制，存在着集中诉讼和个别诉讼之间的区分，这也是《全国法院审理债券纠纷案件座谈会纪要》强调"代表人集中起诉为原则，以债券持有人个别起诉为补充"，虽然属于扩张性解释，但是符合民事诉讼的原则和原理。仲裁庭在本案中强调了受托管理人集中诉讼的专业性、商业实践中的交易主导人，以及必要性和经济性问题。

除诉权本身的问题之外，被申请人提出了实体问题，认为本案合同性质应当属于委托受托的法律关系，而非债权债务关系。循此逻辑，偿付债券持有人的欠款，该利益属于债权债务关系，应当归属于债券持有人而非作为受托管理人。但这种解释的理由属于对合同法律关系的拘泥解释，并不符合我国的合同实践和相应的法律制度。首先，我国合同法并未对横向关系（买卖交易）和纵向关系（委托代理）进行严格的区分，在合同法之中，委托合同作为合同类型的一种，而非单列为商事法律关系；其次，委托关系和债权债务关系可以在特定的情形下重合，这最早来自涉外经济合同法的实践，但《合同法》《民法典》持续保留了该制度，体现在《民法典》第925条"受托人以自己的名义，在委托人的授权范围内与第三人订立的合同，第三人在订立合同时知道受托人与委托人之间的代理关系的，该合同直接约束委托人和第三人；但是，有确切证据证明该合同只约束受托人和第三人的除外"之规定中。即在外贸代理制下，外贸代理公司可以同时作为代理人和买卖方形成和第三方的关系。在本案之中，依据合同法规则也同样可以产生申请人作为受托管理人可以通过受托身份取得横向债权关系下的利益。

三、双重诉权下的胜诉利益问题

尽管在本案的合同关系之中，申请人获得了来自债券持有人的授权，表明了受托管理人的诉权并不会出现违反债券持有人的意思表示问题。但和诉讼担当人的原理一样，由于集中诉讼的诉讼过程存在着实体和程序上的合同权利处分，并由此在理论上可能存在着一种情形：申请人所取得的胜诉利益，与债券持有人所取得的胜诉利益会不同。这也是我国民事诉讼之中一直保留了个别债权人的诉权的原因，这当然也是集中诉讼（代表人诉讼或者集团诉讼）中的代表人专业性问题所产生的。但是在本案之中，债券持有人通过授权，作出了明确的意思表示，且本案的合同约定清晰，表明了债券持有人对仲裁结果的接受。

对于债券持有人的胜诉利益和作为诉讼担当人取得的胜诉利益唯一性和一致性问题，同时也意味着申请人获得胜诉之后，申请人应当将胜诉利益依据与债券持有人的合同转移给债券持有人。同时，申请人的胜诉也产生被申请人的合同义务确立，并在债券持有人再次提出主张时候的抗辩权。对此胜诉利益的归属问题，存在着不同的处理方式：一种是申请人和债券持有人达成一致，本案采取了这种模式，在债券持有人的授权委托书中有相应的表述；一种是仲裁庭可以直接在裁决中对此予以明确和限制，而被申请人可以以仲裁裁决中的认定和表述，在理论上存在着发生被再次追索的时候，作为不重复承担责任的事实依据——对于其他法律纠纷和程序而言，本案的仲裁过程和裁决属于已经发生的法律事实。

【结语】

本案是具有先例性的仲裁案件，从定性上来说，属于基于合同约定而产生的非公开债券交易之中的受托管理人，作为诉讼担当人的集中仲裁模式。

本案的管辖权异议之所以不能成立，从法律视角而言，包括了两个条件：其一，本案仲裁管辖权的确立，和当前不断出现的新类型交易，与商业实践是紧密相关的，也是在此背景下，与司法政策和实践的导向，基于专业性、效率性的考量，是一致的；其二，本案在具体的合同约定上，从《债券受托管理协议》《募集说明书》以及发生纠纷之后的债券持有人的授权委托等，从不同的侧面建立了完整的合同约定。

对于类似的情形，当事人在合同之中建立仲裁管辖权，应当注意上述仲裁庭考察的各个细节衔接点，包括合同签订或者履行过程中，各方对双重诉权的存在是否清晰明了，是否存在着冲突或替代，是否存在着胜诉利益上的明确约定等。同时，在仲裁过程中，不能陷入，要么认为有司法政策就足够建立管辖权，要么认为没有明确的法律依据就不能建立管辖权的简单二分。

A 证券公司与 B 资管公司定向资产管理合同争议案

中国国际经济贸易仲裁委员会（以下简称"仲裁委员会"）根据申请人 A 证券公司（以下简称"申请人"或"A 公司"）和被申请人 B 资管公司（以下简称"被申请人"或"B 公司"）于 2015 年 8 月签订的《定向资产管理合同》（以下简称"本案合同"）中仲裁条款的约定，以及申请人于 2023 年 4 月通过线上立案系统提交、后于 2023 年 5 月向仲裁委员会提交的书面仲裁申请，受理了申请人与被申请人因上述合同而产生的本争议仲裁案。

一、案情

（一）申请人的仲裁请求及事实和理由

申请人与被申请人、第三方中国 Z 银行（以下简称"托管人"）于 2015 年 8 月签订了本案合同及其补充协议，被申请人委托申请人代为管理被申请人投入"定向资产管理合同"的资金（以下简称"案涉资管产品"，案涉资管产品名下现金形式的初始资产及其后续投资所形成的资产，以下统称为"委托资产"，仲裁庭注），按被申请人提供的交易指令方向开展投资。本案合同约定投资方向为中国 Y 市证券交易所上市股票与结构性投资产品，委托期限为 5 年，自委托资产运作起始日起计算，满 3 年时可提前终止。

2015 年 9 月，申请人向被申请人发出起始运作通知。申请人起始运作该产品后，按被申请人投资指令要求共分四笔向结构性投资产品累计投入 5 亿余元港币，四笔投资交易均具有被申请人投资指令要求、投资顾问审核意见、投资合同及托管行声明，申请人已尽管理人义务。

2018年9月a日，由于被申请人指示投资的结构性投资产品长期亏损且无法完全变现，被申请人向申请人发出投资指令，指示案涉资管产品于2018年9月a日提前终止。2018年9月（a+3）日，申请人收到并终止案涉资管产品，且与被申请人协商自2018年9月a日起暂停管理费及托管费计提，待资产变现后再进行产品清算。

案涉资管产品终止后，由于投资标的无法变现，申请人无法依据本案合同约定从中提取管理费，被申请人亦未就管理费支付事宜与申请人协商一致，至今仍拖欠管理费未付清。申请人多次通过信函等方式催要管理费，被申请人拒不履行支付，已经构成严重违约。故申请人提起本案仲裁申请。

申请人的最终仲裁请求为：

（1）裁决被申请人向申请人支付已计提未支付管理费近490万元；

（2）裁决被申请人承担本案仲裁费。

（二）被申请人的答辩情况

被申请人提交了答辩意见，对申请人提出的仲裁请求均不同意、不予认可。具体内容如下：

首先，申请人自始知晓被申请人系代表"D资产管理计划"（以下简称"D资管计划"）认购的案涉资管产品，案涉资管产品所产生的费用（包括但不限于管理费、托管费）应当由D资管计划的计划财产承担，申请人不应当要求D资管计划资产管理人（即被申请人）直接承担。申请人作为专业的证券投资机构，在设立、管理合格境内机构投资者产品（以下简称"QDII"及"QDII产品"）的过程中必然会对资金来源、实际的委托人情况等进行审查。在申请人与被申请人的长期合作过程中，被申请人所管理的多支资管产品都是借助于申请人的QDII产品通道进行境外金融市场的投资。在合作过程中，申请人会先了解被申请人所管理资管产品的投资人情况、投资规模、投资意向等要素后，确认符合QDII产品投资的基本要求（尤其是外汇管理要求及反洗钱审查）后，由申请人提供QDII产品的格式合同进行签约。但是，即便QDII产品的实际投资主体是被申请人所管理的资管产品，申请人也不允许在QDII产品合同的签署方中列明产品名称，只能在产品合同中的部分条款中列明具体投资的资管产品名称。就案涉资管产品的设立情况而言，申请人在确认由被申请人所管理的单一客户资产管理计划（即D资管计划）进行投资后，于2015年8月向被申请人提供本案合同初稿，但仅允许被申请人调整部分合同内容，不允许调整资管合同委托人的信息，即不允许被申请人将实际的资产委托人 D 资管计划列为本案合同的资产委托人。但申请人自始知晓案涉资管产品的资产委托人为 D 资管计划，以及 D 资管计划属于单一客户资产管理计划（单一客户为自然人 E）。特别说明，在 2020 年监管部门认定案涉资管产品涉嫌违规投资进行调查时，申请人再次向被申请人索取实际委托人 D 资管计划及自然人 E 的相关信息，以向监管解释案涉资管产品的实际投资人情况，并非被申请人自营的投资行为。

根据《证券投资基金法》第 5 条的规定，基金财产的债务由基金财产本身承担，基金份额持有人以其出资为限对基金财产的债务承担责任。基金财产独立于基金管理人的固有财产。根据《证券期货经营机构私募资产管理业务管理办法》第 6 条的规定，资产管理计划财产的债务由资产管理计划财产本身承担，投资者以其出资为限对资产管理计划财产的债务承担责任。资产管理计划财产独立于证券期货经营机构和托管人的固有财产，并独立于证券期货经营机构管理的和托管人托管的其他财产。证券期货经营机构、托管人不得将资产管理计划财产归入其固有财产。也就是说，D 资管计划投资案涉资管产品的过程中，即便存在应付未付的管理费，申请人也应当明确由 D 资管计划的财产承担，而不是要求被申请人直接承担。申请人作为业内知名的证券机构，应当知晓相关资产管理行业法律法规以及权利义务的承担方式。

其次，申请人作为案涉资管产品的资产管理人，并未按照合同约定进行委托人资产的估值，并不能以此估值数据作为管理费的计算依据。根据申请人与被申请人（代表 D 资管计划）、托管人所签署的本案合同第十二章"委托资产的估值"相关约定，资产管理人每日对委托资产进行估值，并由资产托管人复核。资产管理人应于每个估值日交易结束后计算当日的委托资产净值并以加密传真方式发给托管人和资产委托人。托管人对净值计算结果复核后，签名、盖章并以加密传真或其他双方认可的方式传送给资产管理人，由资产管理人提交资产委托人。对于非上市证券，采用公允价值进行估值，具体可采用行业通用权威的报价系统提供的报价进行估值。如有确凿证据表明按上述方法进行估值不能客观反映其公允价值的，资产管理人可根据具体情况与托管人商定后，按最能反映公允价值的价格估值。案涉资管产品通过认购香港 F 投资公司（以下简称"C 公司"）发行的零息债券，间接投资香港 D 公司（以下简称"D 公司"），并于 2015 年 9 月至 12 月完成合计 5 亿余元港币的投资。申请人也一直按照该等投资成本进行估值并计提管理费。但是，公开报道显示D公司自2016年底已经出现大量负面信息，案涉资管产品所投资的D公司股权价值已经发生重大减损，但申请人并未对根据所投资股权的公允价值进行估值和计算管理费，案涉资管产品的实际委托人D资管计划投资人自然人E一直不认可申请人所计算的管理费。需要特别说明的是，申请人对案涉资管产品的估值从未获得托管人的复核、签字和盖章，其在本案中所提供的估值数据皆非最终有效、符合合同约定的估值数据。即便案涉资管产品存在应付未付的管理费，也应该根据所投资标的的公允价值进行估值并获得托管人的复核、确认，在有效估值的基础上计算管理费，并由案涉资管产品的资产管理人、托管人联合催收，被申请人所管理的D资管计划方能认可并承担相关的费用。本案合同第二十章有关委托资产的清算程序约定，若委托资产后续清算，出现账面剩余资产不足以支付相关负债的，委托人有义务于收到资产管理人、资产托管人联合发出的收款通知当日内将款项补足；如遇资产委托人未及时补足该款项的情形，由资产管理人负责向资产委托人进行追缴。就本案而言，申请人所主张的管理费显然不符合前述要求。

最后，申请人在案涉资管产品的管理过程中，存在诸多违反合同约定、不勤勉尽责的受托管理行为，无权收取管理费并应当赔偿D资管计划的投资损失，其违约行为包括但不限：一是未按照本案合同的约定对投资标的进行公允价值的估值，偏向性地选择对己有利、对资产委托人不利的成本估值法进行估值并计算管理费，损害资产委托人的利益；二是未按照本案合同的约定履行报告义务，从未向资产委托人提供年度报告、季度报告，也未定期向资产委托人报送委托资产的投资报告；三是根据本案合同的约定，委托资产投资于中国Y市证券交易所上市或即将上市交易的股票，与固定收益、股权、信用、商品指数、基金等标的物挂钩的结构性投资产品（包括但不限于结构性票据和结构性债券等）等《关于实施〈合格境内机构投资者境外证券投资管理试行办法〉有关问题的通知》（以下简称《QDII试行办法通知》）第5条允许投资的金融产品或工具。但是，案涉资管产品所投资的C公司发行的零息债券是否符合上述投资范围要求，仍存在重大疑问，并已被监管机构调查。如监管部门认定案涉资管产品的投资不符合合同约定或者政策要求的，申请人应当赔偿D资管计划及实际委托人超过5亿元的投资损失。

基于申请人所存在的诸多违约和不勤勉尽责的管理行为，其不仅无权向被申请人（所管理的 D 资管计划）主张管理费，还应当返还已经收取的管理费，甚至可能因违规投资而赔偿被申请人（所管理的 D 资管计划）的投资损失。

综上，申请人罔顾资产管理行业法律法规的基本原则，就案涉资管产品投资所产生的债务直接要求被申请人（资产管理人）承担，缺乏相应的法律依据；且申请人的估值方式及所主张的管理费皆不符合合同约定，甚至存在诸多管理不当的违约行为的情况下，无权向被申请人（所管理的 D 资管计划）主张任何管理费。

（三）被申请人的仲裁反请求及事实和理由

被申请人向申请人提出了仲裁反请求，主张申请人作为案涉资管产品的资产管理人，在管理案涉资管产品的过程中，并未勤勉尽责地履行资产管理人义务，存在诸多违反本案合同约定的管理行为。被申请人提出，其在本案中系代表 D 资管计划与申请人、托管人签署了本案合同，借助申请人管理的案涉资管产品作为产品通道，进行境外金融市场的投资。但是，申请人在管理案涉资管产品的过程中，存在下述具体的违反本案合同的行为：

第一，对于非上市证券申请人并未按照本案合同的约定对投资标的进行公允价值的估值。

第二，根据本案合同第四章"当事人及权利义务"以及第十七章"报告义务"的相关约定，资产管理人应当在每年结束后 3 个月内，编制完成产品年度报告并经托管人复核，向资产委托人披露投资状况、投资表现、风险状况等信息；资产管理人应当在每季度结束之日起 15 个工作日，编制完成季度报告，经托管人复核后，向资产委托人披露投资状况、投资表现、风险状况等信息。此外，资产管理人有义务定期向资产委托人报告并编制报送委托资产的投资报告，对报告期内委托资产的投资运作等情况作出说明。但是，申请人并未按照本案合同的约定履行报告义务，从未向资产委托人提供年度报告、季度报告，也未定期向资产委托人报送委托资产的投资报告。

第三，根据本案合同第六章"投资政策及变更"的相关约定，本委托资产投资于中国 Y 市证券交易所上市或即将上市交易的股票，与固定收益、股权、信用、商品指数、基金等标的物挂钩的结构性投资产品（包括但不限于结构性票据和结构性债券等）等《QDII 试行办法通知》第 5 条允许投资的金融产品或工具。C 公司申请人应当赔偿 D 资管计划及实际委托人所产生的实际投资损失。

申请人的上述管理行为显然属于不勤勉尽责的行为，无权收取管理费并应当返还已经收取的管理费。同时，针对D资管计划总计超过5亿元的投资，被申请人保留权利，在投资损失确认后代表D资管计划进一步向申请人进行追偿。

被申请人的最终仲裁反请求为：

（1）裁决申请人（即反请求被申请人）向被申请人（即反请求申请人）返还已收取的管理费；

（2）裁决申请人（即反请求被申请人）承担本案全部仲裁费用。

（四）申请人对仲裁反请求的答辩意见

申请人对被申请人提出的仲裁反请求提出了如下答辩意见：

第一，申请人已严格按照本案合同的约定，以成本法对委托资产进行估值，不存在任何过错。本案合同已明确赋予申请人估值确定权，所选择的估值方法亦符合相关法律规定和合同约定，不存在损害被申请人利益的情形。被申请人要求的公允估值不适用于本案投资标的，不具备适用基础。

第二，申请人作为通道业务管理人，对案涉资管产品投资标的没有信息来源，无法知悉投资情况，更难以形成报告。在此前提下，申请人仍充分履行本案合同约定，根据已知信息按期提供报告及资产估值表，不存在过错。投资标的也由被申请人指定并管理，境外发行人更是被申请人的关联公司，其对资产情况相较申请人更为了解，申请人不存在损害被申请人利益的可能性。

第三，被申请人向申请人发出所有投资指令中，均描述投资标的为"与股权挂钩的结构性投资产品"，证明该方向符合本案合同约定。况且，依据本案合同，指定合法合规的投资方向是被申请人的义务，非申请人的责任。本案属典型境外投资通道业务，申请人对投资方向、标的毫无信息优势或控制权。即使实际投资标的确实存在投资方向与本案合同约定不符或违规的情况，也系被申请人与其关联公司、境外发行人刻意向申请人隐瞒投资标的的性质、谎称投资标的为"与股权挂钩的结构性融资产品"所致，不应由申请人承担责任，被申请人更无权要求申请人退还管理费或赔偿损失。

第四，被申请人所列出三项内容无任何证据支持，不能证明申请人对委托资产损失负有过错。申请人在遵守被申请人投资指令的情况下，对委托资产亏损不承担任何责任。

（六）申请人的代理意见

申请人在庭后提交了代理意见，主要内容如下：

首先，被申请人以自己名义作为本案合同签订主体当依约支付申请人管理费用。申请人对 D 资管计划的了解是为履行管理人适当性义务，核查委托人资金来源、完成资金备案出境必要程序，并非有任何与 D 资管计划建立合同关系的合意，更与委托人身份无关；至于被申请人用以承担管理费用的是其自有资金抑或 D 资管计划资金，应由其自行判断，与申请人无涉。如庭审所述，申请人与被申请人均属平等民事主体，申请人其他 QDII 资管合同亦有明确合同主体为的情形，被申请人证据不能证明申请人禁止被申请人以资管计划名义签订合同，该抗辩亦不合理，属被申请人有意歪曲理解。无论是申请人与被申请人签订本案合同的沟通期间，还是委托资产运作期间，甚至截至本次仲裁，被申请人从未提出过资管合同主体填写有误，也从未要求在资管合同中标明以 D 资管计划管理人名义签订本案合同。根据本案合同记载，D 资管计划仅仅是被申请人的资金来源；正如被申请人庭审所述，申请人要求被申请人提供 D 资管计划资管合同等相关资料也是为履行管理人适当性义务和境外投资备案使用，审查被申请人资金来源与资管合同中作出的承诺是否相符，但均与合同主体无关。申请人知晓被申请人的资金来源不等同于申请人确认资管合同实际委托人为 D 资管计划。本案虽属金额巨大的金融合同纠纷，但各方仍应严格依法基于合同相对性主张权利，申请人仅有权向以自己名义委托的被申请人主张管理费支付义务，合同条款亦约定申请人有权在委托资产不足以支付管理费情况下向被申请人追偿。至于被申请人以自有资金支付还是以 D 资管计划计划资金支付后向底层委托人追偿，与申请人无关。被申请人该抗辩意见有意混淆"实际委托人"和"委托人资金来源"的概念，意图免除自己的合同义务，不应得到仲裁庭支持。基于上述合同条款及案件事实，申请人认为，申请人是否知悉资管计划的底层投资者与同意变更合同主体存在本质区别，不能混淆。被申请人从未对其以自己名义委托提出过异议，申请人也从未确认过 D 资管计划为本案实际委托人。在此情形下，申请人依据《民法典》第 509 条的规定，向合同相对方（即被申请人）要求支付管理费合法合理，亦符合资管相关法律法规规定，未违背外汇管理规定。

其次，申请人严格按照本案合同约定，以成本法对委托资产进行估值，不存在任何过错。在有充分书面依据且投资的结构性投资产品到期未能获得兑付的情况下，申请人及时、科学、合理地完成资产减值符合本案合同约定及业务惯例。被申请人在本案合同运作期间未提出，现进入仲裁阶段却要求申请人仅仅依据投资标的底层资产一些非官方渠道的负面信息，即认定底层资产发生重大减损没有任何依据，其自行管理资管计划的委托人是否认可管理费也与申请人无关。关于委托资产的估值，本案合同第十二章"委托资产估值"第（一）条约定，委托资产净值计算和会计核算的义务由资产管理人承担。因此，就与委托资产有关的会计问题，本委托资产的会计责任方是资产管理人。如经相关各方在平等基础上充分讨论后，仍无法达成一致意见，以资产管理人对资产净值的计算结果为准。该章第（二）条估值方法第 3 款第（2）项约定，对出于未上市期间的有价证券应区分如下情况处理："……b. 首次公开发行未上市的股票、债券和权证等按成本估值"；第（6）项约定，在任何情况下，管理人如果采用上述（1）—（5）中规定的方法对委托资产进行估值，均应被认为采用了适当的估值方法。由上述合同条款可见，本案合同约定针对案涉投资标的"与股权挂钩的结构性投资产品"属未上市债券产品，应按成本估值。况且，本案合同明确约定申请人有权选择估值方式，且按成本估值不超出合同约定，为采用了适当的估值方法。案涉资管产品的投资标的为与股权挂钩的结构性债券，没有报价系统且难以确定公允价值，被申请人主张的估值方式没有适用基础，庭审中提出的重新估值亦没有任何法律或合同依据。至于被申请人在庭审当中提出的有关净值需经托管人复核的问题，申请人目前暂无法提供相关材料。但依据本案合同约定，产品净值计算属管理人职责，托管人仅承担复核义务，即按管理人确定的估值计算方法，核算结果是否正确，且本案合同明确约定，在各方不能达成一致意见情况下，以管理人的资产净值结果计算为准。由此可见，在申请人已采取符合本案合同约定的估值方式、托管人未曾提出任何异议、被申请人在仲裁前也从未提出异议情况下，申请人提供的净值数据能够作为合同计算管理费的依据，不存在任何侵害委托人权益的情形。

关于资产减值问题，被申请人提出的减值存在以下不合理情形：一是本案合同为通道业务，申请人仅能按被申请人要求进行投资，委托资产实际由被申请人管理，境外发行人系被申请人关联公司。申请人无任何渠道和方式获取委托资产实际经营情况，更无法在无任何依据的情况下进行减值。二是在被申请人提出所谓2016年投资标的底层资产D公司重大亏损时，作为实际控制委托资产和底层投资信息的一方，被申请人如希望委托资产减值，应当及时向申请人提供进行资产减值的通知或材料。但事实上，在2020年申请人因无法获取管理费向被申请人主动了解底层资产情况前，被申请人向申请人披露投资标的信息仅限于投资指令中"投资于C公司发行的与股权挂钩的结构性投资产品，该产品最终投资于H投资公司股权"，申请人根本不了解该债券底层资产为D公司股权，客观上也无法进行减值。被申请人应当为该重大亏损事实发生时未向申请人及时说明情况自担不利后果，更无权要求申请人在已计提情况下重新估值。三是被申请人提供的所谓申请人应减值依据的资料，属未盖章的董事辞呈和非官方渠道新闻，其来源、数据真实性、内容有效性、时效性均无法确认，申请人不可能仅仅依据投资标的底层资产存在一些负面信息，就将委托资产减值，这不符合资管业务的专业性和审慎要求。而反观申请人是在被申请人要求终止计划且了解底层资产情况后，主动向D公司获取相关材料，且投资标的合同已到期未能获得兑付的情况下，客观上委托资产已无法变现、确认损失后，方才进行资产减值，符合相关法律及资产管理业务的要求。

综上所述，被申请人要求的委托资产估值及减值行为不符合本案合同约定，申请人对此不存在任何过错，申请人主张的管理费也无需被申请人所涉资管计划投资人的认可。本案合同第二十章第（二）条第4款属于对被申请人支付管理费、托管费的义务性约定，并非限制申请人与托管人应共同发出催款通知才有权催收管理费、托管费，托管人是否向被申请人主张权利亦与本案无关，属被申请人误读。该款后半部分更是明确约定，在被申请人不支付管理费或托管费时，申请人负责追讨。因此，申请人提出本案仲裁请求合法合理。

再次，申请人在遵从被申请人投资指令、已充分完成本案合同主要义务（即提供QDII投资额度）的情况下，应当认为申请人已充分履行合同义务，不存在违约行为，更不应退还管理费，托管费亦与申请人无关。被申请人罔顾本案合同为通道业务，投资方向、标的均由其自行管理的客观情况，要求申请人返还管理费甚至追偿投资损失，没有任何依据，不应得到仲裁庭支持。一是关于估值问题，以上代理意见已详细说明。二是关于报告义务问题。本案合同虽属通道业务，申请人没有主动管理的客观条件，也没有底层资产情况的信息来源，无法判断投资情况。但申请人于委托资产运作期间，均严格按照合同约定，对委托资产的情况编制报告及资产估值表并发送被申请人，直至被申请人终止该资管计划后方才停止，申请人已尽到合同义务，被申请人也从未提出异议，更不存在违规报备问题。但因具体发送时间较长、相关人员离职等原因，发送记录目前已无法查询。而被申请人作为实际控制投资标的一方、境外发行人的关联方，无论是否有申请人出具的报告，都比申请人更了解投资标的情况，在投资标的发生问题时，被申请人更是未告知申请人。在案涉资管产品中，被申请人投资后的管理均由其自行开展，要求申请人承担主要合同义务实质上仅包括提供 QDII 额度通道、按被申请人指定方向开展投资。在申请人已充分完成该义务前提下，被申请人以报告义务等内容主张不予支付管理费不符合合同约定，亦没有法律依据。三是关于投资方向问题。由申请人证据第 3 组四份投资指令可见，被申请人向申请人发出的所有投资指令均描述投资标的为"与股权挂钩的结构性投资产品"，且境外投资合同记载该债券确实与股权挂钩，证明该方向符合本案合同约定。况且，本案合同属通道业务，投资标的、指向、管理均由被申请人控制，申请人也未就投资方向问题受监管部门调查。四是本案合同第四章第（四）条明确约定，被申请人应当在符合法律规定前提下，书面指定投资方向，并及时、全面、准确地向资产管理人告知其投资目的、偏好、限制等基本情况，确保境外投资合法性；第二十章第（一）条第 9 款约定，如资产委托人未事前向管理人披露导致发生违规投资行为，管理人不承担责任，且委托人应向管理人赔偿由此遭受的损失。由此可见，即使实际投资标的零息债券确实存在投资方向与本案合同约定不符或违规的情况，也系被申请人与其关联公司、境外发行人刻意向申请人隐瞒投资标的的性质、谎称投资标的为"与股权挂钩的结构性投资产品"导致。申请人作为通道业务的管理人，严格按照被申请人的指令开展投资，对此并无任何过错。

最后，申请人及被申请人均属专业金融投资机构，对资产管理业务风险均清楚明知且有所预期，发出的投资指令也已明确说明"被申请人已充分知悉该投资风险，且愿意承担风险及损失""投资标的发行人系其关联公司，被申请人认可其公司管理方式与管理能力，确保资金安全性"，证明本案投资标的的事前审查义务、投后管理均由被申请人及其关联方自行承担，这也符合通道业务的实际情况。申请人在本案资管业务中地位纯粹属被申请人投资境外公司的 QDII 通道，委托资产的损失结果与申请人无任何因果关系、申请人也因被申请人及其关联方的信息封锁无法进行主动管理。现在仲裁程序中，被申请人要求申请人履行管理职责违背双方业务基础，是有意苛责申请人意图逃避管理费义务，反请求主张的不予支付管理费、返还管理费、托管费亦无合同依据，不应得到仲裁庭支持。

综上所述，申请人已经提供充分证据证明其已经履行了合同义务，且在被申请人未依据合同约定提前 10 个工作日通知的情况下及时终止计划、暂停计提管理费，充分了维护被申请人合法权益。根据《民法典》第 465 条与第 577 条的规定，被申请人应当向申请人付清管理费用。

此外，申请人还针对被申请人的代理意见提交了一份回复意见，主要内容与代理意见基本相同，进一步在以下三方面强调了其主张：申请人采用成本法估值有明确的合同依据，且符合本案合同投资标的的特征；申请人遵从被申请人投资指令，已充分完成本案合同主要义务（即提供 QDII 投资额度），应视为已充分履行合同义务，不存在违约行为，更不应退还管理费，托管费亦与申请人无关；被申请人以自己名义作为本案合同签订主体，自然应当依约支付申请人管理费用，且无论是本案合同履行阶段，还是仲裁阶段，申请人从未认可实际委托人是 D 资管计划，资金来源与合同主体存在本质区别不应混淆。仲裁庭已充分注意到该回复意见，并将结合本案实际情况予以考虑。

（七）被申请人的代理意见

总结而言，首先，如前所述，不论是估值方法、估值数据的确认流程还是管理费的收取、催告程序，申请人的主张都不符合本案合同约定，申请人在本案中所提供的估值数据皆非最终有效、符合合同约定的估值数据，被申请人完全不认可该等估值数据，对于以该等估值数据所确认的管理费用同样不应当得到支持。

其次，申请人作为案涉资管产品的资产管理人，其收取管理费的最基本前提即为依照本案合同约定勤勉尽责地履行管理义务。但申请人实际在管理过程中，存在诸多违反本案合同约定，并未勤勉尽责地履行资产管理人义务的行为，因此无权收取管理费并且应当返还已收取的管理费。暂且不论申请人作为资产管理人的投资行为是否存在违规行为，其最基本的、形式上的管理职能都未能做到。一是估值程序不符合本案合同约定，以上已有详细论述。二是存续期内未履行报告义务，申请人从未按照本案合同的约定履行报告义务，从未向资产委托人提供年度报告、季度报告、定期向资产委托人报送委托资产的投资报告。三是未按照本案合同约定履行清算职责。根据本案合同第十九章有关合同终止条款的约定，合同委托期限内，资产委托人提前10个工作日向资产管理人发出终止委托（终止本合同）的通知指令，委托（本合同）即应终止。第二十章有关清算程序条款约定，资产管理人根据本合同约定或业务操作实际情况对资产委托人提出的合同到期终止或提前终止申请进行书面确认，对于合同提前终止的情形，自资产管理人盖章确认日，作为本合同的终止日。本合同终止日起2个工作日内，资产管理人应出具加盖业务章的合同终止前最后一个自然日委托人资产的资产负债表、利润表，托管人应进行复核确认并加盖业务章回传资产管理人。本合同终止日起3个工作日内，托管人出具合同终止前最后一个自然日财产清单，列示该委托资产在托管人处托管的证券、资金等财产余额，并加盖业务章传真至资产管理人。2018年9月a日，被申请人（代表D资管计划）已经向申请人发出提前终止的投资指令，并获得申请人的确认同意，案涉资管产品与本案合同已于2018年9月a日提前终止。然而，申请人作为资产管理人，庭审时仍然主张本案合同未终止，亦未按照本案合同约定的清算程序履行清算阶段的管理职责。因此，申请人作为案涉资管产品的资产管理人，在该等最基本前提即勤勉尽责履行管理义务都未能满足的情况下，无权依照本案合同约定收取管理费用，且应当返还已经收取的全部管理费用。需要特别说明的是，虽然申请人确认已经收取的管理费为300余万元，但因申请人错误估值，进而错误计提管理费、托管费合计超过400万元，导致委托人（即D资管计划）承担了额外的成本，相关的责任也应当由申请人承担，即由申请人返还全部400万元管理费。

最后，申请人自始知晓被申请人系代表D资管计划认购的案涉资管产品，案涉资管产品所产生的费用（包括但不限于管理费、托管费）应当由D资管计划的计划财产承担，申请人不应当要求D资管计划的资产管理人（即被申请人）直接承担。退一步而言，即便在委托代理法律关系项下，申请人明知实际委托人并非被申请人，同样不应当要求作为受托人的被申请人直接承担相应管理费用。根据《证券投资基金法》第5条、《证券期货经营机构私募资产管理业务管理办法》第6条，本案中，根据被申请人所提供的与申请人之间的前期沟通邮件，可见申请人自始知晓被申请人系作为D资管计划的资产管理人代表 D 资管计划与申请人沟通案涉投资事宜，申请人对于案涉投资资金系来源于 D 资管计划，以及背后的实际委托人系自然人 E，同样是明确知晓。因此，在 D 资管计划投资案涉资管产品的过程中，即便确实存在应付未付的管理费，申请人应当明确系要求 D 资管计划的财产承担，而不是要求作为资产管理人的被申请人直接承担。退一步而言，根据《合同法》第 402 条的规定，受托人以自己的名义，在委托人的授权范围内与第三人订立的合同，第三人在订立合同时知道受托人与委托人之间的代理关系的，该合同直接约束委托人和第三人，但有确切证据证明该合同只约束受托人和第三人的除外。因此，即便是基于委托代理法律关系，申请人在明知被申请人系代表 D 资管计划进行投资，以及背后的实际委托人系自然人 E 的情况下，本案合同应当直接约束申请人及 D 资管计划乃至实际委托人自然人 E，相关的管理费也应当要求由二者承担。

二、仲裁庭意见

仲裁庭认为，本案审理过程中，双方当事人已就本案相关事实和法律问题充分发表了意见。仲裁庭注意到双方当事人就本案相关事实的主张以及提交的证据材料，在庭审中听取了双方当事人及其代理人的质证意见，就仲裁庭需要了解的相关事实进行了询问，并充分审阅和考虑了双方当事人各自就相关问题的陈述和抗辩意见。仲裁庭在案情中未予摘录、述及者，或者虽已在案情部分摘录、述及但未在仲裁庭意见中予以采用者，并非仲裁庭忽视或默认。

仲裁庭全面审阅了现有的案件材料，结合庭审情况，发表如下意见：

（一）关于本案的基本事实

结合本案的审理情况，仲裁庭认定如下基本事实：

1. 2015 年 8 月，申请人、被申请人与托管人签署了本案合同，约定申请人作为资产管理人，被申请人作为资产委托人，申请人采用定向资产管理的方式投资、管理被申请人交付给申请人的委托资产（总额度近 8 亿元）。

2. 2015 年 9 月，申请人、被申请人与托管人签署了《A 公司 1 号定向资产管理合同补充协议 1》，约定案涉资管产品的委托期限为 5 年，自委托资产运作起始日起计算，满 3 年时可提前终止。经庭审时双方当事人的确认，本案合同项下的委托资产运作起始日为 2015 年 9 月 a 日。

3. 2015 年 9 月至 2015 年 12 月，被申请人向申请人发出了共计四份投资指令，指示申请人将案涉资管产品的委托资产投资于 C 公司"发行的与股权挂钩的结构性投资产品，该产品最终投资于 H 公司股权（该项目我公司内部编号为 4）"，合计投资金额为 5 亿余元港币。经双方当事人的陈述及有关证据材料，案涉资管产品投资与持有的是 C 公司发行的以港币计价的零息总收益债券（以下简称"C 公司零息债券"）。

4. 2018 年 9 月（a+3）日，申请人向被申请人发出一份《关于 A 公司 1 号定向资产管理合同提前终止安排》的函件，确认"我司已收悉贵司于 2018 年 9 月 a 日提前终止该产品（即案涉资管产品，仲裁庭注）的申请，鉴于产品所投资产尚无法完全变现，我司将与托管人协商自 2018 年 9 月 a 日起暂停计提管理费及托管费，待资产变现后再进行产品清算"。

5. 申请人在庭审时确认，申请人在本案仲裁申请中所主张的管理费近 490 万元，是计提至 2018 年 9 月（a-1）日的、被申请人迄今尚未支付的管理费。自 2018 年 9 月 a 日起，申请人已暂停计提管理费，在本案中也不对该部分管理费提出主张。

6. 根据申请人提交的管理费计提明细分类账（申请人证据 12），截至 2018 年 9 月（a-1）日每日计提、按日累计的管理费合计近 790 万元，申请人在本案合同项下已收取的管理费合计 300 万余元。

（二）关于本案的法律适用和合同效力

本案中，双方当事人于 2015 年 8 月签订了本案合同，申请人自 2018 年 9 月 a 日起暂停计提案涉资管产品的管理费。本案争议涉及申请人要求被申请人支付已计提至 2018 年 9 月（a-1）日的未付管理费，被申请人则以申请人错误主张承担责任主体、在履行本案合同过程中存在违约行为等为由提出抗辩及仲裁反请求，主张并无支付上述管理费的义务，并要求申请人返还已收取的管理费。因此，决定申请人是否有权收取案争管理费、被申请人是否有权拒付该管理费以及请求返还已收取管理费的法律事实，主要发生在双方当事人自 2015 年 8 月签订本案合同之时起至 2018 年 9 月（a-1）日止的履约阶段，故应根据当时适用的《合同法》等相关法律法规进行审理。

基于上述法律，仲裁庭认为，双方当事人均未对本案合同的签署提出疑问，本案合同的内容不违反法律、行政法规的强制性规定，应为合法有效，双方当事人均应受其约束，并据此享有权利、履行义务。

（三）关于本案主要争议焦点

结合本案双方当事人的主张和证据，仲裁庭认为，本案的争议焦点如下：一是在本案合同项下，被申请人是不是向申请人承担管理费支付义务的责任主体；二是被申请人主张申请人在履行本案合同的过程中存在违约行为，被申请人并无支付管理费的义务，并有权要求申请人退还已收取的管理费，是否具有法律与事实依据。仲裁庭对上述争议焦点逐一评析如下：

1. 有关管理费支付责任主体的问题。

被申请人提出，申请人在签署及履行本案合同的过程中，理应知悉被申请人是以资产管理人的身份，代表其管理的 D 资管计划投资案涉资管产品的，故 D 资管计划应作为本案合同项下向申请人支付管理费的责任主体，用 D 资管计划的计划财产来支付管理费，而非由被申请人以其自身财产承担支付管理费的义务。申请人则提出，申请人在签署及履行本案合同的过程中，自始至终均以被申请人为交易对手方，从未同意应由被申请人所管理的 D 资管计划作为本案合同的资产委托人及承担支付管理费的义务。

仲裁庭认为，被申请人提出应将其管理的 D 资管计划认定为本案合同的实际资产委托人，进而应由 D 资管计划承担支付本案合同项下管理费的合同义务，是一个巧妙的抗辩策略。如果被申请人能够证明其实际上是以 D 资管计划的资产管理人之身份签署、并代表 D 资管计划履行本案合同，则该抗辩理由确能成立。但是，基于本案的特定事实，被申请人未能满足上述证明责任，仲裁庭难以支持其有关 D 资管计划实为本案合同的资产委托人的主张。具体理由如下：

首先，本案合同及其补充协议均由被申请人签署，有关合同主体的描述及签字页上均表明被申请人的身份是"资产委托人"，被申请人对此事实亦不否认。因此，从表面证据看，被申请人应认定为本案合同的签署方，签署身份为资产委托人，应享有资产委托人的权利，并履行资产委托人的义务（包括支付管理费的义务）。更重要的是，本案合同及其补充协议并无条款明确表示被申请人是以 D 资管计划的资产管理人的身份，代表 D 资管计划签署上述法律文件，且有关合同权利及义务均归属于 D 资管计划。

其次，被申请人不仅需要证明申请人知晓委托资产来源于 D 资管计划，还需要证明申请人同意以 D 资管计划作为本案合同的签约主体及交易对手方，认可由被申请人以 D 资管计划的资产管理人之身份与申请人、托管人签署本案合同。但是，被申请人在本案中仅能证明前一点，即申请人知晓委托资产来源于 D 资管计划［例如，本案合同第三章"声明与承诺"第（一）条第二段约定："另外，资产委托人承诺本资产管理合同中的投资资金（产）为 D 资管计划的资金（产）"；第五章"委托资产"第（五）条第 2 款约定："委托人移交、追加委托资产的划出账户与提取委托资产的划入账户必须为以下账户：户名：D 资管计划……"］，却无法提供有效证据来证明后一点，即申请人认可本案合同的签署方及交易对手方是 D 资管计划。一方面，申请人与被申请人之间并未签署补充协议，约定或明确本案合同的资产委托人实为 D 资管计划，被申请人是以其资产管理人的身份签署了本案合同，申请人也未曾以确认函、承诺函等其他单方允诺的形式对此作出确认或认可。另一方面，在本案合同的履行过程中，并无证据能够证明申请人以实际行动的方式同意或认可 D 资管计划作为承担本案合同项下义务（包括支付管理费的义务）的责任主体。即便假设申请人在向有关监管部门解释案涉资管产品时披露了委托资产来源于 D 资管计划的事实，也不能由此反推得出申请人在与被申请人签署本案合同时，即已认定 D 资管计划为合同当事方的结论。此外，被申请人担任 D 资管计划的资产管理人，与该资管计划的委托人之间并非构成本人与代理人之间的代理关系。根据《合同法》第 402 条的规定，受托人与第三人之间签署的合同能够直接约束其委托人与该第三人的前提，是"第三人在订立合同时知道受托人与委托人之间的代理关系"，故上述规定不能适用于本案合同的情形。

最后，虽然被申请人主张申请人在与其谈判本案合同文本的过程中不允许修改本案合同当事方的表述、不允许被申请人写明其代表 D 资管计划签署本案合同，但被申请人并未提供进一步的证据，证明申请人在谈判、签署本案合同的过程中存在欺诈、胁迫或乘人之危等可能导致合同无效或可撤销的事由。双方当事人均为有丰富经验的金融机构及资产管理机构，被申请人也不是处于弱势地位的金融个人消费者。金融机构在签订资产管理合同时，即使知晓交易对手方是代表某一资产管理产品的管理人，也经常要求交易对手方仍需以自己的名义签署及履行资产管理合同，目的就在于依赖交易对手方的信用实力，而不愿意接受由其管理的资产管理产品之财产为限承担对外责任的结果。因此，尽管申请人与被申请人在谈判过程中讨论过被申请人的 D 资管计划管理人身份问题，基于谈判实力、签约意愿及交易时限等各项因素，被申请人最终仍然接受了现有的本案合同文本，以资产委托人的身份进行了签署，应视为双方当事人协商谈判的结果，在被申请人无法证明本案合同存在导致合同无效或可撤销事由的情况下，理应尊重及执行本案合同的约定。

综上所述，仲裁庭认为，被申请人有关应将 D 资管计划认定为管理费支付责任主体的主张不能成立，被申请人是本案合同项下承担管理费支付义务的责任主体。

2. 有关申请人是否存在违约行为的问题。

本案争议焦点涉及的是案涉资管产品计提至 2018 年 9 月（a-1）日的管理费。根据本案合同第十五章"资产管理业务的费用与税收"第（二）条第 1 款有关管理费的约定，委托资产的年管理费率为 0.6%，自资产运作起始日起，每日计提，逐日累计，按约支付。仲裁庭注意到，双方当事人对管理费的计提标准与方法并无争议。虽然被申请人主张无义务支付管理费，并在仲裁反请求中要求申请人退还已收取的管理费，但被申请人也没有对申请人索赔的欠付管理费的计提标准、计算方法及计算过程提出疑问并提交反驳证据。此外，仲裁庭还注意到，虽然被申请人对案涉资管产品的投资标的是否符合本案合同约定的投资范围提出了疑问，但在庭审及代理意见中也表示该问题不属于本案的审理范围，被申请人只是希望借此机会提出该问题，并表示有可能后续另案主张相关权利，故仲裁庭无需对投资范围问题进行审理。基于此，对于本争议焦点，仲裁庭将主要判定申请人是否有权收取案争管理费，以及被申请人提出的抗辩理由及反请求能否支持其有关无义务支付该管理费，且申请人应返还已收取管理费的主张。

仲裁庭仔细审阅了双方当事人提交的证据材料、相关仲裁请求及反请求所依据的事实、有关抗辩理由及代理意见。仲裁庭认为，基于"有约必守"及公平合理的合同法原则，申请人有权在本案合同项下就案涉资管产品向被申请人收取管理费，但有权收取的管理费金额应酌情降低。具体理由如下：

首先，《合同法》第 8 条第 1 款规定，"依法成立的合同，对当事人具有法律约束力。当事人应当按照约定履行自己的义务，不得擅自变更或者解除合同"。在本案中，双方当事人对本案合同的效力并无异议，有关管理费约定的条款内容明确、完整。申请人提交的管理费计提明细分类账（申请人证据 12）能够清晰、连贯地显示管理费按照约定标准每日计提、逐日累计的金额、过程以及截至 2018 年 9 月（a-1）日的总金额，也能够显示申请人已分次收取的管理费及其累计额。被申请人虽然不认可该证据的真实性或证明目的，但并未提供有效的反驳证据来证明上述管理费计提存在哪方面的问题，而是提出估值基准不应采用成本法、估值程序上未经托管人复核等抗辩理由。仲裁庭认为，在没有相反证据的情况下，可以认可该明细分类账记载的应付管理费金额及已付管理费金额的真实性；但有关管理费金额是否需要进行调整，则应由仲裁庭在分析被申请人有关估值基准与估值程序的主张是否成立后再予以判定。尽管被申请人主张应由其管理的 D 资管计划作为支付管理费的责任主体，但仲裁庭已在分析第一个争议焦点时判定被申请人未能满足证明该主张的举证责任，故申请人有权依据本案合同的约定向被申请人收取案涉资管产品的管理费。

其次，申请人在履行本案合同项下的资产管理人职责时，确实存在一定程度上的瑕疵，甚至可能违反了有关条款的约定。因此，应结合被申请人提出的抗辩理由及反请求，酌情降低申请人有权收取的管理费金额，真实、完整及公平合理地体现双方当事人在履行本案合同过程中的状态。被申请人主张申请人在本案合同的履行过程中存在违约情形，主要集中在估值问题与报告义务两方面，仲裁庭对此逐一评析如下。

关于估值基准的问题。被申请人认为，申请人采用成本法对委托资产进行估值，忽视了委托资产所最终投资的 D 公司股权价值早已发生重大减损，却从未根据所投资股权的公允价值进行估值调整，而且未遵守每日对委托资产进行估值，并由托管人复核确认后提交给资产委托人的估值流程要求。申请人则提出，采用成本法对委托资产进行估值符合本案合同的要求，且申请人在 2018 年 9 月 a 日暂停计提管理费之前，并不知晓委托资产的最终投向是收购 D 公司的股权，故无从得知 D 公司的不利消息以便调整估值基准。至于被申请人提出的有关净值需经托管人复核的问题，申请人确按相关手续与托管人办理，但因业务时间较长、双方相关人员均已离职，目前暂无法提供相关材料。

仲裁庭认为，根据本案合同第十二章"委托资产的估值"第（一）条的约定，"资产管理人应于每个估值日交易结束后计算当日的委托资产净值并以加密传真方式发送给资产托管人和资产委托人。资产托管人对净值计算结果复核后，签名、盖章并以加密传真或其他双方认可的方式传送给资产管理人，由资产管理人提交资产委托人"；第（二）条第 3 款第（2）项的 b 小项约定，"首次公开发行未上市的股票、债券和权证等按成本估值"，第（4）项则约定，"对于非上市证券，采用公允价值进行估值，具体可采用行业通用权威的报价系统提供的报价进行估值"。在本案中，案涉资管产品认购与持有的C公司零息债券，根据申请人提交的有关零息债券认购协议（申请人证据5），此类零息债券不应属于"公开发行"的未上市债券，在性质上更靠近"非上市证券"。从这个角度看，按照公允价值对C公司零息债券进行估值似更合理。不过，仲裁庭也注意到申请人提出的理由，即此类非公开发行的零息债券无法获得"行业通用权威的报价系统提供的报价"，在现实中无法采用公允价值进行估值。仲裁庭进一步注意到，被申请人在申请人陆续收取了合计300万余元管理费的过程中，从未就申请人收取管理费的估值基准提出过异议，直至申请人提起本案仲裁申请后才将估值基准作为一项抗辩理由提出。基于此，仲裁庭认为，申请人在开始管理案涉资管产品时采用成本法来对委托资产进行估值及在此基础上计提管理费，符合委托资产的特性，本身并无不可。但问题的关键在于，申请人一直采用成本法进行估值，是否公平合理，能否体现申请人对资产管理人职责的充分履行。对于该关键问题，仲裁庭基于本案事实及证据，采取"一分为二"的辩证态度，既尊重合同约定与市场实践，也力图客观地判定申请人在本案特定事实下所扮演的角色。

一方面，申请人采用成本法进行估值，表面上体现为选定了一种估值方法，实质上体现了申请人对本案合同属于典型通道业务的认知，并基于该认知而有意或无意地不再"探究"委托资产认购C公司零息债券后的最终资金走向，也不再关注投资指令所述的资金用于认购的H公司股权之公允价值（包括股权认购资金的最终投向），从而简单化地将C公司零息债券的面值视为委托资产长期不变的价值。申请人正是基于仅担任通道角色的认知，在履行资产管理人职责的过程中，没有采取跟进最终资金投向、了解投资进展及收益情况、关注资产委托人的投资咨询及管理需求、定期评估与调整估值基准等体现专业投资管理人价值与职责的一系列措施。如果申请人向被申请人询问了案涉资管产品的资金最终投向，但被申请人拒绝提供答复（或告知申请人无需了解该信息），尚可另当别论，但申请人并未提供这方面的证据来证明其至少采取了最低限度的询问步骤。

需要指出的是，本案合同的条款并没有将案涉资管产品定性为通道业务，也没有将申请人的资产管理人角色定位为消极管理的通道业务管理人。相反，中国证券监督管理委员会颁布的《证券公司客户资产管理业务管理办法》与《证券公司定向资产管理业务实施细则》在客户尽职调查、投资决策、风险管理、内部控制、信息披露等方面对证券公司从事定向资产管理业务提出了一系列要求；本案合同在第四章"当事人及权利义务"第（五）条第2款有关资产管理人的义务约定中，也明确要求资产管理人"自本合同生效之日起，以诚实信用、勤勉尽责的原则，在符合中国法律以及委托资产所在国家法律法规规定的前提下，根据本合同规定的资产委托人特定投资意愿，管理和运用委托资产；并以其专业团队及专业优势为资产委托人的委托资产提供资产管理服务"［第（3）项］，"配备足够的具有专业能力的人员进行投资分析、决策，以专业化的经营方式管理和运作委托资产；并为资产委托人指定投资意向、指定投资对象以及其他投资行为提供专业参考意见和风险分析提示"［第（5）项］，且"依据法律法规及本合同接受资产委托人和资产托管人的监督"［第（8）项］。由此可见，即使本案合同属于通道业务，申请人作为资产管理人仍然需要承担一定的职责，不能仅以通道业务为由，对委托资产的投资及后续管理等信息完全不去了解、不做跟进。从这个角度看，申请人在管理委托资产的过程中，难言已依法依约地充分履行了资产管理人的职责。

另一方面，仲裁庭也注意到申请人在本案合同中的实际作用确实是作为通道，核心功能是向被申请人提供QDII对外投资额度，而QDII对外投资额度具有稀缺性，申请人收取管理费既无可厚非，也不违反当时适用的法律法规。尽管目前的资产管理产品监管体系已对通道业务从严监管，但本案争议事实发生在2015年至2018年期间，申请人在本案合同中提供的QDII对外投资通道功能也是当时市场上常见的安排，对其评价不能脱离当时的市场及法律环境。

基于此，仲裁庭认为，申请人有权就案涉资管产品收取管理费，但综合考虑其在履行本案合同中的作用、角色、所提供的资产管理服务以及本案以上特定事实，从公平合理的角度出发，应酌情降低其有权收取的管理费金额。

关于估值流程的问题。就被申请人在估值流程方面对申请人提出的疑问，本案合同已明确约定了每日估值的流程，且对资产管理人、托管人应采取的行动以及最终应向资产委托人提交的估值结果有明文约定，申请人作为资产管理人理应遵守执行。在被申请人主张申请人未执行上述流程的情况下，申请人作为提供估值服务、保管及提交相关数据及资料的资产管理人，应当能够提供有关材料来证明其是否依约履行了本案合同约定的估值流程要求。但是，申请人以业务时间较长、申请人与托管人的相关工作人员均已离职为由，提出暂无法提供相关材料，确实存疑，未能满足其举证责任，故不能排除被申请人违反了本案合同有关估值流程约定的可能性。由此产生的不利后果，仲裁庭将予以充分考虑，并酌情体现在降低申请人有权收取的管理费方面。

关于报告义务的问题。本案合同在第四章"当事人及权利义务"第（五）条第 2 款有关资产管理人的义务中，约定了"定期向资产委托人报告并编制报送委托资产的投资报告，对报告期内委托资产的投资运作等情况做出说明"［第（9）项］；第十七章"报告义务"第（一）条要求资产管理人应向资产委托人提供有关报告，包括在每年结束后 3 个月内编制完成产品年度报告并经托管人复核后，向资产委托人提交［第（1）款］，以及应在每季度结束之日起 15 个工作日内编制完成季度报告，经托管人复核后，向资产委托人提交［第（2）款］。被申请人提出，申请人从未按照本案合同的约定履行报告义务，从未向其提供年度报告、季度报告，也从未定期向其报送委托资产的投资报告。申请人则提出，其在委托资产运作期间均严格按照合同约定，对委托资产的情况编制报告及资产估值表并发送被申请人，直至被申请人终止案涉资管产品后方才停止，被申请人也从未提出异议；但是，因具体发送时间较长、相关人员离职等原因，发送记录目前已无法查询。

仲裁庭认为，申请人应根据本案合同的相关要求向被申请人履行有关报告义务。在被申请人主张申请人未履行相关报告义务的情况下，申请人作为有关报告的制作方、提供方及资料保管方，应当承担举证责任来证明其已依约履行了报告义务。但是，申请人以具体发送时间较长、相关人员离职等为由，表示发送记录目前已无法查询。与申请人对上述每日估值数据报送记录的回应相似，这样的抗辩理由确实存疑，不能排除其违反了本案合同有关报告义务条款的可能性。由此产生的不利后果，仲裁庭将予以充分考虑，并酌情体现在降低申请人有权收取的管理费方面。

另外，被申请人也提出申请人在清算案涉资管产品的过程中存在违约行为。考虑到申请人索赔的仅是计提至 2018 年 9 月（a-1）日的管理费，即便假定申请人在案涉资管产品自 2018 年 9 月 a 日起进入清算阶段之后存在违反本案合同的情形，该违约行为也与其在本案中索赔的管理费无关，故仲裁庭无需进一步审理被申请人提出的该项主张。

至于被申请人有关申请人应当与托管人共同确认管理费并进行联合催收的主张，仲裁庭认为，在本案合同第二十章"委托资产的清算程序"第（二）条第4款有关向委托人支付部分清算财产的条款中，确有在账面剩余资产不足以支付相关负债时，资产管理人与托管人有权向委托人联合发出收款通知的约定。但是，本案合同并未约定资产管理人与托管人只能通过发出联合收款通知的方式才能向资产委托人收取管理费、托管费，更未约定一旦未采取该收款方式则失去了收取相关管理费、托管费的合同权利，因此该约定属于对资产管理人与托管人在清算阶段收取管理费、托管费的程序性权利条款，被申请人不能以申请人未与托管人一起发出联合收款通知为由，否认其本应承担的管理费支付义务。

关于被申请人的仲裁反请求问题。被申请人以申请人在履行本案合同的过程中存在违约行为为由，要求返还申请人已收取的管理费。仲裁庭认为，尽管申请人在履行资产管理人的职责中存在一定程度的瑕疵，也可能违反了有关合同条款的要求，但申请人毕竟以资产管理人的身份完成了委托资产的投资活动（即认购C公司零息债券），向被申请人提供了具有价值的QDII对外投资额度，不可否认也确实起到了通道作用，并履行了持有及保管委托资产等后续管理职责，未出现因其原因而导致委托资产灭失或受损的情形。仲裁庭认为，被申请人要求申请人返还已收取的管理费，本质上是主张申请人完全没有履行资产管理人的职责，或在履行过程中出现重大违约情形，导致委托目的不能实现。但是，根据上述分析，本案事实并不支持被申请人的该主张，被申请人也无法在事实上或法律上证明申请人丧失了收取任何管理费的权利。基于此，仲裁庭难以支持被申请人提出的要求申请人返还全部已收取管理费的仲裁反请求。不过，仲裁庭也充分注意到被申请人对申请人履约方面的怀疑，并将其怀疑的合理因素体现在酌情降低申请人有权收取的管理费金额方面。

综上所述，仲裁庭认为，申请人有权就案涉资管产品收取管理费，但由于申请人在案涉资管产品的存续期内履行资产管理人职责方面存在一定程度的瑕疵甚至违约的可能性，故应酌情降低其有权收取的管理费金额，这既能体现申请人在本案中提供QDII对外投资额度的价值，也能体现申请人实际履行资产管理人职责、提供资产管理服务的程度。经综合、全面地考虑各项因素，仲裁庭酌定，申请人有权收取其计提至2018年9月（a-1）日的管理费金额的 60%。根据申请人提供的明细分类表，截至 2018 年 9 月（a-1）日，申请人对案涉资管产品累计计提的管理费为近 790 万元，因此申请人有权在本案合同项下就案涉资管产品收取的管理费为该金额的 60%，即 470 万余元。鉴于申请人已合计收取了管理费 300 万余元，故还有权向被申请人继续收取管理费 170 万余元。

（四）关于申请人的各项仲裁请求

1. 关于申请人的第一项仲裁请求，即裁决被申请人向申请人支付已计提未支付管理费近 490 万元。

关于该项仲裁请求，仲裁庭认为，申请人有权根据本案合同就案涉资管产品向被申请人收取管理费，但有权收取的管理费金额应酌情降低，以公平合理地体现本案合同的实际履行情况。经综合、全面地考虑各项因素，仲裁庭酌定申请人有权向被申请人继续收取管理费 170 万余元。

2. 关于申请人的第二项仲裁请求，即裁决被申请人承担本案仲裁费。

关于该项仲裁请求，仲裁庭认为，考虑到本案的实际情况，根据《仲裁规则》第 52 条之规定，仲裁庭裁定本案仲裁费应由申请人承担 40%，由被申请人承担 60%。

（五）关于被申请人的各项仲裁反请求

1. 关于被申请人的第一项仲裁反请求，即裁决申请人（即反请求被申请人）向被申请人（即反请求申请人）返还已收取的管理费 400 万元。

关于该项反请求，仲裁庭认为，被申请人要求申请人退还已收取的全部管理费的主张不具备充分的法律或事实依据，且仲裁庭已酌情降低了申请人就案涉资管产品有权收取的管理费金额，然后在此基础上再扣减申请人实际收取的管理费，亦能部分体现被申请人要求申请人返还已收取管理费的诉求。基于此，仲裁庭驳回被申请人的该项反请求。

2. 关于被申请人的第二项仲裁反请求，即裁决申请人（即反请求被申请人）承担本案全部仲裁费用。

关于该项反请求，仲裁庭认为，考虑到本案的实际情况，根据《仲裁规则》第 52 条之规定，被申请人应自行承担仲裁反请求的仲裁费用，故驳回被申请人的该项反请求。

三、裁决

综上，仲裁庭对申请人的仲裁请求及被申请人的仲裁反请求裁决如下：

（1）被申请人应向申请人支付本案合同项下的管理费人民币 170 万余元。

（2）本案本请求仲裁费，申请人承担 40%，被申请人承担 60%。鉴于本案本请求仲裁费已与申请人缴纳的仲裁预付金全部冲抵，被申请人应补偿申请人代其垫付的本请求仲裁费；本案反请求仲裁费全部由被申请人承担，并与被申请人已预缴的等额费用相冲抵。

（3）驳回被申请人的全部仲裁反请求。

上述被申请人应向申请人支付的款项，被申请人应于本裁决作出之日起 15 日内支付完毕。

本裁决为终局裁决，自作出之日起生效。

 **案例评析**

【关键词】　资产管理产品　责任主体　通道业务　估值方法

【焦点问题】

资产管理产品（以下简称"资管产品"）的管理人运用产品资金对外投资所签署的合同，应如何认定责任主体；资产管理人在通道业务中，应如何在产品存续期间合理选择估值方法。

【焦点评析】

2015 年 8 月，申请人与被申请人签订了本案合同，约定申请人作为资产管理人，被申请人作为资产委托人，由申请人投资、管理被申请人交付给申请人的委托资产，业务模式为定向资产管理。案涉资管产品的委托期限为 5 年，自委托资产运作起始日起计算，满 3 年时可提前终止。

2015 年 9 月至 2015 年 12 月，被申请人向申请人发出了多份投资指令，指示申请人将案涉资管产品的委托资产用于认购境外 C 公司发行的与股权挂钩的结构性投资产品，资金最终用于投资境外 D 公司的股权。

2018 年 9 月，申请人向被申请人发出提前终止本案合同的函件，确认于 2018 年 9 月提前终止案涉资管产品，并自 2018 年 9 月 a 日起暂停计提管理费，待资产变现后再进行产品清算。

申请人向仲裁庭提起仲裁，主张被申请人作为委托人应向申请人支付计提至 2018 年 9 月的、被申请人迄今尚未支付的管理费约 490 万元。被申请人则主张，被申请人是以其管理的 D 资管计划的资产管理人的身份与申请人签署了本案合同，应由 D 资管计划承担管理费的支付义务；此外，申请人在履行本案合同的过程中存在违约行为，被申请人无支付管理费的义务，并有权要求申请人退还已收取的管理费。

本案的争议焦点在于：其一，在本案合同项下，被申请人是不是向申请人承担管理费支付义务的责任主体；其二，申请人在履行本案合同的过程中是否存在估值方法选择不当的违约行为，被申请人是否可以此为由拒绝支付管理费。

现结合本案案情及法律适用焦点问题，评述如下：

一、资管产品管理人使用产品资金对外投资及签署投资合同的责任主体问题

《关于规范金融机构资产管理业务的指导意见》第 2 条规定，资产管理业务是指"银行、信托、证券、基金、期货、保险资产管理机构、金融资产投资公司等金融机构接受投资者委托，对受托的投资者财产进行投资和管理的金融服务"；第 3 条规定，资管产品"包括但不限于人民币或外币形式的银行非保本理财产品，资金信托，证券公司、证券公司子公司、基金管理公司、基金管理子公司、期货公司、期货公司子公司、保险资产管理机构、金融资产投资公司发行的资产管理产品等"。资管产品是我国法律体系中具有特殊性的一类法律形式，其虽不具有单独的法人资格，但具有基于信托法律关系或委托合同法律关系构建的拟制人格。基于这一法律特征，资管产品的运作、投资与维持需由管理人负责。管理人依据资管产品设立文件的授权，在设立文件约定的职责范围内，有权对外以资管产品的名义，代表资管产品签署及履行合同，并由资管产品以其资产价值为限对外承担法律责任。

本案中，被申请人提出自己是作为 D 资管计划的管理人，代表 D 资管计划与申请人签署了本案合同，因此应由 D 资管计划承担向申请人支付管理费的义务，而不应由其以本人的身份来承担该支付义务。根据资管产品法律关系的一般原理，如果某资管产品的管理人是以管理人的身份行事，将该资管

产品的资金用于投资另一资管产品或私募投资基金的份额，即使该份额登记在管理人名下，也应认定由此产生的权利与义务应归属于该资管产品，由该产品以其资产价值为限对外承担责任。因此，被申请人提出的上述主张，是一个巧妙的抗辩策略，一旦成立，则申请人只能要求被申请人所管理的D资管计划来承担管理费，不能直接追索被申请人。

仲裁庭意见认为，在判断管理人是不是以某一资管产品的管理人之身份签署合同并代表该资管产品履行合同，管理人首先需要证明合同对手方知晓其投资资金来源于该产品，其次需要证明合同对手方同意以该产品作为相关合同的签约主体及责任归属主体，认可由管理人是以该产品的管理人之身份签署合同，而不是以其本人的身份签署合同。依据这个原则，仲裁庭进一步分析了申请人的主张以及被申请人提出的有关证据。申请人提出，其在签署及履行本案合同的过程中，自始至终均以被申请人为交易对手方，从未同意应由被申请人所管理的D资管计划作为案涉资管产品的资产委托人并支付管理费。被申请人仅提供了本案合同中的有关条款表述，显示申请人知晓被申请人的委托资产来源于D资管计划，却无法提供有效证据来证明申请人认可本案合同的签署方及交易对手方均为D资管计划，而不是管理人本人。

具体而言，申请人与被申请人没有签署补充协议，约定或明确本案合同的资产委托人实为D资管计划，被申请人是以该资管计划的管理人之身份签署了该合同，申请人也未曾以确认函、承诺函等形式对此作出确认或认可。在本案合同的履行过程中，并无证据能够证明申请人以实际行动的方式同意或认可D资管计划作为承担合同义务（包括支付管理费义务）的责任主体。申请人与被申请人均为有丰富经验的金融机构及资产管理机构，被申请人也不是处于弱势地位的个人金融消费者。从市场实践来看，金融机构在签订资产管理合同时，即使知晓交易对手方是代表某一资管产品的管理人，也经常要求交易对手方仍需以自己的名义签署及履行资产管理合同，目的就在于依赖交易对手方本身的信用实力，而不愿意接受由其管理的资管产品之财产为限承担对外责任的结果。

综合以上各项因素，仲裁庭意见认为，被申请人关于将D资管计划认定为管理费支付责任主体的主张不能成立，被申请人是本案合同项下的责任主体，应承担支付管理费的义务。

二、通道业务中的估值方法选择问题

本案中，申请人实质上是向被申请人提供了投资海外资产的 QDII 额度，并按照被申请人的指示，将案涉资管产品的全部资金用于认购境外结构产品，最终投资于境外 D 公司的股权。案涉资管产品实质上属于一类通道业务，申请人的管理力度相对较低，主要是按照被申请人的指示行事，双方当事人对这一点也没有争议。但是，被申请人提出，申请人在管理案涉资管产品的过程中仍然存在违约情形，核心问题在于选择的估值方法不当。申请人在开始管理案涉资管产品时，该产品持有的资产是使用其全部资金认购的境外结构产品的面值金额（等于被申请人投入该产品的全部委托资金），此时采用成本法对该产品持有的资产进行估值并在此基础上计提管理费，无可厚非。问题在于，申请人一直采用成本法进行估值，即使在得知境外 D 公司的股权价值已出现重大亏损的情况下，仍然将上述境外结构产品的面值作为案涉资管产品所持资产的价值，继续在此基础上计提管理费。这一问题构成了被申请人主张申请人存在违约行为的争议焦点。

对于申请人在履行本案合同过程中的估值方法选用问题，仲裁庭意见认为，这体现了申请人在履行资产管理人职责时存在一定程度上的瑕疵，违反了有关合同条款的约定。一方面，申请人采用成本法进行估值而不进行任何调整，表面上体现为选定了一种估值方法，实质上体现了申请人对本案合同属于通道业务的认知，并基于该认知而有意或无意地不再"探究"委托资产认购境外结构产品后的最终资金走向，也不再关注资金最终投向的境外 D 公司股权的公允价值变化，而是简单化地将持有的境外结构产品的面值视为委托资产长期不变的价值。即使本案合同属于通道业务，申请人作为资产管理人仍然需要承担一定的职责，不能仅以通道业务为由，对委托资产的投资及后续管理等信息完全不去了解、不做跟进。但是，申请人正是基于仅担任通道角色的认知，在履行资产管理人职责的过程中，没有采取跟进最终资金投向、了解投资进展及收益情况、关注资产委托人的投资咨询及管理需求、定期评估与调整估值基准等体现专业投资管理人价值与职责的一系列措施。从这个角度看，申请人在管理委托资产的过程中，难言已依法依约地充分履行了资产管理人的职责。

另一方面，仲裁庭也注意到申请人的实际作用确实是作为通道，核心功能是向被申请人提供 QDII 对外投资额度，而 QDII 对外投资额度具有稀缺性，申请人收取管理费既无可厚非，也不违反当时适用的法律法规。尽管目前的资产管理产品监管体系已对通道业务从严监管，但本案争议事实发生在 2015 年至 2018 年期间，申请人在本案合同中提供的 QDII 对外投资通道功能也是当时市场上常见的安排，对其评价不能脱离当时的市场及法律环境。

因此，仲裁庭结合双方提出的事实与理由，既认可申请人有权依据本案合同的约定收取管理费，同时也充分考虑到申请人存在一定程度的履约瑕疵，酌情降低了申请人有权收取的管理费金额，合理地体现了双方当事人在履行本案合同过程中的真实状态。

【结语】

在资管产品的管理人以产品管理人的身份签署并代表资管产品履行对外投资合同时，管理人不仅需要向合同对手方披露相关资金来源于该产品，更重要的是应要求合同对手方同意以该产品作为投资合同的签约主体及责任承担主体，并认可管理人仅是以该产品的管理人身份代表其签署相关合同。

在涉及通道业务时，即使管理人承担了较低程度的管理职责，仍不能以通道业务为由，对委托资产的资金投向及投后发展管理等信息完全不去了解、不做跟进。管理人应谨慎选择委托资产的估值方法，采取法律规定及合同约定的方式适当跟进资金投向、投资进展及收益情况，定期评估与调整估值基准，体现专业资产管理人的价值与职责。

案例十七

A 生物公司、B 资管公司、C 银行资产管理合同争议案

中国国际经济贸易仲裁委员会（以下简称"仲裁委员会"）根据申请人 A 生物公司（以下简称"申请人"）和第一被申请人 B 资管公司（以下简称"第一被申请人"或"管理人"）、第二被申请人 C 银行（以下简称"第二被申请人"或或"托管人"，第一、第二被申请人以下合称"被申请人"）之间的《资产管理合同》（以下简称"本案合同"）中仲裁条款的约定，以及申请人于 2021 年 2 月向仲裁委员会提交的书面仲裁申请，受理了申请人与被申请人之间关于上述合同项下的本资产管理合同争议仲裁案。

现将本案案情、仲裁庭意见以及裁决结果分述如下：

一、案情

（一）申请人的仲裁请求及所依据的事实和理由

2016 年 6 月，申请人为投资人，第一被申请人为管理人，第二被申请人为托管人，共同签署了本案合同。

根据本案合同，合同项下单个资产管理计划初始面额不低于 100 万元（币种为人民币，下同，仲裁庭注），计划资金直接投向 D 投资合伙企业（有限合伙）（以下简称"D 合伙企业"）的 LP 优先级份额，由 D 合伙企业用于与 E 能源公司（以下简称"E 公司"，股票代码：1）的子公司共同并购加拿大 F 勘探公司（以下简称"F 公司"，对应的海外投资项目简称为"F 项目"）100% 的股权，将持有 F 公司近 50% 的股权。

申请人于 2016 年 6 月 a 日认购本案资管计划，并于当日向资管计划指定

账户汇款 300 万元，该资管计划于 2016 年 6 月（a+8）日正式设立（第一被申请人共有 4 个资管计划参与 F 项目，以下合称"本系列资管计划"，本案资管计划是 1 号资管计划，仲裁庭注）。

第一被申请人向申请人出具了资管计划份额确认书，并分别于 2017 年 6 月和 2018 年 6 月向申请人分配投资收益近 30 万元和近 27 万元，后续没有再进行分配。

本案合同委托期为 2+1 年，合同满 2 年触发展期条款，自动展期 1 年。截至 2019 年 6 月 a 日，资管计划已经到期，但第一被申请人既不分配也不清算，严重侵害了申请人的权利。

申请人近期从中国证券监督管理委员会 W 市监管局（以下简称"W 市监管局"）的投资人投诉举报回复中了解到，第一被申请人在资管计划下的"尽职调查、运作管理、宣传推介中违反相关法规要求"，已经被 W 市监管局采取了相应的行政监管措施；第二被申请人亦未按照本案合同的约定履行监管等合同义务。

申请人认为，两被申请人的上述行为导致了申请人的投资本金和收益不能在合同约定的合理期限内予以兑现，给申请人造成了经济损失。

申请人的仲裁请求如下：

（1）第一被申请人赔偿申请人投资本金。

（2）第一被申请人赔偿申请人预期收益损失近 70 万元（以本金为基数，按照预期年化收益率 9%，从 2016 年 6 月（a+8）日计算至实际给付之日为止，暂计算至 2020 年 12 月 a 日共计 120 万余元，减去申请人已经收到的收益 50 万余元）。

（3）第二被申请人就上述费用承担连带赔偿责任。

（4）本案仲裁费由第一被申请人和第二被申请人共同承担。

申请人为支持其仲裁请求，向仲裁庭提交了 5 组证据：

（1）本案合同、本案资管计划份额确认书、申请人有关份额款的汇款凭证、两期计息凭证、申请人为本案争议聘请律师的委托代理协议。

证明本案合同对各方当事人有约束力；对各方的权利义务作出了全面的约定；被申请人多处违约，导致申请人的资金得不到任何保障；本案合同的交易结构为"明股实债"，严重违约；申请人的律师费是因被申请人违约违规造成的。

（2）本案资管计划的尽职调查报告（以下简称"尽调报告"）、D 合伙企业的工商登记信息。

证明第一被申请人的尽调报告存在问题，导致本案资管计划在实施过程中安全性无法得到保障。

（3）本案资管计划的推介材料、相关新闻报道。

证明第一被申请人在本案资管计划的销售过程中存在违规违法行为。

（4）第一被申请人与 G 资管公司（以下简称"G 公司"）于 2016 年 6 月和 2016 年 7 月签署的《E 公司流通股远期股票质押的合作协议》（以下简称《远期股票质押协议》）；2016 年 4 月，自然人 H、自然人 I 与 D 合伙企业签署的《保证合同》，G 公司、自然人 H、自然人 I 向 D 合伙企业出具的《承诺函》；2018 年 6 月，E 公司、G 公司向第一被申请人出具的《承诺函》；自然人 H 和自然人 I 分别向第一被申请人出具的《担保函》（无具体签署日期，只显示为 2018 年，自然人 H 和自然人 I 是上市公司 E 公司的实际控制人，仲裁庭注）。

证明本案资管计划的增信措施没有落实。

（5）W 市监管局于 2020 年 7 月向自然人 J、自然人 K 发出的《答复函》。

证明第一被申请人的严重过错导致本案资管计划出现根本违约。

（6）W 市仲裁委员会作出的与本案案情高度一致的案件的裁决书。

证明本案不应出现同案不同判的情况。

（二）第一被申请人的答辩意见

第一被申请人作为资产管理人在本案资管计划的募集、投资、管理及退出四个方面均未违反相关法律法规的规定及本案合同的约定。

1. 本案资管计划的设立和募集符合法律规定。

第一被申请人作为资产管理人于 2016 年 6 月发起设立资管计划，第二被申请人作为资管计划的资产托管人，资金专项用于认购 D 合伙企业的 LP 优先级份额，存续期自投资起始日起 2+1 年。

第一被申请人代表资管计划，以有限合伙人的身份与 D 合伙企业全体合伙人签订了《D 合伙企业合伙协议》。

本案资管计划于 2016 年 6 月（a+8）日获得中国证券投资基金业协会（以下简称"基金业协会"）的备案证明，合法成立并生效。

本案资管计划的募集和设立程序符合《证券投资基金法》《基金管理公司

特定客户资产管理业务试点办法》（以下简称《资管业务试点办法》）等法律法规的规定。

因此，本案合同，以及基于本案合同而建立的金融委托理财合同法律关系合法有效。

2. 本案资管计划的资产专项用于投资合伙企业，符合法律法规的规定和本案合同的约定。

（1）第一被申请人已经将本案资管计划的募集资金投入D合伙企业，完成了出资义务。

2016年6月，第一被申请人与D合伙企业，以及L投资公司（以下简称"L公司"）签订了《D合伙企业投资协议》，约定第一被申请人拟设立本案资管计划和2号资管计划，并代表相关资管计划作为有限合伙人加入D合伙企业，通过持有D合伙企业的份额间接投资E公司所收购的F公司。

该协议还约定，如海外并购项目投资失败，第一被申请人可以随时退伙并要求D合伙企业分配投资收益。

第一被申请人分别于2016年6月至7月向D合伙企业完成2号资管计划、本案资管计划、3号资管计划、4号资管计划的出资，合计实缴出资3亿元，其中，本案资管计划募集资金7000余万元，对应实缴出资7000余万元。

因此，本案资管计划的投资行为符合相关法律法规的规定，以及本案合同的约定。

（2）本案资管计划设定了增信措施。

本案资管计划的增信措施包括：

第一，2016年4月，D合伙企业与E公司间接持有的M公司、G公司、自然人H、自然人I共同签署《关于O投资公司之合作协议》（以下简称《N协议》），约定D合伙企业与M公司共同投资O投资公司（以下简称"O公司"），并由O公司在境外设立的子公司收购境外石油公司的股权，并适时归入E公司的上市公司体系之内，以实现投资收益。

G公司承诺，E公司以公允价格收购D合伙企业所持有的O公司的全部股权，从而实现D合伙企业的股权投资退出；G公司对E公司的股权转让款的付款义务承担差额补足义务，自然人H、自然人I承担无限连带担保责任。

第二，2016年4月，自然人H、自然人I与D合伙企业签订《保证合同》，自然人H、自然人I作为保证人，为G公司支付O公司的股权转让价款提供连带担保责任。

第三，2016 年 6 月，申请人、D 合伙企业、G 公司签订《远期股票质押协议》，约定本案资管计划成立满 24 个月未能退出在 D 合伙企业的份额，则 G 公司在一个月内将所持有的按照本案资管计划总计发行规模 115% 等市值的 E 公司流通股质押给申请人。

根据以上增信措施，本案资管计划下的本金、收益的支付义务应当由 E 公司、G 公司、自然人 H、自然人 I 承担，第一被申请人作为资产管理人不应承担赔偿责任。

3. 第一被申请人积极履行管理职责，并采取措施以保障本案资管计划最终能够实现退出。

（1）第一被申请人履行了本案合同第 9 节第 2 款第 3 项约定的资产管理人的各项义务，勤勉尽责履行职责。

第一，2018 年 5 月，D 合伙企业与 M 公司签订《O 公司股权转让协议 2》，约定由 M 公司受让 D 合伙企业持有的 O 公司近 50% 的股权，转让价款为 18 亿元，G 公司于 2018 年 5 月支付了 1000 万余元转让款。

第二，2018 年 6 月，E 公司向 D 合伙企业作出《关于向 D 合伙企业支付股权转让款项安排的说明》，表示其会尽快通过再融资等方式筹措资金向 D 合伙企业支付股权转让款，但 E 公司未能履行付款义务。

第三，2018 年 6 月 a 日，鉴于 1 号至 4 号资管计划成立均将满 24 个月，第一被申请人持有的 D 合伙企业份额未能实现退出，G 公司亦未能按约提供流通股质押担保，第一被申请人委托律师向 D 合伙企业的执行合伙人 L 公司和 G 公司发出律师函，敦促执行事务合伙人切实履行职责，以合伙人的名义立即起诉 E 公司，并要求 G 公司提供新的担保或采取其他补救措施。

第四，2018 年 6 月，E 公司和 G 公司向第一被申请人出具《承诺函》，E 公司同意无条件不可撤销受让第一被申请人持有的 D 合伙企业的 LP 优先级份额，对应实缴出资额 3 亿元。

第五，G 公司、自然人 H、自然人 I 为担保 E 公司履行上述《承诺函》约定的义务，向第一被申请人提供了不可撤销的连带担保。

第六，2018 年 8 月，因 E 公司和 G 公司没有按时支付股权转让款，第一被申请人向二者发出《催款通知函》。

（2）因 E 公司未于 2018 年 9 月 30 日前向第一被申请人支付份额转让款，

第一被申请人以资产管理人的名义在 W 市高级人民法院（以下简称 "W 市高院"）对 E 公司等提起诉讼，并采取了财产保全措施。

2019 年 11 月，W 市高院于 1 号民事判决书中判决 E 公司向第一被申请人支付 D 合伙企业的 LP 优先级份额转让价款，并承担违约金和第一被申请人支出的财产保全费等，G 公司、自然人 H、自然人 I 承担连带保证责任。

（3）自 2016 年本案资管计划设立以来，第一被申请人依职责履行信息披露义务，就收益分配、份额退出、涉及 E 公司和 G 公司的诉讼、清算等事项数次发布临时公告，就有可能影响委托人利益的重大事项及时通知申请人。

4. 第一被申请人已经依法履行了投资者适当性审查义务。

第一被申请人在推介和销售资管计划产品时履行了了解客户、匹配适合产品、风险告知和文件交付等适当性义务。

（1）本案资管计划依法由具有基金销售业务资质的公司代理销售。

2016 年 6 月，第一被申请人分别与 P 公司、Q 公司，以及 R 公司签订销售合作协议，约定由 3 家机构担任资管计划的销售机构。3 家公司均具有基金销售业务资格。

第一被申请人作为资产管理人，委托具有基金销售业务资格的机构向投资者推介、销售资管计划产品，符合当时有效的《资管业务试点办法》第 19 条的规定。

（2）第一被申请人对申请人进行了《风险承受能力调查问卷》测试。

申请人填写了《风险承受能力调查问卷》，完成了测试和评估过程，并由法定代表人在《风险承诺函》上亲笔签字。

《风险承受能力调查问卷》明确载明，本调查问卷旨在协助投资人了解投资风险的承受能力，核对风险承受能力和所参与的资管计划风险的匹配情况。

申请人认可其了解资管计划存在的风险，并且积极面对投资风险，在短期、长期均愿意接受高度投资波动风险及与之匹配的较高的投资收益。

申请人声明认可问卷评估结果，确认第一被申请人已充分解释资管计划详情，充分披露风险，并确认本人充分知晓并能承受所参与的资管计划的风险，投资行为完全自愿，愿意自行承担该项投资的全部风险。

在完成风险承受能力测评与评估后，申请人在《专户交易业务申请表》中声明 "自愿自行承担投资风险，已完成风险承受能力测试与评估，充分认识本人风险承受能力，如所投资产品超过本人风险承受能力级别，自愿承担投资风险"。

（3）申请人在签署本案合同的同时签署了《风险承诺函》。

《风险承诺函》充分披露了资管计划的信息，申请人承诺并确认充分了解本案合同的全文，愿意承担相应的投资风险。

（4）本案合同详细披露了资管计划的投资范围、资金运作方式、担保责任、收益分配、风险提示等细节。

申请人在签署本案合同，认购资管计划份额并支付认购资金时，已经明确知晓其投资款的具体投资运作方式，并对投资运作行为及结果表示认可，且本案合同多次提示资产管理人不对委托人的本金和收益作出任何承诺及保证，委托人可能会面临无法取得预期收益甚至损失本金的风险。

（5）第一被申请人已经履行告知说明义务，多次明确揭示资管计划的具体投资风险。

本案合同第 20 节"风险揭示"中，已经对资管计划面临的包括但不限于市场风险、管理风险、流动性风险、信用风险、并购风险及其他风险等作出详细、具体而充分的揭示。

5. 资管计划尚在清算程序中，申请人的损失尚不能确定。

（1）本案因底层债务人 E 公司违约引发兑付风险。

本案尚处于诉讼程序中，根据 W 市高院所作的 1 号民事判决书，以及申请人所采取的财产保全措施，资金回笼的可能性较大；D 合伙企业在某省高级人民法院取得了对 M 公司的胜诉生效判决，E 公司承担共同还款责任，目前也处于执行程序。

（2）资管计划不承诺或保证委托人的收益。

本案合同第 18 节第 3 款第 4 项明确约定："本计划不承诺或保证委托人的收益，也不保证委托人本金的安全，即如在本计划资产出现极端损失情况下，委托人仍可能面临无法取得收益乃至投资本金受损的风险。本资产管理计划以投资于 D 合伙企业并购基金形成的资产产生的资金回款为限，于资产管理计划收到资金回款后 10 个工作日内，根据本合同所约定的分配原则向委托人进行分配。"

目前资管计划尚在清算程序中，有待诉讼程序终结获得最终清偿，无论从 D 合伙企业层面，还是第一被申请人代表投资人提起的诉讼程序层面，都有待资金回款，未经清算程序终结及分配，申请人是否存在损失尚未确定。

（3）监管机构对自然人 J 的答复意见并非对本案资管计划存在违规行为的认定。

W 市监管局在 2020 年 7 月对自然人 J 的答复意见的主文中告知，第一被申请人在其他项目中存在违反相关法规要求的行为而被采取行政监管措施，而并非认定第一被申请人在本案资管计划中违反相关法规要求。

该答复意见不能证明第一被申请人在本案资管计划中存在违规行为，更不能以此认定第一被申请人的行为与申请人主张的损失之间存在因果关系。

（4）即使第一被申请人被仲裁庭认定应当承担责任，亦不应当承担申请人主张的全部本金和预期收益。

如果第一被申请人承担了赔偿责任，申请人将不应再享有上述赔偿所对应的本案资管计划的利益，不应参与相应的清算或利益分配。

（三）第二被申请人的答辩意见

1. 本案合同合法有效且实际履行，申请人应自行承担投资风险。

本案合同充分体现三方当事人的真实意思表示，不违反法律和行政法规的强制性规定，不违反公序良俗，且已经备案登记。

本案合同也已实际履行，三方均按照合同的约定行使权利、履行义务。

本案合同第 20 节专门设置一节的内容系统告知了申请人的投资风险，第 18 章第 3 款第 4 项约定："本计划不承诺或保证委托人的收益，也不保证委托人本金的安全……委托人仍可能面临无法取得收益乃至投资本金受损的风险。"据此，申请人明知投资风险，在其享受投资收益的同时，也应当自担投资风险。

2. 第二被申请人已依约履行全部合同义务，不存在任何违约行为。

（1）第二被申请人对本案资管计划没有"监管义务"。

申请人指控第二被申请人未按照本案合同的约定履行其监管等义务，但未明确指出第二被申请人具体违反了什么"监管义务"。

事实上，第二被申请人根据本案合同，对本案资管计划不存在"监管义务"，第二被申请人的合同义务应当限于合同约定或法律规定。

（2）本案资管计划的投资范围符合本案合同的约定。

本案合同第 11 节第 2 条对于投资范围的约定是："本计划投资于 D 合伙企业并购基金的 LP 优先级份额……"第一被申请人的投资运作方向符合本案合同的约定。

（3）第二被申请人不参与本案资管计划的募集阶段，不对投资者适当性管理承担责任。

第二被申请人作为资产托管人，在募集资金划入托管账户后履行职责，第一被申请人及代销机构在募集阶段的行为与第二被申请人无关。

中国银行业协会《商业银行资产托管业务指引》规定，托管银行的职责不包括投资者适当性管理，本案合同也未约定第二被申请人对投资者适当性管理承担责任。

（4）第二被申请人对划转指令履行了形式审核义务。

第二被申请人按照第一被申请人的指令进行资金划转。

根据本案合同第 14 节第 8 条的约定，第二被申请人仅负有形式审核义务，对指令及相关的材料的客观真实性、有效性不作实质性判断，在正确执行第一被申请人指令的情况下，对本案资管计划的损失不承担责任。

（5）第二被申请人不对申请人未退出本案资管计划承担责任。

本案合同第 20 节"风险揭示"中已经向申请人揭示了本案资管计划的流动性风险，可能影响申请人取得现金分配的时间，根据本案合同第 13 节第 1 条第 6 款的约定，第二被申请人对于托管账户外的资金不承担保管责任，也不对申请人未退出本案资管计划承担任何责任。

3. 申请人主张的"损失"不能确定。

申请人作为本案资管计划的委托人，有权从资管计划财产处置程序中获得部分本金、全部本金，以及预期收益，申请人目前是否存在"损失"，存在多少"损失"均不确定，申请人对第一被申请人的仲裁请求，以及要求第二被申请人承担连带责任的仲裁请求均缺乏基本的前提条件。

4. 申请人要求第二被申请人承担连带赔偿责任明显违反本案合同的约定。

本案合同第 22 节第 2 条约定："资产管理人、资产托管人在履行各自职责过程中，违反法律法规的规定或者本合同约定，给计划财产或者资产委托人造成损害的，应当分别对各自的行为依法承担赔偿责任，但不因各自职责以外的事由与其他当事人承担连带赔偿责任。"

第二被申请人履行了作为托管人的合同义务，申请人要求第二被申请人对第一被申请人的责任承担连带赔偿责任，与本案合同的约定相悖。

5. 申请人指控第二被申请人未按照本案合同的约定履行监管等合同义务没有证据支持。

申请人既未提供可以证明第二被申请人未按照本案合同履行合同义务的证据，也未提供可以证明其遭受经济损失的证据，应当承担举证不能的不利后果。

W市监管局的《答复函》不能支持申请人的仲裁主张，因为《答复函》仅仅是根据自然人J反映的事项作出的行政答复，没有对本案资管计划各参与主体的民事责任作出判断。更何况《答复函》未提及第二被申请人，且《答复函》所列"尽职调查、运作管理、宣传推介等违规环节"均与第二被申请人的托管义务无关。

6. 本案仲裁费用、申请人的律师费应当由申请人自行承担。

根据《仲裁规则》第52条的规定，由于申请人的仲裁请求依法不应得到支持，相关的仲裁费、律师费应由申请人自行承担。

（四）关于本案的争议焦点

根据庭审情况，以及各方当事人庭前和庭后提交的代理意见，仲裁庭总结出各方之间的8个争议焦点，现将各方意见归纳表述如下：

1. 第一被申请人是否在本案资管计划募集设立前的尽职调查中履行了管理人的职责。

申请人认为，第一被申请人在尽职调查环节未尽到勤勉尽责义务，导致本案资管计划存在重大风险隐患，给投资人造成重大损失：

第一，未对本案资管计划的交易对手、标的公司、增信主体等进行全面的尽职调查，导致尽调报告本身存在重大问题，也导致根据该报告形成的其他文件不能保障投资者的合法权益。

根据本案合同有关增信措施的约定，本案资管计划的实际融资人为上市公司E公司，担保人为G公司，E公司的实际控制人是自然人H、自然人I，因此，尽职调查的标的应为融资人E公司、并购标的F公司、保证人G公司、自然人H、自然人I以及交易对手D合伙企业、投资顾问L公司。

但是，根据申请人提交的尽调报告，第一被申请人对融资人、担保人资信状况的调查不够谨慎勤勉，没有专门对保证人自然人H、自然人I进行尽职调查，也没有对交易对手D合伙企业进行尽职调查。

第二，尽调报告对E公司、G公司近三年的财务数据缺乏分析与论证，影响投资判断。

E公司、G公司的经营与财务状况决定本案资管计划未来能否实现退出，应当予以重点关注。

尽调报告披露了 E 公司 2013 年至 2015 年的财务数据及主要财务指标，G 公司截至 2015 年 12 月 31 日的资产、负债、利润、净利润的数额，但第一被申请人没有按照自身相关制度的标准和要求对两家公司的财务数据进行分析与论证，影响决策判断。

第三，尽调报告部分内容没有及时更新并缺少相应的底稿资料，反映了报告出具的随意性。

首先，尽调报告出具极具随意性，经查询企查查，D 合伙企业的执行事务合伙人在 2016 年 4 月由 S 公司变更为 L 公司，而 2016 年 5 月出具的尽调报告披露的执行事务合伙人仍为前者，表明报告出具时没有对相关资料进行核查。

其次，尽调报告存在未完整留存底稿材料的情形。基金公司子公司开展专项资管业务，应当形成书面工作底稿。据投资人了解到，第一被申请人在本案资管计划的运营过程中并未主动、全面、深入地进行尽职调查，报告的主要内容均由 G 公司提供，对于资管计划的投资阶段，并未取得和保存其他尽职调查底稿材料。比如，有关"E 公司基本情况、股东、组织架构及主要负责人，近三年财务数据以及 E 公司及其现任董事、高级管理人员最近三年未受到行政处罚或刑事处罚"的结论，缺乏网络核查的底稿资料，不符合本案合同第 9 节第 3 条第 16 款的明确约定；又比如，尽调报告显示自然人 H、自然人 I 无不良贷款记录，但底稿中仅有自然人 H、自然人 I 的身份查询反馈信息，没有二人的征信报告。

最后，缺少关于 L 公司、E 公司、G 公司现场尽职调查的照片。实际上，第一被申请人根本没有履行尽职调查义务，而是全权委托 L 公司完成尽职调查并出具报告。

第一被申请人认为，其在本案资管计划募集设立前进行了尽职调查，履行了管理人职责。

第一被申请人进行了充分的尽职调查并形成了尽调报告，对 E 公司、保证人 G 公司、自然人 H、自然人 I，以及并购标的 F 公司等进行了基本情况、股本结构、业务情况、财务状况等综合方面的尽职调查，对油气行业的特点和经营情况进行了分析，对 D 合伙企业以及投资顾问 L 公司等均进行了背景情况、财务数据、过往业绩等综合尽职调查，同时对本案资管计划的风险进行了分析。

第一被申请人作为本案资管计划的管理人，所作的尽职调查符合法律法规的规定，以及本案合同的约定。

本案合同第 4 节明确约定本案资管计划的类别是"股权投资类"，计划募集的资金直接投向 D 合伙企业的 LP 优先级份额。因此，作为股权投资类项目，本案资管计划的投资标的是 D 合伙企业，管理人的尽职调查工作应主要针对 D 合伙企业展开，对 E 公司、G 公司及担保人所进行的尽职调查应由 D 合伙企业层面展开。

2. 第一被申请人是否履行了投资者适当性审查义务。

申请人认为，第一被申请人及其代销机构在推介、销售本系列资管计划的过程中未全面履行投资者适当性审查义务与风险告知说明义务。

第一，未对产品与投资者进行合理的风险评估与匹配。本系列资管计划发行时，管理人和销售机构未对产品的风险等级进行评估并划分风险等级，未建立产品的风险评估及相应的管理制度，未明确本案资管计划产品适合何种类型的投资者。

第二，未要求投资者提供必要的资产证明或收入证明，完全用投资者单方的陈述和承诺替代了依法应作出的审慎判断义务。

第三，《风险承受能力调查问卷》的题目设置存在问题，不能对投资者进行充分和全面的了解。题目设置极为简单，与《私募投资基金募集行为管理办法》的要求相距甚远，且前后有矛盾之处，不能对投资者的资金能力、金融投资经验、投资目的、风险偏好、风险认知、风险承受能力等进行充分的了解和有效的评估。

第四，部分投资者填写的《风险承受能力调查问卷》无填写日期，无有效证据证明上述调查问卷由投资者在购买产品前进行填写，部分合同没有《风险承诺函》。

第五，管理人未严格按照相关监管规定的要求，对投资者进行充分的风险提示。比如，本案资管计划的并购标的为加拿大的公司，没有全面披露境外并购的风险和不确定性；再比如，没有披露远期股票质押合同无法实施的风险，以及 D 合伙企业持有的 O 公司股权在两年内不能被 E 公司收购的风险，包括 G 公司的差额补足义务，以及自然人 H、自然人 I 保证义务能否落实的风险。

第一被申请人认为，其已经履行了了解客户、匹配适合产品、风险告知和文件交付等适当性义务：

第一，本案合同和《风险承受能力调查问卷》表明第一被申请人履行了投资者适当性审查义务，进行了投资者适当性匹配。

如果申请人认购本案资管计划份额时，未通过填写问卷、《风险承诺函》等方式进行投资者适当性匹配，是不能进行后续的合同签署流程的。申请人支付投资款的行为系其自愿主动而为之，卖者尽责对应的是买者自负，二者之间是对等的关系，不应一味苛责并扩大管理人的义务，而忽略投资者自担风险的义务。

第二，第一被申请人作为管理人对其管理的产品依法负有风险揭示义务，而申请人作为委托人对其投资的产品依法负有风险注意义务。在销售机构及管理人充分提示风险的前提下，申请人的法定代表人仍亲笔签署《风险承诺函》和本案合同，并支付份额款项，证明其已经知晓资管产品的风险并愿意为高回报自行承担风险，第一被申请人已经履行了投资者适当性管理义务。

在资管计划存续期间，申请人从未就认购类型、积极型投资人身份提出异议，并按照本案合同约定履行了份额款项支付义务，收取了资管计划分配的收益。

第三，申请人没有以自己不是"合格投资者"而主张权利，如果申请人主张其非"合格投资者"，应当向仲裁庭主张本案合同无效或可撤销，要求第一被申请人返还资产。本案中申请人未提出确认合同无效或可撤销的仲裁请求，而是认可其合格投资者身份，应"买者自负"。

第四，根据最高人民法院《关于当前商事审判工作中的若干具体问题》的规定，"在卖方机构未尽'适当性'义务的情况下，除了金融消费者故意提供虚假信息这一抗辩事由外，如果根据投资者的既往投资经验，受教育程度等事实，卖方机构能够证明'适当性'义务的违反并未影响投资者的自主决定，也应当认定免责抗辩事由成立，由金融消费者自负投资风险"。

第五，第一被申请人属于基金子公司，不适用《私募投资基金募集行为管理办法》中关于冷静期和适当性回访义务的规定。

基金业协会网站对规则适用进行了明确的分类，其中业务服务栏下区分为私募基金投资、私募资管及资产证券化业务；《私募投资基金募集行为管理办法》属于私募基金业务规则，而第一被申请人的资管产品属于私募资管及资产证券化业务，规则体系完全不一样；基金业协会在产品信息公示栏内也进行了区分，分为私募基金产品、基金公司及子公司集合资管产品，本案资管计划属于后者。

可见，第一被申请人属于基金子公司，不适用《私募投资基金募集行为管理办法》中有关冷静期和适当性回访义务的规定；另外，本案资管计划于2016年6月募集设立，而《私募投资基金募集行为管理办法》自2016年7月15日起实施。

因此，无论从适用对象，还是实施时间，该办法均不适用于本案资管计划。

3. 第一被申请人在落实增信措施方面是否尽到管理人的职责。

申请人认为，第一被申请人未落实增信措施，导致投资人产生重大损失：

第一，远期股票质押增信条款成就前，Ｇ公司持有的Ｅ公司的股票已经质押殆尽，本案合同的约定成为一纸空文。

通过查询，2018年3月底，即本案资管计划到期前的3个月，Ｇ公司持有的Ｅ公司的股票质押比例已经达到近98%，增信条款客观上已经不具备实施条件，但管理人没有采取其他替代性措施进行补救。

第二，Ｄ合伙企业增信措施失灵，管理人没有任何补救措施。

根据本案合同，如果本系列资管计划期满2年，Ｅ公司没有收购Ｄ合伙企业持有的Ｏ公司的股权，则Ｇ公司承诺以不低于计划委托财产本金+10%年化收益（"最低收购价"）受让上述股权；如果Ｅ公司的收购价格低于最低收购价，Ｇ公司承诺以现金或股票形式补足上述差额；自然人Ｈ、自然人Ｉ对上述回购承担无限连带保证责任。

根据庭审查明的事实，本案资管计划期满2年后，Ｅ公司未能按照各方约定的条件收购Ｄ合伙企业持有的Ｏ公司的股权，Ｇ公司也没有按照承诺受让上述股份，第一被申请人没有采取任何补救措施。

第三，管理人怠于行使《远期股票质押协议》之约定，在资管计划运营中存在重大失误。

2016年6月和7月，管理人与Ｇ公司签署两份《远期股票质押协议》，但未按照约定自合同签订后3个工作日内办理强制执行公证，严重损害投资人的合法权益。

本案资管计划的期限为2+1年，满2年触发"展期条款"，条件是Ｄ合伙企业持有的Ｏ公司的股权未能实现证券化且本案资管计划持有的份额没有退出，触发展期条款则触发上述 115% 等市值的股票质押措施。

2018 年 6 月，管理人已经确认 G 公司没有股票可以质押，显然不符合约定的展期条件。

管理人不顾上述约定强行展期且未及时起诉融资人，导致投资人的利益无法得到保障，不仅严重违约，而且严重失职，违反相关法律法规的规定。

申请人同时认为，申请人发起的一系列诉讼均在本案资管计划终止之后，根本不是在落实增信措施。

第一被申请人认为其在增信措施方面履行了勤勉尽责义务。

第一，在本案资管计划设立时，相关增信措施符合法律法规的规定，以及本案合同的约定。

D 合伙企业的结构化设计增信措施，优先级、夹层级、劣后级投资人的出资比例不超过 8 : 2.5 : 1.5，劣后级和夹层级投资人依次为优先级投资人承担本金及收益的保障，实缴出资额 12 亿元，基金整体及优先级、夹层级、劣后级投资人的资金均已到位。

就远期股票质押增信措施而言，第一被申请人于 2018 年 6 月和 7 月前后多次与 L 公司、G 公司沟通，因 G 公司所持有的 E 公司股票设定的第三方质押未予解除而未能实施，原因在于 G 公司违约，不是管理人在能力范围内所能控制的，但采取了补救措施，取得了 E 公司、自然人 H、自然人 I 的《承诺函》，并采取了法律行动，为后续资管计划资金回笼提供了保障。

G 公司的购回承诺，表明该项 D 合伙企业层面的增信措施已经落实。

自然人 H、自然人 I 对回购的无限连带担保，已经落实，第一被申请人并采取了法律行动，对二人的房产、E 公司股票采取了保全措施。

底层融资方因市场变化、经营风险而出现违约行为，应当由违约方承担相关责任，而不能主观、片面地归结于管理人。投资本身就是风险与收益并存。

第二，G 公司、自然人 H、自然人 I 作出保证时具备担保能力。

第一被申请人在进行尽职调查时取得了 E 公司、G 公司、自然人 H、自然人 I 的对外投资信息，以及后两人的个人征信信息。

在本案资管计划募集设立之前，G 公司持有 E 公司 1 亿余股，持股比例约为 19%，为该上市公司的大股东；自然人 H 持有近 1238 万股，自然人 I 持有 1235 万余股，二者合计持股比例约为 4%，并同时为 G 公司的股东。

在 2018 年 6 月本系列资管计划陆续到期时，根据 E 公司在中国 T 市证券交易所（以下简称"T 交所"）披露的第一季度报告，G 公司仍为第一大股东，持股比例为 16%，自然人 H 和自然人 I 合计持股比例为近 3%。

因此，G 公司、自然人 H、自然人 I 均为上市公司股东、实际控制人，且自然人 H、自然人 I 还有其他对外投资，以上三者均具有担保能力。

第三，第一被申请人一直勤勉尽责，积极采取多重措施保障投资人利益。

首先，被申请人在 2018 年 6 月和 7 月曾多次与 L 公司和 G 公司沟通股票质押事宜，因 G 公司所持有的 E 公司流通股股票的第三方质押未予解除，故未能向第一被申请人提供股票质押担保。第一被申请人随后取得了 E 公司等出具的《承诺函》。

其次，第一被申请人为保障资管计划资金回笼所采取了一系列财产保全措施，包括：2018 年 6 月，委托律师在 W 市高院对 E 公司、G 公司、自然人 H、自然人 I 等提起诉讼；2018 年 11 月，通过 W 市高院查封自然人 H 配偶，以及自然人 I 名下的各一处 W 市房产；2018 年 12 月，通过 W 市高院冻结了自然人 H、自然人 I，以及 G 公司持有的 E 公司全部股票。

第一被申请人特别指出：远期股票质押措施为本案资管计划取得了直接向底层融资人主张权益的通道和途径，加快了诉讼进程，为后续资金回笼提供了保障；否则，只能通过单一途径，由 D 合伙企业向 E 公司、G 公司，以及自然人 H、自然人 I 主张权利。上述一系列保全措施的采取均可证明第一被申请人履行了管理人的勤勉尽责义务。

4. 申请人所主张的损失与管理人的履职行为之间有无因果关系。

申请人主张：

第一被申请人在尽职调查环节未尽到勤勉尽责义务，在推介和销售过程中违反投资者适当性审查义务，且未落实本案合同的增信措施，在本案资管计划的过程中违反相关法规的要求，应当对申请人的损失依法承担赔偿责任。

第一被申请人认为：

第一，本案资管计划资产专项投资于 D 合伙企业，符合法律法规的规定，以及本案合同的约定。

第一被申请人将本系列资管计划资金按照合同约定投入 D 合伙企业，D 合伙企业在 2016 年 5 月至 6 月期间分四笔向 O 公司支付投资款近 10 万元。

D 合伙企业投资 O 公司后持有该公司近 50% 的股权，目前该近 50% 股权的登记所有权人仍然为 D 合伙企业。因为，D 合伙企业与 E 公司、G 公司诉讼程序仍在进行，G 公司尚未支付股权回购价款。

根据 E 公司 2016 年 6 月在 T 交所发布的临时公告，O 公司已经通过其海外全资子公司 U 公司完成了对 F 公司的收购。

因加拿大天然气价格低迷影响油气开采收入，E 公司资金紧张，股价下跌，以上均为市场经营因素，并非管理人所能控制的问题，不能以市场经营风险来认定管理人是否勤勉尽责。

第二，投资必然伴随风险，第一被申请人在本案资管计划执行层面不存在重大失职导致计划财产受损的情况，相对于第一被申请人在整个计划管理过程中的勤勉尽职的行为，包括在底层合同相对方违约后采取的诉讼、财产保全等积极措施，小的瑕疵或轻微过失应当予以包容，不足以导致第一被申请人承担全部赔偿责任。

第三，W 市监管局并未就本案资管计划对第一被申请人采取监管措施。

W 市监管局的行政监管措施针对的是 V 项目，具体措施为责令改正并暂停办理特定客户资管计划备案 3 个月。

因此，W 市监管局没有就本案资管计划作出违法违规的认定，不能以 W 市监管局的答复意见认定本案项目存在违法违规行为。

5. 申请人的损失范围。

申请人仲裁请求的范围包括：

投资本金。

以本金为基数，按照预期年化收益率 9%，从 2016 年 6 月（a+8）日计算至实际给付之日为止，扣除申请人已经收到的收益 50 余万元。

第一被申请人认为，即使其应当承担责任，亦不应当承担申请人主张的全部投资本金及预期收益。

第一，本案合同约定的 9% 预期年化收益率，并非固定收益率或业绩承诺，不能作为计算损失的标准。

本案合同第 8 节第 2 条的"约定收益"是指资管计划收到的全部收益，扣除资管计划本身应纳税费、管理人管理费、托管人托管费后的剩余部分；第 18 节第 2 条第 4 款进一步约定，"本计划不承诺或保证委托人的利益，也不保证委托人本金的安全，即如本计划资产出现极端损失的情况下，委托人仍可能面临无法取得收益乃至投资本金受损的风险"。本资管计划以投资于 D

合伙企业所形成的资产产生的资金回款为限，按照本案合同约定的分配原则向委托人进行分配。

目前，本案资管计划尚未清算完毕，不存在分配预期收益的基础，不应支付期间的预期收益。

第二，即使参照最高人民法院于 2019 年 9 月 11 日通过的《全国法院民商事审判工作会议纪要》（以下简称《九民纪要》）第 77 条的规定，卖方机构未尽适当性义务导致金融消费者损失，所承担的赔偿责任也是以实际损失为限。

实际损失为损失的本金和利息，利息按照中国人民银行发布的同期同类存款基准利率计算。

金融消费者主张卖方机构承担惩罚性赔偿责任的前提是，卖方机构的行为构成欺诈，而第一被申请人在本案中从未告知申请人虚假情况或者故意隐瞒真实情况，以及诱使申请人作出"错误"的意思表示的情形，第一被申请人主观上无故意、过失，根本不存在欺诈行为。

《九民纪要》不是司法解释，是对法院审理案件的审判指导，并不必然对仲裁裁决有约束力。

因此，申请人无论以 9%，还是全国银行间同业拆借中心公布的贷款市场报价利率主张预期收益损失均是缺乏基础依据的。

申请人作为合格投资者，是具备丰富投资知识和投资能力的投资人，对资管产品有充分的了解，并承诺自行承担风险。

第三，本案资管计划下的本金、收益支付义务最终应由 E 公司、G 公司、自然人 H、自然人 I 承担，由于本案资管计划尚未收到相关款项，申请人要求第一被申请人支付合同存续期间两期收益之后的收益不符合本案合同的约定，以及相关法律的规定。

申请人主张管理人支付投资收益及本金的行为系违法刚兑，为何却同时要求第一被申请人支付本金和投资收益？

第四，如果仲裁庭认定第一被申请人应当承担赔偿责任，那么，申请人继续持有本案资管计划份额不再合理，其持有的全部份额应由第一被申请人享有，申请人不再享有资管计划的利益，不参与后续清算与利益分配。

6. 本案合同的终止日期。

申请人认为，本案合同第 4 节第 6 条有关"委托期限"的约定是，本案资管计划的委托期限为自成立之日起2+1年，计划期满2年触发展期条款，本资管计划自动展期1年；第21节第4条有关"合同展期"的约定是，本资管计划期满2年，如D合伙企业所持有的O公司股份未能被E公司收购，则本资管计划展期1年。

根据庭审调查的情况，直到仲裁庭审之日，D合伙企业所持有的O公司的股份仍未能被E公司收购，触发展期的条件在本案资管计划2年期满时就已经成就，应当认定终止日期为2019年6月（a-1）日。另外，根据第一被申请人提供的证据材料，管理人认为已经触发展期条款，并在2018年6月（a+2）日的临时公告中明确表示本案资管计划展期1年。

第一被申请人认为，本案资管计划于2016年6月（a+8）日设立并生效，于2018年6月（a+4）日终止，未实质进入展期。

本案资管计划2年期满后，第一被申请人积极与E公司商讨后期付款和第二次收益分配安排，通过临时公告披露本案资管计划在形式上因触发合同约定的展期条款，可能进入展期的信息。

由于E公司及相关担保方不能按期履行支付义务，实现各项承诺，导致展期条件不能成就，第二被申请人于2018年11月启动诉讼程序，并于2018年12月b日发布临时公告，披露其已向W市高院提起诉讼及申请财产保全的信息，资管计划未实质进入展期。

并且，因本案资管计划清算程序尚未完毕，是否有收益尚不可知，不存在支付2018年6月（a+4）日之后收益的事实基础。

第二被申请人认为，本案资管计划已经自动展期1年。

7. 本案资管计划应如何进行清算。

申请人认为，根据本案合同第21节第5条的约定，资产管理人和资产托管人应当在本案合同终止事由发生之日起30个工作日成立财产清算小组，由于本案合同的终止日期为2019年6月（a-1）日，应当在2019年7月（a-1）日之前成立财产清算小组。根据本案庭审调查，以及本系列资管合同下的其他仲裁案件的书面回复，托管人均表示没有成立财产清算小组。

在本案资管计划终止2年多的时间里，财产清算小组没有成立，投资人的合法权益根本不能得到任何切实有效的保障。

管理人对外进行的一系列诉讼系管理人的行为，而不是财产清算小组的行为，且没有证据显示该等诉讼与本案直接相关。由于增信措施没有落实，公司股权等非现金资产亦不存在。因管理人的一系列过错和违约行为，应当以现金形式赔偿申请人的申请份额。

第一被申请人认为，根据本案合同第 21 节第 5 条第 7 款 "对计划财产进行分配"，以及第 20 节 "风险揭示" 第 3 条 "流动性风险" 的约定，合同终止后资产管理人以维持专项资管计划财产的现状的形式向委托人分配利益。

在底层交易方出现违约后，第一被申请人可以依据本案合同向投资人以计划财产现状返还（即 D 合伙企业份额），但第一被申请人仍在积极代表本案资管计划向底层交易方追偿，恰恰也证明了管理人尽心尽责地履行管理人义务。

8. 第二被申请人是否应当承担连带责任。

申请人主张第二被申请人承担连带赔偿责任。

第二被申请人认为，申请人的请求违反本案合同第 22 节第 2 条的约定，具体参见第二被申请人的答辩意见。

二、仲裁庭意见

（一）关于本案合同的法律效力

本案合同由本案各方当事人自愿签署，各方对本案合同的真实性及有效性均无异议，仲裁庭亦未发现本案合同内容存在违反中华人民共和国法律和行政法规强制性规定的情形，故认定本案合同有效，对各方当事人具有法律约束力。

（二）关于本案合同订立与履行情况

经开庭审理，并核对相关证据材料，仲裁庭查明了以下相关事实：

1. 与本案相关的当事人。

本案为资产管理合同争议，由申请人认购本案资管计划的份额，该计划由第一被申请人管理，托管人为第二被申请人，计划募集的资金用于投资合伙企业 D 合伙企业的 LP 优先级份额，并由 D 合伙企业与 E 公司共同并购加拿大上市公司 F 公司 100% 的股权，D 合伙企业间接持有该公司近 50% 的股权。在上述收购完成之时，与本案争议相关的各方及相互关系参见下图：

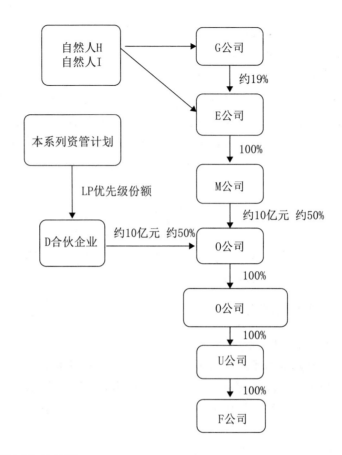

2. 本案合同订立的情况。

根据各方当事人提交的本案合同及相关材料，将与本案履行相关的主要事实列举如下：

申请人于 2016 年 6 月签署本案合同，第一被申请人于 2016 年 6 月签署，第二被申请人亦在本案合同上盖章；

《风险承受能力调查问卷》有申请人的盖章，机构签章部分显示的日期为 2016 年 6 月；

《风险承诺书》有申请人的盖章，以及其法定代表人的签字，没有具体的签署日期，只是手写记载为 2016 年 6 月；

《专户交易业务申请表》有申请人的盖章，以及其法定代表人的印章，签署日期为 2016 年 6 月。

3. 本案合同履行及相关的情况。

根据各方当事人提交的证据材料：

2016年4月，D合伙企业与M公司、G公司、自然人H、自然人I签署《N协议》，约定E公司应在D合伙企业收到其合伙人首笔实缴出资之日起24个月的期限届满之日前完成收购D合伙企业所持有的O公司近50%的股权，如果收购价低于各方约定的最低收购价，G公司应当补足差额；如果O公司未能在上述期限内收购上述股权，则D合伙企业有权要求G公司按照最低收购价收购上述股权。

同日，D合伙企业、G公司、O公司签署《O公司股权转让协议1》，约定以O公司在D合伙企业收到其合伙人首笔实缴出资之日起24个月的期限届满之日前未完成收购D合伙企业所持有的O公司近50%的股权为前提条件，G公司按照协议约定的条件收购上述股权；自然人H、自然人I为上述协议的执行与D合伙企业签署了《保证合同》，G公司、自然人H、自然人I向D合伙企业出具了《承诺函》。

2016年6月，第一被申请人以有限合伙人的身份与D合伙企业的所有合伙人签署《D合伙企业合伙协议》，并与L公司、D合伙企业签署《D合伙企业投资协议》，代表相关资管计划作为有限合伙人加入D合伙企业，通过持有D合伙企业的份额间接投资E公司所收购的F公司。

申请人于2016年6月签署本案合同，并于2016年6月通过银行汇款向本案资管计划指定账户转账300万元。

本案资管计划于2016年6月（a+8）日正式设立，管理人于当日向申请人出具了资管计划份额确认书。

2016年6月，第一被申请人与G公司签署《远期股票质押协议》，约定本案资管计划设立满24个月，所持有的D合伙企业的份额没有退出，则G公司在1个月内将所持有的按照计划发行规模的115%等市值的E公司流通股质押给本案资管计划。

2018年5月，D合伙企业与M公司、O公司签署《O公司股权转让协议2》，将所持有的O公司近50%的股权转让给O公司，交易价格为18亿元。

2018年6月，第一被申请人发布临时公告，称已经收到L公司的通知，E公司并购事项尚未完成，基于项目进展情况和本案合同的约定，本案资管计划已触发展期条款，展期1年。

2018年6月，E公司、G公司签署《承诺函》，E公司同意无条件不可撤销地受让第一被申请人所持有的实缴出资额为3亿元的D合伙企业LP优先级份额，G公司、自然人H、自然人I提供不可撤销的连带担保。

之后，D合伙企业、第一被申请人分别依据《O公司股权转让协议2》《承诺函》在某市、W市对E公司系列公司提起诉讼和保全措施，已经取得胜诉判决，目前处于执行程序之中。

另外，第一被申请人分别于2017年6月和2018年6月向申请人分配投资收益近30万元和近27万元，共计50余万元。

（三）对双方争议焦点的认定

1. 本案应适用的法律法规、规范性文件、自律规则。

第一被申请人主张其为基金子公司，不适用基金业协会发布的《私募投资基金募集行为管理办法》中有关冷静期和回访义务的规定。

仲裁庭注意到，《私募投资基金募集行为管理办法》于2016年4月15日发布，2016年7月15日起施行，根据基金业协会发布时的通知，有关回访制度的正式实施时间在评估相关实施效果后另行通知。本案合同订立于2016年6月，该办法尚未实施，应当根据当时有效的规范认定各方当事人的责任。

根据各方当事人提交的材料，仲裁庭认定，应当适用的法律法规、规范性文件主要包括：《证券投资基金法》（2015年4月24日起施行）、《资管业务试点办法》（2012年6月19日通过，11月1日起施行）。

2. 项目尽职调查。

申请人主张第一被申请人未尽到勤勉尽责义务，未对本案资管计划相关的交易对手、标的公司、增信主体进行全面的尽职调查，缺乏对主要财务数据的分析与论证，报告内容没有及时更新且缺少相应的底稿资料，依赖L公司的尽调报告等。

仲裁庭认为，尽职调查主要围绕法律、财务、业务、管理等事项进行，以确定目标项目现存和潜在的风险，不同类型的项目的尽职调查会有不同的关注点，调查的深度和广度也会有所不同。本案资管计划的投资标的是D合伙企业的LP优先级份额，结合D合伙企业的结构化安排，其所采取的尽职调查方式、内容，应与股权投资、海外收购有很大的差异。就调查的内容而言，比如，对于E公司，将主要依赖公开市场资料；对于F公司，只能依赖G公司或E公司提供的资料。

尽管存在一些缺陷，本案的尽调报告已经识别出目标项目的主要风险，结合第一被申请人所采取的尽职调查措施，该报告以及相关的资料，已经足以支持管理人的内部作出适当的决策，截至目前尚未发现尽调报告遗漏了重大风险。

3. 投资者适当性义务。

申请人认为，第一被申请人未对产品与投资者进行合理的风险评估与匹配，未要求投资者提供必要的资产证明或收入证明，《风险承受能力调查问卷》不能对投资者进行充分和全面的了解，未对投资者进行充分的风险提示。

第一被申请人认为，本案合同和《风险承受能力调查问卷》表明管理人履行了投资者适当性义务，申请人在销售机构和管理人充分提示风险的前提下，由其法定代表人签署《风险承诺函》和本案合同，并支付份额款项，证明其已经知晓产品的风险，并愿意为高回报自行承担风险。

仲裁庭认为：

第一，第一被申请人未能满足投资者适当性制度的程序性要求及相关义务。

投资者适当性制度要求管理人在了解客户和相关产品的基础上，根据投资者的风险承受能力销售不同风险等级的产品，将合适的产品卖给合适的投资者，体现的是管理人对合格投资者承担的信义业务。

中国证券监督管理委员会于 2012 年通过的《资管业务试点办法》适用于基金管理公司设立的子公司开展的资产管理业务。

该办法第 16 条规定："资产管理人向特定多个客户销售资产管理计划，应当编制投资说明书。投资说明书应当真实、准确、完整，不得有任何虚假记载、误导性陈述或者重大遗漏。投资说明书应当包括以下内容：（一）资产管理计划概况；（二）资产管理合同的主要内容；（三）资产管理人与资产托管人概况；（四）投资风险揭示；（五）初始销售期间；（六）中国证监会规定的其他事项。"第 17 条规定："为多个客户办理特定资产管理业务的，资产管理人在签订资产管理合同前，应当保证有充足时间供资产委托人审阅合同内容，并对资产委托人资金能力、金融投资经验和投资目的进行充分了解，制作客户资料表和相关证明材料留存备查，并应指派专人就资产管理计划向资产委托人作出详细说明。"第 31 条规定："资产管理人应当了解客户的风险偏好、风险认知能力和承受能力，评估客户的财务状况，向客户说明有关法律法规和相关投资工具的运作市场及方式，充分揭示相关风险。"

除《风险承受能力调查问卷》《风险承诺函》以及本案合同以外，第一被申请人并未提供任何其他证据，证明其履行了《资管业务试点办法》第16条、第17条、第31条规定的各项义务，没有证据显示管理人或其委托的销售机构向申请人披露并说明本案资管计划的信息与风险，包括全面风险、特别风险，以及本案合同下双方的权利与义务。

仲裁庭认可申请人的主张，认为仅仅是申请人在《风险承诺函》中明确表示"已充分理解本合同全文，了解相关权利、义务及所投资资产管理计划的风险收益特征，愿意承担相应的投资风险"，并不能证明管理人履行了投资者适当性制度下的各项程序与义务，并尽到了告知说明义务，应当认定第一被申请人未能适当地履行投资者适当性义务。

第二，第一被申请人并未充分披露本案资管计划的风险。

申请人主张第一被申请人未充分揭示投资项目可能的风险，包括海外投资、115%等市值的股票无法质押、实际控制人的信用能力风险等，没有按照本案合同第12节的约定履行告知义务。

经仲裁庭查明，第一被申请人提交的1号资管计划尽调报告中揭示了三种风险：投资标的退出风险，交易对手信用风险的偿付风险，操作及政策风险。其中第二项有关"交易对手信用风险的偿付风险"的表述是："本计划融资方和保证人的经营财务状况也直接关系到本计划能否实现。融资人的经营收入状况直接关系到本计划利益能否实现，所以项目存在融资人无力偿付计划资金本息的风险。本项目存在着相对交易方不履行相关承诺及抵押物的处置到期无力偿还资管计划收益及本金的风险。"

第一被申请人在本案合同中相应地披露了上述第一项和第三项风险，但并未特别披露第二种风险。而恰恰是第二项风险成为本案资管计划到期不能收回资金的主要原因之一。

第三，没有证据显示申请人故意提供虚假的信息，拒绝听取管理人或销售机构的建议等而投资本案资管计划，或者根据申请人既往的投资经验，适当性义务的违反并未影响申请人作出自主决定。

第四，申请人填写《风险承受能力调查问卷》，认可其投资风险承受能力是积极性的，短期、长期均愿意接受中等程度的投资波动风险及与之匹配的中等投资收益，并签署了《风险承诺函》，受领了两期的投资收益，在提起仲裁之前并未就"投资者适当性问题"提出过任何异议，也没有证明如果管理人全面履行适当性义务，申请人会作出不投资本案资管计划的决策。

第五，由于申请人并未主张合同无效，应当根据本案合同和相关法律法规确定各方的责任。本案合同第 3 节"声明与承诺"已经约定了双方在投资者适当性方面的义务：

申请人"保证已充分理解本合同全文，了解有关权利义务，了解有关法律法规及所投资资产管理计划的风险收益特征，愿意承担相应的投资风险"；

被申请人"保证已在签订本合同前充分地向资产委托人说明了有关法律法规和相关投资工具的运作市场及方式，同时揭示了相关风险，已经了解资产委托人的风险偏好、风险认知能力和承受能力，对资产委托人的财务状况进行了充分评估"。

仲裁庭认定，根据本案证据，就投资者适当性管理而言，第一被申请人和申请人均有过错，第一被申请人应当根据法律法规和本案合同的约定承担相应的赔偿责任。

4. 增信措施的落实。

申请人认为第一被申请人未落实增信措施，而第二被申请人认为其在落实增信措施方面履行了勤勉尽责义务，相关增信措施符合法律规定以及本案合同的约定，G 公司、自然人 H、自然人 I 在提供保证时具有担保能力，第一被申请人也采取了多重措施保障投资人的利益。

本案资管计划提供了三种增信措施：D 合伙企业劣后级/夹层级投资人以其出资额为限依次为优先级投资人承担本金及收益保障；G 公司的 115% 等市值的远期股票质押；G 公司的差额补足和回购承诺，以及自然人 H 和自然人 I 的个人无限连带担保。

第一种增信措施属于已经落实的增信措施，根据该增信措施，夹层级/劣后级、份额持有人在优先级份额持有人收回其全部出资本金和预期收益后，方可从 D 合伙企业中收回其出资本金和剩余收益；第二种和第三种增信措施属于未来去落实的增信措施，并且，能否落实，以及落实的效果，取决于对方那时的财务能力和意愿。如果 24 个月后，对方没有可以质押的股票，则第二种增信措施就无法落实，如果对方没有财务能力，即使签署了远期回购协议，回购也是无法完成的，第三种增信措施也没有实际意义。

仅就第 8 节"增信条款"的措辞来看，第一被申请人并未保证第二种和第三种增信措施最终可以落实。第一被申请人抗辩，第二项增信措施使得管理人可以代表本案资管计划越过 D 合伙企业向 E 公司及其控股股东、实际控制人主张权利，是管理人勤勉尽责的体现；一般而言，第三种增信措施通常可以起到对实际控制人、控股股东的威慑作用，督促他们促使上市公司履行相关合同。

仲裁庭认为，应当根据本案合同条款界定各方的责任，并且合同条款是各方谈判与博弈的结果，不能在争议阶段超越合同条文对当事人施加额外的责任。根据本案现有证据，第一被申请人在落实增信措施方面并没有违反本案合同，不应对申请人承担责任。

但仲裁庭认为第一被申请人对 E 公司的信用风险应对不足，未能做到谨慎勤勉尽责，具体在第 7 点阐述。

5. 损失范围。

就本案而言，损失的确定包括两个问题：

首先，合同终止的时间。

主要涉及申请人是否有权取得第三年的预期收益。

申请人主张合同 2 年期满后触发展期条款，自动延长 1 年，于 2019 年 6 月（a-1）日终止，申请人有权主张第三年的预期收益；被申请人主张，因底层融资方违约，不能满足展期的条件，本案资管计划于 2018 年 6 月（a+3）日终止，申请人无权主张第三年的预期收益。

本案合同第 4 节第 6 条有关"委托期限"的约定是："本资产管理计划的委托期限为自成立起 2+1 年，本计划期满 2 年触发展期条款，本计划自动展期 1 年。"

本案合同第 21 节第 4 条有关"合同展期"的约定是："本计划期满 2 年，如 D 合伙企业并购基金所持有的 O 公司股份未能被上市公司收购，则本计划展期 1 年。"

本案合同有关展期触发的条件与第三人无关，并且根据第 8 节"增信措施"，远期股票质押也是以计划展期为条件的，因此，仲裁庭认为，本案资管计划自动展期 1 年。

其次，实际损失的确定。

双方的不同意见参见争议焦点的第 5 点，仲裁庭在下面第 10 点认定第一被申请人对申请人的损失的赔偿责任。

6. 申请人主张的第一被申请人的其他违约违规行为。

申请人主张第一被申请人在如下四方面也存在违约和违规行为：

销售机构进行虚假和扩大宣传，欺骗投资者；

违规承诺刚兑；

明股实债，收益与风险不匹配，交易结构存在问题；

其他违约行为，包括委托期限到期后未清算兑付、没有支付第三年的收益，合同期满后未按照合同与委托人商量是否续约，也没有协商清算事宜等。

对于第一和第二方面，申请人主要是指第一被申请人和代销机构在销售过程中可能存在相关行为，由于缺乏相关的证据，仲裁庭不予认可；

对于第三方面，仲裁庭认为管理人代表本案资管计划与D合伙企业签署的《D合伙企业合伙协议》《D合伙企业投资协议》并不违反法律法规的规定，优先、夹层、劣后的结构化安排是合理的，满足了不同投资人的需求，并不构成"明股实债"，或者"保本保收益"，对于申请人的主张不予支持；

对于第四方面，已经包含在第一被申请人的谨慎勤勉义务的范围之内，仲裁庭会在管理人的职责方面予以考虑。

7. 投资风险与管理人的职责。

私募基金投资属于高风险投资，投资者应当对管理人的投资结果承担责任；管理人作为受托人，根据《证券投资基金法》第9条的规定，"应当恪尽职守，履行诚实信用、谨慎勤勉的义务"。

本案资管计划的募集资金通过认购D合伙企业LP优先级份额最终用于与E公司共同投资F公司，间接持有该公司近50%的股权，并在2年内由E公司收购上述股权，以使D合伙企业收回资金，本案资管计划得以终止。本案中并无证据显示F项目投资失败，且国际石油价格在本案资管计划存续期间的表现也支持F公司可能会有相对稳定的业绩表现。

E公司是一家在T交所公开上市的公司，可以从该公司公开披露的资料中获取该公司以及下属企业的信息。从资产负债情况分析，该公司的负债增长较快，D合伙企业能否在首笔实缴出资之日起24个月期限届满之日前将所持有的O公司近50%的股权出售给E公司，将取决于E公司能否在此期间通过发行股票或其他渠道筹集资金。从E公司的具体运作来看，该公司持续扩大投资，资金需求量大，经营情况难以支持其进行股权融资和大规模的债务融资。

有关上证指数、石油价格、E 公司股票价格在本案资管计划期间的表现参见下图：

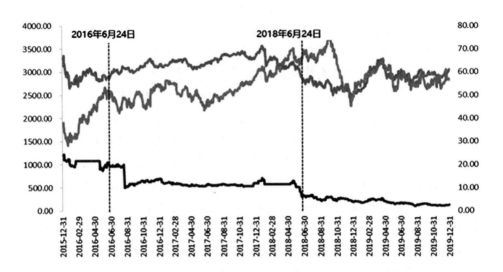

申请人主张第一被申请人未充分揭示投资项目可能的风险，包括海外投资、115% 等市值的股票无法质押、实际控制人的信用能力风险等，并主张投资人并未与本案资管计划的投资经理 X 有过任何直接或间接的联系，第一被申请人在投资经理 X 离职时没有按照本案合同第 12 节的约定履行告知义务。

第一被申请人是一家基金公司的子公司，应当熟悉证券市场和上市公司的运作，应当在本案资管计划存续期间，持续跟踪和监测 E 公司的经营环境、经营成果、财务数据、相关合同的履行情况，以及通过上市公司公告等渠道获取 G 公司的股票质押情况。

仲裁庭认为，管理人在投后管理阶段是否能够恪尽职守、履行诚实信用、谨慎勤勉的义务，对于项目的成功具有重大意义。第一被申请人明知 E 公司的信用风险，也有能力持续对其的偿债能力和融资能力进行判断，进而督促 E 公司控制信用风险，并在必要时采取适当的应对措施。但从在案证据来看，第一被申请人在 2018 年 6 月之前并未采取任何风险应对措施，包括本案资管计划投资经理 X 的履职行为，存在怠于履行职责的情形。

因此，本案争议主要是基于 E 公司的经营管理问题，没有通过股权和债权融资完成对 D 合伙企业持有的 O 公司近 50% 股权的收购，从而实现 D 合伙企业的股权投资退出；但第一被申请人在明知E公司的信用风险的情况下，没有监督并督促E公司控制风险，未采取任何措施以防止或减少损失的发生，有违管理人的谨慎勤勉义务，应承担相应的责任。

8.损失的因果关系。

根据以上分析，仲裁庭认为，第一被申请人没有全面履行投资者适当性义务，且未能证明免责抗辩事由的成立，参照《九民纪要》的规定，认定第一被申请人的行为与申请人未能收回投资和收益存在因果关系，并且，第一被申请人在计划存续期间未能尽到谨慎勤勉义务，以防止或减少上述损失。

9.第二被申请人的责任与连带责任。

申请人在庭审中主张第二被申请人没有按照本案合同第9节第3条第3款第6项"复核资产管理人编制的资产管理计划财产的投资报告，并出具书面意见"，也没有按照第12项履行义务，"按照本合同约定对计划财产资金运用行使监督权，发现管理人违反法律或合同约定的，有权要求管理人改正"，根据第一被申请人证据13的第四份证据，不能解释本系列资管合同生效的时间与F项目收购完成的时间的差异，以及收购资金的来源，托管人未尽监督职责。

第二被申请人辩称，第6项的报告复核属于管理部门的业务要求，与申请人能否取得预期收益无关；第12项的监督权是围绕托管账户而产生的合同义务，应当以合同约定和法律规定为限，托管人按照管理人的划款指令进行形式审核，将款项投资到目标项目，就履行了监督义务，且本案合同约定托管人不对账户外的资产产生任何责任与义务。

《证券投资基金法》第145条第2款规定："基金管理人、基金托管人在履行各自职责的过程中，违反本法规定或者基金合同约定，给基金财产或者基金份额持有人造成损害的，应当分别对各自的行为依法承担赔偿责任；因共同行为给基金财产或者基金份额持有人造成损害的，应当承担连带赔偿责任。"

仲裁庭认可托管人的抗辩：

第一，申请人没有证明作为托管人的第二被申请人给其造成损失，第二被申请人不应承担赔偿责任。

第二，不论是《证券投资基金法》的规定，还是本案合同的约定，基金管理人与托管人的职责均是不同的，如果违反法律的规定或者本案的约定，应当分别依法承担责任。

由于申请人并未举证证明存在托管人与管理人共同行为给其造成损失的情形，托管人不应与管理人承担连带责任。

10. 仲裁庭对第一被申请人责任的认定。

关于第一被申请人对申请人的赔偿责任，仲裁庭考虑了如下因素：

第一，从现有证据来看，申请人未能收回本金与收益，原因可能不在于 F 项目失败，而主要是 E 公司的后续经营和管理问题，公司负债率过高，无法在当时的市场环境下通过股权或其他融资方式实现对 O 公司股权的收购，从而最终导致本案资管计划的资金不能按期回收；客观讲，当时证券市场不佳也是外部原因之一（参见第 514 页图）。

第二，第一被申请人未能尽到投资者适当性义务，也未举出免责事由；申请人没有否定其合格投资者的身份，签署了《风险承诺函》，收取了两期投资收益，且没有证明其因第一被申请人的误导而签订本案合同。对于投资者适当性问题而言，双方均有过错，第一被申请人应当承担相应的违约责任。

第三，第一被申请人在计划存续期间未能尽到谨慎勤勉义务，监控 E 公司的信用状况，并采取合理措施，以使 E 公司能够更好地控制信用风险，履行相关合同义务，特别是对本案资管计划的义务，应当对本案资管计划资金未能按期回收承担相应的责任。

第四，即使假定 G 公司按照本案合同第 8 节第 1 条第 2 款 "远期股票质押" 的约定 "将所持有的按照本计划发行规模的 115% 等市值的流通股质押给本计划（以本计划满 2 年的最后一个交易日的股价为基准质押）"，申请人在 2 年期满后的取得质押的股票对应的股票市值是近 350 万元，由于 E 公司的股票在 1 年内价格下降 50%，到计划 1 年后终止之日，申请人所取得的质押股票的价值也下降 50%。即使该项增信措施落实，也只能担保申请人投资本金的一半。

第五，申请人已经取得投资收益 50 余万元。

第六，双方当事人已经同意不再按照本案合同的约定以维持资管计划现状的形式向委托人分配利益，而是以现金形式作出分配。

第七，申请人同意在收到赔偿款后不再主张其在本案资管计划的份额及相应的权利。

总之，本案资管计划应当坚持 "收益自享，风险自负" 的原则，做到

"卖者尽责"和"买者自负",综合考虑风险自担的原则,以及第一被申请人违反投资者适当性义务和谨慎勤勉义务的具体情况,根据《证券投资基金法》第145条的规定,以及本案合同第22节有关违约责任的约定,酌定第一被申请人应对申请人的本金损失承担赔偿责任,申请人自行承担其投资本金的预期收益损失。

（四）关于申请人的仲裁请求

根据前述理由,仲裁庭对申请人的各项仲裁请求回应如下：

（1）第一被申请人赔偿申请人的投资本金损失人民币本金。

（2）申请人自行承担其投资本金的预期收益损失。

（3）本案仲裁费由申请人承担10%,第一被申请人承担90%。

（4）驳回申请人对第二被申请人的仲裁请求。

三、裁决

基于上述事实和理由,仲裁庭裁决如下：

（1）第一被申请人赔偿申请人的投资本金损失人民币300万元。

（2）本案的仲裁费为人民币近8万元,由申请人承担10%,第一被申请人承担90%。该笔仲裁费已由申请人向仲裁委员会预缴的等额仲裁预付金相冲抵,故第一被申请人应向申请人补偿其垫付的仲裁费。

（3）驳回申请人的其他仲裁请求。

上述各项裁决,被申请人应于本裁决作出之日起15日内履行完毕。

本裁决为终局裁决,自作出之日起生效。

案例评析

【关键词】适当性　谨慎勤勉　尽职调查　增信措施　管理人的义务　受托人的义务

【焦点问题】

在私募基金到期不能偿还本金和预期收益时,如何适用投资者的风险自担原则,以及如何确定与管理人和受托人的义务与责任。

【焦点评析】

本案的基本情况是,申请人与第一被申请人（即"管理人"）和第二被申请人（即"托管人"）订立资管合同，约定该合同项下的资管计划资金投向 D 合伙企业的 LP 优先级份额，由 D 合伙企业与已上市的 E 公司的子公司共同并购海外上市的 F 公司 100% 的股权（即"F 项目"），其中 D 合伙企业持有近 50% 的股权。

资管合同的委托期为 2+1 年，到期后未清算，申请人提起仲裁，要求管理人赔偿投资本金和预期收益损失，并请求托管人承担连带赔偿责任。

现结合本案案情及法律适用焦点问题，评述如下：

一、适当性义务

投资者适当性制度要求管理人在了解客户和相关产品的基础上，根据投资者的风险承受能力销售不同风险等级的产品，将合适的产品卖给合适的投资者，体现的是私募基金管理人对合格投资者承担的信义业务。

适当性管理的核心是强化私募基金管理人的适当性责任，本案涉及管理人的基金风险提示义务，仅仅是在《风险承诺函》中明确表示"已充分理解本合同全文，了解相关权利、义务及所投资资产管理计划的风险收益特征，愿意承担相应的投资风险"，不能证明管理人履行了投资者适当性制度下的各项程序与义务，并尽到了告知说明义务。

本案的尽调报告揭示了本案项目的三项风险：投资标的退出风险，交易对手信用风险的偿付风险，以及操作及政策风险。管理人在资管合同中披露了上述第一项和第三项风险，但未揭示第二项风险，而是第二项风险恰恰是本案项目独特的风险，即申请人能否成功退出资管计划关键取决于 D 合伙企业的交易对手——已上市的 E 公司是否能在 24 个月内通过再融资筹集到资金回购 D 合伙企业持有的 F 项目的股权。

由于管理人在完成本案项目的尽职调查之后，没有向投资者揭示本案特有的风险，而这种特有风险最终导致申请人未能按期退出资管计划，仲裁庭认定管理人违反了适当性义务。

二、尽职调查

尽职调查的目的是选择优质的投资项目，并最终顺利退出实现收益。而管理人在尽职调查过程中是否谨慎勤勉，对于基金的运作，以及未来收益情况具有至关重要的作用。管理人通常会对尽职调查中发现的重大事项进行风险预警，并制定相应的风险应对措施。

不同类型的项目的尽职调查会有不同的关注点，深度和其广度也会有所不同。本案资管计划的投资标的是 D 合伙企业的 LP 优先级份额，结合 D 合伙企业的结构化安排，所采取的尽职调查方式、内容，应与股权投资、海外收购有很大的差异。就调查的内容而言，比如，对于 D 合伙企业的合作伙伴 E 公司，将主要依赖公开市场资料，对于被并购的海外项目，只能依赖上市公司提供的资料，管理人不可能直接进行现场调查。

尽管存在一些缺陷，但尽调报告已经识别出本案项目的主要风险，足以支持管理人的内部作出适当的决策，没有证据显示尽调报告遗漏了重大风险。

三、增信措施

为使投资人收回投资本金及预期收益，本案提供了三种增信措施：D 合伙企业劣后级/夹层级投资人以其出资额为限依次为优先级投资人承担本金及收益保障；对于 E 公司收购 D 合伙企业持有的 F 项目的股权，其大股东对 E 公司的股权转让款的付款义务承担差额补足义务，实际控制人承担无限连带担保责任；申请人如果在 24 个月内未能退出合伙企业的份额，E 公司的大股东在 1 个月内将所持有的按照本案资管计划总计发行规模 115% 等市值的 E 公司流通股质押给申请人。

本案的实际情况是，第二和第三种增信措施最终未能落实，大股东和实际控制人在本案发生时已经失去担保能力，大股东的股票质押因第三方质押没有在 24 个月内解除而未能完成。

仲裁庭认为，应当根据资管合同条款界定各方的责任。合同条款是各方谈判与博弈的结果，不能在争议解决阶段超越合同条文对当事人施加额外责任。根据现有证据，管理人在落实增信措施方面没有违反资管合同。

四、投资风险与管理人的义务

私募基金投资属于高风险投资，投资者应当对管理人的投资结果承担责任；管理人作为受托人，根据《证券投资基金法》第 9 条的规定，"应当恪尽职守，履行诚实信用、谨慎勤勉的义务"。

本案资管计划的募集资金通过认购 D 合伙企业的 LP 优先级份额最终用于与 E 公司共同并购 F 项目，间接持有该海外项目近 50% 的股权，并在 24 个月内由 E 公司回购上述股权，以使合伙企业收回资金，本案资管计划得以终止。本案中并无证据显示 F 项目投资失败，且国际石油价格在本案资管计划存续期间的表现也支持 F 项目很可能会有相对稳定的业绩表现。

D 合伙企业能否在 24 个月内将所持有的 F 项目近 50% 的股权出售给 E 公司，取决于 E 公司能否在此期间通过发行股票或其他渠道筹集到资金。而 E 公司持续扩大投资，资金需求量大，经营情况难以支持其股权融资和大规模的债务融资；同时，A 股证券市场在上述 24 个月内的走势也进一步加剧了 E 公司的信用风险，削弱了 E 公司的融资能力。

管理人是一家基金公司的子公司，熟悉证券市场和上市公司的运作，应当在资管计划存续期间，持续跟踪和监测 E 公司的经营环境、经营成果、财务数据、相关合同的履行情况，以及通过 E 公司公告等渠道获取大股东的股票质押情况。

本案争议主要源于 E 公司的经营管理问题，未能通过股权和债权融资完成对 D 合伙企业持有的 F 项目的收购，而管理人在明知或应当知道 E 公司的信用风险的情况下，没有监督并督促 E 公司控制风险，也未采取任何其他措施以防止或减少损失的发生，有违管理人的谨慎勤勉义务，应当承担相应的责任。

五、管理人的赔偿责任

在确定本案管理人的具体赔偿责任时，仲裁庭主要考虑到如下因素：

第一，申请人未能收回本金与投资收益，原因并不在于 F 项目失败，而主要是因为 E 公司的经营管理问题。

第二，证券市场整体表现不佳也是 E 公司不能如前期完成融资的原因之一。

第三，管理人熟悉证券市场和上市公司的运作，没有向投资者披露本案项目的特有风险，违反了其对投资者承担的适当性义务。同时，申请人没有否认其合格投资者的身份，签署了《风险承诺函》，并收取了两期投资收益，且没有证据证明其因管理人的误导而签订资管合同。因此，对于投资者适当性问题而言，仲裁庭认定管理人应当承担相应的赔偿责任，申请人亦应自行承担一定的投资损失。

第四，管理人在计划存续期间未能尽到谨慎勤勉义务，监控 E 公司的信用状况，并采取合理措施，促使 E 公司更好地控制信用风险，应当对资管计划资金未能按期回收承担相应的责任。

第五，大股东与实际控制人的担保能力下降，不属于管理人的过错；同时，E 公司的股票价格在资管计划期间下降 50%，即使大股东与实际控制人完成股票质押，也不足以保证投资人收回投资本金。

根据风险自担的原则，并考虑管理人违反投资者适当性义务和谨慎勤勉义务的具体情况，仲裁庭酌定管理人应对申请人的投资本金损失承担赔偿责任，申请人自行承担其投资本金的预期收益损失。

六、托管人的义务与连带责任

我国私募基金的法规与实践中有托管人的角色，《证券投资基金法》第 35 条、第 37 条规定了多项托管人的职责，其中核心的职责包括安全保管基金财产与监督管理人的投资行为，实践中的争议主要涉及托管人违反监督义务的问题。

本案中申请人主张托管人未尽监督义务，应与管理人承担连带责任；而托管人抗辩称资管合同下的监督权是围绕托管账户而产生的合同义务，应当以合同约定和法律规定为限，托管人按照管理人的划款指令进行形式审核，将款项投资到本案项目，就履行了监督义务，且资管合同约定托管人不对账户外的资产产生任何责任与义务。

仲裁庭认为，不论是《证券投资基金法》第 145 条的规定，还是资管合同的约定，基金管理人与托管人的职责均是不同的，如果违反法律的规定或者合同的约定，应当分别依法承担责任。申请人没有举证证明存在托管人的行为给其造成损失的情形，托管人不应承担赔偿责任；同时，由于申请人没有举证证明存在托管人与管理人共同行为给其造成损失的情形，托管人不应与管理人承担连带责任。

尽管在本案中作出了以上认定，但仲裁庭同时也认为，托管人的义务是一个动态的概念，取决于每个案件的具体情况。尽管托管人的义务在实践中绝大多数均源于合同约定，但是，考虑到受托人的一般角色与职责，以及诚实信用原则，相关法律法规也明确，当托管人发现相关的重大风险时，亦有义务采取措施，比如及时止付、冻结基金账户等，避免基金财产发生更大损失。

同时，根据《证券投资基金法》第37条第2款的规定，对于已经发生的重大违法违约行为，托管人负有一般性的报告义务，如果托管人不履行该等报告义务，可能应对扩大的损失承担相应的责任。但是，截至目前，少有类似的案例。

【结语】

本案争议复杂，涉及私募基金的募集、投资与投后管理阶段，管理人的适当性义务与谨慎勤勉义务，尽职调查与增信措施等具体环节，以及投资风险与管理人的义务、托管人的义务、连带责任等内容。申请人通过资管计划参与投资的D合伙企业与已上市的E公司的子公司成立合资公司，并购海外F项目，最终因E公司未能发行股票或采取其他融资措施筹集资金购买D合伙企业在F项目的股权而发生争议，管理人在履行适当性义务，以及谨慎勤勉义务方面均有过错，而申请人亦应承担一定的投资风险，仲裁庭根据案件的实际情况公平地确定了各方的责任。

案例十八

A 公司、自然人 B、自然人 C 最高额
典当借款合同争议案

中国国际经济贸易仲裁委员会（以下简称"仲裁委员会"）根据申请人中国 A 公司（以下简称"申请人"）与第一被申请人自然人 B（以下简称"第一被申请人"）、第二被申请人自然人 C（以下简称"第二被申请人"，第一、第二被申请人以下合称"被申请人"）于 2017 年 7 月共同签订《房（地）产最高额典当借款合同》（以下简称《借款合同》），以及《房（地）产最高额抵押合同》（以下简称《抵押合同》，《借款合同》和《抵押合同》以下合称"本案合同"）中仲裁条款的约定，以及申请人于 2023 年 4 月提交，后于 2023 年 5 月修改后再次提交至仲裁委员会的书面仲裁申请，受理了申请人和被申请人之间因履行本案合同所引起的本争议仲裁案。

一、案情

（一）申请人的仲裁请求及事实和理由

申请人与被申请人于 2017 年 7 月签订了本案合同，约定典当借款最高本金额为近 620 万元（指人民币，仲裁庭注，下同），具体当金金额以当票记载为准；第二被申请人将自有位于中国 D 处的房屋（所有权证号编号为 1）为上述借款提供抵押担保。

根据《借款合同》的约定，申请人于 2017 年 7 月向第一被申请人发放典当借款本金 400 万元整，当票号为 2。后，第一被申请人分三次向申请人归还部分本金共计 200 万元，剩余未还本金 200 万元，其最后一次利息付至 2022 年 6 月 a 日。现该笔典当借款已逾期绝当。

截至申请人申请仲裁之日止，被申请人未按期向申请人如数归还典当本金、息费及罚息，故申请人依据合同中双方约定的仲裁条款向仲裁委员会提起仲裁。

基于上述事实和理由，申请人提出仲裁请求如下：

（1）被申请人向申请人归还借款本金 200 万元。

（2）被申请人向申请人支付自 2022 年 6 月（a+1）日起至典当借款清偿之日止的综合费用，月综合费用按典当借款本金的 1.5% 计算。

（3）被申请人向申请人支付自 2022 年 6 月（a+1）日起至典当借款清偿之日止的罚息。罚息标准，以借款本金为基数，按实际逾期天数在继续收取息费的同时另外加收每日 5 ‰ 的罚息。

（4）申请人对第一被申请人名下位于中国 D 处的房屋享有抵押权，并就所有债权对抵押房产的拍卖、变卖款享有优先受偿权。

（5）被申请人承担本案全部仲裁费。

（6）被申请人承担本案律师费。

（二）申请人的主要代理意见

1. 关于本案合同的效力。

（1）申请人系经依法设立、合规经营的典当行，持有典当许可证和特种行业许可证，有权从事典当业务。被申请人因资金周转需要自愿向申请人进行典当借款，签订的本案合同是依法成立的，系双方当事人的真实意思表示，不违反效力性强制性规定，合法有效。

（2）根据本案合同约定，被申请人本人在当票上签字确认，且依法办理了公证及抵押登记，申请人亦依约向被申请人发放了当金；被申请人在庭审中认可其在《借款合同》《抵押合同》、当票上签字的真实性，并认可向申请人还款付息了长达 5 年。故整个典当借款过程合法合规，双方之间存在合法有效的典当关系。被申请人关于本案"名为典当，实为借贷"的说法没有依据。根据"谁主张，谁举证"的规则，本案中被申请人对此负有举证责任，其不能提出有效证据予以证明，应承担举证不能的不利法律后果。

（3）被申请人在按《借款合同》约定按时还款付息了多年之后以不知申请人是借款人为由，主张本案合同、当票均无效，有违诚实信用原则。

2. 申请人按照《借款合同》约定向第一被申请人履行了放款义务。

（1）2017 年 7 月，申请人向第一被申请人履行合同约定的全部放款义务，申请人按第一被申请人指令把当金支付给了案外人自然人E，第一被申请人随即签署了当票。

此后近5年内，第一被申请人每月按时向申请人付息续当达50多次，并部分归还本金200万元。2022年3月，第一被申请人向申请人主动表示希望早日还清这笔款项，以及其4年多的时间共支付了息费160多万元。

另外，第一被申请人的房屋5年来一直抵押登记在申请人名下，房本原件一直由申请人保管。其间第一被申请人从未向申请人提出过解除抵押登记返还房本的要求。如果第一被申请人没有收到申请人的放款，其上述行为完全违背常理。本案中，第一被申请人在得知当初的付款委托书丢失后，才借此否认已收到典当行借款的事实，以逃避履行债务并借机获利。

（2）第一被申请人在放款同日签署了当票，也证明其已认可并确认收到申请人发放的400万元借款本金。

《典当管理办法》第30条第1款规定："当票是典当行与当户之间的借贷契约，是典当行向当户支付当金的付款凭证。"申请人办理典当借款、当户收到款后在当票上签字确认，是行业操作惯例，当票是典当行支付当金的付款凭证。结合本案合同和当票签署时间不难看出，合同和当票不是同一天签署的，合同于2017年7月签订，两日后才放的款，所以放款后，第一被申请人才签署了当票。

（3）第一被申请人在其向法院起诉的不当得利案件庭审中已明确，案外人自然人F是其来申请人处借款的渠道，说明第一被申请人与自然人F之间早就熟识，且第一被申请人收到的两笔转款来自自然人F，自然人F在不当得利案件庭审中已阐明，其转给第一被申请人的两笔款就是申请人的放款，自然人E是其业务合作伙伴。上述事实均证明第一被申请人委托自然人E收款。另，申请人向第一被申请人提供借款时，与自然人F、自然人E无任何关系，申请人无从得知三人之间的资金如何流转。对本案来说，有无自然人E给自然人F的转账记录不影响认定第一被申请人已收到申请人放款的事实。

（4）申请人向第一被申请人发放了当金，履行了《借款合同》义务，且在第一被申请人诉申请人的民事案件中，法院查明的相关事实可概括为：自然人F与第一被申请人之间不存在借贷关系，二人之间的全部资金往来都是基于第一被申请人向申请人借款400万元，自然人F给第一被申请人的转款均系申请人出借给第一被申请人的借款。

3. 第一被申请人已经履行了部分借款的还款义务。

2020 年初，第一被申请人向申请人偿还了 200 万元借款本金，偿还方式是自然人 F 将款项转给第一被申请人，第一被申请人再转给申请人。剩余的 200 万元借款本金一直没有归还。通过大量的事实及证据充分证明，第一被申请人确已收到了申请人的放款。

此外，在关联案件不当得利诉讼案件审结后，第一被申请人已承认欠付申请人的款项，并且多次就其面临资金困难与申请人协商，并向申请人请求归还本金以及减免息费、罚息，申请人对此没有同意。

4. 本金、息费、罚息计算准确，具有合同依据。

申请人已向第一被申请人实际发放了当金 400 万元，月息费率为 1.5%。因第一被申请人已偿还本金 200 万元，故现请求被申请人偿还剩余的 200 万元本金。罚息以逾期天数计以欠付本金为基数每日按 0.05% 计算。因被申请人自 2022 年 6 月 a 日后再未偿还息费，故息费、罚息的开始起算日均为 2022 年 6 月（a+1）日。

5. 仲裁请求行使房屋抵押权，具有合同及法律依据。

2017 年 7 月，申请人与被申请人签订了真实有效的本案合同。两日后，申请人与被申请人对抵押房屋办理了抵押登记并取得案涉证号为 4 号的《不动产登记证明》，抵押权设立合法有效，截至目前处于持续有效状态。因此，申请人对于案涉抵押房屋行使抵押权具有法律及合同事实依据。

（三）被申请人的主要答辩意见

1. 被申请人并非《借款合同》的实际借款人，其并未实际接收借款，不应承担全部还款责任。

2017 年 7 月，被申请人与申请人签署本案合同。两日后，各方就位于中国 D 处的房屋办理了抵押登记，义务人为第一被申请人，抵押权人为申请人。

但是，在《借款合同》实际履行过程中，申请人未尽审慎义务，在未取得被申请人允许的情况下，擅自将涉案款项 390 万余元支付至案外人自然人 E 的账户。申请人未提交任何证据证明其有权向案外人转账，应当对其违规放款的行为作出合理解释并承担不利后果。

本案法律关系应为典当借款法律关系，在《借款合同》并未约定指定收款账户的情况下，出借人应当按照合同约定将借款支付至借款人本人账户，本案涉案金额巨大，作为专业机构的申请人更应当尽到审慎义务，但其却直接支付借款至案外人账户，且自始至终未对该行为提供合理解释或任何有效证据。

2. 在申请人存在重大履行瑕疵的情况下，被申请人仍秉持诚信原则，偿还了部分本金及利息。同时结合自然人F对申请人进行还款，说明涉案款项自始至终并非第一被申请人一人使用，被申请人不应承担全部还款责任。

首先，关于本金部分。2017年7月，因迟迟未收到申请人的借款，且申请人未提供合理解释，同日，第一被申请人收到自然人F转账近200万元，备注为"自然人B借款200万元"，故，基于意思表示与实际履行行为的一致性，被申请人认为关于200万元的借款法律关系发生在其与自然人F之间，与申请人无关。因此，申请人无权要求被申请人支付200万元的本金及利息。

其次，关于利息部分。从支付记录可以看出，自然人F向申请人支付过数笔款项，如其未曾使用过涉案借款金额，请仲裁庭查明其与申请人之间的法律关系。

3. 截至2022年6月底，第一被申请人已经累计向申请人支付280万余元，该笔金额已经远超其应当承担的还款义务，无需再对申请人进行偿付。

（四）被申请人的主要代理意见

1. 关于本案合同的效力问题。

被申请人认为，《借款合同》"名为典当，实为借贷"，而申请人并不属于银行业监督管理机构批准的金融机构，依法不能从事金融放贷业务，本案合同无效。

首先，《借款合同》的权利义务约定实为借贷。申请人打着"典当"名义从事向不特定人放贷的业务，其发放借款的行为不符合《典当管理办法》第3条所规定的典当特征，其目的是收取高额利息和服务费。

其次，《银行业监督管理法》第19条规定："未经国务院银行业监督管理机构批准，任何单位或者个人不得设立银行业金融机构或者从事银行业金融机构的业务活动。"《典当管理办法》第3条第2款规定："本办法所称典当行，是指依照本办法设立的专门从事典当活动的企业法人，其组织形式与组织机构适用《中华人民共和国公司法》的有关规定。"申请人系从事典当业务的公司，其取得的《典当经营许可证》是由地方金融监管局颁发的，并非中国人民银行、中国证券监督管理委员会、中国银行保险监督管理委员会颁发的金融许可证，其并非银行业监督管理机构批准的金融机构，也不是非银行业金融机构，依法不能从事金融放贷业务。

最后，依据最高人民法院《关于审理民间借贷案件适用法律若干问题的规定》第 13 条第 3 项的规定，"未依法取得放贷资格的出借人，以营利为目的向社会不特定对象提供借款的"，民间借贷合同无效，故《借款合同》无效。依据《民法典》第 388 条的规定，"主债权债务合同无效的，担保合同无效"，故《抵押合同》也无效。

2. 关于申请人是否根据《借款合同》的约定向被申请人放款的问题。被申请人认为，申请人并未根据《借款合同》的约定向被申请人放款。

3. 假设申请人已经向被申请人放款，被申请人是否已经部分还款，以及还款的金额是多少，包括已还款的期限。

被申请人认为，因第一被申请人认识错误，误把自然人 F 向其出借的近 200 万元当成了申请人的放款，故共计向申请人支付了 280 万余元，其中包含本金 200 万元，转账时间为 2020 年 2 月 a 日；息费 80 万余元，转款期限为 2020 年 1 月 b 日至 2022 年 6 月（a+1）日。

4. 如果被申请人有还款责任，关于申请人的仲裁请求里面所计算的各项本金、息费和罚息的金额是否准确，是否可以得到支持。

被申请人认为，针对申请人提出的仲裁请求，如果被申请人有还款责任，关于申请人的仲裁请求里面所计算的各项本金、息费和罚息的金额并不准确，不能得到仲裁庭的支持。

首先，依据《民法典》第 670 条 "借款的利息不得预先在本金中扣除"和《典当管理办法》第 37 条第 2 款 "典当当金利息不得预扣"的规定，申请人主张的本金中含有 "砍头息"，申请人向自然人 E 转账的金额名为 400 万元实际为 390 万余元，申请人仲裁请求的本金不能按照 200 万元计算。

退一步讲，即便申请人预扣的金额为所谓综合费用，依据《典当管理办法》第 38 条的规定，综合费用也应是对当物进行保管、办理保险等的直接费用，而本案中，案涉抵押物根本不需要申请人保管及办理保险，收取该费用于法无据。

其次，申请人主张的借款利息按照月利率 1.5% 计算、罚息每日 5‰ 计算，合计年利率为 36%，已经严重超出法定上限，超出部分利息不应得到支持。因《借款合同》无效，根据《民法典》第 157 条的规定，应调整本案的利息、罚息，合计不应超过 1 年期贷款市场报价利率标准。

最后，因被申请人已经向申请人支付了280万余元，如果被申请人有还款责任，其应还金额应与已经偿还金额相互冲抵。

5. 申请人仲裁请求中有关的抵押权的行使和优先受偿权的请求，是否有法律依据，是否应该得到支持。

被申请人认为，如上述分析，本案合同无效，申请人对案涉房屋不享有优先受偿权，案涉房屋上的抵押权登记应当注销。

6. 因本案合同无效，申请人主张本案律师费和仲裁费应由被申请人承担，没有事实和法律依据。

律师费并非维权所要支出的必要、合理费用，且申请人聘请律师的费用明显高于市场一般水平，该律师费不应由被申请人承担，而应由申请人自行承担。

二、仲裁庭意见

根据各方当事人提交的书面意见、证据材料和仲裁庭的庭审调查，仲裁庭发表以下意见。

仲裁庭认为列举当事人在本案中提交的所有证据并无必要，而应是在以下对本案需要裁决的问题进行分析时，在合适的情况下提及相关证据。为避免疑义，仲裁庭在作出本裁决时，已经充分考虑了当事人提交的所有证据，不论是否在本裁决中提及。

（一）关于本案的法律适用

最高人民法院《关于适用〈中华人民共和国民法典〉时间效力的若干规定》第20条规定："民法典施行前成立的合同，依照法律规定或者当事人约定该合同的履行持续至民法典施行后，因民法典施行前履行合同发生争议的，适用当时的法律、司法解释的规定；因民法典施行后履行合同发生争议的，适用民法典第三编第四章和第五章的相关规定。"本案中，本案合同成立于《民法典》施行前，但是本案合同的履行持续至《民法典》施行后，因此，参照最高人民法院上述司法解释的规定，仲裁庭认为应当适用《民法典》等法律规定审理本案争议。

（二）仲裁庭查明的事实

根据申请人及被申请人提交的现有证据材料和庭审调查，仲裁庭认定以下主要事实：

1. 2017 年 7 月，申请人与被申请人签署了《借款合同》，约定被申请人作为当户以位于中国 D 处的自有房屋抵押，担保典当借款最高债权额的实现，在典当借款最高本金额限度近 620 万元内，分次、连续（或循环）使用典当借款，每次典当借款以当期当票约定内容为准。典当最高债权额期限为 60 个月，从 2017 年 7 月 a 日起至 2022 年 7 月 a 日止。每笔典当借款期限为一个月，到期后申请人可以续当，每次续当为一个月。

2. 同日，申请人与被申请人签署了《抵押合同》，约定为确保《借款合同》项下债权的实现，申请人同意接受被申请人提供的所有权证编号为 1，位于中国 D 处的房屋作为抵押物，对《借款合同》确定的典当最高债权额期限内形成的典当借款最高债权额提供担保，担保范围包括《借款合同》所约定的典当借款最高本金额、利息、综合费用、逾期罚息、违约金、水电气暖费、物业费及实现抵押权的费用。

3. 两日后，第一被申请人签署了 2 号当票，典当借款金额为 400 万元整，初始典当期限自 2017 年 7 月（a+2）日至 2017 年 8 月（a+2）日，月费率 1.4%，扣除该当票项下的综合费用人民币近 6 万元后，实付金额 390 万余元。同日，申请人向自然人 E 账户转账 390 万余元。

4. 同日，申请人与被申请人就位于中国 D 处的房屋办理了抵押登记，义务人为第一被申请人，抵押权人为申请人。

5. 2017 年 8 月（a+1）日至 2018 年 5 月（a+1）日期间，自然人 F 每月向申请人转账近 6 万元，共计近 60 万元；2018 年 6 月 a 日至 2019 年 12 月（a+3）日期间，自然人 F 每月向申请人转账 6 万元。上述每笔银行转账的附言均为"代自然人 B 付息"。

6. 2020 年 1 月，第一被申请人向申请人转账 6 万元。2020 年 2 月，第一被申请人向申请人转账 50 万余元。2020 年 2 月，第一被申请人向申请人转账 100 万元。2020 年 2 月，第一被申请人向申请人转账 50 万元。2020 年 3 月，第一被申请人向申请人转账 3 万元。2020 年 4 月，第一被申请人向申请人转账 6 万元。

2020 年 5 月至 2022 年 6 月期间，第一被申请人每月向申请人转账 3 万元，其中 2020 年 7 月、2020 年 9 月及 2021 年 9 月额外转账 200 元，共计 78 万余元。

7. 2021 年 3 月，申请人员工与第一被申请人的微信聊天记录显示，第一被申请人称："首先这几个月逾期的事情，确实（原文如此，仲裁庭注）事实。用了四年多了，……这笔款到 7 月份也到期了。我也一直想把你这个高息给还了……利息也一共付了 160 多万了。"

8. 2022 年 11 月，G 法院作出 5 号《民事判决书》（以下简称"一审判决书"），其中载明，第一被申请人作为原告要求作为被告的申请人返还不当得利款项 280 万余元及资金占用费，并主张其于 2017 年收到自然人 F 200 万元借款，误以为系申请人履行本案合同的出借款，后第一被申请人知晓申请人未按照本案合同约定支付出借款项，因而成讼。G 法院判决驳回第一被申请人的全部诉讼请求。后，第一被申请人不服一审判决书并提起上诉。

9. 2023 年 3 月，H 法院作出 6 号《民事判决书》（以下简称"二审判决书"），驳回第一被申请人作为上诉人针对一审判决书提出的上诉请求，维持原判。

（三）关于争议焦点问题

仲裁庭对于本案争议的焦点问题分别论述如下：

1. 本案合同的效力。

申请人主张本案合同依法成立，系各方当事人真实意思表示，不违反法律、行政法规的效力性强制性规定，合法有效。

被申请人主张本案合同无效，主要理由包括：首先，《借款合同》虽名为典当，但双方权利义务的约定实为借贷。申请人发放借款的行为不符合《典当管理办法》第 3 条所规定的典当特征，其目的是收取高额利息和服务费。其次，申请人所取得的《典当经营许可证》是由地方金融监管局颁发的，并非中国人民银行、中国证券监督管理委员会、中国银行保险监督管理委员会颁发的金融许可证，其违反了《银行业监督管理法》第 19 条和《典当管理办法》第 3 条第 2 款以及最高人民法院《关于审理民间借贷案件适用法律若干问题的规定》第 13 条第 3 项的规定，因此《借款合同》无效。最后，根据《民法典》第 388 条的规定，《抵押合同》也无效。

仲裁庭认为，根据《典当管理办法》的规定，典当是指当户将其动产、财产权利作为当物抵押或者将其房地产作为当物抵押给典当行，交付一定比例费用，取得当金，并在约定期限内支付当金利息、偿还当金、赎回当物的行为。根据《国务院对确需保留的行政审批项目设定行政许可的决定》的规定，典当业特种行业许可证核发的实施机关是县级以上地方人民政府公安机关。

根据上述法律规定以及仲裁庭查明的事实，仲裁庭认为，申请人的主体身份以及本案合同约定不存在违反法律或行政法规强制性规定的情形，故仲裁庭认定本案合同有效，对本案各方当事人具有法律约束力，本案合同应当作为本案裁决的依据。

2. 关于本案合同约定的借款本金出借的履行情况。

申请人主张，申请人已按照《借款合同》约定，向第一被申请人履行了全部放款义务。主要理由包括：其一，申请人按第一被申请人指令已向自然人 E 实际支付 390 万余元。第一被申请人于同日签署了当票，认可已收到申请人发放的 400 万元本金。其二，第一被申请人于申请人放款同日，配合申请人将合同约定的房屋办理了抵押，房产证原件始终由第一被申请人保管。其三，第一被申请人在签署本案合同后近 5 年内，每月按时向申请人付息续当达 50 多次，中途偿还部分本金 200 万元。其四，2022 年 3 月，第一被申请人主动向申请人表示其 4 年多的时间共支付息费 160 多万元，要求尽快偿还案涉款项。其五，在第一被申请人向法院起诉的不当得利案件中，法院查明第一被申请人委托自然人 E 收款的相关事实，自然人 F 与第一被申请人之间不存在借贷关系，二人之间的全部资金往来都是基于第一被申请人向申请人借款 400 万元。

被申请人主张，申请人没有按照本案合同约定履行放款义务。主要理由包括：首先，在《借款合同》并未约定指定收款账户的情况下，申请人在没有被申请人任何授权的情况下，将 390 万余元直接支付至自然人 E 账户，自然人 E 自始至终未将该笔款项支付给被申请人。其次，2017 年 7 月，被申请人收到自然人 F 转账近 200 万元，附言为"自然人 B 借款 200 万元"。基于意思表示与实际履行行为的一致性，被申请人认为，200 万元的借款法律关系发生在其与自然人 F 之间，与申请人无关。

《典当管理办法》第 30 条第 1 款规定："当票是典当行与当户之间的借贷契约，是典当行向当户支付当金的付款凭证。"在本案中，申请人向仲裁庭提交了第一被申请人签署的当票作为证据，第一被申请人对该当票上自己签字的真实性予以认可。第一被申请人虽然主张该签字是在空白当票上预先签字，但是没有提供充分证据证明其主张，因此，仲裁庭对当票的真实性和效力予以认可。根据《典当管理办法》的上述规定，仲裁庭认为该当票构成了申请人向第一被申请人支付借款的有效凭证。

另外，申请人向仲裁庭提交证据证明，第一被申请人已经向申请人归还部分借款本金，并长期按时支付息费，该系列证据也证明第一被申请人认可收到申请人支付的借款并且本案合同得到了实质履行。

本案各方当事人主要争议的来源在于申请人并未直接向被申请人支付借款本金，而是将该笔资金通过中间人周转。G 法院的一审判决书和 H 法院的二审判决书对于各方当事人对上述付款行为的不同主张进行了审理和认定。仲裁庭注意到，H 法院在二审判决书中认定："本案中，自然人 B（指第一被申请人，仲裁庭注，下同）主张申请人（指申请人，仲裁庭注，下同）接收其转账还款构成不当得利，但根据在案证据，申请人与自然人 B 之间签订有典当借款合同及抵押合同（指本案合同，仲裁庭注，下同），且自然人 B 已签署典当借款 400 万元的当票，申请人提交的转账记录亦显示其公司实际支付了该笔借款，该笔资金经中间人周转后，已由自然人 F 支付给自然人 B；现自然人 F 明确其与自然人 B 不存在借贷关系，二人之间全部资金往来均基于自然人 B 向申请人借款 400 万元的事实。以上事实、证据及当事人陈述相结合，能够认定申请人与自然人 B 存在借款关系，且申请人已履行出借款项义务。"

最高人民法院《关于民事诉讼证据的若干规定》（2019 年修正）第 10 条规定："下列事实，当事人无须举证证明：……（六）已为人民法院发生法律效力的裁判所确认的基本事实；……前款第二项至第五项事实，当事人有相反证据足以反驳的除外；第六项、第七项事实，当事人有相反证据足以推翻的除外。"

本案中，被申请人虽然主张申请人没有履行借款本金的出借义务，但没有提交相反的证据足以推翻上述二审判决书认定的事实，所以仲裁庭认为二审判决书所认定的事实可以作为本案裁决所依据的事实。

需要说明的是，被申请人在本案中申请对申请人提交的 2017 年 7 月"支出凭单"中领款人"自然人 B"的签名进行笔迹鉴定。但是考虑到申请人的反对意见，以及仲裁庭认为本案中其他证据，包括但不限于当票及 G 法院的一审判决书和 H 法院的二审判决书等，足以证明相关事实，本案裁决不依赖上述"支出凭单"，仲裁庭对被申请人提出的鉴定申请不予同意。

另外，《借款合同》第 5 条约定："双方约定月综合费率为典当借款金额的 1.5%……月综合费用甲方（指申请人，仲裁庭注，下同）放款时可以预先扣除。"因此，申请人在支付借款时扣除综合费用人民币近 6 万元后，实付金额 390 万余元，并向自然人 E 账户转账 390 万余元，符合《借款合同》的约定。

综上所述，仲裁庭认定，申请人已经按照《借款合同》及当票的约定向第一被申请人履行了借款本金 400 万元的放款义务。

（四）关于申请人的仲裁请求

1. 关于申请人要求被申请人归还借款本金的仲裁请求。

申请人认为，根据《借款合同》及当票的约定，申请人已经向被申请人履行了放款义务，被申请人于 2022 年 6 月 a 日最后一次支付息费，违反了上述合同及当票约定，该笔典当借款因逾期已绝当，被申请人应向申请人归还本金。

被申请人认为，第一被申请人并非《借款合同》的实际借款人，其并未实际接收借款，不应承担全部还款责任。另，在申请人存在重大履行瑕疵的情况下，被申请人仍秉持诚信原则，偿还了部分金额对应的本金及利息。并且，涉案款项自始至终并非第一被申请人一人使用，被申请人不应承受全部还款责任。

仲裁庭注意到，《借款合同》第 6 条第 1 款约定："典当最高债权额期限内，乙方（指被申请人，仲裁庭注，下同）应按每笔当票具体约定向甲方按时偿还典当本金以及交纳息费。"第 8 条第 3 款约定："乙方应当按合同或当票的约定及时足额归还典当借款本金，交纳息费、违约金及罚息……"

《民法典》第 518 条第 1 款规定："债权人为二人以上，部分或者全部债权人均可以请求债务人履行债务的，为连带债权；债务人为二人以上，债权人可以请求部分或者全部债务人履行全部债务的，为连带债务。"

根据上述合同约定和法律规定，第一被申请人与第二被申请人以共同典当借款人的名义共同签署本案合同的行为，应视为被申请人均与申请人就借贷关系达成了合意，均同意共同对《借款合同》项下的全部债务承担还款责任。申请人应向被申请人履行放款义务，被申请人应如期归还典当借款本金。根据仲裁庭上述分析和认定，申请人已经向被申请人履行了 400 万元的借款本金放款义务。在此情况下，考虑到各方均认可被申请人已经偿还典当借款本金 200 万元，但在 2022 年 6 月 a 日之后，被申请人既未按《借款合同》约定进行续当，也未向申请人偿还任何借款本金，被申请人已经构成违约。仲裁庭认定申请人有权要求被申请人归还200万元借款本金。

2. 关于申请人要求被申请人支付综合费用和罚息的仲裁请求。

申请人认为，根据本案合同及上述当票的约定，被申请人应当按照月利率1.5%向申请人支付综合费用，按照每日5‰支付罚息。

仲裁庭注意到，《借款合同》第1条（二）约定："典当借款最高债权额，包括决算时典当借款最高本金额、息费（综合费用及利息本合同中合称为'息费'）及相关费用……"第18条约定："（一）每笔当票约定典当借款期限届满或续当期限届满后，乙方未能及时按合同约定续当或赎当的，甲方有权按双方约定继续收取息费，同时每逾期一日按相关当票载明的累计典当借款金额加收万分之五的罚息。（二）每笔当票届满五日后，乙方未能按合同约定续当或赎当，视为绝当，乙方应当承担由此产生的违约责任。绝当后，在处理抵押财产时，甲方有权自绝当之日起至甲方收回全部债权之日止，收取相关当票载明的累计借款金额继续发生的息费，并另加收每日万分之五的罚息……"

《民法典》第577条规定："当事人一方不履行合同义务或者履行合同义务不符合约定的，应当承担继续履行、采取补救措施或者赔偿损失等违约责任。"

根据仲裁庭查明的事实，被申请人未依照《借款合同》的约定进行续当或赎当，且未继续支付综合费用。根据上述《民法典》第577条的规定和《借款合同》第18条（一）（二）的约定，仲裁庭认为，申请人有权要求被申请人支付综合费用和罚息。

关于申请人所主张综合费用的计算标准，具有合同约定且没有违反相关法律规定。因此，仲裁庭认为，被申请人应向申请人支付以200万元为基数，以月利率1.5%为标准，自2022年6月（a+1）日起至被申请人实际付清借款本金之日止的综合费用。

关于申请人所主张罚息的计算标准，综合考虑本案的情况，根据公平合理原则，仲裁庭酌定，被申请人应向申请人支付以200万元为基数，以年利率6%为标准，自2022年6月（a+1）日起至被申请人实际付清借款本金之日止的罚息。

3. 关于申请人要求就抵押房屋优先受偿的仲裁请求。

仲裁庭注意到，《抵押合同》关于条款部分约定："为确保《房（地）产最高额典当借款合同》（以下简称'主合同'）项下债权的实现，经审查，甲方（指申请人，仲裁庭注，下同）同意接受乙方（指被申请人，仲裁庭注，下同）提供的房（地）产作为抵押物，对主合同确定的典当最高债权额期限内形成的典当借款最高债权额提供担保……"第 3 条约定，抵押财产为位于中国 D 处的房屋（所有权证编号为 1）。第 4 条约定："本合同抵押担保范围包括：主合同所约定的典当借款最高本金额、利息、综合费用、逾期罚息、违约金、水电气暖费、物业费及实现抵押权的费用……"

根据仲裁庭查明的事实，《抵押合同》第 3 条约定的抵押房屋，已于 2017 年 7 月在不动产管理机构办理了抵押登记，登记的抵押权人为申请人。

仲裁庭认为，根据《民法典》第 402 条关于"以本法第三百九十五条第一款第一项至第三项规定的财产或者第五项规定的正在建造的建筑物抵押的，应当办理抵押登记。抵押权自登记时设立"的规定，以及第 420 条关于"为担保债务的履行，债务人或者第三人对一定期间内将要连续发生的债权提供担保财产的，债务人不履行到期债务或者发生当事人约定的实现抵押权的情形，抵押权人有权在最高债权额限度内就该担保财产优先受偿"的规定，申请人对于前述房屋的抵押权已有效设立，申请人对该等抵押房产折价、拍卖、变卖所得价款在抵押担保的最高债权额限度内享有优先受偿权。

申请人在《借款合同》第 3 条约定的最高债权额期限，即 2017 年 7 月至 2022 年 7 月期间，依据案涉当票向借款人发放的借款本金总额为 400 万元，未超过本案合同约定的最高本金额上限。并且，被申请人已向申请人归还了其中 200 万元借款本金。对于申请人主张就前述抵押房产的折价、拍卖、变卖所得价款在 200 万元借款本金总额及相应的综合费用、罚息、维权费用的范围内享有优先受偿权，符合合同约定和法律规定，仲裁庭予以支持。

4. 关于申请人要求被申请人支付律师费的仲裁请求。

根据《仲裁规则》第 52 条的规定，并结合仲裁庭对本案的综合分析和认定，仲裁庭认定被申请人应向申请人支付律师费。

5. 关于本案仲裁费的承担。

根据《仲裁规则》第 52 条的规定并综合本案案情，仲裁庭认定本案仲裁费应全部由被申请人承担。

三、裁决

基于上述事实和理由，仲裁庭裁决如下：

（1）被申请人向申请人归还典当借款本金。

（2）被申请人向申请人支付自 2022 年 6 月（a+1）日起至典当借款本金清偿之日止的综合费用，以本金为基数，按照月利率 1.5%的标准计算。

（3）被申请人向申请人支付自 2022 年 6 月（a+1）日起至典当借款本金清偿之日止的罚息，以本金为基数，按照年利率 6%的标准计算。

（4）申请人对位于中国 D 处的房屋（所有权证编号为 1）享有抵押权，并就本裁决书认定的申请人债权对抵押房屋的拍卖、变卖款享有优先受偿权。

（5）被申请人向申请人补偿申请人支出的律师费。

（6）本案仲裁费由被申请人全部承担。鉴于本案仲裁费已由申请人向仲裁委员会全额预缴，被申请人应补偿申请人代其垫付的仲裁费。

上述被申请人应向申请人支付之款项，应于本裁决生效之日起 15 日内支付完毕。

本裁决为终局裁决，自作出之日起生效。

 案例评析

【关键词】典当纠纷　借款纠纷　综合费用　费用标准

【焦点问题】

在审理典当交易纠纷案件时，仲裁庭应当厘清典当合同法律关系的认定标准，结合案件事实进行准确的判断和定性；在考虑综合费用等典当纠纷争议问题时，仲裁庭应当充分关注到典当合同纠纷与普通借款合同纠纷的异同，并尊重当事人的意思自治。

【焦点评析】

本案的基本案情是，申请人和第一被申请人与第二被申请人订立了《借款合同》和《抵押合同》，约定将第一被申请人名下的自有房屋抵押担保典当借款，在典当借款最高本金额限度约 620 万元内，分次、连续（或循环）使用典当借款，每次借款以当期当票约定内容为准；典当最高债权额期限为 60 个月。每笔典当借款期限为一个月，到期后申请人可以续当，每次续当为一

个月。申请人与被申请人就上述房产办理了抵押登记，义务人为第一被申请人，抵押权人为申请人。

上述协议签署后，根据《借款合同》的约定，第一被申请人签署了当票，记载典当借款金额为 400 万元整，初始典当期限为 13 个月，月费率 1.4%，扣除该当票项下的综合费用 6 万余元后，申请人应实付典当借款金额 390 余万元。同日，申请人向被申请人指定账户转账 390 余万元。

在《借款合同》履行过程中，双方当事人产生争议，申请人遂向仲裁委员会提出本案仲裁申请。

现结合本案案情及争议焦点问题，评述如下：

一、典当合同法律关系的认定标准

确认一份合同是典当合同还是民间借贷合同或金融借款合同，应从典当合同的要素和缔约方的意思表示入手，其中影响典当合同关系认定的常见争议集中在出借方主体是否具备典当行企业的资质，以及典当行企业与当户是否就当物办理抵押、质押等担保登记手续。

（一）典当合同关系对于主体资质的特殊要求

从法律规定层面看，根据《典当管理办法》的规定，典当是指当户与典当行之间进行的法律行为。从监管的层面看，根据中国人民银行、原中国银行业监督管理委员会、中国证券监督管理委员会、原中国保险监督管理委员会、国家统计局共同印发的《金融企业划型标准规定》，典当行企业与银行业非存款金融机构、贷款公司、小额贷款公司并列，合称为"非货币银行服务类金融企业"，可见典当行企业具有金融服务属性。

可能与典当合同关系产生混淆的民间借贷合同关系以及房屋租赁合同关系，对于缔约主体没有特殊的要求。民间借贷的主体可以是自然人、法人及其他组织等非金融机构，而典当合同关系对于主体资质的要求更为严格，其中一方主体必须是依法设立的典当行企业。

在司法实践中，有法院的案例认为，尽管当事人之间订立了名为"典当"的相关合同，因出借方不具备典当行企业的主体资质等问题，当事人之间成立的系民间借贷法律关系，而非典当合同法律关系。被申请人在本案中即提出了类似的主张。

具体而言，被申请人认为，申请人的经营许可证并非中国银行保险监督管理委员会颁发，不具有典当行企业的主体资质，所以双方当事人的关系是"名为典当，实为借贷"。对于被申请人的上述主张，仲裁庭认为，典当行企业是具有一定特殊性的金融机构，根据《典当行管理办法》《典当行业监管规定》和合同成立时有效的《国务院对确需保留的行政审批项目设定行政许可的决定》的规定，省级商务主管部门负责本地区典当行企业和《典当经营许可证》的监管，《典当业特种行业许可证》核发的实施机关是县级以上地方人民政府公安机关。据此，典当行企业的设立和审批无需经过中国银行保险监督管理委员会，设立审批和证照监管均由地方商务主管部门和地方人民政府公安机关负责，所以被申请人的关于申请人不具备典当行企业资质的主张缺乏依据。

（二）当物担保登记手续对典当法律关系的影响

根据《典当管理办法》的规定，典当是指当户将其动产、财产权利作为当物质押或者将其房地产作为当物抵押给典当行，交付一定比例费用，取得当金，并在约定期限内支付当金利息、偿还当金、赎回当物的行为。典当须以当物为担保，而民间借贷并不要求借款人必须提供担保，即使担保也不限制担保提供人是借款人还是第三人。因此，典当合同关系与民间借贷合同关系的另一个重要区别在于，典当合同关系的核心"典当"与当物的"担保"紧密相关，以及围绕当物产生的借贷、担保以及绝当所产生的特殊规则。

在本案中，申请人与被申请人在签订《借款合同》及《抵押合同》后，依照法律规定完成了房屋抵押登记手续，双方当事人对此均未提出异议。然而，若典当合同仅包含借贷条款而缺少相应的当物担保，存在第三方可能基于优先权对当物提出权利主张，这将对绝当规则的后续适用构成阻碍，进而对典当合同关系的法律认定产生较大影响。综上，对于典当合同关系的认定，需要重点审查典当合同的要素，包括缔约主体资质，以及合同关于当票、当物担保的约定以及当物实际办理担保登记的情况。

二、典当纠纷中关于当金和综合费用认定的常见问题

（一）关于当金利息和综合费用的标准

典当行企业经营典当业务所收取的费用包括当金利息和综合费用等。《典当管理办法》第37条和第38条对于当金利率和综合费率的标准作出了较清晰的规定。虽然按照不同类型当物收取的综合费率有所差别，但其中最低类

型的综合费率与当金利率相加时的利率，已超 4 倍的银行同期贷款利率或 4 倍的全国银行间同业拆借中心发布的贷款市场报价利率（LPR），而超出部分能否受到司法保护则成为典当纠纷中常见的争议。

从历史发展角度看，最早明确适用 4 倍的银行同期贷款利率见于最高人民法院在 1991 年印发的《关于人民法院审理借贷案件的若干意见》第 6 条的规定，其后 4 倍的银行同期贷款利率作为司法保护上限被民间借贷的相关司法解释所明确。

而与之不同的是，中国人民银行在 1996 年颁发的《典当行管理暂行办法》中设定质押贷款的月利率，可以国家规定的同档次流动资金贷款利率为基础上浮 50%，典当的费用包括服务费、保管费和保险费等，其月综合费率最高可达当价的 4.5%。典当行业收取的利息及综合费用的综合利率，自有规范性规定以来，一直结合行业与历史息费习惯，长期高于民间借贷受到司法保护的上限。

最高人民法院在 2017 年印发的《关于进一步加强金融审判工作的若干意见》第 2 条规定："金融借款合同的借款人以贷款人同时主张的利息、复利、罚息、违约金和其他费用过高，显著背离实际损失为由，请求对总计超过年利率 24% 的部分予以调减的，应予支持……"最高人民法院在《关于新民间借贷司法解释适用范围问题的批复》中进一步明确了典当行企业的金融机构身份，其收取的当金利息和综合费用的综合利率不受民间借贷司法解释中对于利息的 4 倍 LPR 的限制。虽然目前没有针对典当纠纷专门颁布司法解释，但参考上述两部最高人民法院发布的司法解释的规定，可以明确的是，典当合同约定典当行企业收取的当金利息、综合费用以及罚息和违约金等综合利率超过年利率 24% 的部分可能不受司法保护。

在本案中，申请人要求被申请人按照月利率 1.5% 的标准支付综合费用、每日 5‰ 的标准支付罚息。被申请人则主张，即使假设被申请人应支付上述款项，也应调整综合费率和罚息利率，两项总计费率不应超过一年期贷款市场报价利率标准。仲裁庭认为，《典当借款合同》约定综合费率为月利率 1.5%，没有超过《管理办法》规定的标准，但综合费用加上罚息的总计利率过高。在此情况下，参照上述司法解释的规定，基于公平合理原则，仲裁庭酌定将罚息利率调整为年利率 6%，在综合费用加上罚息的总计利率不超过年利率 24% 的部分，支持了申请人关于综合费用和罚息的仲裁请求。

（二）关于预扣综合费用的问题

关于典当行企业是否有权预扣综合费用，目前尚未有明确的法律法规进行规制。《典当管理办法》仅规定典当当金利息不得预扣，而没有规定综合费用是否可以预扣。在法律没有明确规定禁止的情况下，仲裁庭原则上应当尊重当事人的意思自治。在当事人有约在先且符合《典当管理办法》规定和行业交易惯例的前提下，对于适当期限内综合费用的预付抵扣行为应当予以认可。

至于典当行企业预扣多少综合费用合适，应当从合同关于综合费用的支付期限出发，充分考量双方当事人利益。一方面，如果允许典当行企业一次性预先扣除多期或多月的综合费用，可能损害当户使用当金的期限利益，造成典当行企业与当户权利义务失衡。另一方面，《民法典》规定双方约定不明确时，合同的解释可以适用习惯，司法应当尊重典当行业的惯例。典当综合费用作为典当行业的惯例有其特殊性，其收取标准及司法规制原则上应有别于利息或其他费用。仲裁庭对综合费用的预先扣除不能完全否认其效力，而应在未显著影响当金使用期限利益的情况下予以准许。因此，在充分考量双方当事人利益的情况下，仲裁庭酌定允许扣除一个月的综合管理费为宜，而在司法实践中，上海金融法院等一些法院的案例持同样的观点。

在本案中，第一被申请人与申请人签署的当票约定，借款本金为400万元，申请人在扣除一个月的综合费用6万余元后，向被申请人支付390余万元。如上述分析所述，在申请人与被申请人已经明确约定扣除一个月综合费用的情况下，仲裁庭认定申请人向被申请人发放了400万元贷款本金。

【结语】

典当合同交易除了遵循一般的商事交易原则，还必须遵守一些特殊的行业规范，具有其特殊性。本案裁决深入分析了合同约定是否符合典当合同的基本要素，在符合相关法律法规和行业惯例的前提下，根据合同解释的原则探寻当事人的真实意思表示，体现了商事仲裁尊重合同条款并坚持公平合理原则的裁判精神。

案例十九

A 融资租赁公司、B 渔业公司、自然人 C、自然人 D、自然人 E、自然人 F、自然人 G、自然人 H、自然人 I、自然人 J、自然人 K 融资租赁合同争议案

中国国际经济贸易仲裁委员会（以下简称"仲裁委员会"）根据申请人中国 A 融资租赁公司（原名：a 公司，以下简称"A 公司"或"申请人"）和被申请人中国 B 渔业公司（以下简称"B 公司"或"第一被申请人"）于 2017 年 12 月 a 日签订的《融资租赁合同》以及相关《保证合同》《抵押协议》《股权质押合同》《监管协议》等仲裁条款的约定，以及申请人于 2020 年 12 月×日提交的书面仲裁申请，受理了申请人与第一被申请人、被申请人自然人 C（以下简称"第二被申请人"）、被申请人自然人 D（以下简称"第三被申请人"）、被申请人自然人 E（以下简称"第四被申请人"）、被申请人自然人 F（以下简称"第五被申请人"）、被申请人自然人 G（以下简称"第六被申请人"）、被申请人自然人 H（以下简称"第七被申请人"）、被申请人自然人 I（以下简称"第八被申请人"）、被申请人自然人 J（以下简称"第九被申请人"）、被申请人自然人 K（以下简称"第十被申请人"）之间的本争议仲裁案。

一、案情

（一）申请人的仲裁请求及事实和理由

2015 年 10 月，第一被申请人与中国 L 市船舶修造公司（以下简称"L 公司"）签订《造船合同》，约定：第一被申请人在 L 公司合计建造 5 艘 49.98 米双夹板远洋单拖网渔船。2016 年 5 月，中国 M 市船舶与海洋工程公司（以下简称"M 公司"）与第一被申请人就上述 5 艘渔船电力推进系统项目分别

案例十九　A 融资租赁公司、B 渔业公司、自然人 C、自然人 D、自然人 E、自然人 F、自然人 G、自然人 H、自然人 I、自然人 J、自然人 K 融资租赁合同争议案

签订了编号为 1 和 2 的工程项目合同。第一被申请人因此在上述合同项下拖欠 M 公司设备款及延迟支付赔偿金合计 9300 余万元。为使上述 5 艘渔船尽快投入营运，同时保障 M 公司设备款尽快回款。经 M 公司协调，由申请人为第一被申请人就上述 5 艘渔船提供售后回租方案。

在船舶购买款支付流程中，根据第一被申请人签署的《船舶买卖合同》的约定，申请人向 M 公司支付了船舶购买款中的近 9000 万元，除去直接扣除的 200 万元租赁手续费外，余款 450 万元于 2018 年 2 月支付至第一被申请人账户。

2017 年 12 月 a 日，申请人与第一被申请人签订了《融资租赁合同》，约定第一被申请人以融资租赁的方式向申请人出售并回租 5 艘渔船及船上设备，每艘渔船的出售价款为 2000 万元，船舶总购买价款为 1 亿元。租赁利息按照租赁利率、以租赁本金余额计算。租金总额为 1 亿余元，租赁期限为 2 年，租赁利率约 16%，留购价款为 1 元。

第一被申请人应按照申请人发起的《实际租金支付表》向申请人支付租金，要求第一被申请人分 8 期支付租金，每期应支付租金约 1500 万元，具体支付内容见下表：

租金期数	租金应支付时间	租金金额	实际回款	还款时间
第 1 期租金	2018 年 5 月	约 1500 万元	约 30 万元	2018 年 5 月
			约 200 万元	2018 年 7 月
第 2 期租金	2018 年 8 月	约 1500 万元	约 300 万元	2018 年 10 月
第 3 期租金	2018 年 11 月	约 1500 万元		
第 4 期租金	2019 年 2 月	约 1500 万元	约 200 万元	2019 年 3 月
第 5 期租金	2019 年 5 月	约 1500 万元	约 250 万元	2019 年 5 月
第 6 期租金	2019 年 8 月	约 1500 万元	约 600 万元	2019 年 9 月
			约 1000 万元	2019 年 10 月
第 7 期租金	2019 年 11 月	约 1500 万元		
第 8 期租金	2020 年 2 月	约 1500 万元	约 1500 万元	2020 年 2 月
留购价款	2020 年 2 月	1 元	约 80 万元	2020 年 5 月

租金期数	租金应支付时间	租金金额	实际回款	还款时间
			约 2 万元	2020 年 6 月
			约 50 万元	2020 年 6 月
			约 40 万元	2020 年 7 月
			约 40 万元	2020 年 8 月
			约 50 万元	2020 年 9 月
			约 40 万元	2020 年 11 月

《融资租赁合同》第20.1条约定"如乙方未按本合同约定向甲方支付租金以及其他应付款项，乙方应当按每日万分之五向甲方支付逾期金额自支付日到实际之日止的逾期利息"，第一被申请人未依约支付租金，应同时向申请人支付按日计算的逾期利息。故而按照上述《实际租金支付表》，第一被申请人拖欠的租金总额总计1亿余元，以及逾期利息（暂计至2020年11月）共计150余万元。

第三被申请人与第六被申请人系夫妻，第四被申请人与第七被申请人系夫妻，第五被申请人系第二被申请人的母亲，第八被申请人系第一被申请人的实际控制人也是第二被申请人的父亲。

2017年12月，第五被申请人签署7号《保证合同》；同日，第八被申请人签署8号《保证合同》、第二被申请人签署9号《保证合同》、第三被申请人与第六被申请人签署10号《保证合同》、第四被申请人与第七被申请人签署11号《保证合同》。

上述五份《保证合同》内容一致，均约定保证人对第一被申请人所负的全部债务提供不可撤销的连带责任保证担保。保证范围为承租人在主合同项下应向债权人支付的全部租金、违约金、损害赔偿金、债权人为实现债权而支付的各项费用（包括但不限于诉讼费、仲裁费、律师费、差旅费及主合同项下租赁物取回时拍卖、评估等费用）和其他所有承租人应付款项。保证期间为保证合同生效之日起至主合同项下最后一期债务履行期限届满后2年。《保证合同》第12.2条还约定，保证人如未按期履行保证责任，应按照逾期金额每日5‰向申请人支付迟延利息。因第一被申请人未依约履行《融资租赁合同》，拖欠租金及逾期利息至今，故而在申请书副本送达之日起7日内

（《保证合同》第 10.2 条约定的时间），保证人应当履行全部债务，未履行的
应按约支付迟延利息。

除上述五份《保证合同》外，中国 N 市国际贸易公司（以下简称"N 公
司"）也签署了编号为 6 号的《保证合同》，根据申请人自国家企业信用公示
系统查询的信息显示该公司已注销。根据最高人民法院《关于适用〈中华人
民共和国仲裁法〉若干问题的解释》第 8 条之规定，当事人订立仲裁协议后
合并、分立的，仲裁协议对其权利义务的继受人有效。当事人订立仲裁协议
时另有约定的除外。该条款可以理解为最高人民法院对于企业法人的分立与
合并所涉及的权利义务的继受采取了肯定态度，体现了对当事人意思自治的
尊重，同时给予订立仲裁条款的当事人享有特别约定的权利。而企业法人的
注销实质上等同于企业法人在法律层面上的死亡，同样会出现权利义务的继
受，且这样的继受与法人的合并与分立等权利义务的继受并无实质上的区别，
故企业法人的注销同样适用该条款的规定。

N 公司与申请人签署的 6 号《保证合同》第 13.2 条对该合同引发的争议
均同意选择仲裁委员会 T 市分会作为争议解决方式。第九被申请人及第十被
申请人作为 N 公司的股东，第九被申请人系第一被申请人实际控制人的哥哥，
第十被申请人系第一被申请人实际控制人的小姨子，可以推定二人知悉该合
同中的仲裁条款，该仲裁条款在 N 公司注销后对两股东具有约束力。且两股
东已通过公司清算从 N 公司继受了公司的剩余财产，该继受可视为两股东对
N 公司在该保证合同项下权利义务在形式上的继受，故而，在 N 公司注销后，
6 号《保证合同》的仲裁条款对第九被申请人及第十被申请人具有约束力。
因此，第九被申请人及第十被申请人应同其他保证人一样承担连带保证责任
并承担按日计算的迟延利息。

2018 年 1 月，申请人与第一被申请人签订了《抵押协议》，抵押财产为 5
艘渔船，并设立了抵押登记，抵押登记期限为 2017 年 12 月至 2019 年 12 月
（2018 年 1 月办理了抵押登记手续），合同约定如抵押期限届满，第一被申请
人尚未偿清债务，申请人依法享有的抵押权不变，如果第一被申请人未按时
支付租金，申请人可以就抵押物拍卖、变卖所得的价款优先受偿。

第二被申请人、第三被申请人及第四被申请人是第一被申请人 B 公司的
三名股东，为确保第一被申请人正常履行债务，2017 年 12 月上述三股东与申
请人分别签订了编号依次为 13 号、14 号、15 号的《股份质押合同》。上述三

份《股权质押合同》均同意将各自名下持有的第一被申请人的全部股份质押给申请人，担保的主债权本金为 1 亿元，质押标的为各自全部股权及其派生的权益。并约定质押期限自 2017 年 12 月至 2019 年 12 月，上述抵押期届满后申请人享有的质押权不变。

现第一被申请人未依约履行义务，拖欠租金及利息，上述质押期限届满未偿还债务，申请人有权处分质押股权及其派生权益，并就拍卖、变卖所得的价款优先受偿。

2017 年 12 月，为确保第一被申请人履行《融资租赁合同》下的义务，申请人、第一被申请人、M 公司、N 公司、O 公司五方签订了《监管协议》。申请人与 M 公司是监管方，N 公司是销售来自第一被申请人在伊朗的渔获而专门成立的贸易公司，O 公司是为了可以在伊朗海域进行捕鱼而成立的公司，第一被申请人、N 公司、O 公司是被监管方，各方一致认可申请人、M 公司可以就监管账户进行监管，监管账户包含已开户和将来开户的，所有渔获产生的销售收入、燃油补助应存入监管账户，除日常开支外，第一被申请人应当将监管账户内的资金优先用于偿还应向申请人支付的所有款项。因此，申请人请求裁决其对监管账户享有优先受偿权。

申请人最终提出如下仲裁请求：

（1）裁决第一被申请人向申请人支付到期未付租金 1 亿余元。

（2）裁决第一被申请人向申请人支付逾期利息 150 余万元；（以 1 亿余元为基数，从 2020 年 11 月起，按每日 5‰ 的标准，暂至 2020 年 11 月，以实际支付之日为准）。

（3）裁决第一被申请人向申请人支付留购价款 1 元。

（4）裁决第一被申请人向申请人支付律师代理费、法院保全费以及因财产保全而支付的保险费。

（5）裁决第二被申请人、第三被申请人、第四被申请人、第五被申请人、第六被申请人、第七被申请人、第八被申请人、第九被申请人、第十被申请人对第一被申请人上述全部债务按照无限连带责任保证向申请人承担保证责任。

（6）裁决第二被申请人、第三被申请人、第四被申请人、第五被申请人、第六被申请人、第七被申请人、第八被申请人、第九被申请人、第十被申请人分别按照申请人对第一被申请人的全部债权金额的每日 5‰ 向申请人支付迟延利息（从仲裁通知第一次开庭即 2021 年 4 月起第八日起算，至上述全部债权金额被实际支付之日止）。

（7）裁决申请人就《抵押协议》中的抵押物（5 艘船舶）拍卖、变卖所得的价款优先受偿。

（8）裁决申请人就 13 号《股权质押合同》中第二被申请人所享有的 B 公司 60%的股权（2000 余万股）及其派生权益拍卖、变卖所得价款优先受偿。

（9）裁决申请人就 14 号《股权质押合同》中第三被申请人所享有的 B 公司 20%的股权（700 余万股）及其派生的权益拍卖、变卖所得价款优先受偿。

（10）裁决申请人就 15 号《股权质押合同》中第四被申请人所享有的 B 公司 20%的股权（700 余万股）及其派生的权益拍卖、变卖所得价款优先受偿。

（11）裁决申请人就第一被申请人名下《监管协议》中的监管账户（包括已开户和将来新开户）中的账款享有优先受偿权。

（12）裁决在第一被申请人付清《融资租赁合同》项下全部租金以及其他应付款项之前，共计 5 艘渔船的全部所有权归申请人所有。

（二）被申请人的答辩意见

1. 申请人请求支付租金的期间未届满。

第一被申请人与申请人在 2019 年底协商一致，达成变更意见，即双方确认截至 2019 年 12 月欠款本金约 7900 万元，利息约 1600 万元，剩余利息分 5 年付清，按季度支付，每年第一季度支付 1500 万元，第二、三、四季度每季度支付 130 万元，展期期间的利息调整为 7%，最后一年付清利息。

项目内容	原合同	变更后
利率	约 17%/年	7%/年
还款期限	2018 年 2 月至 2020 年 2 月	自 2020 年 1 月起展期 5 年
还款方式	按季度支付，等额本息每季度还约 1500 万元	按季度支付，每年第一季度支付 1500 万元，后三个季度每季度支付 130 万元
其他内容	确认截至 2019 年 12 月欠付租金本金为约 8000 万元、利息约 1600 万元最后一年付清利息约 1600 万元	

根据申请人提交的《会议备忘录》，申请人同意第一被申请人在 2021 年

底前付清余款，将还款期限延展至 2021 年 12 月。根据双方签署的《会议备忘录》，目前债务还款期限仍未届满，申请人请求支付租金与双方的约定不符。

2. 第一被申请人与申请人之间系借贷关系，而非融资租赁关系。

根据最高人民法院《关于审理融资租赁合同纠纷案件适用法律问题的解释》第 1 条的规定，人民法院应当结合标的物的性质、价值、租金的构成以及当事人的合同权利和义务，对是否构成融资租赁法律关系作出认定。对名为融资租赁合同，但实际不构成融资租赁法律关系的，人民法院应按照实际构成的法律关系处理。

首先，"买卖船舶"并未实际发生，案涉船舶没有实际办理登记变更。根据《物权法》第 23 条，动产物权的设立和转让，自交付时发生效力，但是法律另有规定的除外；《船舶登记条例》第 5 条规定，船舶所有权的取得、转让和消灭，应当向船舶登记机关登记。虽然第一被申请人与申请人双方签订了《船舶买卖合同》和《船舶交接书》，但案涉船舶并未发生转让变更登记，案涉船舶也未实际转移交付。

其次，第一被申请人将案涉 5 艘渔船以每艘 2000 万元的价格出售给申请人，又将该 5 艘渔船从申请人处租回使用。《船舶买卖合同》约定的 2000 万元出售价远远低于每艘 3000 万元的造价，约定的融资额度与租赁物的实际价值相比明显偏低，申请人所支付的款项明显不是购买船舶的对价。在《融资租赁合同》中，租金不是承租人占有、使用租赁物的对价，而是出租人出资购买租赁物的对价，在租赁金额上一般由租赁物的购买价款及相关费用与利润构成。

从船舶的购买价格、船舶转让登记和交付等情况来看，双方之间并不存在真实的船舶买卖关系，双方之间只有融资，没有融物，其真实的法律关系为借贷关系。申请人仅向第一被申请人出借资金 9800 万元，其中 200 万元以租赁手续费名义收取的"砍头息"不符合法律规定，导致第一被申请人需要多归还本金 200 万元，多支付利息 60 余万元，合计多支付 260 余万元，该 260 余万元应当在申请人的仲裁请求中予以扣除。

3. M 公司与申请人签署了《合作协议》，约定如第一被申请人未如约偿还租金，则 M 公司在 7 个工作日内将当期租金的 50% 先期支付给申请人。M 公司对第一被申请人的债务承担 50% 的担保责任且其按照约定已代第一被申请人支付了 3500 余万元。

虽然申请人以《合作协议》为复印件为由而否认其真实性，但从申请人提交的其与 M 公司签订的《监管协议》和《会议备忘录》可以判断上述《合作协议》的真实性。M 公司并非本案合同相对人，又未签订担保合同，作为"局外人"，没有必要对第一被申请人进行监管和督促其还款，明显 M 公司是基于与申请人之间签署的《合作协议》为避免承担担保责任，才会对第一被申请人进行监管。

故，申请人不得就以上 M 公司代偿的款项向第一被申请人进行主张。即便 M 公司不构成对第一被申请人债务的担保，其实际支付了 3500 万元，申请人实际取得了该笔款项的使用权，对其并未造成实际的损失，申请人无权就该 3500 万元部分向第一被申请人主张违约金。

4. 申请人主张的未付租金以及逾期付款违约金明显有误，且违约金计算标准过高。

（1）申请人请求的未付租金计算方式有误，第一被申请人支付的款项应当抵扣本金。

根据《融资租赁合同》的约定，第一被申请人应当于 2018 年 5 月 9 日支付租金近 1500 万元，实际分别于 2018 年 5 月 16 日支付近 30 万元，7 月 5 日支付 200 万元。申请人于 2018 年 7 月向第一被申请人发出《催款通知书》，催告第一被申请人支付第一期租金剩余款项近 1300 万元，即近 1500 万元-近 200 万元，也即申请人认可第一被申请人支付的近 200 万元为租金，而非抵扣的违约金。

根据合同约定，第一被申请人应当于 2019 年 2 月前支付四期租金合计近 6000 万元，截至 2019 年 3 月，第一被申请人实际支付合计近 540 万元。申请人于 2018 年 7 月向第一被申请人发出《催款通知书》，催告第一被申请人支付四期租金剩余款项近 5500 万元，即近 6000 万元-近 500 万元，也即申请人认可第一被申请人支付的 500 万元为租金，而非抵扣的违约金。

根据第一被申请人提交的微信聊天记录，申请人项目经办人自然人 P 在向第一被申请人催款过程中，均系向第一被申请人催讨租金，从未要求第一被申请人支付违约金，并且还强调要求第一被申请人在付款时备注为"租金"，2020 年 6 月份之后，第一被申请人支付的每一笔均做了备注。可见，双方对被第一被申请人支付的款项均认可为租金，而非抵扣的违约金。

截至 2019 年 12 月，第一被申请人共计向申请人支付款项近 2600 万元。按照第一被申请人提交的款项抵扣方式，截至 2019 年 12 月，共计产生近 1500 万元逾期付款违约金，剩余近 1000 万元不足以支付第一期租金。而申请人却在 2019 年 12 月向第一被申请人开具了第一期租金的全额利息近 400 万元发票，即认可第一被申请人全额支付了第一期租金，可见申请人主张的款项抵扣方式与事实不符。

综上，截至仲裁开庭前，第一被申请人总计支付款项近 4000 万元，双方均认可此款项为租金，而非抵扣的违约金，故第一被申请人还应支付的租金为 7000 余万元，而非申请人主张的金额。

（2）申请人请求的逾期付款违约金计算方式有误。

首先，根据申请人提交的 2020 年 8 月 b 日《会议备忘录》，申请人同意将还款期限延展至 2021 年 12 月 a 日，即在此之前还款均不属于违约，申请人主张逾期付款违约金明显缺乏依据。

其次，申请人对违约金的计算方式有误。例如，2019 年 3 月第一被申请人还款 200 万元，申请人主张违约金 300 余万元，当期逾期付款金额 5000 余万元，包含租金 5600 余万元以及违约金 140 余万元，而在 2019 年 5 月 28 日的违约金计算时，申请人是以近 5800 余万元为基数计算当期付款违约金。根据约定，计算逾期付款违约金是以应付而未付租金作为基数，而不包含逾期付款违约金，并且，以逾期付款违约金作为基数计算违约金明显不合理。

（3）申请人请求的违约金计算标准过高。

第一被申请人向申请人融资 1 亿元，约定租赁利率标准为近 16.6%，租金总额为 1 亿余元（租金为 1 亿余元，留购价款为 1 元，仲裁庭注）。申请人以未付租金为基数按照每日 5‰主张逾期付款违约金，即年利率 18%，如果按照该违约金计算标准，则最终的综合年利率达到了 37.62%。根据最高人民法院《关于审理民间借贷案件适用法律若干问题的规定》，利率超过合同成立时 1 年期贷款市场报价利率 4 倍的不受法律保护。申请人是由商务部门批准设立的公司，是为了服务其内部企业而设立的，其未提交证据证明其属于金融部门监管的企业，故上述司法解释适用于本案。目前，贷款市场报价利率（LPR）的年利率为 3.85%，4 倍即为 15.4%。故申请人主张的违约金标准已经超过法律允许的上限，属于明显过高，应予以调整。

5. 申请人要求第一被申请人支付律师费缺乏合同依据。

根据《融资租赁合同》的约定，申请人仅有权在提前终止合同的前提下向第一被申请人主张律师费。而根据申请人的仲裁申请，其认为租期已经届满，不存在提前终止合同的情况，故其主张律师费缺乏合同依据。

6. 申请人要求担保人在主债务之外支付迟延利息不符合法律规定。

保证合同是主合同的从合同，保证责任是主债务的从债务，基于担保从属性的必然要求，保证责任的范围不能大于主债务。根据最高人民法院印发的《全国法院民商事审判工作会议纪要》（以下简称《九民纪要》），当事人约定的担保责任的范围大于主债务的，如针对担保责任约定专门的违约责任，应当认定大于主债务部分的约定无效，从而使担保责任缩减至主债务的范围。

根据最高人民法院《关于适用〈中华人民共和国民法典〉有关担保制度的解释》第 3 条，当事人对担保责任的承担约定专门的违约责任，或者约定的担保责任范围超出债务人应当承担的责任范围，担保人主张仅在债务人应当承担的责任范围内承担责任的，人民法院应予支持。

故，申请人要求担保人在主债务之外支付迟延利息明显不符合法律规定。

7. 申请人要求租金付清之前案涉船舶所有权归其所有不符合法律规定。

根据《合同法》第 248 条的规定，承租人经催告后在合理期限内仍不支付租金的，出租人可以请求支付全部租金；也可以解除合同，收回租赁物。根据最高人民法院《关于审理融资租赁合同纠纷案件适用法律问题的解释》第 10 条，出租人既请求承租人支付合同约定的全部未付租金又请求解除合同的，人民法院应告知其依照《民法典》第 752 条的规定作出选择。出租人请求承租人支付合同约定的全部未付租金，人民法院判决后承租人未予履行，出租人再行起诉请求解除合同、收回租赁物的，人民法院应予受理。

按照上述规定，申请人仅能在要求支付剩余租金和解除合同、收回租赁物中选择一项作为请求，即便将来第一被申请人在裁判文书生效后仍未支付剩余租金，申请人也应当另案提出仲裁，而不能在本案中同时提出两项仲裁请求。

综上所述，首先，同意第一被申请人在 2021 年底前付清余款，将还款期限延展至 2021 年 12 月 a 日，截至目前该期限尚未届满，其请求支付剩余租金缺乏依据。既然仲裁庭认为被申请人的上述主张不成立，那么申请人所主张的剩余租金金额也明显错误，被申请人应当支付的剩余租金金额为 7500 余万元。申请人计算违约金的方式不正确，要求担保人在主债务之外承担责任不符合法律规定。

第四被申请人提交的落款日期为 2021 年 2 月 23 日的《仲裁答辩状》，第四、第七被申请人提交的落款日期为 2021 年 5 月 17 日的《仲裁答辩状》，陈述主要意见如下：

1. 第四、第七被申请人对本案《融资租赁合同》项下的债务不承担担保责任。

在第一被申请人工商登记的股权结构中，第四被申请人持有 20% 的股权比例，但并非实际股东，是应第八被申请人要求代其持有，并不享有股东权利义务，也不参与公司的具体经营。按照《监管协议》的内容，结合第一被申请人名下 5 艘渔船的运营能力，其可得收入应可覆盖融资租赁费。如果申请人按照协议履行监管义务，纠纷便可以避免。申请人未切实履约，违背被申请人提供担保的前提，与其真实意思相悖，鉴此，第四、第七被申请人不承担担保责任。

2. 担保范围有违规定，根据《担保法》相关规定，担保人的责任范围以主合同为限，申请人所提的第六项请求，超出主债权范围，违反从属性原则，无形中加重了担保人的责任，该条款与法律规定相悖，属无效条款。

第九、第十被申请人提交《仲裁答辩状》，陈述主要答辩意见如下：

第一，虽然申请人与 N 公司之间存在仲裁约定，但即便是 N 公司注销了，N 公司的权利义务也并不当然转移给股东。故申请人以其与 N 公司的仲裁约定作为对第九、第十被申请人的仲裁依据缺乏法律依据，仲裁庭无管辖权。

第二，第九、第十被申请人并未参与设立 N 公司，并未签订过《简易注销全体投资人承诺书》，并不是 N 公司的股东。即便是股东，也无义务在公司注销后承担连带保证责任。

第九被申请人在其提交的落款日期为 2021 年 1 月 a 日的《仲裁答辩状》中陈述如下事实：

2017 年 2 月初，第八被申请人以自己为失信人员外出办事不方便为由，要走第九被申请人的身份证。由于 N 公司法人代表的辞职，2019 年 2 月，该公司的法人代表变更为第九被申请人。第九被申请人得知后，告诉第五被申请人自己是公职人员，不能注册公司。2019 年 3 月又变更成其他人。2019 年 11 月，N 公司注销。N 公司从注册成立到注销，法人代表的变更都是第八被申请人等人利用第九被申请人的身份证办理的，第九被申请人从来没有在呈报文件上留有签名。第九被申请人更不知道自己在 N 公司占有股份。N 公司从注册成立以来，从没有发生过账务往来、纳税记录、任何销售记录等，实为空壳公司，是第八被申请人的个人行为。

第九被申请人提交如下证据材料：居民身份证；N 公司营业执照；N 公司注销的企业信息；第九被申请人邮储卡；第九被申请人微信支付账单。

（三）申请人的庭后代理意见

1. 申请人合并的合同主体问题。

《融资租赁合同》的原签约主体为 a 公司，根据申请人第 22 项证据，2019 年 1 月，因吸收合并，原合同主体变更为现有名称。根据《公司法》第 174 条，公司合并时，合并各方的债权、债务，应当由合并后存续的公司或者新设的公司承继。同时，根据《民法典》第 67 条的规定，法人合并的，其权利和义务由合并后的法人享有和承担。

2. 关于本案各方是否合意将债务展期并降低利息的争议。

第一被申请人主张在 2019 年底与申请人协商一致，并确认欠款本金近 8000 万元、利息 1500 余万元、剩余本息分 5 年还清的方案。申请人认为，上述主张没有证据支持，第一被申请人应按照原约定还款并承担违约责任，理由如下：

（1）根据标注"自然人 P"的微信聊天记录，所谓债务重组方案并未正式通过，也没有签订合同。因此，即便双方工作人员曾就此事进行过沟通，该方案也仅为"前提的沟通方案"，申请人一方并未批准，更没有签订合同。就微信记录来看，第一被申请人逾期是不争的事实，申请人员工反复催要也是常理。如果第一被申请人许诺某月还款某金额，对此承诺金额进行催促实属正常，不能因此便推定原有的债务已经被批准延期。

（2）就已有的沟通行为，申请人员工不构成表见代理。根据《民法典》第 172 条的规定，构成表见代理的要件有三：代理人没有代理权，代理人以被代理人的名义与相对人订立合同；相对人有理由相信行为人有代理权。本案中申请人员工自然人 P 自始至终没有代理权，也没实施任何代理行为，不具备任何形式外观上的代理权。第一被申请人也未提供证据证明自然人 P 取得申请人的授权或者第一被申请人可以根据既往合同签署和履行过程推定其获得授权。据此，自然人 P 的任何意思表示不能视作经由申请人同意或批准。

（3）第一被申请人未举证证明自然人 P 具有代理权。

（4）第一被申请人不可能"善意且无过失地"相信自然人 P 有豁免债务的权利。第一被申请人主张的延期方案中剩余本金与本次申请人请求的本金差异 2000 余万元，依据重组方案主张豁免的债务数额巨大，其明知申请人的国有企业身份，申请人任何员工均不可能在未经申请人决策机构通过就有此超乎寻常的代表权，对 2000 余万元的本金作出豁免。

3. 第一被申请人关于双方系借贷关系的主张是错误的。申请人与第一被申请人签订的《融资租赁合同》系双方真实意思表示，不违背相关法律法规的规定，不能因船舶未办理产权转移登记手续而否定该合同的效力。不动产物权的转移以登记为生效条件，没有办理权属变更登记手续，不动产物权不发生转移，但变更登记是不动产物权转移的标志，而非合同的生效要件，未办理物权登记不影响合同的效力。此外，《融资租赁合同》的订立不存在《民法典》第 153 条、第 154 条规定的情形，不能仅以船舶未办理产权转移登记手续为由认定其无效。根据《民法典》第 745 条的规定，未办理过户登记的后果，仅限于对抗善意第三人。

4. 申请人未怠于履行《监管协议》。《监管协议》与《保证合同》彼此独立，《保证合同》的签约主体是保证人与申请人，《保证合同》约定，鉴于申请人与第一被申请人签订的《融资租赁合同》，为保证合同项下承租人义务的正常履行而订立该合同，这是签订保证合同的前提，并非像第四被申请人答辩中所说的前提是申请人承诺监管账户。《监管协议》的签约主体是第一被申请人、N 公司、O 公司、M 公司与申请人，是监管方与被监管方的一个协议，申请人也履行了协议约定的监管内容，第一被申请人的收益以及第八被申请人等人私自进行走私活动的款项均未通过监管账户。根据申请人提交的证据，监管账户内的资金量并非第四被申请人所称的"达亿元以上"，因此第四、第七被申请人声称"第一被申请人的运营能力，其可得收入应可覆盖融资租赁费"以及"申请人并未切实履行《监管协议》，造成资金流失"没有事实依据。

5. 律师费的主张应予支持。

6. M 公司的《合作协议》不影响被申请人应承担的责任。根据《民法典》第 681 条的规定，保证合同是为保障债权的实现，保证人与债权人约定，当债务人不履行到期债务或者发生当事人约定的情形时，保证人履行债务或者承担责任的合同。就 M 公司仅承担 50% 的比例来讲，与法律规定的保证合同的性质不符。根据《合作协议》的内容，M 公司可能因合同的履行而额外获利——"超额部分由甲乙双方按照 50% 比例共同分享"，因此，《合作协议》不应被认定为保证合同。

依照《合作协议》的内容，M 公司应支付的金额为"保证金"，并非被申请人所称的"代偿款"。《合作协议》第 2 条约定"如在第一被申请人补交甲方租金后乙方按本协议第 3 条约定原则收回资金后，甲方应在 7 个工作日内返回相应的风险保证金给乙方"。

综上，无论 M 公司支付多少保证金（实际上第一被申请人也未提交证据证明所谓的 3500 万元是否支付），如后期第一被申请人补交租金，则上述保证金均应退还 M 公司，因此该份协议的内容以及履行情况不影响第一被申请人应承担的责任。

7. 第四被申请人代持股份的主张不能成立。在本案相关协议签署过程中，第四被申请人并未告知其是名义股东；申请人在查证工商信息和与对方沟通过程中，第四被申请人一直以实际股东的名义参与，且第四被申请人也没有证据证明申请人知道其属于名义股东。《股权质押合同》《保证合同》中第四被申请人的签名足以证明其是以股东身份行使权利并以股权和全部财产承担保证责任，不属于可以免除保证责任的情形。同时，其提供的《代持股协议》没有原件，第一被申请人成立于 2004 年，第四被申请人在 2017 年才签署《代持股协议》明显不合常理。

8. N 公司股东应承继公司的保证责任。

第九被申请人和第十被申请人为 N 公司的股东（第九被申请人系第一被申请人的实际控制人第八被申请人的哥哥，第十被申请人系第八被申请人的小姨子），完全可以推定二人知悉本案合同中的仲裁条款。第九被申请人在 2021 年 1 月 a 日提交的《仲裁答辩状》中否认知晓 N 公司签署的《保证合同》中的仲裁条款，但在 2021 年 3 月 b 日提交的《撤销保证合同申请书》中又改口称"第八被申请人和力总等人隐瞒了事实真相，引诱误导申请人签字"。尽管第九被申请人声称被侵犯了知情权，但就其陈述的场景中，第九被申请人在相关文件上签字是确定无疑的，即便可能因疏忽大意而未审阅文件的详细内容，但作为完全行为能力人，其应对签字的后果承担责任。

股东会决议中包含了《保证合同》的内容，因此可以确定第九被申请人及第十被申请人知晓《保证合同》的内容。在此情况下，两股东签署《简易注销全体投资人承诺书》，应视为承继了 N 公司的债权债务，在该公司注销后，原《保证合同》中的仲裁条款约束两股东。尽管第九被申请人提出对前述承诺书的签字进行鉴定，但其自愿出借身份证，则应承担相应的法律后果。同时，该承诺书也有 N 公司的印章，第九被申请人作为 N 公司股东应对印章的使用效力承担责任。据此，第九被申请人和第十被申请人应承担连带保证责任。对于第九被申请人主张的《补充协议》是否超出股东会决议的问题，申请人认为股东会决议第三项已经明确表述同意授权法人代表何某芳代表公司签署包括修订、修改和补充的任何文件，因此第九被申请人的主张没有依据。同时，后续《补充协议》未加重保证人的责任，N 公司的保证责任应不受影响。

（四）第四、第七被申请人庭后代理意见

第四、第七被申请人对第一被申请人所欠付申请人的债务不承担任何担保责任。申请人基于继续履行合同而主张的各项费用和要求取回船舶的请求相互矛盾，所产生的法律后果截然不同。

1. 根据《融资租赁合同》第 20.2（2）条，"提前终止本合同，收回船舶，要求乙方承担违约责任，并赔偿因违约而给甲方造成的全部损失和费用"。该条款已经明确申请人在主张收回船舶的前提下，其可主张的范围仅限于实际损失和费用。申请人没有相应的证据证明在主张取回船舶的情况下还有多少损失。第一被申请人是否对其造成损失不明，他们之间的债权债务关系不清，申请人要求作为担保人的第四、第七被申请人承担责任依据不足。根据第一被申请人与申请人签订的《抵押协议》《船舶买卖合同》，5 艘渔船的价值至少一个亿，船舶的价值本身已经完全覆盖申请人的未到期租金。从事实本身来看，他们之间的债务已结清，其向第四、第七被申请人主张担保责任的前提不具备。

2. 如果除去第十二项诉请，针对申请人基于继续履行租赁合同而主张的各项费用，第四、第七被申请人也不应承担担保责任。

在第一被申请人工商登记的股权中，第四被申请人持有 20% 的股份，但属代第八被申请人持有。由于申请人未切实履行《监管协议》，造成资金流失，申请人有过错，担保人的责任可有相应的减免。申请人监管不到位，等同于放弃对于账款的优先受偿权，担保人责任可减免。

3. M 公司已实际支付给申请人不少于 3500 万元，申请人隐瞒该事实，应承担由此产生的法律后果。要求追加 M 公司为仲裁第三人。

申请人与第一被申请人已经达成债务重组协议，调整了还款方式及利率，免除了相应的逾期利息等，而申请人放弃逾期利息后，又以仲裁方式主张，违背禁止反言及诚实信用原则。

融资租赁的租金中已经包含了正常利息，对于未支付租金（含利息）再行结算违约金，且月利率 1.5%，约定的违约金过高，加重了被申请人各方的责任。担保人责任范围以主合同为限，申请人的请求超出了主债权范围，违反从属性原则。

二、仲裁庭意见

（一）关于案件的管辖以及追加第三人的申请

第九、第十被申请人向仲裁庭提交《仲裁管辖异议申请书》，声称其与申请人之间不存在仲裁条款或以其他方式达成的提交仲裁的书面协议，仲裁庭对第九、第十被申请人与申请人之间的纠纷无管辖权。根据《仲裁规则》第6条，仲裁委员会有权对仲裁协议的存在、效力以及仲裁案件的管辖权作出决定。如有必要，仲裁委员会也可以授权仲裁庭作出管辖权决定。本仲裁庭根据仲裁委员会授权，就第九、第十被申请人提出的管辖权异议作出决定。

仲裁庭查明，申请人与 N 公司签订的 6 号《保证合同》第 13 条约定，"凡因本合同引起的或与本合同有关的任何争议，均应提交中国国际经济贸易仲裁委员会 T 市分会，按照仲裁申请时该会现行有效的仲裁规则进行仲裁"。国家企业信用信息公示系统显示：本案第九、第十被申请人为 N 公司的唯二股东；N 公司于 2019 年 11 月注销；作为公司股东的第九、第十被申请人出具《简易注销全体投资人承诺书》。关于第九、第十被申请人是否承继了 N 公司的债权债务，是否应当向申请人依据 6 号《保证合同》承担责任，是一个双方争议并需要解决的实体问题，恰恰需要启动仲裁程序这一争议解决方式。6 号《保证合同》中有明确的仲裁条款，该条款约束 N 公司。N 公司虽已注销，但第九、第十被申请人是 N 公司的唯二股东，如果仲裁条款的效力延伸，则是唯二能够承继权利义务的主体。最高人民法院《关于适用〈中华人民共和国仲裁法〉若干问题的解释》第 9 条规定，债权债务全部或者部分转让的，仲裁协议对受让人有效。第 8 条规定：当事人订立仲裁协议后合并、分立的，仲裁协议对其权利义务的继受人有效。可见，该司法解释虽然没有直接规定法人注销后仲裁条款对股东的延伸，但就承继关系而言，其法理基础是相同的。最高人民法院《关于适用〈中华人民共和国民事诉讼法〉的解释》第 64 条规定："企业法人解散的，依法清算并注销前，以该企业法人为当事人；未依法清算即被注销的，以该企业法人的股东、发起人或者出资人为当事人。" N 公司适用的是简易注销程序，该程序不强行要求清算，据此，可以将作为 N 公司股东的第九、第十被申请人作为当事人。

据此，仲裁庭认为第九、第十被申请人关于管辖权异议的申请没有法律依据，予以驳回。前述《保证合同》的仲裁条款对第九、第十被申请人具有效力，本仲裁庭对其与申请人之间的纠纷拥有管辖权。

仲裁庭注意到，第四被申请人向仲裁庭提出追加 M 公司作为第三人的申请，其理由是 M 公司与申请人签订的《合作协议》显示其系担保人，并实际清偿了 3500 万元。被申请人的担保身份及清偿行为与本案存在联系。仲裁庭认为，第一，第四被申请人没有提交追加当事人所依据的仲裁协议，也未就事实和理由以及与本案的关联性作出充分的说明；第二，《合作协议》仅是以本案融资租赁关系为背景，双方约定的 50% 风险保证金不是以《融资租赁合同》为主合同的担保，而是之外的担保，因此《合作协议》项下担保义务的完成与否和本案各担保方在主合同之下承担的担保责任没有关系。第三，M 公司并非本案仲裁协议的签约人。综上，根据《仲裁规则》第 18 条的规定，仲裁庭对于第四被申请人关于追加第三人的申请予以驳回并已于 2021 年 6 月 a 日函告双方仲裁庭关于不同意追加 M 公司的决定。

（二）关于申请人的主体资格

本案《船舶买卖合同》《融资租赁合同》《还款协议》《抵押协议》《保证合同》《股权质押合同》等签约人均为 a 公司，而申请人为 A 公司。根据申请人提交的 T 市自由贸易试验区市场和质量监督管理局 2019 年 1 月 b 日的《准予变更登记通知书》，因吸收合并，a 公司更名为 A 公司。根据《公司法》第 174 条，公司合并时，合并各方的债权债务应当由合并后存续的公司或者新设的公司承继。据此，申请人承继 a 公司在本案合同项下的权利义务，成为本案的申请人。为方便起见，下文在论述中直接将申请人视为签约人。

（三）本案的法律适用

本案《融资租赁合同》《还款协议》《船舶买卖合同》《抵押协议》《保证合同》《股权质押合同》以及《转让合同》均在法律适用条款中约定"本

案例十九　A 融资租赁公司、B 渔业公司、自然人 C、自然人 D、自然人 E、自然人 F、自然人 G、自然人 H、自然人 I、自然人 J、自然人 K 融资租赁合同争议案

合同及其附表、附件适用中华人民共和国法律并按照中华人民共和国法律解释"。据此，仲裁庭将尊重当事人选择，适用中华人民共和国法律对本案进行审理与裁决。根据最高人民法院《关于适用〈中华人民共和国民法典〉时间效力的若干规定》第 2 条，《民法典》施行前的法律事实引起的民事纠纷案件，当时的法律、司法解释有规定的，适用当时的法律、司法解释的规定。本案法律事实发生于《民法典》实施的 2021 年 1 月 1 日前，因此适用《合同法》《担保法》以及司法解释和其他相关法律法规。根据最高人民法院《关于适用〈中华人民共和国民法典〉时间效力的若干规定》第 3 条，《民法典》施行前的法律事实引起的民事纠纷案件，当时的法律、司法解释没有规定而《民法典》有规定的，可以适用《民法典》的规定。据此适用《民法典》的规定。

综上，仲裁庭将适用《合同法》《担保法》以及《民法典》对本案进行审理。

（四）案涉协议及其履行

1. 申请人与第一被申请人签署的协议。

双方于 2017 年 12 月 a 日签订《融资租赁合同》（主合同，仲裁庭注）；2018 年 1 月 b 日签订《还款协议》（主合同，仲裁庭注）。为履行主合同，双方签订如下合同：（1）2017 年 12 月 a 日签订：5 份《船舶买卖合同》。（2）2018 年 1 月 b 日签订《抵押协议》。（3）2018 年 1 月（b+5）日签订《关于中国籍船舶 5 艘远渔轮之总括转让协议》。

根据 5 份《船舶买卖合同》和《融资租赁合同》的约定，申请人向第一被申请人购买《船舶买卖合同》项下的 5 艘渔船，每艘渔船的购买价格为 2000 万元，五艘共计 1 亿元。该 5 艘渔船作为《融资租赁合同》项下的租赁物，由申请人以售后回租的方式将其出租给第一被申请人使用。据此，申请人应向第一被申请人支付融资款 1 亿元以及将 5 艘渔船交由第一被申请人使用。第一被申请人应按照《实际租金支付表》向申请人支付租金。

依照《船舶买卖合同》第 8 条，在合同约定条件满足后，申请人应将船舶的购买价款支付至第一被申请人或 M 公司银行账户。申请人在向 M 公司出具的《关于五艘渔船放款起租的通知》中明确，M 公司在项目正式起租后可以使用申请人受第一被申请人委托支付的款项 9000 余万元，实际是向 M 公司支付了 9000 余万元。中国银行"国内支付业务付款回单"显示，申请人于 2018 年 2 月 a 日向第一被申请人账户汇入 450 万元。依照《融资租赁合同》

第 7 条，租赁手续费为 200 万元，该手续费从申请人付给第一被申请人的船舶购买价款中直接扣除。三项合计 1 亿元，从而表明申请人履行了支付船舶价款的合同义务。第一被申请人在向申请人出具的《船舶交接书》中确认，收到申请人于 2018 年 2 月 a 日交付的《融资租赁合同》项下全部船舶，并不可撤销地将其作为合同项下租赁物予以接受。《融资租赁合同》第 5.1 条约定："鉴于乙方一直占有和使用船舶，甲方依据《船舶买卖合同》向乙方支付船舶购买价款的同时，视为乙方在《船舶买卖合同》项下向甲方交付船舶的义务已完成，甲方也履行了《融资租赁合同》项下的船舶交付义务，两项交付同时完成。"综上，申请人履行了支付价款以及交付租赁物的合同义务。

根据《融资租赁合同》第 6 条，合同项下租金由租赁本金和租赁利息构成。租赁本金为所有《船舶买卖合同》中的船舶购买价款，共计 1 亿元。租赁利息是按照租赁利率、以租赁本金余额计算的利息。具体租金金额和支付日期，在合同附件二《租赁附表》中约定。根据《租赁附表》的约定，租赁期限为 2 年，以 2017 年 12 月 a 日为概算起租日，实际起租日以《实际租金支付表》为准。租赁利率参照中国人民银行公布的人民币"一至五"年期贷款基准利率上浮 250% 计算。概算租金总额为 1 亿余元，租赁手续费为 200 万元。根据双方盖章、落款日期为 2018 年 2 月 a 日的《实际租金支付表》，起租日为 2018 年 2 月 a 日，租赁本金为 1 亿元，租赁利率近 16.6%，分 8 期支付。第一被申请人应按照下述《实际租金支付表》支付租金。

实际租金支付表

期数	支付时间	每期应交付本金	每期应支付利息	每期应付金额
1	2018 年 5 月	1000 余万元	400 余万元	1000 余万元
2	2018 年 8 月	1000 余万元	300 余万元	1000 余万元
3	2018 年 11 月	1000 余万元	300 余万元	1000 余万元
4	2019 年 2 月	1000 余万元	200 余万元	1000 余万元
5	2019 年 5 月	1000 余万元	200 余万元	1000 余万元
6	2019 年 8 月	1000 余万元	100 余万元	1000 余万元
7	2019 年 11 月	1000 余万元	100 余万元	1000 余万元
8	2020 年 2 月	1000 余万元	60 余万元	1000 余万元

申请人提交的中国银行"国内支付业务付款回单"显示：第一被申请人
2018年5月付款近30万元，2018年7月付款200万元，2018年10月付款
300余万元，2019年3月付款200余万元，2019年5月付款200余万元，
2019年9月付款500余万元，2019年10月付款1000万元，2020年2月付款
1000余万元，2020年5月至2020年11月陆续到账300万元。中信银行"个
人电子回单"显示，第三被申请人于2020年12月向申请人账户支付90万
元，截至2020年12月共付款4000余万元。

根据《还款协议》，双方于2018年1月签订《抵押协议》，约定第一被申
请人将5艘渔船（抵押财产）抵押给申请人，为主合同项下申请人对第一被
申请人享有的全部债权提供抵押担保。

2018年1月，双方签订《关于中国籍船舶5艘远渔轮之总括转让协议》，
其中船东为第一被申请人，受让人为申请人。约定作为对主合同及其担保文
件项下应向受让人偿还的款项之支付担保，船东同意订立协议，以向受让人
转让所有与船舶有关的收益、保险以及征用补偿。

2. 申请人与担保人签订的合同。

（1）申请人于2017年12月a日与第二被申请人签订9号《保证合同》。

（2）申请人于2017年12月a日与第三被申请人、第六被申请人签订10
号《保证合同》。

（3）申请人于2017年12月a日与第四被申请人、第七被申请人签订11
号《保证合同》。

（4）申请人于2017年12月a日与第五被申请人签订7号《保证合同》。

（5）申请人于2017年12月a日与第八被申请人签订8号《保证合同》。

（6）申请人于2017年12月a日与第二被申请人签署13号《股份质押合
同》。

（7）申请人于2017年12月a日与第三被申请人签署14号《股份质押合
同》。

（8）申请人于2017年12月a日与第四被申请人签署15号《股份质押合
同》。

除第三被申请人依据10号《保证合同》于2020年12月a日向申请人支
付90万元以外，上述担保人没有支付租金，履行担保义务。

上述所有合同及其附件均有当事人各方签字盖章，系当事人的真实意思

表示，并且进行了部分履行。合同及其附件没有违背法律、行政法规强制性规定，故合法有效，订立合同的各方当事人应当依据协议履行各自的合同义务。

（五）本案主要争议问题

1. 关于《融资租赁合同》项下申请人与第一被申请人的法律关系。

被申请人方在其答辩中主张第一被申请人与申请人之间系借贷关系，而非融资租赁关系，理由有二：其一，"买卖船舶"并未真实发生，案涉船舶没有实际办理登记变更手续，也未实际转移交付。其二，《船舶买卖合同》中每艘船舶2000万元的价格远低于造价3000万元的成本，申请人支付的金额明显不是购买船舶所有权的对价。因为双方不存在真实的船舶买卖关系，只有融资，没有融物，其真实的法律关系为借贷关系。

最高人民法院《关于审理融资租赁合同纠纷案件适用法律问题的解释》第2条规定："承租人将其自有物出卖给出租人，再通过融资租赁合同将租赁物从出租人处租回的，人民法院不应仅以承租人和出卖人系同一人为由认定不构成融资租赁法律关系。"该条款所认定的是以售后回租为特征的融资租赁形式。

首先，本案《融资租赁合同》符合售后回租的特征，虽然其中约定了租赁物的所有权在租赁期间归出租人所有，但承租人在付清合同项下全部租金及其他应付款项后，即可重新获得租赁物的所有权。本案《融资租赁合同》第13条约定，承租人可以1元的名义价格留购5艘渔船。可见，售后回租形式下的租赁物所有权转移本质在于为融资提供担保，而不是真正获取标的物的所有权。这与《物权法》中动产物权的设立和转让有所不同，所以是否完成登记注册并不影响合同的性质和双方之间的融资租赁法律关系。

其次，被申请人提出每艘船舶造价为3000万元，远高于《船舶买卖合同》价格2000万元，即存在"高值低卖"的情况。仲裁庭认为，融资租赁中的买卖合同不同于一般标的物的买卖合同，融资租赁中买卖合同标的物的价格通常参照融资金额确定，而不是标的物的实际价值。在租赁期限届满申请人收回全部租金后，申请人应以1元的名义货价将租赁物所有权转移给第一被申请人，因此，申请人以每艘2000万元的价格购买远渔轮符合融资租赁的行业惯例，合法有效。退一步讲，即使存在租赁物价值高于融资金额的情形，也不影响融资租赁法律关系的认定，况且从整个交易过程来看，承租人先

"低卖"，后又"低买"，并未损害承租人的利益，也未损害其他人的利益。

综上，被申请人方关于申请人与第一被申请人之间系借贷关系而非融资租赁关系的主张不能成立，仲裁庭不予采纳。

2. 关于《融资租赁合同》是否延展 5 年？

第一被申请人提交第二被申请人、第三被申请人与申请人员工自然人 P 的微信聊天记录以及《第一被申请人项目展期 5 年利息计算表》，以证明本案《融资租赁合同》的期限自 8 期延展至 20 期。仲裁庭查阅了上述微信聊天记录，显示双方就租金支付的延展在进行讨论，并且申请人就 2020 年 9 月、10 月、11 月租金进行催要，第三被申请人也于 2020 年 12 月 a 日支付 90 万元至申请人账户。但双方均认可的一个事实是债务重组方案始终没有正式达成合意并签署，只是一个沟通方案，第八被申请人作为项目实际控制人在其提交的《调查取证申请书》中也承认重组协议没有签署。第八被申请人请求调取的微信聊天记录呈现的也是重组的讨论和协商，并不能起到进一步证明重组方案存在的效果，因此调取该聊天记录并无意义。

鉴此，仲裁庭认为《融资租赁合同》因双方没有书面签署具备法律约束力的对于原《融资租赁合同》进行修订的协议而不存在期限延展的情形。但根据申请人的催款和被申请人 2020 年的支付情况，事实上双方将合同的履行持续至 2020 年 12 月底，作为担保人的第三被申请人于 2020 年 12 月 a 日支付 90 万元款项。第一被申请人提交的《第一被申请人项目展期 5 年利息计算表》没有双方的签字盖章，无法认定其具备法律约束力，仲裁庭不予采信，所以延展 5 年的说法不能成立。

3. 还款期限是否延展至 2021 年 12 月底？

在被申请人方的答辩中，还有认为《融资租赁合同》项下租金的支付期限延展至 2021 年 12 月 a 日的主张，依据是会议时间为 2020 年 8 月 b 日的一份《会议备忘录》。该会议参会人员有申请人与第一被申请人以及案外人 M 公司的员工，主题是推进第一被申请人融资租赁项目后续付款事宜，会议内容包含了申请人表达的目的和要求以及第一被申请人对项目推进的意见。

首先，该备忘录中虽然有申请人员工自然人 P 表态余款最晚在 2021 年底前分期分批完成支付，但也明确具体金额和支付方式另行商议，最终以双方另行签订协议为准。但第一被申请人并未就此协议的签署与否以及签署版的正式协议提交证据予以证明。

其次，该备忘录仅有与会人员签字，没有双方的盖章。第一被申请人也未提交证据表明与会人员均有决定延展的授权。按照我国法律规定，构成表见代理的条件之一是相对人有理由相信行为人有代理权，在本案中则是对于原《融资租赁合同》有关租金支付期限条款进行正式修订的代理权，而第一被申请人并未就此理由作出说明，申请人也未进行事后任何形式的追认，所以不能构成表见代理。据此，仲裁庭认为自然人 P 只是来协商还款事宜，起着一个催款的作用，无法确认其有权就合同的延展作出决定。

最后，依据通说，备忘录、会议纪要等形式的文件涉及的各方没有达成一致认可的履行行为时，仅仅是会谈内容的一个记载，并不能构成合同，不能产生法律意义上的合同拘束力。关于"最晚 2021 年底前付款"是申请人员工的表态，并未形成各方的一致意见，未能最终形成具有法律效力的对于原《融资租赁合同》的修订，因而不具有合法生效合同的性质，不能约束申请人。

综上，仲裁庭认为被申请人方关于还款期限延展的主张不能成立，第一被申请人应当按照《实际租金支付表》约定的金额和时间支付租金，如果未足额按时支付，应依据《融资租赁合同》第 20.1 条的约定承担逾期利息。

4. 关于逾期利息的计算。

被申请人方认为逾期利息的计算应以应付而未付的租金为基数，而不应将前期产生的逾期利息计入基数。仲裁庭认可被申请人的主张，逾期利息具有违约金的功能，其产生的基础是本金的拖欠，其计算只能以本金为基数，纳入违约金则会产生重复计算的后果。据此，申请人不能以逾期付款利息作为基数再计算违约金。

5. 关于 M 公司支付的 3500 万元是否属于代偿款？

被申请人方提出，根据申请人与 M 公司于 2017 年 12 月 a 日签订的编号为 19 号的《合作协议》，M 公司向申请人支付 3500 万元，该款项应具有代偿款的性质，申请人在求偿租金时应将其扣除。即使不扣除，也无权就该款项求偿违约金。申请人认为第一被申请人未提交证据证明该款项已经实际支付，即使实际支付，也不影响第一被申请人应承担的合同责任。

首先，该《合作协议》由申请人与案外人签署，是申请人与案外人在本案之外产生的法律关系，仲裁庭不能就签约人之间的权利义务作出评判，但因其内容涉及本案主合同，仲裁庭仅就协议条款对本案合同履行的影响进行评析。

其次，依照该《合作协议》的约定，如果第一被申请人未按约偿还租金，M 公司应向申请人支付一定比例的风险保证金（当期应还租金的 50%），对申请人在《融资租赁合同》项下的支付风险给予一定的承担。作为对价，M 公司将以 50% 的比例与申请人分享第一被申请人支付的逾期利息以及租金的超额部分。并且在双方进行结算时，M 公司先期支付的风险保证金应当多退少补。可见，这是申请人与案外人约定的另一个权利义务关系，虽然因本案主合同而立，但与主合同的权利义务没有直接的对应关系，被申请人方未能证明案外人具有法律或者合同义务替代被申请人方履行后者应负的与申请人之间的偿还租金的合同义务，并且该履行可以因此免除被申请人方相应的义务，所以将依据该《合作协议》而可能支付的款项理解为代偿款缺乏依据。至于申请人与 M 公司之间《合作协议》的真实性、具体约定的权利义务与本案的关系，不属于本案仲裁庭的审理范围，因此仲裁庭不认可被申请人方的主张。

最后，被申请人方没有提交充分、完整、合法有效的证据证明 3500 万元支付的实际发生。

鉴此，仲裁庭认为被申请人方所主张的上述 3500 万元款项不是本案主合同项下租金的代偿款，不能在计算租金时予以扣除。因为没有证据证明该款项实际支付给了申请人，并且因此可以免除被申请人方相对应的支付租金的该部分义务。因此，被申请人方关于该款项违约金计算方式的主张也不能成立。

6. 关于《监管协议》。

仲裁庭注意到，申请人、第一被申请人与案外人 M 公司以及 N 公司、O 公司签订了《监管协议》，约定申请人、M 公司作为监管方对第一被申请人、N 公司以及 O 公司（被监管方）进行监管。依照《监管协议》第 1.1 条的约定，由监管方对被监管方各自的资产、业务及经营进行监管，包括但不限于账户、借贷、投资、交易等方面，以保证第一被申请人履行主合同项下的义务。具体包括：银行账户监管；资金监管；投资监管；运营监管。

依照《监管协议》第 1.2（b）条的约定，银行账户监管措施仅限于监管方开展与本项目有关的监管所需，监管方不对作为被监管方的第一被申请人就监管账户所作出的支付内容及操作承担任何责任，第一被申请人需对自身业务内容的合规、合法性和操作的准确性承担全部责任。此外，从其他条款中也没有看出申请人作为监管方应对第一被申请人租金的支付承担监督和管理的责任。《监管协议》第 1.3 条 "资金监管" 的 (b) 项要求第一被申请人应将监管账户内的资金优先用于偿还主合同项下应向申请人支付的所有款项。依照该条款，申请人应对第一被申请人是否将监管账户中的资金优先用于支付租金等主合同项下款项进行监管。被申请人方认为申请人怠于监管，应承担一定责任，但并未提交证据证明申请人存在怠于监管的事实或者第一被申请人是否将账户资金挪作他用的证据。此外，关于监管账户中的资金是否足够覆盖欠付租金，并不能成为被申请人方是否应该支付未付租金的条件，也即不构成第一被申请人履行合同义务的前提条件，因为依照安排，被申请人方必须将 5 艘渔船渔获所产生的所有销售收入最终存入第一被申请人的监管账户，该监管账户中的资金除必要的 "日常开支" 外就是归还欠款资金，第一被申请人应将账户中的资金用来偿还主合同项下应支付的款项。据此，被申请人方关于申请人怠于监管以及监管账户租金已覆盖欠款等主张均不能成为拒绝支付到期租金以及逾期利息的合法免责理由。

（六）关于仲裁请求

1. 关于第一项仲裁请求。

关于到期未付租金的支付，申请人与第一被申请人的争议集中于以下三方面。

（1）关于已支付租金的数额。申请人认为第一被申请人已经支付的租金数额为 4000 余万元，被申请人方则主张已经支付的租金数额为 4000 余万元，比申请人主张的 4000 余万元多出 90 万元。申请人提交 17 张中国银行 "国内支付业务付款回单" 的支付凭证对 4000 余万元的支付予以证明，被申请人方提交中信银行 "个人电子回单" 证明第三被申请人于 2020 年 12 月向申请人账户汇入 90 万元。鉴此，仲裁庭决定采信被申请人方的主张，即截至 2020 年 12 月，被申请人方已经支付租金 4000 余万元。

（2）关于未付租金的计算。被申请人方主张将租金总额 1 亿余元减去已支付的 4000 余万元，还应支付的剩余租金为 7000 余万元。申请人则认为应将支付的款项按照先逾期利息再租金的顺序进行计算。

被申请人方自 2018 年 5 月至 2020 年 12 月共支付租金 4000 余万元。具体如下述列表：

案例十九　A 融资租赁公司、B 渔业公司、自然人 C、自然人 D、自然人 E、自然人 F、自然人 G、自然人 H、自然人 I、自然人 J、自然人 K 融资租赁合同争议案

支付时间	支付金额
2018 年 5 月	30 万元
2018 年 7 月	200 万元
2018 年 10 月	300 万元
2019 年 3 月	200 万元
2019 年 5 月	200 余万元
2019 年 9 月	近 600 万元
2019 年 10 月	1000 万元
2020 年 2 月	1000 余万元
2020 年 5 月	80 万元
2020 年 6 月	2 万元
2020 年 6 月	近 50 万元
2020 年 7 月	40 万元
2020 年 8 月	40 万元
2020 年 9 月	50 万元
2020 年 11 月	40 万元
2020 年 12 月	90 万元
总额	4000 余万元

依照《实际租金支付表》的约定，每期租金数额为 1 亿余元，分 8 期支付，第 1 期至第 8 期的依次支付时间为：2018 年 5 月，2018 年 8 月，2018 年 11 月，2019 年 2 月，2019 年 5 月，2019 年 8 月，2019 年 11 月，2020 年 2 月，2020 年 2 月。与上述实际付款列表相对照，显然第一被申请人没有按照约定按时足额支付，从而产生逾期利息。根据《融资租赁合同》第 20.1 条的约定，逾期利息按照每日 3 ‰ 进行计算。《融资租赁合同》第 20.6 条约定："乙方在本合同项下向甲方支付的全部款项，应按照以下顺序清偿所欠甲方的债务：（1）相关费用；（2）租赁保证金（如需补足）；（3）留购价款；（4）逾期利息；（5）逾期租金。"据此，所偿还的款项应先冲抵逾期利息，然后再支付租金。《民法典》第 561 条规定："债务人在履行主债务外还应当

支付利息和实现债权的有关费用，其给付不足以清偿全部债务的，除当事人另有约定外，应当按照下列顺序履行：（一）实现债权的有关费用；（二）利息；（三）主债务。"鉴此，仲裁庭认可申请人的主张，即偿还的款项应先冲抵逾期利息，然后支付租金，并依此顺序计算剩余的未付租金。

（3）剩余未偿还利息是否可作为基数继续计算逾期利息？

仲裁庭认为剩余未偿还利息不能作为基数继续计算逾期利息。理由有：其一，逾期利息因主债务的履行迟延而产生，其计算只能以作为主债务的租金为基数，逾期利息不能再产生利息。其二，《融资租赁合同》第 20.1 条约定："如乙方未按本合同约定向甲方支付租金以及其他应付款项，乙方应当按每日万分之五向甲方支付逾期金额自支付日起到实际支付日止的逾期利息。"其中的逾期金额依照约定有支付日，利息应自支付日起算，但逾期利息的支付并没有事先约定的日期。如果将其作为基数再计算逾期利息，与合同约定有悖。其三，对未偿还的逾期利息再行重复计算利息，必然会加重被申请人的责任，在双方权利义务之间出现不平衡。

综上，截至 2020 年 12 月，第一被申请人支付租金共计 4000 余万元，该支付的租金应依据合同约定按照先逾期利息后租金的顺序进行清偿。如此，第一被申请人支付的款项应包括租金和逾期利息两项，先行支付逾期利息之后，剩余款项再支付租金，那么未付租金数额就不是简单的租金总额减去已支付的数额，所以被申请人关于未付租金为 7000 余万元（租金总额 1 亿余元－4000 余万元）的主张与合同约定不符，仲裁庭不予认可。申请人按照先逾期利息后租金的顺序计算的未付租金为 1 亿余元，仲裁庭对其计算方法予以认可，但发现没有将第三被申请人支付的 90 万元计算进去，减去该款项之后的未付租金为 1 亿余元。

综上，仲裁庭支持申请人的此项请求，第一被申请人向申请人支付到期未付租金 1 亿余元。

2. 关于第二项仲裁请求。

申请人请求以未付租金为基数按照每日 5 ‰ 的标准，计算自 2020 年 11 月初至实际支付之日止的逾期利息，暂计至 2020 年 11 月底为 150 余万元。

《融资租赁合同》第 20.1 条约定："如乙方未按本合同的约定向甲方支付租金以及其他应付款项，乙方应当按照每日万分之五向甲方支付逾期金额自支付日起到实际支付日止的逾期利息。"截至 2020 年 12 月，第一被申请人尚有 1 亿余元租金没有支付，继续拖延将会持续产生利息。关于利息的起算时点，仲裁庭认可申请人自最后一次付款开始计算的主张，但根据上述认定的事实，被申请人方在 2020 年 11 月初支付 40 万元后于 2020 年 12 月 a 日支付 90 万元，所以逾期利息的起算时间应是 2020 年 12 月 a 日。关于利率标准，被申请人将约定的租赁利率和逾期付款利率相加得出年利率约 37.6% 的结论，从而认为标准过高，要求予以调整。仲裁庭认为合同约定的约 16.6% 的租赁利率是申请人计算合理利润所使用的标准，与每日 5‰的逾期付款利率性质不同，不是简单相加。被申请人的主张不能成立。合同约定的每日 5‰标准适当可行，仲裁庭予以认可。综上，仲裁庭认为申请人关于迟延违约金的请求具有合同和事实依据，予以支持。第一被申请人向申请人支付本案《融资租赁合同》项下自 2020 年 12 月 a 日起至全部欠款实际清偿之日止，以逾期付款金额 1 亿余元为基数，按照日 5‰标准计算的逾期利息。截至 2020 年 11 月初，未付租金数额为 1 亿余元，自 2020 年 11 月初至 2020 年 11 月底共计 28 天，此期间的逾期利息为 150 余万元。申请人关于此期间逾期利息的求偿具有事实和合同依据，予以支持。

3. 关于第三项请求。

《融资租赁合同》第 6.1 条约定，船舶租赁期限共计 2 年，自申请人按照《船舶买卖合同》支付船舶购买价款之日（"起租日"）起开始计算。《实际租金支付表》明确，起租日为 2018 年 2 月，那么租赁期满日为 2020 年 2 月。《融资租赁合同》第 13.1 条约定："在乙方付清合同项下全部租金以及其他应付款项后，乙方有权以人民币 1 元的名义价格按现状留购五艘船舶。乙方支付全部款项后即取得船舶的全部所有权。"申请人求偿全部租金及逾期利息，不要求收回租赁物，据此，被申请人方应当以约定的价格购买作为租赁物的 5 艘渔船。申请人的此项请求具有合同依据，予以支持，第一被申请人应向申请人支付留购价款 1 元。

4. 关于第四项请求。

申请人提交了与律师事务所签订的《一般风险代理协议》。律师事务所接受申请人委托在其与本案被申请人方之间的融资租赁合同纠纷案中提供法律服务。仲裁庭认为，申请人的此项请求系为实现债权而实际发生的费用，符合《融资租赁合同》第 20 条的约定，应由第一被申请人承担。结合仲裁庭对申请人仲裁请求的支持情况，仲裁庭裁定第一被申请人向申请人支付部分律师代理费。该代理协议约定的剩余部分仅有律师事务所开具的增值税发票而没有相应的支付凭证，仲裁庭无法判断是否已实际发生，因此不予支持。

申请人提交的证据"付款凭证单"显示，申请人向 Q 市海事法院提出财产保全申请，为此支付保全费 5000 元。同时向保险公司购买"诉讼财产保全责任保险"，从而支出保险费近 10 万元。仲裁庭认为上述支出系申请人通过法律途径保护其合法权益而支出的合理费用，应由作为违约方的第一被申请人承担。据此，仲裁庭支持申请人关于支付律师费、保全费以及保险费的请求。

5. 关于第五项请求。

2017 年 12 月 a 日，申请人分别与第二被申请人、第三被申请人和第六被申请人、第四被申请人和第七被申请人、第五被申请人、第八被申请人签订编号为 9 号、10 号、11 号、7 号、8 号的《保证合同》。合同甲方为申请人，乙方分别为诸位担保人。依照《保证合同》的约定，本案《融资租赁合同》为"主合同"，第二、三、四、五、六、七、八被申请人为主合同债务的担保人，自愿为主合同项下第一被申请人（承租人）所负全部债务承担无限连带保证责任。《保证合同》第 4 条"保证范围"约定："乙方的保证范围为主合同项下甲方对承租人享有的全部债权和利益，包括但不限于承租人应向甲方支付的全部或部分租金、逾期利息、约定损失赔偿金、留购价款、其他应付款项以及甲方为实现债权而支付的各项费用（包括但不限于诉讼费、仲裁费、律师费、公证费、差旅费及租赁物取回时的拍卖费、评估费等）和其他承租人应付的所有费用。"保证方式为无限连带责任保证，并且保证是保证人的连续性义务，不受任何争议、索赔和法律程序的影响。保证期间自保证合同生效之日至主合同项下最后一期债务履行期限届满后 2 年。

首先，上述担保人在与各自相关的担保合同上签字并摁手印。上述担保合同合法有效。合同约定担保人应当对第一被申请人在《融资租赁合同》项下的义务承担连带保证责任。

其次，依照《保证合同》"担保范围"的约定，保证人应对本案《融资租赁合同》项下第一被申请人应向申请人支付的全部或部分租金、逾期利息、留购价款、以及申请人为实现债权而支付的仲裁费、律师费承担连带保证责任。

除了上述担保人的共同性问题，还有如下担保人提出不同主张，仲裁庭案例十九　A融资租赁公司、B渔业公司、自然人C、自然人D、自然人E、自然人F、自然人G、自然人H、自然人I、自然人J、自然人K融资租赁合同争议案

就此作出如下分析：

（1）第四被申请人、第七被申请人的抗辩。第四、第七被申请人在答辩中认为其不应承担担保责任，理由是：第一，第四被申请人代持第一被申请人20%股权，并非真实股东，不享有股东权利，也不参与公司的具体经营。第七被申请人是第四被申请人的配偶也提供了担保，但均不享有任何利益，第一被申请人向申请人以售后回租方式租赁船舶产生的收益与第四、第七被申请人无关，要求其承担连带责任有违公平。第二，申请人没有切实履行《监管协议》，对第一被申请人监管不到位，在第一被申请人未按期支付租金的情形下，未实施《监管协议》项下的救济措施，任由其违约，违背了签订《保证合同》的前提和初衷，与第四、第七被申请人的真实意思相悖。从过错角度来讲，申请人有过错在先，担保人不应承担责任。

《担保法》第6条规定，所称保证，是指保证人和债权人约定，当债务人不履行债务时，保证人按照约定履行债务或者承担责任的行为。第7条规定，具有代为清偿债务能力的法人、其他组织或者公民，可以作保证人。可见，有清偿债务能力的公民都可以作保证人，与是否为公司股东以及以什么形式持有股份均无关联，也不以享有公司权益为前提。此外，第四、第七被申请人作为保证人与申请人形成的是保证关系，其《保证合同》是《融资租赁合同》的从合同，如果申请人因为监管失责，导致损失扩大，也应在主合同项下承担责任，在其承担责任的前提下，主合同债务人的责任得到一定减免，担保人自然是在此范围内承担责任，而不是直接享有减免。所以，第四、第七被申请人不能要求基于另一个合同的履行而直接免除担保责任。

仲裁庭注意到，第四、第七被申请人均在《保证合同》上签字，也认可提供了担保。虽然第七被申请人声称其是第四被申请人的配偶，但《保证合同》上并未注明，而是由两位作为共同乙方签订合同，且第四、第七被申请人分别在合同上签字，因此，第七被申请人作为保证人应独立承担保证责任。

（2）关于第八被申请人的担保责任。第八被申请人提出自己没有在8号《保证合同》上签字，要求对签字进行鉴定。仲裁庭注意到，从第八被申请人在《调查取证申请书》中陈述的与申请人员工讨论租金还款期限延展的过程，以及调取其手机中微信聊天记录的请求，和第三被申请人与申请人员工自然人P聊天记录中的对话，均可看出第八被申请人对项目不仅知悉，而且为实际控制人。第八被申请人在《调查取证申请书》中还谈及其2020年8月回

国，是为了签署债务重组方案。另，从双方陈述的签约过程可以看出第八被申请人对于主合同和保证合同的签署以及内容均十分了解，并且是主要谈判人之一，所以第八被申请人关于非本人签字的说法不能否定其作为保证人应当承担的责任。据此，仲裁庭不认可第八被申请人的答辩理由，认为第八被申请人作为担保人应依据《保证合同》承担责任。

（3）关于第九、第十被申请人的担保责任。仲裁庭注意到，申请人与案外人 N 公司签订编号为 6 号的《保证合同》，约定 N 公司为《融资租赁合同》项下债务承担连带保证责任。申请人主张第九、第十被申请人作为 N 公司的股东，应承继该《保证合同》项下的担保责任，对第一被申请人主合同项下债务承担连带保证责任。依据是其提交的证据 11、29、30：N 公司"公司章程"；公司注册信息中载明的股东姓名为第九被申请人和第十被申请人；载有同意就融资租赁项目向申请人提供担保、落款日期为 2017 年 12 月（a-1）日的《N 公司国际贸易有限公司股东会决议》；国家企业信用信息公示系统显示"N 公司成立于 2017 年 3 月，注销于 2019 年 11 月"。

第九被申请人提出如下理由予以反驳：第八被申请人拿走第九被申请人的身份证进行了公司的注册，成立 N 公司并非第九被申请人本意；第九、第十被申请人没有参加 2017 年 12 月的股东会议；N 公司已于 2019 年 11 月注销。N 公司的所有文件均是第八被申请人签字，而非第九被申请人本人。

仲裁庭意见如下：

第一，根据第九被申请人陈述，第八被申请人在 2017 年 2 月初，以其办事受限为由索要其身份证，第九被申请人将身份证给了第八被申请人，第八被申请人用第九被申请人的身份证进行了注册公司等一系列活动，并代第九被申请人在相关文件上签字。第九被申请人对这些一概不知情。仲裁庭认为，第九被申请人作为具有完全民事行为能力的自然人，应该知晓身份证借给他人的风险。第九被申请人在其中一份答辩中提到第八被申请人以 N 公司与申请人签订卖鱼协议为由索要身份证，隐瞒了签订《保证合同》的事实真相。但第九被申请人提交的证据材料表明第八被申请人用其身份证是要注册公司，并且公司股东之一是第九被申请人，并不是单纯的订立一个卖鱼协议。这也恰恰说明第九被申请人对于第八被申请人使用其身份证注册公司的用途是基本知晓或者说至少事后是默许的。此外，从 N 公司 2017 年的注册成立到 2019 年 11 月的注销，长达两年多的时间，其中还有法人代表的变更，并且第九被申请人自己提供了这些证明材料，说明其知晓N公司的变化过程，但却未提供证据表明其在此过程中就签字之事向第八被申请人提出过疑问。据此，仲裁庭认为第九被申请人以非本人签字的理由来否认连带保证责任的抗辩不能成立。

第二，根据查明的案件事实，可以确定第九被申请人及第十被申请人知晓《保证合同》的内容，在主合同的履行和发展过程中，对于N公司的设立、出借身份证、股东身份、会议决议、保证合同等，直到本案立案之前，其并未提出过疑问。在公司清算注销前，两位股东签署《简易注销全体投资人承诺书》，该承诺书由第九被申请人作为证据提交，说明其知晓该承诺书的存在和内容，但没有证据表明第九被申请人就此提出过疑问，直到仲裁开始，其才提出上述承诺书上的签字是第八被申请人所为，要求进行鉴定。退一步讲，第九被申请人既然知道是第八被申请人签字，却未采取行动制止，显然默许了第八被申请人的所为。据此，仲裁庭可以认为签署上述承诺书是第九、第十被申请人的真实意思表示，应视为两位股东主动愿意承继N公司潜在的债权债务，在该公司注销后，包括原《保证合同》中的义务应当约束两位股东。

第三，N公司在进行简易注销之前，第九、第十被申请人作为股东签署了《简易注销全体投资人承诺书》。此承诺书声明N公司在注销之前没有任何债权债务，清算全面完结。第九、第十被申请人要对这个承诺书的真实性负责，一旦发现隐瞒或者作假，则需承担法律责任。此外，在简易注销的情形下，如果没有履行清算义务，通知公司债权人，却向公司登记部门承诺债权债务已经清算完毕，则应向债权人承担相应的清偿责任。实际情形是N公司与申请人签订有本案《保证合同》而负有债务，而第九、第十被申请人却在此承诺书中声称没有债权债务，构成隐瞒。庭审中两位被申请人承认在办理注销过程中，并没有通知作为N公司债权人的申请人，申请人也确认没有收到通知。这难免有逃避债务之嫌，或者说至少两位股东存在过错。据此，仲裁庭认为第九、第十被申请人应当对N公司的债务承担责任，即作为保证人对第一被申请人在本案上合同项下债务承担连带担保责任。

综上所述，仲裁庭支持申请人的此项请求，裁决第二被申请人、第三被申请人、第四被申请人、第五被申请人、第六被申请人、第七被申请人、第八被申请人、第九被申请人、第十被申请人对第一被申请人《融资租赁合同》项下债务，即上述申请人第一、二、三、四项请求中获得仲裁庭支持的部分向申请人承担连带保证责任。

6. 关于第六项请求。

该项请求要求所有担保人按照每日 5 ‰的标准向申请人支付以主合同项下全部债权金额为基数计算自仲裁通知第一次开庭即 2021 年 4 月 14 日的第 8 日起算至实际支付之日止的迟延利息。被申请人方认为依照《担保法》、最高人民法院《关于适用〈中华人民共和国民法典〉有关担保制度的解释》的规定，担保人仅在债务人的责任范围内承担保证责任，申请人的此项请求与法律不符。

仲裁庭认可被申请人方的主张，理由如下：

首先，申请人第一至四项请求已经包含了主合同项下第一被申请人应当履行的全部债务，第五项请求是担保人依照《保证合同》就第一被申请人的全部债务向申请人承担的连带担保责任，债务中包含了自 2020 年 12 月至实际支付之日止的逾期利息，当然也包含了自仲裁通知第一次开庭即 2021 年 4 月 14 日的第八天起算至全部金额被实际支付之日止的逾期利息。如果就此再提出请求，已经超出了第一被申请人依据主合同应当向申请人承担的责任范围。照此计算，担保人承担的责任要大于被担保人的责任。超出的这一部分责任既无事实依据，也无法律依据。

其次，本案 7 号、8 号、9 号、10 号、11 号《保证合同》第 4 条均约定："乙方的保证范围为主合同项下甲方对承租人享有的全部债权和利益，包括但不限于承租人应向甲方支付的全部或部分租金、逾期利息……和其他承租人应付的所有费用。"可见，保证人依据合同应当承担的担保范围一定是第一被申请人应付的费用，而此项请求中的逾期利息是以第一被申请人应支付的所有费用为基数单独计算的，不在第一被申请人应承担的债务范围内，所以其请求违背了《保证合同》的约定。

最后，《担保法》第 21 条规定，保证担保的范围包括主债权及利息、违约金、损害赔偿金和实现债权的费用。本案《融资租赁合同》为主合同，《保证合同》为从合同，主债务为主合同项下未按时足额支付的租金，利息为依据主合同而计算的利息。《保证合同》项下并不产生迟延利息。所以，申请人的此项请求缺乏法律依据。

鉴于上述理由，仲裁庭决定驳回申请人的此项请求。

7. 关于第七项仲裁请求。

仲裁庭注意到，申请人与第一被申请人签订《抵押协议》，约定第一被申请人作为抵押人将5艘渔船抵押给申请人，为主合同项下申请人对第一被申请人享有的全部债权提供抵押担保。担保的范围为主合同项下的全部债权和利益，包括但不限于第一被申请人应支付的全部债务本金、利息、费用、逾期利息等，包括但不限于诉讼费、仲裁费以及律师费等。申请人提交的证据"五艘船舶的《渔业船舶所有权登记证书》和《渔业船舶抵押权登记证书》"表明所有抵押物均在中华人民共和国农业部进行了抵押登记。《抵押协议》第3条"抵押期限"约定，抵押权与主合同项下全部债权同时存在，主合同项下全部债权获得足额清偿后，抵押权才消灭。第6.1条约定，第一被申请人未按时足额向申请人偿还主合同项下分期款及其他应付款项或违反合同项下其他义务，申请人有权行使抵押权，以所得款项清偿债权。第6.2条约定："发生第6.1条情形之一时，甲方可以与乙方协议以抵押标的折价或者以拍卖、变卖该抵押标的的价款优先受偿；双方未就抵押权实现方式达成协议的，甲方可以请求人民法院拍卖、变卖抵押标的。"仲裁庭认为申请人与第一被申请人之间的抵押关系成立，申请人请求具有事实和合同依据，予以支持。裁定申请人对第一被申请人的全部债权就《抵押协议》中的抵押物进行拍卖、变卖所得的价款优先受偿。

8. 关于第八项仲裁请求。

出质人第二被申请人与作为质权人的申请人签订13号《股权质押合同》，约定为担保本案主合同的正常履行，第二被申请人同意以其在第一被申请人全部股权中所占的60%股权（2130万股）质押给申请人，为主合同项下第一被申请人所负的全部债务承担连带担保责任。《股权质押合同》标的为第二被申请人所享有的第一被申请人的60%股权及其派生权益。股权质押的担保范围为主合同项下全部债权和利益，包括但不限于第一被申请人应支付的全部债务本金、利息、费用、逾期利息等，包括但不限于诉讼费、仲裁费以及律师费等。依据《股权质押合同》第6条的约定，在第一被申请人不按主合同约定履行支付租金以及其他应付款项的义务时，不论任何款项，只要不按约定付款的情形出现，经申请人向第一被申请人发出催付函后50日内仍不履行主合同项下的付款义务，申请人有权处分质押股权及其派生权益，所得款项及权益优先清偿申请人所享有的债权。依照《担保法》第75条，依法可以转让的股份可以质押。依照《担保法》第 67 条,质押担保的范围包括主债权及利息、违约金、损害赔偿金和实现质权的费用。

鉴此,申请人要求优先受偿出质人第二被申请人股权拍卖、变卖的所得款项具有合同和法律依据,予以支持,裁决申请人就 13 号《股权质押合同》中第二被申请人所享有的第一被申请人 60% 的股权(2130 万股)及其派生权益拍卖、变卖所得价款优先受偿。

9. 关于第九项仲裁请求。

出质人第三被申请人与作为质权人的申请人签订 14 号《股权质押合同》,约定为担保本案主合同的正常履行,第三被申请人同意以其在第一被申请人全部股权中所占的 20% 股权(700 余万股)质押给申请人,为主合同项下第一被申请人所负的全部债务承担连带担保责任。《股权质押合同》标的为第三被申请人所享有的第一被申请人的 20% 股权及其派生的权益。股权质押的担保范围为主合同项下全部债权和利益,包括但不限于第一被申请人应支付的全部债务本金、利息、费用、逾期利息等,包括但不限于诉讼费、仲裁费以及律师费等。依据《股权质押合同》第 6 条的约定,在第一被申请人不按主合同约定履行支付租金以及其他应付款项的义务时,不论任何款项,只要不按约定付款的情形出现时,经申请人向第一被申请人发出催付函后 50 日内仍不履行主合同项下的付款义务,申请人有权处分质押股权及其派生权益,所得款项及权益优先清偿申请人所享有的债权。依照《担保法》第 75 条,依法可以转让的股份可以质押。依照《担保法》第 67 条,质押担保的范围包括主债权及利息、违约金、损害赔偿金和实现质权的费用。

鉴此,申请人要求优先受偿出质人第三被申请人股权拍卖、变卖的所得款项具有合同和法律依据,予以支持,裁决申请人就 13 号《股权质押合同》中第三被申请人所享有的第一被申请人 20% 的股权(700 余万股)及其派生权益拍卖、变卖所得价款优先受偿。

10. 关于第十项仲裁请求。

出质人第四被申请人与作为质权人的申请人签订 15 号《股权质押合同》,约定为担保本案主合同的正常履行,第四被申请人同意以其在第一被申请人全部股权中所占的 20% 股权(700 余万股)质押给申请人,为主合同项下第一被申请人所负的全部债务承担连带担保责任。《股权质押合同》标的为第四被申请人所享有的第一被申请人的 20% 股权及其派生的权益。股权质押的担

案例十九　A 融资租赁公司、B 渔业公司、自然人 C、自然人 D、自然人 E、自然人 F、自然人 G、自然人 H、自然人 I、自然人 J、自然人 K 融资租赁合同争议案

保范围为主合同项下全部债权和利益，包括但不限于第一被申请人应支付的全部债务本金、利息、费用、逾期利息等，包括但不限于诉讼费、仲裁费以及律师费等。依据《股权质押合同》第 6 条的约定，在第一被申请人不按主合同约定履行支付租金以及其他应付款项的义务时，不论任何款项，只要不按约定付款的情形出现时，经申请人向第一被申请人发出催付函后 50 日内仍不履行主合同项下的付款义务，申请人有权处分质押股权及其派生权益，所得款项及权益优先清偿申请人所享有的债权。依照《担保法》第 75 条，依法可以转让的股份可以质押。依照《担保法》第 67 条，质押担保的范围包括主债权及利息、违约金、损害赔偿金和实现质权的费用。

鉴此，申请人要求优先受偿出质人第四被申请人股权拍卖、变卖的所得款项具有合同和法律依据，予以支持，裁决申请人就 15 号《股权质押合同》中第四被申请人所享有的第一被申请人 20% 的股权（700 余万股）及其派生权益拍卖、变卖所得价款优先受偿。

11. 关于第十一项仲裁请求。

申请人请求就第一被申请人名下《监管协议》中的监管账户中的账款享有优先受偿权。

仲裁庭注意到，该《监管协议》由五方签署，申请人（甲方）、第一被申请人（丙方）与案外人 M 公司（乙方）、N 公司（丁方）以及 O 公司（戊方）。申请人和 M 公司为监管方，第一被申请人、N 公司以及 O 公司为被监管方。为确保第一被申请人履行《融资租赁合同》项下的义务，前者作为监管方对后者的公司经营进行监管，其中包含银行账户监管和资金监管。依照《监管协议》第 1.3 条第（b）项约定，除日常开支资金外，第一被申请人应当将监管账户内的资金优先用于偿还主合同项下应向申请人支付的所有款项。从该条内容可以看出，虽然《监管协议》由五方签署，并且包含三位案外人，但其中关于监管账户中监管资金对于主合同项下款项的支付在申请人与第一被申请人之间有着清晰而独立的权利义务关系，该权利义务的实现和履行，不会对其他三位案外人造成影响，所以申请人可以依据《监管协议》第 1.3 条的约定，对监管账户中的账款享有优先受偿权。

据此，仲裁庭决定支持申请人的此项请求。

12. 关于第十二项仲裁请求。

申请人请求在第一被申请人付清《融资租赁合同》项下全部租金及其他

应付款项之前，作为合同项下租赁物的 5 艘渔船的所有权仍归其所有。

根据《融资租赁合同》第 8 条，申请人支付船舶购买价款之时为起租日，自起租日起，5 艘渔船的所有权属于申请人。即在整个租赁期间，申请人是租赁物 5 艘渔船的唯一所有权人。依据《融资租赁合同》第 13 条，租赁期限届满时第一被申请人有权以 1 元的名义价格留购 5 艘渔船，只要全额清偿《融资租赁合同》项下的全部租金和其他款项，申请人就应当将船舶的全部所有权转移给第一被申请人。本案《融资租赁合同》约定的租赁期限虽已届满，但作为承租人的第一被申请人还有租金和逾期利息没有支付，因此，在清偿全部款项以及 1 元留购款之前，5 艘渔船的所有权仍然属于作为出租人的申请人。据此，申请人的此项请求与合同有据，予以支持。

13. 关于人保与物保的顺序。

《民法典》第 392 条规定："被担保的债权既有物的担保又有人的担保的，债务人不履行到期债务或者发生当事人约定的实现担保物权的情形，债权人应当按照约定实现债权；没有约定或者约定不明确，债务人自己提供物的担保的，债权人应当先就该物的担保实现债权；第三人提供物的担保的，债权人可以就物的担保实现债权，也可以请求保证人承担保证责任。提供担保的第三人承担担保责任后，有权向债务人追偿。"

根据上述法律规定，仲裁庭认为申请人应先就《抵押协议》中的抵押物（5 艘渔船）拍卖、变卖所得的价款优先受偿；此后未获清偿的部分，本案第二被申请人、第三被申请人、第四被申请人、第五被申请人、第六被申请人、第七被申请人、第八被申请人、第九被申请人、第十被申请人作为保证人承担相应保证责任。

（七）关于仲裁费的承担

鉴于申请人已经履行本案《融资租赁合同》及其附件所约定的义务，又鉴于第一被申请人应当依据合同按期支付租金，但其在仲裁开庭之前一直存在欠付租金的违约事实，而第二、三、四、五、六、七、八、九、十被申请人均通过提供担保对第一被申请人的债务承担连带清偿责任，而在仲裁开庭之前也一直没有履行担保责任，据此，仲裁庭认为，申请人提出仲裁请求系通过法律途径保护其合法权益之行为，由此而发生的仲裁费用属于为实现债权而支出的合理费用，结合本案的审理情况，仲裁费由第一、二、三、四、五、六、七、八、九、十被申请人共同承担 90%。鉴于仲裁庭并未全部支持申请人的请求，10%的仲裁费由申请人承担。

三、裁决

根据上述，仲裁庭裁决如下：

（1）第一被申请人向申请人支付到期未付租金人民币1亿余元。

（2）第一被申请人向申请人支付以人民币1亿余元为基数，从2020年12月a日起，按每日5‰的标准计算至实际支付之日止的逾期利息。第一被申请人向申请人支付2020年11月初至2020年11月底的逾期利息人民币150余万元。

（3）第一被申请人向申请人支付留购价款人民币1元。

（4）第一被申请人向申请人支付律师代理费、法院保全费人民币5000元以及因财产保全而支付的保险费人民币近10万元。

（5）申请人就《抵押协议》中的抵押物（5艘渔船）拍卖、变卖所得的价款优先受偿。

（6）第二被申请人、第三被申请人、第四被申请人、第五被申请人、第六被申请人、第七被申请人、第八被申请人、第九被申请人、第十被申请人对第一被申请人上述第（1）（2）（3）（4）项债务在申请人就上述第（5）项抵押物实现债权后，未获清偿的部分向申请人承担连带保证责任。

（7）申请人就13号《股权质押合同》中第二被申请人所享有的第一被申请人60%的股权（2000余万股）及其派生权益拍卖、变卖所得价款优先受偿。

（8）申请人就14号《股权质押合同》中第三被申请人所享有的第一被申请人20%的股权（700余万股）及其派生权益拍卖、变卖所得价款优先受偿。

（9）申请人就15号《股权质押合同》中第四被申请人所享有的第一被申请人20%的股权（700余万股）及其派生权益拍卖、变卖所得价款优先受偿。

（10）申请人就第一被申请人名下《监管协议》中的监管账户（包括已开户和将来新开户）中的账款享有优先受偿权。

（11）在第一被申请人付清《融资租赁合同》项下全部租金以及其他应付款项之前，5艘渔船的全部所有权归申请人所有。

（12）驳回申请人的其他仲裁请求。

（13）本案仲裁费由第一被申请人、第二被申请人、第三被申请人、第四被申请人、第五被申请人、第六被申请人、第七被申请人、第八被申请人、第九被申请人、第十被申请人共同承担90%，申请人承担10%。

上述裁决款项，第一被申请人、第二被申请人、第三被申请人、第四被申请人、第五被申请人、第六被申请人、第七被申请人、第八被申请人、第九被申请人、第十被申请人应于本裁决作出之日起30日内支付完毕。

本裁决为终局裁决，自作出之日起生效。

 **案例评析**

【关键词】融资租赁　连带责任担保　所有权

【焦点问题】

(1)《融资租赁合同》以及《船舶买卖合同》项下出租人与承租人之间的法律关系。

(2) 融资租赁合同项下租赁物的所有权归属。

(3) 人保与物保并存时担保权的实现顺序。

(4) 申请人要求担保人在主债务之外支付迟延利息不符合法律规定。

(5) 在一定条件下，仲裁条款可约束公司股东。

【焦点评析】

基本案情：本案涉及两个主合同和多个担保从合同，共有十位被申请人。作为出租人和购买方的申请人与作为承租人和出售方的第一被申请人签订《融资租赁合同》和《船舶买卖合同》（主合同），约定第一被申请人以融资租赁方式向申请人出售并回租船舶及船上设备（租赁物）。双方约定了租赁物价格以及租金数额和支付时间。为确保第一被申请人正常履行主合同债务，申请人与各被申请人签订了《保证合同》《抵押协议》《股权质押合同》以及《监管协议》。

申请人分别与第二至第八被申请人订立内容基本一致的《保证合同》，约定保证人对第一被申请人所负的全部债务提供不可撤销的连带责任担保。申请人与案外人某公司（已经注销）订立《保证合同》，该公司的两位股东被作为被申请人要求承担保证责任。上述《保证合同》约定的保证范围为承租人在主合同项下应向债权人支付的全部租金、违约金、损害赔偿金、债权人为实现债权而支付的各项费用和其他所有承租人应付款项。

案例十九　A 融资租赁公司、B 渔业公司、自然人 C、自然人 D、自然人 E、自然人 F、自然人 G、自然人 H、自然人 I、自然人 J、自然人 K 融资租赁合同争议案

申请人与第一被申请人签订《抵押协议》，抵押财产为租赁船舶，并进行了抵押登记。第三、第四被申请人是第一被申请人的股东，分别与申请人签订《股份质押合同》，同意将各自名下持有的第一被申请人的全部股份质押给申请人，担保的主债权本金为 1 亿元，质押标的为各自全部股权及派生权益。

因第一被申请人以及保证人拖欠租金而产生争议，申请人依据上述合同将承租人、保证人、抵押人、出质人以及保证人的股东作为被申请人提起 12 项仲裁请求。

结合案情及焦点问题，评述如下：

一、《融资租赁合同》《船舶买卖合同》项下出租人与承租人系融资租赁法律关系

融资租赁合同是指出租人根据承租人对出卖人、租赁物的选择，向出卖人购买租赁物，提供给承租人使用，承租人支付租金的合同，是将融资与融物结合在一起的交易方式，融资是目的，融物是手段，通常由融资租赁合同与买卖合同构成，合同主体包含三方，即出租人、承租人以及出卖人（供应商）。

首先，融资租赁合同的核心是融资，融物只是手段。对于承租人而言，融资租赁的目的并不在于取得标的物的所有权，而在于获得标的物的使用权。通过融资租赁由出租人根据承租人的选择购买租赁物提供给承租人使用，而由承租人支付相应的租金，这样，承租人可以通过分期支付租金的方式取得租赁物的使用权，从而缓解资金短缺的困难。出租人作为买方购买租赁物的目的也不在于取得其所有权，而在于获得承租人交付的租金。因此，租赁物并不需要实际交付，前述案件中的承租人以"买卖船舶"并未真实发生，船舶所有权没有实际转移交付为由否定其与出租人之间融资租赁关系的主张不能成立。

其次，融资租赁常用的有两种类型，即直接租赁和售后回租。直接租赁是指出租人用自有资金购进设备，直接出租给承租人的租赁。售后回租是指承租人（即卖方）将其自制或外购的资产出售给出租人（即买方）后，又将该项资产从出租人处租回。最高人民法院《关于审理融资租赁合同纠纷案件适用法律问题的解释》第 2 条规定："承租人将其自有物出卖给出租人，再通

过融资租赁合同将租赁物从出租人处租回的，人民法院不应仅以承租人和出卖人系同一人为由认定不构成融资租赁法律关系。"该条款所认定的就是以售后回租为特征的融资租赁形式。

售后回租合同虽然约定了租赁物的所有权在租赁期间归出租人所有，但在承租人付清合同项下全部租金及其他应付款项后，即可重新获得租赁物的所有权。可见，售后回租形式下的租赁物所有权转移本质在于为融资提供担保，而不是真正获取标的物的所有权，与《物权法》中动产物权的设立和转让有所不同，所以在这个案件中，作为租赁物的船舶是否完成登记注册并不影响合同的性质和双方之间的融资租赁法律关系。

最后，与合同的一般标的物不同，融资租赁中买卖标的物的价格通常参照融资金额确定，而不是标的物的实际价值。前述案件《融资租赁合同》约定，在租赁期限届满出租人收回全部租金后，出租人应以1元的名义货价将租赁物所有权转移给承租人。因此，承租人以双方约定的价格购买租赁物符合融资租赁的行业惯例，合法有效。退一步讲，即使存在租赁物价值高于融资金额的情形，也不影响融资租赁法律关系的认定，况且从整个交易过程来看，承租人先"低卖"，后又"低买"，并未损害其利益，也未损害其他人的利益。

二、关于租赁物所有权的归属

《民法典》第757条规定："出租人和承租人可以约定租赁期间届满租赁物的归属。对租赁物的归属没有约定或者约定不明确，依照本法第五百一十一条仍不能确定的，租赁物的所有权归出租人。"融资租赁与一般租赁的相同点在于租赁期限内，租赁物的所有权归出租人；不同点在于合同届满之后所有权的归属。一般租赁在合同届满以后，返还租赁物是承租人不可选择的义务，而在融资租赁合同中，承租人却可对租赁物的归属有选择权。承租人可支付一定的价格取得租赁物的所有权。这是因为，在融资租赁合同中，出租人购买租赁物并不是为了取得所有权或者使用权，而是为了获得一定的经济收入即租金。出租人在租赁期间对租赁物享有的权利实质为担保物权，即担保租金的收回，但在形式上表现为所有权，在承租人付清全部租金及其他应付款项之前，作为合同项下租赁物的所有权仍归其所有。依照《民法典》第759条的规定，当事人可以约定租赁期限届满租赁物的归属，如果约定承租人仅需向出租人支付象征性价款，视为约定的租金义务履行完毕后租赁物的所有权应归属于承租人。

本案的租赁物为船舶，出租人支付船舶购买价款之时为起租日，自起租日起，船舶的所有权属于出租人，即在整个租赁期间，出租人是租赁物船舶的唯一所有权人。依据前述《融资租赁合同》的约定，租赁期限届满时承租人有权以1元的名义价格留购船舶，只要全额清偿租赁合同项下的全部租金和其他款项，出租人就应当将船舶的所有权转移给承租人。本案双方的争议在于合同约定的租赁期限已届满，但作为承租人的第一被申请人还有租金和逾期利息没有支付，因此，在清偿全部款项以及1元留购款之前，租赁物的所有权仍然属于作为出租人的申请人。

根据《民法典》第752条，承租人经催告后在合理期限内仍不支付租金的，出租人可以请求支付全部租金；也可以解除合同，收回租赁物。根据最高人民法院《关于审理融资租赁合同纠纷案件适用法律问题的解释》第10条，出租人既请求承租人支付合同约定的全部未付租金又请求解除合同的，人民法院应告知其依照《民法典》第752条的规定作出选择。出租人请求承租人支付合同约定的全部未付租金，人民法院判决后承租人未予履行，出租人再行起诉请求解除合同、收回租赁物的，人民法院应支持本案申请人就租赁物所有权提出的请求，更多的是从保证租金支付角度的考虑，并不适用上述《民法典》第752条和相关司法解释的规定，而且一旦承租人完成租金及留购款支付，则所有权移转至承租人，出租人亦不可再主张租赁物的所有权。

三、人保与物保并存时担保权的实现顺序

依据《民法典》第392条，被担保的债权既有物的担保又有人的担保的，债务人不履行到期债务或者发生当事人约定的实现担保物权的情形，债权人应当按照约定实现债权；没有约定或者约定不明确，债务人自己提供物的担保的，债权人应当先就该物的担保实现债权，第二人提供物的担保的，债权人可以就物的担保实现债权，也可以请求保证人承担保证责任。物的担保是以物担保债务履行的一种形式，包括抵押权、质权和留置权；人的担保是以人的信誉担保债务的履行，即法律规定的保证。本案既有物的担保又有依照保证合同而提供的人的担保，那么担保权的实现顺序如何呢？在处理上应奉行三个原则：其一，当事人可以对物的担保和人的担保的关系作出约定，如

此，则尊重当事人的意思，按约定实现；其二，在没有约定的情况下，债务人自己提供物保的，比如案件中的承租人与出租人订立《抵押协议》，以租赁物船舶做抵押，那么应先就债务人（案件中的承租人）的抵押物实现债权；其三，没有约定或约定不明时，第三人提供了物的担保，又签订《保证合同》提供了人的担保，在此情况下，债权人可以就物保和人保进行选择。

"担保物权的实现"是指债务人到期不履行债务时，债权人与担保人约定以担保财产折价实现自己的债权或者拍卖、变卖担保财产，以拍卖、变卖担保财产所得的价款优先受偿。该案的仲裁庭依据上述顺序支持了申请人关于债务人以及担保人承担责任的请求。

四、申请人要求担保人在主债务之外支付迟延利息不符合法律规定

保证合同是主合同的从合同，保证责任是主债务的从债务，基于担保从属性的必然要求，保证责任的范围不能大于主债务。根据《九民纪要》，当事人约定的担保责任的范围大于主债务的，如针对担保责任约定专门的违约责任，应当认定大于主债务部分的约定无效，从而使担保责任缩减至主债务的范围。

根据最高人民法院《关于适用〈中华人民共和国民法典〉有关担保制度的解释》第3条，当事人对担保责任的承担约定专门的违约责任，或者约定的担保责任范围超出债务人应当承担的责任范围，担保人主张仅在债务人应当承担的责任范围内承担责任的，人民法院应予支持。因此，作为申请人的出租人要求担保人在主债权范围之外支付迟延利息的主张明显不符合法律规定，不应得到支持。

五、在一定条件下，仲裁条款可约束公司股东

为保证《融资租赁合同》的履行，作为案件申请人的出租人与某公司签订《保证合同》，其中争议解决条款约定仲裁委员会仲裁。签约公司于2019年注销，第九、第十被申请人系该公司唯二股东，在公司办理注销时出具《简易注销全体投资人承诺书》。据此申请人向第九、第十被申请人提出仲裁请求，第九、第十被申请人提出管辖权异议。

这里涉及一个实践中颇有争议的问题，即在公司注销的情形下，仲裁条款的效力是否可约束公司股东，即债权人是否可向股东提出仲裁请求。

案例十九　A融资租赁公司、B渔业公司、自然人C、自然人D、自然人E、自然人F、自然人G、自然人H、自然人I、自然人J、自然人K融资租赁合同争议案

首先，根据仲裁条款独立性原则，仲裁条款的效力不应受到合同效力的制约，合同的无效、失效、变更或撤销并不影响仲裁条款的效力。合同其他条款规定的是当事人在民商事活动中的实体权利和义务，而仲裁条款所约定的是争议解决途径，因此，仲裁条款具有保障当事人通过寻求救济而实现其权利义务的特殊性质，具有相对的独立性。已被注销公司的股东是否应依据保证合同向债权人承担责任，这是一个实体问题，恰恰需要启动仲裁程序这一争议解决方式，因此，从仲裁条款的独立性出发，可认定出租人有向公司股东提起仲裁请求的权利。

其次，最高人民法院《关于适用〈中华人民共和国仲裁法〉若干问题的解释》第8条、第9条均规定了仲裁协议的延伸效力。即债权债务全部或者部分转让的，仲裁协议对受让人有效；当事人订立仲裁协议后合并、分立的，仲裁协议对其权利义务的继受人有效。虽然没有直接规定法人注销后仲裁条款对股东的延伸，但就承继关系而言，其法理基础是相同的。公司股东在办理公司注销时出具投资人承诺书，即表明其承继公司债权债务的意思，法律后果与债权债务转让是一样的，因此可依照上述司法解释第9条认定仲裁条款的延伸效力。公司注销与公司分立、合并均是原公司的消亡，虽然上述司法解释第8条仅规定了在合并、分立两种情形下的仲裁条款继续有效，而没有规定法人注销后仲裁条款的延伸效力，但因其法律性质和后果相同，法律又无排他性规定，可比照该条认可仲裁条款对股东的延伸效力。

上述司法解释旨在确认一个理念和原则，即仲裁协议具有延伸效力，实践中可根据情况做扩大解释。

最后，依照最高人民法院《关于适用〈中华人民共和国民事诉讼法〉的解释》第64条，企业法人解散的，依法清算并注销前，以该企业法人为当事人；未依法清算即被注销的，以该企业法人的股东、发起人或者出资人为当事人。签约公司适用的是简易注销程序，该程序则不强行要求清算，据此，可将公司股东作为诉讼当事人求偿，那么在保证合同约定仲裁的情形下，也可以将其作为仲裁当事人求偿。

【结语】

融资租赁合同包含两个合同，融资租赁合同和买卖合同。其中的融资回租是指租赁物的所有权人首先与租赁公司签定买卖合同，将租赁物卖给租赁

公司，取得现金。然后，租赁物的原所有权人作为承租人，与该租赁公司签订融资租赁合同，将该租赁物租回。承租人依照融资租赁合同还完全部租金，并付清租赁物的残值后，重新取得所有权。本案租赁物为船舶，申请人作为租赁公司是船舶的出租人，也是船舶买卖合同的买方，第一被申请人是承租人，也是买卖合同的卖方，即船舶的原所有人。在融资租赁合同项下，申请人收取租金，第一被申请人支付租金，使用租赁物。为保障承租方依约支付租金，申请人与第一被申请人订立抵押合同，与担保人订立保证合同。

第四部分
其他金融案例

案例二十

A银行、F国B公司、C国某集团公司外汇贷款合同争议案

中国国际经济贸易仲裁委员会根据申请人中国A银行（原名：A银行股份有限公司，以下简称"申请人"或"A银行"）与第一被申请人F国B公司（以下简称"第一被申请人"或"B公司"）于2015年7月a日签订的758号《A银行股份有限公司外汇贷款合同》（以下简称《758号贷款合同》）、759号《A银行股份有限公司外汇贷款合同》（以下简称《759号贷款合同》）、761号《A银行股份有限公司外汇贷款合同》（以下简称《761号贷款合同》；与《758号贷款合同》《759号贷款合同》以下合称"三份《外汇贷款合同》"），申请人与第二被申请人C国某集团公司（以下简称"第二被申请人"；如无特指，第一被申请人和第二被申请人以下合称"被申请人"）于2015年7月a日签订的《A银行股份有限公司美元资金贷款保证合同》（以下简称《758号保证合同》）、《A银行股份有限公司美元资金贷款保证合同》（以下简称《759号保证合同》）、《A银行股份有限公司美元资金贷款保证合同》（以下简称《761号保证合同》）（以下合称"三份《保证合同》"；三份《外汇贷款合同》和三份《保证合同》以下合称"本案合同"）中仲裁条款的约定，以及申请人提交的书面仲裁申请，受理了上述合同项下的本争议仲裁案。

一、案情

（一）申请人的仲裁请求及所依据的事实和理由

2015年7月a日，申请人作为贷款人、第一被申请人作为借款人、第二

被申请人作为保证人，各方签订了以下合同：

贷款合同简称	贷款合同编号	贷款本金	保证合同简称
《758 号贷款合同》	758	600 万美元	《758 号保证合同》
《759 号贷款合同》	759	近 2000 万美元	《759 号保证合同》
《761 号贷款合同》	761	近 1500 万美元	《761 号保证合同》

三份《外汇贷款合同》，除贷款本金以外的条款完全相同，主要条款如下：

（1）关于贷款期限，第 4 条约定："本合同项下的贷款期限为 8 年，从首次提款日起算，即从 2015 年 8 月 a 日至 2023 年 8 月（a-1）日止。"

（2）关于贷款利率，第 5 条第 1 款约定："本合同的贷款年利率采用浮动利率，为 6 个月美元 LIBOR+500BP。"

（3）关于付息时间，第 5 条第 2 款约定：付息期为 6 个月；付息日为 3 月 21 日和 9 月 21 日；最后一期付息日为最后一期还本日，利随本清；宽限期届满后，付息日与还本日为同一日。

（4）关于计息方式，第 5 条第 3 款约定："利息以贷款余额为基础，按实际日数计算，一年按 360 日计。利息的计算公式为：贷款余额×贷款利率×相应利息期贷款实际发生天数÷360。"

（5）关于逾期利率，第 6 条第 1 款约定："若借款人未按本合同约定偿付到期的贷款本息或费用，贷款人将向借款人计收逾期利息，逾期利率为 6 个月美元 LIBOR+700BP。"

（6）关于逾期利息计算方式，第 6 条第 2 款约定："逾期利息的计算公式为：逾期金额×逾期利率×逾期日数÷360。"

（7）关于复利，第 6 条第 3 款约定："若到下一个付息日或还本日，借款人仍未偿还逾期的贷款本息或费用，贷款人将采用当期逾期利率按利息期向借款人计收复利。"

（8）关于本金偿还期限，第 13 条约定：借款人应于第一笔提款日起满 30 个月偿还第一期本金，并自此每 6 个月偿还一期本金，最后一期本金应于第一笔提款日起满 96 个月偿还。

（9）关于还款顺序，第 14 条约定：还款顺序为：①依法或依合同约定的应付费用、违约金；②罚息、复利；③贷款利息；④贷款本金；⑤其他应付款项。

（10）关于贷款提前到期，第 25 条约定："……借款人发生以下事项的，构成借款人在本合同项下的违约：……2. 借款人未清偿本合同项下到期应付的任何负债……发生上述事件，贷款人有权采取下列一项或多项措施：……（三）宣布贷款提前到期，同时要求借款人限期偿还已发放的贷款本息，并有权从借款人在贷款人的银行系统开立的任何账户中直接扣划还款资金直到借款人在本合同项下的债务得到全部清偿（在签订本合同时，借款人即已授权贷款人行使上述直接扣划还款资金的权利）；……（五）实现担保文件下的担保权益……"

2015 年 7 月 a 日，申请人作为贷款人、第二被申请人作为保证人签署了三份《保证合同》，第二被申请人对于第一被申请人在三份《外汇贷款合同》项下的全部债务承担连带保证责任，主要条款如下：

（1）关于保证范围，第 2 条约定："保证人愿意就借款人偿付主合同项下全部借款本金、利息、罚息、复利、补偿金、违约金、损害赔偿金和实现债权的费用向贷款人提供担保。"

（2）关于保证方式，第 3 条约定："保证人在本合同的担保范围内向贷款人提供连带责任保证。不论借款人是否为主合同提供物的担保，如借款人未按主合同约定清偿本合同担保范围内的债务，贷款人有权直接要求保证人承担保证责任。保证人应在接到贷款人要求履行保证责任的书面通知后 3 日内代为清偿。"

（3）关于保证期间，第 4 条约定："本合同的保证期间为主合同项下每笔债务履行期届满之日起，至最后一笔债务履行期限届满之日后一年止。"

2015 年 7 月 a 日，申请人与第一被申请人签订了一份《质押合同》，约定第一被申请人为其在三份《外汇贷款合同》项下的全部债务向申请人提供质押保证金担保；在第一被申请人未按约定偿还贷款本息时，申请人有权直接扣划银行账户内的保证金；保证金金额不得低于贷款本息的 5%，申请人有权要求第一被申请人进行动态补足。

2015 年 7 月 a 日，申请人作为抵押权人、第一被申请人作为抵押人签署了《抵押合同》，约定第一被申请人将评估价值不低于 4000 万美元的某资产抵押给申请人，以担保三份《外汇贷款合同》项下所有债务的清偿。

2015 年 8 月 a 日，作为三份《外汇贷款合同》项下经办分行的 A 银行 D 地分行（以下简称"申请人 AD 分行"）向第一被申请人发放了三份《外汇贷款合同》项下的全部 4000 万美元贷款。第一被申请人也按照合同约定开始偿还贷款本金和利息。

但是，第一被申请人在 2021 年 2 月出现了未能偿还到期贷款本息的情况。2021 年 2 月 a 日，申请人 AD 分行向第一被申请人发送了《逾期贷款催收通知书》，要求第一被申请人立即清偿逾期贷款本息。截至 2021 年 2 月 a 日，第一被申请人逾期未还的金额合计近 400 万美元，其中本金为 300 余万美元，逾期利息为 50 余万美元。

2021 年 3 月 a 日，申请人 AD 分行按照《质押合同》的约定，扣收第一被申请人质押的全部保证金及孳息共计近 300 万美元，用于偿还三份《外汇贷款合同》项下截至当日的罚息、复利、逾期利息和部分逾期本金。《质押合同》及扣收保证金及孳息行为有效。扣收后，《758 号贷款合同》和《759 号贷款合同》项下的逾期本息得到了偿还，但《761 号贷款合同》项下仍有 100 余万美元的本金处于逾期状态。同日，申请人 AD 分行向第一被申请人发出了《关于要求补足保证金的函》，要求第一被申请人在 10 个工作日内补足保证金。但是，第一被申请人至今未补足保证金，也没有清偿任何本金利息。

由于第一被申请人未能清偿到期本息，申请人 AD 分行于 2021 年 8 月 b 日向第一被申请人发出了《关于宣布 F 国涉 S 产品建设项目（二期）贷款提前到期的通知》（以下简称《加速到期通知》），宣布三份《外汇贷款合同》项下贷款提前到期，第一被申请人应当在 2021 年 8 月（b+7）日前清偿全部贷款本息。

直至申请人提起本案仲裁时，第一被申请人仍未能偿还到期本息。截至 2021 年 9 月 a 日，第一被申请人尚未偿还的贷款本金为近 1800 万美元，利息为近 40 万美元，逾期利息为 10 余万美元，复利为近 2000 美元。

在借款人发生贷款逾期后，申请人 AD 分行于 2021 年 2 月 a 日向第二被申请人发送了《逾期贷款催收通知书》以及《要求履行担保责任通知书》，以要求第二被申请人在 2021 年 3 月（a-1）日之前履行保证责任。另外，在宣布贷款加速到期后，申请人 AD 分行向第二被申请人发出通知，要求其履行保证责任。但是，第二被申请人至今未按照三份《保证合同》的约定承担其保证责任。

据此，申请人提出仲裁请求如下：

1. 裁决第一被申请人向申请人支付三份《外汇贷款合同》项下的到期贷款本金近1800万美元。

2. 裁决第一被申请人向申请人支付三份《外汇贷款合同》项下的到期贷款利息近40万美元。

3. 裁决第一被申请人向申请人支付三份《外汇贷款合同》项下的逾期利息，具体为：

（1）《758号贷款合同》项下逾期利息以到期本金250万美元为基数，以7.14963%为年利率，自2021年8月（b+7）日起算，计算至被申请人清偿全部本金利息之日止。

（2）《759号贷款合同》项下逾期利息以到期本金近800万美元为基数，以7.14963%为年利率，自2021年8月（b+7）日起算，计算至被申请人清偿全部本金利息之日止。

（3）《761号贷款合同》项下逾期利息：①以到期本金600余万美元为基数，以7.14963%为年利率，自2021年8月（b+7）日起算，计算至被申请人清偿全部本金利息之日止；②以逾期本金100余万美元为基数，以7.19938%为年利率，自2021年3月a日起算，计算至2021年8月（b+7）日为近4万美元；③以逾期本金110余万美元为基数，以7.14963%为年利率，自2021年8月（b+7）日起算，计算至被申请人清偿全部本金利息之日止。

前述款项暂计至2021年9月a日为10余万美元。

4. 裁决第一被申请人向申请人支付三份《外汇贷款合同》项下的复利，具体为：

（1）《758号贷款合同》项下复利为：以到期利息近6万美元为基数，以7.14963%为年利率，自2021年8月（b+7）日起算，计算至被申请人清偿全部利息之日止。

（2）《759号贷款合同》项下复利为：以到期利息近20万美元为基数，以7.14963%为年利率，自2021年8月（b+7）日起算，计算至被申请人清偿全部利息之日止。

（3）《761号贷款合同》项下复利为：以到期利息近15万美元为基数，以7.14963%为年利率，自2021年8月（b+7）日起算，计算至被申请人清偿全部利息之日止。

前述款项暂计至 2021 年 9 月 a 日为近 2000 美元；

5. 裁决第一被申请人承担本案的全部仲裁费用（包括但不限于仲裁费、律师费、保全费用等）。

6. 裁决第二被申请人就第一被申请人的上述付款义务承担连带责任。

庭后，申请人在代理意见中明确了上述第 5 项仲裁请求中律师费的金额。

（二）第一被申请人的答辩意见

1. 申请人通过保证金的形式控制近 300 万美元出借资金，第一被申请人不能全额支配三份《外汇贷款合同》中的借款，本金部分应做相应扣减。

三份《外汇贷款合同》第 24 条第 3 款约定："由出质人 F 国 B 公司以其依法可以出质的不低于贷款本息 5% 的保证金提供质押担保。"2015 年 8 月（a-10）日，第一被申请人向申请人支付保证金近 300 万美元。第一被申请人作为借款人既不能实际支配使用 4000 万美元贷款，也无法按照约定贷款用途、贷款期限获取该近 300 万美元款项对应的权益。

另，三份《外汇贷款合同》第 17 条约定，第一被申请人有关三份《外汇贷款合同》的资金包括保证金必须在申请人的账户中流转，无条件接受申请人的监管。申请人划扣保证金实质上就是变相克扣第一被申请人的贷款资金，并额外收取第一被申请人的资金利息。

本案中，申请人收取保证金的行为使第一被申请人利用本金创造经济效益的资金条件受到限制，违反公平原则。申请人所收取的保证金应从贷款本金中扣除。

2. 申请人对逾期利息（罚息）计收复利，严重违反《人民币利率管理规定》，同时违背最高人民法院既有司法判例，对其该部分主张依法应不予支持。

三份《外汇贷款合同》第 5 条约定，贷款年利率采用浮动利率，为 6 个月美元 LIBOR+500BP；第 6 条约定，借款人逾期偿付借款本息的，应当支付逾期利息，逾期利率为 6 个月美元 LIBOR+700BP，若到下一个还本日或付息日，仍未清偿逾期本息，借款人应按逾期利率（6 个月美元 LIBOR+700BP）支付复利。鉴此，申请人对第一被申请人不仅在逾期偿还借款本息的基础上计收逾期利息也即罚息，而且对逾期利息（罚息）部分又计收复利。

《人民币利率管理规定》第 21 条规定："对贷款期内不能按期支付的利息按合同利率按季计收复利，贷款逾期后改按罚息利率计收复利。"该处应当计算复利的利息指的是贷款期内不能按期支付的利息，而非对贷款逾期后的逾期罚息计算复利。

3. 中国 E 保险公司（以下简称"E 保险公司"）向申请人承担出口信贷保险责任，且申请人已经从 E 保险公司实现 100 余万美元理赔，该部分理赔款项应从申请人主张款项中扣减。

三份《外汇贷款合同》第 8 条第 1 款第 5 项约定，第一被申请人的提款条件为"E 保险公司开具的正式生效保单（为贷款项目提供出口信贷保险，政治险、商业险赔付比例均为95%。A 银行为被保险人，享有出口信贷保险项下的权益）"。申请人与第一被申请人签订贷款合同时已经取得卖方出口信用保单，第一被申请人逾期付款时，触发保险理赔条件，即在第一被申请人逾期还款情形下，由 E 保险公司负担款项偿付责任。

第一被申请人债务本息逾期未偿还的情况下，除申请人扣除第一被申请人账户内保证金外，E 保险公司也进行了 100 余万美元保险赔付。申请人在本案中有意隐瞒该事实，企图双重受益，有失诚信。鉴此，申请人主张金额中应当扣减 E 保险公司已支付部分款项，申请人主张的本息也应当一并予以调整。

4. 三份《外汇贷款合同》与 E 保险公司具有实质性关联，且本案仲裁结果与 E 保险公司有利害关系，应当依法追加其为本案当事人。

E 保险公司依据案涉三份《外汇贷款合同》与投保人签订保险合同。申请人作为保险受益人，在三份《外汇贷款合同》履行过程中，已经通过 E 保险公司实现部分债权的清偿。并且，本案无论是三份《外汇贷款合同》的约定，还是仲裁案件审理的结果，均对案外人 E 保险公司构成实体权利上的约束，申请人后续保险权益的实现与 E 保险公司存在必然的关联。根据《仲裁规则》第 18 条第 1 款的规定，E 保险公司与本案具有直接利害关系，应当依法予以追加，参与本案审理。

（二）第一被申请人的仲裁反请求

本案中，第一被申请人提出仲裁反请求如下：

1. 裁决确认第一被申请人与申请人于 2015 年 7 月 a 日签订的三份《外汇贷款合同》中第 5 条第 5 款"借款人应在首次提款前按贷款人通知向贷款人一次性支付贷款承诺金额 1% 的前端费"的约定条款无效。

2. 裁决申请人返还第一被申请人前端费用 40 万美元及资金占用利息 10

余万美元（计算方式：以 40 万美元为基数，按照中国人民银行发布的同期一年期贷款基准利率，自 2016 年 3 月 b 日起至实际返还款项之日止的资金占用利息，暂计算至提起仲裁反请求之日的利息为 10 余万美元），以上费用暂计为 50 余万美元。

3. 本案仲裁费用由申请人承担。

2015 年 7 月 a 日，第一被申请人与申请人签订了三份《外汇贷款合同》，贷款金额分别为 600 万美元、近 2000 万美元、近 1500 万美元，合计 4000 万美元，贷款期限为 8 年，本金分期偿还，贷款的利息采取浮动利率。

前述三份《外汇贷款合同》第 5 条第 5 款约定：借款人应在首次提款前按贷款人通知向贷款人一次性支付贷款承诺金额 1% 的前端费。

2016 年 3 月 b 日，第一被申请人合计向申请人支付了 40 万美元的前端费。

申请人在贷款本金发放时没有直接扣收前端费，并且在 2016 年 3 月（b-11）日出示的《还本付息通知书》里，明确将该笔前端费与利息进行区分，显然前端费属于申请人正常贷款利息外额外收取的固定费用。根据中国人民银行《贷款通则》第 24 条的规定，自营贷款和特定贷款，除按中国人民银行规定计收利息之外，不得收取其他任何费用。而三份《外汇贷款合同》中关于收取前端费的约定，明显违反了上述禁止性规定，属于无效条款。鉴此，第一被申请人请求申请人返还第一被申请人前端费 40 万美元及相关资金占用费用具有充分的法律依据。

（四）申请人的庭后代理意见（包括对仲裁反请求的答辩意见）

1. 关于申请人的仲裁请求。

申请人认为，第一被申请人未能按期偿还贷款本息的行为严重违反约定，申请人已经根据合同约定宣布剩余贷款加速到期，有权要求第一被申请人偿还剩余贷款本金并支付利息、逾期利息和复利以及要求第二被申请人承担保证责任。

第一被申请人提出的申请人不应收取保证金、复利、已经获得保险理赔的款项以及未收到《加速到期通知》等抗辩理由均不能成立：

（1）第一被申请人主张，申请人收取第一被申请人保证金构成限制其对该等款项的支配，故应从贷款本金中予以扣除。申请人认为，案涉保证金属于担保债务履行的动产质押，符合我国法律规定，第一被申请人的主张不能成立。

本案中，三份《外汇贷款合同》第24条第3款均明确约定，第一被申请人作为出质人以其依法可以出质的不低于贷款本息5%的保证金，向申请人提供质押担保，并约定在三份《外汇贷款合同》签署的同时与申请人依法签订有效的担保合同。据此，申请人与第一被申请人另行签署《质押合同》作为《外汇贷款合同》的从合同。

三份《外汇贷款合同》第25条进一步约定，在借款人发生三份《外汇贷款合同》约定的违约情形时，申请人有权采取包括"实现担保文件下的担保权益"在内的多项措施。

可见，第一被申请人向申请人提供保证金作为质押的安排，系双方之间的真实意思表示，符合三份《外汇贷款合同》的约定。

同时，提供保证金作为质押的安排，符合我国法律规定。

最高人民法院《关于适用〈中华人民共和国担保法〉若干问题的解释》第85条规定："债务人或者第三人将其金钱以特户、封金、保证金等形式特定化后，移交债权人占有作为债权的担保，债务人不履行债务时，债权人可以以该金钱优先受偿。"

最高人民法院《关于适用〈中华人民共和国民法典〉有关担保制度的解释》第70条第1款规定："债务人或者第三人为担保债务的履行，设立专门的保证金账户并由债权人实际控制，或者将其资金存入债权人设立的保证金账户，债权人主张就账户内的款项优先受偿的，人民法院应予支持……"

根据上述法律规定，保证金实际系债务人为担保债务履行向债权人提供的动产质押，其成立要件包括：①保证金已经特定化；②保证金已经交付债权人占有。如满足了前述要件，则债权人有权在债务人不履行债务时以保证金优先受偿。

可见，出质人必须将质押物交予质权人占有，是动产质押的基本原则，显然出质人无法再占有使用质押物。第一被申请人主张这构成"限制其对该等款项的支配"，因而应当从贷款本金中扣除保证金金额，属于对于动产质押原则的误读。

《质押合同》第4条约定，保证金应存入在A银行K地分行专门设立的保证金账户。根据第一被申请人当庭提交的证据，其已将保证金支付至该专门的保证金账户。可见，其向申请人支付的保证金满足了特定化和转移债权人占有两个生效要件，案涉保证金质押已经有效设立，在其未履行债务时，申请人有权以保证金优先受偿。

更何况，申请人已经以保证金抵扣了相应的逾期利息和本金等，第一被申请人应付的款项已经相应减少，其要求从贷款本金中再次扣除保证金金额实乃重复扣除。

（2）第一被申请人关于申请人不应就逾期利息收取复利的主张，不符合事实情况和法律规定。

第一被申请人主张，申请人对其产生的逾期利息收取复利，违反了《人民币利率管理规定》。申请人认为，第一被申请人的上述主张不符合事实情况和法律规定，系对申请人仲裁请求的错误理解，仲裁庭应不予采纳。

第一被申请人援引的《人民币利率管理规定》第21条规定："中长期贷款（期限在一年以上）利率实行一年一定。贷款（包括贷款合同生效日起一年内应分笔拨付的所有资金）根据贷款合同确定的期限，按贷款合同生效日相应档次的法定贷款利率计息，每满一年后（分笔拨付的以第一笔贷款的发放日为准），再按当时相应档次的法定贷款利率确定下一年度利率。中长期贷款按季结息，每季度末月二十日为结息日。对贷款期内不能按期支付的利息按合同利率按季计收复利，贷款逾期后改按罚息利率计收复利。"

根据上述规定，在借款人出现逾期还款时，银行有权就不能按期支付的利息以罚息利率计收复利。

申请人就第一被申请人逾期未付的利息计收复利符合我国法律规定和三份《外汇贷款合同》的约定。申请人计算复利的基数为三份《外汇贷款合同》项下的普通利息，金额与申请人在第二项仲裁请求中主张的利息金额一致。申请人根本不存在就逾期利息（罚息）计收复利的情况。

（3）第一被申请人关于申请人不应请求已经获得保险理赔的款项的主张没有法律依据，仲裁庭应不予采纳。

第一被申请人主张，申请人已经通过E保险公司获得对三份《外汇贷款合同》项下逾期款项的部分理赔款，申请人继续追偿属于双重受益，第一被申请人的该主张混淆了不同的法律关系，没有法律依据。

第一，申请人和E保险公司之间的保险关系与申请人和第一被申请人之间的借贷关系属于完全独立的两个法律关系。申请人通过保险关系获得理赔并不免除第一被申请人在三份《外汇贷款合同》下的还款义务。

第二，申请人与E保险公司之间的《保单》约定，申请人在获得理赔后应当根据E保险公司的指示和要求，继续向借款人追偿欠款。

第三，申请人与E保险公司之间的《保单》约定，申请人在获得理赔后必须将从第一被申请人处追偿的款项支付给E保险公司。因此，申请人也不存在第一被申请人主张的"双重收益"。

另外，第一被申请人主张，E保险公司因为与申请人之间的保险关系而与本案存在关联，故应当被追加为本案当事人。申请人认为，申请人和E保险公司之间的保险关系与申请人和第一被申请人之间的借贷关系属于不同法律关系，E保险公司与本案并不存在直接关联。

并且，申请人在本案中是根据与第一被申请人和第二被申请人之间的三份《外汇贷款合同》和三份《保证合同》中的仲裁协议提起的仲裁，而E保险公司并非前述合同的当事人，案涉仲裁协议对E保险公司没有约束力。根据《仲裁法》第4条等规定，E保险公司不能作为本案仲裁的当事人，且申请人也不同意追加其为当事人。

（4）第一被申请人主张，其没有收到申请人发出的《加速到期通知》，本案合同不产生加速到期的效力。但申请人已就加速到期事宜向第一被申请人及第二被申请人通知并送达，三份《外汇贷款合同》项下的剩余贷款本息已于2021年8月（b+7）日到期。

2021年8月b日，三份《外汇贷款合同》项下的经办分行申请人AD分行作出了《加速到期通知》，宣布剩余贷款本息将于2021年8月（b+7）日到期，并向三份《外汇贷款合同》中约定的第一被申请人通讯地址寄出。

2021年8月b日，申请人AD分行向第一被申请人和第二被申请人发出了电子邮件，并将《加速到期通知》作为邮件附件，就加速到期事宜进行了通知。第一被申请人于2021年8月（b+1）日回复确认其收到邮件，并表示第一被申请人的银行债务问题由第二被申请人的总裁董某全权负责。

2021年8月b日，申请人AD分行将《加速到期通知》寄给了第二被申请人。2021年8月（b+6）日，第二被申请人签收了《加速到期通知》。

在向第一被申请人寄出《加速到期通知》后，申请人AD分行得知第一被申请人变更了通讯地址，但并未按照三份《外汇贷款合同》的约定通知申请人。2021年8月（b+15）日，申请人AD分行向第一被申请人新的通讯地址再次寄出《加速到期通知》，第一被申请人于2021年8月（b+19）日签收。根据三份《外汇贷款合同》第 30 条第 2 款的约定，第一被申请人变更通讯地址而未通知申请人的，其应当自行承担相应损失。

（5）本案仲裁完全系因第一被申请人和第二被申请人未履行还款义务和承担保证责任而引起，其应当承担本案仲裁费和申请人支出的律师费。

2. 关于第一被申请人的仲裁反请求。

第一被申请人要求确认三份《外汇贷款合同》中第 5 条第 5 款 "借款人应在首次提款前按贷款人通知向贷款人一次性支付贷款承诺金额 1% 的前端费" 的约定无效，并要求申请人向其返还前端费 40 万美元及资金占用利息。

申请人认为，第一被申请人提出的仲裁反请求不具有事实和法律依据，而且所涉反请求的诉讼时效早已届满，仲裁庭应当予以全部驳回。

（1）第一被申请人所援引的《贷款通则》不适用于本案，申请人有权收取前端费。

第一，《贷款通则》不适用于向境外主体提供贷款的交易。

《贷款通则》第四章 "借款人" 第 17 条第 1 款规定："借款人应当是经工商行政管理机关（或主管机关）核准登记的企（事）业法人、其他经济组织、个体工商户或具有中华人民共和国国籍的具有完全民事行为能力的自然人。"

根据上述规定，适用《贷款通则》的借款人应当是经中国工商行政管理机关核准登记的法人或中国国籍自然人。但是，第一被申请人是一家依据 F 国法律成立的公司，故不适用。

第二，《贷款通则》第 24 条因与此后实施的《商业银行服务价格管理办法》不一致而不再适用。

《贷款通则》第 24 条第 4 款规定："自营贷款和特定贷款，除按中国人民银行规定计收利息之外，不得收取其他任何费用；委托贷款，除按中国人民银行规定计收手续费之外，不得收取其他任何费用。"

2014 年 8 月 1 日起实施的《商业银行服务价格管理办法》第 8 条和第 11 条规定，银行可以就其提供的服务收取政府指导价/定价或市场调节价。具体规定如下：

《商业银行服务价格管理办法》第 8 条规定："对客户普遍使用、与国民经济发展和人民生活关系重大的银行基础服务，实行政府指导价或政府定价。"第 11 条规定："除实行政府指导价、政府定价的服务价格以外，商业银行服务价格实行市场调节价。"

根据国家发展和改革委员会、原中国银行业监督管理委员会《关于印发商业银行服务政府指导价政府定价目录的通知》所附的《商业银行服务政府指导价政府定价目录》，贷款业务并不属于实行政府指导价或定价的业务。因此，申请人有权就提供贷款业务相关服务收取市场调节价费用。

《商业银行服务价格管理办法》第38条进一步规定："本办法生效后，此前有关商业银行服务价格或收费的规定与本办法规定不一致的，按照本办法执行。"

根据上述规定，《贷款通则》第24条关于银行不得收取贷款利息以外费用的规定因与实施在后的《商业银行服务价格管理办法》的规定不一致而不再适用。

（2）前端费是申请人提供统筹安排和前端咨询服务收取的合理费用，符合法律规定和司法实践。

如上所述，《商业银行服务价格管理办法》第11条规定银行有权就提供的服务收取市场调节价费用。同时，《商业银行服务价格管理办法》第13条进一步规定了银行应根据法定流程制定和公示服务价格。

在三份《外汇贷款合同》签署之前，申请人于2014年9月和2015年7月制定的《A银行金融服务收费目录》中载明，前端费是申请人提供外汇贷款时所收取的费用，其服务内容为："A银行作为贷款行提供统筹安排或前端咨询服务"，收费费率与借款人协商确定。同时，申请人也依法将《A银行金融服务收费目录》在官网予以公示。

与常见的小额商业贷款不同，案涉三份《外汇贷款合同》所提供的贷款是用于第一被申请人在F国涉S产品项目而向中国工程承包商支付建设工程款等费用，贷款金额为外汇且高达4000万美元，涉及多个境内外主体和大量交易文件。

为促成案涉贷款交易，申请人在项目前期提供了相应服务，包括但不限于：在F国调研项目、进行可行性研报、了解财务状况、设计融资结构、起草谈判三份《外汇贷款合同》《保证合同》《抵押合同》《质押合同》等交易文件。在考虑和测算了服务成本和综合收益后，申请人与第一被申请人协商谈判从而确定了应收取的前端费金额。因此，案涉前端费属于反映了市场实际情况和双方当事人合意的合理费用，符合相关法律规定。

根据三份《外汇贷款合同》第 5 条第 5 款的约定，第一被申请人向申请人支付前端费并未附有任何前提条件。并且，第一被申请人已经按照合同约定支付了前端费，且在提出反请求之前从未对此提出异议，反映了前端费的约定是双方的真实意思表示且申请人已经提供了相应的服务。

在司法实践中，我国法院亦认可银行有权收取前端费等服务费用。

关于第一被申请人当庭提交的北京市高级人民法院一审审理的 [2016] 京民初 82 号和最高人民法院二审审理的 [2019] 最高法民终 114 号的案例，该案中的借款人为 M 公司，系一家中国公司。并且，案涉三份《外汇贷款合同》签订于 2012 年 11 月 16 日，此时《商业银行服务价格管理办法》尚未实施。

如上所述，《贷款通则》并不适用于借款人为外国公司的情况，且其第 24 条关于银行不得收取贷款利息以外费用的规定因与实施在后的《商业银行服务价格管理办法》的规定不一致而不再适用。因此，第一被申请人提交的上述案例对本案无参考意义。

（3）第一被申请人关于要求返还前端费的诉讼时效已经届满，仲裁庭应当直接予以驳回。

《民法总则》和《民法典》第 188 条均规定："向人民法院请求保护民事权利的诉讼时效期间为三年。法律另有规定的，依照其规定。诉讼时效期间自权利人知道或者应当知道权利受到损害以及义务人之日起计算……"

2015 年 7 月 a 日，申请人与第一被申请人签订三份《外汇贷款合同》，其均约定了前端费的支付；2016 年 3 月 b 日，第一被申请人向申请人 AD 分行支付了 40 万美元的前端费。

而第一被申请人主张申请人收取前端费所违反的《贷款通则》实施于 1996 年 8 月 1 日，故第一被申请人至迟在向申请人 AD 分行支付前端费之时即应当知道其权利受到损害（申请人对此不予认可）。因此，第一被申请人就返还前端费相关主张的诉讼时效应当自 2016 年 3 月 b 日起算 3 年，即至 2019 年 3 月（b-1）日届满。

但是，第一被申请人在签署三份《外汇贷款合同》和支付前端费之后从未提出相关异议，直至 2022 年 7 月×日才在本案中提出反请求，诉讼时效已经届满超过 3 年，仲裁庭应予驳回。

（4）第一被申请人无权基于《贷款通则》请求确认三份《外汇贷款合

同》关于前端费的合同条款无效。

第一被申请人在开庭审理时主张其仲裁反请求是请求确认三份《外汇贷款合同》关于前端费的合同条款无效，故不适用诉讼时效相关规定。申请人认为，第一被申请人的主张不符合法律规定，仲裁庭应予驳回。

《民法典》第153条规定："违反法律、行政法规的强制性规定的民事法律行为无效。但是，该强制性规定不导致该民事法律行为无效的除外。违背公序良俗的民事法律行为无效。"

《合同法》第52条规定："有下列情形之一的，合同无效：……（五）违反法律、行政法规的强制性规定。"

根据上述法律规定，请求确认合同无效的根据必须是法律或行政法规的强制性规定。但在本案中，第一被申请人所依据的《贷款通则》属于部门规章，不能作为确认合同无效的依据。

在司法实践中，我国法院也均认为当事人不得以违反《贷款通则》为由请求确认合同无效。

（五）第一被申请人的庭后代理意见

1. E保险公司向申请人赔付的事实与本案贷款本金的确定以及利息的计算存在密切的关联，应追加E保险公司为当事人参与本案实体审理。

三份《外汇贷款合同》履行期间，E保险公司向申请人赔付100余万美元。对此，申请人已经针对100余万美元部分得到偿还，该部分系由E保险公司代为清偿，即100余万美元的债权已由申请人转移至E保险公司，申请人不再享有该部分的债权。申请人主张贷款本金及计收利息时未扣除100余万美元，计算存在明显错误。100余万美元部分的债权应由E保险公司向第一被申请人主张，申请人不调整债权本金，以此为基数计收利息，存在多收本金以及利息的情形。

申请人利用信息不对称，在第一被申请人和E保险公司互不知情的情况下双向获得赔偿，违背了《保险法》中被保险人通过保险事件获得重复赔偿以及因保险赔付取得额外利益的基本原则。

E保险公司向申请人赔付的事实与本案贷款本金及利息金额的确定有密切关联，遗漏该事实将无法确认申请人主张的贷款本金及利息金额是否正确以及该部分赔付款项是否应予以扣减。鉴于目前保险人E保险公司未作为本案当事人参与庭审以及无任何证据证明赔付的具体金额，应追加E保险公司为当事人参与本案实体审理。

2. 申请人违规收取前端费，应当予以返还，同时贷款利息的基数应做相应的调整。

（1）第一被申请人请求确认前端费条款无效不适用诉讼时效的规定。合同条款无效是自始无效，时间的经过不能改变合同无效条款的违法性。且请求确认合同条款无效的权利的行使，无需合同另一方的同意，通过权利人单方主张后由仲裁机构确认即可实现，此种权利特征在性质上属形成权，故不受诉讼时效制度的限制。

第一被申请人要求申请人返还前端费的请求未超过诉讼时效。三份《外汇贷款合同》条款被确认无效之前，不存在因合同条款被确认无效而使权利受到损害的情形。只有合同条款被确认无效之后，返还财产请求权才产生，该种因合同条款无效所产生请求权的诉讼时效期间自此开始起算。另外，与该笔前端费对应的贷款仍在偿还之中，相应的债权未到期，因此也不存在诉讼时效到期的情形。

最高人民法院在［2019］最高法知民终 947 号案中认为："当事人请求人民法院确认合同不成立，自始不生效不属于诉讼时效制度的规制范畴。"本案中，第一被申请人要求仲裁庭确认合同条款无效属于确认效力请求，不属于诉讼时效制度的规制范畴。

（2）《贷款通则》第 24 条规定，自营贷款和特定贷款，除按中国人民银行规定计收利息之外，不得收取其他任何费用。三份《外汇贷款合同》中关于收取前端费的约定，明显违反了上述禁止性规定，属于无效条款。虽然《商业银行服务价格管理办法》允许商业银行服务价格实行市场调节价，但《贷款通则》和《商业银行服务价格管理办法》二者均属于部门规章，且均属于现行有效的法律规定，并不存在替代关系，应平行适用；同时两部文件的侧重点不同，不能简单地以《商业银行服务价格管理办法》允许商业银行服务价格实行市场调节价就认为申请人可以恣意收取前端费等费用。

（3）申请人在其官方网站上关于前端费的服务内容描述为：A 银行作为贷款行提供统筹安排或前端咨询服务。该项收入的重点是提供与之收费 40 万美元匹配的具体服务内容，而申请人在本案中未提交任何证据证明其已提供相当的服务来收取额外的前端费，应承担举证不能的后果。

（4）最高人民法院在［2019］最高法民终 114 号案中，以及北京市高级人民法院在［2016］京民初 82 号案中均认为，申请人收取的前端费因违反中国人民银行《贷款通则》第 24 条规定，应当在本金中予以扣除，案涉本金数额以及计算利息均应按照扣除本金后重新认定。

3. 申请人享有的全部债权自申请仲裁前并未全部到期，申请人要求第一被申请人偿还自 2021 年 8 月（b+7）日起的全部贷款本金及利息缺乏依据。

贷款人发出债权加速到期的意思表示到达借款人之日作为贷款提前到期之日。申请人提交的证据 15：申请人 AD 分行于 2021 年 8 月 b 日向第一被申请人发出的《加速到期通知》及快递单显示，第一被申请人未在通知回执单上盖章确认收悉该份文件，同时快递的二维码扫码显示快递未签收，仍处于"安排投递"的状态。直至收到本案仲裁申请材料，第一被申请人才得知债务全部到期的事实。申请人未向债务人第一被申请人送达贷款提前到期的通知，该通知未对第一被申请人发生法律效力，对应的贷款债务亦不能产生全部到期的法律后果。因此，申请人要求第一被申请人支付自 2021 年 8 月（b+7）日起的全部贷款本金及以全部贷款本金作为基数计收的利息缺乏依据。

4. 申请人以保证金为名违规收取"砍头息"，违反我国法律的强制性规定，贷款本金应当扣减第一被申请人未能实际占有、使用的保证金近 300 万美元。

《贷款通则》第 18 条第 2 款规定，借款人有权按合同约定提取和使用全部贷款。申请人预收保证金近 300 万美元，该笔保证金冻结在第一被申请人开设在申请人的银行账户中，第一被申请人无法自行取出使用。第一被申请人实际获得的贷款总额与合同约定的不一致，无法满足第一被申请人急需资金的需求，无法从全部贷款资金中获得相应的收益。对此，中国人民银行《关于严肃金融纪律严禁非法提高利率的公告》第 8 条明确规定："严禁各金融机构擅自提高存、贷利率，或以手续费、协储代办费、吸储奖、有奖储蓄以及贷款保证金、利息备付金，加收手续费、咨询费等名目变相提高存、贷款利率。"申请人预收贷款保证金正是一种变相提高贷款利率的行为，虽然申请人辩称该方式系借款担保行为，但该担保行为作为第一被申请人提款的前提条件，正是申请人利用其作为贷款人的优势地位迫使第一被申请人作出的妥协，其行为公开违反了我国金融领域的法律的强制性规定。

综上所述，申请人违规收取前端费及保证金，应向第一被申请人返还前端费并在其所主张的本金中予以扣除保证金、前端费以及 E 保险公司赔付的款项，同时根据扣除后的本金重新计算利息。

二、仲裁庭意见

仲裁庭根据本案材料及庭审情况，陈述意见如下：

（一）仲裁庭查明和认定的案件事实

2015 年 7 月 a 日，申请人与第一被申请人签订了案涉三份《外汇贷款合同》，其中约定借款人应在首次提款前按贷款人通知向贷款人一次性支付贷款承诺金额 1% 的前端费。同日，申请人与第二被申请人签订了为前述三份《外汇贷款合同》分别提供担保的三份《保证合同》。当天，申请人与第一被申请人还签订了《质押合同》，约定第一被申请人为其在三份《外汇贷款合同》项下的全部债务向申请人提供质押金担保；在第一被申请人未按约定偿还贷款本息时，申请人有权直接扣划银行账户内的保证金；保证金金额不得低于贷款本息的 5%，且申请人有权要求第一被申请人进行动态补足。

2015 年 7 月 a 日，申请人、第一被申请人和中国银行股份有限公司 F 分行签署了《项目收入账户监管协议》，约定第一被申请人应将其提供 S 产品及相关服务所获得的款项存入监管账户；在第一被申请人逾期还款时，申请人有权从监管账户中直接提取相当于逾期未付金额的款项。

2015 年 8 月（a-10）日，第一被申请人向申请人支付保证金近 300 万美元。

2015 年 8 月 a 日，作为三份《外汇贷款合同》项下经办分行的申请人 AD 分行向第一被申请人发放了三份《外汇贷款合同》项下的全部 4000 万美元贷款。

2016 年 3 月（b-11）日，申请人 AD 分行向第一被申请人发出通知，要求第一被申请人于 2016 年 3 月（b+4）日前支付利息 100 余万美元及承诺费（前端费）40 万美元。

2016 年 3 月 b 日，第一被申请人向申请人支付 150 余万美元，其中包括承诺费（前端费）40 万美元。

2021 年 2 月 a 日，第一被申请人出现贷款逾期的情况，申请人 AD 分行向第一被申请人和第二被申请人发送了《逾期贷款催收通知书》，通知第一被申请人逾期偿还的金额合计近 400 万美元。同日，申请人 AD 分行向第二被申请人发送了《要求履行担保责任通知书》，要求第二被申请人承担保证责任。

2021年3月a日，申请人AD分行扣收了第一被申请人质押的全部保证金及孳息共计近300万美元。

2021年3月（a+15）日，申请人AD分行扣收了监管账户中的余额100余美元并用于偿还第一被申请人欠付的款项。

2021年3月（a+18）日，第一被申请人质押的保证金产生了近10美元的利息，申请人AD分行将其扣收并用于偿还第一被申请人欠付的款项。

2021年8月b日，申请人向第一被申请人和第二被申请人寄出《加速到期通知》的快递。同日，申请人AD分行向第一被申请人和第二被申请人发出了电子邮件，并将《加速到期通知》作为邮件附件，就加速到期事宜进行了通知。

2021年8月（b+1）日，第一被申请人回复确认其收到电子邮件，并表示第一被申请人的银行债务问题由第二被申请人的总裁全权负责。

2021年8月（b+6）日，申请人寄给第二被申请人的快递状态显示："已妥投。"

2021年8月（b+15）日，申请人AD分行向第一被申请人变更后的新地址再次寄出《加速到期通知》，快递状态显示于2021年8月（b+19）日送达。

（2）本案的法律适用。由于第一被申请人是在F国注册的公司、第二被申请人是在C国注册的公司，根据最高人民法院《关于适用〈中华人民共和国涉外民事关系法律适用法〉若干问题的解释（一）》第19条的规定，仲裁庭认定本案具有涉外因素。根据《涉外民事关系法律适用法》第3条和第4条的规定，当事人有权在案涉合同中明确约定适用的法律。再查，申请人与第一被申请人签订的三份《外汇贷款合同》的第31条以及申请人与第二被申请人签订的三份《保证合同》的第9条均约定："本合同受中华人民共和国法律管辖并按中华人民共和国法律解释"，且双方当事人在本案审理过程中也均援引中国法。因此，仲裁庭认定，双方关于适用法的约定合法有效，本案的适用法为中国法（仅为本案审理之目的，中国法不包括我国香港、澳门、台湾地区的法规——仲裁庭注）。

（3）本案合同的效力。仲裁庭认为，本案合同是申请人与第一被申请人、第二被申请人的真实意思表示，其内容不违反中国法律、行政法规的强制性规定，合法有效，对双方均具有约束力。

（四）本案主要争议问题

经审理，仲裁庭认为，本案涉及的主要争议问题为：①申请人是否可以对已经获得 E 保险公司保险理赔的款项主张权利（即 E 保险公司理赔款项是否应当从第一被申请人应偿还贷款本息金额中扣减）的问题；②保证金是否应当在本金中扣减的问题；③前端费用条款是否无效及前端费是否应当在贷款本金中扣减的问题；④合同何时加速到期的问题；⑤复利计算问题。就此，仲裁庭分述如下：

1. 申请人是否可以对已经获得 E 保险公司保险理赔的款项主张权利的问题。

仲裁庭注意到，第一被申请人主张，E 保险公司向申请人赔付 100 余万美元的事实与本案贷款本金及利息金额的确定有密切关联；基于 E 保险公司的理赔，100 余万美元的债权已被由申请人转移至 E 保险公司，申请人不调整债权本金，以此为基数计收利息，存在多收本金及利息的情形，违背了保险法中被保险人通过保险事件获得重复赔偿以及因保险赔付取得额外利益的基本原则。

申请人则主张，申请人通过保险关系获得理赔并不免除第一被申请人在三份《外汇贷款合同》下的还款义务。申请人与 E 保险公司之间的《保单》约定，申请人在获得理赔后应当根据 E 保险公司的指示和要求，继续向被申请人追偿欠款；申请人在获得理赔后必须将从第一被申请人处追偿的款项支付给 E 保险公司。因此，申请人也不存在第一被申请人主张的"双重收益"。

就此，仲裁庭的分析意见如下：

仲裁庭认为，就本案而言，申请人与 E 保险公司之间的保险合同关系是申请人与案外人之间的合同关系，该等合同的履行情况并不当然构成本案被申请人可以借此针对申请人在本案提出的仲裁请求进行有效抗辩的理由。第一被申请人真正需要关注的利益问题是 E 保险公司的理赔是否会影响或增加其偿还贷款债务负担的问题，而并非申请人是否会因 E 保险公司的理赔而获得超额利益或不当利益的问题。仲裁庭理解，申请人与 E 保险公司之间的合同约定及履行情况如何，并非本案仲裁庭的审理范围，也即本案仲裁庭无法就被申请人所称的 E 保险公司已向申请人赔付 100 余万美元的事实情况以及申请人所主张的申请人在获得理赔后应当根据 E 保险公司的指示和要求继续向被申请人追偿欠款的合同约定及其实际安排情况进行审理确定。仲裁庭只是认为，E 保险公司在理赔后，无论是委托或要求申请人继续向第一被申请人（作为借款人）追偿欠款并且要求将其从第一被申请人处追偿的款项支付给 E 保险公司的情形，或是实践中也常见的由 E 保险公司取得代位追偿权并直接向被申请人另案进行追偿的情形，都不会增加第一被申请人的偿还债务义务，同时，申请人实际上也不会获得双重收益。被申请人唯一具有的抗辩就是其已经偿还了相关债务。本案中，没有证据证明，申请人基于本案合同而拥有的债权人身份和案件主体资格因 E 保险公司的部分或全部赔偿而受到影响，事实上，相对于被申请人而言，申请人的债权在 E 保险公司实际代位向其主张债权（按申请人主张应不会出现这种情形）之前并未发生任何转移或转移效果。因此，仲裁庭对第一被申请人的有关 E 保险公司的理赔款应从申请人所请求的贷款偿还金额中扣除的主张不予认可。

2. 保证金是否应当在本金中扣减的问题。

仲裁庭注意到，第一被申请人主张，申请人所划扣的近 300 万美元的保证金实质上就是变相克扣第一被申请人贷款资金，并额外收取资金利息，影响了其有效使用贷款资金，违反了公平原则，此等保证金应从贷款本金中扣除。

申请人则主张，保证金的安排，系双方之间的真实意思表示，符合三份《外汇贷款合同》的约定。同时，该等保证金的安排符合我国法律有关保证金质押的规定，质押已经有效设立，在第一被申请人未履行债务时，申请人有权以保证金优先受偿。

仲裁庭认为，案涉保证金安排有合同依据，也符合法律规定，构成合法的质押，用于担保案涉贷款的偿还义务，且第一被申请人向申请人支付保证金的具体时间［2015 年 8 月（a-10）日］也早于申请人发放案涉贷款的时间（2015 年 8 月 a 日），两者资金并非同一笔资金。因此，案涉保证金安排无论在法律上还是在交易操作上，均不属于被申请人所主张的"砍头息"情形。故仲裁庭认定，在第一被申请人未及时足额偿还贷款本息的情况下，申请人有权扣收第一被申请人质押的全部保证金及孳息以抵偿第一被申请人所欠贷款本息金额，并对第一被申请人有关此等保证金应从贷款本金中（进行初始）扣除的主张，不予支持。

3. 前端费用条款是否无效及前端费是否应当在贷款本金中扣减的问题。

仲裁庭注意到，第一被申请人主张，三份《外汇贷款合同》中关于收取前端费的约定，明显违反了中国人民银行《贷款通则》第 24 条的禁止性规定，属于无效条款；申请人收取前端费，未实质提供相应服务，违反法律规定，应当在本案贷款本金中予以扣除。

申请人则主张，第一被申请人所援引的《贷款通则》不适用于本案，前端费是申请人提供统筹安排和前端咨询服务收取的合理费用，符合法律规定和司法实践；第一被申请人关于要求返还前端费的诉讼时效已经届满，第一被申请人无权请求确认案涉前端费的合同条款无效。

仲裁庭认为，案涉三份《外汇贷款合同》关于前端费的条款并未违反我国法律的禁止性规定，且此等费用（如同贷款承诺费、安排费等）在国际贷款实践中是常见的交易安排和交易条件部分，符合市场惯例。故对于第一被申请人有关前端费应当在贷款本金中扣减的主张，仲裁庭不予认可。

4. 本案合同何时加速到期的问题。

仲裁庭注意到，第一被申请人主张，申请人未有效送达贷款加速到期通知，第一被申请人直至收到本案仲裁申请材料时才得知债务全部到期的事实，对应的贷款债务不能全部加速到期。

仲裁庭经查，在第一被申请人出现逾期还款时，申请人于 2021 年 8 月 b 日按本案合同约定的方式和地址向第一被申请人和第二被申请人寄出了《加速到期通知》。就此，严格来说，申请人已经依照本案合同约定有效发出了《加速到期通知》。此外，仲裁庭注意到，同日，申请人 AD 分行向第一被申请人和第二被申请人成功发出了电子邮件，并将《加速到期通知》作为邮件附件，就加速到期事宜再次进行了通知。2021 年 8 月 (b+1) 日，第一被申请人回复确认其收到电子邮件；2021 年 8 月 (b+6) 日，寄给第二被申请人的快递状态显示"已妥投"。之后，在发现第一被申请人更换地址后，申请人又向其新地址寄出《加速到期通知》并最终有效送达。由此，仲裁庭认为，申请人已经履行了符合合同约定的通知义务，且尽到了商业上的合理通知努力。因此，仲裁庭认定，案涉三份《外汇贷款合同》项下剩余贷款本息已按照《加速到期通知》所载明于 2021 年 8 月 (b+7) 日到期。

5. 复利计算问题。

仲裁庭注意到，第一被申请人主张，申请人不仅就逾期偿还借款本息计收逾期利息即罚息，而且对逾期利息（罚息）部分又计收复利，违反了《人民币利率管理规定》。

申请人则主张，申请人计算复利的基数为三份《外汇贷款合同》项下的普通利息，金额与申请人在第二项仲裁请求中主张的利息金额一致。也即，申请人根本不存在第一被申请人主张的就逾期利息（罚息）计收复利的情况。

仲裁庭经查确认，申请人计算复利的基数为三份《外汇贷款合同》项下 2021 年 2 月（a-1）日至 2021 年 8 月（b+7）日期间的到期应付未付利息，并非合同加速到期之后的逾期利息（罚息）。也即，申请人不存在第一被申请人主张的就逾期利息（罚息）计收复利的情况。

（五）关于申请人的仲裁请求

1. 第 1 项至第 4 项仲裁请求，即：①第一被申请人向申请人支付三份《外汇贷款合同》项下的到期贷款本金近 1800 万美元；②第一被申请人向申请人支付三份《外汇贷款合同》项下的到期贷款利息近 40 万美元；③第一被申请人向申请人支付三份《外汇贷款合同》项下的逾期利息，前述款项暂计至 2021 年 9 月 a 日为 10 余万美元；④第一被申请人向申请人支付三份《外汇贷款合同》项下的复利，前述款项暂计至 2021 年 9 月 a 日为近 2000 美元。

仲裁庭注意到，申请人第 4 项仲裁请求分别以到期利息近 6 万美元、近 20 万美元、近 15 万美元为基数计算，三者之和与第二项仲裁请求所主张的到期利息总额近 40 万美元相差 0.01 美元。经核算，仲裁庭认为，上述误差系计算过程中四舍五入导致，不属于计算错误。因此，基于前述事实和分析，仲裁庭支持申请人的上述 4 项仲裁请求。

2. 第 5 项仲裁请求，即第一被申请人承担本案的全部仲裁费用（包括但不限于仲裁费、律师费、保全费用等）。

根据本案合同约定，被申请人应向申请人全额补偿申请人因维护权利而发生的所有合理开支及费用，包括但不限于律师费及诉讼/仲裁费用。同时，基于《仲裁规则》第 52 条的规定，仲裁庭认定，第一被申请人应向申请人支付其因本案而产生的律师费，本案仲裁费由第一被申请人承担。关于保全费用，鉴于申请人未明确具体金额，亦未提交相关证据，仲裁庭对该部分仲裁请求不予支持。

3. 第 6 项仲裁请求,即第二被申请人就第一被申请人的上述付款义务承担连带责任。

根据三份《保证合同》第 2 条和第 3 条的约定,仲裁庭认定,第二被申请人对于第一被申请人在三份《外汇贷款合同》项下的全部债务承担连带保证责任,因此,仲裁庭支持申请人的这一仲裁请求。

(六) 关于第一被申请人的仲裁反请求

1. 第 1 项仲裁反请求,即确认三份《外汇贷款合同》中第 5 条 "借款人应在首次提款前按贷款人通知向贷款人一次性支付贷款承诺金额 1% 的前端费" 的约定条款无效。

基于上述分析,仲裁庭对第一被申请人的这一仲裁反请求不予支持。

2. 第 2 项仲裁反请求,即申请人返还第一被申请人前端费用 40 万美元及资金占用利息 10 余万美元,共暂计 50 余万美元。

基于上述分析,仲裁庭对第一被申请人的这一仲裁反请求不予支持。

3. 第 3 项仲裁反请求,本案仲裁费用由申请人承担。

基于本案系由第一被申请人违约所致,且第一被申请人的前两项仲裁反请求没有得到支持,故仲裁庭对第一被申请人的此项仲裁反请求不予支持。

三、裁决

综上,经合议,仲裁庭裁决如下:

(1) 第一被申请人向申请人支付三份《外汇贷款合同》项下的到期贷款本金近 1800 万美元;

(2) 第一被申请人向申请人支付三份《外汇贷款合同》项下的到期贷款利息近 40 万美元;

(3) 第一被申请人向申请人支付三份《外汇贷款合同》项下的逾期利息,自 2021 年 8 月 (b+7) 日起计算至被申请人清偿全部本金利息之日止,暂计至 2021 年 9 月 a 日为 10 余万美元;

(4) 第一被申请人向申请人支付三份《外汇贷款合同》项下的复利,自 2021 年 8 月 (b+7) 日起计算至被申请人清偿全部利息之日止,暂计至 2021 年 9 月 a 日为近 2000 美元;

（5）第一被申请人向申请人支付律师费；

（6）本案本请求仲裁费全部由第一被申请人承担；

（7）第二被申请人就第一被申请人的上述第 1~6 项付款义务承担连带责任；

（8）驳回第一被申请人的全部仲裁反请求；

（9）本案反请求仲裁费全部由第一被申请人承担，并与第一被申请人预缴的仲裁预付金全额冲抵。

上述应付款项，应自本裁决作出之日起 30 日内支付完毕。

本裁决为终局裁决，自作出之日起生效。

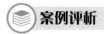 **案例评析**

【关键词】　外汇贷款　信贷保险　保证金　前端费

【焦点问题】

在交易安排复杂的外汇贷款合同关系中，如何认定交易安排的效力及其对借款人应偿还的本息金额的影响

【焦点评析】

本案的基本案情：2015 年 7 月 a 日，申请人（作为贷款人）与被申请人（作为借款人）签订了三份《外汇贷款合同》，其中约定借款人应在首次提款前按贷款人通知向贷款人一次性支付贷款承诺金额 1% 的前端费。当天，申请人与被申请人还签订了《质押合同》，约定被申请人为其在三份《外汇贷款合同》项下的全部债务向申请人提供保证金担保，在被申请人未按约定偿还贷款本息时，申请人有权直接扣划银行账户内的保证金。

2015 年 8 月（a-10）日，被申请人向申请人支付保证金近 300 万美元。2015 年 8 月 a 日，申请人的分支机构向被申请人发放了三份《外汇贷款合同》项下的全部 4000 万美元贷款。2016 年 3 月 b 日，被申请人向申请人支付前端费 40 万美元。2021 年 2 月 a 日，被申请人出现贷款逾期的情况，申请人的分支机构向被申请人发送了《逾期贷款催收通知书》，通知被申请人逾期未偿还的金额合计近 400 万美元。2021 年 3 月 a 日，申请人的分支机构扣收了被申请人质押的全部保证金及孳息共计近 300 万美元。2021 年 8 月 b 日，申请人向被申请人发出《加速到期通知》。

现结合本案案情评述如下：

本案的核心问题是外汇贷款合同关系中，被申请人作为借款人应该偿还的本息总额为多少？具体来说包括：①信贷保险理赔款项是否应当从被申请人应偿还贷款本息金额中扣减的问题；②保证金是否应当在本金中扣减的问题；③前端费用条款是否无效及前端费是否应当在贷款本金中扣减的问题。

关于信贷保险理赔款项是否应当从被申请人应偿还贷款本息金额中扣减的问题，被申请人主张，在被申请人出现贷款逾期的情况后，第三方保险公司向申请人承担了100余万美元的出口信贷保险责任。保险公司向申请人赔付100余万美元的事实与本案贷款本金及利息金额的确定有密切关联；基于保险公司的理赔，100余万美元的债权已被由申请人转移至保险公司，申请人应调整债权本金并以此为基数计收利息，不然将获得重复赔偿，违背保险法有关不得因保险赔付而取得额外利益的基本原则。

就本案而言，申请人与保险公司之间的保险合同关系是申请人与案外人之间的合同关系，该等合同的履行情况并不当然构成本案被申请人可以借此针对申请人在本案提出的仲裁请求进行有效抗辩的理由。被申请人真正需要关注的利益问题是保险公司的理赔是否会影响或增加其偿还贷款债务负担的问题，而并非申请人是否会因保险公司的理赔而获得超额利益或不当利益的问题。

而且，仲裁庭理解，申请人与保险公司之间的合同约定及履行情况如何，并非属于本案仲裁庭的审理范围，也即本案仲裁庭无法就被申请人所称的保险公司已向申请人赔付100余万美元的事实情况进行审理确定。仲裁庭只是认为，保险公司在理赔后，无论是委托还是要求申请人继续向被申请人（作为借款人）追偿欠款并且要求将其从被申请人处追偿的款项支付给保险公司的情形，或是实践中也常见的由保险公司取得代位追偿权并直接向被申请人另案进行追偿的情形，都不会增加被申请人的偿还债务义务。在后一种情形下，如果被申请人已经履行完毕对申请人的还款义务，可以以此为由向保险公司抗辩。同时，申请人实际上也不会获得双重收益。被申请人唯一具有的抗辩就是其已经偿还了相关债务。

本案中，没有证据证明，申请人基于本案合同而拥有的债权人身份和案件主体资格因保险公司的部分或全部赔偿而受到影响。事实上，相对于被申请人而言，申请人的债权在保险公司实际代位向其主张债权（按申请人主张应不会出现这种情形）之前并未发生任何转移或转移效果。因此，仲裁庭对被申请人有关保险公司的理赔款应从申请人所请求的贷款偿还金额中扣除的主张不予认可。

关于保证金是否应当在本金中扣减（即保证金是否属于被申请人所主张的"砍头息"情形）的问题，仲裁庭认为，案涉保证金安排有合同依据，也符合法律规定，构成合法的质押，用于担保案涉贷款的偿还义务，且被申请人向申请人支付保证金的具体时间〔2015 年 8 月（a-10）日〕也早于申请人发放案涉贷款的时间（2015 年 8 月 a 日），两者并非同一笔资金。因此，案涉保证金安排无论在法律上还是在交易操作上，均不属于"砍头息"情形。故仲裁庭认定，在被申请人未及时足额偿还贷款本息的情况下，申请人有权扣收被申请人质押的全部保证金及孳息以抵偿被申请人所欠贷款本息金额，并对被申请人有关此等保证金应从贷款本金中（进行初始）扣除的主张，不予支持。

关于前端费用条款是否无效及前端费是否应当在贷款本金中扣减的问题，仲裁庭认为，案涉三份《外汇贷款合同》关于前端费的条款并未违反我国法律的禁止性规定，且此等费用（如同贷款承诺费、安排费等）在国际贷款实践中是常见的交易安排和交易条件部分，符合市场惯例。故对于被申请人有关前端费应当在贷款本金中扣减的主张，仲裁庭不予认可。

【结语】

本案中，就信贷保险理赔款项是否应当从被申请人应偿还贷款本息金额中扣减的问题，仲裁庭首先厘清了问题的实质是保险公司的理赔是否会影响或增加被申请人应偿还的贷款本息金额，而非申请人是否因为和第三方的合同关系获得了超额利益或不当利益，接着，仲裁庭认为，保险公司的理赔行为不会增加被申请人的还款义务，申请人和保险公司之间的保险关系不会改变申请人和被申请人之间的基础法律关系，被申请人依然需要按约履行还款义务。基于合同相对性原则，仲裁庭在债权债务未发生转移的情况下，通过说理将申请人和第三方保险公司的法律关系排除在讨论范围之外，将被申请人的还款义务还原为被申请人的基础合同义务。

就前端费用条款是否无效及保证金和前端费是否应当从本金中扣减的问题，仲裁庭在合同条款没有违反我国禁止性规定的情形下，尊重当事人合意和国际商业惯例，没有支持被申请人的主张。

外汇贷款合同所产生的法律纠纷往往比一般境内贷款合同所产生的法律纠纷更加棘手：一方面，此类合同涉及法律适用问题。本案中，由于合同约定了适用中国法，故仲裁庭未就该问题展开讨论。另一方面，外汇贷款合同往往金额较大、交易安排较复杂。如本案中的信贷保险、保证金、前端费等，如何认定这些安排的效力及其对应偿还本金数额的影响，需要结合合同约定、法律规定、国际商业惯例及一般法律原则进行综合考量。

B 通运公司、C 保险公司、D 保险公司、E 保险公司、F 保险公司货物承揽运输协议争议案

中国国际经济贸易仲裁委员会根据案外人中国 A 电脑公司（以下简称"A 公司"）等与被申请人 B 通运公司（以下简称"被申请人"）签订的《货物承揽运输协议》（以下简称《运输协议》）中仲裁条款的约定，以及第一申请人 C 保险公司、第二申请人 D 保险公司、第三申请人 E 保险公司、第四申请人 F 保险股份公司（以下分别简称"第一申请人""第二申请人""第三申请人""第四申请人"，并合称"申请人"）于 2020 年 2 月 13 日提交的书面仲裁申请，受理了上述合同项下的本争议仲裁案。

一、案情

（一）申请人的仲裁请求及主要事实和理由

1. 事实部分：

A 公司是在中国 a 地设立登记的中国 G 电脑公司（以下简称"G 公司"）单独投资，并持有其 100%股权的关联企业（子公司）。G 公司就其及与其各关联企业相互间，或与其关联企业以外第三人间进行交易及买卖的所有货物，都代表其本身和其设立在世界各地的关联企业，按各货物 110%的货值，向申请人等投保了以 Institute Cargo Clauses（A）1.109 为保险条件的货物运输保险，并由申请人签具了编号为 X 的开口保单，其保险期间为自 2019 年 1 月起，一直到该保险合同的任何一方预先对他方发出终止契约的期前通知后，届满 30 天的期限时为止。而申请人就上述货物运输保险则是分别按 51%、24%、10%以及 15%的比例，共同承担其保险责任。

A公司就其向G公司及第三人采购或进行销售，而须进行不论是内陆还是航空运送的货物，与被申请人于2013年4月签订了《运输协议》，主要内容：①《运输协议》有效期为1年，期满后双方若无异议，即自动续展1年，嗣后续展亦同；②被申请人在递交过程中有任何造成A公司损失之情势，被申请人愿意全额赔偿A公司的损失。

《运输协议》经双方签订后，计至本案所涉及货物在由被申请人负责运送途中遭窃前，A公司或被申请人向他方未曾提出期满不续约的要求或通知，所以本案所涉货物运送时间仍应按《运输协议》的约定。就涉案货物的运送，被申请人则和美国Y州当地的H物流公司（以下简称"H公司"）另行签订了一份代理合同，约定由被申请人委托H公司代其在美国处理涉案相关货物的运送事宜。

2. 货物买卖交易链，以及运输途中失窃的事实经过：

（1）向美国I科技公司（以下简称"I公司"）采购货物发生的事故（以下简称"事故一"）。G公司2019年1月以Ex Work的交易条件向美国Y州的供应商I公司购买了30 000件、计100余箱、1000余公斤，经打包为6个栈板的电脑零件，并以相同的交易条件将该批货物转售于A公司。根据G公司、A公司、I公司以及被申请人历年买卖交易和运输的操作模式，由I公司代表A公司于2019年1月直接以电邮方式通知包括被申请人及其美国Y州代理商H公司在内的相关参与方。H公司在2019年1月转行委由Y州当地的运输公司美国J运输公司（以下简称"J公司"），代表被申请人到I公司的仓库提取货物，并于当日送货到H公司的仓库收存，由H公司签发给发货人I公司编号为Y号的空运提单，预定将之交由中国ii航空公司于2019年1月a日运往上海，交付收货人A公司。2019年1月（a-1）日下午，J公司根据H公司的指示，将上述货物与其他二笔同样应行运交A公司，但预定交由中国ii航空公司运送的货物，一起装进该公司所属同一辆厢型货车，并将之从H公司本身的货仓运往上述二航空公司在当地机场分别办理收货的货仓。准备交由航空公司收受进行运送的路途中，该货车暂停于中国ii航空公司所用货仓之停车场内时，货车内存的18箱3000余件货物遭窃遗失。被申请人未主动通知A公司，直到该二批存余不全的货物经空运抵达上海，A公司领取后才知货差。2019年2月G公司代A公司通知被申请人提出索赔，而被申请人2019年2月即已先行知悉上述货物遗失事实，并于当日发文邀请H公司就其在上海实际所收到的货物会同查验。A公司依据保险单的规定，向申请人申请保险赔款，并授权G公司代为收取该项保险赔款，因此第一申请人依据共保的保险实务，于2019年4月代表本案全体申请人直接汇付G公司近100万美元，取得A公司货损代位求偿的权利。

（2）A公司向美国K科技公司（以下简称"K公司"）采购货物发生的事故（以下简称"事故二"）。与上述事故所涉货物买卖交易同一期间，A公司另向美国K公司以FCA的交易条件，及与上述事故相同模式进行操作的货运方式，向K公司采购了1个栈板，上装3箱共约10件净重为70公斤的电脑网络设备，该批设备同样经H公司根据K公司及被申请人的通知及委托，代表被申请人派车前往提取，并于2019年1月先存于H公司的货仓，由H公司签发给发货人K公司编号为Z号空运提单，随后再连同上列事故货物一并交由J公司的卡车装载，同时运往当地机场拟行交由中国ii航空公司货仓，但货物在航空公司点收前，连同事故一的货物，一并遭第三人窃取，致使全部遗失。A公司按同样模式，向申请人要求保险赔偿，并同经第一申请人根据同一保险合同，代表全体申请人，于2019年4月a日汇付G公司近1万美元的保险赔偿金，取得代位A公司向被申请人求偿的权利。

3. 损害索赔的计算：

（1）事故一所涉货物是G公司以每件单价近300美元向I公司采购后，转售于A公司，事故中被窃遗失件数为3000余件，故事故一的损失计近90万美元；

（2）事故二所涉货物全部遭窃遗失，是A公司所遭受的货价损失，根据此笔交易买卖发票记载，计为近8000美元；

（3）A公司因二批货物失窃所遭损失，还包括这些货物所需支付的运费、保险费、管销费用，以及预期可得的盈利交易成本和营利损失，以国际贸易及保险惯例，应可按上述买卖交易的货价10%予以计算；

（4）根据上述说明，申请人有权向被申请人请求赔偿总额，应将（1）与（2）两数金额之和近90万美元乘以110%，合计为近100万美元，依申请人分别承保该货物的比率，则要求被申请人给与的赔偿金额应分别为第一申请人近50万美元，第二申请人20余万美元，第三申请人近10万美元，第四申请人近15万美元；申请人同时有权请求货损保险赔偿款自2019年4月a日起的利息；

（5）根据《运输协议》对仲裁条款的约定，被申请人应承担败诉仲裁费及为仲裁索赔所发生的法律专业人员报酬及差旅等事务费用，亦应属合理。

4. 法律依据：

（1）本案保险合同由 G 公司代表 A 公司和申请人在我国台湾地区合意签订，因此决定保险合同效力和代位求偿权的准据法，是我国台湾地区的"保险法"。

（2）根据 G 公司及 A 公司分别与 I 公司及 K 公司买卖交易所约定的交易条件，货物一经供应商交付买方所雇被申请人的代理人 H 公司代向卖方领取，并移出卖方工厂或仓库时起，其风险和损失即转由最终买方 A 公司承担。

（3）根据本案所涉《运输协议》的约定，中华人民共和国法律为准据法，而申请人所提出的索赔定性，即为《运输协议》所生的纠纷及索赔。

（4）关于损失赔偿方法，《民法通则》第 111 条和第 112 条，以及《合同法》第 107 条有规定；关于承揽工作中第三人的责任问题、承运人在运输过程中的赔偿责任问题在《合同法》第 253 条、第 311 条及 312 条中有明文规定。

（5）根据《合同法》第 113 条的规定，A 公司因他方违约所造成的损失，还应包括合同履行后可获利益。因此，申请人根据依法取得的保险代位求偿的权利，可以获得相关货价（包括遭遗失货物原始货价和货物如经完好运交 A 公司并经其出售后，按上指货价 10% 计算的利益）的权利。

5. 本案损害赔偿请求权的时效并未逾期或消灭：

（1）本案货物遭窃遗失事故虽发生在 2019 年 1 月（a-1）日，但存余货物于 2 月 b 日经被申请人运到上海交付 A 公司受领当日才获知实情，并于 2019 年 2 月（b+4）日向被申请人提出索赔。

（2）申请人依据本案所涉的《运输协议》，而不是 H 公司签发的空运提单，向被申请人提出货损赔偿的请求；该《运输协议》的性质，是包括美国工厂仓库到机场货仓的陆路运输、Y 州到上海的空中运输以及上海机场货仓到 A 公司工厂的陆路运输，为三阶段的复合式运输；本案所涉两笔货物失窃均在被申请人的代理人 H 公司将货物交付航空公司前，即在道路运输期间发生，所以关于航空运输赔偿时效及限制赔偿责任的规定，不适用于本案。

（3）本案道路运送期间所发生的货损赔偿争议时效应依据《民法总则》第 188 条的规定，自该等事故经 A 公司查知被窃遗失之日起 3 年为期限，故申请人请求并未超逾时效。

根据以上事实与法律规定以及申请人提交的相关证据，被申请人构成违约，致使 A 公司遭受损失，被申请人应承担赔偿责任；申请人已依照保险合同规定，赔偿了 A 公司的货损，并合法取得代位求偿权，所以申请人提出如下仲裁请求：

1. 被申请人应向申请人分别支付货损赔偿金计：

（1）第一申请人近 50 万元；

（2）第二申请人 20 余万美元；

（3）第三申请人近 10 万美元；

（4）第四申请人近 15 万美元；

合计为近 100 万美元。

2. 被申请人就上述各笔损害赔偿金，均应自 2019 年 4 月 a 日起，另行依法支付利息予各申请人，利率按照中国人民银行一年期的贷款利率计算。

3. 被申请人应另支付补偿申请人为提出及处理本案仲裁支付的律师费，及相关差旅费用。

4. 本案仲裁费全部由被申请人承担。

（二）被申请人的主要答辩和代理意见

1. 案外人 A 公司不是本案所涉保险合同项下的被保险人，更不是本案所涉保险标的所有权人，其对保险标的不具有保险利益。

被申请人查阅《企业信用信息公示报告》发现，A 公司的股东为中国香港某发展公司，显然 A 公司并不是 G 公司的子公司；根据申请人提供的开口保单，被保险人应为 G 公司及其子企业等，故 A 公司并不是保单所指的被保险人；本案所涉国际货物买卖合同的卖方是 I 公司，买方是 G 公司，贸易条款 Ex-Works Origin，A 公司只是收货人，无证据显示 A 公司对本案所涉货物享有物权，故 A 公司对保险标的不具有保险利益；申请人提供的索赔通知记载，G 公司以货物所有权人身份向被申请人提出索赔申请，涉案货主应是 G 公司，最终申请人也是向 G 公司赔偿；申请人的赔偿属于错误赔偿，申请人未取得合法的代位求偿权，无权向被申请人追偿。

2. 本案所涉《运输协议》的相关主体并不是 A 公司与被申请人，而是 G 公司和 H 公司。

根据《运输协议》的约定，被申请人办理的具体事项，依 A 公司的每票委托书而定。申请人并不能证明就本案所涉运输业务，A公司向被申请人出具过委托书，被申请人也从未就本票运输向其收取过航空运费，所以本案纠纷并不属于上述《运输协议》的约定范围，更不受该《运输协议》的约束；申请人提供的Y航空货运单显示，H公司为航空货运单的签发人，落款为实际承运人的代理人，所以H公司是本案所涉运输的承运人/实际承运人的代理人，在无相反证据证明的前提下，该航空运单是确定本案《运输协议》关系的初步证据。

3. 涉案货物在本案承运人/实际承运人H公司的掌控下发生灭失事件，应适用《民用航空法》以及中国加入的《华沙公约》和《海牙议定书》进行审理。

根据申请人提供的公估报告记录，涉案货物在H公司掌控之下发生的盗窃事件，地点在出发地机场的货运站，此段是为履行空运合同，是为了装货，所以任何损失都应被认为是在航空运输期间发生的事故；根据涉案航空货运单背面条款约定，《华沙公约》和《海牙议定书》应予适用，并享受责任限制，航空货运单的相关方对法律的适用达成了合意。

4. 2018年11月a日申请人与被申请人达成补充约定，对于货物的损毁，被申请人理应比照运送提单责任限额之条款规定负赔偿之责任，若货物之延迟、毁损、遗失等情事为航空公司在运送过程中造成，则被申请人仅得代申请人向航空公司申请理赔，被申请人依法不负赔偿之责。

本案货物灭失之情形系航空公司在运送过程中造成，申请人应向航空公司申请理赔，被申请人仅负协助之责；如果被申请人应赔偿货物的假设成立，则根据补充协议约定，被申请人的赔偿责任应以受损货物的重量为限，承担每公斤20美元的赔偿限制责任。

5. 编号为9号航空货运单项下发生的事故，答辩意见同上。

庭后被申请人提交了代理词：

本案无直接证据证明被申请人系两票涉案运输的受托人，更无证据证明被申请人的主观或行为存在过错，不能证明事故与被申请人的行为有因果关系；《补充证据》约定，除非得以证明事故的发生系由被申请人的疏失所致，否则被申请人得以免责，申请人应直接向航空承运人或其代理人提出索赔诉讼；申请人至今未提供两票货物的进口报关单，仅以商业合同不能证明涉案货物的实际货价，无法确定真实的货损金额。

（三）申请人的主要代理意见

1. 涉案货物所有权及其关于运送期间风险承担的归属。

如上所述，G 公司以 Ex Work 交易条件采购货物，并将其转售给 A 公司，根据交易条款，货物的所有权和风险在 A 公司提货时转移。A 公司作为最终买受人，由被申请人的美国代理商 H 公司代表其提货，A 公司对货物具有保险利益。申请人根据与 A 公司的保险合同，向 G 公司支付了保险赔款，并因此获得了代位求偿权，有权向被申请人提出仲裁请求。

被申请人对其与 G 公司或 H 公司之间不存在其他运输合同或法律关系。如货物所有权和风险仍由 G 公司承担，被申请人既然称 G 公司和其及其美国代理商无法律关系，则其没有理由去提取货物；事故发生后，公估公司受申请人委托进行调查，所涉开口保险单是 G 公司代表其他共同被保险人与申请人合意签订，公估公司在调查中因疏忽虽然未能明确 G 公司与 A 公司之间的买卖关系，但这不影响 A 公司对货物的所有权和保险利益。

A 公司与 G 公司之间的交易，即使存在母子公司或关联企业的关系，其交易模式也是合法且符合商业实践的。被申请人以未见 A、G 公司之间汇款单据对 A 公司取得货物权益的否认与商业常识不符，且 A 公司是否直接支付货款给 G 公司并不影响其对货物的权益。

2. 被申请人确实是涉案货物的承运人。

被申请人与 A 公司曾签订事故发生时仍有效的《运输协议》；被申请人在涉案货物尚未运抵目的地上海，在货物遭窃且 G 公司和 A 公司尚未知晓的情况下，被申请人主动向 H 公司发出索赔通知要求其赔偿，H 公司未提出异议并于 2019 年 3 月 c 日确认，因此被申请人辩称其并未承揽运送涉案货物与事实不符，H 公司若非受被申请人委托代行货物运送，则不会在货交实际承运人时约定由被申请人 100% 投资持有在上海的子公司代为支付；被申请人现以其上海子公司有代垫运费并向 A 公司收款反称涉案货物是其子公司与 A 公司直接承揽运送与事实不符。

3. 被申请人无权根据《民用航空法》或国际公约限制赔偿责任。

《运输协议》明确约定准据法为中华人民共和国法律，《民用航空法》为就航空货物运送的明文规定，本案应依《民用航空法》的规定处理，而无另行适用《华沙公约》或《蒙特利尔公约》必要。此外，《民用航空法》第 106 条第 3 款规定："对多式联运方式的运输，本章规定适用于其中的航空运输部分。"第 125 条第 5 款、第 6 款规定："本条所称航空运输期间，是指在机场内、民用航空器上或者机场外降落的任何地点，托运行李、货物处于承运人掌管之下的全部期间。航空运输期间，不包括机场外的任何陆路运输……"本案货物涉及航空运送的部分，由中国 ii 航空公司执行实际运送，而就中国 ii 航空公司而言，H 公司只是托运人而不是承运人的身份。被申请人提供的 ii 航空公司于 2019 年 1 月（a-1）日所签发的空运提单内托运人一栏内的记载是 H 公司的事实可以证明。换言之，涉案货物于 2019 年 1 月（a-1）日经交付 ii 航空公司收受和掌管，并经其签发上述空运提单之前的陆路运送，不符《民用航空法》规定的航空运输期间；本案货物是在由 H 公司以托运人的身份，用卡车运送，在 ii 航空公司设于机场外的收货仓库外，货物还没交由 ii 航空公司点收、掌管、并签给收条或空运提单前即已被窃。所以，根据《民用航空法》的规定，涉案货物并不是在航空承运人掌管并进行运送期间遗失或受损，不能适用《民用航空法》限制赔偿责任的规定。《民用航空法》虽另有但书规定："陆路运输是为了履行航空运输合同而装载、交付或转运，在没有相反证据的情况下，所发生的损失视为在航空运输期间所发生的损失。"但本案货损已有《运输协议》可以反证，被申请人所履行的是多式联运下非属空运部分的运送义务，因此不适用但书条款。被申请人不是由 ii 航空公司或 H 公司本身所签发之空运提单的签发人或承运人，更非各该提单所记载之托运人或收货人，用提单证明本案属航空货物运送合同根本无关，更无从此判断适用国际公约，纵案涉国际空运，而有依国际公约以行评断承运人和收货人间之关系及权益，被申请人也无权据该等国际公约而为限制赔偿责任之主张。

4. 本案《运输协议》并未曾经合议修订或增删。

该《运输协议》第 7 条第 6 项约定，该协议之修订或增删必须经双方授权代表人以书面为之，否则无效；被申请人所提出的补充协议（报价单），该报价单内双方所盖用公司章不是签订《运输协议》之"合同专用"印章，只是货物进出口部门的单位印章。更何况，该报价单内并无任何文字说明该报价单是为修订《运输协议》之目的而签订。补充协议（报价单）并非以修改《运输协议》为目的且并非经合法授权代表签署，故并无变更《运输协议》条件及内容之效力；本案《运输协议》第 4 条第 6 项明确约定"乙方在递送过程中有任何造成甲方损失之情事，乙方愿意全额赔偿甲方的损失"，所以被

申请人案涉遭窃损失应对继受并代位 A 公司行使其权利的申请人承担赔偿
义务。

5. 申请人提出本案请求的法律依据。

申请人依据与涉案货物权利人 A 公司所存在的开口保险合同，赔偿 A 公
司货物灭失的损失，不论依该保险合同本身所使用的准据法即我国台湾地区
"保险法"第 53 条，或《保险法》第 60 条的规定，都已合法取得代位 A 公
司对承运人行使请求损害赔偿的地位和权利。本案申请人是根据多式联运承
揽《运输协议》提请赔偿，而并非根据 H 公司或 ii 航空公司所签发的空运提
单请求赔偿，根本没有空运提单背面所印就任何条款规定适用的余地，被申
请人主张显然错置仲裁标的。本案所涉《运输协议》约定，因协议所产生的
任何争议都应以中华人民共和国的法律为其准据法，并以仲裁的方式解决。
本案《运输协议》同时具有《合同法》第十五章及第十七章第三节所规定的
承揽合同及货运合同的性质；本案《运输协议》第 4 条第 6 项明确约定，"乙
方在递送过程中有任何造成甲方损失之情事，乙方愿意全额赔偿甲方的损
失"，因此申请人自可据《合同法》的规定，和双方合同所约定之条件，请求
被申请人给予全额损害的赔偿。本案以《运输协议》所约定货物运送的方式
虽然是包含航空运输在内的多式联运，但《合同法》第 321 条已明确规定：
"货物的毁损、灭失发生于多式联运的某一运输区段的，多式联运经营人的赔
偿责任和责任限额，适用调整该区段运输方式的有关法律规定。"被申请人并
无权根据《民用航空法》主张限制其赔偿责任。

二、仲裁庭意见

（一）本案的法律适用和本案合同的效力

本案代位求偿争议源于基础合同，即 A 公司等与被申请人于 2013 年 4 月
签订的《运输协议》。《运输协议》第 8 条约定："有本协议所产生之任何争
议，双方应本着友好协商的态度妥善解决，协商不成，双方同意提交中国国
际经济贸易仲裁委员会上海分会，按照案件提交时其最新的仲裁规则仲裁解
决。所有仲裁费用由败诉方承担。依据中华人民共和国法律为准据法。"仲裁
庭因此认定，本案法律适用中华人民共和国法律。仲裁庭据此经审理认为，
《运输协议》是具有相应民事行为能力的签约方真实意思的表达，其内容无违
反中华人民共和国法律、行政法规的强制性规定，不违背公序良俗，合法有

效，当事人均应予以遵守。

（二）仲裁庭查明的基本事实

根据双方当事人的陈述、举证和质证，仲裁庭查明以下事实：

1. 关于本案保险合同。

申请人共同与 G 公司签订编号为 X 的货物开口保险契约，开口保险单列明被保险人为 G 公司及后附被保险人清册所载之其他公司，包括 A 公司；G 公司就其与其各关联企业相互间，或与其关联企业以外第三人间进行交易及买卖的所有货物，都代表其本身和其设立在世界各地的关联企业，按各该货物 110% 的货值，向申请人投保了以 Institute Cargo Clauses（A）1.109 为保险条件的货物运输保险，保险期间为自 2019 年 1 月 b 日起，一直到该保险合同的任何一方预先对他方发出终止契约的期前通知后，届满 30 天的期限时为止。而申请人就上述货物运输保险则是分别按 51%（第一申请人）、24%（第二申请人）、10%（第三申请人）以及 15%（第四申请人）的比例，共同承担其保险责任。

2. 关于《运输协议》。

2013 年 4 月，A 公司与中国 M 电脑公司、中国 N 电脑公司及中国 O 电脑公司四家电脑公司作为委托人甲方与作为乙方的被申请人签订《运输协议》，相关条款如下：

"第一条 乙方依据甲方签发的委托书，向甲方提供货物运输及相关服务，包括但不限于至甲方指定地点提货、办理进出口保管、安排班机/航次、目的地送货于收货人等。

"第二条一 甲方委托乙方办理的具体事项，根据甲方的每票委托书而定，每项业务的收费以本合同附件中双方确定的价格为准。报价单中的内容甲、乙双方可根据情况进行变更，变更经双方确认后方可生效。变更生效前所发生的业务，仍按原报价的标准执行。

"第三条五 乙方对托运的货物要负责安全，保证货物无短缺、无损害、无人为的变质。

"第四条 违约责任 三 货物毁损、灭失、短到 3.2 货物于运送期间发生毁损、灭失、短到时，甲方除无须支付当笔毁损、减失、短到货物之运费及杂项费用外，乙方应依甲方实际上所受之损害对甲方承担完全赔偿责任，该赔偿责任范围包括但不限于货物之实际价值、额外之运费及人力费用、对客人延迟交付货物之违约金等。……六、乙方在递送过程中有任何造成甲方损失之情事，乙方愿意全额赔偿甲方的损失。

"第六条　有效期　本协议自双方签署届满之日起生效，有效期壹年，期满后双方若无异议，本协议自动续展一年，嗣后续展亦同。

"第七条　协议的变更与解除……　六　本协议的任何修改、增删应由双方合法授权代表人以书面文件为之，此前或此后任何口头约定不对本协议内容与效力产生影响。"

2018年1月b日，被申请人与H公司签订了《代理协议》，其相关条款如下：

"1. 委托范围L公司和H公司双方同意根据本协议条款和条件之规定，互为对方空运、海运及货运代理。"

3. 被申请人《运输协议》的履约情况。

被保险人G公司2019年1月以EX Work交易条件向美国I公司购买涉案货物，并且以同样的条件送达收货人A公司，该批货物卖家I公司出具发票的买方为G公司，G公司出具发票的买方为A公司，空运分单的收货人为A公司；A公司2019年1月以FCA交易条件向美国的K公司购买涉案货物，该批货物卖家K公司出具发票的买方为A公司，空运分单的收货人为A公司。上述两笔货物由被申请人负责从美国卖方工厂到当地机场交付航空公司，再从上海机场接货运到A公司的全程，其中空运费由上海L货运代理公司垫付。在美国，被申请人根据其与H公司于2018年1月b日签订的《代理协议》，委托H公司负责当地运输事宜，而具体运输任务的则是H公司委托当地的J公司执行。J公司的卡车于2019年1月（a-1）日下午从两家卖方工厂领取了涉案货物，当日下午送交H公司仓库，H公司代航空公司编号为Y及编号为Z的两份分提单。两份分提单分别注明："H公司是托运人I公司的代理人，H公司是承运人中国ii航空的代理人"，"H公司是托运人K公司的代理人，H公司是承运人中国ii航空的代理人"。当日卡车司机在向航空公司交付前，该两批货物在机场停车处遭窃遗失。保险事故发生后，洛杉矶警察经调查后即做出货物失窃报告。2019年2月初被申请人向H公司发出《损害赔偿通知》，要求对方参与被申请人对涉案货物遭窃遗失的联合调查，并称3天内如不回应，则将丧失抗辩对被申请人调查事故的所有抗辩权利。H 公司于 2019 年 3 月 c 日回复："收到来函。"

4. 关于理赔情况。

申请人根据 A 公司的授权书，于 2019 年 4 月（a−14）日向被保险人支付 Y 空运单项下的保险赔偿金近 100 万美元；申请人根据 A 公司的索赔函，于 2019 年 4 月 a 日向被保险人支付 Z 空运单项下的保险赔偿金近 1 万美元，A 公司于 2019 年 4 月（a+4）日向申请人出具《免责书及代位求偿收据》。

2019 年 9 月 b 日，根据被保险人 G 公司的要求，英国 P 公估公司 a 地分公司（以下简称"Pa 公司"）出具《第一次暨最终报告海上货物运输保险−空运》，被保险人为 G 公司，出货人为 I 公司，收货人为 G 公司 C/O A 公司，货运主提单号：20，分提单号：Y，损失日期：2019 年 1 月（a−1）日，调查一栏其中运送相关单位："·货运送承揽人−L 公司受被保险人委托，安排本案货物运送。·货运送承揽人出口代理人 H 公司受货运送承揽人委托，安排本案货物运输。货运送承揽人出口地代理人针对本案货物运送，开立货运分提单 Y。·货运送承揽人出口地代理人所委托之内陆承运人/卡车司机−J 公司，负责本案货物由出货人运送到货运送承揽人出口地代理人仓库。·航空公司−中国 ii 航空公司受托安排本案或有从美国加利福尼亚洛杉矶机场运送至中国上 S 机场的运送作业，并开立货运主提单 20。"该报告在最后的"代位追偿"是这样表述的：遗失货物系发生于货运送承揽人其分包商的保管期间，故货运承揽人及其分包商/内陆承运人应对货物损失承担责任。对此，被保险人已向货运送承揽人发出索赔通知书。因此，建议保险公司在结案后，对货运承揽人及其分包商/内陆承运人进行损失代位追偿。

2019 年 9 月 b 日，根据被保险人 G 公司的要求，Pa 公司出具的《第一次暨最终报告海上货物运输保险—空运》，出货人为 K 公司，收货人为 A 公司，货运主提单号：20，分提单号：Z，损失日期：2019 年 1 月（a−1）日。调查的情况与结论与上述报告相同，代位求偿的表述亦同。

（三）仲裁庭对本案争议的意见

仲裁庭认为，基于以上认定的事实，双方当事人的争议焦点在以下几个方面：第一，本案争议是否属于《运输协议》范围；第二，被申请人在履行《运输协议》中有无过错；第三，A 公司是否具有保险合同项下的保险利益。

1. 本案争议是否属于《运输协议》范围？

仲裁庭认为，本案争议源于 2013 年 4 月，A 公司与中国 M 电脑公司、中国 N 电脑公司及中国 O 电脑公司四家电脑公司作为委托人甲方与作为乙方的被申请人签订《运输协议》，A 公司是《运输协议》的签约人之一。仲裁庭在上述意见中已经认定以下事实：在事故一中，I 公司出具发票给 G 公司，G 公司又将该批货物转卖给其子公司 A 公司，有发票证明，且卖方 I 公司根据 G 公司的指示将货物发送 A 公司；在事故二中卖方 K 公司发票注明买方为 A 公司，装箱单、空运单收货人均为 A 公司，据此仲裁庭认定 A 公司作为货主，根据《运输协议》将本案所涉两批货物交付被申请人运输，本案争议属于《运输协议》的范围。

2. 被申请人在履行《运输协议》中有无过错？

仲裁庭认为，《运输协议》是本案的基础合同，属于多式联运。按该合同约定，被申请人的责任是在 A 公司指定地点提货并办理托运，对托运的货物负责安全，保证货物无短缺、无损坏，尽善良管理人义务，妥善保管货物，及时通知运输过程中出现的障碍、事故。在本案保险事故中，被申请人承揽了由被保险人 A 公司委托的分别从美国 I 公司工厂和 K 公司工厂取货，并将该两批货运送洛杉矶机场，交付中国 ii 航空公司，运至上海浦东机场，并由被申请人运送到 A 公司仓库的运输任务。本案保险事故发生在交付航空公司之前的陆路运输阶段，在由被申请人根据委托的美国 H 公司转委托 J 公司运送中，发生盗窃遗失事故。而且，保险事故发生后，被申请人未及时通知 A 公司，于 2019 年 2 月初却首先向 H 公司发出《损害赔偿通知》，要求对方参与被申请人对涉案货物遭窃遗失的联合调查，3 天内如不回应，则将丧失抗辩对被申请人调查事故的所有抗辩权利。被申请人及其代理人 H 公司委托的 J 公司过错，按照代理法律关系的一般常识，均为被申请人过错，被申请人违反了《运输协议》第 3 条的约定，理应按照《运输协议》第 4 条第 3 款的约定对 A 公司遭受的损失承担赔偿责任。

被申请人称 2018 年 11 月 a 日的《补充协议》已经修改了 2013 年 4 月的运输协议。仲裁庭经查明，该协议依据《运输协议》约定的只是 A 公司委托被申请人具体业务的报价单，不符合《运输协议》第 7 条关于协议变更的规定，因此不予采信。而且，该报价单表格下面不规则罗列 "1、2、5、6" 说明的第 "1" 条中 "若货物之延运、损毁、遗失等情事为航空公司运送中所造成，则本公司仅得代贵公司向航空公司申请索赔，本公司依法不负赔偿之责"的文句表达清楚，不存歧义：这里的"为"不作介词，而作动词，即"是"，即"若货物之延运、损毁、遗失等情事是航空公司运送中所造成，则本公司仅得代贵公司向航空公司申请索赔，本公司依法不负赔偿之责"，本身含义是非常明确的，即货物交付航空公司后在航空运输中发生的损害，绝没有被申请人扩张解释的内容。仲裁庭认定，J公司在机场运输阶段的作业活动属于被申请人应尽的义务，遭窃损失责任应由被申请人承担。此外，Y分提单与Z分运单记载也清楚表明，J公司是H公司的代理人，在行业操作上又代理航空公司签发分单，航空公司最后签发货运主提单号：20是接收货物的关键证明，该航空公司才是实际承运人，J公司只是H公司的陆路货运代理人，单单签发分提单并不能证明其是实际承运人。被申请人以《补充协议》为由，进一步提出适用有关航空法律，以免除其在涉案货物交付航空公司前发生货物遗失之应承担赔偿责任的主张缺乏事实与法律依据，仲裁庭不予支持。即使适用《民用航空法》和相关国际公约，依照中国的《民用航空法》与《华沙公约》的规定都是考虑货物是否处于承运人的实际掌管控制下。涉案航空公司作为实际承运人未正式签发空运主提单，货物仍处于被申请人的代理人J公司的实际掌管控制下，而且J公司已被仲裁庭认定不是实际承运人，因此作为承揽方的被申请人应该承担运输途中的货损风险。

3. A公司是否具有保险合同项下的保险利益？

仲裁庭认为，根据前述意见，仲裁庭已认定A公司系案涉货物的货主，且与本案有关的开口保单也列明了A公司是被保险人之一，因此申请人依照保险合同的约定，向A公司代为赔偿具有法律依据。被申请人提出了A公司与G公司可能为加工贸易关系，从而否认A公司具有保险合同项下的保险利益的主张。仲裁庭认为，被申请人并未举证证明A公司与G公司存在加工贸易的事实，故仲裁庭对于被申请人的上述主张不予采纳。

（四）关于本案仲裁请求

1. 关于申请人的第一项请求。

仲裁庭基于上述分析，认为申请人已经按照与被保险人签订的保险合同，履行了保险人应尽的义务，向被保险人支付本案所涉《运输协议》履行中因被申请人的过错造成的货物损失，取得代位求偿收据。申请人认为，依据保险合同约定，保险人应向被保险人支付事故一的货损金额近90万美元，事故二的货损金额近 8000 美元，两项计近 90 万美元，并按账面金额 110% 计算，共计近 100 万美元，故被申请人应按照该金额向申请人赔偿。仲裁庭认为，本案为《运输协议》项下争议，被申请人在该协议项下应赔偿的损失金额不能径自根据保险合同的约定来认定，而应根据《运输协议》的相关约定来确定。《运输协议》第 3.2 条约定："乙方（即被申请人，仲裁庭注）的赔偿责任范围包括但不限于货物之实际价值、额外之运费及人力费用、对客人延迟交付货物之违约金等。"仲裁庭注意到了申请人关于 10% 溢价部分应作为货物如经完好运交 A 公司并经其出售后可获利益的观点，但《运输协议》并未对这部分可得利益损失的金额或其计算方法进行约定，在申请人未能提供证据证明可得利益损失金额的情况下，仲裁庭对该超出货价 10% 的损失赔偿请求难以支持。因此，仲裁庭部分支持申请人的本项仲裁请求，被申请人应向申请人赔偿近 90 万美元；根据四位保险人对保险金额分摊比例并结合申请人主张的保险金实际支付情况，仲裁庭认定，被申请人应向第一申请人支付近 50 万美元；应向第二申请人支付 20 余万美元；应向第三申请人支付 80 余万美元；应向第四申请人支付 10 余万美元。

2. 关于申请人的第二项请求。

仲裁庭认为，保险人自向被保险人赔偿保险金之日起获得的是在赔偿金额范围内代位行使被保险人对第三者请求赔偿的权利。在本案中，没有证据显示存在申请人在提起本案仲裁前曾就此项赔偿向被申请人予以主张，被申请人拒绝支付因而应承担相应延期支付利息的情形，故仲裁庭对申请人有关利息赔偿的请求不予支持。

3. 关于申请人的第三项请求。

仲裁庭认为，申请人为维护其合法权益，其关于被申请人赔偿聘请律师以及相关差旅费的请求是合理的，仲裁庭予以支持。

4. 本案仲裁费全部由被申请人承担。

根据《仲裁规则》第 52 条的规定，仲裁庭认为本案仲裁费应全部由被申请人承担。

三、裁决

综上，仲裁庭对本案依法裁决如下：

（1）被申请人应向申请人分别支付货损赔偿金：

（1）第一申请人近 50 万美元；

（2）第二申请人 20 余万美元；

（3）第三申请人 80 余万美元；

（4）第四申请人 10 余万美元。

（2）被申请人应支付补偿申请人为提出及处理本案仲裁支付的律师费以及相关差旅费。

（3）本案仲裁费为人民币近 20 万元，全部由被申请人承担。该笔费用已与申请人缴纳的等额仲裁预付金全额冲抵，故被申请人应向申请人支付人民币近 20 万元以补偿申请人为其垫付的仲裁费。

（4）驳回申请人的其他仲裁请求。

以上裁决项下应付款项，被申请人应在本裁决作出之日起 20 日内向申请人支付完毕。

本裁决为终局裁决，自作出之日起生效。

 **案例评析**

【关键词】《保险合同》开口保单保险利益 代位求偿《运输协议》《华沙公约》

【焦点问题】

1. 本案争议是否属于《运输协议》范围？

2. 被申请人在履行《运输协议》中有无过错？

3. 被保险人是否具有《保险合同》项下的保险利益？

【焦点评析】

本案的基本案情：

申请人（四个保险公司）与被保险人 G 公司签订编号为 X 的货物开口保险契约，开口保险单列明被保险人为 G 公司及后附被保险人清册所载之其他公司，包括 A 公司，G 公司就其与其各关联企业间，或与其关联企业以外第三人间进行交易及买卖的所有货物，都代表其本身和其设立在世界各地的关联企业，按各该货物 110% 的货值，向申请人投保了 Institute Cargo Clause（A）1.109 为保险条件的货物运输保险，保险期间为自 2019 年 1 月 b 日起，一直到该保险合同的任何一方预先对他方发出终止契约的期前通知后，届满 30 天的期限时为止。2013 年 4 月，被保险人作为委托人甲方与作为乙方的被申请人签订《运输协议》。约定："乙方在递送过程中有任何造成甲方损失之情事，乙方愿意全额赔偿甲方的损失。"该合同还约定，本合同自动续展 1 年，嗣后续展亦同。2018 年 1 月 b 日，被申请人与 H 公司签订了《代理协议》，约定该双方互为对方空运、海运及货运代理。

被保险人 G 公司于 2019 年 1 月分别以 EX Work 交易条件向 I 公司和以 FCA 条件向美国 K 公司购买涉案货物，I 公司出具的发票买方为 G 公司，G 公司出具发票的买方为 A 公司；K 公司出具的发票买方为 A 公司。空运分单的收货人均为 A 公司。上述两批货物均由被申请人负责从美国卖方工厂转到洛杉矶机场交付航空公司，再从上海机场接货运到 A 公司。具体执行运输任务的是被申请人的代理人 H 公司所委托的当地 J 公司。J 公司卡车于 2019 年 1 月（a-1）日下午从两家卖方工厂将货物送交 H 公司仓库。H 公司代航空公司出具两份分提单，分别注明：①H 公司是托运人 I 公司的代理人，H 公司是承运人中国 ii 航空的代理人；②H 公司是托运人 K 公司的代理人，H 公司是承运人中国 ii 航空公司的代理人。当日卡车司机在向航空公司交付前，该两批货物在机场停车处遭窃遗失。两保险事故发生后，洛杉矶警察经调查后即做出货物失窃报告。2019 年 2 月初被申请人向 H 公司发出《损害赔偿通知》。

申请人根据 A 公司的授权书，于 2019 年 4 月（a-14）日向被保险人支付了 Y 空运单项下的保险赔偿金 90 余万美元；申请人根据 A 公司的索赔函，于 2019 年 4 月 a 日向被保险人支付 Z 空运单项下的保险赔偿金近 9000 美元，A 公司于 2019 年 4 月（a+4）日向申请人出具《免责书及代位求偿收据》。

2019 年 9 月 b 日，根据被保险人的要求，英国 Pa 公司出具编号为 2203××的《第一次暨最终报告海上货物运输保险—空运》，报告确认被保险人为 G 公司，出货人为 I 公司，收货人为 G 公司 C/O A 公司，被保险人为 G 公司，货运主提单号为 No. 784-115728××，分提单号为 Y，损失日期为 2019 年 1 月（u-1）口。该调查报告确认货运送承揽人为被申请人，"受被保险人委托，安排本案货物运送"。该报告在最后的"代位追偿"的部分表述如下：遗失货物系发生于货物送承揽人其分包商的保管期间，故货运承揽人及其分包商/内陆承运人应对货物损失承担责任。对此，被保险人已向货运承揽人发出索赔通知书。因此，建议保险公司在结案后，对货运承揽人及其分包商/内陆承运人进行损失代位追偿。同日，Pa 公司还出具了编号为 2203××的《第一次暨最终报告海上货物运输保险—空运》，出货人为 K 公司，收货人为 A 公司，货运主提单号为 No.784-115728××，分提单号为 Z，损失日期为 2019 年 1 月 （a-1）日。调查的情况与结论与上述报告相同，代位求偿的表述亦同。

现结合本案案情评述如下：

本案争议源于 2013 年 4 月，A 公司与中国 M 电脑公司、中国 N 电脑公司及中国 O 电脑公司作为委托人甲方与作为乙方的被申请人签订《运输合同》，A 公司是《运输协议》的签约人之一。仲裁庭在上述事实调查中已经认定：首先，在事故一中卖方美国 I 公司出具发票给 G 公司，G 公司又将该批货物转卖给其子公司 A 公司，有发票证明，且卖方 I 公司根据 G 公司的指示将货物发送 A 公司；在事故二中卖方美国 K 公司发票注明卖方为 A 公司，装箱单、空运单收货人均为 A 公司，据此仲裁庭认定 A 公司作为货主，根据《运输协议》将本案所涉两批货物交付被申请人运输，本案争议属于《运输协议》的范围。

《运输协议》是本案的基础合同，属于多式联运。按该合同约定，被申请人的责任是在 A 公司指定地点提货并办理托运，对托运的货物负责安全，保证货物无短缺、无损坏，尽善良管理人义务，妥善保管货物，及时通知运输过程中出现的障碍和事故。在本案保险事故中，被申请人承揽了由 A 公司委托的分别从美国 I 公司工厂和 K 公司工厂取货，并将该两批货运送洛杉矶机场，交付中国 ii 航空公司，运至上海浦东机场，并由被申请人运送 A 公司仓库的运输任务。本案保险事故发生在交付航空公司之前的陆路运输阶段，即在由被申请人委托的美国 H 公司转委托 J 公司的运送中所发生的盗窃遗失事故。而且，保险事故发生后，被申请人未及时通知 A 公司，于 2019 年 2 月初却首先向 H 公司发出《损害赔偿通知》，要求对方参与被申请人对涉案货物遭窃遗失的联合调查，3 天内如不回应，则将丧失对被申请人调查事故的所有抗辩权利。被申请人及其代理人 H 公司委托的 J 公司有过错，按照代理法律关系的一般常识，均为被申请人的过错。被申请人违反了《运输协议》第 3 条关于对托运货物负责安全、报纸货物无短缺、无损害、无人为变质的义务约定，理应按照该协议第 4 条"违约责任"第 3 款的约定对 A 公司遭受的损失承担赔偿责任。

被申请人称 2018 年 11 月 a 日的《补充协议》已经修改了 2013 年 4 月的本案《运输协议》。仲裁庭经查明，该补充协议依据《运输协议》约定的只是 A 公司委托被申请人具体业务的报价单，不符合《运输协议》第 7 条关于协议变更"应由双方授权代理人以书面文件为之，此前或此后任何口头约定不对本协议内容与效力产生影响"的规定，因此不予采信。而且，该报价单表格下面中"若货物之延运、损毁、遗失等情事为航空公司运送中所造成，则本公司仅得代贵公司向航空公司索赔，本公司（被申请人）依法不负赔偿之责"，其含义非常明确，即货物交付航空公司后在航空运输途中发生的损害，绝没有被申请人扩张解释为"交付航空公司前发生的货物延运、损毁、遗失，被申请人不负责任"的内容。仲裁庭认为，J 公司在机场阶段的作业活动属于被申请人应尽的义务，遭窃损失责任应由被申请人承担。此外，两份分提单清楚表明，J 公司是 H 公司的代理人，在行业操作上又代理航空公司签发分提单，航空公司最后签发的货运主提单 No. 784-11572820 是接收货物的关键证明，该航空公司才是实际承运人，J 公司只是 H 公司的陆路货运代理人。被申请人以《补充协议》为由，还进一步提出适用有关航空法律，以免除其在涉案货物交付航空公司前发生货物遗失所应承担赔偿责任的主张缺乏事实与法律依据，仲裁庭不予支持。即使适用《民用航空法》和相关国际公约，依照中国的《民用航空法》与《华沙公约》的规定也都是考虑货物是否处于承运人的实际掌控下。涉案航空公司作为实际承运人未正式签发空运主提单，因此货物仍处于被申请人的代理人 J 公司的实际掌管控制下，而且 J 公司已经被仲裁庭认定不是实际承运人，因此作为承揽方的被申请人应该承担运输途中的货损风险。综上，被申请人在履行《运输协议》中有过错。

根据前述分析意见，A 公司系案涉货物的货主，且与本案有关的开口保单也列明了 A 公司是被保险人之一，因此申请人依照保险合同的约定，向 A 公司代位赔偿具有法律依据。被申请人提出了 A 公司与 G 公司可能为加工贸易关系，从而否定 A 公司具有保险合同项下的保险利益的主张，由于被申请人未能举证证明自己的主张，仲裁庭对其主张没有采纳。

关于申请人的第一项请求，即被申请人应按两保险事故 110% 的账面计算赔偿损失，仲裁庭认为申请人履行了保险人应尽的义务，取得代位求偿收据，仲裁庭裁定被申请人按 100% 账面的赔偿申请人（四保险公司）的货物损失。申请人提出了其中 10% 溢价部分应作为货物完好交付 A 公司并经其出售后可获利益的观点，对此仲裁庭认为，本案为《运输协议》项下争议，被申请人在该协议项下应赔偿的损失不能径自根据保险合同的约定来认定，而应根据

《运输合同》的相关约定来确定。由于《运输协议》并未对这部分可得利益损失的金额或其计算方法进行约定，申请人也未能提供相关证据，仲裁庭对该超出货价 10% 的损失赔偿难以支持。

关于申请人的第二项请求，即被申请人支付货物损失赔偿金自 2019 年 4 月 a 日期的支付利息，仲裁庭认为在本案中，保险人自向被保险人赔偿保险金之日起获得的是在赔偿金额范围内代为行使被保险人对第三人请求赔偿的权利。在本案中，没有证据显示存在申请人在提起本案仲裁前曾就此向被申请人提出主张，被申请人拒绝支付因而应承担相应延期支付利息的情形，仲裁庭对申请人有关利息赔偿的请求不予支持。

关于申请人的第三项请求，仲裁庭认为，申请人为维护其合法权益，其关于被申请人赔偿聘请律师以及相关差旅费的请求是合理的，仲裁庭予以支持。

【结语】

保险代位权是一种法定的请求权转让，源于法律的直接规定，因第三者对保险标的的损害造成被保险人赔偿保险金后，代位行使被保险人对第三者请求赔偿的权利取得原属于被保险人对第三者的赔偿权力后，即成为债权人。案涉的保险人在保险事故发生后，根据被保险人的请求，完成了法定程序，向被保险人支付了损失赔偿金后即取得代位赔偿权。仲裁庭在对保险合同争议的审理中根据保险人提供的证据，以及保险业的习惯做法，认定了开口保单中列明的 A 公司为案涉《保险合同》的被保险人，支持了申请人取得代位赔偿权的合法性。接着仲裁庭主要集中于对案涉基础合同即承揽运输合同争议的分析。被申请人承揽的是多式联运即陆路和空运全过程的运输任务，虽然被申请人也在美国境内委托了其他代理人承担部分里程的运输，但是其代理人的违约行为首先应由被申请人承担。对被申请人提出货物遗失事故应按照《华沙公约》予以免责的主张，仲裁庭通过对其提供的证据字义的真实内涵和国内法与国际法规定的详尽诠释，认为事故发生时实际承运人航空公司未签发主提单，即被窃货物处于被申请人实际掌控之下，所以被申请人的主张缺乏事实与法律依据，予以驳回。被申请人在运输过程中有过错，应承担相应的赔偿责任。

关于在具体仲裁请求事项中，申请人按保险合同约定赔偿 110% 保险金，

对此项仲裁请求是否应予支持？一般在货物运输险中，保额往往超过保险价
值，保险行业习惯上允许在货物的实际价值加上货物销售的合理利润作为保
额，例如约定110%的保额，这在各类运输保险合同中普遍存在。本案仲裁庭
注意到了关于10%溢价部分应作为货物如经完好运送交被保险人 A 公司并经
其出售后可获得利润的观点，但认为《运输协议》项下应赔偿的损失不能径
自根据《保险合同》的约定来认定，而应根据《运输协议》的相关约定来确
定，保险公司为营销扩展给与被保险人优惠的损害补偿政策，为众多保险合
同所采纳，是保险公司自愿的行为，并不意味着其是在司法审判和仲裁审理
中应考虑的因素，申请人未对这部分可得利益损失的金额或其计算方法进行
约定，在申请人未能提供证据证明可得利润损失的情况下，仲裁庭对该超出
货价10%的损失赔偿没有支持。

案例二十二

A 制冰公司与 B 保险公司出口
贸易信用保险合同争议案

中国国际经济贸易仲裁委员会（以下简称"仲裁委员会"）根据申请人 A 制冰公司（以下简称"申请人"）、被申请人 B 保险公司（以下简称"被申请人"）于 2022 年 5 月 a 日签订的《出口贸易信用保险（短期）》保险合同（以下简称《出口信用保险合同》）中仲裁条款的约定，以及申请人于 2023 年 7 月 6 日提交的仲裁申请书，受理了上述《出口信用保险合同》项下的本争议仲裁案。

一、案情

（一）申请人提出的事实、理由及仲裁请求

2022 年 5 月 a 日，申请人向被申请人投保《出口信用保险合同》。该保险合同约定，申请人（被保险人）的投保赊销额度为 160 万元，被申请人（保险人）对申请人在此额度内发生损失的承保比例为 90%，保险有效期为 1 年。在本保单项下，当买方未能向申请人支付承保欠款并且发生买方的长期拖欠，买方在特别条款规定的等待期届满时尚未支付无争议的承保欠款的全部或部分，即构成保险事故。被申请人将根据合同赔偿款项向申请人进行赔付。5 月（a-2）日，申请人支付保费近 8 万元。6 月 b 日，申请人应被申请人的要求支付了信用评估费近 3000 元。后申请人的货物正常出运并到达肯尼亚的 M 港口，但买方在接收货物并投入使用后，未在规定的时间依约付款，欠款总计 10 万余美元。申请人在等待期届满后向被申请人报案，并请求按照保险合同约定进行赔付时，被申请人始提及保险合同中存在免责条款，即被申请人对货发第三国导致的直接或间接损失不承担责任，除非被申请人事先以书面形式同意，并以此为由拒绝赔付。在整个投保过程中，从初始接洽到最终签订保险合同，被申请人从未提及货发第三国不理赔一事，也从未对合同中的免责条款充分履行应尽的提示解释义务，申请人完全不知情，该免责条款应属无效。被申请人未对买家进行尽职调查，也未向申请人出具任何形式的报告，未体现专业和谨慎，未充分履行其合同义务，故应当依照保险合同约定对申请人的损失 10 万余美元赔付 90%，即赔付近 11 万美元。

基于上述事实和理由，申请人提出仲裁请求如下：

（1）依法裁决被申请人履行双方签订的《出口信用保险合同》，对申请人赔偿货款保险金近 11 万美元（近 12 万美元×90%，若以人民币结算，则以裁决生效之日中国外汇交易中心公布的美元兑换人民币汇率为准），暂计人民币近 80 万元。

（2）裁决被申请人承担申请人已支付的律师费。

（3）裁决被申请人承担仲裁费用。

（二）被申请人答辩意见

1. 根据合同约定及现有证据，案涉交易是在申请人与非限额买方之间发生的，该交易产生的欠款并不属于案涉出口贸易信用保险合同的承保范围，被申请人无需向申请人进行赔付。

（1）案涉保险合同的承保范围为被保险人与限额买方之间由于特定的保险事故而产生的无争议欠款。

本案中，被申请人与申请人签订的《出口信用保险合同》合同约定，由于特定的保险事故（即买方长期拖欠、买方无清偿能力以及发生政治风险）导致限额买方未能将无争议的承保欠款支付予申请人时，被申请人将根据合同条款对赔偿款项的约定向申请人进行赔付。

被申请人根据申请人提供的信用额度申请表，对英国 Z 公司的信用状况进行调查并作出信用限额审批结果。结果显示，被申请人确认对名称为 Z 的买方公司，国家评级 AA，给予 160 万元的信用限额。

因此，申请人仅能就其与 Z 公司（即"限额买方"）之间发生的真实交易而产生的无争议承保欠款向被申请人申请赔付损失。

（2）经调查，限额买方否认与申请人具有任何交易关系，且申请人交付货物的收货方并非限额买方，收货地址亦非限额买方所在地址，故无法确认申请人与限额买方存在真实的贸易关系。

申请人报案后，商账服务管理商 E 公司就本案欠款开展催收和调查工作。其间，E 公司的催收人员与限额买方的董事自然人 F 取得联系。自然人 F 代表限额买方明确表示：第一，限额买方从未向申请人订购或收到过申请人提供的任何货物，限额买方在催收人员与之联系前，从未听说过申请人的名称；第二，自然人 F 指出其从未听说过案涉的实际收货方 Z 公司，该名称 Z 公司与限额买方无任何关系；第三，自然人 F 告知，由于限额买方公司为非贸易公司，故其并无注册的网站域名，自然人 F 使用的其另外的关联公司 P 公司的邮箱，并以该公司地址作为限额买方的注册办公地；第四，自然人 F 认为申请人是被诈骗，他在此前的几个月已经发现有类似事件，并试图去报案，但由于无英国公司遭受损失，英国警方并未受理报案。

而根据申请人自行提供的通关无纸化出口放行通知书和提单，被申请人托运的案涉货物的收货人为 Z 公司。

综上，现有证据不能证明案涉贸易是申请人与限额买方所开展的真实贸易，而申请人与非限额买方发生交易而产生的欠款，不属于本案保险合同的承保范围，被申请人无需就相关欠款承担保险的赔付责任。

2. 由于限额买方明确否认与申请人存在进出口贸易关系，双方之间存在纠纷，在申请人根据案涉保单约定先行解决其与限额买方的贸易纠纷之前，被申请人同样有权不予定损核赔。

《出口贸易信用保险（短期 B 款）条款》第 3.03 条规定，"（b）如果承保欠款（或者其中一部分）存在争议，除非该争议被无条件解决且结果有利于被保险人，保险人就争议金额不承担责任。被保险人必须自负费用解决争议且对保险人无追索权"，以及"（c）根据第 5.03 款（查验被保险人的文件），保险人将在下述日期（以较晚者为准）后 30 天内进行理赔：……如果欠款存在争议，且该争议后来的解决有利于被保险人，在该争议解决后的 30 天（买方应在该期限内付款）届满之日"。

如前所述，本案申请人与限额买方就案涉贸易的真实性存在纠纷，根据案涉保险合同的上述规定，在申请人通过诉讼或仲裁方式解决其与限额买方的贸易纠纷之前，被申请人有权不予定损核赔。

3. 案涉保险合同条款合法有效，在本案出现保险合同中约定的除外责任情形时，根据除外责任条款被申请人无需对申请人因案涉交易产生的损失承担赔付责任。

（1）案涉保险合同条款合法有效。《出口贸易信用保险（短期 B 款）条款》第 1.02 条规定了保险人的除外责任："保险人对由于下列情况直接或间接导致的损失不承担责任：……（j）发生在第三国的事件：如果货物将发送至第三国和/成服务将提供给第三国，或者付款将来自该第三国，除非保险人事先以书面形式同意……"以及《附加条款》制裁及欺诈条款，"增加 1.02（v）款如下：因任何个人或组织主导的欺诈行为产生的或与之相关联的应收账款"。

在本案保险合同报价和签订的过程中，被申请人的工作人员已向申请人充分披露合同条款，并已就合同内容进行面谈沟通，上述的除外责任条款亦已采用黑体和颜色阴影突出显示，故申请人已就合同的免责条款履行了提示和说明义务。而在案涉的非约束性报价单中，申请人落款处上方已注明"请在此确认贵司已了解并接受上述承保条件并同意本公司根据上述条件出具保单。且贵司已仔细阅读中国太平洋财产保险股份有限公司的'贸易信用保险条款'，包括除外责任及被保险人义务等条款内，并对保险公司就保险条款内容的说明和提示完全理解"，申请人在该报价单中进行了盖章和签字确认。申请人亦在投保人声明页进行了盖章和签字确认，自行声明：保险人已就保险单的全部内容，特别是免除或限制保险人责任的阴影字体部分的条款内容提示，并作出了明确说明，相关的免除或限制保险人责任的条款已经过了申请人的确认。

因此，案涉保险合同条款合法有效，合同双方均应按照合同条款履行义务和行使权利。

（2）本案情形落入了保险合同中约定的除外责任情形，被申请人根据除外责任条款，无需对申请人因案涉交易产生的损失承担赔付责任。本案中，由于申请人将案涉货物通过水路运输的方式运抵肯尼亚的 M 港，且最终收货地址为乌丁达，故本案已落入保险合同约定除外责任（j）款，即货物发送至第三国。而且，由于限额买方否认与申请人进行交易，并认为申请人被其他第三方诈骗。根据中国商务部公开的信息，申请人案涉的交易模式与中国商务部公布的常见乌干达贸易诈骗案件模式高度相似，故本案亦涉及 1.02（v）款所规定的情形。

因此，由于本案出现上述特殊的除外责任情形，被申请人无需对申请人因案涉交易产生的损失承担赔付责任。

4. 申请人未能尽到合理的谨慎和注意义务，对于由此产生的纠纷和损失，应由申请人自行解决。

《出口贸易信用保险（短期 B 款）条款》第 2.01 条规定了申请人应当履行注意和谨慎义务，在向买方授予信用限额时，必须如同被保险人未投保时一样，尽到一切合理的注意与谨慎义务。

申请人作为贸易的实际参与者，有能力、有义务把控及审核贸易相对方的真实性，但申请人却未履行其应尽的审慎的注意义务。具体表现为：①申请人此前未与限额买方进行过交易，在未核实往来邮箱地址真实性的情况下，即轻信该邮箱并进行订单下达和发货等沟通事宜。②申请人面对贸易相对方要求在异地收货，且收货地为贸易诈骗高发的东非国家乌干达，未能提高警惕，仍听从对方指示完成发货。被申请人通过查询英国和乌干达两国的公司登记信息查询网站，皆未搜索得出名称为 Z 公司的登记信息。因此，申请人在未核实收货人信息真实性的情况下，即向一个未经登记的公司运输本案货物，具有重大过错。③在货物已经到港收货，但在已逾期付款的情况下，贸易相对方向申请人索要机器的安装密码时，申请人仍向相对方发送了关于机器密码的邮件。因此，申请人在案涉交易中的种种行为皆不符合一般理性人在商业活动中应尽到的注意与谨慎义务的标准。对于因申请人的重大过错而产生的纠纷和损失，应由申请人自行解决。

综上所述，根据出口贸易信用保险合同的约定，被申请人无需向被申请人就案涉交易产生欠款承担赔付责任，因申请人的重大过错而产生的纠纷和损失，应由申请人自行解决。被申请人请求仲裁庭驳回申请人的仲裁请求。

（三）申请人庭后代理意见

1. 被申请人从未履行免责条款的明确说明义务，应依法认定免责条款无效。

（1）被申请人在合同签订前未履行全面的告知义务。被申请人在答辩及庭审中均主张，申请人拒绝了保单培训。这恰好说明，被申请人在签订保险合同前或签订合同时没有进行所谓的保单培训，也未以其他书面或者口头形式告知免责条款的含义。被申请人是在双方签订合同及交付保险费后才向申请人提出要进行保单培训。

（2）从申请人提交的《出口信用保险合同》的扫描件来看，首页的《投保人声明》本身没有任何免责条款的明示、说明或者具体指引的条款。该合同及附件共长达25页，字体偏小为小五号字体，免责条款从A项至U项，只是有阴影的底纹，颜色为黑白，均没有明显的提示或说明，免责事由繁多，专业术语晦涩难懂，正常投保人是不可能注意或理解其免责条款的具体含义的。

（3）合同签订时，被申请人的业务员未到场予以保险业务指导，未当面告知、解释其所谓的免责条款。被申请人是主动要求采用邮寄的方式将被申请人盖好章的合同送达申请人，并要求申请人在指定位置盖章。申请人盖章完毕后随即将纸质合同文本回寄给业务员。

（4）在合同履行过程中，被申请人未进一步履行告知和解释义务。从申请人提供的三组聊天记录来看，在保险事故发生前，对于货发第三国免责只字未提，直到出现保险事故，方才提出此项免责事由。

（5）申请人在7月的出口货物报关单、提单等单据中已经明确货发第三国，交易的对象是Z公司，到货港口为肯尼亚M地，但被申请人仍继续接受投保，未告知货发第三国不予理赔，应视为被申请人已经同意交易方变更，允许申请人货发第三国。

（6）依据最高人民法院《关于适用〈中华人民共和国保险法〉若干问题的解释（二）》（以下简称《保险法司法解释（二）》）第13条第1款的规定："保险人对其履行了明确说明义务负举证责任。"本案从立案到开庭，被申请人未提供其履行明确说明义务的证据和材料，甚至连纸质合同都未提供，称纸质合同已经归档，其应当就举证不能承担全部的法律责任。

综上，从保险合同的商讨阶段到保险合同的签约阶段，直至双方履行的全过程，被申请人均未向投保人明确告知货发第三国属于免责条款。若申请人明知货发第三国，保险公司就免责，在O/A贸易模式下，申请人根本不可能与虚假的英国买家发生交易。相对于被申请人而言，若真实告知了免责条款，申请人就可能停止交易，那么被申请人则无理由收取高额保费或者面临退保费的问题。不论被申请人是怠于履行还是刻意隐瞒，均应当履行保险事故的理赔责任。

2. 被申请人指定的第三方从未对限额买家英国公司Z公司进行商业调查，未出具任何形式的报告或说明，并以适当方式告知申请人。

申请人早在2022年6月就向被申请人指定的第三方中国C管理咨询公司

（以下简称"C公司"）支付了信用评估费近3000元。从当时到本案庭审，被申请人均未提供任何形式的商业调查报告，也未向仲裁庭说明出具信用额度所依据的基础性证据材料。

申请人提供的证据一《出口信用保险合同》第3页的明细表已明确约定。风险服务提供者：C公司。第10页：风险服务提供者，将对本保单下承保的买方进行必要的初步调查，并且针对相关的风险提供监控服务，据以签发核准的信用限额（包括零售额）。根据申请人提供的证据二十第101页载明，申请人在支付商业调查费用之前明确询问被申请人，其业务员张珍告知：给了这个额度之后，会实时监控买家履约情况，不管是跟贵司还是其他公司，我们都会提醒到贵司等。

被申请人在庭审中主张不是商业调查，是出具信用额度，但无论怎么转换名称，必要的商业调查都是出具信用额度的基础条件。如果被申请人真实有效地履行此义务，向英国公司董事自然人F调查核实，一定会发现该英国公司未在东非设立所谓的分公司，也没有实际使用上述后缀名的邮箱，所注册的电话也不是限额买家的真实电话等，对于这一严重过失及不作为，应由被申请人承担全部法律责任。

3. 被申请人未真正履行保险人的审核义务、未监督申请人与限额英国买家的交易过程，体现不出保险公司的专业和权威。

虽然被申请人不是国际贸易交易中的当事人，但是被申请人作为专业和权威的出口信用保险机构负有特殊的责任和合同义务。从双方的聊天记录可见，被申请人一切以接单为目的，当申请人告知对国际贸易比较生疏时，业务员进行各种国际贸易的业务指导，各种安抚和保证，声称买了出口信用保险就有保障，可以安枕无忧。当申请人犹豫要不要购买保险时，又诱导客户签单，绝口不提可能面临的风险和责任。当申请人支付完保费后，则不对限额买家做商业调查，不审核双方的买卖合同，不跟进交易的进度，对申请人什么时候发货、发到什么港口、是否完成交易不闻不问。若出现保险事故则是各种推脱和转嫁责任。

4. 申请人已经按照正常国际贸易的要求尽到了卖方的谨慎和注意义务。

申请人首次销售制冰设备到境外正是基于对被申请人的信赖和理赔承诺才进行货物出口。英国买家要求货发第三国完全是合理正当的，肯尼亚的M港口本身就是国际贸易的大型中转港口，英国公司在东非设立分公司也符合交易习惯。申请人不是专业玩家已经尽到了国际贸易参与者的基本注意义务，没能力辨别国际诈骗，唯一能依靠和信任的就是保险公司的兜底、承诺。申请人出于对被申请人的高度信赖，但是所谓的投保不仅让申请人损失了高额保费，反而让申请人又额外损失了全部机器设备、国际物流费、报关费、聘请律师费等费用，这些损失和责任应由被申请人承担。

（四）被申请人庭后代理意见

1. 申请人已在庭审中承认交易相对方为冒名公司。

申请人承认相对方是冒用名称进行交易，且收货的东非公司为虚构公司。结合证据可确认，申请人未与真正的英国限额买方 Z 公司发生交易。

根据《出口信用保险合同》，申请人与其他第三方发生的欠款不在承保范围内，被申请人无需赔付。

2. 申请人未尽谨慎注意义务。申请人未核查交易相对方和收货人身份，导致损失应自行承担。申请人在买卖合同交易中的行为明显不符合商务交易谨慎理性标准。

3. 风险服务不代替申请人核查真实身份。申请人将信用状况调查偷换概念为尽职调查，审核买方身份真实性，是买卖合同关系中的实体环节，应由买卖合同的当事人自行完成。被申请人作为保险公司，既没有法定或者约定的义务去替代申请人核查其买卖合同风险服务提供者进行的信用状况调查不代替申请人核查交易相对方的真实身份。审核买方身份真实性应由买卖合同当事人自行完成。

4. 保险合同条款合法有效。申请人已在保险单首页投保人声明页进行签字盖章，亦在《非约束性报价单》对承保条件和保险条款（包括除外责任即被保险人义务等条款）进行过确认，对保险公司对保险条款内容的说明和提示完全理解。保险单中对于免除和限制保险人责任的条款已给予足以引起投保人注意的提示。另外，在本案保险合同报价和签订的过程中，被申请人的工作人员已向申请人充分披露合同条款，并已就合同内容进行面谈沟通。保险合同的正本纸质原件亦由申请人自行持有，随时可以就合同条款进行查阅。

5. 信用保险承保限额买方的违约风险。在被冒名交易的情况下，要求保险公司承担赔付责任将加重保险公司负担，与出口信用保险的初衷相违背。

综上，出口贸易信用保险合同合法有效，被申请人无需就申请人与非限额买方的第三方交易欠款承担赔付责任。因申请人重大过错产生的纠纷和损失，应由申请人自行解决和承担。

二、仲裁庭意见

依据现有书面材料及庭审调查，仲裁庭对本案作如下分析和认定：

（一）本案主要事实

根据双方当事人提交的证据及庭审调查，仲裁庭认定以下主要事实：

1.《出口信用保险合同》的订立及与本案争议相关的主要内容。

2022 年 3 月 b 日，申请人与被申请人的保险客户经理建立微信群，双方开始洽商购买出口信用保险事宜。

2022 年 5 月 a 日，申请人（投保人、被保险人）与被申请人（保险人）签订了案涉《出口信用保险合同》。《出口信用保险合同》由投保人声明、投保单、保单明细表、国家及国家地区分组列表、通用条款和条件、附加条款及特别约定、批单、信用额度通知或其他保险凭证组成。

保单明细表约定：保险期间为 12 个月，自 2022 年 6 月 a 日 0 时至 2023 年 6 月（a-1）日 24 时。被保险人为申请人，承保经营范围为销售制冰机、储冰库、冷却塔及配件。保险期间内预缴保险费总额（含税）为近 8 万元，缴费到期日为 2022 年 6 月 a 日。

《出口贸易信用保险（短期 B 款）条款》第 1 条承保范围第 1.01 款约定：根据保单的条款和条件，如果由于保险事故买方未能将无争议的承保欠款支付予被保险人，保险人将根据第 3 部分（赔偿款项）的规定向被保险人进行赔付，除非特别条款另有规定。在保单项下，当买方未能向被保险人支付承保欠款并且发生下列任何一种情况，即构成保险事故：①买方的长期拖欠，指买方在特别条款所规定的等待期届满时尚未支付无争议的承保欠款的全部或部分；②买方无清偿能力；③发生政治风险。

《出口贸易信用保险（短期 B 款）条款》第 1 条第 1.02 款以阴影字体约定的除外责任包括："……J. 发生在第三国的事件：如果货物将发送至第三国和/或服务将提供给第三国，或者付款将来自第三国，除非保险人事先以书面形式同意。……"

《出口信用保险合同》附加条款中的"风险服务"约定，被保险人指定的风险服务提供者将对保单下承保的买方进行必要的初步调查，并且针对相关的风险提供监控服务，据以签发核准的信用额度（包括零售额）。限额申请费及风险监控年份各为 900 余元。

2. 保险费支付。

2022 年 5 月（a–2）日，申请人向被申请人汇付保险费近 8 万元。

2022 年 5 月（a+6）日，被申请人开具了保险费发票。

3. 信用额度申请。

申请人向被申请人申报三家买方信息、地址、所需信用额度等信息，其中买方之一为英国买方 Z 公司，申请信用额度为 160 万元。

2022 年 4 月 b 日，被申请人向申请人出具信用额度审批结果，其中对英国买方 Z 公司给予全部额度，即 160 万元。

4. 销售合同。

2022 年 4 月（b+10）日，申请人（卖方）与名为"Z 公司"的买方签订销售合同，约定申请人向买方出售制冰机及储冰箱各 2 台，贸易条件为 CIF M 港口，总价款近 10 万美元，付款方式为 100% 信用保险，货物抵达客户港后 45 天内支付。

5. 信用评估费。

2022 年 5 月 a 日，被申请人指定的风险服务提供者 C 公司向申请人发出信用评估费付款通知书。2022 年 6 月（a+23）日，申请人支付了信用评估费近 3000 元。

6. 货物发运。

2022 年 8 月 c 日，申请人发运了销售合同项下的货物，提单上记载的收货人为 Z 公司，卸货港为肯尼亚 M 地。

随后，申请人向深圳市某国际物流有限公司支付了运费近 6 万元。

2022 年 8 月（c+21）日，货物运抵目的港。2022 年 9 月 x 日，收货人电邮确认货物。

7. 理赔。

2022 年 11 月 d 日，因买方未在合同约定的期限内支付货款，申请人向被申请人报案。

2022 年 11 月（d+13）日，被申请人信用保险客户经理在微信群中告知申请人：自该日起计算 5 个月等待期（至 2023 年 4 月 e 日），其后 30 天（2023 年 4 月 e 日至 5 月 e 日）为理赔期。在等待期 5 个月内被申请人提供追账服务，若追债成功，将产生 20% 左右的服务费；若追债失败，则进入保险报销流程。

2023 年 3 月 a 日，被申请人发函通知申请人：①买家 Z 公司表示从未与申请人有过贸易往来，也未收到过申请人发出的货物；②Z 公司表示其是一家非贸易公司，其贸易公司的名称为 Z 公司，从未将上述域名注册过电子邮箱域名，从买家反馈的信息来看，申请人本次贸易方可能不是保险人批复有效信用额度的买家 Z 公司，保险人对此不承担保险责任；③货物发送第三国的，属于保险合同的除外责任。据此，被申请人通知申请人，保险人将不会承担基于此案情下的保险责任。

2023 年 3 月（a+7）日，申请人向被申请人发出《关于贵司拒赔通知的复函》，对被申请人的拒赔通知不予认同，要求被申请人按照保险合同约定对其货款损失承担赔偿责任。

8. 申请人聘请律师。

2023 年 5 月 k 日，申请人与律师事务所签订委托代理合同，并于 5 月 16 日支付律师费。

（二）关于适用法律

本案纠纷为出口信用保险合同争议，对出口信用保险合同的法律适用问题，《保险法》没有作出明确规定。参照最高人民法院《关于审理出口信用保险合同纠纷案件适用相关法律问题的批复》（法释〔2013〕13 号）的规定，鉴于出口信用保险的特殊性，本案争议的解决可以参照适用《保险法》的相关规定；《出口信用保险合同》另有约定的，从其约定。

（三）关于合同效力

1. 双方当事人对除外责任条款的效力存有争议。

案涉《出口信用保险合同》采用了被申请人（保险人）提供的格式条款。其中《出口贸易信用保险（短期 B 款）条款》第 1 条承保范围第 1.02 款除外责任包括："……J. 发生在第三国的事件：如果货物将发送至第三国和/或服务将提供给第三国，或者付款将来自第三国，除非保险人事先以书面形式同意。……"

双方当事人对该款除外责任的效力存有争议。

2.《保险法》及司法解释关于提示义务和明确说明义务的规定。

（1）《保险法》关于提示义务和明确说明义务的规定。

《保险法》第17条规定："订立保险合同，采用保险人提供的格式条款的，保险人向投保人提供的投保单应当附格式条款，保险人应当向投保人说明合同的内容。对保险合同中免除保险人责任的条款，保险人在订立合同时应当在投保单、保险单或者其他保险凭证上作出足以引起投保人注意的提示，并对该条款的内容以书面或者口头形式向投保人作出明确说明；未作提示或者明确说明的，该条款不产生效力。"

根据《保险法》第17条的规定，保险人对保险合同中的除外责任条款负有提示和说明义务，未作提示或者明确说明的，该条款不产生效力。

（2）司法解释关于提示义务和明确说明义务的规定。

《保险法司法解释（二）》第11条规定："保险合同订立时，保险人在投保单或者保险单等其他保险凭证上，对保险合同中免除保险人责任的条款，以足以引起投保人注意的文字、字体、符号或者其他明显标志作出提示的，人民法院应当认定其履行了保险法第十七条第二款规定的提示义务。保险人对保险合同中有关免除保险人责任条款的概念、内容及其法律后果以书面或者口头形式向投保人作出常人能够理解的解释说明的，人民法院应当认定保险人履行了保险法第十七条第二款规定的明确说明义务。"

第13条规定："保险人对其履行了明确说明义务负举证责任。投保人对保险人履行了符合本解释第十一条第二款要求的明确说明义务在相关文书上签字、盖章或者以其他形式予以确认的，应当认定保险人履行了该项义务。但另有证据证明保险人未履行明确说明义务的除外。"

3. 分析。

（1）关于提示义务。被申请人在保险合同中对免除保险人责任的条款以阴影字体作出提示，该提示足以引起投保人的注意，符合《保险法司法解释（二）》第11条第1款的规定。因此，应当认定被申请人对免责条款内容履行了提示义务。

（2）关于明确说明义务。本案中，申请人在《投保人声明》中声明："我公司在此郑重声明，保险人向我司签发本保险单时，已就本保险单的全部内容，特别是免除或限制保险人责任的阴影字体部分的条款内容提示我公司注意，并就上述条款的内容向我司作出了明确说明，基于保险人的提示和说明，我公司确认本保险单条款中的阴影字体部分系免除或限制保险人责任的条款，我公司已经详读上述条款在内的本保险单全部内容，对本保险单内容已经充分理解并无异议。"

仲裁庭注意到，被申请人提交了微信聊天记录，证明被申请人的保险客户经理在签约前于 2022 年 5 月（a-14）日提出到申请人公司进行面谈，并于 2022 年 5 月（a-13）日将包含免责条款的《出口贸易信用保险（短期 B 款）条款》通过微信发送给了申请人；被申请人提交了网约车记录，证明其业务员于 2022 年 5 月（a-8）日上午前往申请人公司。仲裁庭认为，基于民事证据的高度盖然性证明标准，应当认定被申请人的业务员于 2022 年 5 月（a-8）日上午前往申请人公司，并进行了面谈。

仲裁庭也注意到，被申请人的保险客户经理在签约后于 2022 年 6 月（a+12）日在微信中提出要约时间给申请人做保单培训，但申请人以没有时间为由推辞。在本案中，申请人以此为由主张被申请人未履行明确说明义务。仲裁庭认为：其一，从时间上看，被申请人的保险客户经理提出进行保单培训的时间是在保险合同签订之后；其二，被申请人当时告知申请人这是保险的服务之一，即保险合同成立之后保险人提供的服务内容之一，而非指签约前的明确说明义务；其三，申请人当时拒绝接受该项服务，事后又以此为由主张对方承担责任，明显不符合诚实信用原则。因此，该事实不能证明被申请人没有履行明确说明义务。

综上，结合申请人在《投保人声明》中的声明内容，在申请人未能提供足以反驳的证据的情况下，根据《保险法司法解释（二）》第 13 条规定，应当认定本案中保险人履行了明确的说明义务。

4.《出口信用保险合同》合法有效。

仲裁庭认为，《出口信用保险合同》是双方当事人的真实意思表示，内容不违反法律法规的强制性规定，且被申请人作为保险人履行了对免责条款的提示义务和明确说明义务，本案不存在《保险法》第 17 条规定的免责条款不产生效力的情形。因此，应当认定《出口信用保险合同》合法有效。

（四）关于赔付问题的争议

1. 关于信用评估费。

《出口信用保险合同》附加条款中的"风险服务"约定，被保险人指定的风险服务提供者将对保单下承保的买方进行必要的初步调查，并且针对相关的风险提供监控服务，据以签发核准的信用额度（包括零售额）。限额申请费及风险监控费各为近900元。

申请人向被申请人申报了三家限额买方，被申请人于2022年4月b日向申请人出具了信用额度审批结果。2022年5月a日，被申请人指定的风险服务提供者C公司向申请人发出了信用评估费付款通知书。2022年6月（a+23）日，申请人支付了信用评估费近3000元。

仲裁庭认为，根据《出口信用保险合同》的约定，以及申请人申报的三家限额买方的信用额度审批结果，应当认定申请人支付的近3000元的性质及用途是为了支付C公司提供的信用评估费，并非申请人所主张的第三方对限额买家进行商业调查的费用。

2. 关于与申请人进行交易的买方是不是限额买方Z公司的争议。

这个问题涉及申请人实际所遭受的损失是否属于承保范围。如果与申请人进行交易的对家就是被申请人审批的限额买方Z公司，则因Z公司拒付货款的信用风险落入承保范围。反之，申请人与冒名买家进行交易的风险，并非出口信用保险的承保范围，风险应当由申请人自担。

被申请人主张，申请人并非与限额买方Z公司进行交易，而是与冒名买家进行交易。其依赖的证据包括：

被申请人委托的商账服务管理商E公司反馈，未能和申请人当时进行交易的联系人自然人D取得联系，其在交易时使用的邮箱地址失效，电话经常转到留言信箱。

被申请人依据其委托的商账服务管理商E公司反馈催收情况的往来邮件、催收邮件、催收人员与Z公司董事自然人F之间的往来邮件、英国政府的公司登记查询网址截图等证据，主张Z公司的董事自然人F否认曾经与申请人进行交易，否认曾经收到过申请人提供的货物，声称Z公司与案涉的收货人Z公司无任何联系。

仲裁庭认为：一方面，与申请人进行交易的联系人的邮箱失效、电话经常转到留言信箱，这些情况确实让人有合理理由怀疑申请人的交易对家身份的真实性；另一方面，被申请人委托的商账服务管理商E公司反馈的情况，主要依赖的是Z公司的董事自然人F的个人陈述，而Z公司是利害关系方，因而其董事自然人F的个人陈述的证明力相对较弱。因此，被申请人并没有足够充分的证据证明，与申请人进行交易的对家，确定不是Z公司，而是冒名买家。在被申请人于 2023 年 3 月 a 日发出的拒赔通知函中,被申请人也是使用了"贵司本次的贸易方可能不是保险人批复有效信用额度的买家 Z 公司"这样不确定的说法。

综上,仲裁庭认为,被申请人在拒赔通知函中,以与申请人进行交易的对家可能不是 Z 公司为由,拒绝承担保险责任,该项拒赔理由不能成立。

3. 关于货发第三国的免责理由。

被申请人批复的信用额度买方是英国公司 Z 公司,而申请人依据销售合同中的贸易条件 CIF M 港口,将货物发往东非的 M 港口。如前所述,本案不存在《保险法》第 17 条规定的免责条款不产生效力的情形,《出口信用保险合同》合法有效。《出口贸易信用保险(短期 B 款)条款》第 1 条第 1.02 款约定保险人不承担责任的免责事项,包括 J 项约定的货发第三国。因此,申请人在未按约定获得被申请人书面同意的情况下将货物发往东非的 M 港口的行为,触发了《出口贸易信用保险(短期 B 款)条款》第 1 条第 1.02 款约定的免责条件,被申请人以此为由拒赔的理由成立。

(五)关于申请人提出的仲裁请求

1. 关于第 1 项仲裁请求。基于前述分析,被申请人以货发第三国的免责事由拒绝承担保险责任,符合《出口贸易信用保险(短期 B 款)条款》第 1 条第 1.02 款约定的免责条件,其有权拒绝申请人提出的赔付请求。因此,仲裁庭对申请人提出的要求被申请人赔偿保险金的请求不予支持。

2. 关于第 2 项仲裁请求。基于前述分析,根据《仲裁规则》第 52 条的规定,对申请人提出的要求被申请人承担其因本案产生的律师费的请求,仲裁庭不予支持。

3. 关于本案仲裁费用。基于前述分析,根据《仲裁规则》第 52 条的规定,本案仲裁费用应当由申请人承担。

三、裁决

综上,仲裁庭作出裁决如下:

(1)驳回申请人提出的全部仲裁请求。

(2)本案仲裁费人民币 4 万余元,由申请人承担。申请人预缴的费用人民币 4 万余元,抵作本案仲裁费,仲裁委员会不予退还。

本裁决为终局裁决,自作出之日起生效。

📖 案例评析

【关键词】 提示义务　明确说明义务　真实贸易关系

【焦点问题】

保险人履行提示义务和明确说明义务、真实贸易关系

【焦点评析】

本案的基本案情：

申请人（被保险人）与被申请人（保险人）签订《出口信用保险合同》，约定被申请人对申请人的出口信用风险进行承保，向申请人赔付无争议的买方欠款。申请人向被申请人申报了英国买方，但买卖合同约定货物发往非洲M港口。买方未在合同约定的期限内支付货款，申请人向被申请人索赔。被申请人以申报买方表示未与申请人进行交易及未收到货物、贸易对方可能不是保险人批复的有效信用额度的买家、货发第三国属于保险合同的除外责任等理由，拒绝承担保险责任。申请人遂将争议提请仲裁。

现结合本案案情评述如下：

一、履行提示义务和明确说明义务

出口信用保险是一种特殊的保险形式，旨在为出口商提供风险保障，特别是在面对海外买家违约、破产或政治风险时，保险人依照合同约定就无争议的承保欠款对被保险人进行赔付。尽管《保险法》对出口信用保险合同的法律适用问题没有作出明确规定，但根据最高人民法院《关于审理出口信用保险合同纠纷案件适用相关法律问题的批复》（法释〔2013〕13号），鉴于出口信用保险的特殊性，出口信用保险合同纠纷案件，可以参照适用《保险法》的相关规定；出口信用保险合同另有约定的，从其约定。该司法解释确立了"约定优先并参照适用"的法律适用原则。

出口信用保险合同和其他类型的保险合同一样，采用保险人提供的格式条款。参照适用《保险法》的相关规定，《保险法》第17条规定的保险人提示义务和明确说明义务，相应地也适用于出口信用保险合同。实务中，保险人是否对出口信用保险合同中的免责条款履行了提示义务和明确说明义务，关涉免责条款是否产生效力，对双方当事人的权利义务影响巨大，也是出口

信用保险合同纠纷案件中常见的争议焦点。本案即是其中一例。

对于《保险法》第 17 条第 2 款规定的提示义务和明确说明义务的履行方式，《保险法司法解释（二）》第 11 条作出了详细的规定。

对于提示义务的履行方式，第 11 条第 1 款规定，对于免责条款，保险人以足以引起投保人注意的文字、字体、符号或者其他明显标志作出提示的，即应认定其履行了提示义务。该款规定，对于保险公司在保险合同中对免责条款以足以引起投保人注意的方式进行提示，起到了良好的示范引导作用。

对于明确说明义务的履行方式，第 11 条第 2 款规定，保险人履行明确说明义务的方式有两种：书面或者口头形式。在实务中，大多数保险公司是以口头形式履行明确说明义务的。从证据的角度看，以书面形式履行明确说明义务，明显较口头形式具有优势，但保险公司为什么不采用具有证据优势的书面形式，而是采用口头形式？一个明显的原因，是受到《保险法司法解释（二）》第 13 条关于明确说明义务举证责任分配规定的影响。

第 13 条第 1 款将被申请人履行明确说明义务的举证责任分配给保险人，但第 2 款则规定保险人可以以一种类似于被保险人自认的方式，证明其履行了明确说明义务。根据第 3 款规定，投保人对保险人履行了符合第 11 条第 2 款要求的明确说明义务在相关文书上签字、盖章或者以其他形式予以确认的，就应当认定保险人履行了该项义务，除非被保险人另有证据证明保险人未履行明确说明义务。

在这种举证责任分配机制下，保险人自然会以要求被保险人签署投保人声明书这种最直接、最方便、最省费用的方式，证明其履行了明确说明义务。

而对于被保险人而言，在已经签署投保人声明书的情况下，要举证证明保险人没有履行明确说明义务这种消极的法律事实，难度非常大。因此，投保人在投保包括出口信用险在内的保险时，特别是在签署投保人声明书时，应当秉持基本的商业常识，认真审核需要签字的文件内容，特别是投保人声明书中提及的保险合同免责条款，而不是两眼一闭，随随便便在文件上签字，事后又主张自己没有看过文件的内容，文件所反映的内容与事实不符。这种主张不符合诚信原则，很难被一个知情的、合理理性的第三方所接受，也难以在争议解决程序中被裁判者所采信。

二、真实贸易关系的查明

出口信用保险合同纠纷案件中，另一个常见的争议点是被保险人进行的出口贸易，是不是真实的贸易。

出口信用保险的宗旨，是保护在真实的贸易关系中遭受信用风险的被保险人，为出口商面对海外买家违约、破产或政治风险时提供风险保障，保险人要求被保险人与买家之间存在真实的贸易关系，是出口信用保险的必然要求。要求存在真实的贸易关系，既是为了防范投保人以虚假的贸易单据向保险公司骗保的道德风险，也是为了将被保险人遭受商业诈骗的损失排除在正常的买家信用风险保险赔偿范围之外。

所谓真实的贸易关系，可以从两个角度理解：一是指投保人实际上与卖方进行了出口交易，将买卖合同项下的货物交付给了相对方，从而取得了对相对方的无争议的货款债权；二是指投保人实际交易的相对方，与其申报的限额买方一致。

由于出口信用保险合同条款繁多，加之保险人和投保人之间的信息不对称，投保人对出口信用保险机制的理解往往存在偏差，以为投保出口信用险之后就万事大吉，所有损失都可以向保险公司索赔，部分投保人因而在贸易过程中放松警惕，被假借他人名义的买家所欺骗。而这种由于商业欺诈而遭受的损失，实际交易的买家并非投保人申报的限额买方，因而不属于出口信用保险承保的风险范围，得不到保险公司的理赔，投保人往往会遭受双重损失。因此，作为一个谨慎的出口商：首先，要确保交易对手的身份真实，防止交易对手以与他人相似的公司名称、商号进行诈骗，出口商可以通过查询交易对手所在地的官方注册资料进行核实，也可以委托专门的调查机构提供调查报告，而不能仅仅依赖保险人的信用评估结果；其次，投保人还要审慎核查交易对手的资料与申报限额买方的资料一致，特别是在与货物相关的单据中，确保收货人就是向保险人申报的限额买方。只有做到这些，被保险人才能得到出口信用保险合同约定的出口信用风险保险保障。

从裁判者的角度而言，对于保险人以被保险人的交易对手并非申报的限额买方为由拒绝赔付的主张，往往需要根据双方当事人提交的证据进行事实认定。在实务中，保险人往往通过委托第三方与投保人申报的限额买方进行联系，在得到未与被保险人进行过交易的否定答复之后，即主张投保人与申报的限额买方之间不存在真实的贸易关系，以此为由拒赔。但从证据的证明力的角度分析，申报的限额买方可能出于商业利益考虑而否认存在真实的贸易关系，因而申报的限额买方的否定答复的证明力并不足以否定存在真实的贸易关系。因此，裁判者应当综合考虑全部证据，特别是货物所有权转移的单据、货物流向等证据，对被保险人与申报的限额买方之间是否存在真实的贸易关系作出正确认定，从而保护被保险人在真实贸易关系中的合法利益。

【结语】

对于被保险人而言，签署投保人声明书承认保险人已经履行了法律规定的提示义务和明确说明义务，在没有其他反驳证据的情况下，难以推翻投保人声明书中的内容。因此，被保险人在签署投保人声明书之前，应当详细了解声明书的内容，以及其所指向的出口信用保险合同条款内容。另外，投保出口信用保险之后，并非一切风险所造成的损失均可以得到赔偿，被保险人还是应当谨慎行事，确保所进行的贸易是在与其申报的限额买方之间进行的，避免因为贸易关系的真实性问题而得不到保险人的赔偿。做到了这两点，可以避免大部分的出口信用保险合同纠纷案件发生，出口信用保险合同的投保人的合法利益才能得到保障。

A 融资租赁公司、B 社区卫生服务中心、C 社区卫生服务站、D 社区卫生服务站、E 社区卫生服务站、F 社区卫生服务站、G 社区卫生服务中心、H 社区卫生服务站、I 社区卫生服务站、J 社区卫生服务站、K 社区卫生服务站、L 社区卫生服务中心、M 社区卫生服务站、N 社区卫生服务站、O 社区卫生服务站、P 社区卫生服务站、Q 医疗管理公司、R 医药公司、S 农业科技公司、自然人 T 保理协议争议案

中国国际经济贸易仲裁委员会根据申请人 A 融资租赁公司（以下简称"申请人"）于 2019 年 4 月 a 日分别依次与 15 家 B~P 社区卫生服务中心或服务站（以下简称"第一至第十五被申请人"）签订的 15 份《有追索权保理协议》、与第十六被申请人 Q 医疗管理公司（以下简称"第十六被申请人"）签订的 1 号《保证合同》、与第十七被申请人 R 医药公司（以下简称"第十七被申请人"）签订的 2 号《保证合同》、与第十八被申请人 S 农业科技公司（以下简称"第十八被申请人"）签订的 3 号《保证合同》和《抵押合同》，与第十九被申请人自然人 T（以下简称"第十八被申请人"，并与上述其他被申请人合称为"被申请人"）签署的 15 份《保证合同》的仲裁条款，以及申请人于 2019 年 8 月 a 日提交的书面仲裁申请，于 2019 年 9 月 b 日提交的《合并仲裁申请》，受理了上述合同项下的本争议仲裁案。

一、案情

（一）申请人的仲裁请求及所依据的事实和理由

2019年4月a日，申请人与第十六被申请人签订1号《综合授信合同》（以下简称《综合授信合同》），约定申请人向第十六被申请人及其实际控制的合同列明关联机构提供2000余万元（指人民币，下同）的综合授信额度，该授信额度的有效使用期间为1年，该合同就授信额度的使用、双方的权利义务等条款均作出了明确约定。随后，第十六被申请人在附件《授信额度情况汇总》上加盖企业公章，向申请人明确具体使用该授信额度的各债务人保理融资信息。

2019年4月a日，申请人与第一至第十五被申请人分别签订了1号—15号共计15份《有追索权保理协议》（以下简称《保理协议》），约定由第一至第十五被申请人将其基于提供医疗服务、保健服务、公共卫生服务以及销售药品、保健品或者医疗用品（无论该等服务或者销售是否通过与第三方合作进行）而产生、应收、实现或收到的所有收入、收益或款项以及与此相关债权作为应收账款，转让给申请人，申请人为其提供保理融资的保理业务。协议约定的保理融资额度分别为150余万元、130余万元、近50万元、170余万元、150余万元、200余万元、60余万元、80余万元、60余万元、近400万元、180余万元、近50万元、100余万元、300余万元、20余万元。保理融资额度有效期为12个月，自2019年4月a日至2020年4月（a-1）日止；保理融资本息的清偿方式为等额本金还款法，即以1个月为还款周期，每月还款日为每月日历为9的日子；保理融资利率为年10%；协议同时就应收账款的回收、回购、违约事件等条款作出了明确约定。

同日，申请人分别与第十六至十九被申请人签订了《保证合同》，约定第十六至十九被申请人为第一至十五被申请人签订的《保理协议》项下的全部债务承担连带保证责任，保证范围为该15份《保理协议》项下应向申请人支付的全部保理融资本金、保理融资利息、提前还款补偿金、手续费、违约金、逾期利息等全部款项，以及申请人为实现主合同债权及相关担保权益而产生的一切支出和费用及其他债务。

同日，第十八被申请人与申请人签订《抵押合同》，约定第十八被申请人以其位于中国U市的林地使用权及该林地之上的所有林木的所有权和/或使用权为案涉 15 份保理协议提供抵押担保。

2019 年 5 月 b 日，申请人依据《综合授信合同》的相关约定向第十六被申请人通过银行转账的方式支付了 2000 余万元的款项，同日第一至十五被申请人分别向申请人出具其已经收到约定款项的《收款证明》。

但自申请人履行完毕款项支付义务之日起，经申请人多次以口头、书面的方式敦促第一至十五被申请人履行《保理协议》，未得任何积极响应，也未按期收回任何到期债务。申请人于 2019 年 7 月 c 日通过 EMS 快递方式向第一至十五被申请人发送包括要求回购在内的一系列书面通知，并同时书面通知第十六至十九被申请人履行保证义务。第一至十九被申请人未向申请人作出任何回应。第一至十九被申请人的行为已经构成根本违约。

综上，申请人提出如下仲裁请求：

1. 裁决第一至十五被申请人偿还申请人保理融资款本金共计 2000 余万元。其中，第一至第十五被申请人应支付的保理融资款本金分别为：150 余万元、130 余万元、近 50 万元、170 余万元、150 余万元、200 余万元、60 余万元、80 余万元、60 余万元、近 400 万元、180 余万元、近 50 万元、100 余万元、300 余万元、20 余万元。

2. 裁决第一至十五被申请人支付以其各自申请人处融资本金为基数，以年利率 10% 为标准，自 2019 年 5 月 b 日起计算至第一至十五被申请人实际支付之日止的保理融资利息。其中，第一至十五被申请人暂计至立案日 2019 年 8 月 a 日，共计 90 天的应支付利息金额分别为：近 4 万元、近 3 万元、近 1 万元、近 4 万元、近 4 万元、近 6 万元、近 2 万元、近 2 万元、近 1 万元、近 10 万元、近 5 万元、近 1 万元、近 3 万元、近 10 万元、近 7000 元。

以上暂计利息合计近 60 万元。

3. 裁决第一至十五被申请人按照其逾期未付款项为基数，按每日 5 ‰的标准，自 2019 年 6 月 d 日起计至实际支付之日止，向申请人支付违约金。其中，第一至第十五被申请人暂计至立案日 2019 年 8 月 a 日的应支付违约金金额分别为：近 2000 元、近 1000 元、近 1000 元、近 2000 元、近 2000 元、近 3000 元、近 1000 元、近 1000 元、近 1000 元、近 6000 元、近 3000 元、近 1000 元、近 2000 元、近 6000 元、近 400 元。

以上暂计应付违约金合计近 3 万元。

4. 裁决第一至十五被申请人以其自申请人处融资的本金为基数，以 20%

为标准，向申请人支付回购补偿金。其中，第一至第十五被申请人应支付的回购补偿金金额分别为：近30万元、近30万元、近10万元、近40万元、近30万元、近50万元、近10万元、近20万元、近10万元、近80万元、近40万元、近10万元、近20万元、近80万元、近50万元。

以上补偿金合计近500万元。

5. 裁决第一至十五被申请人承担申请人为实现债权而支出的律师费、保全费、保险担保费等必要支出预估共计近40万元。

6. 裁决第十六至十九被申请人对第一至十五被申请人的前述付款义务承担连带清偿责任。

7. 裁决确认申请人作为抵押权人，对第十八被申请人位于中国U市的林地使用权及该林地之上的所有林木的所有权和/或使用权转让、变卖所得或折价享有优先受偿权。

8. 裁决确认申请人作为融资保理人，自案涉应收账款于中国人民银行征信中心动产登记担保统一公示系统登记之日起，对第一至十五被申请人基于其提供医疗服务、保健服务、公共卫生服务以及销售药品、保健品或者医疗用品（无论该等服务或销售是否通过第三方合作进行）而产生、应收、实现或收到的所有收入、收益或款项以及与此相关的债权所产生的实物或现金享有所有权。

（二）被申请人的答辩意见

1. 第一至四、六至十五被申请人的答辩意见。

（1）第一至四、六至十五被申请人与申请人签订的《保理协议》无效，理由如下：

第一，该等《保理协议》不存在对应的真实的应收账款。

第二，案涉保理业务实为转移债务。申请人母公司为第十六被申请人向V银行的贷款提供担保，该贷款到期后第十六被申请人无法偿还，所以通过本案15份《保理协议》向申请人融资共计近2000万元以解除申请人母公司的担保责任。该笔款项在打到第十六被申请人账户的当天就被V银行扣收用以偿还V银行的贷款。第一至四、六至十五被申请人实际并未收到任何款项。

第三，《保理协议》系以合法形式掩盖非法目的，且损害公共利益，违反了《合同法》第52条，应为无效。

（2）如仲裁庭认为《保理协议》有效，则第一至四、六至十五被申请人应当支付融资利息，但违约金、回购款、回购补偿款等是不成立的。

2. 第十六至十九被申请人的答辩意见。

第十六至十九被申请人持有与前述第一至四、第六至十五被申请人相同的答辩意见，认为申请人与第一至十五被申请人签署的《保理协议》无效，除此之外：

（1）上述 15 份《保理协议》是共同虚假意思表示，根据《民法总则》第 146 条的规定，应当按照隐藏的真实意思表示来认定第十六被申请人与申请人之间的借贷关系。案涉《保理协议》中没有对应的真实应收账款，其转移的标的仅仅是第一至十五被申请人未来的可能收益。真实的应收账款应起码具备两个特点：一是出卖实物或者货物的一方履行完毕，其具备收取款项的权利；二是有明确的债务人。银行保理业务法规明确规定禁止对未来应收账款进行保理，《保理协议》违反了监管机构的禁止性规定，因此无效。第一至十五被申请人仅是申请人与第十六被申请人之间借贷关系的通道。

（2）申请人同时主张返还应收账款和回购款，逻辑矛盾。申请人既要求取得保理业务中转移的应收账款，同时又要求被申请人返还保理融资款，相当于获得了双倍债权。

（3）申请人主张的违约金存在问题。一方面，其主张按照融资款的逾期付款情形来收取违约金和逾期利息；另一方面，又要求按照回购的融资本金的 20% 来收取回购款，属于违约责任的重叠，应予调整。此外，本案中申请人的损失仅仅是资金占用的损失，其主张的违约金远远超过民间借贷的利息上限。整个保理本质上是虚假意思表示，并非真实保理，申请人不能以合同的约定来取得全部的违约金收入。

（4）《保理协议》无效，对应的担保合同也应无效。《保理协议》的签署双方对于合同无效应按各自过错承担责任，担保人承担的责任最多不应超过主债权的 1/3。

3. 第五被申请人的答辩意见。

（1）第五被申请人与申请人签署的《保理协议》并非第五被申请人的真实意思表示，第五被申请人目前用的印章和《保理协议》上的印章不是同一个印章。

（2）《保理协议》为虚假合同而无效。原因是：其一，申请人与第五被申请人之间没有应收账款的交付行为；其二，申请人也没有向第五被申请人提供具体融资款项；其三，第五被申请人作为民办非企业，是公益法人，没有融资需求。此外，根据全国人民代表大会常务委员会法制工作委员会[2009] 231 号文，如第五被申请人这样的卫生服务站不能有担保和抵押行为。

（3）申请人陈述在签订《保理协议》后，第一至十五被申请人已出具了收到款项的证明。但事实上，第五被申请人没有收到该笔款项。

（三）申请人的代理意见

1. 本案《保理协议》是合法有效的。

（1）申请人在经营范围内依法依规从事保理业务。

申请人经中国 W 市商务委员会备案并获得 W 自贸区市场监督管理局批准经营"兼营与主营业务有关的商业保理业务"，而第十六被申请人作为申请人融资租赁业务的授信客户，申请人有权与第十六被申请人及其关联方第一至十五被申请人签署《保理协议》。

（2）不存在以合法形式掩盖非法目的的情形。

第一，虽然被申请人部分为医疗机构，但申请人向第一至十五被申请人发放保理融资款用于运营并不是基于非法目的。事实上，申请人从公开渠道查询得知中国 X 融资租赁（W）公司在中国 Y 市人民法院诉本案第十被申请人、第十六被申请人等金融借款合同纠纷案件已经作出一审判决。在本案开庭前，第十九被申请人代表第一至十八被申请人—直在组织申请人及数家融资租赁债权人对债务进行重组和解，只是截至开庭前仍未能达成一致。

第二，我国《担保法》第 9 条规定学校、幼儿园、医院等以公益为目的的事业单位、社会团体不得为保证人，但并无不得向社会融资的规定。即使存在《担保法》前述规定，最高人民法院在 [2015] 执申字第 55 号案件裁定书中也仍认为，只要不影响教育用地与教育设施的正常使用，人民法院应当根据申请执行人的申请采取必要的执行措施，以保护申请执行人的合法权益。由此推定，即使是公益目的事业性医疗单位，也仍当对债务承担责任，且可被强制执行。

第三，虽然开庭期间被申请人自认其为有营利性、自负盈亏的"非营利法人单位"，但在债务重组的和解过程中，各债权人均是看中被申请人有还款能力才开展和解工作。因此，被申请人借口其身份为"非营利性法人"，不能承担案涉合同义务是对诚实信用原则的违反。

（3）不存在虚假意思表示。

第一，第十九被申请人在签署案涉合同时，系第一至十八被申请人法定代表人；与其一起的，还有第十六被申请人的 CFO 自然人 Z，其不仅曾担任第十六及十八被申请人的董事高管，至今仍为第十九被申请人担任法定代表人的两家健康管理公司的监事。

其间第十九被申请人与自然人 Z 向申请人提交能证明第一至十五被申请人经营资质和运营状况的相关证明材料，包括但不限于《财务尽职调查报告》、法律尽职调查报告等，并带领申请人到第一至十五被申请人办公场所现场参观。

第十九被申请人与自然人 Z 代表第一至十八被申请人向申请人递交文件、申请融资、配合尽调，并最终由第十九被申请人亲自在案涉相关合同上进行法定代表人的签字和各被申请人公章的加盖。对于申请人来说，有足够的理由相信其是职务行为，是代表被申请人作出的真实有效的意思表示，不存在虚假。

第二，第十六被申请人系第一至十五被申请人的"举办人""出资人"。从相关尽调提供的文件来看，其用词为第十六被申请人"现（拥）有"第一至十五被申请人，且第一至十五被申请人为第十六被申请人的"分支机构""下属"单位。第一至十五被申请人与第十六至十八被申请人一起构成了"类集团性质组织"，第十九被申请人系实控人、法定代表人，自然人 Z 为"集团 CFO"，有权代表第一至十五被申请人作出意思表示，并对外签署合同，承担责任。

第三，第一至四、六至十五被申请人提交证据中指向的 V 银行担保人与申请人股东 a 公司并非一家主体，从名称上可以区别出来。案外人的银行借款担保行为不能作为被申请人所述"虚假"意思表示。

第四，关于基础材料的审核

首先，案涉应收账款实际存在。第一至十五被申请人向申请人申请商业保理融资时，曾向申请人出示《医疗保险定点医疗机构服务协议书》《定点医疗机构资格证》《药品购销合同》，并提交第一至十五被申请人 2018—2019 年应收账款情况。应收账款共分为三个部分：①医保结算基金债权；②公共卫生服务费；③第三方合作债权，同时明确表示愿意以 2019 年 5 月起产生的前述全部未来债权作为保理基础债权。各方签署案涉合同且于中国人民银行征信中心动产登记担保统一公示系统登记。

其次，鉴于《保理协议》为暗保理，申请人按照合同约定不对债务人的债务人直接主张权利，而是经审核第一至十五被申请人的医保资质、合同等相关文件后，进行了融资审批。申请人有权且已经实际通过书面通知的方式要求第一至十五被申请人承担回购责任，第十六至十九被申请人承担担保责任。最后，案涉应收账款具有可转让性。被申请人认为银行的保理法规对于未来应收账款的商业保理是无效的保理，但在司法实践中，北京市第三中级人民法院在［2017］京03民终9853号《民事判决书》中认定，虽然《商业银行保理业务管理暂行办法》第13条规定了商业银行不得基于未来应收账款开展保理融资业务，但第33条同时规定了违反该规定经营保理业务的，由银监会及其派出机构责令其限期改正，故该规定并非效力性禁止规定，不应以此否定《保理协议》的性质和效力。

此外，申请人并非银行，不适用原银监会对于银行业经营商业保理业务的相关行政监管规定。2018年商务部已将对申请人类企业的监管职责划给银保监会，银保监会发布的《关于加强商业保理企业监督管理的通知》第1条第4项明确指出："（四）商业保理企业不得有以下行为或经营以下业务：……6.基于不合法基础交易合同、寄售合同、权属不清的应收账款、因票据或其他有价证券而产生的付款请求权等开展保理融资业务"，也就是说，申请人所适用的行政监管规定中，此处并未参照《商业银行保理业务管理暂行办法》对"未来应收账款开展保理业务"作出禁止性规定。

进一步来说，对于案涉应收账款的性质，未在任何法律规定或行政规章中明确不具有可转让性，上海市高级人民法院在2018年9月30日作出的［2017］沪民终172号民事判决中指出，保理业务是一种以应收账款转让为核心，包含应收账款催收、管理、融资等在内的综合性金融服务业务。尽管应收账款所对应的基础合同与保理合同之间存在关联性，但两者仍系相互独立的合同关系，故该基础合同不成立或无效并不必然导致保理合同无效。申请人认为案涉商业保理真实有效，符合法律规定。

第五，被申请人内部决议的效力。第一至十五被申请人提出，其内部权力机构——理事会——并未通过决议的方式对案涉《保理协议》进行确认，因此合同无效。申请人认为该无效的主张不能成立，对内的约定不能约束外部无过错善意第三人。更何况，本案中被申请人提交的公司章程均不能说明其理事会行使对外融资、借款的审批职责和必要性。第十六至十九被申请人以加盖企业印章、法定代表人签字的方式向申请人作出了担保的明确意思表示，同时向申请人提交第十六至十八被申请人的内部决议。因此，第十六至十九被申请人应当承担约定担保责任。

第六，公章及法定代表人签字的效力。在我国，除非法律有明确例外规定，否则企业法人机构对外作出意思表示的确认方式一是企业公章，一是法定代表人签字。在本案中，被申请人合同文件上既有被申请人的公章，又有法定代表人自然人 b 的签字，基于合理信赖，申请人有理由相信第一至十五被申请人在《保理协议》上加盖印章，自然人 b 签字的行为即为第一至十五被申请人的真实意思表示。

综上，根据《天津市高级人民法院关于审理保理合同纠纷案件若干问题的审判委员会纪要（一）》第 3 条的规定，保理合同是真实意思表示，不违反法律、法规强制性规定的，应当视为有效。

2. 仲裁请求的合法性。

（1）针对债务人和从债务人的主张得同时主张。

《天津市高级人民法院关于审理保理合同纠纷案件若干问题的审判委员会纪要（二）》第 8 条规定："保理合同签订后，债权转让通知送达债务人之前，债务人已经向债权人支付的应收账款，保理合同对此有约定的从约定。"而且"债务人未依约支付全部应收账款时，保理商提出下列主张的，应予支持：……4. 债权人的回购义务履行完毕前，保理商依据保理合同及债权转让通知要求债务人付款或者收取债务人支付的应收账款"。

《保理协议》第 6 条第 3 款约定："债务人……根据本协议的规定仍由申请人收取应收账款项下的付款的，保理商和申请人之间在申请人收到债务人支付款项当日建立信托关系，保理商为委托人及受益人，申请人为无报酬之受托人，申请人应按照本协议的约定将相关应收账款回款转付至保理商账户。"而且第 1 款第（2）项约定："如申请人账户为本协议项下回款账户，保理商有权根据本协议的规定要求将申请人收到的应收账款项下的款项转付至保理商的账户，保理商有权将收到的应收账款项下的款项用于清偿本协议项下的保理融资本金、利息、相关手续费、逾期违约金及其他款项……"

据此，申请人认为，仲裁请求第 8 项请求第一至十五被申请人自 2019 年 5 月起至 2020 年 4 月期间（即案涉《保理协议》生效期间）发生的，合同约定已经支付且进入被申请人账户（可能已经被其他债权人司法冻结的款项）的应收账款所有权归申请人所有正当且合法。

（2）违约金和补偿金的合理性说明。

第一，违约金。申请人在计算违约金时参照《保理协议》附件2中确认的当期融资应还总额，计算至立案当日，以日5‰为标准。合同依据为《保理协议》第5条第9款的约定："如申请人未能按期足额偿还保理融资本息以及本协议项下的其他应付款项，申请人应当就逾期未付款项以每日万分之五的利率计算并向保理商支付逾期违约金，逾期违约金的计算期间为该等款项的约定支付日起至该等款项实际、足额到达保理商账户之日止连续计算的期间。前述逾期违约金按年计收复利。"而且第10款约定："本协议所载的申请人应支付的金额和款项（包括保理本息、提前还款补偿金、手续费、逾期违约金及其他应付款项等），若无特别说明，均为不含税金额；申请人在支付该等金额和款项时，应同时支付相应的增值税款（以不含税款项为计税依据、按适用税率计算）。"

第二，补偿金。申请人在计算补偿金时参照《保理协议》第7条第3款及第4款的约定："……3. 发生申请人应当回购应收账款的情形的，保理商有权向申请人发出《应收账款回购通知书》通知申请人办理回购事宜，申请人应当履行以下回购义务：(1)在保理商指定期限内回购所有保理商要求回购的已受让且未受偿的应收账款；(2)向保理商清偿相应的未清偿保理融资本金、保理融资利息（包括已发生但未到期的利息）及手续费及其他应付未付款项，若申请人未能在保理商指定期限内支付前述款项的，申请人还应当按照本协议第五条的规定支付逾期违约金；(3)向保理商支付金额为被回购的应收账款所对应的初始保理融资本金的20%的补偿金。(4)在保理融资本息、手续费、逾期违约金、相关费用及其他应付款项足额清偿完毕前，保理商保留对应收账款的权利，申请得同时主张保理融资款本金、利息、违约金、补偿金，且保留对基础合同项下应收款项的所有权。"

第三，申请人主张的违约金、补偿金合理且不存在过高情形。最高人民法院《全国法院民商事审判工作会议纪要》第50条认为："约定违约金是否过高，一般应当以《合同法》第113条规定的损失为基础进行判断，这里的损失包括合同履行后可以获得的利益。除借款合同外的双务合同，作为对价的价款或者报酬给付之债，并非借款合同项下的还款义务，不能以受法律保护的民间借贷利率上限作为判断违约金是否过高的标准，而应当兼顾合同履行情况、当事人过错程度以及预期利益等因素综合确定。主张违约金过高的违约方应当对违约金是否过高承担举证责任。"

本案申请人不存在过错，第一至十五被申请人自应还款项第一期起即发生逾期，且在收到申请人书面要求向基础债务人披露保理债权人身份、说明应收账款回收情况后拒绝向申请人提供。不仅导致申请人保理融资款无法收回，且导致申请人所有的应收款项实际为其他债权人所冻结或被被申请人挪作他用。如庭审所述，第一至十五被申请人违反《保理协议》约定的保理款项用途，导致申请人的保理融资款，即使胜诉后，亦可能无法得到有效清偿，损失重大。

（四）被申请人的庭后意见

庭后，第一至四、六至十五被申请人代理人及第十六至十九被申请人代理人分别提交了代理意见，第五被申请人提交了情况说明。

1. 第一至四、六至十五被申请人的代理意见

申请人与第一至四、六至十五被申请人签订的《保理协议》系无效合同，申请人不能以《保理协议》为权利基础向第一至四、六至十五被申请人主张融资本息及违约赔偿。本次交易的实质为第十六被申请人以保理名义向申请人借贷，实际用款人为第十六被申请人，第一至四、六至十五被申请人与申请人之间并无建立保理关系的意思表示，未取得借贷款项，不应作为债务人对《保理协议》项下债务承担偿还责任。具体而言：

（1）申请人与第一至四、六至十五被申请人签订的《保理协议》系无效合同。

①《保理协议》系基于合同双方共同的虚假意思表示签订，按《民法总则》第 146 条的规定认定无效。

第一，《保理协议》项下无应收账款转让。根据银保监会《中国银保监会办公厅关于加强商业保理企业监督管理的通知》第 1 条的规定．"商业保理业务是供应商将其基于真实交易的应收账款转让给商业保理企业，由商业保理企业向其提供的以下服务：1. 保理融资……"根据银保监会《商业银行保理业务管理暂行办法》第 6 条及第 13 条的规定，保理业务是以债权人转让其应收账款为前提，集应收账款催收、管理、坏账担保及融资于一体的综合性金融服务，商业银行不得基于"未来应收账款"开展保理融资业务。即无论是

从商业保理还是从金融保理的角度，保理的交易基础均为应收账款的转让，且监管机构明确规定尚未发生的债权及预期收益，不得作为保理标的。

本案中，第一至四、六至十五被申请人在《保理协议》中约定向申请人转让的权利为"自应收账款转让发生日（含该日），申请人（指第一至第十五被申请人，仲裁庭注）基于其提供医疗服务、保健服务、公共卫生服务以及销售药品、保健品或者医疗用品（无论该等服务或者销售是否通过与第三方合作进行）而产生、应收、实现或收到的所有收入、收益或款项以及与此相关债权"。从前述条文可知，合同双方明确知晓在《保理协议》签订时，没有可供保理的应收账款，合同项下转让的"应收账款"实际上是第一至四、六至十五被申请人未来的业务收益，转让的应收账款对应的基础业务合同尚未签订，无明确的交易对手，合同项下的义务也尚未履行，与"应收账款"既有债权的特点完全不符，且申请人在仲裁申请书中也明确系将未来收益"作为应收账款"处理。故双方在签订《保理协议》之初，均明确知晓该合同缺乏履行基础，无法实际履行，鉴于申请人并不持有《金融许可证》，不具备向第十六被申请人发放贷款的业务资质及行政许可，故双方通过《保理协议》，以保理的名义实现资金融通，签订《保理协议》的双方并不具有实施保理交易的意思表示，系通谋的虚假意思表示。

第二，交易背景特殊。《保理协议》并非基于真实的应收账款确定保理融资金额，15份《保理协议》对应的融资金额系由第十六被申请人对申请人关联公司债务总额人为分拆所得，前述债务总额与保理融资本金一致，为2000余万元。

该笔交易的背景情况特殊，基本情况为第十六被申请人与V银行于2018年3月15日签订《银行融资函》，约定V银行向第十六被申请人提供贷款人民币3000万元，申请人母公司c公司为该笔贷款提供连带责任保证担保。该笔贷款到期后第十六被申请人无力偿还，故通过本案所涉的15个《保理协议》向申请人融资人民币2000余万元，偿还上述贷款，解除申请人母公司c公司的连带清偿债务。第十六被申请人是实际用款人，第一至十五被申请人没有使用该笔资金，与申请人之间没有建立保理业务关系的意思表示，系第十六被申请人向申请人融资的通道。

②《保理协议》本身及隐藏的交易违反监管机关相关规定，以合法形式掩盖非法目的，系《合同法》第52条规定的典型无效情形。

案例二十三　Ａ融资租赁公司、Ｂ社区卫生服务中心、Ｃ社区卫生服务站、Ｄ社区卫生服务站、Ｅ社区卫生服务站、Ｆ社区卫生服务站、Ｇ社区卫生服务中心、Ｈ社区卫生服务站、Ｉ社区卫生服务站、Ｊ社区卫生服务站、Ｋ社区卫生服务站、Ｌ社区卫生服务中心、Ｍ社区卫生服务站、Ｎ社区卫生服务站、Ｏ社区卫生服务站、Ｐ社区卫生服务站、Ｑ医疗管理公司、Ｒ医药公司、Ｓ农业科技公司、自然人Ｔ保理协议争议案

第一，以虚假保理行借贷之实违反强制性法律规定。本案中，《保理协议》项下无应收账款可供转让，登记转让的仅仅是第一至十五被申请人未来可能获得的收益，交易本身与真实的保理交易相去甚远，同时严重违反监管机关对保理业务开展的相关规定，系典型的名为保理、实为借贷。申请人在未取得《金融许可证》的情况下，以保理之名向第十六被申请人发放贷款，违反了强制性法律规定，破坏金融监管秩序，为完成借贷目的签订《保理协议》的行为系典型的"合法形式掩盖非法目的"，违反了《合同法》第52条的规定，应认定为无效。

第二，《保理协议》项下的交易违反监管规定。根据《商务部办公厅关于融资租赁公司、商业保理公司和典当行管理职责调整有关事宜的通知》（商办流通函〔2018〕165号），商业保理公司及业务监管规则制定及监管职责由银保监会履行。截至本案发生之日，银保监会尚未对商业保理业务规则专门制定管理办法，鉴于商业保理与金融保理除业务主体不同外，并无实质差别，故监管机构对商业保理的监管规则可以参照既有的《商业银行保理业务管理暂行办法》确定。

《商业银行保理业务管理暂行办法》第13条特别规定，商业银行不得基于"未来应收账款"开展保理融资业务，"未来应收账款"系指合同项下卖方义务未履行完毕的预期应收账款。本案中，《保理协议》项下转让的权利，在有明确的交易对手、交易内容的情形下，至多可归为"未来应收账款"，属于银保监会禁止开展保理业务的范畴，申请人与第一至十五被申请人以此开展保理业务，违反监管规定，且此类监管规定属于涉及金融安全、市场秩序的效力性强制性规定，根据《全国法院民商事审判工作会议纪要》第30条、31条的规定，应当认定《保理协议》违反效力性强制规定，应属无效。

③《保理协议》损害社会公共利益，根据《合同法》第52条的规定应认定无效。

第一至十五被申请人主体性质特殊，系提供公共卫生服务的民办非企业单位，承担着提供社区公共卫生服务、贯彻国家卫健政策的职能，其费用来源除使用者付费外，还包含各类国家专项拨款、公共卫生经费、专项资金（如抗疫专项资金）等。

《保理协议》项下申请人受让的权利为"15个卫生服务站（即第一至十五被申请人，仲裁庭注）提供医疗服务、保健服务、公共卫生服务以及销售

药品、保健品或者医疗用品（无论该等服务或者销售是否通过与第三方合作进行）而产生、应收、实现或收到的所有收入、收益"。但《保理协议》项下的融资款却被用于偿还第十六被申请人的债务，第一至十五被申请人不是实际用款人。因《保理协议》项下没有确定的应收账款，该合同签署的直接结果是第一至十五被申请人的未来收益全部由申请人享有，除提供卫生服务的费用、成本自行承担，还需承担《保理协议》项下的融资债务，没有任何对价收益。该笔交易将直接导致第一至十五被申请人无法提供公共卫生服务，严重影响社区居民卫生服务体验，各类国家专项资金（如抗疫资金）将无法按既定目标落实使用，这将严重影响公共卫生安全，损害公共利益。

综上，《保理协议》严重损害社会公共利益，根据《合同法》第 52 条的规定应认定无效。

（2）申请人存在明显过错，应自行承担《保理协议》无效的不利后果。

申请人在开展保理业务的过程中，未尽审慎义务，在明知第一至十五被申请人并无应收账款可供保理的情况下，仍与其签订《保理协议》，在明知没有交易基础的情况下，以保理名义实施借贷，对该行为可能产生的法律后果已经有明确预期，不是民商法层面的善意相对人。此外，第一至十五被申请人系独立的法人主体，申请人在未取得法人机构决策文件、明确签订合同的意志为法人意志的情况下，即与其签订合同，作为专业的融资机构，未尽审慎义务。

综上，申请人应当承担《保理协议》被认定为无效的不利后果，承担由合同无效导致的损失，不得基于《保理协议》设定的违约条款获益，其实现债权发生的各项费用应由其自行承担。

（3）申请人未行使追索权，主张第一至四、六至十五被申请人全额偿还融资本息缺乏合同依据。

案涉《保理协议》项下的保理业务系有追索权的保理，根据《保理协议》第 7 条的约定，债务人未按时足额清偿保理融资本息的，保理商有权向债务人追索，要求债务人回购已转让的应收账款。

根据《保理协议》的约定及有追索权保理的交易惯例，保理商要求融资方一次性偿还全部融资本金的前提是行使追索权，强制融资方回购转让的应收账款。本案中，申请人没有行使追索权，能够基于合同直接请求偿还的融资款只包括已到期且尚未支付的部分。根据《保理协议》第 5 条的约定，首期还款日为 2019 年 6 月（d-1）日，申请人提起仲裁申请的日期为 2019 年 8 月 a 日，在未行使追索权的情况下，申请仲裁之日申请人享有的权利应为要求第一至四、六至十五被申请人偿还截至 2019 年 8 月 a 日欠付的融资款项及其他费用，无权要求被申请人一次性偿还全部融资本息。

申请人仲裁申请第 8 项要求享有第一至四、六至十五被申请人转让的"应收账款"，表明其无意行使追索权。如仲裁庭支持申请人仲裁请求的第 1 项及第 8 项，则第一至四、六至十五被申请人将在丧失"应收账款"的同时承担返还全部融资款的责任，申请人的融资债权将双倍受偿，明显不合理且缺乏法律依据、合同依据。

综上，申请人未行使追索权、未提前宣布已经发放的保理融资提前到期、未在仲裁中申请中止或提前终止《保理协议》，即便《保理协议》被认定为有效，在申请仲裁之日申请人也只享有主张到期未支付融资款的权利，无权同时要求第一至四、六至十五被申请人偿还全部融资款并享有受让的"应收账款"对应权利，享受前述权利的前置条件并不满足。

（4）申请人关于补偿金的主张错误。

《保理协议》第 7 条明确约定，保理商主张补偿金支付的前提条件是要求保理申请人回购其转让的应收账款。本案中，申请人不但没有行使追索权，还申请仲裁庭确认其对受让的"应收账款"享有权利，即明确不行使追索权。基于此，申请人只能向第一至四、六至十五被申请人主张到期未付的融资本金、融资利息及违约金。要求支付补偿金的约定条件并不满足，仲裁庭应驳回申请人要求支付补偿金的主张。

①第十六至十九被申请人的代理意见。

首先，申请人与第一至十五被申请人签订的《保理协议》系无效合同，主合同无效，担保合同无效。

其次，申请人在开展保理业务的过程中，在明知第一至十五被申请人并无应收账款可供保理的情况下，仍然与第　至十五被申请人签订《保理协议》，在明知没有交易基础的情况下，以保理名义实施借贷，对该行为可能产生的法律后果已经有明确预期，不是民商法层面的善意相对人。此外，第一至十五被申请人系独立的法人主体，申请人在未取得法人机构决策文件、明确签订合同的意志为法人意志的情况下，即与其签订合同，作为专业的融资机构，未尽审慎义务。

因此，申请人存在较大过错，应当承担《保理协议》及其从合同被认定为无效的不利后果，承担因合同无效导致的损失，不得基于《保理协议》中设定的违约条款获益，其实现债权发生的各项费用应由其自行承担。

最后，第十八被申请人提供抵押的林权并未办理抵押登记，抵押权尚未设立，申请人无权就林权及地上林木变现所得款项优先受偿。

②第五被申请人的意见。

首先，第五被申请人并未收到过任何本案项下款项。

其次，第五被申请人于2019年9月更换法定代表人后，没有给过第十九被申请人任何授权，所以2019年9月以后第十九被申请人签署的涉及第五被申请人的任何文件均属无效。

二、仲裁庭意见

仲裁庭现根据相关法律规定，结合本案材料及庭审情况，发表意见如下：

（一）本案有关事实及合同约定

1. 2019年4月a日，申请人与第十六被申请人签订《综合授信合同》，约定申请人向第十六被申请人及其实际控制的合同列明关联机构提供2000余万元的综合授信额度，该授信额度的有效使用期间为1年。双方确认，《综合授信合同》项下的额度可由第十六被申请人自己使用，亦可由《综合授信合同》附件《授信额度情况汇总》所列第十六被申请人控制的其他实体（即第一至十五被申请人，仲裁庭注）使用。此外，附件《授信额度情况汇总》已列明融资额度的各使用实体，对应签署的《保理协议》以及具体融资额度，并已加盖第十六被申请人公章。

2. 2019年4月a日，申请人与第一至第十五被申请人分别签订了案涉的15份《保理协议》，约定由第一至第十五被申请人将其基于提供医疗服务、保健服务、公共卫生服务以及销售药品、保健品或者医疗用品而产生、应收、实现或收到的所有收入、收益或款项以及与此相关债权作为应收账款，转让给申请人，申请人为其提供保理融资。协议约定的保理融资额度分别为150余万元、130余万元、近50万元、170余万元、150余万元、200余万元、60余万元、80余万元、60余万元、近400万元、180余万元、近50万元、100余万元、300余万元、20余万元，共计额度金额2000余万元。保理融资额度有效期为12个月，自2019年4月a日至2020年4月（a-1）日止。

《保理协议》第 5 条第 1 款约定，保理融资本息的清偿方式为等额本金还款法（《保理协议》附件 2 具体约定了每期应偿还的本金及利息），即以一个月为还款周期，分 11 期偿还，每期还款日为每月的日历为 9 的日子。第 2 款约定，保理融资利率为固定利率，即 10%／年。第 4 款约定，日利率以一年 360 天计算，日利率＝年利率/360。第 9 款约定，如第一至十五被申请人未能按期足额偿还保理融资本息以及《保理协议》项下的其他应付款项，应当就逾期未付款项以每日 5‰的利率向申请人支付逾期违约金，逾期违约金的计算期间为该等款项的约定支付日起至该等款项实际、足额到达申请人账户之日止连续计算的期间。前述逾期违约金按年计收复利。

《保理协议》第 11 条约定，如第一至十五被申请人未能按时足额偿还或支付保理融资本金、利息或其他应付未付款项，申请人有权根据第 11 条第 2 款约定采取以下任何一项或同时采取几项措施：要求第一至十五被申请人按照《保理协议》第 7 条的规定回购应收账款并全额支付相关款项；中止或提前终止《保理协议》，第一至十五被申请人必须立即将《保理协议》项下提供给第一至十五被申请人的保理融资余额无条件全部偿还申请人；要求第一至十五被申请人赔偿因违约给申请人造成的全部损失。此外，《保理协议》附表 2《保理融资方案》约定，保理融资的收款人账户均为第十六被申请人账户。

同日，申请人与第一至十五被申请人签订了 15 份《应收账款转让登记协议》，并于 2019 年 5 月（b-1）日在中国人民银行征信中心动产登记担保统一公示系统进行了应收账款转让登记。

仲裁庭另查明，案涉 15 份《保理协议》签署时，第一至十五被申请人的法定代表人均为第十九被申请人。第十六被申请人于开庭时自认，其在《保理协议》签署时为第一至十五被申请人的举办人。根据第五被申请人的当庭陈述，第五被申请人于 2019 年 9 月变更了法定代表人。

3.2019 年 4 月 a 日，申请人分别与第十六至十九被申请人签订了《保证合同》，约定第十六至十九被申请人为第一至十五被申请人签订的《保理协议》项下的全部债务承担连带保证责任，保证范围为该 15 份《保理协议》项下应向申请人支付的全部保理融资本金、保理融资利息、提前还款补偿金、手续费、违约金、逾期利息等全部款项，以及申请人为实现主合同债权及相关担保权益而产生的一切支出和费用及其他债务。第十六被申请人就本笔保证提供了董事会决议，第十七及十八被申请人就本笔保证提供了股东会决议。

4. 2019 年 4 月 a 日，第十八被申请人与申请人签订《抵押合同》，约定第十八被申请人以其位于中国 U 市的林地使用权及该林地之上的所有林木的所有权和/或使用权为案涉 15 份《保理协议》提供抵押担保。开庭时，第十六至十九被申请人代理人表示《抵押合同》项下抵押物未办理抵押登记，申请人未予以反驳。庭后，申请人也未补充该等抵押登记证明。

5. 2019 年 5 月 b 日，申请人向第十六被申请人银行账户支付了 2000 余万元，同日第一至十五被申请人分别向申请人出具其已经收到约定款项的《收款证明》。但第一至十五被申请人均否认其实际收到《保理协议》项下的融资款项。此外，根据第五被申请人提交的其 2019 年 4 月（a+1）日至 2020 年 6 月（a-2）日的账户流水，第五被申请人未收到 5 号《保理协议》项下的 150 余万元保理融资款项。此外，根据第一被申请人提交的《对账单》《借记通知函》，申请人的上述全部融资款在汇入第十六被申请人账户当日就被 V 银行划扣。

6. 2019 年 7 月 c 日，申请人向第一至十五被申请人发送了《通知函》，通知《保理协议》项下应收账款已达到回购条件，要求第一至十五被申请人于 2019 年 8 月（a-8）日之前回购，并向申请人账户存入保理融资本金、利息及其他应付款项。同日，申请人向第十六至十九被申请人发送《履行保证责任的通知函》，要求其承担保证责任。

（二）本案争议焦点

经审理，仲裁庭认为，本案主要争议问题如下：①第一至十五被申请人与申请人之间是否存在真实保理融资业务；②申请人与被申请人之间的真实融资关系如何；③第十七至十九被申请人是否应当承担本案项下的担保责任。就此，仲裁庭逐一分析如下：

1. 第一至十五被申请人与申请人之间是否存在真实保理融资业务。

申请人主张案涉 15 份《保理协议》项下的应收账款真实存在，为第一至十五被申请人 2019 年 5 月起产生的未来债权。在发放保理融资款的时候，申请人审查了第一至十五被申请人的《医疗保险定点医疗机构服务协议书》《定点医疗机构资格证》等资质文件，并审查了第一至十五被申请人的财务报表，案涉应收账款实际存在且已登记转让。因此，第一至十五被申请人与申请人之间进行的是真实的保理融资业务。

案例二十三　A 融资租赁公司、B 社区卫生服务中心、C 社区卫生服务站、D 社区卫生服务站、E 社区卫生服务站、F 社区卫生服务站、G 社区卫生服务中心、H 社区卫生服务站、I 社区卫生服务站、J 社区卫生服务站、K 社区卫生服务站、L 社区卫生服务中心、M 社区卫生服务站、N 社区卫生服务站、O 社区卫生服务站、P 社区卫生服务站、Q 医疗管理公司、R 医药公司、S 农业科技公司、自然人 T 保理协议争议案

第一至十五被申请人则认为，《保理协议》项下没有可供转让的应收账款，所谓转让的"应收"实际上是第一至十五被申请人未来的业务收益，转让的应收账款对应的基础业务合同尚未签订、无明确的交易对手、合同项下的义务也尚未履行，与"应收账款"系既有债权的特点完全不符。因此，申请人与第一至第十五被申请人之间没有真实的保理业务。

就第一至十五被申请人与申请人之间是否存在真实保理融资业务的问题，仲裁庭的分析意见如下：

若参照《商业银行保理业务管理暂行办法》的规定（第6条），应收账款保理是指以债权人转让其应收账款为前提，集应收账款催收、管理、坏账担保及融资于一体的综合性金融服务。由此可见，保理业务的基本特征和内容是：一方面，融资人转让其应收账款；另一方面，保理商基于受让的应收账款向融资人提供融资。因此，仲裁庭认为，判断第一至十五被申请人与申请人之间是否存在真实的保理融资交易，关键在于确认案涉15份《保理协议》项下是否存在真实的应收账款转让。

就其通常定义而言，应收账款是指商品或服务的出售方可从商品或服务的买受方收取相应的款项。应收账款之所以可被用于保理融资是因为其本身具有金钱价值。仲裁庭注意到，就"未来应收账款"能否用来进行保理融资，本案双方之间存在争议。被申请人认为《商业银行保理业务管理暂行办法》明确规定了不得基于"未来应收账款"开展保理融资业务；申请人则认为，申请人作为商业保理公司所适用的《中国银保监会办公厅关于加强商业保理企业监督管理的通知》并未参照《商业银行保理业务管理暂行办法》对"未来应收账款开展保理业务"作出禁止性规定。

仲裁庭认为，应收账款本身是现存的还是未来的，并不是应收账款得以确立的本质要素，在金融投资市场实践中，未来的应收账款如同其他未来收益一样，都是可以进行交易的。尽管《商业银行保理业务管理暂行办法》规定商业银行不得基于未来应收账款开展保理业务，但纯从经济的角度来看，未来的应收账款同样可以成为保理融资的支持和保障，也即可以基于未来的应收账款开展保理业务，至于监管的规定则只是一个合规性要求。仲裁庭同时也注意到，根据即将生效的《民法典》第761条，保理合同是应收账款债权人将现有的或者将有的应收账款转让给保理人，保理人提供资金融通、应收账款管理或者催收、应收账款债务人付款担保等服务的合同。因此，就本

案争议而言，案涉《保理协议》项下转让的应收账款是不是未来的应收账款，这个问题并不重要。但是，仲裁庭认为，在正常的保理融资业务中，真实存在的应收账款构成保理融资款的发放前提和该等融资款后续得以偿还的（重要）资金来源和保障。正因如此，仲裁庭认为，用于支持保理融资的应收账款不仅仅须有经济价值，须是现在或未来确定存在的，而且必须是可具体界定、计量和进行有效追索的。也即，此等应收账款不能是虚拟的、含糊不清的，而必须在经济上和法律上均具有（可）确定性。

就本案而言，《保理协议》项下约定的应收账款为"自应收账款转让发生日（含该日），申请人（指第一至第十五被申请人，仲裁庭注）基于其提供医疗服务、保健服务、公共卫生服务以及销售药品、保健品或者医疗用品（无论该等服务或者销售是否通过与第三方合作进行）而产生、应收、实现或收到的所有收入、收益或款项以及与此相关债权"。由此可见，《保理协议》项下的"应收账款"仅为第一至十五被申请人未来可能产生的各类收益，是一个未来收入的总括性概念。严格来说，超出了应收账款的概念，而且并无对应的基础交易协议，也未列明相关"应收账款"所对应的具体债务人，更无法实际计量或判断其数额，以致这样的"应收账款"无法实际进行有效的登记和转让，无法对相关债务人进行有效的法律追偿，也即无法为保理融资款的偿还提供真正有效的信用支持和保障。因此，仲裁庭认为，《保理协议》项下所谓的"应收账款"只是一个宽泛的描述，并不具有真实保理业务所必需的确定性特征，以致这样的保理融资业务，实际上只有融资的内涵，并无保理的内涵（即有效转让真实可具体确定的应收账款）。

综上，仲裁庭认为，由于不存在具体可确定的应收账款，第一至十五被申请人与申请人之间在《保理协议》项下并无真实的保理融资行为，第一至十五被申请人与申请人之间不构成保理业务关系。

2. 申请人与被申请人之间的真实融资关系如何。

根据仲裁庭查明的事实，本案中，第十六被申请人（第十九被申请人为其法定代表人）与申请人签署的《综合授信合同》约定，申请人向第十六被申请人及其实际控制的合同列明关联机构提供 2000 余万元的综合授信额度。《综合授信合同》附件《授信额度情况汇总》具体列明了该融资额度的使用实体即第一至十五被申请人，在《综合授信合同》签署的同日，第一至十五被申请人（其法定代表人也均为第十九被申请人）签订了案涉 15 份《保理协议》。由此，授信总额度实际拆分为案涉 15 份《保理协议》项下的融资金额，两者金额分毫不差。而且，15 份《保理协议》均约定收款账户为第十六被申请人的账户。

2019 年 5 月 b 日，申请人向第十六被申请人银行账户支付了 2000 余万元。同日，第一至十五被申请人提供了《收款证明》，证明其已收到第十六被申请人转入的保理融资款。但仲裁庭认为，该等《收款证明》只是一个形式，不能证明第一至十五被申请人实际收到了《保理协议》项下的融资款项，第一至十五被申请人也均否认实际收到任何此等款项（本案中，第五被申请人还提供了其在 2019 年 4 月（a+1）日至 2020 年 6 月（a−2）日期间的银行账户流水，以证明其并未收到案涉交易项下融资款）。而且，本案证据也显示，申请人的全部融资款在汇入第十六被申请人账户的当日就被 V 银行扣走，也即，第一至十五被申请人事后也未收到申请人提供的任何此等融资款项。按被申请人的主张，V 银行的前述扣款用以偿还 V 银行的贷款，其背景是申请人母公司曾为第十六被申请人向 V 银行的贷款提供担保，该贷款到期后第十六被申请人无法偿还，所以通过本案 15 份《保理协议》向申请人融资共计 2000 余万元，以解除申请人母公司的担保责任。总之，仲裁庭经调查确认，案涉融资款项的实际收款人和使用人均为第十六被申请人。

综上，基于前述有关第一至十五被申请人与申请人之间不存在真实保理业务的认定以及案涉 15 份《保理协议》项下的实际融资使用人为第十六被申请人这一事实，可以确定，案涉《保理协议》项下的保理融资业务，实质上是第十六被申请人以第一至十五被申请人与申请人之间虚拟的保理业务为名，实现其自身向申请人借款的真实交易意图，且第十六被申请人实际上完全实现了其交易目的。因此，仲裁庭根据《民法总则》第 146 条有关通谋虚伪表示的法律规定，即行为人与相对人以虚假的意思表示实施的民事法律行为无效，以虚假的意思表示隐藏的民事法律行为的效力，依照有关法律规定处理，认定：申请人与被申请人之间的真实融资关系为申请人与第十六被申请人之间的借贷关系。

3. 第十七至十九被申请人是否应当承担本案项下的担保责任。

第十六至十九被申请人主张，本案项下的《保理协议》无效，各担保协议也应当被认定为无效。此外，申请人主张的林权未办理抵押登记，抵押权未设立，申请人不得主张就林权及地上林木变现所得款项优先受偿。

仲裁庭认为：

首先，如上所述，第十六被申请人为本案实际借款人，其应当根据与申请人之间实际借贷关系承担法律责任。

其次，对于第十七至十九被申请人是否应当承担其与申请人签订的《保证合同》项下的保证责任，仲裁庭认为，尽管第十七至十九被申请人与申请人签订的《保证合同》系对第一至十五被申请人与申请人签订的 15 份《保理协议》项下的融资款项承担连带保证责任，但第十九被申请人自然人 b 在案涉合同签署时作为第一至十八被申请人的法定代表人，实际上促成了案涉交易，而第十七及第十八被申请人亦就本案担保出具了《股东会决议》，决议中载明了本案项下的全部交易，并体现了第十七及第十八被申请人愿意为案涉整体融资承担保证责任的意思表示。而且，就本案而言，仲裁庭只是将《保理协议》项下的交易安排根据实际交易情况重新定性为（申请人与第十六被申请人之间的）借贷关系，涉案《保证合同》针对的主债权（即申请人主张的债权）仍然是法律上有效的债权。

此外，仲裁庭注意到，根据第十七至十九被申请人与申请人签订的《保证合同》第 14 条第 7 款的约定："保证人特此确认、同意并承诺，在本合同项下的保证或主合同被认定为无效的情况下，保证人同意向债权人进行补偿，该等补偿的金额应当等于债权人因该等无效所遭受的全部损失，本款项下的补充承诺作为保证人在本合同项下的保证义务或责任之外一项额外义务，独立于本合同项下关于保证人提供保证的安排，且法律法规对于本合同项下保证人的保证义务或责任限额或者比例的调整不应影响保证人在本条项下的补偿义务的承担。"

因此，仲裁庭认定，第十七至十九被申请人在提供担保时理应知晓案涉交易的整体安排，其真实的意思表示是愿意为案涉整体交易项下的主债务之清偿承担连带责任保证，而无论该等还款义务是由第一至十五被申请人承担还是由第十六被申请人承担。故第十七至十九被申请人应当承担本案项下的连带保证责任。

最后，对于申请人是否能就与第十八被申请人签订的《抵押合同》项下的抵押物优先受偿，仲裁庭认为，第十六至第十九被申请人于开庭时表示《抵押合同》项下的抵押物未办理抵押登记，申请人未提出反驳，其也未在庭后补充相应的登记证明文件。据此，仲裁庭认定，《抵押合同》项下的抵押物未办理抵押登记，抵押权未有效设立，申请人无权就抵押物转让、变卖所得或折价享有优先受偿权。

（四）关于申请人的仲裁请求

1. 关于申请人的第 1~2 项仲裁请求即：裁决第一至十五被申请人偿还申请人保理融资款本金共计 2000 余万元。同时，以其自申请人处融资本金为基数，按年利率 10% 为标准，自 2019 年 5 月 b 日起计至第一至十五被申请人实际支付之日止，计算保理融资利息，暂计至 2019 年 8 月 a 日，应还利息共计近 60 万元。

根据上述分析，仲裁庭认定，本案真实的借贷关系存在于第十六被申请人与申请人之间，即本案实际借款人为第十六被申请人，因此应由第十六被申请人偿还融资本金及融资利息。其中，融资本金 2000 余万元，融资利息从 2019 年 5 月 b 日起算暂计至 2019 年 8 月 a 日为近 60 万元。利息计算方式为：2000 余万元×10%/360×90 天×1.06（含税比例）。

2. 关于申请人的第 3 项仲裁请求即，裁决第一至十五被申请人以其逾期未付款项为基数，按每日 5‰的标准，自 2019 年 6 月 d 日起计至实际支付之日止，向申请人支付违约金。其中，暂计至 2019 年 8 月 a 日共计近 3 万元。

根据仲裁庭查明的事实，被申请人逾期未支付融资款项的行为已构成违约，《保理协议》项下的违约金为以逾期未付款项为基数，按照每日 5‰计算。根据上述分析，仲裁庭认定第十六被申请人为本案的实际借款人。尽管第十六被申请人并未与申请人签订《保理协议》，但其已与申请人签订《综合授信合同》，并与申请人签订《保证合同》，约定对案涉 15 份《保理协议》项下的全部融资本金、利息、违约金及其他费用承担连带保证责任。上述行为表明其愿意将《保理协议》约定的利息、违约金及其他费用作为其实际从申请人处融资的资金成本。

因此，仲裁庭认为，第十六被申请人应当承担《保理协议》项下的违约金。但仲裁庭认为，此处违约金约定过高，酌情予以调减为以逾期未付款项为基数，按照每日 3‰计算。即，第十六被申请人应当承担的违约金暂计至 2019 年 8 月 a 日为近 2 万元。违约金计算方式为：逾期金额（《保理协议》附件 2 中列明的当期融资偿还总额）×0.03%×逾期天数×1.06（含税比例）。

3. 关于申请人的第 4 项仲裁请求即，裁决第一至十五被申请人按照其自申请人处融资的本金为基数，以 20% 为标准，向申请人支付回购补偿金。其中，暂计至 2019 年 8 月 a 日共计近 500 万元。

根据上述分析，仲裁庭认为本案 15 份《保理协议》项下不存在具体可确定的应收账款，本案真实融资关系为第十六被申请人与申请人之间的借贷关系。因此，本案项下不存在可供回购的应收账款，申请人主张第一至十五被申请人支付被回购的应收账款对应的初始保理融资本金的 20% 的补偿金无合理依据，仲裁庭不予支持。

4. 关于申请人的第 5 项仲裁请求即，裁决第一至十五被申请人承担申请人为实现债权而支出的律师费、保全费、保险担保费等必要支出预估共计近 40 万元。根据上述分析，仲裁庭认定，本案实际借款人为第十六被申请人，因此本案律师费、保全费、保险担保费应由第十六被申请人承担。

5. 关于申请人的第 6 项仲裁请求即，裁决第十六至十九被申请人对第一至十五被申请人的前述付款义务承担连带清偿责任。

根据上述分析，仲裁庭认定，第十六被申请人作为本案的实际借款人，应当承担本案项下的直接还款责任而非连带保证责任。同时认定，第十七至十九被申请人应当对第十六被申请人的前述付款义务承担连带保证责任。

6. 关于申请人的第 7 项仲裁请求即，裁决确认申请人作为抵押权人，对第十八被申请人位于中国 U 市的林地使用权及该林地之上的所有林木的所有权和/或使用权转让、变卖所得或折价享有优先受偿权。

根据上述分析，仲裁庭认定，《抵押合同》项下抵押物未办理抵押登记，抵押权未有效设立，故对于申请人的该项仲裁请求，不予认可。

7. 关于申请人的第 8 项仲裁请求即，裁决确认申请人作为融资保理人，自案涉应收账款于中国人民银行征信中心动产登记担保统一公示系统登记之日起，对第一至十五被申请人基于其提供医疗服务、保健服务、公共卫生服务以及销售药品、保健品或者医疗用品（无论该等服务或销售是否通过第三方合作进行）而产生、应收、实现或收到的所有收入、收益或款项以及与此相关的债权所产生的实物或现金享有所有权。

根据上述分析，仲裁庭认为，本案 15 份《保理协议》项下不存在具体可确定的应收账款，本案中的真实融资关系为第十六被申请人与申请人之间的借贷关系。因此，对申请人的该项仲裁请求，仲裁庭不予认可。

鉴于上述分析和结论，仲裁庭认定，本案仲裁费用应由申请人承担 20%，第十六至第十九被申请人共同承担 80%。

案例二十三　A 融资租赁公司、B 社区卫生服务中心、C 社区卫生服务站、D 社区卫生服务站、E 社区卫生服务站、F 社区卫生服务站、G 社区卫生服务中心、H 社区卫生服务站、I 社区卫生服务站、J 社区卫生服务站、K 社区卫生服务站、L 社区卫生服务中心、M 社区卫生服务站、N 社区卫生服务站、O 社区卫生服务站、P 社区卫生服务站、Q 医疗管理公司、R 医药公司、S 农业科技公司、自然人 T 保理协议争议案

三、裁决

基于上述事实和理由，经合议，仲裁庭裁决如下：

（1）第十六被申请人应当偿还申请人融资本金人民币 2000 余万元；

（2）第十六被申请人向申请人支付截至 2019 年 8 月 a 日（不含）的利息人民币近 60 万元，并支付从 2019 年 8 月 a 日起至实际支付之日，以逾期未偿还本金人民币 2000 余万元为基数，按照 10%/年计算的利息；

（3）第十六被申请人向申请人支付截至 2019 年 8 月 a 日（不含）的违约金人民币近 2 万元，并支付从 2019 年 8 月 a 日起至实际支付之日，以逾期未付款项（即人民币 2000 余万元+近 60 万元）为基数，按照每日 3‰计算的违约金；

（4）第十六被申请人承担申请人为本案支出的律师费、财产保全费人民币和财产保全保险费；

（5）第十七至十九被申请人对前述付款义务承担连带清偿责任。

（6）驳回申请人的其他仲裁请求；

（7）本案仲裁费为人民币 40 余万元（已由申请人全部预交），由申请人承担 20%，第十六至第十九被申请人共承担 80%，故第十六至第十九被申请人应当向申请人支付人民币 30 余万元以补偿申请人为其垫付的本案仲裁费。

上述应付款项，应在本裁决生效后 15 日内向申请人支付完毕。

本裁决为终局裁决，自作出之日起生效。

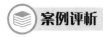 案例评析

【关键词】保理合同　虚假意思表示　隐藏行为

【焦点问题】

如何认定申请人与各被申请人之间的真实交易关系

【焦点评析】

本案的基本案情：2019 年 4 月 a 日，申请人与第十六被申请人签订《综合授信合同》，约定申请人向第十六被申请人提供 2000 余万元的综合授信额度，《综合授信合同》项下的额度可由第十六被申请人自己使用，亦可由第十六被申请人控制的其他实体（即第一至十五被申请人）使用。

同日，申请人与第一至第十五被申请人分别签订了 15 份《保理协议》，约定由第一至第十五被申请人将其基于提供医疗服务、保健服务、公共卫生服务以及销售药品、保健品或者医疗用品而产生、应收、实现或收到的所有收入、收益或款项以及与此相关债权作为应收账款，转让给申请人，申请人为其提供保理融资，额度金额共计 2000 余万元。申请人与相关被申请人分别签订了《应收账款转让登记协议》，并于 2019 年 5 月（b-1）日在中国人民银行征信中心动产登记担保统一公示系统进行了应收账款转让登记。申请人与第十六被申请人签订了《保证合同》，约定第十六被申请人为《保理协议》项下的全部债务承担连带保证责任。

2019 年 5 月 b 日，申请人向第十六被申请人银行账户支付了 2000 余万元，同日第一至十五被申请人分别向申请人出具其已经收到约定款项的《收款证明》。但第一至十五被申请人均否认其实际收到《保理协议》项下的融资款项。第五被申请人提交了账户流水，证明其未收到保理融资款项；第一被申请人提交了《对账单》《借记通知函》，证明全部融资款在汇入第十六被申请人账户当日就被第三方划扣。

2019 年 7 月 c 日，申请人通知第一至十五被申请人《保理协议》项下的应收账款已达到回购条件，要求相关被申请人于 2019 年 8 月（a-8）日之前回购。第一至十五被申请人未支付该等款项。申请人请求裁决第一至第十五被申请人偿还保理融资款本金并支付利息、违约金、回购补偿金，第十六被申请人对第一至十五被申请人的前述付款义务承担连带清偿责任。

现结合本案案情及争议焦点评述如下：

（一）申请人与第一至十五被申请人之间是否存在真实保理融资关系

申请人主张其与第一至十五被申请人之间是保理融资关系。仲裁庭认为，判断申请人与第一至十五被申请人之间是否存在真实的保理融资关系，关键在于确认《保理协议》项下是否存在真实的应收账款转让。

仲裁庭注意到，就"未来应收账款"能否用来进行保理融资，当事人之间存在争议。被申请人认为《商业银行保理业务管理暂行办法》明确规定了不得基于"未来应收账款"开展保理融资业务；申请人则认为，申请人作为商业保理公司所适用的《中国银保监会办公厅关于加强商业保理企业监督管理的通知》并未参照《商业银行保理业务管理暂行办法》对于"未来应收账款开展保理业务"作出禁止性规定。

案例二十三　A 融资租赁公司、B 社区卫生服务中心、C 社区卫生服务站、D 社区卫生服务站、E 社区卫生服务站、F 社区卫生服务站、G 社区卫生服务中心、H 社区卫生服务站、I 社区卫生服务站、J 社区卫生服务站、K 社区卫生服务站、L 社区卫生服务中心、M 社区卫生服务站、N 社区卫生服务站、O 社区卫生服务站、P 社区卫生服务站、Q 医疗管理公司、R 医药公司、S 农业科技公司、自然人 T 保理协议争议案

仲裁庭认为，应收账款之所以可被用于保理融资是因为其本身具有金钱价值，应收账款本身是现存的还是未来的，并不是应收账款得以确立的本质要素，在金融投资市场实践中，未来的应收账款如同其他未来收益一样，都是可以进行交易的。尽管《商业银行保理业务管理暂行办法》规定商业银行不得基于未来应收账款开展保理业务，但纯从经济的角度看，未来的应收账款同样可以成为保理融资的支持和保障，也即可以基于未来的应收账款开展保理业务，至于监管的规定则只是一个合规性要求。仲裁庭同时也注意到，根据《民法典》第 761 条，保理合同是应收账款债权人将现有的或者将有的应收账款转让给保理人，保理人提供资金融通、应收账款管理或者催收、应收账款债务人付款担保等服务的合同。因此，就本案争议而言，案涉《保理协议》项下转让的应收账款是不是未来的应收账款，这个问题并不重要。

但是，仲裁庭认为，在正常的保理融资业务中，真实存在的应收账款构成保理融资款的发放前提和该等融资款后续得以偿还的（重要）资金来源和保障。正因如此，仲裁庭认为，用于支持保理融资的应收账款不仅仅须有经济价值，须是现在或未来确定存在的，而且必须是可具体界定、计量和进行有效追索的。也即，此等应收账款不能是虚拟的、含糊不清的，而必须是在经济上和法律上均具有（可）确定性。就本案而言，《保理协议》项下约定的应收账款为"自应收账款转让发生日（含该日），申请人（指第一至第十五被申请人）基于其提供医疗服务、保健服务、公共卫生服务以及销售药品、保健品或者医疗用品（无论该等服务或者销售是否通过与第三方合作进行）而产生、应收、实现或收到的所有收入、收益或款项以及与此相关债权"。由此可见，《保理协议》项下的"应收账款"仅为第一至十五被申请人未来可能产生的各类收益，是一个未来收入的总括性概念。严格来说，超出了应收账款的概念，而且，并无对应的基础交易协议，也未列明相关"应收账款"所对应的具体债务人，更无法实际计量或判断其数额，以致这样的"应收账款"无法实际进行有效的登记和转让，无法对相关债务人进行有效的法律追偿，也即无法给保理融资款的偿还提供真正有效的信用支持和保障。因此，仲裁庭认为，《保理协议》项下所谓的"应收账款"只是一个宽泛的描述，并不具有真实保理业务所必需的确定性特征，以致这样的保理融资业务，实际上只有融资的内涵，并无保理的内涵（即有效转让真实可具体确定的应收账款）。

综上，仲裁庭认为，由于不存在具体可确定的应收账款，第一至十五被申请人与申请人之间在《保理协议》项下并无真实的保理融资行为，第一至十五被申请人与申请人之间不构成保理业务关系。

（二）申请人与第十六被申请人之间的真实融资关系如何

申请人主张，第十六被申请人对第一至十五被申请人的还款义务承担连带清偿责任。但仲裁庭注意到，本案中，第十六被申请人与申请人签署的《综合授信合同》约定，申请人向第十六被申请人及其实际控制的合同列明关联机构提供2209万元的综合授信额度。同日，第一至十五被申请人签订了案涉15份《保理协议》，额度金额共计2000余万元。由此，授信总额度实际上被拆分为案涉15份《保理协议》项下的融资金额，两者金额分毫不差。而且，15份《保理协议》均约定收款账户为第十六被申请人的账户。

2019年5月b日，申请人向第十六被申请人银行账户支付了2000余万元。同日，第一至十五被申请人提供了《收款证明》，证明其已收到第十六被申请人转入的保理融资款。但仲裁庭认为，该等《收款证明》只是一个形式，不能证明第一至十五被申请人实际收到了《保理协议》项下的融资款项，第一至十五被申请人也均否认实际收到任何此等款项。而且，本案证据也显示，申请人的全部融资款在汇入第十六被申请人账户的当日就被第三方扣走。也即，第一至十五被申请人事后也未收到申请人提供的任何此等融资款项。按被申请人的主张，前述扣款系用以偿还第十六被申请人向第三方的贷款。总之，仲裁庭经调查确认，案涉融资款项的实际收款人和使用人均为第十六被申请人。

综上，基于前述有关第一至十五被申请人与申请人之间不存在真实保理业务的认定以及案涉15份《保理协议》项下的实际融资使用人为第十六被申请人这一事实，可以确定，案涉《保理协议》项下的保理融资业务，实质上是第十六被申请人以第一至十五被申请人与申请人之间虚拟的保理业务为名，实现其自身向申请人借款的真实交易意图，且第十六被申请人实际完全实现了其交易目的。因此，仲裁庭根据《民法典》第146条有关通谋虚伪表示的法律规定，即行为人与相对人以虚假的意思表示实施的民事法律行为无效，以虚假的意思表示隐藏的民事法律行为的效力，依照有关法律规定处理，认定：申请人与第十六被申请人之间的真实融资关系为申请人与第十六被申请人之间的借贷关系。

案例二十三　A 融资租赁公司、B 社区卫生服务中心、C 社区卫生服务站、D 社区卫生服务站、E 社区卫生服务站、F 社区卫生服务站、G 社区卫生服务中心、H 社区卫生服务站、I 社区卫生服务站、J 社区卫生服务站、K 社区卫生服务站、L 社区卫生服务中心、M 社区卫生服务站、N 社区卫生服务站、O 社区卫生服务站、P 社区卫生服务站、Q 医疗管理公司、R 医药公司、S 农业科技公司、自然人 T 保理协议争议案

【结束语】

本案中，仲裁庭首先结合法律规定和金融投资市场实践，对"应收账款"进行了定义，明确《保理合同》项下的"应收账款"可以是未来应收账款，但由于本案中的应收账款不具有确定性，无法给保理融资款的偿还提供真正有效的信用支持和保障，第一至十五被申请人与申请人之间实际不构成保理业务关系。接着，仲裁庭根据《民法典》第 146 条及《保理协议》项下的实际融资使用人为第十六被申请人的事实，认定申请人与被申请人之间的真实融资关系为申请人与第十六被申请人之间的借贷关系。

本案值得注意的地方是，在涉及多方主体的、较为复杂的交易安排中，如果存在通谋虚伪表示，不仅要找到隐藏行为和真实法律关系的法律概念，更需要结合一般商业逻辑对法律概念进行拆解，从而更加准确地理解、定义当事人之间的交易安排和交易法律关系。

N 国 A 投资公司与 B 资产管理公司 C 省分公司资产转让协议争议案

中国国际经济贸易仲裁委员会（以下简称"仲裁委员会"）根据申请人 N 国 A 投资公司（以下简称"申请人"）和被申请人 B 资产管理公司 C 省分公司（原名：B 资产管理公司 D 市办事处，以下简称"被申请人"）于 2016 年 10 月 a 日签订的《B 资产管理公司 D 市办事处作为转让方与 A 投资公司作为受让方资产转让协议》（以下简称《资产转让协议》）中仲裁条款的约定，以及申请人于 2019 年 2 月 b 日提交的书面仲裁申请，受理了上述合同产生的本争议案。

一、案 情

（一）申请人的仲裁请求及所依据的事实和理由

申请人系从事不良资产经营和处置的境外投资主体，从被申请人处受让了被申请人对 E 企业发展公司（以下简称"E 公司"）、F 能源集团股份有限公司（以下简称"F 股份公司"）和 F 能源集团销售有限公司（以下简称"F 销售公司"。如无特指，F 股份公司与 F 销售公司合称为 F 公司）本金为近 2 亿元的资产（本案金额以人民币计——仲裁庭注）。具体交易经过如下：

E 公司为向 G 银行股份有限公司 H 支行（以下简称"GH 支行"）申请开展发票贴现的"R 业务"，于 2013 年 5 月 a 日与 GH 支行签署了《授信业务总协议》。同日，双方签署《国内商业发票贴现协议》，属于《授信业务总协议》项下的单项协议。GH 支行核准 E 公司的贴现额度 2 亿余元（包含融资利息费用），额度有效期为：2013 年 5 月 a 日至 2014 年 1 月 b 日，此额度为循环贴现额度。

E公司用于申请发票贴现融资的基础合同为E公司于2013年4月（a-14）日与F股份公司签订的《煤炭供货协议》，E公司向F股份公司提供动力煤，故F股份公司应当向E公司支付相应货款，执行期限自2013年4月1日到2013年12月底。随后，由于F股份公司内部机构调整，F股份公司委托F销售公司代为履行付款义务，F股份公司于2013年4月a日又与E公司签订了《煤炭供货补充协议》，由F销售公司代为履行F股份公司在《煤炭供货协议》项下的付款义务，增值税发票由E公司开具给F销售公司，煤炭销售结算单由F销售公司盖章确认，如F销售公司不履行上述付款义务，则F股份公司承担最终付款责任。

E公司基于其对F公司享有的应收账款之债权，根据《国内商业发票贴现协议》第5条之约定，E公司将其对F公司的应收账款全部转让给GH支行，即E公司于2013年5月a日向F销售公司发出《应收账款债权转让通知书》。同日，F销售公司回复《应收账款债权转让通知确认书》，确认知悉上述债权转让事宜，并将所有应付账款全额支付至指定账户（账号：xxx，户名：C省E公司，以下简称xxx账户）。自2013年5月（a+1）日起，E公司向GH支行申请了18笔R业务，与本案相关的是2013年第20~23号R业务。为办理该等R业务，E公司向GH支行提交了《有追索权国内R业务申请书》《商业发票》《应收账款转让确认书》《燃煤销售结算单》等，E公司将其对F公司的应收账款债权分批次转让给GH支行，作为E公司偿还R业务项下款项的资金来源，GH支行据此发放了相应的贴现款。具体情况如下表所示：

编号	申请日期	发票金额	贴现金额	发起时间	到期日
第20号	2013年12月	5000余万元	4000万元	2013年12月	2024年3月
第21号	2013年12月	近6000万元	4000余万元	2013年12月	2024年3月
第22号	2013年12月	近6000万元	4000余万元	2013年12月	2024年3月
第23号	2013年12月	近6000万元	近4000万元	2013年12月	2024年3月
		总计：	近2亿元		

上述第20~23号项下R业务款项到期未得到清偿，债权本金共计近2亿元，根据《有追索权国内R业务申请书》第4条之约定，贴现利率为年利率

5.1%（以下简称"案涉债权"）。

2014年4月，GH支行就案涉债权分成两宗案件将E公司、F公司及相关担保人诉至C省H市中级人民法院。

2014年12月b日，G银行C省分行（以下简称"GC分行"）将案涉债权作为不良资产之一转让给被申请人。被申请人又于2016年10月a日与申请人签订了《资产转让协议》，案涉债权列于附表1《资产明细表》第102项"CE企业发展股份有限公司"单户中。根据《资产转让协议》之约定以及被申请人向申请人出具的《说明》，被申请人将案涉债权转让给申请人，转让基准日为2016年3月末，案涉债权的单户债权本金为近2亿元，利息余额为近1000万元，单户资产买价为9000余万元。

2016年12月b日，申请人向被申请人支付了单户资产买价9000余万元，被申请人向申请人移交了案涉债权相关的合同、发票、公证书等权利凭证。

2018年2月a日，被申请人与申请人在《C省经济报》发布了《债权转让暨债务催收联合公告》（以下简称《联合公告》），通知E公司、F股份公司和F销售公司债权转让的事实，并要求其立即向申请人履行还本付息义务以及履行被申请人对涉诉债权所主张的权利。

如前所述，被申请人受让案涉债权后，上述两案的原告变更为被申请人。被申请人将案涉债权转让给申请人后，二审期间，上述两案的当事人又进一步变更为申请人。2018年12月x日，C省高级人民法院（以下简称"C高院"）就上述两案作出二审终审判决。该等终审判决认定，F销售公司于2013年12月即履行了2013年第20~23号R业务项下贷款的支付义务，故F公司无须再承担任何还款义务。

申请人之所以愿意以9000余万元的对价购案涉债权，唯一的原因是基于被申请人对F公司仍然享有应收账款之债权，而F股份公司系一家证券交易所挂牌的上市公司，收购前最近一期的年度报告（2015年年报）显示其总资产高达500余亿元，净资产超过30余亿元，且F公司均为大型国有企业，故申请人有理由相信，F公司有充分的资金和还款意愿偿还案涉款项。

被申请人在《资产转让协议》第9.2条"转让方就全部资产所做的声明和保证"中承诺对各项资产所做的声明和保证在交割日是真实和正确的，该等资产包括被申请人对F公司的应收账款。GH支行和被申请人通过民事诉讼要求F公司履行还款义务的行为也使申请人确信：F公司并未支付2013年第

20~23号R业务项下贷款，被申请人对F公司享有相应的债权。前述联合公告的内容也再次印证该等观点。

但是，C高院的终审判决却认定，F销售公司已于2013年12月（b+16）日之前向GH支行履行完毕其全部付款义务（包括2013年第6~23号R业务），被申请人于2014年12月b日从GC分行受让案涉债权之时，GC分行对F公司的应收账款债权早已因F销售公司足额履行债务的行为而消灭，故被申请人不可能再享有对F公司的任何应收账款。也就是说，被申请人转让给申请人的案涉债权存在重大瑕疵，被申请人向申请人声明和保证的其对F公司的应收账款自始不存在，此举导致申请人就案涉债权进行清收的合同目的无法实现，被申请人已构成根本违约。《合同法》第94条规定："有下列情形之一的，当事人可以解除合同：……（四）当事人一方迟延履行债务或者有其他违约行为致使不能实现合同目的；……"《合同法》还在"第九章买卖合同"中第165条特别规定了"数物并存的合同解除"，即"标的物为数物，其中一物不符合约定的，买受人可以就该物解除……"

基于被申请人的根本性违约行为且案涉债权为《资产转让协议》项下数个标的物中的其中一物，申请人已依据上述法律规定，委托律师事务所律师于2019年1月c日向被申请人发出《律师函》，要求解除案涉单户资产合同条款，该等案涉单户资产合同条款自本律师函到达被申请人时解除。故申请人认为，案涉单户资产合同条款已于2019年1月（c+1）日《律师函》到达被申请人时被依法解除。

案涉单户资产合同条款被解除后，根据《合同法》第97条之规定，被申请人应当向申请人支付如下款项：①返还该单户资产买价9000余万元；②支付自申请人付款日（即2016年12月b日）起至实际支付之日止按照同期银行贷款利率赔偿申请人的利息损失（暂计算至2019年2月b日，利息损失为近1000万元）；③应根据《合同法》第113条之规定，承担申请人的可得利益损失7000余万元（近2亿元~9000余万元）。

即便仲裁庭不支持申请人第一项案涉单户资产合同条款已被依法解除的仲裁请求，申请人也可根据《资产转让协议》第7.2条关于转让方应就瑕疵给受让方造成的损失承担赔偿责任之约定，向被申请人主张瑕疵赔偿责任。即由于案涉债权所包含的被申请人对F公司享有的应收账款自始不存在，被申请人严重违反其在《资产转让协议》第9.2条项下的声明和保证，显然属于重大瑕疵，被申请人应当就该等重大瑕疵给申请人造成的损失承担赔偿责任。申请人认为，根据《资产转让协议》的上述约定，案涉债权重大瑕疵导致案涉债权无法获得清收，给申请人造成的损失至少是单户资产买价 9000 余万元，被申请人理应承担该等赔偿责任，并赔偿申请人的利息损失，即以 9000 余万元为基数，按照同期银行贷款利率赔偿申请人的利息损失。根据《仲裁规则》第 52 条关于"费用承担"之规定，仲裁庭有权裁定当事人最终应向仲裁委员会支付的仲裁费和其他费用，并根据案件的具体情况在裁决书中裁定败诉方应补偿胜诉方因办理案件而支出的合理费用。

被申请人构成根本性违约，理应承担本案仲裁费及申请人为本案支出的 200 万元的律师费。

综上，申请人提出如下仲裁请求：

1. 确认《资产转让协议》附表 1《资产明细表》中第 102 项"C 省 E 公司"单户资产买卖条款于 2019 年 1 月（c+1）日被依法解除，被申请人应当向申请人返还单户购买价 9000 余万元，并自申请人付款之日即 2016 年 12 月 b 日起至实际支付之日止按照同期银行贷款利率赔偿申请人利息损失（暂计至 2019 年 2 月 b 日，利息损失为近 1000 万元），同时承担申请人可得利益损失 7000 余万元。

2. 如仲裁庭不支持申请人第 1 项关于《资产转让协议》中的案涉单户资产合同条款已被依法解除的仲裁请求，则申请人请求裁决被申请人应就资产瑕疵赔偿申请人损失 9500 万元，并赔偿利息损失（以 9000 余万元为基数，按照同期银行贷款利率、自申请人付款之日即 2016 年 12 月 b 日起算至实际支付之日止，暂计至 2019 年 2 月 b 日，利息损失为人民币近 1000 万元）。

3. 被申请人承担本案仲裁费用以及申请人为本案支出的律师费。

（二）被申请人的答辩意见及反请求

1. 关于被申请人违反《资产转让协议》第 9.2 条的约定，构成根本性违约合同目的无法实现享有法定解除权的主张缺乏依据：

（1）案涉资产来源于被申请人从 GC 分行处受让的金融不良资产（债权）。GC 分行与被申请人签订的，以及申请人与被申请人签订的转让文件载明的转让资产均是对 E 公司享有的贷款主债权及相应的担保债权，从未约定转让资产包括对 F 股份公司的应收账款债权。生效判决已认定申请人享有对 E 公司的主债权以及相应的担保债权，其合同目的已经实现。

第一，GC分行与被申请人签订的《不良资产批量转让协议》《债权转让协议（单户适用）》载明被申请人受让的债权为：E公司所欠的近2亿元不良贷款本金及相应利息、诉讼费含挂账评估费。

第二，被申请人作为转让方，申请人作为受让方签订的《资产转让协议》第1.1条定义，"'资产'是指本协议附表1《资产明细表》中所列的全部资产，包括最初由'前手'创设并已转让给'转让方'的《贷款合同》项下的全部债权，以及《保证合同》和《物权担保合同》项下的全部担保债权，以及'转让方'就该等'资产'依法享有的其他权利"，作为协议附件的《资产明细表》载明，案涉转让资产为对E公司的近2亿元本金及利息。

第三，申请人与被申请人于2016年12月b日签订的《关于资产转让的确认函》进一步列明了案涉转让资产（债权）的具体内容，包括：2013年G行20号、21号、22号、23号《有追索权国内融信业务申请书》项下对于借款人E公司享有的债权，以及2013年G行1号、8号、2号、5号、4号、6号、7号、2013年G行2号《最高额保证合同》项下对于保证人享有的权益，2013年G行3号、2号、1号、4号、2013年G行2号《最高额抵押合同》项下对于抵押人享有的担保物权。

而且，被申请人2016年4月d日发布的《B资产管理公司D市办事处关于某光电技术公司等资产包的处置公告》及公告清单显示的案涉债权具体内容与上述《关于资产转让的确认函》一致，该债权的担保类型为"保证+抵押"，并不包括对F公司的应收账款债权。

第四，虽然申请人发布的《联合公告》将F公司列为债务人，但该公告实为申请人单方发布，公告内容未经被申请人确认。事实上，该公告发布时，H中院作出的《民事判决书》已认定F公司付清了货款，驳回了对F公司的诉讼请求。据此，该公告不能视为被申请人承诺转让资产中包含对F公司的应收账款债权。

第五，申请人与被申请人签署的《资产转让协议》及相关交易文件载明的转让资产始终是对E公司的主债权以及相应的担保债权，从未将F公司的应收账款列为转让资产。C高院的《民事判决书》，已基于申请人与被申请人签署的《资产转让协议》，判决申请人有权要求E公司偿还近2亿元债务本金以及相应利息，有权要求保证人承担保证责任，对债务人、担保人提供的担保物享有优先受偿权。因此，申请人已取得案涉资产的全部权益且本金余额不低于近 2 亿元，符合《资产转让协议》9.2 款（a）（b）项声明和保证的内容。据此，申请人取得案涉资产权益的合同目的已经实现。

（2）被申请人已经将所持有的案涉资产相关的文件资料交付给申请人，不存在任何隐瞒或欺诈。被申请人提供的资料虽然包含与 F 公司应收账款相关的材料，但被申请人从未承诺申请人可以通过向 F 公司追索实现债权。并且，购买案涉资产前，申请人已对案涉资产情况进行充分尽职调查，知悉对 F 公司追索权存在不确定性的风险。

第一，根据申请人与被申请人签署的《资产文件收据》、附件及《补充材料移交清单》，被申请人已将所有的案涉资产相关的文件资料移交予申请人（包含 GH 支行的民事起诉状、H 中院的民事裁定书等诉讼文件）。同时，被申请人也将受让债权后新产生的文件移交申请人（比如《联合公告》）。因此，被申请人已将与案涉债权有关且足以影响申请人判断的资料移交予申请人，未存在任何隐瞒或虚构。

第二，虽然被申请人移交予申请人的文件中包含了 F 公司出具的《应收账款转让确认书》、燃煤销售结算单等材料，但仅是作为便于申请人全面了解案涉转让资产情况的背景材料移交，被申请人从未就"F 公司的应收账款"作出任何陈述，更未保证申请人可以通过向 F 公司主张应收账款实现债权。

第三，在收购案涉资产前，申请人已对案涉资产进行了充分的尽职调查。I 资产管理公司（以下简称"I 公司"）出具的证明显示，该公司曾作为案涉资产的意向买家，对该资产进行了充分的尽职调查，在申请人对案涉资产进行调查的过程中，I 公司已将前期尽职调查结果告知申请人，并向申请人提示了对 F 公司行使追索权的不确定性。

（3）申请人明知案涉资产系不良资产，可能存在着资产缺陷或因各种因素难以清偿，以至于受让方预期利益可能无法最终实现的风险，并承诺除转让方虚构、伪造资产文件外，转让方对资产缺陷不承担责任。故即使对 F 公司的应收账款为转让资产，申请人也无权以不可能再享有对 F 公司的应收账款权益为由，主张被申请人违约，要求解除合同及/或赔偿损失。

第一，《资产转让协议》鉴于条款（a）（c）已载明被申请人转让的是"金融不良资产"，"存在着部分或全部不能回收的风险特性以及清收的困难性"。

第二，《资产转让协议》鉴于条款（d）项，申请人确认"已对资产进行了独立的调查，充分了解资产情况并承受不良资产部分或全部不能收回的风险和困难"；10.2 条款，申请人再次承诺"其已被告知并完全理解，其受让的资产包括不良贷款债权及其从权利，可能存在着资产缺陷或因各种因素难以清偿，以至于受让方预期利益可能无法最终实现。除非转让方虚构、伪造资产文件外，转让方对资产缺陷不承担责任，无论资产缺陷是否已在投资者审阅文档中明示或通过对投资者审阅文档分析可以合理地了解和发现"。

第三，申请人和被申请人本次的资产转让系通过拍卖进行，C 省某拍卖公司发布的《拍卖规则暨债权拍卖约定》第 2 条"风险提示"已载明"拍卖债权存在包括但不限于全部或部分债权未获法院支持""债权已被全部或部分减免而现有债权证明文件未能发现"等风险；第 3 条"竞买人确认与承诺"已载明"竞买人愿意独立承担受让债权造成的一切损失或预期利益的无法实现"。

（4）《资产转让协议》已约定申请人就资产提出瑕疵主张的异议期，但申请人在异议期内未提出异议，其后也确认双方已经无争议地完成交割。据此，申请人已无权再主张案涉资产存在瑕疵。

第一，依据《资产转让协议》第 7.1 条之约定，自交割日起至交割日后第 60 日的期间，申请人有权就资产提出瑕疵主张。

第二，根据《资产转让协议》对交割日的约定，案涉资产的交割日应为 2016 年 12 月 b 日。在异议期内（2016 年 12 月 b 日至 2017 年 2 月 c 日期间），申请人未就案涉资产向被申请人提出瑕疵主张，且在异议期届满后，双方于 2017 年 4 月、2018 年 4 月先后签署《服务代理协议》《延期及更改协议》，明确双方已经无争议地办理完案涉债权的交割。

被申请人认为，其转让的案涉资产不存在瑕疵，且申请人主张案涉资产瑕疵的异议期已过，申请人无权要求被申请人承担违约责任。

2. 申请人已取得对 E 公司的主债权以及担保债权，且相应的保证以及担保债权有效存续，申请人尚未行权，根本谈不上产生损失，更无权向被申请人主张赔偿。

如前所述，根据 C 高院作出的《民事判决书》，申请人已取得了对 E 公司的主债权及相应担保债权。目前，申请人并未针对债务人及保证人、担保物采取强制执行措施，故其根本谈不上产生了损失。即使申请人行使相关权利进行追偿后不能如愿获利，亦为不良资产交易中正常的商业风险，与被申请人无涉，更无权向被申请人主张所谓损失。

综上所述，案涉资产为金融不良贷款，具有天然的商业价值"缺陷"并处于诉讼中、具有法律上的不确定性。被申请人已将对 E 公司近 2 亿元本金、利息债权以及列明的担保权利转让予申请人，并按照《资产转让协议》第 9.2 条约定的声明与保证履行了相应义务，被申请人在交易协议项下并无违约，案涉资产也不存在瑕疵，申请人的合同目的已经实现。至于申请人信赖可通过向 F 公司追索应收账款实现债权，纯系自身判断所致，与被申请人无关，且申请人已承诺自愿承担无法实现债权的相关风险。因此，申请人要求解除合同、由被申请人承担违约责任并赔偿损失的请求缺乏事实以及法律依据。

被申请人提出如下仲裁反请求：

1. 申请人承担被申请人因本案仲裁支出的律师、翻译费、交通费；

2. 申请人承担本案全部仲裁费用。

（三）申请人的补充意见

1. 被申请人依据《资产转让协议》向申请人转让的案涉"资产"应当包含被申请人对 F 公司的应收账款债权。

（1）根据案涉资产转让文件，案涉"资产"应当包含被申请人对 F 公司的应收账款债权。

第一，根据《资产转让协议》之约定，案涉"资产"应当包含被申请人对 F 公司的应收账款债权。

《资产转让协议》第 1.1 条将"资产"定义为："'资产'作为总称系指本《协议》附表 1《资产明细表》中所列的全部资产，包括最初由'前手'创设并已经转让给'转让方'（即：被申请人）的《贷款合同》项下的全部债权，以及《保证合同》和《物权担保合同》项下的全部担保债权，以及'转让方'就该等'资产'依法享有的其他权利……"

《资产转让协议》第 1.1 条将"义务人"定义为："……（iv）在任何《贷款合同》、《物权担保合同》、《保证合同》或与'资产'有关的任何其他协议和文件，或在上述协议或文件的转让、延期、背书或变更有关的文件项下承担义务的任何'人'……"

从上述定义可知，被申请人对 F 公司的应收账款债权即属于"资产"中的"其他权利"，F 公司即属于合同约定的还款义务人。

被申请人抗辩称，《资产转让协议》附件 1《资产明细表》仅载明 E 公司，而未载明 F 公司，故债务人不包括 F 公司。

申请人认为，《资产转让协议》共涉及 140 户资产，仅主债务人即有 140 个，抵押人、保证人、其他义务人的数量数倍于主债务人，难以一一列举（惯例也是如此）。但是，仅列明主债务人绝不代表仅转让主债权，担保债权和其他权利不在转让之列，更不代表豁免了其他还款义务人的还款义务。《资产转让协议》关于"资产"和"义务人"的定义清晰表明，主债权、担保债权、其他权利共同构成"资产"，都是《资产转让协议》项下转让的标的。

第二，《关于资产转让的确认函》所载文件明确约定 F 公司为债务人。

按照《资产转让协议》的要求，并按照《资产转让协议》附件 4.7（B）(iii) 的格式，申请人和被申请人就案涉资产签署了《关于资产转让的确认函》。

《关于资产转让的确认函》载明："'转让方'在与该等'资产'对应的贷款合同、还款协议、担保合同以及任何其他法律文件项下的全部权益也已同时一并转让给'受让方'……"被申请人对 F 公司的应收账款债权即为上述"其他法律文件项下的权益"。

《关于资产转让的确认函》表格中案涉债权对应的货款合同编号分别为：2013 年 G 行 20、2013 年 G 行 21、2013 年 G 行 22、2013 年 G 行 23。该等合同编号，对应的是 4 份《有追索权国内 R 业务申请书》，而该等申请书第 1 条的表格中明确列明，债务人为 F 股份公司。

故《关于资产转让的确认函》所载文件明确约定了 F 公司是债务人，被申请人转让给申请人的案涉"资产"包含了被申请人对 F 公司的应收账款债权，F 公司系还款义务人。

第三，《资产文件收据》表明被申请人将对 F 公司应收账款债权转让予申请人。

按照《资产转让协议》的要求，被申请人向申请人移交了与确认或行使"资产"项下权利和利益有关的"资产文件"，并且，被申请人与申请人按照《资产转让协议》附件 4.7（B）(i) 的格式签署了《资产文件收据》。

《资产文件收据》之附表 A《资产文件清单》第 23～42 项，即为被申请人向申请人移交的、证明其对 F 公司享有应收账款债权的相关文件。包括：①载明债务人为 F 股份公司的《有追索权国内 R 业务申请书》；②抬头为 F

股份公司的《商业发票（适用货物贸易）》；③F销售公司盖章的《应收账款转让确认书》；④F销售公司盖章的《燃煤销售结算单》；⑤抬头为F销售公司的《C增值税专用发票》。

被申请人向申请人移交其对F公司享有应收账款债权的文件，恰恰说明被申请人自己也认为，该等文件是为了确认或行使案涉"资产"权利和利益的文件，被申请人对F公司享有的应收账款属于案涉"资产"的一部分，并已经一并转让给申请人。

第四，被申请人与申请人就案涉"资产"转让发布的《联合公告》明确将F公司列为债务人。

2018年2月a日，被申请人与申请人在《C省经济报》共同发布了《联合公告》，明确将F公司列为债务人。被申请人辩称，《联合公告》为申请人"单方发布"，被申请人"未确认公告内容"。申请人认为，被申请人该主张与事实相悖，不能成立。这是因为：①在《联合公告》发布前，申请人已将公告全文发送给被申请人审核，被申请人并未提出任何异议；②按照《C省经济报》发布联合公告的要求，任何以双方名义发布的公告，均须经发布双方书面同意后方可登报；③如二审终审判决所载明，在诉讼过程中，上诉人由被申请人变更为申请人，在变更诉讼当事人过程中，《联合公告》系法院审查的必备文件之一，法院亦会询问被申请人的意见。可见，被申请人不可能不知道、不认可《联合公告》之内容。

（2）被申请人的诉讼行为足以说明被申请人认为其对F公司享有应收账款债权，且将该债权转让予申请人。针对案涉债权，GH支行提起了两宗诉讼，均将F公司列为被告并向其主张还款责任。被申请人替代GH支行成为原告后，继续要求F公司履行还款义务。这说明，被申请人一直都认为其享有对F公司的应收账款债权。在被申请人将案涉"资产"转让给申请人后，二审程序中，上诉人由被申请人变更为申请人，由申请人继续向F公司追索债权，被申请人则退出了诉讼。这进一步说明，被申请人将其对F公司的应收账款债权转让予申请人。

（3）R业务的保理法律关系性质决定了案涉"资产"包含被申请人对F公司的应收账款债权。

GH支行系基于2013年第20~23号R业务对国建公司产生金融债权。从《国内商业发票贴现协议》第2条、《有追索权R业务申请书》的约定来看，

R业务的法律本质就是保理法律关系。

中国银行业监督管理委员会、中国银行业协会和最高人民法院均对保理法律关系作出规定。根据该等法律规定，应收账款转让是保理法律关系的成立前提及核心，脱离了应收账款转让根本就谈不上保理关系。因此，在转让保理业务项下的金融债权时，作为该金融债权形成的基础和前提的应收账款应当统一安排，一并转让。

上述法律规定还明确，应收账款的支付是金融债权还款的第一来源，因此，应收账款的转让，有保障金融债权实现的作用和效果。从该角度来看，应收账款的转让具有担保还款的属性和作用，应属于"从权利"，根据《合同法》第81条之规定，应收账款亦应当随金融债权的转让而转让。

因此，本案中，被申请人对F公司的应收账款债权转让是E公司金融债权成立的前提和基础，在被申请人转让对E公司的金融债权时，其对F公司的应收账款债权应一并转让。否则，申请人不可能以9000余万元的对价收购该笔金融债权。

2. 应收账款债权的从属性和重要性。

申请人注意，被申请人强调应收账款的从属性以论证该等权利消灭、交付与否，不影响《资产转让协议》的履行。申请人认为，被申请人的观点与包括保理业务在内的银行融资业务惯例、与不良资产买卖的商业目的不符。

第一，根据中国银行业监督管理委员会《商业银行保理业务管理暂行办法》第6条、中国银行业协会《中国银行业保理业务规范》第4条关于"保理业务是以债权人转让其应收账款为前提"之规定，如不存在F公司的应收账款，案涉R业务根本无法开展，E公司根本无法获得银行的融资款。F公司的应收账款不可或缺，是本次R业务的核心价值。

第二，申请人之所以愿意以9000余万元对价购买案涉不良资产，是完全基于对F公司的应收账款价值的评估。F股份公司是一家资信良好的上市公司，具有相当还款能力及还款意愿，申请人据此认定案涉不良资产具有重大价值。至于E公司，申请人也对其进行过尽职调查，认为其已经完全不具备还本付息的能力。换言之，获得F公司的应收账款才是申请人收购案涉不良资产的唯一目的。被申请人所谓"从属性权利不应影响案涉资产转让的有效性"的说法缺乏依据。

第三，F公司的应收账款并非"或有性"权利。《资产转让协议》中没有任何"或有"字样，被申请人称双方通过《资产转让协议》明确了 F 公司的应收账款债权是"或有性"的，没有任何依据。

第四，就案涉不良资产而言，F 公司的应收账款被法院判定已获清偿而消灭，不仅影响《资产转让协议》的履行，更致使申请人的合同目的无法实现。

第五，被申请人在诉讼过程中将当事人由被申请人变更为申请人，并不意味着被申请人已经将 F 公司的应收账款转让并交付予申请人，或者申请人已经享有对 F 公司的追索权。C 高院的最终判决，恰恰确定了被申请人自始不享有对 F 公司的应收账款，根本无法将其转让并交付给申请人。

综上，申请人认为，F 公司的应收账款虽属从权利，却为案涉不良资产不可或缺的重要核心组成部分，是申请人愿意斥巨资收购案涉不良资产的基础和前提，而被申请人无法向申请人交付 F 公司的应收账款，导致申请人合同目的无法实现。

3. 被申请人向申请人转让的资产存在重大瑕疵，构成根本性违约，申请人有权行使法定解除权或主张瑕疵赔偿责任。

(1) 被申请人严重违反了《资产转让协议》第 9.2 条第 (a) 项之约定。

被申请人在《资产转让协议》第 9.2 条第 (a) 项中明确声明和保证："'转让方'是'资产'的唯一的法律和/或受益所有人，……'转让方'于'交割日'向'受让方'作出的'资产'的转让，不受任何第三方的权利、权益或有效的主张的影响。'转让方'完全有权出售和转让其在本《协议》项下的'资产'中的权益，……"

然而，C 高院的二审终审判决却认定 F 销售公司已于 2013 年 12 月支付了 2013 年第 20~23 号 R 业务对应的全部货款，F 公司无须再承担任何还款义务。

由于 F 公司清偿了其在第 20~23 号 R 业务项下货款，应收账款债权因清偿而消灭，被申请人向申请人声明和保证的其对 F 公司的应收账款债权自始不存在，被申请人没有履行向申请人转让其对 F 公司应收账款债权的义务，其转让给申请人的该单户资产存在重大瑕疵。被申请人显然严重违反了上述《资产转让协议》第 9.2 条第 (a) 项的约定。

(2) 被申请人严重违反《资产转让协议》第 9.2 条第 (c)(d) 项之约定。

被申请人在《资产转让协议》第9.2条第（c）项中进一步声明和保证："……'转让方'并不知道可能会使《资产明细表》中有关'资产'的信息成为不真实或误导性信息的任何变化、发展或事件。复印件包含于'投资者审阅文档'中的'资产文件'均由被申请人占有的、自'前手'所接收以及接收后形成或取得的全部文件和资料，且均为该等文件的真实、正确而完整的复印件……"；以及，在第9.2条（d）项中声明和保证："'转让方'已将由其接收和接收后获得的有关'资产'的全部协议和文件纳入'资产文件'和/或'投资者审阅文档'之中，不存在故意隐瞒或欺诈的情况。……"

从被申请人提交的C新高的律师事务所《情况说明》可以看出，被申请人在"2016年7、8月份"即已了解F股份公司的抗辩主张并收到其提交的材料，该等信息和材料显然属于《资产转让协议》第9.2条第（c）项约定的"任何变化、发展或事件"、第9.2条第（d）项约定的被申请人"接收后获得的有关'资产'的全部协议和文件"。但是，被申请人并未在《资产转让协议》签署时或交割时，将该等情况披露给申请人（特别指出：正如开庭时申请人陈述，被申请人代理律师从未在2016年7、8月份向申请人介绍过F股份公司的答辩情况或约见法官；申请人与法官见面的时间实际是在2017年2月（c+2）日，系在案涉《资产转让协议》签署且交割之后），也未将F股份公司提交的材料纳入"资产文件"和/或"投资者审阅文档"交付予申请人。被申请人的该等行为，严重违反了《资产转让协议》第9.2条（c）（d）项之约定。

（3）被申请人的严重违约行为，致使申请人合同目的不能实现，申请人有权行使法定解除权或主张瑕疵赔偿责任。

在《资产转让协议》签署前，被申请人的合作伙伴I公司将其在被申请人处的尽调结论告知申请人，表明F公司有清偿能力和还款意愿。而F股份公司系上市公司，资产状况良好，申请人完全是基于F公司的还款义务才愿意以9000余万元的对价购买案涉"资产"。由此可见，申请人所购买的案涉"资产"包括被申请人对F公司应收账款债权且为此支付了相应的对价，申请人就案涉"资产"的合同目的就在于获得包括对F公司应收账款在内的、完整的案涉"资产"的追偿权。

若申请人无法获得对F公司的应收账款债权、根本无权向F公司提出权利主张，其合同目的落空。申请人认为，在被申请人对F公司应收账款债权自始不存在的情况下，被申请人采取欺骗、隐瞒、误导等手段，诱使申请人购买了案涉单户"资产"，构成根本性违约，根据《合同法》第94条第4项之规定，申请人有权行使法定解除权。此外，根据《资产转让协议》第7.2条之约定，申请人亦有权基于资产瑕疵向被申请人主张瑕疵赔偿责任，此为申请人选择性的仲裁请求。

（4）被申请人关于其未违反承诺、申请人明知瑕疵存在的抗辩理由不能成立。

首先，被申请人有意混淆了"债权是否存在"与"债权能否实现"的区别。

被申请人在庭审中反复强调称，被申请人从未承诺申请人可通过向F公司追索实现债权，还以I公司出具的情况说明来佐证，申请人明知对F公司的清收存在不确定性。申请人认为，"债权能否实现"与"债权是否存在"存在本质差异，被申请人有意混淆了两者的不同本质。

本案中，申请人面临的并非由F公司缺乏偿债能力导致的"债权无法实现"的风险，申请人面临的是被申请人对F公司的应收账款债权"自始不存在"的风险。如《资产转让协议》约定，申请人确认的是对F公司的应收账款债权"存在着部分或者全部不能回收的风险以及清收的困难性"（即：仲裁庭提到的"事实上的瑕疵"），但申请人从未确认也不可能接受对F公司的应收账款债权"自始不存在"的风险（即：仲裁庭提到的"法律上的瑕疵"）。申请人可以接受"事实上的瑕疵"，但绝不能接受"法律上的瑕疵"。

针对被申请人在《答辩意见》中提出的"对F公司行使追索权的不确定性"，申请人认为，行使追索权的前提必须是享有追索权。在被申请人告知对F公司应收账款债权存在、向申请人提供了相关资料、隐瞒了该债权可能已不复存在的文件的情况下，申请人不可能通过尽职调查发现端倪。相反，I公司的"前期尽职调查结果"是"上市公司F国际应当对本笔债权承担连带清偿责任，现F国际已与B公司洽谈还款协议，意向还款8000万元"。这进一步让申请人相信，被申请人对F公司享有应收账款债权，且F公司有偿债能力和还款意愿。

其次，不良资产的特殊性质不包括资产自始不存在的风险，申请人在《资产转让协议》所做承诺及《拍卖规则暨债权拍卖约定》的相关内容不排除被申请人应当承担的违约责任。被申请人还主张，申请人明知案涉"资产"

系不良资产，并在《资产转让协议》中作出相应确认和承诺，且《拍卖规则暨债权拍卖约定》中也列示了资产可能存在瑕疵风险。因此，申请人无权就对F公司应收账款债权灭失向被申请人提出权利主张。被申请人的该等主张系对《资产转让协议》和《拍卖规则暨债权拍卖约定》的曲解和误读，完全不能成立。

申请人认为，《拍卖规则暨债权拍卖约定》是拍卖人与竞买人之间形成的独立法律关系，《拍卖规则暨债权拍卖约定》的目的在于允许拍卖人在特定条件下免责，被申请人无权据此主张免除自己在《资产转让协议》项下的责任。更何况，《拍卖规则暨债权拍卖约定》第2部分第3条第8项与《资产转让协议》第16.4条均明确约定，如二者不一致的，以《资产转让协议》为准。因此，关于"瑕疵"和"资产缺陷"问题，无需考虑《拍卖规则暨债权拍卖约定》的相关内容，被申请人更不能据此免责。

4. 申请人行使法定解除权及主张瑕疵赔偿责任不受"60日瑕疵异议期"的限制。

首先，申请人行使法定解除权不等同于依《资产转让协议》第7条之约定主张"瑕疵救济"，不受《资产转让协议》第7.1条约定的"60日瑕疵异议期"的限制。由于被申请人构成《合同法》第94条项下的根本性违约，申请人有权就该单户资产行使法定的合同解除权。

其次，申请人提出瑕疵赔偿主张也不受"60日瑕疵异议期"的约束，原因在于：

根据《资产转让协议》第7条之约定，"60日瑕疵异议期"实质上是买卖合同中的瑕疵检验期，被申请人对F公司应收账款债权瑕疵需要待生效判决作出才能最终确定，根本无法在该期限内检验、发现，属于"隐蔽瑕疵"。根据最高人民法院《关于审理买卖合同纠纷案件适用法律问题的解释》第18条、第17条、第45条之规定，《资产转让协议》约定的"60日瑕疵异议期"不适用于本案情形，申请人可以在"合理期间"提出异议。申请人认为，申请人在生效法院判决作出后60日之内提起本案仲裁，显属合理。如果按照被申请人的理解和主张，"60日瑕疵异议期"实质剥夺了买受人主张权利的机会，严重损害买受人的合法利益。期间的起算点在学理上主要有两种标准，一种是客观标准，即从权利客观产生之时起算，在该种情况下，相关期间经过的时间一般较长，如诉讼时效最长权利保护期间是"自权利受到损害之日起二十年"；另一标准是主观标准，即从知道或应当知道权利可以行使之日起算，如诉讼时效期间是"自权利人知道或者应当知道权利受到损害以及义务人之日起计算"。相比较而言，主观标准更符合保护权利人的意旨，因为如果权利客观产生但处于无法行使或者权利人无法认知的状态，机械地从权利产生之日起算，相当于剥夺了该项权利。申请人认为，《资产转让协议》约定"异议期"的起算点是"交割日"，采用的是客观标准，且经过期间只有仅仅60日。在此期间，被申请人仍在通过诉讼程序向 F 公司主张权利，尚未获得生效判决，该项瑕疵是否存在尚未可知，申请人根本无法在此期间行使该项权利。

在此情形下，即便考虑《资产转让协议》第 7.1 条约定的"异议期"，其起算时点应为生效判决作出之日，而非"交割日"。C 高院于 2018 年 12 月作出二审生效判决，而申请人提起本案仲裁的时间为 2019 年 2 月 b 日，就申请人的选择性仲裁请求而言，申请人提出该项请求的时间亦符合《资产转让协议》的约定。

综上，申请人行使法定解除权并无时间限制，提出瑕疵救济的选择性请求也不受"60 日瑕疵异议期"的约束。退一步而言，瑕疵异议期至多应从二审生效判决作出日开始起算，申请人在本案 G 使瑕疵异议权并未超过 60 日的瑕疵异议期限。

5. 申请人遭受的损失客观存在且金额巨大 被申请人在庭审和《答辩意见》中还主张法院的判决书已经确认了申请人对 E 公司的主债权及担保债权，申请人可通过强制执行程序向 E 公司及相关担保人追偿，申请人不存在任何损失。申请人认为，被申请人的该主张也不能成立。

申请人认为，是否产生实际损失并不是合同解除的前提条件，申请人之所以解除合同，系因为被申请人的根本性违约（即：未向申请人交付其对 F 公司的应收账款债权）导致申请人无权向 F 公司追索，申请人的合同目的落空。更何况，合同解除的法律后果是恢复原状，即：被申请人向申请人返还单户资产买价、赔偿利息损失以及可得利益损失，而不是赔偿申请人未能实现的对 E 公司主债权及担保债权对应的金额。因此，申请人能否在相关执行程序中获得任何执行款项，并不影响申请人对被申请人行使法定解除权。事实上，申请人的损失已客观发生且金额巨大。尽管申请人与被申请人之间存在案涉争议，但申请人为妥善履行善良管理责任，已向执行法院申请了强制执行。然而，经法院全面查询，被执行人（包括E公司及各保证人、担保人）几乎没有可供执行的财产。截至目前，仅E公司名下一处房产完成拍卖，成交价格为近400万元，相关价款由执行法院保管。该等事实进一步佐证，案涉主债权和担保债权的价值非常有限，F公司的应收账款是申请人主要依赖的还款资金来源，在此前提下，申请人才愿意花费9000余万元购买该单户资产。但被申请人并未向申请人交付其对F公司应收账款债权，申请人根本无权向F公司主张权利。因此，从强制执行的情况来看，申请人的损失确已客观产生。

综上，被申请人所谓申请人可以通过强制执行措施实现债权清收的主张，与事实严重不符，根本不能成立。

6. 被申请人的反请求不能成立。

本案中，被申请人提出反请求，要求申请人承担其因本案支出的律师费以及翻译费、交通费、仲裁费等费用，假设仲裁庭支持申请人仲裁请求，则被申请人的上述费用均系由其自身违约行为造成的，故应由其自行承担。

（四）被申请人的补充意见

1.《资产转让协议》项下的"资产"系针对E公司的贷款债权，对F公司的权利属于从属性质的其他权利。根据《资产转让协议》第1.1条，"资产"的范围是"本《协议》附表1《资产明细表》所列的全部资产，包括最初由'前手'创设并已经转让给'转让方'的《贷款合同》项下的全部债权，以及……担保债权，以及……其他权利"。附表1《资产明细表》载明，本案单笔资产借款人仅为E公司。

根据上述约定，双方对于资产范围的约定是明确的，本案项下的"资产"，为E公司作为借款人产生的贷款债权、该债权附有的相关担保权利以及其他可能的从属性权利。其中，对E公司的主债权是该单笔资产交易的对象，对F公司的债权仅仅是该笔资产中的从属性其他权利。对F公司的应收账款如同其他未于《资产转让协议》所附资产清单中列明的权利一样，可以视为交易结构下处于不确定状态且广义理解的"相关权利"，即法律意义上的从属权利，但实际上，这类"相关权利"并非转让方承担合同责任的合同标的范围。不良资产交易实务中，一般对不确定性甚至对其难以描述的"相关权利"直接予以卖方免责安排，或者不列入相关资产清单中作为列明的、约定的合同标的，类似"附送"的性质。

申请人所称商业概念上的所谓"核心资产"，按其现在表述的重要性，如果交易当时这种重要性也存在，应当由交易双方落实进交易法律文件，明确列入被申请人可承担合同责任的相关资产清单。明显地，转让方于交易过程中在回避相应合同责任的"相关权利"（对 F 公司的或有权利）不应当影响交易的稳定性，申请人在没有合同依据和商业管理依据的情况下，从单方商业判断角度的主张没有法律意义；申请人以"本案核心资产"方式表达的、针对 F 公司的或有权利的法律意义和重要性，未体现在与被申请人达成合意的法律文件中，只应由其作为买方在出价时予以谨慎考虑。不良资产打包交易中本来就整体定价，并未约定单户价格并进行相应的回购安排，属于申请人商业上应予考虑而与被申请人无关的事项。

值得注意的是，被申请人转让给申请人的"资产"，系来源于 GC 分行。申请人单方面发布的《联合公告》将 F 公司列为债务人，显然超出了由 GC 分行创设并转让给被申请人的权利的范围，且申请人并未将该公告发送至《资产转让协议》约定的邮箱供被申请人确认。

因此，申请人将对 F 公司的债权认为是《资产转让协议》项下的主债权，仅是其单方错误理解，缺乏合同依据，也未取得被申请人的认可。

2. 对 F 公司的债权系对 E 公司债权的其他从属性、或有性权利，该权利最终被法院判定已经清偿，并不影响本案《资产转让协议》的履行。

（1）本案核心资产是对 E 公司的贷款债权，F 公司的债权仅属于主债权的从属性权利。

从法律关系来看，根据《国内商业发票贴现协议》，中行 H 支行向 E 公司发放融资款，在融资款无法收回的情况下，GH 支行有权从 E 公司账户主动扣款或采取其他办法主动收款，F 公司应收账款仅仅系还款来源之一。

因此，案涉交易中，对 E 公司的贷款债权是该法律关系中的核心权利，而 F 公司的应收账款债权仅仅是与约定合同标的债权相关的从属性其他权利。

从资产交易的书面文件来看，依据《资产转让协议》第 1.1 条约定，《资产转让协议》中所述的"资产"范围，主要依据附表 1《资产明细表》确定。换言之，《资产明细表》所列资产应当是本案资产转让交易项下，双方所确定的合同标的即主要交易资产"核心资产"。

具体而言，双方争议的案涉资产，《资产明细表》显示第 102 户资产为对 E 公司的贷款债权，《关于资产转让的确认函》显示资产内容为借款人为 E 公司的债权以及相应的担保、保证债权。除作为资产转让相关背景文件交接的F公司资料以外，在资产转让中，双方签署的所有文件中均未提及对F公司的应收账款债权。

（2）签订《资产转让协议》之时，申请人与被申请人均明知对F公司的债权属于从属性权利。

首先，《资产转让协议》及其《资产明细表》从未就"F公司的应收账款"作出任何陈述。《关于资产转让的确认函》载有的与F公司债权相关的文件仅为"资产"的背景材料，目的是便于申请人全面了解案涉转让资产的情况。申请人在仲裁申请书中和庭审过程中皆主张，其购买案涉资产的主要目的是购买对F公司的应收账款债权。但遗憾的是，申请人的该项主张，在双方交易文件中只字未提，缺乏证据支持，且申请人亦认可对F公司的权利为其他从属性权利，故此主张明显与事实不符。

其次，被申请人将案涉资产转让予申请人之时，案涉资产已处于诉讼程序之中，存在被法院认定为债权已消灭或不存在的风险。对于该风险，在资产转让之前，申请人已经在被申请人的协助下进行了独立尽职调查，对相关信息是明知的，即已明确知晓作为从属性的对F公司的应收账款债权能否受偿存在较大的不确定性。

（3）对F公司的从属性权利已经消灭不影响《资产转让协议》的履行。

依上所述，案涉转让资产指向的是对E公司的主债权。C高院作出的《民事判决书》，已经判决申请人有权要求E公司偿还近2亿元债务本金及相应利息，并且有权要求保证人承担保证责任，对债务人、担保人提供的担保物享有优先受偿权。因此，在《资产转让协议》项下，被申请人作为转让方的主要义务已经完成，申请人的合同目的已经实现。

就对F公司的权利，申请人已经通过变更诉讼主体的方式，成为相关案件的诉讼当事人，使其可以在诉讼中向F公司主张权利。被申请人已经完成了《资产转让协议》项下与对F公司的应收账款债权有关的义务。最终法院生效判决确认F公司的应收账款已经清偿，是申请人于参与竞买案涉资产及签订《资产转让协议》时已经预见并应当承担的风险，也是不良资产转让的固有风险。且即使该从属性权利未能实现，对于《资产转让协议》合同目的的实现并无实质影响，申请人仍可以向E公司及其他担保人主张权利，符合《资产转让协议》的约定。

综上，申请人的合同目的已经实现，对 F 公司的从属性权利消灭不应影响《资产转让协议》的履行。

3. 案涉"资产"不存在《资产转让协议》约定的"瑕疵"，申请人应当自行承担不良资产固有的商业风险，不能转嫁给被申请人。

（1）被申请人已经将与案涉资产相关的全部文件资料交付申请人，不存在任何隐瞒或欺诈，申请人无法对 F 公司主张权利不违反声明和保证，不属于《资产转让协议》约定的瑕疵。

就资产"瑕疵"，《资产转让协议》在第 1.1 条有明确定义，仅指被申请人"在第 9.2 款和/或第 9.3 款中所作声明和保证的违反事项"。事实上，被申请人未存在任何隐瞒或虚构，不违反声明和保证，案涉资产不存在协议约定的"瑕疵"情形。

依据《资产转让协议》第 1.1 条关于"资产缺陷"的约定，申请人对 F 公司主张权利未能实现的情形，仅仅属于资产的商业缺陷，相关风险应当由申请人自行承担。

（2）申请人在资产转让和诉讼过程中已经知情并接受了 F 公司债权存在不确定性的事实，但没有对此提出异议，其应当自行承担不良资产固有的商业风险。

根据被申请人提交的 C 新高的律师事务所的《情况说明》，以及申请人在庭审中的自认，申请人在签订《资产转让协议》之前已经了解了与 F 公司相关的诉讼情况以及山煤公司的抗辩。申请人在充分知晓 F 公司可能已经还款及由此带来的风险的情况下，仍然选择与被申请人签订《资产转让协议》，且并未要求在协议主文及附件中明确 F 公司的应收账款债权。

之后，申请人成为相关案件的当事人，进一步了解了 F 公司关于还款的主张，但仍然在二审中提出主张，认为该还款并非针对案涉保理融资业务，且并未因此向被申请人提出异议。申请人的行为表明其对 F 公司债权的固有缺陷存在充分认知，其应当自行承担不良资产固有的商业风险。

（3）申请人提出异议时已经超过了协议约定的异议期限，被申请人无需承担违约责任。

即使申请人认为案涉资产具有"瑕疵"，也应至迟于 2017 年 2 月 c 日之前提出资产瑕疵的异议。该条款系当事人之间的意思自治，亦是为了维护不良资产交易的稳定性，双方应该遵照履行。

即使如申请人主张，应当从申请人知道或应当知道资产瑕疵存在之日起算该期间，由于申请人至迟已于诉讼案件一审期间知晓 F 公司的抗辩主张，申请人提出异议时已经超过了约定的瑕疵主张期限，被申请人无需承担违约责任。综上，被申请人认为，本案中的"资产"和瑕疵责任，都应该根据《资产转让协议》文本及缔约和履行过程中双方的行为体现出的双方当事人的真实意思表示来进行界定。据此，对 F 公司的应收账款债权仅是其他从属性、或有性权利，申请人无法对 F 公司主张权利不构成资产瑕疵，被申请人不存在违约行为，申请人无权解除合同或要求被申请人承担违约责任。

二、仲裁庭意见

仲裁庭注意到，双方当事人就本案争议提交了大量的文件，提出了诸多的主张和法律论点。仲裁庭都一一审阅并纳入考虑。不过，这并不代表在本裁决书中，会提及所有证据或列出所有论点。若仲裁庭在本裁决书中未对任何一个证据、主张或论点作出论述或置评，并不代表仲裁庭没有注意到该等证据或考虑到该等主张或论点。

仲裁庭现根据相关法律规定，结合本案材料及庭审情况，发表意见如下：

（一）关于本案适用法律

案涉《资产转让协议》签订主体为申请人和被申请人。其中，申请人是注册在 N 国的公司，故《资产转让协议》属于涉外民事关系。

《涉外民事关系法律适用法》第 3 条规定："当事人依照法律规定可以明示选择涉外民事关系适用的法律。"第 41 条规定："当事人可以协议选择合同适用的法律。"《资产转让协议》第 16.6 条（a）约定："本《协议》应按照'中国'法律解释，并依据其确定本《协议》项下的权利和义务。"《资产转让协议》第 1.1 条"定义"条款约定："'中国'系指，中华人民共和国。'中国'一词在本《协议》中不包括香港特别行政区、澳门特别行政区和台湾。"

因此，仲裁庭认定，《资产转让协议》关于法律适用的约定有效，《资产转让协议》的准据法为中国法，但香港特别行政区、澳门特别行政区和台湾省法规除外。

（二）本案有关事实以及合同约定

1. 2013 年 4 月（a-14）日，E 公司与 F 股份公司签订《煤炭供货协议》，约定由 E 公司向 F 股份公司提供动力煤，F 股份公司在 E 公司发送货物 90 日内支付货款。此后，F 股份公司与 F 销售公司签订《协议》，约定《煤炭供货协议》项下的付款义务由 F 股份公司委托 F 销售公司代为履行，若 F 销售公司不能按约履行，F 股份公司承担最终付款义务。

2013 年 4 月 a 日，E 公司与 F 股份公司签订《煤炭供货补充协议》，E 公司同意由 F 销售公司代 F 股份公司履行《煤炭供货协议》项下的付款义务；如果 F 销售公司不能按约付款，由 F 股份公司承担最终的付款责任。

2. 2013 年 5 月 a 日，E 公司与 GH 支行签订《授信业务总协议》，约定双方开展贷款、法人账户透支、银行承兑汇票、贸易融资、保函、资金业务及其他授信业务（单项授信业务）；若 E 公司向 GH 支行叙作单项授信业务，应向 GH 支行提交相应的申请书及/或与 GH 支行签署相应的合同/协议（单项协议）。

同日，E 公司（卖方）与 GH 支行（保理商）签订《国内商业发票贴现协议》（即单项协议），约定：E 公司拟采用信用销售方式向 F 股份公司销售煤炭并拟利用 GH 支行提供的商业发票贴现服务；国内商业发票贴现是指 E 公司将现在或将来的基于其与买方（债务人）订立的销售或服务合同项下产生的应收账款转让给 GH 支行，由 GH 支行为其提供融资、应收账款催收等服务；GH 支行为 E 公司核准的贴现额度为 2 亿余元，该额度为循环额度，有效期为 2013 年 5 月 a 日至 2014 年 1 月 b 日；E 公司申请额度，应提交《国内商业发票贴现额度申请书》；E 公司应自本协议生效之日起将随后产生的对买方的合格应收账款全部转让给 GH 支行；GH 支行对 E 公司已转让的应收账款应在到期日前采取其认为合适的方法向买方催收；若已贴现融资的应收账款至发票到期日后 30 天仍无法收回，GH 支行有权立即收回融资本息。

3. 2013 年 5 月 a 日，E 公司和 GH 支行共同向 F 销售公司发出《应收账款债权转让通知书》，告知 F 销售公司，E 公司将其在《煤炭供货协议》项下的应收账款全额转让给 GH 支行，请 F 销售公司将《煤炭供货协议》项下的应付账款付至 E 公司开立在 GH 支行的 xxx 账户。

同日，F 销售公司向 E 公司以及 GH 支行回复《应收账款债权转让通知确认书》，确认并同意上述《应收账款债权转让通知书》的内容，确认知悉 GH 支行为应收账款债权的合法受让人，F 销售公司将于到期日将《煤炭供货协议》项下的所有应付账款全额支付至 E 公司的 xxx 账户。

4. 2013 年 12 月 b 日，E 公司与 GH 支行签订编号分别为 2013 年 G 行 20 和 2013 年 G 行 21 的《有追索权国内 R 业务申请书》（即《国内商业发票贴现协议》所称的"国内商业发票贴现融资申请书"，以下合称第 20~21 号 R 业务协议），E 公司请求 GH 支行贴现商业发票下交易所产生的合格应收账款，发票金额分别为 5000 余万元和近 6000 万元，贴现金额分别为 4000 万元和近 5000 万元；两份协议下债务的由 8 个最高额保证和 6 个最高额抵押来担保；若发生《国内商业发票贴现协议》提及的情形致使 GH 支行不能按期收回相关款项，GH 支行有权从 E 公司在 GH 支行开立的账户（账号：yyy，以下简称"yyy 账户"）中扣款。

同日，E 公司向 F 股份公司出具两份《商业发票（适用于货物贸易）》，总价分别为 5000 余万元和近 6000 万元，告知其 GH 支行已成为本"发票"项下应收账款的合法受让人，只有 F 销售公司在 E 公司发货后 90 日内向 xxx 账户付款，才能解除 F 股份公司对 E 公司的债务。

2013 年 12 月（b+1）日，F 销售公司向 GH 支行出具两份《应收账款确认书》，保证其将于 2014 年 3 月 c 日前向 xxx 账户支付 5000 余万元，于 2014 年 3 月（c+7）日前向 xxx 账户支付近 6000 万元。

5. 2013 年 12 月（b+10）日，E 公司与 GH 支行签订编号分别为 2013 年 G 行 22 和 2013 年 G 行 23 的《有追索权国内 R 业务申请书》（即《国内商业发票贴现协议》所称的"国内商业发票贴现融资申请书"，以下合称第 22~23 号 R 业务协议），E 公司请求 GH 支行贴现附表所列商业发票下交易所产生的合格应收账款，发票金额分别为近 6000 万元和近 6000 万元，贴现金额分别为近 5000 万元和近 4000 万元；两份协议下债务的由 8 个最高额保证和 6 个最高额抵押来担保（与第 20~21 号 R 业务协议相同）；若发生《国内商业发票贴现协议》提及的情形致使 GH 支行不能按期收回相关款项，GH 支行有权从 E 公司的 yyy 账户中扣款。

同日，E 公司向 F 股份公司出具两份《商业发票（适用于货物贸易）》，总价分别为近 6000 万元和近 6000 万元），告知其 GH 支行已成为本发票项下应收账款的合法受让人，只有在发货后 90 日内向 xxx 账户付款，才能解除 F 股份公司对 E 公司的债务。

2013 年 12 月（b+13）日，F 销售公司向 GH 支行出具两份《应收账款确认书》，保证其将于 2014 年 3 月（c+8）日前向 xxx 账户支付近 6000 万元，于 2014 年 3 月（c+10）日前向 xxx 账户支付近 6000 万元。

6. 2014 年 2 月，GH 支行将 E 公司以及其他为 E 公司提供连带责任担保的担保方作为被告诉至 C 省 H 市中级人民法院，要求被告偿还其第 20~21 号 R 业务协议项下的贴现款近 9000 万元及相应利息（以下简称"诉讼案一"）。2014 年 4 月 a 日，GH 支行申请将 F 股份公司、F 销售公司追加为该案的被告。

2014 年 4 月（d+7）日，GH 支行将 E 公司、F 股份公司、F 销售公司，以及其他为 E 公司提供连带责任担保的担保方作为被告诉至 C 省 H 市中级人民法院，要求被告偿还第 22~23 号 R 业务协议项下的贴现款近 9000 万元及相应利息（以下简称"诉讼案二"。如无特指，诉讼案二与诉讼案一合称为诉讼案）。

7. 2014 年 12 月 b 日，GC 分行与被申请人签订《不良资产批量转让协议》，约定 GC 分行向被申请人转让 51 户债权，其中包括 GH 支行对 E 公司共计近 2 亿元的债权。

就 GH 支行对 E 公司这一户债权，GC 分行与被申请人于 2015 年 1 月 f 日签订《债权转让协议（单户适用）》，截至 2014 年 9 月 e 日（转让基准日），该户债权账面价值为本金近 2 亿元，利息近 1000 万元，诉讼费含挂账评估费近 1000 万元。

8. 2016 年 10 月 a 日，被申请人与申请人签订《资产转让协议》，约定被申请人将该协议附表所列的全部债权转让给申请人；列表第 102 项为案涉债权，显示借款人为 E 公司，本金余额为近 2 亿元，利息余额为近 1000 万元。申请人与被申请人共同确认，案涉债权的受让价款为 9000 余万元。

9. 2018 年 12 月 x 日，C 高院分别就诉讼案一、诉讼案二作出民事判决书，认定 F 销售公司已经履行了第 20、21、22、23 号 R 业务项下的货款支付义务，但是不能据此认定 E 公司已经向 GH 支行清偿了上述 R 业务项下的融资款本息，故认定 E 公司尚未偿还融资款。

10. 2019 年 1 月 c 日，申请人向被申请人发送《律师函》，因案涉债权存在严重瑕疵，被申请人根本违约，申请人依据《合同法》第 94 条的规定解除案涉单户合同条款，并要求被申请人返还单户资产买价、赔偿利息损失以及可得利益损失。2019 年 1 月（c+1）日，该函送达被申请人。

（三）本案争议焦点

经审理，仲裁庭认为，本案主要有如下争议焦点：①被申请人向申请人转让的案涉资产是否包含F公司的应收账款债权？如果包括，该等应收账款债权在案涉资产中的法律性质/地位如何。②案涉不良资产是否存在"瑕疵"或"缺陷"。③申请人是否有权解除案涉单户资产买卖条款。④被申请人是否应就F公司应收账款债权存在的问题向申请人承担损失赔偿责任。对于这些问题，仲裁庭逐一分析如下：

1. 案涉资产是否包括F公司的应收账款债权？如果包括，该等应收账款债权在案涉资产中的法律性质/地位如何？

申请人认为，被申请人依据《资产转让协议》向申请人转让的案涉不良资产中包含了被申请人对F公司的应收账款债权。主要理由为：根据包括《资产转让协议》在内的资产转让文件，案涉不良资产包含被申请人对F公司的应收账款；R业务的保理法律关系性质决定了案涉不良资产包含被申请人对F公司的应收账款。被申请人则认为，案涉资产来源于被申请人从GC分行处受让的金融不良资产（债权），无论是GC分行与被申请人签订的转让文件，还是被申请人与申请人签订的转让文件，载明的转让资产均是对E公司享有的贷款主债权及相应的担保债权，从未约定转让资产包括对F公司的应收账款债权。

对此，仲裁庭分析如下：

根据《资产转让协议》及其附表1《资产明细表》，双方之间的转让的案涉不良资产是《资产明细表》第102项所列针对E公司的近2亿元融资债权，形成该债权的基础交易是GH分行与E公司之间的R业务，这是双方没有争议的基础事实。双方的争议就在于如何理解所转让的该近2亿元E公司融资债权不良资产的具体内容、构成或范围。

仲裁庭从以下三个方面进行分析：

（1）案涉不良资产的形成和转让过程。

根据查明的事实可知，GH分行与E公司基于前述《授信业务总协议》和《国内商业发票贴现协议》开展R业务即保理业务，GH分行授予E公司融资额度，并在额度范围内依据E公司的用款申请、所提供的担保以及转让的F公司应收账款，向E公司发放贷款。具体而言，依据第20~21号R业务协议和第22~23号R业务协议，E公司将针对F销售公司的2亿余元的应收账款转让给 GH 支行，GH 分行向 E 公司支付贴现款（融资款）共计近 2 亿元，若 GH 支行无法收回应收账款，则有权向 E 公司追索融资款本息；另，E 公司为保障该近 2 亿元融资债务，还安排了有关第三方向 GH 支行提供了 8 份最高额保证和 6 份最高额抵押担保。

2014 年 12 月，GC 分行将 GH 支行在上述 4 份《有追索权国内 R 业务申请书》项下的本金金额为近 2 亿元债权资产（连同相关利息和费用）作为金融不良资产转让给了被申请人。

2016 年 10 月，被申请人又将该等金融不良资产完整转让给了申请人。

（2）案涉不良资产是否包括 F 公司的应收账款债权？

本案中，双方对案涉不良资产包括 GH 支行对 E 公司的近 2 亿元贷款债权（以下简称"贷款债权"）以及就该等贷款债权对保证人和抵押人的权利（以下简称"担保债权"）没有异议，但是，对于是否包括 GH 支行对 F 公司的应收账款债权以及该等权利的性质，双方存在不同观点。

仲裁庭认为，本案贷款债权是 GH 支行与 E 公司之间开展 R 业务所形成的债权，而根据 R 业务即保理业务的特性，相关应收账款债权（即案涉 F 公司应收账款债权）之转让安排是该等融资性业务开展的基础和不可分割的业务组成部分，而且根据《中国银行业保理业务规范》，该等应收账款还构成贷款债权的第一还款来源。因此，可以说，尽管从《资产转让协议》及其附表 1《资产明细表》的表面文字看，案涉转让的不良资产中没有明确写明包括 F 公司的应收账款债权，但基于 R/保理业务的基本规则以及 GH 支行与 E 公司之间的相关实际融资安排（如 E 公司向 F 销售公司发出《应收账款债权转让通知书》，告知 F 销售公司该等应收账款全额转让给 GH 支行，并要求 F 销售公司将应付账款付至 E 公司开立在 GH 支行开设的 xxx 账户等事实情况），完全可以确定，贷款债权的转让自然就包含了 F 公司应收账款债权之转让。本案中，被申请人向申请人移交的资产文件中也明确包括了对 F 公司享有应收账款债权的相关文件（如抬头为 F 股份公司的《商业发票（适用货物贸易）》《C 省增值税专用发票》、F 销售公司盖章的《应收账款转让确认书》和《燃煤销售结算单》等），该等文件构成确认和行使对 F 公司应收账款债权的文件。从这个角度来看，被申请人对 F 公司享有的应收账款属于案涉资产一部分，并转给了申请人。

此外，早在被申请人受让案涉不良资产前，GH 支行已经向 F 公司提起了诉讼，要求其支付应收账款，而且随着本案被申请人和申请人先后受让案涉不良资产，双方也实际先后成为相关诉讼案件的当事人，直接对 F 公司主张权利。这事实上也证明案涉不良资产包含了 F 公司应收账款债权。

综上，仲裁庭认定，案涉资产包括 F 公司应收账款债权。

（3）F 公司应收账款债权的性质/地位。基于案涉资产的实际构成或内容，应该说，案涉资产是一个由多类法律权利组合构成的资产，它既包括直接体现为主债权形态的（对 E 公司的）贷款债权以及从债权形态的担保债权，同时还内含了 F 公司应收账款债权。

仲裁庭认为，相对于整体案涉资产而言，可以如此看待 F 公司应收账款债权，即从经济上讲，F 公司应收账款债权是贷款债权的偿还来源和支持，其经济功能如同担保债权；在法律上讲，F 公司应收账款债权是附属性的权利。而且，鉴于当初 GH 支行与 E 公司之间的 R/保理业务类型，即有追索权的保理融资业务，在此业务下，若 F 公司应收账款最终不能保障贷款债权的（全部或部分）清偿，GH 支行仍对 E 公司有追索权，E 公司是最终的还款责任人。如此，转让 F 公司应收账款并不构成对贷款债权的直接清偿或抵偿，而只是对贷款债权的清偿提供增信支持，为贷款债权的清偿提供保障，经济功能类似担保，但不属于担保法项下的典型担保安排。如果对照《资产转让协议》第 1.1 条约定："'资产'作为总称系指本协议附表 1《资产明细表》中所列的全部资产，包括最初由'前手'创设并已经转让给'转让方'的《贷款合同》项下的全部债权，以及《保证合同》和《物权担保合同》项下的全部担保债权，以及'转让方'就该等'资产'依法享有的其他权利。"仲裁庭认为，F 公司应收账款债权显然属于该资产中的"其他权利"。

仲裁庭注意到，申请人主张，F 公司应收账款债权不仅仅包括在案涉资产中，而且是其中的"核心资产"，是其收购案涉不良资产的主要原因。仲裁庭认为，申请人的这一主张更多是基于其对该部分资产的可变现经济价值的认识而言的，但并没有合同依据和法律意义。

2. 案涉不良资产是否存在"瑕疵"或"缺陷"。

本案双方的争议起因于 C 高院作出的终审判决，该等判决判定 F 公司应收账款在 GC 分行转让案涉资产给被申请人之前即已全额偿还。

由此，申请人认为，被申请人对 F 公司的应收账款自始不存在，并在转让案涉资产时隐瞒了此等资产可能不存在的信息，违反了《资产转让协议》

第9.2条（a）（c）（d）项下所作的声明和保证，其所转让的资产存在重大瑕疵。此举导致申请人就案涉债权进行清收的合同目的无法实现，被申请人已构成根本违约。

被申请人则认为，《资产转让协议》及相关交易文件载明的转让资产始终是对E公司的主债权以及相应的担保债权，从未将F公司应收账款列为转让资产，被申请人不存在任何隐瞒行为。C高院的终审判决确认申请人有权要求E公司偿还近2亿元债务本金以及相应利息，有权要求保证人承担保证责任，对债务人、担保人提供的担保物享有优先受偿权。因此，申请人已取得案涉资产的全部权益，且本金余额不低于近2亿元，被申请人没有违反《资产转让协议》第9.2款（a）（c）（d）项的声明和保证义务。同时，被申请人认为，案涉资产为金融不良贷款，具有天然的商业价值缺陷并处于诉讼中，具有法律上的不确定性，可能存在着各种因素导致清偿困难、受让方预期利益无法实现的风险。被申请人作为资产转让方，除存在虚构、伪造资产文件情况外，对资产的缺陷不承担责任。因此，即使F公司应收账款属于转让资产的内容，申请人也无权以F公司应收账款债权的不可实现为由，主张被申请人违约，要求解除合同或/及赔偿损失。

综上，就F公司应收账款债权因被法院裁判为已经清偿而不再存在之事实，申请人认为该等情形构成资产的重大瑕疵，对此被申请人负有赔偿责任，而被申请人则认为此等情形属于不良资产天然可能存在的缺陷，由此产生的资产价值不能实现的风险应由申请人自行承担，被申请人没有责任。应该说，针对F公司应收账款债权之不存在属于瑕疵或缺陷的争论，是本案最核心的法律争议问题。就此，仲裁庭结合《资产转让协议》的相关规定分析如下：

就瑕疵和瑕疵资产，《资产转让协议》第1.1条是如此定义的："'瑕疵'系指就一项'资产'而言，对'转让方'在第9.2款和/或第9.3款中所作的声明和保证的违反的事实，并且该违反声明和保证的情况将对该等'资产'的价值或'受让方'在该'资产'下享有的权利、所有权或利益产生重大不利影响。……""'瑕疵资产'系指，存在'瑕疵'的任何'资产'或仲裁裁决确认存在'受让方'所主张的'瑕疵'的资产。"仲裁庭注意到，第9.2条是有关转让方就全部资产所作的声明和保证，第9.3条是有关转让方关于环境事宜的声明和保证（这与案涉争议问题并不相关——仲裁庭注）。第9.2条（a）项（所有权及销售权）约定："就每项'资产'而言，'转让方'是

'资产'的唯一的法律和/或受益所有人，并将于'交割日'向'受让方'转让其上不附带任何'权利负担'的'资产'的法律和/或受益所有权。并不存在因'转让方'以前作出或参与的任何出售、转让或分享安排而对'资产'的任何一部分或全部构成限制，也不存在为实施上述出售、转让或分享所达成的协议而对'资产'的任何一部分或全部构成限制。'转让方'于'交割日'向'受让方'作出的'资产'的转让，不受任何第三方的权利、权益或有效的主张的影响。'转让方'完全有权出售和转让其在本《协议》项下的'资产'中的权益，无需征得任何'义务人'或其他第三方的同意，但'转让方'已经获得或在'交割'前将要获得相关同意的情况除外。'资产'在'交割'时的转让构成'转让方'向'受让方'进行的合法、有效且具有约束力的转让。"第9.2条第（c）项（资产信息的准确性；资产文件）约定："……'转让方'并不知道可能会使《资产明细表》中有关'资产'的信息成为不真实或误导性信息的任何变化、发展或事件。复印件包含于'投资者审阅文档'中的'资产文件'均由'转让方'目前占有的、自'前手'所接收以及接收后形成或取得的全部文件和资料，且均为该等文件的真实、正确而完整的复印件……"第9.2条第（d）项（全部资产文件）约定："'转让方'已将由其接收和接收后获得的有关'资产'的全部协议和文件纳入'资产文件'和/或'投资者审阅文档'之中，不存在故意隐瞒或欺诈的情况。……"对于资产瑕疵，《资产转让协议》第7.2条约定："'转让方'应就'瑕疵'给'受让方'造成的损失承担赔偿责任。双方同意，'转让方'就一项'资产'向'受让方'支付的赔偿金额不应超过该项'资产'的'单户资产买价'。"

而就资产缺陷，《资产转让协议》的定义是："'资产缺陷'，系指'资产'上或与'资产'有关的任何法律上或商业价值方面的、已显现或尚未显现的、可弥补或不可弥补的可能影响'资产'买价的任何'资产'本身或'资产文件'的缺陷，以及义务人存续状态对'资产'实现的不利因素，但不包括'转让方'对本《协议》下声明和保证及承诺的违反。"对于资产缺陷，《资产转让协议》第10.2条（受让方承诺）第（i）款约定："……其已被告知并完全理解，其受让的'资产'，包括不良贷款债权及其从权利，可能存在着'资产缺陷'或因各种因素难以清偿，以至于'受让方'预期利益可能无法最终实现。除非'转让方'虚构、伪造'资产文件'外，'转让方'

对'资产缺陷'不承担责任，无论'资产缺陷'是否已在'投资者审阅文档'中明示或通过对'投资者审阅文档'分析可以合理地了解和发现。'受让方'进一步承诺，'受让方'在向任何第三方转让任何'资产'时将会要求受让该等'资产'的第三方也作出同等承诺，并要求受让该等'资产'的第三方在进一步转让该等'资产'时会要求其受让人均作出同等承诺。"

仲裁庭认为，《资产转让协议》很细腻地给出了有关"瑕疵"和"缺陷"的定义（同时明确了两者的不同法律后果），且从定义的具体文字内容看，基本可以如此概括，即瑕疵主要是指转让方对于所转让的资产在法律权利方面存在的问题，而缺陷则主要是指可能影响所转让资产作价或资产价值实现的法律、商业或其他因素。换言之，瑕疵主要是有关资产权利的瑕疵和问题，而缺陷则主要是有关影响资产经济价值的缺陷和问题。但无论是瑕疵还是缺陷，都最终会影响资产受让方的商业利益，这是两者的共同之处。

那么，F公司应收账款债权被法院判定先于案涉资产转让即已实际偿还的事实，到底是属于资产瑕疵还是资产缺陷呢？仲裁庭认为，若纯粹就F公司应收账款债权本身而言，这个资产曾经是客观良好存在的，并没有任何问题，但是它作为本案双方之间所交易的资产之组成部分，由于C高院的最终裁判，确认其已经清偿而不再存在，并产生法律回溯效果，即在案涉资产交割时（实际在交割之前）就已经不存在了。被申请人转让此等已经不存在的债权资产，显然构成对《资产转让协议》第9.2条第（a）项（所有权及销售权）有关"就每项'资产'而言，'转让方'是'资产'的唯一的法律和/或受益所有人，并将于'交割日'向'受让方'转让其上不附带任何'权利负担'的'资产'的法律和/或受益所有权……"的声明和保证的违反。因为，资产本身之不存在，就无从谈起针对资产的"法律和/或受益所有权"权利，无从谈起是否为"资产的唯一的法律和/或受益所有人"。不存在的资产，是无法作为标的资产进行转让的，也根本无法实现转让目的，双方所约定的转让只是一个虚幻愿望或假象。因此，可以说，就本案资产转让而言，标的资产的不存在或灭失，就违背了《资产转让协议》第9.2条第（a）项下的声明和保证，就构成了本案《资产转让协议》所定义的瑕疵，而且是一个绝对意义上的瑕疵。当然，这种资产的灭失性瑕疵自然会使得该等资产的价值荡然无存，从这个意义上讲，这种瑕疵同时也直接构成了该等资产的缺陷或绝对性缺陷。只是根据上述有关资产缺陷的定义，该等情形不属于《资产转让协议》所定义的资产缺陷。

诚然，仲裁庭也注意到，被申请人主张，对 E 公司的贷款债权是案涉资产交易的对象，而相关担保权利以及对 F 公司的应收账款债权，"可以视为交易结构下处于不确定状态且广义理解的'相关权利'，即法律意义上的从属权利，但实际上，这类'相关权利'并非转让方承担合同责任的合同标的范围"。法院在认定 F 公司应收账款已经偿还的情况下，仍然确认了申请人的贷款债权（及相关担保权利）。仲裁庭理解，被申请人由此想表达的意思就是被申请人转让的资产并不存在瑕疵，因为它被法院裁判完全确认了；被申请人甚至还表达了这样一层意思即：即使确认 F 公司应收账款债权属于案涉转让资产的一个部分即从属性相关权利，这部分资产的灭失以致没有任何商业价值，也应视为案涉转让的不良资产（作为一个整体资产）所自然含有的缺陷和商业风险，不构成资产的瑕疵。从一定角度上看，被申请人的这一主张是有道理的、是有逻辑的。事实上，仲裁庭也意识到了这个问题的存在，并认为有必要就此问题进行充分分析，不然就难以得出周延的推断和结论。

应该说，如果把案涉资产比作一个单一性资产，比如一辆车，当其被作为不良资产低价处理时，对于资产买受方而言，出现其中某个零部件的灭失或彻底损坏情形，就可能是一件可正常预见并可接受的事情，买受方不会反过来单就部件的灭失或损坏而对卖方提出索赔主张。那么，案涉资产是否可以如此看待呢？这是一个对本案争议而言非常关键的视角，即在探究案涉资产是否存在瑕疵或缺陷时，案涉资产作为一项单户资产是否可以被打开并向下一层即穿透一层进行审视？这是一个必须明确回答的问题。仲裁庭分析如下：正如上文所述，基于案涉资产的实际情况，案涉资产有多个组成部分，除了直接针对 E 公司的贷款债权外，还包含若干担保权利以及 F 公司的应收账款债权，因此是一个复合权利资产或组合资产，而不是一个单一形态的资产，而且每项或每类资产/权利所对应的义务人都是不一样的。从这个意义上讲，讨论案涉资产是否存在瑕疵和缺陷时，必然要针对构成案涉资产的具体组成部分而进行，即必须结合不同法律属性的资产/权利并针对不同的义务人进行具体分析（当然，如果案涉资产是单一性资产就如同上述举例的一辆汽车资产，就无需这样）。不然，若离开具体的资产/权利形态或离开不同的资产/权利义务人，就既无从谈起资产/权利的瑕疵，也无从谈起资产的缺陷。就此，仲裁庭特别注意到了《资产转让协议》第 1.1 条中的几个定义：首先，就是有关"资产"的定义:"'资产'作为总称系指本协议附表 1《资产明细表》中所列的全部资产,包括最初由'前手'创设并已经转让给'转让方'的《贷款合同》项下的全部债权以及《保证合同》和《物权担保合同》项下的全部担保债权,以及'转让方'就该等'资产'依法享有的其他权利。"这一定义表明,尽管案涉资产作为一个单户资产包进行转让,但资产本身是可以分类的,即案涉不良资产在法律属性上不是一个单一性质或单一类别资产,而是由几类不同资产或资产权利构成的。其次,就是有关"义务人"定义:"'义务人'系指,(i)'借款人',(ii)'物权担保人',(iii)'保证人',(iv)在任何《贷款合同》《物权担保合同》《保证合同》或与'资产'有关的任何其他协议和文件,或在与上述协议或文件的转让、延期、背书或变更有关的文件项下承担义务的任何'人',和/或上述(i)至(iv)所列之'人'的清算委员会的统称和/或其中之一。"这一定义也表明,不同类别的资产有不同的义务人,或者说不同的义务人的存在,也说明了案涉资产所包括的每项资产权利的可区别性以及可单独进行法律追偿的可能性。此外,还有关于"资产文件"的定义:"……与确认或行使'资产'项下权利和利益有关的所有文件……"这一定义同样表明,转让案涉资产时,转让方应就案涉资产所包括的具体类别资产完整提供相关的权利和利益文件。结合上述定义,应该说,如果案涉资产不能或不需要穿透一层进行审视,或将案涉标的资产概称为一项不良资产(包)就足矣,或案涉标的资产仅限于针对 E 公司的贷款债权而不必细究其从属或附属性权利资产,则《资产转让协议》针对不同属性资产而给出的此等很细腻的有关"资产""义务人""资产文件"的定义就显得不是十分必要或没有实际意义了。

其实,仲裁庭理解,基于资产就是权利(法律视角)、资产就是价值(经济视角)的认识,无论是为了实现不良资产的最终商业变现目的或是纯粹为了审视有关资产权利的瑕疵或者资产价值的缺陷,都需要、也一定会基于具体的资产形态进行审视,审视其法律权利是否真实完整及归属如何,评估其价值大小和变现能力如何,而不是、也不能简单地将本案交易的不良资产视为一个整体资产或单一资产并就其瑕疵或缺陷进行空泛的即非穿透式的审视。同时,仲裁庭也认为,在可以就具体类别资产进行穿透审视时,《资产转让协议》的上述相关定义也表明,这种审视一定是可以既针对瑕疵又针对缺陷进行的,而不是只能针对缺陷进行审视,或把所有审视发现的问题最终都归结为资产缺陷问题，从《资产转让协议》中也找不到任何这样的约定或意思。而且，从法律上讲，案涉资产的各个组成部分正因其法律权利性质（以及相对义务人和具体资产文件）的不同，是可以且应该进行分别的法律审视，以及针对不同的义务人提出相应的法律追偿。换言之，尽管案涉不良资产是以整体作价方式而非以各组成部分分别作价并汇总价格的方式进行交易的，但是案涉资产的每个部分（每一项权利）从法律上看都是相对单独存在的，都是可以分别进行法律审视、评估和追索的。由此，仲裁庭认为，在本案处理中，仲裁庭可以直接针对F公司应收账款债权（而不是仅可针对E的贷款债权）讨论是否存在瑕疵的问题，以及在法律上判断F公司应收账款不存在之事实是否构成瑕疵的问题。

由此，综上所述，仲裁庭认定，根据《资产转让协议》有关资产瑕疵的定义，F公司应收账款因被法院裁判为已经清偿不再存在之事实构成资产瑕疵而不是资产缺陷。此外，尽管仲裁庭就案涉资产的瑕疵/缺陷问题给出了上述认定，但鉴于本案双方在有关资产瑕疵/缺陷问题的争论中还提出了诸多其他的相关主张和观点，仲裁庭认为也有必要给予适当的分析和回应。主要涉及以下两个方面问题：

（1）就资产存在瑕疵问题，申请人或被申请人是否存在主观过错。

仲裁庭注意到，申请人指称，在《资产转让协议》签署前，被申请人的合作伙伴I公司将其在被申请人处的尽调结论告知申请人，表明F公司有清偿能力和还款意愿；（基于被申请人提交的律师事务所《情况说明》可以看出）被申请人在"2016年7、8月份"即已了解F股份公司的抗辩主张并收到其提交的材料。但是，被申请人并未在《资产转让协议》签署时或交割时将该等情况披露给申请人，也未将F股份公司提交的材料纳入"资产文件"和/或"投资者审阅文档"交付予申请人。被申请人的这些行为属于欺骗、隐瞒、误导，严重违反了《资产转让协议》第9.2条第（c）（d）项之约定，构成根本性违约，申请人有权依法行使解除权。

被申请人则主张，申请人就案涉资产情况如实、充分地进行了披露，不存在任何隐瞒及误导。在收购案涉资产前，申请人已对案涉资产进行了充分的尽职调查。在申请人对案涉资产进行调查过程中，I公司也已将前期尽职调查结果告知申请人，并向申请人提示了对F公司行使追索权的不确定性。资产转让后，被申请人已将与转让资产有关的、足以影响申请人判断的全部文件移交申请人。被申请人完全履行了《资产转让协议》第 9.2 条第（c）（d）项的声明和保证义务。就上述的双方相互指责，仲裁庭认为，双方在本案中均没有提供充分的或直接的相关证据进行有效证明。仲裁庭有个疑问是，就在 GC 分行将案涉资产转让给被申请人之前就已经存在的 F 公司应收账款诉讼事宜，申请人是何时知晓的？特别是何时知晓 F 股份公司所提出的抗辩主张及其所提交的相关材料？在本案中，双方虽各有主张，但均未就此等情况进行充分说明或提供相关证据材料。不过，基于本案现有证据，仲裁庭似乎可以认定，在 C 高院终审判决作出前，双方其实并没有就 F 公司应收账款是否存在或是否存在瑕疵的问题发生过争执。而且，在整个诉讼过程中，双方似乎也没有任何不配合诉讼的情形存在。由此可以说，即使申请人在签署《资产转让协议》或收购案涉资产前因任何原因而没有了解到 F 公司应收账款诉讼事宜，特别是 F 公司的抗辩主张，或其在资产尽调过程中本应有所了解但实际并未能够了解或充分了解，其在收购资产后也有充分的机会了解此等情况并进而深入调查。仲裁庭理解，问题的关键并不在于双方相互指责对方的问题是否存在，而是在于就 F 公司应收账款债权所存在的问题，本案双方（甚至包括最初的权利人 GH 支行，当然也不排除其知晓真实情况）有着一致的认识，即都没有意识到或充分意识到其已经全额清偿而不存在的结果。如此，可以说，双方的相互指责虽是因 C 高院的裁判结论而引发的，但仲裁庭认为，相对于应收账款债权之灭失所带来的法律后果，这种指责即在该应收账款债权被裁判认定清偿之前是否存在欺骗、隐瞒、误导等过错行为或尽调不充分等主张，并没有太多实际意义。

（2）提出瑕疵的期限问题。

仲裁庭注意到，被申请人主张，即使案涉资产存在瑕疵，按照《资产转让协议》第 7.1 条的约定，申请人也只是有权在交割日后 60 日内提出瑕疵主张，这个期限早已届满，申请人无权就资产提出瑕疵主张。申请人主张，《资产转让协议》约定的 60 日瑕疵异议期不适用于本案情形，申请人行使法定解除权并无时间限制，提出瑕疵救济的选择性请求也不受"60 日瑕疵异议期"的约束，申请人可以在"合理期间"内提出异议。而且，申请人主张，申请人在法院作出的生效判决后 60 日之内提起本案仲裁，是合理的。

根据《资产转让协议》第 7.1 条的约定，受让方有权就资产提出瑕疵主张的期限是自交割日起至交割日后 60 日。仲裁庭认为，这个约定一方面是非常明确的，但另一方面在文字内容上又显得过于简单。应该说，就如何恰当理解和适用这个约定，是一个值得讨论的问题。在通常情况下，对主张权利的一方而言，不管该权利主张是有关违约行为、违约责任、损害赔偿或侵权责任，甚至也不管期限的长短是否合理，都存在一个必然的默示前提条件，那就是期限的合理计算起点应当是主张权利的一方实际知道、可以知道、理应知道或法律推定知道其权利受到损害之时，否则这个主张权利的期限规定就会没有意义，特别是当约定的期限实际很短时。本案情况即属如此。当然，如果从被申请人的角度出发，完全可以说这就是双方自愿的合同约定，没有理由不遵从。从这个意义上讲，仲裁庭的上述分析仍然不具有充分的说服力，但是仲裁庭还认为，就F公司应收账款债权因法院判决而不存在这一具体情况而言，是一个非常特殊的情况，它不是一般的资产瑕疵。准确讲，它不是资产转让交割之后再去发现的资产瑕疵，而是根本就没有发生实际资产转让的瑕疵。资产本身都不存在，何谈资产的瑕疵？从这个意义讲，本案只是借用了《资产转让协议》的相关瑕疵定义在讨论双方之间的F公司应收账款资产转让中所存在的问题。同样，所谓的交割或交割日只是合同的文字约定，对于受让人而言，因实际并没有资产交割，此等交割或交割日之约定就变得没有意义。

为了更好地说明，可以假定一下，若《资产转让协议》项下转让的资产不仅是F公司应收账款债权没有实际转让，而是所有标的资产都没有转让，在这种情况下，再去讨论或遵循《资产转让协议》项下这个瑕疵期限的问题就自然显得没有实际意义了，而且此时更重要的法律问题当是合同解除的问题了。因此，仲裁庭认为，就本案F公司应收账款债权瑕疵的问题，不应绝对适用《资产转让协议》第7.1条约定的期限，而应采用法律有关期间计算的一般性原则，即期限应从实际知道或应该知道其权利受到损害之日起算。从这个角度看，仲裁庭认为，申请人主张的瑕疵异议期从二审生效判决作出之日开始起算，是合理的。如此，申请人有权在本案中主张资产瑕疵。

3. 申请人是否有权解除案涉单户资产买卖条款。

本案中，申请人主张，其之所以愿意购买案涉不良资产，完全是基于对F公司应收账款价值的评估，F公司的应收账款虽属从权利，却为案涉不良资产不可或缺的重要核心组成部分，是申请人愿意斥巨资收购案涉不良资产的基础和前提，而法院认定F公司已支付应收账款使得被申请人无法向申请人交付 F 公司应收账款，致使申请人合同目的无法实现，故主张有权解除案涉单户资产买卖条款。

被申请人则主张，案涉资产为金融不良贷款，具有天然的商业价值"缺陷"并处于诉讼中、具有法律上的不确定性。被申请人已将对 E 公司的贷款债权以及列明的担保权利转让予申请人，被申请人在交易协议项下并无任何违约，案涉资产也不存在瑕疵，申请人的合同目的已经实现。至于申请人信赖可通过向 F 公司追索应收账款实现债权，纯系自身判断失误所致，与被申请人无关，且申请人已承诺自愿承担无法实现债权的相关风险。因此，申请人要求解除单户资产买卖条款的请求缺乏事实以及法律依据，不能成立。仲裁庭认为，就案涉不良资产转让而言，如前文所述，简单而言，包括三个部分，即对 E 公司的贷款债权、担保权利和属于其他权利的 F 公司应收账款债权（其中后两者系前者贷款债权之偿还的信用支持），F 公司应收账款债权仅是其中一个部分资产。尽管申请人如此看重 F 公司应收账款债权的价值，而且也不排除 F 公司应收账款债权实际存在较高价值的可能性。但是，仲裁庭认为，就合同目的本身而言，其与当事人通过合同要实现的商业目的并非一回事。从合同目的角度看，即使 F 公司应收账款债权因不存在而没有实现合同约定的转让目的，但是另两项资产部分已经实现了有效转让，而且均已经得到 C 高院的确认，由此应该说，申请人的主要合同目的还是基本实现了。至于其商业目的即通过受让案涉不良资产获得预期变现价值的目的实现如何，则并非本案仲裁庭所必需考虑的因素。因此，仲裁庭认定，本案合同目的基本实现，申请人解除单户资产买卖条款的主张不能成立。

4. 被申请人是否应就 F 公司应收账款债权瑕疵问题而向申请人承担损失赔偿责任。

如上所述，仲裁庭已经认定，F 公司应收账款债权因法院判决已清偿而不存在之情形构成资产的瑕疵。而根据《资产转让协议》第 7.2 条的约定："'转让方'应就'瑕疵'给'受让方'造成的损失承担赔偿责任。双方同意，'转让方'就一项'资产'向'受让方'支付的赔偿金额不应超过该项'资产'的'单户资产买价'。"被申请人应就 F 公司应收账款债权之瑕疵问题向申请人承担损失赔偿责任。就被申请人应如何具体承担赔偿责任问题，见下文。

（四）关于申请人的仲裁请求

1. 关于申请人的第 1 项仲裁请求即：确认《资产转让协议》附表 1《资产明细表》中第 102 项 "CE 企业发展股份有限公司" 单户资产买卖条款于 2019 年 1 月 （c+1）日被依法解除，被申请人应当向申请人返还单户购买价 9000 余万元，并自申请人付款之日即 2016 年 12 月 b 日起至实际支付之日止按照同期银行贷款利率赔偿申请人利息损失（暂计至 2019 年 2 月 b 日，利息损失为近 1000 万元），同时承担申请人可得利益损失 7000 余万元。

根据上述分析，仲裁庭认定，申请人在案涉单户资产买卖条款项下的合同目的基本实现，其主张解除单户资产买卖条款的理由并不充分，仲裁庭不予认可。

至于申请人主张的可得利益损失 7000 余万元，仲裁庭注意到，申请人的计算依据实际上是案涉贷款债权本金金额近 2 亿元减去案涉不良资产的转让金额 9000 余万元所得。显然，申请人的这一主张是基于这样的假设，即案涉贷款债权可以全额实现，而这一假设又是基于申请人认为 F 公司应收账款债权可以全额实现。仲裁庭认为，就案涉不良资产交易而言，申请人的假设过于大胆，即使在理论上不能排除这种可能性，但在法律上不能如此推论，实际上也是无法充分证明的事项，不符合不良资产的通常交易特点，故仲裁庭无法认同。

综上，对于申请人的该项仲裁请求，仲裁庭不予认可。

2. 关于申请人的第 2 项仲裁请求即：如仲裁庭不支持申请人第 1 项仲裁请求，则申请人请求裁决被申请人应就资产重大瑕疵赔偿申请人损失 9000 余万元，并赔偿申请人利息损失（以 9000 余万元为基数，按照同期银行贷款利率、自申请人付款之日即 2016 年 12 月 b 日起算至实际支付之日止，暂计至 2019 年 2 月 b 日，利息损失为人民币近 1000 万元）。

根据上述分析，仲裁庭认为，被申请人应就 F 公司应收账款债权不存在这一资产瑕疵问题向申请人承担损失赔偿责任。就损失赔偿的金额问题，仲裁庭注意到，申请人提出的上述具体金额，仅就本金而言就已经到达了《资产转让协议》第 7.2 条约定的极限金额即单户资产买价。仲裁庭认为，申请人的请求金额是明显不合理的。理由如下：

首先，如上所述，F 公司应收账款债权并非案涉单户交易资产的全部，而只是其中一个组成部分，申请人支付的 9000 余万元价款是购买全部案涉单户资产的价格，仅因部分资产的瑕疵而要求赔偿全部资产的购买价款显然是不合逻辑的；

其次，即使申请人看重 F 公司应收账款债权的变现价值并因此就单户资产整体给付了较高的购买对价，但这仅是申请人单方的商业考量，本案双方本没有单就 F 公司应收账款债权达成具体的定价安排。

因此，无论如何，F 公司应收账款债权不存在之瑕疵不能使得申请人有权主张全额退还单户资产的买卖价款。不过，仲裁庭注意到，在本案的不良资产交易中，相对于近 2 亿元贷款债权本金金额而言，9000 余万元的交易价格确实是不菲的。可以说，是明显超出了不良资产的通常定价水平的，其中自然不能排除申请人对 F 公司应收账款债权的看重因素，以及客观而言 F 公司应收账款债权具有较高的可变现能力。经综合考量本案各相关因素，仲裁庭认为，被申请人就 F 公司应收账款债权之瑕疵，按单户资产价款 50% 的标准向申请人赔偿损失是具有合理的，即被申请人应向申请人赔偿近 5000 万元。

至于申请人提出的利息损失赔偿请求，仲裁庭认为没有合理依据，故不予支持。

3. 关于申请人的第 3 项仲裁请求，即被申请人承担本案仲裁费用以及申请人为本案支出的律师费。

鉴于上述分析和结论，仲裁庭认定，本案本请求仲裁费用应由申请人承担 50%，被申请人承担 50%。同时，被申请人应承担申请人为本案支出的律师费。

（五）关于被申请人的仲裁反请求

1. 关于被申请人的第 1 项仲裁反请求，即申请人承担被申请人因本案仲裁支出的律师费、翻译费、交通费。

结合本案的实际情况，仲裁庭认定，被申请人支出的律师费用以及翻译费、交通费等相关费用由其自行承担。

2. 关于被申请人的第 2 项仲裁反请求，即申请人承担本案全部仲裁费用。

根据本案申请人仲裁请求获得支持的情况，仲裁庭认定，本案反请求仲裁费用由被申请人自行承担。

三、裁决

基于上述事实和分析，根据《仲裁规则》第49条第6款的规定，仲裁庭裁决如下：

（1）被申请人应就资产瑕疵赔偿申请人损失人民币近5000万元；

（2）被申请人承担申请人为本案支出的律师费；

（3）驳回申请人的其他仲裁请求；

（4）驳回被申请人的全部仲裁反请求；

（5）本案本请求仲裁费为20余万美元（已由申请人全部预交），由申请人承担50%，被申请人承担50%，故被申请人应当向申请人支付10余万美元以补偿申请人为其垫付的本案仲裁费；

（6）本案反请求仲裁费为人民币7余万元，全部由被申请人承担，该笔费用已与被申请人等额缴纳的仲裁费预付金全部冲抵。

上述应付款项，被申请人应在本裁决生效后15日内向申请人支付完毕。

本裁决为终局裁决，自作出之日起生效。

结论是，E公司由于自己的原因将本应属于G行的F公司所还款项擅自挪用至其他项目，形成坏账，这是E公司故意而为，责任在E公司。同时，G行在明知F公司已经还款的情况下，执意提起诉讼，不排除G行、E公司串通，进行虚假诉讼，被申请人在知道和应当知道的情况下加入该虚假诉讼，在要求F公司再次还款的诉讼过程中将该子虚乌有的坏账出售给申请人，牟取不当利益。因此，在本案中，被申请人应当承担全部违约责任，赔偿申请人的全部损失。

1. 关于本案标的的收购价格。

2016年10月a日，本案申请人和被申请人签订了本案资产转让协议，被申请人又将上述近2亿元的不良资产转让给申请人，该项不良资产列为本案协议附表第102项。双方在本案协议中约定，转让基准日为2016年3月末，债权本金为近2亿元，申请人的购买价为9000余万元。从本案协议的附表可以看出，所列140项清单中，只有第102项借款人为E公司的本金是近2亿元人民币，再没有近2亿元的项目，而这近2亿的出处就是法院判决认定的20~23号业务。因此，本案的基础交易与F公司关系密切。就债权转让来说，作为收购方，不是出售方说有多少债权就有多少债权，说有多少不良资产就有多少不良资产，而是需要深入了解这些债权或不良资产的形成、现状、价值和法律状态等，毕竟收购和出售不良资产是一种交易，出售方为了尽早获得资金，而收购方是为了再增值、债务追索或实现债权等。因此，收购金额是双方商定的结果，是双方的真实意思表示，仲裁庭没有依据否定双方在合同中对收购价格的约定，否定双方的真实意思表示。况且，在仲裁过程中，任何一方也没有提出过收购价格过高。因此，仲裁庭应当尊重双方对收购价格的意思表示。而现在裁决提出的调整收购价格或降低赔偿损失额的理由没有依据，没有体现对守约方的利益的保护，还与裁决中对被申请人行为的定性而应得出的结论不相匹配、自相矛盾。

2. 关于 E 公司的不良资产。

E 公司确有不良资产，但 E 公司的不良资产与涉及 F 公司近 2 亿元无关，与本案也无关。法院终审判决已经认定，E 公司的不良资产就是 E 公司将本属于 G 行的 F 公司的还款，挪用至其他项目并无法偿还 G 行形成的坏账。但是，被申请人并没有收购 E 公司的前述不良资产。同时，在本案协议附表中也没有这一项。如上所述，被申请人收购的是 G 行、E 公司串通制造的、被申请人后来也加入这一过程的子虚乌有的债权，其基础交易是 F 公司，因此，即使 E 公司确有不良资产，也与本案没有关系，而不是被申请人主张的但凡坏账均属被申请人收购的本案范围。

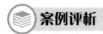 **案例评析**

【关键词】 不良资产转让　资产瑕疵　合同目的　法定解除

【焦点问题】

不良资产转让业务中，部分核心资产被法院裁定自始不存在是否构成解除转让合同或调整合同价款的充分理由。

【焦点评析】

本案的基础交易背景：2013 年，E 公司与 GH 支行签署了《授信业务总协议》和《商业发票贴现协议》，在此基础上开展保理业务。GH 支行授予 E 公司融资额度，并在额度范围内依据 E 公司的用款申请、所提供的担保以及转让的对 F 公司的应收账款债权向 E 公司发放贷款。该笔贷款共有三部分增信：E 公司向 GH 支行转让的对 F 公司的应收账款债权、案外第三方向 GH 支行提供的最高额保证担保以及最高额抵押担保。

2014 年贷款到期后，E 公司未能还本付息，GH 支行向法院起诉 E 公司、F 公司以及其他为 E 公司提供担保的相关当事方。

案涉不良资产交易过程：2014 年 2 月，GH 支行以 E 公司、F 公司以及为 E 公司提供保证和抵押的第三方为被告向法院提起诉讼。2014 年 12 月，GH 支行将其向 E 公司发放的贷款作为不良资产转让给本案被申请人。2016 年，申请人与被申请人签署《不良资产批量转让协议》，约定 GH 支行向被申请人转让 50 户债权，其中有一户为案涉不良资产标的，即 GH 支行对 E 公司的贷款债权。

2018 年，法院作出最终判决，认定 F 公司已履行其货款支付义务，相关应收账款债权在被申请人受让案涉不良资产时已实际消灭，但 E 公司并未向 GH 支行清偿全部融资款本息。

申请人提起本案仲裁，主张 E 公司贷款债权存在严重瑕疵，被申请人构成根本违约，请求解除案涉单户资产买卖条款并要求被申请人返还购买价款、赔偿利息损失及可得利益损失。被申请人则主张相关情形系不良资产自身所具有的商业风险，申请人应自行承担 F 公司应收账款债权灭失的后果。

现结合本案案情及争议焦点评述如下：

一、案涉不良资产是否包括 F 公司应收账款债权

案涉单户资产买卖条款中载明的转让资产为 E 公司贷款债权以及相应担保债权，没有明确写明包括 F 公司的应收账款债权。但是，从保理业务的特性来看，F 公司的应收账款债权之安排是该等融资性业务开展的基础和不可分割的业务组成部分，且该等应收账款构成 E 公司贷款债权的第一还款来源。因此，基于保理业务的基本规则以及 GH 支行与 E 公司之间的相关实际融资安排（如 E 公司向 F 公司发出《应收账款债权转让通知书》，告知 F 公司该等应收账款全额转让给 GH 支行，并要求 F 公司将应付账款付至 GH 支行的账户等事实情况），可以确定，对 E 公司贷款债权的转让自然就包含了 F 公司应收账款债权之转让。

二、F 公司应收账款债权灭失属于案涉不良资产瑕疵或是缺陷

本案申请人与被申请人签署的《资产转让协议》本身对于"资产瑕疵"

和"资产缺陷"有着较为清晰的定义，其中"资产瑕疵"指"就一项资产而言，对转让方在本案合同中所作的声明和保证的违反的事实，并且该情况将对资产价值或受让方享有的权利、所有权或利益产生重大不利影响"。"资产缺陷"指"资产任何法律上或商业价值方面的、已显现或尚未显现的、可弥补或不可弥补的可能影响资产买价的任何资产本身的缺陷"。

从前述定义的具体文字内容来看，基本可以如此概括，即瑕疵主要是指转让方对于所转让的资产在法律权利方面存在的问题，而缺陷则主要是指可能影响所转让资产作价或资产价值实现的法律、商业或其他因素。换言之，瑕疵主要是有关资产权利的瑕疵和问题，而缺陷则主要是有关影响资产经济价值的缺陷和问题。但无论是瑕疵还是缺陷，最终都会影响资产受让方的商业利益，这是两者的共同之处。

本案中，F公司的应收账款债权由于法院最终裁判的法律回溯效果，导致其在案涉资产交割时（实际在交割之前）就已经不存在了，这必然会影响申请人最终的商业利益，但仅凭此尚不足以判断此等情形构成不良资产的瑕疵还是缺陷。

从F公司应收账款债权本身的性质角度出发，其构成E公司与GH支行之间融资业务开展的基础和不可分割的业务组成部分，且是E公司贷款债权的第一还款来源和支持，其经济功能如同担保权。从这一角度来看，F公司应收账款债权本身即构成案涉不良资产的权利的一部分，其灭失应当属于资产权利瑕疵，而非资产的经济风险或缺陷。

三、案涉单户资产买卖条款能否被解除以及违约责任的认定

尽管F公司应收账款债权的灭失构成案涉不良资产的一项权利瑕疵，但是，从案涉不良资产整体角度出发，其总共由4项权利组成：对E公司的贷款债权、F公司的应收账款债权、案外第三方提供的保证担保以及抵押担保。从合同目的的角度出发，即使申请人特别看重F公司应收账款债权的价值，且F公司应收账款债权因法院判决而自始不存在，但是E公司贷款债权及相应保证担保、抵押担保均实现了有效转让，申请人的主要合同目的已基本实现。因此，申请人解除单户资产买卖条款的主张不能成立。但是，被申请人应就案涉不良资产所具有的瑕疵向申请人承担损失赔偿责任。

就被申请人应赔偿的具体金额而言，申请人主张，若案涉单户资产买卖

条款未被解除，则被申请人应以案涉不良资产的转让价格为标准赔偿申请人因案涉资产存在重大瑕疵而产生的损失。

本案中，案涉单户资产买卖条款并没有明确体现案涉不良资产的定价与Ｆ公司应收账款之间的关系。但是，案涉不良资产的转让价格达到Ｅ公司贷款债权本金的55.88%。可以说，这明显超出了不良资产的通常定价水平，这与申请人对Ｆ公司应收账款的看重和逾期以及Ｆ公司应收账款债权的客观可变现能力是分不开的。综合考量本案各相关因素（被申请人确实存在违约情形、Ｆ公司应收账款债权的客观经济价值、被申请人并非Ｅ公司贷款债权原始债权人而是从第三方处受让得到的），被申请人就应Ｆ公司应收账款债权灭失这一资产瑕疵按照单户资产50%的标准承担赔偿责任。

【结语】

不良资产本身就是存在各种缺陷或经济风险的资产，其最终清偿结果天然具有不确定性。在不良资产转让交易中，受让方通常是基于自身对于资产未来受偿可能性的判断，以较低的价格买入存在较高风险的资产，相关交易文件中也通常约定受让方已"充分了解资产情况并承受不良资产部分或全部不能收回的风险和困难"。但这并不意味着受让方不能对不良资产提出任何质疑，只是应当采取更高的标准来判断不良资产是否存在瑕疵。

本案事实是，被转让的不良资产项的一项增信措施即Ｆ公司应收账款债权在转让后因法院判决而被认定自始灭失。问题在于，此种增信措施/从权利的丧失是否足以构成案涉不良资产本身的一项瑕疵。对此，仲裁庭认为，由于本案案涉不良资产本身是一个复合权利资产或组合资产，而且每项或每类资产/权利所对应的义务人都是不一样的。因此，讨论案涉资产是否存在瑕疵和缺陷时，必然要针对构成案涉资产的具体组成部分，而不能简单地将Ｅ公司贷款债权与其所有增信措施视为一个整体进行泛泛的讨论。在此基础上，Ｆ公司应收账款债权的自始灭失就使得申请人受让的案涉不良资产处于一种法律意义上的不完整状态，这显然超出了不良资产自身特性中存在的风险范围，构成交易标的瑕疵，被申请人应当对此承担一定的违约责任。

但是，被申请人的违约情形尚不足以导致案涉单户资产买卖条款被解除。案涉单户资产买卖条款所约定的内容是对Ｅ公司贷款债权及其所有的增信措施的转让，尽管Ｆ公司应收账款债权因法院判决而被认定自始灭失，但是Ｅ

公司贷款债权以及另两项增信债权仍基于案涉单户资产买卖条款而被合法有效转让，且均得到了法院的确认。由此应该说，申请人的主要合同目的还是基本实现了。至于其商业目的即通过受让案涉不良资产获得预期变现价值的目的实现如何，不属于解除合同的法定依据，但是可以作为判断被申请人应当承担的损失赔偿责任的标准之一，在此基础上，综合本案其他相关因素考虑，被申请人宜以单户资产转让价格的 50% 为标准向申请人赔偿损失。

案例二十五

A 银行与 B 有色金属公司衍生交易协议争议案

中国国际经济贸易仲裁委员会（以下简称"仲裁委员会"）根据申请人 A 银行（以下简称"申请人"）与被申请人 B 有色金属公司（以下简称"被申请人"）双方签订的《衍生交易主协议》（以下简称《主协议》）中的仲裁条款以及申请人于 2008 年 9 月 b 日提交的书面仲裁申请，受理了双方因上述合同而产生的本争议仲裁案。

一、案情

2007 年 12 月 a 日，被申请人与 E 国 C 银行及其相关分支机构共同签署《贷款协议》，约定贷款金额为近 2 亿美元，期限为 3 年，利率为一个月期 Libor 加 2.25%。

2007 年 7 月至 12 月，申请人多次向被申请人推荐将贷款本金及期限与欧元 CMS10-2 掉期利差和美元 3 个月 Libor 挂钩的"阶梯式双区间掉期"方案，称可将利率控制在 6%以内。2008 年 1 月，双方签署《主协议》等合同文本，并于 2 月签署《3 年期与欧元掉期利差及美元 3 个月 LIBOR 挂钩的利率掉期条款》（以下简称《条款》）及其《确认书》，约定自 2008 年 2 月 a 日起进行本金为近 2 亿美元的 3 年期与欧元掉期利差及美元 3 个月 Libor 挂钩利率掉期交易，交易到期日为 2010 年 12 月 b 日。根据《条款》，被申请人每月向申请人支付按年利率 4.5%计算的固定利息；申请人每月向被申请人支付以（美元 1 个月期 LIBOR+2.25%）xN1/N2 为利率计算的浮动利息（N1 表示观察期内欧元 10 年 CMS 掉期率-欧元 2 年 CMS 掉期率≥-0.05%且美元 3 个月 Libor

未超过区间的天数；N2 表示观察期的总天数）。2008 年 3、4 月份，申请人向被申请人支付交易收益共计 20 余万美元。交易执行 2 个月后，欧元 CMS10-2 掉期利差和美元 3 个月 Libor 突破挂钩区间。2008 年 5 月，由于亏损过高，申请人向被申请人建议重组方案。双方探讨期间，被申请人分别向申请人支付了 5、6 月交易款近 30 万美元、近 70 万美元，并要求与申请人及时洽谈交易重组方案。此款项加上被申请人支付给 SR 银行的利息，被申请人 6 月实际承担的利息达到 9.63%。

由于申请人拒绝重组，被申请人未支付 7 月应付款项近 70 万美元。2008 年 7 月 c 日，被申请人致函申请人要求立即终止《主协议》和《条款》，声明申请人在销售产品时存在重大缺陷误导被申请人，在履行过程中严重隐瞒损失致使被申请人错过最佳止损时机。2008 年 8 月 a 日，申请人向被申请人送达《终止通知书》，指定当日为掉期交易的提前终止日，根据内部模型确定了提前终止款项，并于 8 月（a+2）日向被申请人送达《提前终止款项通知》，要求其支付终止款项及利息。因索赔未果，申请人于 2008 年 9 月 b 日将本争议提交仲裁委员会仲裁，要求被申请人支付提前终止款项人民币近 3000 万元和利息人民币近 100 万元。

二、当事人主张

（一）申请人诉称

1. 被申请人的行为构成违约。

根据被申请人与申请人签订的《主协议》以及《条款》，被申请人有义务于 2008 年 7 月向申请人支付款项近 70 万美元，但被申请人未能于该日支付该款项。申请人曾向被申请人送达未付款通知书，但被申请人仍未支付该款项。被申请人的行为构成违约。

2. 申请人根据《主协议》和《条款》的有关约定，指定提前终止日并终止掉期交易，被申请人有义务支付提前终止款项。

依据《主协议》第 4.1.1 条，任何一方未能于到期时支付并且截至向该一方发出未能付款通知后的第 3 个营业日，而该一方仍未予以纠正的，即构成《主协议》下的终止事件。依据《主协议》第 5.1.1 条，如果终止事件发生并持续，则未受影响方（即本案申请人）有权最多提前 20 天以书面形式通知受影响方（即本案被申请人），指定一个不得早于该通知生效日期，将所有未完成交易（即本案掉期交易）提前终止的提前终止日。根据上述约定，申请人于2008年8月a日向被申请人送达《终止通知书》，指定同日为提前终止日并终止掉期交易。

依据《主协议》第5.4.1条和第5.5条，如提前终止款项未按期支付，申请人有权收取该款项自提前终止日至实际支付日（不含）的利息，该利息按日计算，利率等于申请人如果为筹集相关款项而负担的成本（以年利率计算）再加1%。根据上述约定及《主协议》和《条款》下的其他约定，申请人确定提前终止款项为人民币近3000万元。申请人于2008年8月（a+2）日向被申请人送达《提前终止款项通知》，要求被申请人支付该款项以及相应利息。

依据《主协议》第5.4.1条，被申请人应于2008年8月（a+8）日（即《提前终止款项通知》发出之日后的第3个营业日）或之前支付该金额。直至本仲裁申请时止，被申请人仍未能支付该提前终止款项及相应利息，且未表示欲支付此款。因此，申请人请求仲裁庭支持申请人的仲裁请求，要求被申请人支付：

（1）提前终止款项人民币近3000万元；

（2）提前终止款项自提前终止日（即2008年8月a日，含）至实际支付日（不含）以申请人为筹集该款项而会负担的成本另加1%为年利率计算的利息，暂计至2009年11月（c+4）日（不含）为人民币近100万元；

（3）申请人为本案发生的律师费以及其他费用。

（二）被申请人辩称

1. 申请人的行为已构成欺诈。

申请人通过向被申请人灌输利率掉期交易可以起到"规避利率风险""降低利率水平"和"降低融资成本"的效果，承诺利率挂钩区间不会出现风险并将利率锁定在6%以内，当出现风险时确保被申请人的交易安全，并由申请人工作人员代被申请人起草有关请示函等方式，诱使被申请人与其签署《主协议》和《条款》。

在交易2个月后，申请人过去反复强调十分安全的利率掉期产品，给被申请人造成了上千万元的损失。被申请人不但未能实现就减少贷款成本的合同目的，反而需要为与其贷款毫无关系的申请人支付上千万元。根据《合同法》第42条的规定，申请人的行为已经构成缔约过失，其不但无权向被申请人提出仲裁请求，还应赔偿被申请人的经济损失，被申请人将保留通过法律途径向申请人主张侵权赔偿的权利。

2. 《主协议》系根据被申请人的通知而予以解除。

按照《主协议》的约定，一方在本协议下作出或复述（或被视为做出或复述）的某项陈述，被证实在任何重大方面有误或具有误导性，视为构成终止事件。

申请人在签署《主协议》时，对其设计的利率掉期交易产品的利润和风险都进行不切实际的虚假宣传，并以此误导被申请人与其进行利率掉期交易。按照《主协议》的约定，该行为已经构成了终止事件。

2008 年全球金融危机出现后，申请人已经书面同意对原方案进行调整，但又以其内部审核程序为由拒绝实施调整后的方案，导致被申请人的经济损失进一步扩大。

由于申请人的行为已经构成了违约，被申请人于 2008 年 7 月 c 日以书面形式通知申请人要求立即终止《主协议》，是被申请人根据《主协议》约定依法享有的合同权利。

3. 根据情势变更原则，被申请人的行为不存在任何违约亦不构成所谓的"解除事件"。

申请人虚假宣称是导致被申请人蒙受巨额经济损失的根本原因，但百年不遇的"金融危机"也是导致被申请人损失的外部客观原因。

在 2008 年年初，申请人还宣称："美联储连续大幅降息的可能性甚微。"

但事实上，随着美联储和欧洲央行连续不断大幅降息，美元、欧元和英镑等世界主要货币都进入了"零利率"时代。签署《主协议》时所依据的金融和利率环境已发生了根本性的变化，足以导致合同的基础丧失和动摇。

被申请人在长达 2 个多月的时间内，多次要求申请人变更利率掉期交易方案，而申请人以种种借口拒不对原交易方案进行调整，导致申请人的交易损失不断扩大。

根据情势变更的原则，被申请人拒绝支付 2008 年 7 月份的利率掉期交易行为是行使其合同权利，完全符合双方的交易目的，也符合民事法律行为中所应遵循的公平和诚实信用原则。

4. 申请人的仲裁请求缺乏事实和证据佐证。

首先，没有任何证据证明申请人所请求的经济损失确实存在。其次，根据利率掉期交易的惯例，不存在任何申请人所称的"筹集该款项"情形，更不存在其所称的"为筹集该款项而会负担的成本"情形。最后，申请人一方面没有说明请求律师费的具体数额，另一方面也没有对此提供相应证据。

5. 申请人在进行衍生交易过程中，存在严重违反规定的情形。

第一，申请人在2007年7月a日成立后，银监会从未向其审批过从事衍生产品交易的资格，申请人更未就从事外汇衍生产品交易获得国家外汇管理部门的批准。

第二，申请人没有按照《金融机构衍生产品交易业务管理暂行办法》（以下简称《衍生交易管理办法》）的规定，向被申请人揭示衍生产品交易的风险，并取得被申请人出具的确认其已理解并有能力承担衍生产品交易风险的确认函。

第三，申请人没有根据《衍生交易管理办法》第34条的规定控制交易风险，在交易过程中存在严重的不尽职行为。

第四，双方进行的利率掉期交易，没有按照规定取得外汇主管部门的批准。

6. 如仲裁庭支持申请人的仲裁请求会在我国范围内对类似案件产生不良示范效应。

（三）申请人补充意见

1. 申请人有资格、有能力从事衍生产品交易。

申请人系F国P银行有限公司于中国独资设立的外资银行。P银行在中国各分行于2004年11月获准开办衍生产品交易业务。申请人于2007年7月经由分行改制成立后，获准继承原分行"获准经营的全部业务"，其中包括衍生产品交易。因此，申请人从事衍生产品交易符合银监会颁布实施的《衍生交易管理办法》第5条的相关规定，即"……金融机构开办衍生产品交易业务，应经中国银行业监督管理委员会审批，接受中国银行业监督管理委员会的监督和审查……"无须额外办理外汇审批手续。

2. 被申请人有责任、有能力对风险进行独立判断。

申请人认为：在《答辩状》中，被申请人称自己"缺乏相关的金融知识""完全依赖于对申请人的信任和申请人所谓的虚假宣传和承诺"才最终与申请人进行本交易的描述与事实不符。

（1）被申请人有责任进行独立判断根据《主协议》第3.1.11条和《条款》中的声明：被申请人对交易中的事件实质和各种风险单独负责进行独立

评估和审查，不依赖另一方或任何关联方作出评鉴和意见；独立审查并采纳专业意见以及交易相关内容；理解交易双方地位平等，不是另一方的顾问或受托人，基于自己的独立判断确定交易是否恰当。因此，被申请人所谓"依赖申请人的说法"违反了合约条款，不应支持。另外，申请人协助被申请人起草的供其内部审批使用的报告不改变双方在掉期交易中作为独立合同相对方的权利和义务。

（2）被申请人有能力进行独立判断被申请人有具备进行金融产品（包括金融衍生品）交易的经验、技能和知识，并非被申请人自己所称缺乏相关金融知识，甚至无法向公司决策层汇报清楚此交易的好处。

首先，根据申请人提供的自然人 Y 某证人证言，被申请人及其股东通过 l 地金属交易所进行期货交易并与其他国外金融机构从事长期对冲交易。在被申请人提供给申请人进行尽职调查的文件中，其股东某铝业有限公司的 2007 年审计报告中有期货投资收益的栏目，另一股东远东铝业有限公司在 2007 和 2006 年均有衍生品和对冲交易的会计科目。此两家公司的实际控制人均为自然人 J 某，即被申请人的决策人。被申请人在期货和其他套期保值业务方面的经验是申请人授予其交易信用的重要指标之一；且为了控制风险，被申请人内部设有期货部门和风险控制委员会。

其次，被申请人提供的管理层履历中反映出其管理层均具备金融行业的知识和相关经验，具备理解本案交易内在风险作出投资决策的能力。双方签订的《主协议》第 3.1.10 条确认了被申请人应具备与交易相关的财务、业务和风险方面的知识，不依赖另一方关于交易结果的任何保证，有独立承担交易风险的能力。被申请人作为一个长期从事期货交易、熟知金融市场收益和风险规则的企业，在答辩状中将自己描述成一个毫无经验的无知投资者没有根据。

3. 所谓"虚假宣传"或"欺诈"。

（1）申请人不存在"虚假宣传"或"承诺"或"欺诈"的情形。

申请人从未在其提供给被申请人的任何文件中包括项目建议书和所有的交易文件向被申请人"承诺"过任何市场走势、交易结果或收益水平。被申请人具备市场常识，必定明白没有人能"承诺"市场走势。申请人按历史数据和其他市场研究对市场作合理表述，供被申请人参考。申请人给被申请人的每一份项目建议书都于首页强调所有陈述都是管理层根据客观市场形势所作的分析预测，未经独立审核且该观点可能随时变化。

申请人认为被申请人不当引用了项目建议书的部分语句，以曲解申请人对本案掉期交易的描述。

被申请人的部分引用不准确甚至是错误的：①申请人所述"美联储连续大幅降息的可能性甚微"是建立在当时市场状况分析的基础之上，申请人仅对当时市场状况做出过客观描述。②申请人从未如被申请人在答辩状中所述声称不会出现风险、即使出现风险亦能很快纠正并确保交易安全，所推荐的掉期产品永远给被申请人带来正收益等。申请人根据历史数据指出欧元 CMS10-2 利率曲线倒挂从未出现，即使出现倒挂市场亦能依照经济规律调节长短期资金的供求关系，对倒挂予以纠正。申请人"将利率锁定在 6% 以内"的说法是在特定市场条件及指数分析的前提下作出的，申请人从未无条件确保利率锁定在 6% 以内。③申请人从未如答辩状中所述声称交易"无任何风险也无需支付额外费用"。

（2）申请人不存在诱使被申请人的情况。

在申请人与被申请人就交易方案进行交流的整个过程中，被申请人表现出对交易风险的理解：①被申请人曾拒绝与商品指数挂钩的产品方案，表明了其对衍生产品的要素与不同指数挂钩存在不同的风险有独立的看法。②申请人在谈判过程中对交易风险做了充分披露。申请人在多次面谈、电话沟通中就交易风险问题详尽说明。2008 年 2 月（a-4）日签署协议时，申请人就主要条款，包括风险提示和免责条款，逐条与被申请人共同审阅。其中，风险披露条款明确提示如果欧元 CMS10-2<0.05% 或美元 3 各月 LIBOR 超出利率区间，被申请人收到的利息最低会降为 0；如果上述指数波动性增加，则交易市值会下降等。③在 2007 年 12 月的交易条款书中，申请人指出如果在观察期内倒挂持续发生，则本案交易公式中的 N1 等于零，被申请人的损失可能超过 1500 万美元。④被申请人充分理解掉期交易的潜在风险。2008 年 1 月 b 日，被申请人在邮件中主动将欧元 CMS10-2 倒挂后的处理方案列为次日电话会议的讨论重点，并要求申请人详细解答。

被申请人要求扩大 LIBOR 区间并且要求将欧元 CMS10-2 利差曲线的下限由 0 降至 -0.05%，以上均表明被申请人理解己方的交易收益与风险承担相挂钩。

基于以上所述，申请人已经充分披露交易风险并且被申请人是在充分理解交易风险的情况下独立作出交易决定。

4. 申请人已经按照监管机关规定的要求履行风险披露义务。

《衍生交易管理办法》第24条规定金融机构为境内机构办理衍生产品交易业务应充分揭示交易风险，并取得机构或个人的确认函，确认其已理解并有能力承担衍生产品交易的风险。申请人认为，申请人已向被申请人就本案的交易风险进行了充分披露。而且，被申请人签署《主协议》《交易条款书》和《确认书》，确认同意承担交易的义务和风险，特别是《确认书》第5.2条，被申请人确认其"有能力（自行或通过独立专家意见）评估及理解交易事实，并且理解和接受本交易的条款、条件及风险，且承担交易的风险"。

《衍生交易管理办法》第34条规定，金融机构内审部门发现衍生产品交易业务出现重大风险时，应迅速采取有效措施，制止损失继续扩大。因此，《衍生交易管理办法》只针对金融机构内控风险，没有要求制止被申请人损失扩大。《合同法》第77条规定，达成重组必须双方另外协议。申请人事实上采取了控制损失的手段，只是重组未能在双方合意下达成。申请人在倒挂刚发生后，即2008年5、6月份，已尽量向被申请人提供协助和建议重组安排以控制损失，但是由于双方的期望存在差距，未能达成重组方案，此结果非由申请人的不尽职行为引起。

5. 被申请人无权终止衍生产品交易而申请人有权终止本案掉期交易。

（1）由上所述，申请人在商讨过程中，不存在任何误导性陈述，被申请人无权根据《合同法》有关约定解除合同。

（2）被申请人错误引用《合同法》第42条关于"缔约过失责任"的规定。该规定只适用于在合同未成立或者已经成立但由于不符合法定生效要件被确认无效或撤销的情况。被申请人承认合同依法成立并合法履行，并且未主张合同因违反法律强制性规定而导致可撤销或自始无效。此外，被申请人还援引《合同法》第93条和第96条要求解除合同，以上都说明了被申请人关于"缔约过失责任"的主张缺乏法律依据。

（3）被申请人无权解除合同。被申请人引用《主协议》第4.1.2条主张解除合同，然而该条款适用于一方在本协议下作出在重大方面有误或误导性的陈述的情况下。申请人未误导被申请人，因此也不存在《主协议》第4.1.3条约定的违约行为。再者，被申请人拒绝接受申请人提出的重组方案，因此无法依据《合同法》第77条在当事人协商一致的情况下变更合同，申请人也就无从承担因未能达成重组协议的任何责任。综上，申请人不存在任何违约行为，被申请人不得以此为借口解除掉期交易。

（4）申请人有权终止本案交易。申请人于 2008 年 7 月（c-1）日和 c 日两次向被申请人及其担保人送达《未付款通知书》，要求其在 3 个营业日内支付该款项。但被申请人及其担保人均拒绝支付，构成《主协议》第 4.1.1 条下的违约事件。据此，申请人根据《主协议》第 5.1 条于 2008 年 8 月 a 日向被申请人发出《终止通知书》，确定 2008 年 8 月 5 日为"提前终止日"并终止掉期交易。

6. 被申请人应承担违约赔偿责任。

申请人的仲裁请求包括三部分：①提前终止款项人民币近 3000 万元；②前述终止款项自 2008 年 8 月 a 日（含）至实际支付日（不含）以申请人为筹集该等款项而会负担成本另加 1% 为年利率计算的利息总额；③因本案支出的全部费用，包括但不限于律师费、仲裁费等。

（1）提前终止款项的计算。

《主协议》第 11 条明确"提前终止款项"代表的是终止交易的全部损失和成本，并特别强调其为损失的合理预估而非惩罚金。计算该金额的方法为"由决定方自行合理决定的、数额等于决定方与本协议和全部已终止交易有关的在提前终止日决定的全部损失和成本（包括但不限于交易未能实现、撤除套期保值操作造成的费用和损失、筹资的成本，或签署任何项目所产生的收益，不包括 5.6 条提及的费用）……双方同意，该等数额是对损失的合理预估而非惩罚金。因未能实现交易或因丧失对将来风险的防护，应支付该等数额"。具体计算方法参见自然人 U 某和自然人 X 某的证人证言。

（2）利息和其他损失的计算。

《主协议》第 5 条"提前终止和净额结算"另约定了利息和其他损失的计算方式：

5.5 终止后的利息。利息按日计算，利率等于未受影响方如果为筹集相关款项而会负担的（未受影响方无需提供实际负担成本的证明或证据）的成本（以年利率计算）再加 1%。

5.6 开支……因执行和保障本协议下的权利和因本协议提前终止而发生的一切合理开支……

由于被申请人拒付提前终止款项，申请人因此收不到该款项而遭受了融资成本损失，据此要求被申请人承担自提前终止日 2008 年 8 月 a 日至实际支付日以申请人融资成本另加 1% 为年利率计算的利息总额。申请人的融资成本损失以中国人民银行的 7 天回购定盘利率计算。鉴于该损失仍在发生，申请人目前尚不能计算出其损失的具体数额。由此，申请人的仲裁请求有充分的合同依据，应予支持。

（四）被申请人补充意见

1.《主协议》应属无效合同。

申请人虽然获得了从事衍生产品交易的经营资格，但其并未实际参与本案的衍生产品交易活动，实际参与者为申请人的关联企业 P 银行上海分行、P 证券（亚太）有限公司和 PP 银行，申请人仅为协议项下的名义交易对方。在上述申请人关联企业均无在中国从事金融业务资格的情况下，申请人通过与被申请人签署《主协议》的合法形式，掩盖其关联企业与被申请人违反中国法律进行衍生品交易的行为，《主协议》应属无效合同。

2. 申请人没有履行从事衍生产品的法定风险披露义务。

申请人没有证据证明其已经对被申请人进行了有效的风险提示。虽然证人自然人 Y 某在其证言中对风险提示问题有所涉及，但是自然人 Y 某作为本案掉期交易的直接操作者，交易结果和个人经济利益、工作业绩有直接的关系不排除自然人 Y 某片面夸大本案掉期交易的安全性，可以隐瞒风险性的可能。

根据《衍生交易管理办法》第 24 条的规定，金融机构为境内机构办理衍生产品交易业务应充分揭示交易风险，并取得机构或个人的确认函，确认其已理解并有能力承担衍生产品交易的风险。根据《银监会关于进一步加强银行业金融机构与机构客户交易衍生产品风险管理的通知》（以下简称《通知》）第 7 条规定："银行业金融机构应以清晰易懂、简明扼要的文字表述向机构客户提供衍生产品介绍和风险揭示书面资料，内容包括但不限于：……（三）与交易相关的主要风险披露；（四）产品现金流分析、压力测试、在一定假设和置信度之下最差可能情况的模拟情景分析与最大现金流亏损以及该假设和置信度的合理性分析。"第 8 条规定："与机构客户达成衍生产品交易之前，银行业金融机构应获取由机构客户提供的声明、确认函等形式的书面材料，内容包括但不限于：……（四）机构客户对于该笔衍生产品交易在第七条第（四）点中所述的最差可能情况是否具备足够的承受能力。"

在衍生产品交易前履行风险揭示义务，是《衍生交易管理办法》和《通知》规定的必须履行的强制性义务，取得确认函是进行衍生交易的前提条件。申请人称向被申请人出具过一份《确认书》是其进行过风险提示的证据，但这份《确认书》与《衍生交易管理办法》所规定的确认函有本质的不同，被申请人认为申请人并未履行上述法定任务：①主体不同，《确认书》由 PP 银行而非申请人签署，原因在于前者是真正的交易对方，而非申请人签署，原因在于前者是真正的交易对方，而签订《主协议》只是为了掩盖真正交易对方在中国违规从事衍生品交易的事实；②地点不同，申请人的办公和联系地点在北京，而《确认书》注明的办公和联系地点分别是外国 l 地和 x 地；③时间不同，《衍生交易管理办法》规定的确认函必须在衍生产品交易前签署，而申请人提交的《确认书》是在《主协议》签订之后签署的；④目的不同，《衍生交易管理办法》规定的确认函是确认机构或者个人理解并有能力承担风险，而本案《确认书》是对已完成交易进行的确认；⑤内容不同，《衍生交易管理办法》对确认函的内容有严格要求，至少包括两个方面，而申请人提交的《确认书》却没有这些内容。

3. 合同解除由于申请人违约所致，申请人应承担被申请人就此产生的一切损失。

申请人在向被申请人推介产品时，曾告知被申请人并达成口头协议，如果出现倒挂，则被申请人有三种选择：持有、平仓、重组，这是在庭审中双方认可的事实。该口头协议也是本案掉期交易合同的一部分。申请人和被申请人都认为，重组是发生倒挂后减少被申请人损失的重要手段。申请人的工作人员自然人 Y 某曾向被申请人许诺，如发生倒挂可通过重组的手段，保证被申请人不受任何损失。倒挂发生后，被申请人多次就重组问题与申请人协商，但申请人以种种借口和理由推脱，拒不履行重组义务，导致被申请人的损失继续扩大。在此情况下，被申请人于 2008 年 7 月 c 日致函申请人解除合同。

4. 申请人提出的仲裁请求没有法律、合同和事实依据。

（1）有关提前终止款项。

首先，自然人 U 某由于其不了解申请人与被申请人在《主协议》项下所发生的事实经过，没有资格成为本案证人。其所在的 P 证券（亚太）有限公司与申请人是关联机构，其所出具的"证人证言"不能成为认定本案事实的依据。其次，申请人根本没有法律意义上的有效证据来证明其合同解除后的实际损失，唯一能向仲裁庭说明的是提前终止款项是依据申请人内部的模型计算出来的。申请人作为本案的利益相对方，利用不为外人所知，甚至连其内部一般员工都不懂的模型计算出来的提前终止款项，向被申请人主张权利是不公平的。自然人 U 某在证人证言中明确表述提前终止款项的计算是"基于历史数据和申请人对市场未来趋势的看法而作出的诚实和商业上的合理的确定，具有一定的主观性"。其证言中并未具体说明所提供的曲线、波幅和相关性具体数值，以及专有模型构成原理和具体公式。另外，其计算过程中使用的一些参数出处不明，对计算过程亦没有进行说明，被申请人认为其所得出的提前终止款项不具备可信性，无事实依据，该仲裁请求根本无法成立。

《合同法》第 113 条规定："当事人一方不履行合同义务或者履行合同义务不符合约定，给对方造成损失的，损失赔偿额应当相当于因违约所造成的损失，包括合同履行后可以获得的利益，但不得超过违反合同一方订立合同时预见到或者应当预见到的因违反合同可能造成的损失。"申请人的工作人员自然人 Y 某当庭承认，其不能计算出提前终止款项，故其不可能在订立合同时进行这方面的风险提示。自然人 U 某在证言中提到，提前终止款项是依据申请人内部专有模型计算出来的，是一个相当复杂的数学过程。我们知道，模型是保密的，就连申请人也不能依据模型计算出提前终止款项，否则也不必请在 P 证券（亚太）有限公司工作的自然人 U 某来计算了。如果申请人在订立合同时都不能确定的损失赔偿额，被申请人又如何预见？

（2）有关利息计算。

根据《主协议》第 5.5 条"终止后的利息"的约定：

"利率等于未受影响方如果为筹集相关款项而会负担的成本（以年利率计算）再加 1%。"申请人要求以 7 天回购定盘利率作为确定利率基础没有合同依据，其要求的按照 7 天回购定盘利率加上 1%计算年利率的方法与合同约定不符。两种计算方法的重大区别在于，7 天回购定盘利率作为超短期利率，该利率的标准远远高于年利率。如果以 7 天回购定盘利率上浮一个百分点来确定相关款项的年利率，申请人又可以通过反复计算 7 天回购定盘利率的方式抬高年利率水平。

（3）其他费用。

y 律师事务所作为一个外国律师事务所在中国的代表处，代理作为中国企业的申请人在中国境内发生的仲裁案件，并在庭审过程中和《补充意见》中对应当如何理解和使用案件所涉及的中国法律和部门规章等法律问题发表大量口头和书面意见的行为，严重违反了《外国律师事务所驻华代表机构管理条例》的规定，属非法经营行为，该项仲裁请求不应获得支持。同时，该律所的律师费是由 PP 银行支付的，非由申请人支付。支付的，非由申请人支付，故该仲裁请求无事实。再者，z 律师事务所提供的收费率证据中，无双方签字盖章，其收费单仅有工作小时数而没有具体工作内容，无法判断上述工作是否发生以及实际工作时间。z 律师事务所仅就仲裁申请书和六份证据提供服务却安排 11 个律师用时数百个小时才完成，让人无法理解和取信。

（五）申请人对被申请人补充意见的反驳

1. 申请人已履行了风险披露责任。

申请人向被申请人提供的项目建议书以及交易条款书草稿中的各类情景通过不同的情形分析清楚表明了存在倒挂风险以及倒挂发生时，被申请人的损益均衡天数以及损益幅度。同时，交易条款书的草稿和最终稿中均特别载有"风险披露"条款，明确提示"上述掉期交易存在很大的风险，包括但不局限于利率风险、价格风险、流动性风险以及信用风险。交易双方应就掉期产品相关的风险，掉期产品恰当的分析工具以及掉期产品是否适合于各交易方的特定情况咨询各自的金融、法律、会计以及税务顾问"。对此，申请人分别于合同签署之前和当日逐条向被申请人进行讲解，并供被申请人审阅。同时，申请人在交易条款的每一页均提示并建议被申请人就该交易咨询专业顾问，以便充分了解并慎重决定。申请人的行为完全符合《衍生交易管理办法》中关于风险披露的相关规定。

2. 被申请人通过签署交易条款和确认书的方式确认了其对本案掉期交易风险的理解。

被申请人以《确认书》的交易对象是 P 银行为由，否认其签署过确认本案掉期交易风险的确认书，这个主张没有任何事实支持。本案交易中的《项目建议书》《主协议》《保证协议》等均说明在交易完成后将签署确认书，被申请人对此十分清楚，也应申请人（而不是 P 银行）要求签署了《确认书》。（该《确认书》对应的 P 银行）要求签署了《确认书》。该《确认书》对应的 2008 年 2 月（a-4）日签署的《主协议》即是申请人与被申请人于当日签署的《主协议》，除此之外别无所指。此外，该《确认书》中的交易结构与被申请人于 2008 年 2 月（a-4）日向申请人出具的交易条款书以及申请人实际从事的交易结构条件等完全一致。

实际上，《确认书》主体的错误仅是申请人工作人员在申请人的主体变更的过渡时期误用了 P 银行的确认书格式所致，而不涉及本案掉期交易主体的变化。申请人已提交的证据证明，申请人于 2007 年 7 月 a 日由其前身 P 银行各在华分行改制成立，并获准承继原在华分行全部业务，包括金融衍生产品业务。

3. 被申请人提出的合同无效主张没有任何事实或法律依据。

基于以上所述，申请人依法获准在中国从事衍生产品交易业务，且实际签署和履行本案掉期交易，因此本案不存在《合同法》第 52 条第 3 款所说的"以合法形式掩盖非法目的"的情形。申请人和被申请人签署的《确认书》和《条款》也符合《衍生交易管理办法》的要求。况且，《衍生交易管理办法》不属于《合同法》第 52 条第 5 款所说的法律、行政法规的强制性规定，即使本案掉期交易有任何违反《衍生交易管理办法》的情形（申请人对此否认），也不会影响到本案掉期交易的效力。

4. 申请人请求的损失属于可预见的实际损失，提前终止款项的计算具有合理性。

《主协议》第 11 条提前终止款项的计算，清楚地写明了提前终止款项的性质，并明确其不仅包括到期未付的款项，而且包含提前终止日之后本应发生的付款和交付。合同中明确告知并说明本案掉期交易的提前终止没有自动免除双方当事人此后的付款义务，二是需要于提前终止日对合约日后的付款和交付价值进行计算，计算结果即为提前终止款项，也反映了交易的市场公允价值。因此，对于提前终止款项的内容，被申请人在进入本案掉期交易时是完全可以理解并预见的。

合同签署前，自然人 Y 某也至少两次与被申请人探讨了倒挂发生后如果被申请人终止本案掉期交易则需要计算本案掉期交易的"市值"，即合约未到期的期限内未清偿债务的现值。被申请人理应知道或预见到提前终止本案掉期交易的后果和法律责任，被申请人提不出任何相反证据，只是一味地主张提前终止款项的计算过于复杂。

对于提前终止款项的数额，申请人也不止一次于各种书面文件中进行提示和说明，因此被申请人称其无法预见提前终止款项的数额完全缺乏事实依据。申请人工作人员自然人 Y 某分别于 2007 年 12 月（a+1）日、2008 年 1 月（b+7）日和 2008 年 2 月（a-4）日向被申请人提供了三份交易条款书的草稿或最终稿。在这三份不同版本的交易条款书中，均对交易进行中出现不同市场情况所导致的盈利和损失作出情景分析，披露被申请人有可能遭受的损失包括 1500 余万美元、500 余万美元和近 350 万美元等等。该等情景分析采用计算提前终止款项相同的模型，模拟交易持续进行所得出的结果，因此被申请人可以非常直观地获知在不同市场情况下，其继续交易或终止交易可能遭受的损失幅度。

《合同法》第 113 条仅要求守约方主张的损失"不得超过违反合同一方订立合同时预见到或者应当预见到的因违反合同可能造成的损失"，而并非要求守约方主张的损失必须是违约方可以自行准确计算的损失。损失的计算从来都是守约方的责任，特别是在本案交易中，被申请人已于《主协议》中授权申请人作为其计算代理人对合同履行的相关款项进行计算。因此，只要被申请人在订立合同时被告知可能的损失种类、性质和程度，该等损失就属于被申请人"应当预见到的因违反合同可能造成的损失"，而被申请人是否有能力计算该等损失，与损失的可预见性无关。

当本案掉期交易因被申请人不肯付款而提前终止时，提前终止款项即是在提前终止日那一天本案掉期交易继续履行下去的未来现金流的折现值。由于被申请人未按时付款导致本案掉期交易提前终止，申请人必须相应地终止某些对冲交易，使申请人不会因为市场状况变化而承受损失。事实上，申请人也在提前终止日将某些对冲交易终止。在这种情况下，无论今后市场如何变化，申请人因本案掉期交易提前终止所丧失的价值均保持在提前终止款项的数额。

并且，该提前终止款项的计算具有合理性和客观性，系申请人依据《主协议》约定的计算方法以市场公允价值的方式进行计算得出。该市场公允价值的计算结果主要取决于两个方面：一是申请人为利率掉期这一类型的交易而设计的具有普遍适用性的专有模型，二是输入模型的与某一具体利率掉期交易相关的市场参数。为保证专有模型计算结果的合理性，其建立和使用均经过内部和外部多重和随时的独立审计。而且，各银行也会定期将输入同类参数进入同类专有模型计算的结果递交到第三方独立机构 Q 机构进行审核和比较。而申请人计算结果的准确性从未受到 Q 机构的任何质疑。

三、仲裁庭意见

(一) 本案法律适用

依本案《主协议》《条款》及其他与本案交易相关的文件，申请人及被申请人约定本案交易适用中国法律，相关交易文件受《合同法》《衍生交易管理办法》及其他相关法律法规管辖，故仲裁庭适用中国法律及相关法规审理本案。

(二) 证据采纳

1. 申请人于 2009 年 10 月 x 日提交的证据。

申请人认为，被申请人于 2009 年 9 月底提交落款为 2009 年 8 月 b 日的书面意见不符合《仲裁规则》。被申请人认为，申请人于 2009 年 10 月 x 日提交的证据超过了举证期限，仲裁庭不应采纳。

仲裁庭认为，本案双方在 2009 年 4 月 b 日的庭审上明确同意仲裁庭的意见，即本案当事人双方应在 2009 年 8 月 b 日前提交本案所有证据，但双方当事人继续提交本案相关的补充意见和质证意见并不受此日期限制。因此，被申请人落款日期为 2009 年 8 月 b 日的书面意见并没有违反仲裁庭指示和相关《仲裁规则》。申请人于 2009 年 10 月 x 日提交的证据则属于逾期提交。《仲裁规则》第 36 条第 2 款规定："仲裁庭可以规定当事人提交证据的期限，当事人应当在规定的期限内提交。逾期提交的，仲裁庭可以不予接受。当事人在举证期限内提交证据材料确有困难的，可以在期限届满前申请延长举证期限。是否延长，由仲裁庭决定。"

综上，基于公平原则，对于提交日期超过 2009 年 8 月 b 日的证据，仲裁庭原则上不予接受；但如果所提交证据是用于佐证新主张且对本案的审理有重大意义，仲裁庭将会酌情考虑接受。据此，仲裁庭决定不接受申请人于 2009 年 10 月 x 日提交的以下证据：证据 17~30；自然人 Z 博士之独立报告。

2. 证人证言后附带的证据。

申请人于 2009 年 6 月 b 日提交了自然人 Y 某证词及其附件、自然人 W 某证词及其附件、自然人 U 某证词及其附件、自然人 X 某证词以及自然人 D 某证词。被申请人在质证意见中指出该些证人均不具备证人主体资格。随后，被申请人在 2009 年 11 月 c 日的庭审上指出该些证人证词后所附的证据不应被仲裁庭采纳，拒绝予以质证。申请人认为证人证言后所附的证据是为了进一步佐证证言，且该些证据均在举证期限内提交，应予以考虑。

仲裁庭认为，事实证人就自己知晓的、看到的案件情况作证，不同于专家证人。就本案而言，自然人 Y 某和自然人 W 某均属于事实证人，上述两人在证人证言后所附证据只能视为其证人证言中内容的一部分，而不能作为本案证据使用。

但由于作为申请人的前雇员和主要联系人，自然人 W 某作为申请人现雇员和后期双方沟通的主要人员之一，仲裁庭将结合其他证据酌定和自然人 W 某在证人证言中所述内容。

仲裁庭特别注意到，在 2009 年 11 月 c 日的庭审中，被申请人一再声明从未收到过申请人提交的自然人 Y 某证词后所附带的"证据 YL-9 2007 年 12 月交易条款书草稿（中英文本）"。自然人 Y 某在其证词第 29 段指出该条款书草稿是她在与被申请人工作人员自然人 L 某和自然人 S 某会面时提交的。但在 2009 年 11 月 c 日的庭审中，当被申请人质询自然人 Y 某除了自己的陈述外，是否有其他证据证明其将该条款书给过自然人 L 某时，证人自然人 Y 某的回答为"不记得"。仲裁庭发现在本案双方提交的所有证据之中，没有任何证据表明被申请人已收到证据 YL-9。

仲裁庭认为，证人自然人 Y 某作为申请人的前雇员和交易的主要联系人，除自己陈述外，并无其他证据证明其将 2007 年 12 月的交易条款书提交给被申请人，且被申请人否认已收到该证据。仲裁庭决定对于自然人 Y 某证言后所附的证据 YL-9 中所述内容不予采纳。

（三）合同效力涉及的相关问题

1. 关于交易的实际参与者。

被申请人认为，申请人的关联企业才是本案衍生产品交易的实际参与者，而该些关联企业 P 银行上海分行、P 证券（亚太）有限公司和 PP 银行均无在中国从事金融业务的资格。因此，被申请人认为申请人实际上是通过与被申请人签署《主协议》的合法形式，掩盖其关联企业的违法从事衍生产品交易的行为，《主协议》应属无效合同。

仲裁庭认为，申请人的关联企业在本案交易中只是协助申请人完成了部分工作，此协助属于分工协作，并不能改变申请人是本案掉期交易的主体的事实。申请人获有在中国从事衍生产品交易的资格，《主协议》属于有效合同。理由如下：

首先，根据中国银行业监督管理委员会（以下简称"银监会"）的批复，申请人于 2007 年 7 月（a+2）日成立，2007 年 10 月取得金融许可证，原 P 银行上海分行于 2007 年 11 月正式注销。申请人正式成立后，获准继承原分行"获准经营的全部业务"，其中包括衍生产品交易。因此申请人从事衍生产品交易符合银监会颁布实施的《金融机构衍生产品交易业务管理暂行办法》第五条的相关规定，即"……金融机构开办衍生产品交易业务，应经中国银行业监督管理委员会审批，接受中国银行业监督管理委员会的监督和审查……"

其次，除 2008 年 4 月签署的《确认书》出现误写外，本案相关交易文件和沟通过程都表明被申请人的交易对方是申请人。《确认书》中将合同一方的名称写为 P 银行，即 PP 银行，并不意味着 P 银行由此成为本案交易的当事方。《合同法》第 125 条规定："当事人对合同条款的理解有争议的，应当按照合同所使用的词句、合同的有关条款、合同的目的、交易习惯以及诚实信用原则，确定该条款的真实意思。"综观本案，《确认书》中引用的交易内容和《主协议》中的描述完全一致；《确认书》的交易号码和联系方式均为申请人所有；申请人和被申请人从 2007 年下半年起到 2008 年 4 月前就本案交易有过多次沟通和交流，被申请人知晓签署《确认书》是为了进一步确认其与申请人之间已生效的掉期交易。各种证据均表明《确认书》中将合同一方名称写为 P 银行仅是笔误，不影响本案申请人为当事方这一事实。

最后，在本案掉期交易履行的过程中，虽然申请人的关联企业参与协助申请人进行了部分工作（如协助管理交易风险和计算提前终止款项），但这些协助仅属于 P 集团内部的分工协作。所有的交易文件和双方沟通过程均表明本案掉期交易由申请人和被申请人达成和履行，符合双方的真实意思。本案被申请人的交易相对方是申请人，一个有资格在中国从事金融衍生品交易的金融机构。

综上所述，仲裁庭认为，本案所涉合同系双方当事人的真实意思表示，双方当事人主体合法，内容没有违反法律、行政法规强制性规定，合同应属有效。但是，应当指出，申请人上述操作方法导致被申请人在签署和履行《主协议》过程中，不得不面对申请人以及其相关的关联企业，导致被申请人无法及时准确地从相关对方获得完整信息。

2. 关于欺诈和缔约过失。

被申请人认为申请人通过向被申请人灌输利率掉期交易可以规避利率风

险，承诺利率挂钩区间不会出现风险并将利息锁定在 6% 以内，即使出现风险也确保被申请人的交易安全，诱使被申请人签署了《主协议》和《条款》，致使被申请人遭受了巨大经济损失。被申请人认为申请人的行为构成欺诈和缔约过失，应赔偿其经济损失。

最高人民法院《关于贯彻执行〈中华人民共和国民法通则〉若干问题的意见（试行）》第 68 条规定："一方当事人故意告知对方虚假情况，或者故意隐瞒真实情况，诱使对方当事人作出错误意思表示的，可以认定欺诈行为。"民事欺诈的行为人必须有主观上的故意、客观上的欺诈行为以及由于欺诈行为而导致对方当事人作出错误意思表示的结果。

仲裁庭认为，被申请人所称的申请人故意隐瞒交易风险、虚构交易安全系数等行为，在法律上不能成立。理由如下：

（1）申请人没有主观上的故意。在交易期间，申请人提供给被申请人的材料包括但不限于《项目建议书》《主协议》《条款》《确认书》和来往电子邮件。该些材料均表明申请人向被申请人提示过本交易存在一定的风险，并且没有保证过利率不会倒挂或者没有波动风险。具体表现如下：

第一，申请人在多个项目建议书中均表示报告是以当前形势为基础的预测为根据，该观点可能发生变化。

第二，"美联储连续大幅降息的可能性甚微""欧元 CMS10-2 利率曲线倒挂从未出现"等结论均是通过对历史公共数据分析而得出。

第三，所有证据中，申请人未向被申请人表示过此交易"无任何风险也无需支付额外费用"。双方签订的《条款》有对风险的提示，比如在"固定期限互换利率（CMS）及 LIBOR 利率风险"项下说明，如果 CMS10-2 小于 -0.05%，或者美元 3 个月 LIBOR 利率超出下限至上限的区间，最差的情况会是被申请人所收利息为 0。在《条款中》分析"情景 3"时，指出过在交易参数 N1/N2 变为 0，同时美元 1 个月 LIBOR 由 3.1% 降到 1.5% 时，被申请人将损失近 400 万美元。

综上，仲裁庭认为申请人没有故意隐瞒真相或者虚构交易风险引诱被申请人错误作出意思表示。

（2）仲裁庭认为，缔约过失责任只适用于在合同未成立或者已经成立但由于不符合法定生效要件被确认无效或撤销的情形。如前所述，申请人没有欺诈行为，本案所涉的掉期交易合同合法成立并履行，合同没有违反任何法律法规强制性规定导致其可撤销或自始无效。申请人因此不存在缔约过失，不承担相关损害赔偿责任。

3. 关于未充分披露风险是否导致合同无效。

被申请人认为由于申请人违反强制规定，没有充分披露交易风险，合同应属无效。《合同法》第52条规定，合同违反法律、行政法规强制性规定应认定为无效。据此，本案申请人即使违反了《衍生交易管理办法》规定没有充分披露交易风险，鉴于《衍生交易管理办法》是由银监会制定并颁布实施的，并不属于法律或行政法规强制性规定，故不适用《合同法》第52条的规定，也不应导致合同无效。

（四）合同解除

1. 有关"情势变更"原则。

被申请人主张，F国次贷危机引起的全球性金融危机是导致《主协议》签署时所依据的金融及利率发生根本变化的原因，继续履行《主协议》将造成对被申请人显失公平的后果。根据"情势变更"原则，被申请人认为其拒付2008年7月份应付款项符合交易目的，不应认定为违约，也不构成申请人所谓的解除事件。

最高人民法院《关于适用〈中华人民共和国合同法〉若干问题的解释（二）》第26条就"情势变更"原则作出详细规定："合同成立以后客观情况发生了当事人在订立合同时无法预见的、非不可抗力造成的不属于商业风险的重大变化，继续履行合同对于一方当事人明显不公平或者不能实现合同目的，当事人请求人民法院变更或者解除合同的，人民法院应当根据公平原则，并结合案件的实际情况确定是否变更或者解除。"

仲裁庭认为，被申请人以全球性经济危机为依据主张适用情势变更原则是不恰当的。首先，全球性金融危机并非完全是一个令所有市场主体猝不及防的突变过程，而是一个逐步演变的过程。在此过程中，市场主体应当对于市场风险存在一定程度的预见和判断。其次，本案交易的主要相关参数为欧元CMS10-2以及美元3个月LIBOR，被申请人知道此交易属于风险投资性金融产品标的物合同，具有"高风险高收益"因素，如产生风险也属于商业风险。据此，本交易情形不符合情势变更原则适用要件，仲裁庭不支持被申请人关于此问题的主张。

2. 关于被申请人是否有权解除合同。

被申请人认为，鉴于申请人误导诱使其签约，其有权根据《主协议》第4.1.3 条解除合同，且已于 2008 年 7 月 c 日依法终止《主协议》，解除合同。

《主协议》第 4 条规定了"终止事件"。第 4.1.3 条约定：只有在一方作出或复述某陈述时，在重大方面有误或者有误导性，该方才有解除合同的权利。《主协议》第 3.1 条对陈述内容及范围作了详细规定。经查，《主协议》第 4.1.3 条中所谓的"陈述"和第 3.1 条中所涉的"陈述"概念和范围相同。

如上文所述，仲裁庭认为，申请人没有对被申请人作出或复述错误的陈述，其陈述在重大方面亦没有误导性。据此，被申请人无权解除合同。

3. 关于申请人是否有权解除合同。

《主协议》第 4.1.1 条约定，任何一方未能于到期时支付并且截至向该一方发出未能付款通知后的第 3 个营业日，而该一方仍未予以纠正的，即构成主协议下的终止事件。《主协议》第 5.1.1 条约定，如果终止事件发生并持续，则未受影响方（即本案申请人）有权最多提前 20 天用书面形式通知受影响方（即本案被申请人），指定一个不得早于该通知生效日期，将所有未完成交易（即本案掉期交易）提前终止的提前终止日。

仲裁庭认为，依据上述的《主协议》相关约定，申请人有权终止本案掉期交易。依《主协议》和《条款》，2008 年 7 月（c-2）日是被申请人向申请人支付 7 月份交易款项的日期，被申请人未支付。申请人于 2008 年 7 月（c-1）日和 c 日两次向被申请人及其担保人送达《未付款通知书》，并要求其在 3 个营业日内支付该款项，被申请人及其担保人拒绝支付，构成《主协议》第4.1.1 条下的违约事件。2008 年 8 月 a 日，申请人通过公证向被申请人送达《终止通知书》，指定 2008 年 8 月 a 日为提前终止日并终止掉期交易。据此，申请人提前终止了本案交易，2008 年 8 月 a 日为"提前终止日"。仲裁庭认为，申请人解除合同符合合同约定，本案《主协议》及相关合同已于 2008 年 8 月 a 日予以解除。

（五）风险披露

被申请人主张，申请人在本案交易过程中，没有按照《衍生交易管理办法》第 24 条规定披露交易风险，没有履行从事衍生产品的法定义务，申请人由此须承担全部经济和法律责任。

经查，《主协议》明确约定，本案双方是根据《衍生交易管理办法》规定签署本协议，且该《衍生交易管理办法》是政府监管性文件，双方有义务使其交易行为符合该《衍生交易管理办法》之规定。《衍生交易管理办法》第24条规定："金融机构为境内机构和个人办理衍生产品交易业务，应向该机构或个人充分揭示衍生产品交易的风险，并取得该机构或个人的确认函，确认其已理解并有能力承担衍生产品交易的风险。金融机构对该机构或个人披露的信息应至少包括：衍生产品合约的内容及内在风险概要；影响衍生产品潜在损失的重要因素。"

依据《衍生交易管理办法》，风险披露的"充分性"不仅是金融机构合规的要件，也是金融机构对客户的责任和义务。仲裁庭认为，申请人虽然对本案掉期交易风险进行了提示，但其提示并不充分，不符合《衍生交易管理办法》的规定。

1. 项目建议书风险披露不够充分。

在本案中，申请人为促成交易，向被申请人提供多份项目建议书以确认交易细节，仲裁庭对上述证据作了综合考虑。经查，申请人所有项目建议书（包括2007年7月版、2007年10月版、2007年11月版、2008年1月版）的项目方案情景分析表中，设计的被申请人的利息节省均为正数，在所有假设欧元CMS10-2倒挂或美元3个月LIBOR突破区间的情境中，被申请人仍会节省利息。

申请人的项目建议书和邮件中充满了"为何曲线不会倒挂，或即使倒挂也不会长期如此""过去10年，曲线从未倒挂过！"之类的评论，在阅览了这些150多页的文件后却没有看到一页关于被申请人在交易中可能会损失、无法节省利息的假设，没有对金融衍生品这样高风险的交易进行客观的分析。

2. 《条款》中情景分析的风险披露不充分。

（1）仲裁庭注意到了申请人2008年9月提交的《条款》（已签署原件）中载有风险披露的相关提示，其后附有三种情景分析。前两个情景中，被申请人分别盈利300余万美元和近70万美元。其中，最不利于被申请人的是情景三，即在交易期内N1/N2下降到0，而美元1个月LIBOR逐渐从3.1%下降到1.5%时，被申请人损失近400万美元。在情景三的分析中，整个交易期间，即从2008年2月a日到2010年12月b日，N1/N2的数值只在2010年11月30日到12月31日期间为0，而该期间甲方（甲方即指被申请人）收益为

0。仲裁庭认为，对潜在风险的充分揭示应当包括交易在一定假设和置信度之下最差可能情况的模拟情景分析与最大现金流亏损。本案交易有34个计息期，而情景3只有一个计息期中N1/N2为0，总计约1020天的交易期间内仅有约496天的时间欧元CMS10-2倒挂且美元3个月LIBOR突破区间，即不到一半的概率，显然不是对本案交易最差可能情况的模拟情景分析。尽管《条款》中在情景分析项下写有被申请人不应依赖该分析的提示，仲裁庭认为，该分析作为双方正式签署的交易文件中唯一涉及风险分析的实例，对被申请人有着重要的参考价值。缺少最差可能情况的情景分析是申请人在风险披露方面的明显缺陷。

仲裁庭认为，通过双方质证并由仲裁庭采纳的其他证据，申请人没有一个包括了对本案交易最差可能情况的情景分析和最大现金流亏损估计，显示申请人只注重宣传了产品的收益却没有充分向被申请人披露交易风险。除此之外，情景3分析的其中一项数据统计值是"甲方现金损益"，在交易期间34个计息期内，此数值为正数时代表被申请人净收益，为负数时代表被申请人净损失；在总计数值时被申请人收益为近1000万美元，损失为1000余万美元，由此很明显可得出被申请人现金损益数值应为－近400万美元，然而情景3的数值却为近400万美元，缺少了表示被申请人净损失的"负号"。鉴于在情景3中，计息期从2008年7月（c+1）日至2010年12月b日表示被申请人净损失时数值均为负数，而在总计中表示被申请人现金净损失却使用正数，造成了前后数值表示方法的不一致，如不仔细观察，容易给被申请人留下其在情景3中实现净盈利的印象，有误导嫌疑。仲裁庭认为，《条款书》作为本案掉期交易最重要的文件之一，出现这种失误是不应当的，申请人存在一定过错。

3. 申请人雇员对风险的认识。

经查，自然人Y某作为申请人的前雇员，在2007年7月至2008年6月下旬与被申请人就本案掉期交易进行磋商和履行，是与被申请人洽谈交易的主要经办人员。

本案中，自然人Y某代被申请人的承办人员起草了《B公司美元债务套期保值方案》（以下简称为"方案"）以供被申请人的公司决策层审批同意进行本案交易，该方案由自然人Y某于2008年2月（a-16）日以电子邮件的方式发送给被申请人。仲裁庭认为，申请人作为国际知名的金融机构，应当知晓被申请人公司内部的审批文件应从被申请人的利益出发分析交易收益、可行性并披露风险，申请人作为交易的相对方与被申请人在本案中是交易对手，存在利益冲突，由申请人代替被申请人起草其公司内部审批文件显然不当。仲裁庭发现，方案中多次提及交易的挂钩指数"十分安全"，并强调即使"突破区间情况发生，银行仍然可以根据市场情况对区间进行修改和调整，因此风险相对可控"，但却几乎未分析过交易所存在的潜在风险，会导致被申请人决策层在对交易风险认识不足的情形下审批该方案。据此，申请人的行为具有明显的过错，应承担相应的民事责任。

自然人 Y 某在 2009 年 11 月 c 日的庭审中做证，经被申请人询问后表明自己不能够计算提前终止款项也不知道提前终止款项的计算模型。仲裁庭认为，自然人 Y 某作为申请人在本案与被申请人洽谈交易条件的主要经办人，无法计算甚至不知道提前终止款项的计算模型，导致自然人 Y 某无法向被申请人充分揭示本案交易的风险。

综上，尽管本案合同合法有效，被申请人拒付到期款项造成合同被解除，应负主要违约责任，但申请人在交易过程中未能按照《衍生交易管理办法》的规定充分披露交易风险，存有一定过错，故对损失应承担相应的责任。

（六）赔偿金额的计算

1. 提前终止款项。

（1）计算依据。

本交易中与计算提前终止款项有关的条款主要在《主协议》第 11 条中。该条首先明确，提前终止款项代表的是终止交易的"全部损失和成本"，并特别强调"该等数额是对损失的合理预估而非惩罚金"。原文如下：

"决定方"指，决定一个提前终止款项的一方。关于一方和已终止交易的"提前终止款项"指，由决定方自行合理决定的、数额等于决定方与本协议和全部已终止交易有关的在提前终止日决定的全部损失和成本（或收益，在该等情形下收益以负数表示）（包括但不限于交易未能实现、撤除套期保值操作造成的费用和损失、筹资的成本，或签署任何项目所产生的收益，但是不包括第 5.6 条提及的费用），该等损失和成本是决定方在当时情形下，进行下述替换或为向决定方提供下述价值的等价物，而遭受、产生、可能已经遭受，或可能已经产生的：（a）与已终止交易的重大条款相当者，包括：

（x）任何一方在该等提前终止日或之前应当支付的或进行的（或若非第2.3条的规定本应支付的或进行的），但到该等提前终止日或尚未支付或进行的任何付款与交付；

（y）根据第2.1条的规定双方应进行的、若非发生相关提前终止日则在该日之后本应发生（假定第2.3条的前提条件均已成就）的付款和交付。

……双方同意，该等数额是对损失的合理预估而非惩罚金。因未能实现交易或因丧失对将来风险的防护，应支付该等数额。

据此，"提前终止款项"主要由两部分款项组成：一是已经欠付的款项；二是如果没有提前终止合同应当支付的款项。

（2）被申请人欠付的款项。

如前所述，被申请人没有支付2008年7月的交易款项。依《确认书》所列公式计算，被申请人该月应支付的款项是近70万美元，计算如下：（a）4.5%（年利率）；乘以（b）该月的美元摊销金额（1亿余美元）；乘以（c）31（实际天数）；再除以（d）360。

申请人在2008年7月应支付的款项为0。该数额是根据《确认书》中的浮动利率公式得出：（a）1月期美元LIBOR加2.25%，乘以（b）N1，再除以（c）相关期间的总日历天数。其中，N1为相关期间同时满足以下条件的日历天数：（a）欧元CMS10-2大于或等于-0.05%；且（b）美元3个月LIBOR在规定区间内。经查，2008年6月30日至7月31日期间每一天的欧元CMS10-2都小于-0.05%，由此浮动利率公式中的N1为零，申请人应付给被申请人的浮动金额也为零。据此，在相关期间内，被申请人应于2008年7月（c-2）日向申请人支付交易净额款项共近70万美元。

（3）若未提前终止合同的应付款项。

本案中，若未提前终止合同的应付款项等于，提前终止日至本案掉期交易预定终止日期间，本应由被申请人支付的交易固定利率部分的价值（"固定金额"）和本应由申请人支付的交易浮动利率部分的价值（"浮动金额"）的差值。经查，依前述固定金额计算公式并经过折现，被申请人应付的固定金额为900余万美元。①关于浮动金额的合理性《主协议》第11条约定，决定提前终止款项的一方（即申请人）有权自行合理决定与已终止交易有关的在提前终止日的全部成本或损失，但该等数额应为对损失的合理预估而非惩罚金。申请人为了估算浮动金额，使用了其公司内部的专有模型，该模型的合理准确性是决定浮动金额是否合理的决定性因素。综合本案事实和证据，仲裁庭无法认定模型或浮动金额的合理与准确性：

首先，自然人 U 某作为负责计算本案交易提前终止款项的人员，向仲裁庭提交了证人证词并出庭作证。自然人 U 某在证词中描述为确定浮动金额需要向模型中输入三个主要数据：掉期曲线、波幅和相关性。其中，"相关性"用于计算两个掉期利率的相关程度……是三个数据输入中主观性最强的一个，原因是相关性不透明，不能即时交易，因此只代表申请人基于历史观察和未来趋势而形成的观点。

自然人 U 某以及多位证人就浮动金额的计算举证，然而除了需输入模型的三个主要数据外，并没有向仲裁庭举证真正的计算公式是什么，仲裁庭无法依据这三个输入数据得出申请人请求的浮动金额。在不了解模型的计算公式且不知道相关性数据是否合理的情况下，仲裁庭无法裁定由此得出的浮动金额是否合理准确。

其次，自然人 U 某一再强调申请人遵守会计规则，模型价值需要经过独立第三方机构评估确认，申请人亦在庭后意见中补充此独立第三方机构 Q 机构是业内公认的模型审核比较机构，申请人的计算结果从未受到过 Q 机构的质疑。然而，申请人却未向仲裁庭提交过 Q 机构的评估意见，仲裁庭在无模型计算公式和仅知道 Q 机构官方网址的情况下，无法判定申请人得出的浮动金额是否合理准确。关于浮动金额的可预见性《合同法》第 113 条第 1 款规定："当事人一方不履行合同义务或者履行合同义务不符合约定，给对方造成损失的，损失赔偿额应当相当于因违约所造成的损失，包括合同履行后可以获得的利益，但不得超过违反合同一方订立合同时预见到或者应当预见到的因违反合同可能造成的损失。"申请人称，违约方只要在订立合同时能够合理预见损失的类型，就应对该笔损失进行赔偿，无需进一步预见损失的程度。

本案中，虽然"欧元 CMS10-2 利率曲线从未倒挂，即使出现倒挂亦能予以纠正"和"将利率锁定在 6% 以内"等说法是申请人基于历史数据的分析，但申请人过多向被申请人宣传乐观情形，较少提及交易风险，夸大了交易的收益，未充分向被申请人披露风险，导致被申请人对交易的风险和可能产生的损失范围认识不足。据此，仲裁庭认为，虽然被申请人在本案合同订立时，依《主协议》之内容可以预见到，如违约有可能会产生"提前终止款项"类别的损失，却无法合理预见到该项损失会多达人民币近 3000 万元。

依《合同法》第 113 条之规定，被申请人违约所需赔偿的金额不应超过其订立合同时合理预见到的违约损失。仲裁庭认为，申请人未能履行其举证责任证明计算浮动金额的内部模型符合合同约定并具有合理性，故不能支持申请人关于浮动金额的主张。

然而，仲裁庭注意到，模型三个输入参数中的两个"掉期曲线"和"波幅"都是透明度较高、是可以从第三方获得的客观数据。仲裁庭参照上述客观数据，并从本案双方合意和确保提前终止款项数值公平合理的前提出发，认为由申请人支付的浮动金额应比申请人主张的数值上浮 38%，即近 900 万美元 [浮动金额=600 余万美元×（1+38%）＝近 900 万美元]。综上，若未提前终止合同应付款项为由被申请人支付的固定金额与由申请人支付的浮动金额数值之差，故被申请人应向申请人支付近 100 万美元作为提前终止本案合同的损失和费用之赔偿。计算如下：被申请人应付固定金额近 1000 万美元－申请人应付浮动金额近 900 万美元＝近 100 万美元。

（4）关于止损义务和重组。

被申请人主张，申请人在合同订立时，向其承诺即使欧元 CMS10-2 倒挂，申请人也会对交易进行重组，使被申请人免受损失。而本案交易指数倒挂后，申请人怠于止损，延误了重组的最佳时机，导致交易无法继续履行，申请人应对此承担责任，无权对扩大的损失要求赔偿。仲裁庭认为，重组并非《合同法》中所规定的减损措施，不是合同义务。因为重组方案是在交易当时市值的基础上，依交易双方合意达成，是对未来的风险和收益进行分配，使损失方可以另一种方式继续履行交易，属于合同变更。本案中，申请人明确向被申请人表明重组方案达成需通过其公司内部审核。《合同法》第 77 条规定："当事人协商一致，可以变更合同。"由于申请人与被申请人未能就重组事项协商一致，从而双方无法实现对原合同的变更，申请人对此不需承担责任。综上，仲裁庭认为，被申请人应向申请人支付提前终止款项共近 200 万美元（应付提前终止款项＝欠付款 60 余万美元+若未提前终止合同应付款项近 100 万美元－150 余万美元）。

仲裁庭注意到，申请人主张被申请人用人民币支付提前终止款项，然而本案交易系用美元交割，无论是浮动金额还是固定金额都用美元结算。考虑到美元和人民币汇率的浮动情况，并从公平原则出发，仲裁庭认为，被申请人应用美元支付提前终止款项。

2. 利息。

申请人主张，被申请人应当承担提前终止款项自提前终止日（含）至实际支付日（不含）以申请人为筹集该款项而会负担的成本另加1%为年利率计算的利息总额共计人民币近100万元（暂计至2009年11月（c+4）日，不含）。

根据《主协议》第5.5条，未受影响方（此处指"申请人"）有权（在适用法律允许的范围内）要求受影响方支付从相关提前终止日（包括该日）起直至实际付款日（不包括该日）止期间的利息。该等利息按日计算，利率等于未受影响方如果为筹集相关款项而负担的成本（以年利率计算）再加上1%。仲裁庭认为，鉴于被申请人拒绝按合同支付提前终止款项而使申请人遭受了融资成本的损失，被申请人应承担提前终止款项自提前终止日2008年8月a日至实际支付日以申请人融资成本另加1%为年利率计算的利息总额。

在2009年11月c日的庭审中，双方通过比较发现，计算申请人融资成本时，以中国人民银行"7天回购定盘利率"计算比以"年利率"计算所得的利息数值小。据此，仲裁庭认为申请人融资成本以中国人民银行的7天回购定盘利率计算会比较合理。鉴于被申请人应支付提前终止款项共150余万美元，暂计至2009年11月（c+4）日的利息总值为近7万美元。

3. 律师费。

被申请人认为，申请人的律师y律师事务所，作为一个外国律师事务所在中国的代表处，无权代理中国企业在中国境内发生的仲裁案件，亦无权在庭审过程中及答辩意见中对理解和运用案件所涉的中国法律法规问题发表大量口头和书面意见，仲裁庭不应支持其律师费用的主张。

经查，《外国律师事务所驻华代表机构管理条例》（以下简称《条例》）第15条的规定和《仲裁规则》第16条第2款规定，中国公民和外国公民可以接受委托，担任仲裁代理人。

仲裁庭认为，《条例》第15条之规定并没有禁止外国律师事务所驻华代表处及其代表以代理人身份参与在华的国际仲裁活动，也并未禁止其代理涉及适用中国法律的仲裁案件，该规定仅就其以代理人身份在仲裁活动中对中国法律的适用以及涉及中国法律的事实发表代理意见或评论的行为作出了限制。本案中，y律师事务所的代理行为并没有违反《条例》的相关规定。

申请人主张被申请人应补偿申请人因本案交易提前终止而发生的律师费。

本案的申请人和被申请人均为按照中国法律注册成立的企业，双方签署的《主协议》也规定合同适用中国法律，纠纷产生于中国境内，依《条例》第15条之规定，安理律师事务所虽然能够代理申请人的仲裁活动，但是其获准从事的法律执业业务也受到了相应限制。正如申请人自己在庭后陈述意见中所言："y律师事务所没有对涉及中国法律的问题发表任何口头或书面意见，这方面工作都是由z律师事务所负责的，y律师事务所的主要工作是负责与客户进行沟通以及对案件进行管理和协调。"

本案中，仲裁庭认为，对于申请人所要求的安理律师事务所及z律师事务所收取律师费全部由被申请人承担显然不合理，仲裁庭不支持申请人关于律师费的全部请求。考虑到本案中申请人未向被申请人充分披露风险，存在一定过错，从公平合理原则出发，仲裁庭认为被申请人应向申请人赔偿部分律师费。

4. 仲裁费用。

本案仲裁费共计人民币30余万元，应由申请人承担其中的30%，由被申请人承担其中的70%。

申请人所选定的仲裁员的实际费用由其自行承担。

四、裁决

基于上述意见，仲裁庭作出裁决如下：

（1）被申请人向申请人支付提前终止款项共计150余万美元。

（2）被申请人向申请人支付提前终止款项自提前终止日（即2008年8月a日，含）至实际支付日（不含）以中国人民银行7天回购定盘利率另加1%为年利率计算的利息。其中，计至2009年11月（c+4）日（不含）的利息总额共计近7万美元。

（3）被申请人向申请人支付律师费。

本案仲裁费共计人民币30余万元，应由申请人承担人民币近10万元，由被申请人承担人民币20余万元。

申请人所选定的仲裁员的实际费用由其自行承担。

上述被申请人应当支付申请人的款项，应在本裁决作出之日起15日内支付完毕。

本裁决为终局裁决，自作出之日起生效。

 **案例评析**

【关键词】利率掉期交易 交易风险披露 终止净额结算安排
【焦点问题】
本案的争议焦点集中在以下四个方面：一是涉案交易合同是否合法有效；二是涉案交易合同是否因适用"情势变更"原则而解除；三是申请人是否根据《衍生交易管理办法》的规定充分向被申请人披露了交易风险；四是提前终止款项的金额是否合理，被申请人是否可预见该等损失。
【焦点评析】

一、基本案情

本案是一起因金融衍生产品交易而引发的争议，涉及申请人与被申请人之间的利率掉期交易。

2007年12月a日，被申请人与C银行及其相关分支机构签署了《贷款协议》，贷款本金为近2亿美元，期限为3年，利率为美元1个月Libor加2.25%。2007年7月至12月，申请人多次向被申请人出具方案，推荐将贷款本金及期限与欧元CMS10-2掉期利差和美元3个月Libor挂钩，规避利率风险、节省资金成本。被申请人结合历史走势判断，掉期利差倒挂与Libor数值突破挂钩区间的可能性很小，推荐方案可将被申请人利率控制在6%以内。2008年1月，双方签署《主协议》等合同文本，并于2月签署《条款》及其《确认书》，约定自同年2月29日起进行贷款本金及期限与前述指数挂钩的利率掉期交易。根据《条款》，被申请人每月向申请人支付按年利率4.5%计算的固定利息；申请人每月向被申请人支付按浮动利率（美元1个月期LIBOR+2.25%）×N1/N2计算的浮动利息，N1表示观察期内（欧元10年CMS掉期率−欧元2年CMS掉期率）≥−0.05%且美元3个月LIBOR未超过区间的天数；N2表示观察期的总天数。交易执行2个月后，欧元CMS10-2掉期利差和美元3个月Libor突破挂钩区间。被申请人向申请人支付了5月和6月的交易款项，遭受了巨额亏损。后由于申请人拒绝重组，被申请人未向申请人支付2008年7月（c−2）日的应付款项。2008年7月c日，被申请人致函申请人要求终止《主协议》和《条款》，声称申请人销售产品存在重大缺陷，对其进行了误导。2008 年 8 月 a 日，申请人向被申请人送达《终止通知书》，指定当日为掉期交易的提前终止日，根据内部模型确定了提前终止款项，并于 8 月（a+2）日向被申请人送达《提前终止款项通知》，要求其支付终止款项及利息。

因索赔未果，申请人于 2008 年 9 月 b 日将本争议提交仲裁委员会仲裁，要求被申请人支付提前终止款项人民币近 3000 万元和利息人民币近 100 万元。仲裁庭认为，利率掉期交易合同合法有效，被申请人的行为构成违约，但申请人一方面未能充分提示交易风险，违反《衍生交易管理办法》，存在过错且应承担相应责任；另一方面未能证明其计算提前终止款项的内部模型和有关金额具有合理性，基于公平原则，裁决被申请人向申请人支付提前终止款项 150 余万美元和利息近 7 万美元。

二、案情评述

按照仲裁庭的裁决意见，现从合同效力、合同解除、风险披露和损失赔偿四个方面，对本案的焦点法律问题进行评析：

（一）利率掉期交易合同是否合法有效

利率掉期合同的合法有效性取决于合同是否反映了缔约双方的真实意愿，并且是否违反法律强制性规定。本案中，按照合同约定适用中国法律。被申请人从缔约主体无从业资格、申请人隐瞒风险构成欺诈且违反《衍生交易管理办法》等方面，质疑掉期交易《主协议》《确认书》等合同文件的效力，并要求申请人对其遭受的损失进行赔偿。仲裁庭综合缔约主体、申请人从业资质、合同条款约定、合同签订过程中是否存在误导、欺诈等要素，基于相关证据裁定本案掉期交易的合同合法有效，合同当事人主体合法，内容没有违反法律、行政法规强制性规定，符合《合同法》的基本原则。裁决意见体现了对交易双方当事人真实意思表示的尊重，充分尊重国际金融机构通过内部分工协作，为客户提供金融衍生产品服务的国际惯例。一方面，申请人是缔约交易当事方，具有从业资格。申请人及其关联企业（P 银行的境内外分支机构）在集团内部通过分工协作完成了利率掉期交易，关联企业协助申请人完成部分工作并不改变申请人的交易主体地位。尽管《确认书》将缔约方误写成 P 银行，考虑到其条文与《主协议》所载内容相互印证，且相关证据表明被申请人知晓《确认书》系用于确认其与申请人之间业已生效的掉期交易，应认定申请人是掉期交易的当事方。申请人于 2007 年 10 月获得了金融许可证开展衍生产品交易，具有从事相关金融业务的资格。另一方面，申请人并未故意隐瞒交易风险，不构成欺诈，未违反强制性法律法规。申请人多次在建议书等文件中向被申请人提示过交易存在一定的风险，说明了相关预测以历史数据为依据，可能在未来发生变化，并未保证利率不会出现倒挂或没有波动风险，不存在故意隐瞒交易风险诱使被申请人作出错误意思表示的情形。即使申请人未能充分披露交易风险违反了《衍生交易管理办法》的规定，鉴于该办法不属于法律或行政法规强制性规定，不适用《合同法》关于合同无效的有关规定。

（二）金融危机导致的合同违约可否适用"情势变更"原则

本案是全球金融危机风险外溢而引发的纠纷案件。同一时期，境内外大量市场主体的交易款项不能收回，相关投资者遭受损失，部分市场主体主张此类交易应适用"情事变更"原则，如按原合同履行将显失公平。这与本案的被申请人抗辩不谋而合，其主张美国次贷危机引起的全球性金融危机，是导致《主协议》签署时依据的金融及利率发生根本变化的原因，继续履行《主协议》将造成对被申请人显失公平的后果。根据"情势变更"原则，被申请人认为其拒付交易款项不属于合同违约行为，申请人无权解除合同。

仲裁庭认为，本交易情形不符合情势变更原则适用要件。一方面，全球性金融危机系逐步演变而来，并非完全是一个令所有市场主体猝不及防的突变过程，市场主体对于此类风险存在一定程度的预见和判断；另一方面，本案交易的主要参数为欧元 CMS10-2 以及美元 3 个月 Libor，被申请人知晓此类交易属于风险投资性金融产品标的物合同，具有"高风险高收益"因素，如产生风险也属于商业风险。鉴于被申请人未根据《主协议》和《条款》约定，支付交易应付款项，申请人作为守约方，有权依据合同设置的终止净额结算机制，发送通知宣布交易提前终止并解除合同，对尚未支付的款项进行结算。

本案中，仲裁庭灵活把握法律法规与案件实际情况，结合 2008 年的国际特殊环境，裁定市场主体对于金融危机具有一定程度的可预见性，基于衍生品交易本质属性，裁定有关风险属于商业风险，未予认可被申请人提出的"情势变更"抗辩，支持被申请人履行合同约定支付相关款项的请求。

（三）金融机构是否充分披露了交易风险

风险披露是金融衍生品交易的关键环节。根据《衍生交易管理办法》，金融机构应向办理衍生品的机构或个人充分揭示衍生产品交易的风险，披露信息应至少包括衍生产品合约的内容和内在风险概要，以及影响衍生产品潜在损失的重要因素。风险披露的"充分性"不仅是金融机构的合规要件，也是金融机构对客户的责任和义务。司法实践中，金融机构风险披露是否充分，成为引发金融衍生品交易履约纠纷的共性问题。本案中，被申请人主张，申请人没有履行《衍生交易管理办法》（以下简称《办法》）有关披露交易风险的法定义务，应承担全部经济和法律责任。仲裁庭经仔细研究案件证据证词，综合项目建议书情景分析表、《条款》项下的情景分析内容与申请人雇员对交易风险的认识三方面情况，认定本案申请人注重宣传产品收益，未充分披露交易风险，违反了《办法》的有关规定，存在一定过错，对损失应承担相应的民事责任。具体理由有三点：一是申请人的项目建议书没有对利率掉期交易的风险进行客观分析。虽然建议书包含了欧元 CMS10-2 掉期利差倒挂、美元 3 个月 Libor 突破区间的模拟风险场景，但被申请人在此类情景分析中仍会节省利息，不会遭受损失；二是核心交易文件《条款》中的情景分析并未包含对于最差模拟情景的风险分析。《条款》最负面的情景在为期 3 年共 34 个计息期的观察期内，申请人应付浮动金额仅在 1 个计息期内为 0，利率倒挂、突破利率区间的天数未超过观察期的一半。《条款》作为利率掉期交易中涉及风险分析的唯一法律文件，缺少最差负面情景分析，是申请人在风险披露方面存在的明显缺陷；三是申请人前雇员自然人 Y 某作为本案交易的主要经办人员，代替被申请人撰写公司内部交易审批方案的行为不当，且方案中几乎未披露交易潜在风险，强调即使是利率突破期间，银行也仍可根据市场情况对区间进行调整，因此交易风险相对可控，可能导致被申请人决策层在对交易风险认识不足的情形下，审批通过方案。此外，证据证明自然人 Y 某本人不知晓交易提前终止款项的计算模型，客观上亦无法向被申请人充分解释交易风险。

金融衍生品是一把"双刃剑"，善用金融衍生品可提升驾驭不确定风险的能力，若运用不当也会因杠杆效应使得风险倍增，造成巨额损失，甚至引发系统性金融风险。在本案的审理中，仲裁庭综合考虑场外利率掉期交易的产品特性及其所处的国际金融市场环境，要求作为金融机构的申请人充分履行风险披露义务，通过最差负面情景分析揭示交易风险，符合中国法律法规与监管要求，也与国际惯例相符。

（四）提前终止款项的金额是否合理

提前终止净额结算是利率掉期交易中技术性较强的问题。本案利率掉期交易提前终止产生的款项由两部分组成：一是已经欠付的金额；二是如未提前终止交易而应当支付的款项，即被申请人应付的"固定金额"与申请人应付的"浮动金额"之间的轧差。后者属于违约方赔偿非违约方因交易解除而遭受的损失。根据《合同法》第113条第1款的规定，当事人一方不履行合同义务给对方造成损失的，损失赔偿额应当相当于违约所造成的损失，包括合同履行可以获得的利益，但不得超过违约方订立合同时预见到或应当预见到的因违反合同可能造成的损失。鉴于本案利率掉期交易适用中国法律法规，提前终止款项金额即应符合《主协议》有关终止金额系对损失的合理预估的明确约定，应遵守《合同法》关于可预见损失的规定。

针对提前终止金额的合理性，申请人根据其公司内部的专有模型，计算出应付的浮动金额。鉴于申请人未能证明其内部模型的合理准确性，没有向仲裁庭举证计算公式，也没有提交第三方机构的评估意见佐证公允市场价值，且专有模型的部分输入数据主观性强且缺乏透明度，仲裁庭无法认定模型或浮动金额的合理与准确性。针对提前终止金额的可预见性，仲裁庭认为，申请人存在未能充分披露交易风险的过错，导致被申请人无法合理预见巨额损失，不能支持申请人的相关主张。综合本案有关事实和证据以及申请人本身存在的有关过错，仲裁庭参照申请人专有模型中透明度、客观性较高的两个参数，从当事方合意以及确保提前终止金额公平合理等前提出发，认定申请人应付的浮动金额上浮38%，支持申请人关于提前终止款项的部分请求。

【结语】

利率掉期交易，作为金融衍生品市场的重要组成部分，其复杂性和风险性对市场参与者提出了更高的专业要求。本案仲裁庭的裁决，不仅在微观层面上对合同效力、违约责任、风险披露等关键法律问题进行了深入分析，更在宏观层面上体现了对金融市场秩序的维护。

本案裁决准确把握金融衍生品交易的特性，裁定利率掉期合同合法有效，确认被申请人拒付到期款项造成合同解除应负主要违约责任，同时明确申请人作为金融机构未能充分披露交易风险存在过错并应对损失承担相应责任。基于公平合理原则，未支持申请人请求中被申请人不能合理预见的违约损失部分，体现了对市场主体参与利率掉期交易公平合理承担风险的原则，也有助于市场主体深入理解金融衍生品交易特征，系统加强交易风险披露、识别与评估水平，按照合同约定和各自的违约责任承担风险。